« BIOGRAPHIES SANS MASQUE »

Collection dirigée par Laurent Laffont et Pierre Sipriot

PHILIPPE ALMÉRAS

CÉLINE

Entre haines et passion

ROBERT LAFFONT

© Éditions Robert Laffont, S.A., Paris, 1994
ISBN 2-221-07440-8

Pour R. D.
qui m'a assuré
le temps nécessaire.
Santa Barbara, Boulder,
Berlin, Fauguernon, Paris.

ABRÉVIATIONS

BD   Les Beaux Draps
BM   Bagatelles pour un massacre
CA   D'un château l'autre
CC   Cahiers Céline, 1 à 8
EC   L'École des cadavres
F I   Féerie pour une autre fois
F II   Féerie pour une autre fois. Normance
GB   Guignol's Band
GB II Guignol's Band II (Le Pont de Londres)
H   Cahiers de l'Herne
Pl   Édition de la Pléiade
MC   Mort à crédit
N   Nord
PL   Le Pont de Londres
R   Rigodon
TC   Tout Céline, 1, 2, etc.
TD   Textes et documents
V   Voyage au bout de la nuit

1.

JEUNE CHIEN

> C'est ainsi que je suis resté un ouvrier, rien qu'un ouvrier.
>
> *À R. Poulet.*

En 1904, a lieu un événement familial déterminant pour la famille Destouches, Céline Guillou meurt. Son unique petit-fils, Louis, a dix ans. Il est pleinement à même de ressentir l'arrachement de ce décès dont on ne connaît pas les causes. Elle n'a que cinquante-sept ans, Céline Guillou, un âge où l'on se fait implanter un enfant, à notre époque de centenaires. Même alors, cinquante-sept ans n'est pas vieux. Cela nous fait mesurer la vitesse à laquelle la piqueuse de bottines, veuve avec deux enfants, a parcouru la distance énorme qui sépare Belleville du quartier Drouot, d'un salaire de quelques centaines de francs à une très honnête aisance. Prompte à apprendre et à retenir l'information utile, positive, habile à manœuvrer sur le terrain parisien, elle est passée de la « condition ouvrière » à la brocante, puis à un magasin d'antiquités rue de Provence. Elle fait certes contraste avec la branche Destouches provinciale et périphérique, ses malheurs, ses regrets et ses chimères. Les déboires des oncles maternels rapportés sous la lampe tranchent avec la solidité pratique des rues de Provence et La Fayette où l'oncle Louis prospère en vendant de « l'imper ».

La tradition familiale dit qu'elle se serait opposée au mariage de sa fille Marguerite « avec ce gros Fernand ». Elle aurait sans doute préféré un vrai Parisien « dans le commerce » à ce Havrais. Mais il est bachelier, dans un temps où l'on en fait trente mille par an seulement, il apporte la sécurité d'un salaire et des origines plus flatteuses que celles des Guillou, paysans bretons prolétarisés. Quand plus tard, après un détour aristocratique, celui qu'on appelle « petit Louis » pour le distinguer de l'oncle et parrain Louis Guillou, quand Louis Destouches devient « Louis-Ferdinand Céline », il reprend le prénom de sa grand-mère, second prénom de sa mère, un prénom Guillou. Comment mieux marquer l'allégeance ?

Non seulement la grand-mère Céline laisse un bel héritage à sa fille et à son fils, mais à un âge où ils peuvent pleinement en bénéficier. Marguerite n'a que trente-six ans. Elle est installée elle aussi en boutique, dentelles et curiosités, passage de Choiseul. Elle reçoit, outre un capital liquide, deux pavillons à Asnières, des meubles, des bijoux, les beaux diamants dont parle Marcel Brochard, ami de la famille.

Louis hérite du chien Bobs, le premier animal qu'il ait. Il en a la responsabilité, il doit le promener, l'emmener par exemple au Palais-Royal. Bobs ne doit pas marquer son territoire, le compisser comme font ceux du Passage, résidents ou visiteurs.

Ferdinand, le père, qui préfère se faire appeler Fernand, va gérer cette petite fortune. Il le fera avec le soin et la minutie qui lui sont propres. Il s'agit de défendre et d'accroître le bien familial. Outre son salaire de correspondancier, il dispose des gains du magasin et de ceux qu'apportent occasionnellement ses dessins, des caricatures qu'il vend au *Charivari*.

Sans avoir la vogue qui était la sienne sous le Second Empire, lorsqu'il servait de promenoir aux Bouffes d'Offenbach et d'Hortense Schneider, le passage de Choiseul est encore une bonne adresse, rien à voir avec la décadence actuelle. Trois étages au-dessus de la boutique, la chambre de Petit Louis est au-dessus de la verrière, au bon air.

Après la mort de sa grand-mère, on le change d'école. Il quitte la communale pour une institution privée et confessionnelle, Saint-Joseph des Tuileries. Et cela au plus fort de la lutte laïque menée par le petit père Combes. Cela veut dire que Fernand Destouches n'a rien à redouter dans son emploi au Phénix, compagnie d'assurances à l'origine bonapartiste, non républicaine, non dreyfusarde [1] *. Pour la clientèle de Marguerite, c'est la communale qui détonnait. L'aristocratie et la bourgeoisie traditionnelle sont les clientes naturelles de la « dentelle véritable » dont on garnit les corbeilles de mariage, sa spécialité. Sans qu'il soit interdit à la noblesse dreyfusarde et aux Mme Verdurin d'en porter.

Paris, cocardier, est antidreyfusard dans ses couches populaires et petites-bourgeoises. L'Affaire, c'est l'atteinte à l'armée, un prétexte pour supprimer le Deuxième Bureau. Des officiers d'état-major démissionnent, les écoles militaires voient le niveau d'admission baisser [2]. Aux élections municipales de 1900, les listes d'Édouard Drumont, auteur de *La France juive*, obtiennent la majorité au conseil municipal. Dans la lutte anticléricale que mènent les radicaux, les Inventaires et la Séparation, apparaît au grand jour le rôle des loges maçonniques. Il éclate lors de l'Affaire André : ils mettent en fiche les cadres de l'armée, ils sont vraiment partout!

Passage de Choiseul, le jeune Louis vit sur l'agora. Il enregistre les rengaines, les plaisanteries, les protestations du moment. Sa première mémoire retient les airs des opérettes des Bouffes, *Véronique*, *Les Petites Michu*, *Phiphi*, les scies du moment : « Ils sont vraiment très rigolos / à Paris, les petits pierrots / Sur nos promenades / dans leurs sérénades [3]. » Parodies, blagues, bouts-rimés, c'est l'aspect adorable du passé. Un seul interdit : peser, ennuyer. Le jeune Louis, qui a passé trois

---

* Les notes sont regroupées par chapitre en fin de volume.

jours de sa vie à Courbevoie et qui a rejoint Paris à trois ans, vit dans un quartier bordé par la salle Drouot, la Bourse, l'avenue de l'Opéra et le Palais-Royal, un village dont le passage serait la rue centrale. Sa langue, ses goûts, ses dégoûts, ses curiosités, tout ce qu'il finira par prendre pour un instinct, sont parisiens.

Il passe de l'école communale du square Louvois à Saint-Joseph des Tuileries en pleine année scolaire. La façon dont le changement s'opère est au moins aussi intéressante que le transfert lui-même. Les parents Destouches expliquent le retrait de leur fils par une mise en pension imaginaire. C'est la première mais non la dernière affabulation familiale. Il semble admis chez les Destouches que, pour un but donné, il est licite de manipuler les faits. Fernand prend sa plume, raconte une histoire (ici une mise en pension) et se tire d'embarras. Voilà une leçon qui n'est pas perdue.

Depuis qu'ils ont hérité de Céline Guillou, les Destouches ont les moyens de donner à leur fils une éducation secondaire. Au-delà des aléas du commerce, ils ont la certitude de pouvoir régler la mensualité de 50 francs demandée par le cours Saint-Joseph. Cinquante francs correspondent au salaire mensuel d'une cuisinière à Paris, le double de celui d'une bonne à tout faire. C'est « une somme ». Eux qui n'ont jamais été dans le besoin ont maintenant la sécurité d'un capital mobilier et immobilier. Fernand boursicote et ses bénéfices peuvent contribuer au budget au moins autant que son salaire et ses dessins.

Mais pourquoi ce transfert en pleine année scolaire (février 1905)? Louis a onze ans. S'est-on avisé qu'il sera ensuite trop tard pour rattraper le retard dans les matières diverses, et spécialement le latin, clé des études classiques? Le jeune Louis se montre à Saint-Joseph un élève moyen, irrégulier dans les classements et la conduite. C'est en composition française qu'il obtient sa meilleure place, seconde.

Les classes sont restreintes, une quinzaine d'élèves. Ces derniers sont très suivis. Chaque soir, ils rapportent à la maison leur carnet et un jour Fernand s'étonne : « Pas de notes hier? » Nous, nous nous étonnons : pas de notes de latin? Fernand conserve tout ce qui touche à son fils, les carnets de Louis ont été conservés dans une malle familiale que François Gibault a pu inventorier et il ne mentionne pas le latin. Or, le jeune Destouches prend des leçons particulières de piano, signe d'une éducation qu'on veut soignée. Ses talents sont suffisants pour qu'on le produise en public à l'occasion d'une audition au Vieux-Colombier. Il y fait la connaissance de Simone Saintu, la première d'une longue série de correspondantes. Mais pas de latin?

Le 18 mai 1905, Louis fait sa communion solennelle, costume marin, brassard blanc, paroissien relié et naturellement photographie où il figure la bouche un peu tirée, les yeux déjà asymétriques qu'on lui retrouvera dans son âge mûr. Sur un autre cliché, datant manifestement de la même époque, il se tient, l'air malin, entre ses parents. Tous trois sont tirés à quatre épingles. Fernand est tout en rondeur comme sont les Destouches. Glorieux, la moustache déployée. Seule Marguerite, élégante, la taille fine, un bras entourant son fils, garde l'air sévère, soucieux. Ce serait la plus bileuse des trois. Physiquement au moins, son fils tient d'elle. C'est un Guillou, un Breton aux traits découpés.

Rien ne le dit mais c'est une certitude, toute la famille a été invitée et elle a apporté les cadeaux dont elle n'est pas chiche – on le sait par la correspondance d'Allemagne : bicyclette, canot pour Ablon chez l'oncle Louis Guillou, où l'on va ramer lorsque le Passage est fermé. L'été, c'est du côté Destouches que Louis passe ses vacances, à Veulette près d'Yvetot. La parentèle havraise est nombreuse. Les sœurs de la grand-mère Destouches, fille de négociants du Nord, ont fait souche sur place en se mariant avec des négociants locaux, un Strub, un Leduc. Un gendre Strub est professeur au lycée où enseignait le grand-père Auguste. Il s'appelle Achille Groult, il est aussi adjoint au maire très républicain du Havre, Jules Siegfried. C'est Achille Groult qui s'occupe des quatre garçons Destouches lorsque leur père, Auguste, meurt prématurément. Sa veuve Hermance rejoint alors à Courbevoie un cousin négociant en vins dans cette banlieue encore assez campagnarde et mi-résidentielle, comme Neuilly sa voisine.

Le cousin Terrien déclare la naissance de Louis-Ferdinand Destouches, « né le 28 mai 1894, à deux heures du soir, Rampe du Pont ». Le père est au bureau, la mère a accouché chez elle, le cousin Terrien s'occupe de tout; il signe la déclaration de naissance avec le maire de Courbevoie, preuve de la considération qu'on a pour lui et des dimensions restreintes de la commune qui, au recensement de 1886, dénombre plus de propriétaires que d'employés ou d'ouvriers et où « la liste de concentration républicaine » (trois rentiers, six propriétaires, trois négociants, cinq commerçants, deux employés, aucun ouvrier) est constamment réélue jusqu'en 1900.

Victor Terrien est négociant, pas commerçant, même si on débite le vin au détail. Un frère de Fernand entrera en apprentissage chez lui. Il joue un rôle dans la vie de chacun. Si le jeune couple s'est marié à Asnières, c'est que Céline Guillou y a des maisons, mais si les parents du Havre se regroupent à Courbevoie, Hermance Destouches après son veuvage, Achille Groult dix ans plus tard, c'est à cause du cousin Terrien. Gageons qu'il a signalé le commerce de Modes et Lingerie à reprendre Rampe du Pont (de Neuilly). On s'écrie, on s'informe, on se consulte, on s'entraide.

L'hygiène avant tout

À Veulette, Louis échappe, le temps des vacances, à l'atmosphère confinée du Passage. Voilà du bon air, de quoi purger les poumons des gaz méphitiques comprimés sous la verrière. La santé, la préoccupation de la santé est une obsession de cette fin de siècle où l'on commence à comprendre avec Pasteur de quoi l'on meurt, et, surtout, que le pire danger n'est pas celui qu'on voit mais celui qui se cache et grouille alentour. Les microbes sont partout, dans l'eau, dans l'air, dans la nourriture, en soi. Pasteur en a identifié certains, neutralisé quelques-uns mais la parade (provisoire) des antibiotiques n'existe pas encore. Le danger est partout, l'hygiène, une obsession. Il faudrait imaginer dix, cent sida au quotidien pour ressaisir la mentalité de ce temps-là, avec un partage identique au nôtre entre les précautionneux et les aventureux. Chez les Destouches, on se veut vigilant.

À la fin de sa vie, Céline faisait remonter à ce moment sa vocation de médecin. Seule la pénurie avait bloqué ce rêve fou. C'est évidemment une reconstruction : lorsqu'il entre au cours Saint-Joseph, il accomplit le premier pas dans la voie des études secondaires et supérieures que ses parents ont tout à fait les moyens, revenus et capital, de payer à ce fils unique. Et on peut être certain que ce n'est pas le manque d'argent qui explique le retour à la communale laïque et gratuite du square Louvois, après seulement un an et quelques mois de cours privé.

Il y a eu un changement de dispositif. Après beaucoup de méditations, de computations et de consultations, Fernand a pris une décision irréversible. Elle est sans doute fondée sur les résultats médiocres, les irrégularités de conduite et la « paresse » de Louis. En lui faisant réintégrer l'école du square Louvois, il choisit ce que nous appellerions un circuit court. Louis y fait une sorte de terminale du primaire. À la fin de l'année 1907, à l'âge de treize ans, il passe avec succès son certificat d'études, diplôme final de ceux qui entrent dans « la vie active ». Ce certificat servira par la suite à construire, sur le patron fourni par Dickens, l'idée d'une mise au travail à douze ans dans une fabrique de rubans. Elle est bien sûr imaginaire.

La question religieuse n'a en tout cas eu aucun rôle dans la décision car rien n'empêchait les Destouches de faire admettre leur fils dans un lycée (gratuit).

L'allemand d'abord

Après des vacances méritées, Louis part pour l'Allemagne. Voilà donc le nouveau plan stratégique : lui faire apprendre les langues, et d'abord l'allemand et par la méthode directe, l'immersion dans le pays. Fernand Destouches s'est renseigné. Il y a des réseaux, ce n'est pas une pratique inouïe, les riches ont des Nanny, des Fräulein, les moins riches cherchent la sécurité d'un professeur acceptant des pensionnaires. Fernand est allé reconnaître le terrain. Il a rencontré un Herr Schmidt, qu'on lui a recommandé et qui parle naturellement français, lui. Ils ont discuté les conditions, discuté le cas de Louis, ses qualités et ses défauts qu'il ne faut pas cacher. Herr Schmidt le tiendra au courant des progrès et de la conduite de son fils et de son côté il le mettra en garde contre sa « paresse ».

Fin août, la famille au complet prend le train à la gare de l'Est pour un voyage interminable, quarante-huit heures, vers Diepholz, gros bourg du Hanovre.

Il n'y est certes pas abandonné puisque sa mère y revient en novembre et son père à Noël. Entre-temps le courrier marche.

Le rapport qu'envoie Fernand à Marguerite fin décembre est on ne peut plus positif : après quatre mois seulement, Louis parle si bien allemand qu'il lui sert d'interprète et converse sans difficulté à la table des Schmidt où Fernand a été invité. Il poursuit aussi ses leçons de piano auxquelles ses parents et lui semblent tenir.

Dans ses lettres, afin de montrer son intégration à la langue ou pour faire couleur locale, Louis jette de l'allemand et apparemment il traite cette langue comme plus tard l'anglais, car son allemand écrit est grossièrement fautif : *is* pour *es* (s'il ne s'agit pas de coquilles) [4]. Le français n'est, il est vrai, guère mieux traité.

Il suit le matin les cours de l'école allemande. La langue fait problème dans les diverses matières du programme. Il étudie l'anglais, il fait du sport, il trouve Mme Schmidt horrible et antipathique, et sublime la fille du pasteur, Margaret Menke. Le seul point noir du séjour semble bien être les frictions avec la Hausfrau Schmidt qui veut sans doute lui imposer un ordre et des conduites dont il n'a pas l'habitude.

Ses lettres sont toujours un mélange de grosses charges pour rire et de gros bon sens bien positif, le ton du Passage, des histoires de brigands, comme il le dit lui-même. Apprend-il que sa cousine Charlotte, la fille de l'oncle Charles, a le croup, terreur des enfants d'alors : « La mère Sagot avec sa ribambelle tout cela d'une propreté douteuse vont attraper cela avec ensemble et tout de suite toute la maison [5]. » Les pauvres font trop d'enfants et ils n'ont aucun sens de l'hygiène.

Il se vante d'une carotte tirée au coiffeur de Diepholz : « Chez le merlan on paie d'habitude six sous, il m'a demandé combien je payais à Paris, j'ai répondu quatre sous de cette façon j'ai économisé deux sous. » Cela doit bien faire rire au 67. La connivence paraît totale entre le fiston et ses parents. Le fils se paie parfois le luxe de leur recommander l'économie. Et il n'oublie pas de les remercier de leurs visites, des sacrifices qu'ils font pour lui (ce n'est donc pas lui qui se sacrifie), il le leur rendra. Il apprend bien, il fait son devoir, il remplit le plan et il reçoit de beaux cadeaux : que préfère-t-il ? un violon ou un bateau pour Ablon ? Il a reçu un appareil de projection et il organise des séances payantes pour les petits Allemands qu'il appelle à une occasion les petits « bochs » (sic).

Car tout cela se passe dans le prolongement du « Coup de Tanger ». Guillaume II est venu provoquer la République au Maroc, contraignant Delcassé, inamovible ministre des Affaires étrangères, à la démission. Louis se dit en butte à l'agressivité de certains, « les jeunes qui n'ont pas connu les épreuves de 70 ». Il indique sa botte secrète : « le mot magique de Rektor » (s.d., 1907). Il ne se bat donc pas, il utilise sa langue et l'argument d'autorité : Herr Schmidt est recteur de l'école.

Il tient son père au courant de l'état d'esprit ambiant. Ses informations sont tirées des gazettes locales, elles font état des difficultés françaises au Maroc et s'inquiètent d'une supériorité française dans les airs, grâce à la mise au point en France de dirigeables que Louis meurt d'envie de voir. Il juge gravement qu'il s'agit de propagande destinée à pallier « l'affaire Harden Moltke ».

Son instinct (son apprentissage) le pousse donc à lire entre les lignes, à démêler la propagande du fait avéré, c'est le scepticisme du commerçant avisé qui s'exprime ici plus que le nationalisme exacerbé qu'on prête généreusement à « ce gros Fernand ».

À Pâques, quand il rentre, son père lui fait passer une évaluation chez un traducteur juré, voisin de la Bourse. Le diagnostic est clair : faiblesse en grammaire et, en écrit, un complément de formation est jugé nécessaire. Fernand reprend son enquête, on lui signale qu'un professeur de Karlsruhe, beaucoup plus proche de Paris, serait disposé à accueillir un autre pensionnaire. Fernand Destouches s'y rend, se met d'accord avec lui : Louis aura une chambre individuelle, il suivra le matin les cours de la Realschule (équivalent approximatif du collège actuel : le latin n'y est pas obligatoire) et l'après-midi il prendra des cours particuliers d'allemand et de piano. Le Herr Professor Bittrolff envoie lui aussi des rapports réguliers. Il doit, dit-il, stimuler sans cesse l'ardeur du jeune Louis qui se contenterait d'une connaissance superficielle de la langue. Il le juge aussi négligent, dans sa tenue et ses manières. Ici on se lave à fond et chaque chose a sa place, il ne le dit pas mais c'est inscrit en filigrane. Louis Destouches toujours élégant dans son extérieur, comme il sied à un Parisien, doit renforcer quelques préjugés allemands sur l'usage français du savon et il en acquiert quelques-uns sur la minutie allemande. Cela dit on ne sent aucune agressivité dans l'air, les heurts paraissent soigneusement contenus et on ne lit dans cette correspondance aucune des passions qu'on serait tenté de prêter rétrospectivement aux interlocuteurs.

Ces lettres nous parviennent parce qu'elles concernent le futur Céline. Si tout s'était passé comme prévu, elles ne seraient que les souvenirs de jeunesse d'un commerçant ou d'un commercial. Il se prépare à son métier, comme le font autour de lui d'autres jeunes Français, parmi lesquels un certain Copin (et non copain, de copains, Louis n'en a pas) dont il ne sera plus jamais question.

Fin décembre, son temps accompli, le jeune Louis peut rentrer. La pension étant réglée juqu'à la fin du mois, il a passé Noël à Karlsruhe. Il revient par Strasbourg à laquelle on pense toujours mais dont on ne parle jamais, et débarque à la gare de l'Est. Papa, maman et Bobs sont là. C'est lui qui l'a réclamé. Il rapporte du kirsch d'origine et un petit tonnelet de choucroute.

L'allemand dans la gibecière, l'anglais est à l'ordre du jour. Le 22 février 1909, Fernand et Louis partent en seconde classe pour Rochester dans le Kent. Ils traversent la Manche entre Calais et Douvres. Louis est inscrit à l'University School. Avant qu'il y entre, son père et lui passent deux jours à l'hôtel et il doit y avoir quelques inquiétudes dans l'air car aussitôt après son départ Louis lui envoie un rapport alarmant : professeurs, nourriture, sport (le golf), rien ne lui agrée. Non qu'il se montre exigeant, il refuse par exemple de prendre des suppléments (le vin n'a pas l'air de plaire aux directeurs). S'il faut changer d'école, cela pourra se faire après Pâques. D'ici là papa aura le temps de trouver au bord de la mer une autre école plus sérieuse et plus nourrissante. Les lettres insistent sur la maigre pitance et les parents s'affolent, le pressent de demander des suppléments, qu'il prenne régulièrement son huile de foie de morue et sa magnésie. Louis se plaint d'une discipline trop laxiste et des chahuts du soir.

Fernand, heureusement, a trouvé une autre pension, mais comment expliquer aux Toukin, les directeurs, le départ de son fils et surtout son transfert dans une autre école? Petit stratagème : Louis prendra un billet pour Paris, arrivé à Douvres il changera de train pour Ramsgate, où Fernand a trouvé une école de rechange, Pierremont Hall, tenue par les Farnfield et beaucoup plus satisfaisante.

Cette complication, qui s'explique peut-être par une question de remboursement, nous paraît significative : les « histoires de brigands » sont décidément un trait de famille. Il est admis qu'on raconte ce qui vous convient.

Avec Pierremont Hall, Fernand a visé haut. C'est une demeure historique où ont résidé la mère de la reine Victoria et celle-ci enfant. Les Farnfield qui dirigent l'institution sont parfaits. La pension est chère mais la nourriture abondante et les repas nombreux. On fait beaucoup de sport, nage, tennis, cricket, hockey, Louis gagne une course à pied. Les études sont légères (deux heures par jour). Élisabeth Farnfield lui donne des leçons de piano une autre heure par jour.

C'est une vie de jeune gentleman, et l'anglais vient ainsi sans effort. Tout à fait conscient des nouveaux sacrifices faits par ses parents, Louis leur écrit que, dès qu'il aura une situation l'année suivante, il fera son possible pour les rembourser. Impatient d'être indépendant, le garçon de quinze ans qui fait plus que son âge.

On voit que le plan est suivi de bout en bout. L'allemand et l'anglais en poche, à seize ans Louis peut entreprendre sa formation commerciale. François Gibault note qu'il est toujours question d'argent dans cette correspondance de jeunesse. C'est une préoccupation commune aux trois Destouches. On tient le fils au courant de tout. Il est question de céder le fonds de commerce et Louis s'en réjouit, il a « hâte de quitter la sale taupinière », leur écrit-il. Il s'agit du magasin. Déjà, depuis l'année précédente, ses parents ont loué un appartement en dehors du Passage, mais dans le voisinage, 11, rue Marsollier. Là, les fenêtres ouvrent sur la rue. C'est un trois-pièces avec salle de bains. Mme Destouches se fait aider, comme on dit maintenant, elle a une bonne comme on dit alors. Mais le commerce de luxe a des hauts et des bas, et la dureté des temps la pousse aux économies, elle ne vient pas le voir comme prévu à Ramsgate, et on lui limite son argent de poche. Il ne peut pas faire comme les autres et offrir des fleurs à Élisabeth Farnfield qui a eu un accouchement difficile – elle était donc en état de grossesse avancée lorsqu'il est arrivé à l'école – et des complications psychosomatiques telles qu'elle perd la parole quelque temps. Louis sollicite de ses parents un mandat d'un schilling et leur carte pour des fleurs à offrir avec des souhaits de bon rétablissement.

Il revient lui-même à la maison deux fois pendant son séjour anglais et deux fois la traversée est éprouvante, il rend ses comptes, on rend des comptes et, dans la brume, son bateau manque de peu l'abordage d'un paquebot italien à l'ancre. Cela provoque un récit qui ne manque pas d'intérêt : « Une jeune fille qui était à côté de moi se retourne et me lâche une vraie sauce sur mes bottines jaunes que j'ai eu tout le mal à laver. Enfin pour compléter le tout le bateau stoppe tout d'un coup et qu'est-ce que je vois un grand paquebot italien à l'ancre [6]. » La fantasmagorie racontée dans un parler approximatif tourne autour d'un « Je » et utilise les clichés du Passage. C'est pittoresque mais encore éteint.

François Gibault fait dater de Ramsgate « la pratique solitaire à laquelle il n'a jamais renoncé, même lorsqu'il a de nombreuses aventures et liaisons avec de très belles femmes [7] ». Il y a, on le voit, des habitudes qui durent; celle de raconter des histoires en est une autre.

À la conquête d'un métier

Lorsqu'il rentre à Paris en novembre, il a mis neuf mois à apprendre une langue qu'il retiendra bien mieux que l'allemand, ayant, il est vrai, beaucoup plus l'occasion de la pratiquer. En 1950, au témoignage de Milton Hindus, il garde toujours un accent britannique.

L'inlassable Fernand a préparé le terrain. Son fils est déjà attendu chez un commerçant renommé du voisinage, la maison Raimon, rue de Choiseul, négociant en tissus qui a des succursales à Londres et New York. Louis pourra utiliser tout de suite son anglais en vendant de l'étoffe. Dès le premier janvier 1910, Louis entre donc chez Raimon; il y reste sept mois. Après les vacances d'août, la rentrée se fait chez Robert, un joaillier de la rue Royale. Des tissus, il passe donc aux bijoux, activité qui semble lui convenir puisque, lorsqu'il quitte Robert après sept autres mois et un autre certificat en poche, c'est pour entrer chez un autre joaillier, Wagner.

Au certificat délivré par Robert, Fernand a épinglé une petite facture de 22 francs de « goûter » rédigée par une Mme Guerraz. Fernand, nous dit François Gibault, a surchargé « goûter » du mot « baiser » et ajouté une apostille : « une carotte tirée étant chez Robert ». Louis qui est maintenant un grand garçon de seize ans fait régler par son père les faveurs d'une dame qui fait goûter des jeunes gens.

Mauvaise humeur n'est pas drame, ni encore dramatisation, comme le passage du marchand de tissus à un joaillier n'est pas forcément synonyme d'instabilité ni d'errance. Après sept mois chez Robert, il reste sept mois chez Wagner. Le chiffre est magique, à moins qu'il ne corresponde aux périodes de stage du temps.

Ces passages d'une maison à l'autre seront un jour « remontés sur le plan du délire » dans Mort à crédit mais ce qui ne sera pas nécessairement faux sur le plan émotif ne sera pas forcément vrai sur le plan des faits. Louis est un jeune homme habillé avec élégance, chaîne de montre en devanture, il lui arrive certes de porter la « bagotte », présentoir des modèles à réaliser, mais son allemand et son anglais le des-

tinent à la vente en magasin ou aux relations commerciales internationales.

Lorsqu'il quitte Wagner après sept mois et avec un autre certificat,
c'est pour entrer dans la prestigieuse maison Lacloche, rue de la Paix,
avec succursales à Londres, Madrid, San Sebastián, Biarritz et *last but
not least*, Nice. Après deux mois rue de la Paix, M. Lacloche (qui n'est
peut-être pas encore de Vallombreuse) l'envoie faire la saison de Nice.
Il semble que cela se fasse sans préavis. Fernand se plaint discrètement
de n'avoir été prévenu que trois jours avant le départ, ce qui rend, on le
conçoit, les préparations habituelles difficiles. Mais on le retrouve bientôt en correspondance avec l'une des gérantes de l'hôtel où Louis prend
pension. Celui-ci a été muni d'un petit manuel sur lequel il écrit :
« Vérole ». Ces microbes-là ne sont pas les moins dangereux, on le sait
depuis Dupuytren.

La pension coûte 7 francs par jour, vin non compris. Selon les
barèmes établis par Jacques Chastenet, on nourrit alors une famille de
trois personnes avec 8 francs par jour. Louis n'est pas encore *teetotaller*
puisque les comptes de Fernand nous indiquent qu'il s'offre une bou-
teille de vin par jour en supplément. Aucun reproche : le vin est un for-
tifiant naturel.

Fernand sait aussi qu'un jour son fils a réclamé des œufs à la place de
la langue de bœuf. Il sait surtout ce que ce séjour lui coûte : payé
150 francs par mois, le stagiaire gagne 450 francs en trois mois de
séjour et il en dépense 954 pour se loger et se nourrir. Si on ajoute
180 francs d'argent de poche, Fernand en est pour 684 francs de la
sienne, soit un peu plus de 11 000 de nos francs. La lettre qu'il enverra à
Lacloche reflétera l'ennui qu'il en éprouve.

En attendant, son fils profite des plaisirs qu'offre la Côte. Il fréquente
l'Eldorado, à la fois cinéma (avec écran géant), théâtre et music-hall.
Nice accueille le gratin de l'Europe pendant la saison d'hiver. Celui-ci
est encore constitué de rois, de princes et de grands-ducs qui circulent
devant les comptoirs de Lacloche ou sur la promenade des Anglais.
Céline en gardera des souvenirs ineffaçables – mais non transposés
dans *Mort à crédit*, on se demandera pourquoi. Dans les réminiscences
de la fin de sa vie, ces grandeurs maintenant légendaires servent à faire
ressortir le crapoteux de sa condition de départ. Il minimise le salaire
qu'il reçoit et oublie les générosités de Fernand (prises sur la cagnotte
de Céline Guillou). On est misérable ou on ne l'est pas.

Il a emporté un appareil, tout comme un touriste, et il prend des photos de l'inauguration du monument à la reine Victoria, monument réalisé par souscription publique. Il s'agit de remercier l'inventeur de la
« Riviera » et de la « Saison » qui font vivre la population locale. Comme
on est en pleine Entente cordiale, il rapporte aussi des photos du défilé
militaire franco-anglais, les deux armées qui unies seront invincibles,
au moins dans les chancelleries, car la Revanche se joue dans les têtes
et à travers des confrontations diplomatiques. La guerre moderne est
jugée impossible, ou insoutenable après trois mois, tout le monde est
d'accord là-dessus.

Le 12 mai, le voilà à Paris. Selon François Gibault qui doit avoir lu quelque chose dans ce sens, Fernand Destouches « exigea son retour ». C'est possible mais la Saison se termine en avril et, lorsqu'il revient à Paris, les sept mois fatidiques de stage (ou d'apprentissage) sont écoulés, rien d'étonnant donc à ce qu'il quitte la Côte et la maison de la rue de la Paix.

À Nice, il s'est émancipé encore un peu plus. Fernand écrit au grand patron qu'il s'est depuis appliqué à « rectifier les quelques idées fausses que cette existence exceptionnelle lui avait laissées, très satisfait en somme de ne payer que ce tribut inévitable à un apprentissage très appréciable pour son avenir dans une maison aussi puissante et honorable que la vôtre ». Ah qu'en termes choisis... Le tribut correspond aux 684 francs partis en fumée. Les « quelques idées fausses » nous intriguent.

En exerçant ainsi ses talents de correspondancier, Fernand ne compense pas seulement un déficit, il annonce à la Maison Lacloche que son fils qui a maintenant dix-huit ans a décidé « qu'il était de son avenir dans votre bonne maison de se libérer de ses obligations militaires » et qu'il lui a donné son consentement à son engagement au 12e cuirassiers. Un jalon est ainsi posé par un père aussi prévoyant que méticuleux. Ses deux ans faits, Louis pourra poursuivre sa carrière au service de l'or et du diamant.

Autant en emporte le vent suicidaire de l'Europe. Une période de la vie de Céline se clôt définitivement nous le savons, mais pas lui, ni même Fernand le prévoyant. Le voilà en tout cas sorti de sa langue, ce n'est pas tellement fréquent, il sait aussi qui sont les vrais riches, comment ils se comportent et comment il convient de les traiter. Il connaît mieux ce que valent les choses, comment distinguer le banal de l'exceptionnel, taille et eau plus que poids. Il a enfin appris à discerner le charme discret du platine que certains prennent pour du nickel, tout cela servira.

2.

CUIRASSIER

> Que de fois je suis remonté du pansage et tout seul
> sur mon lit pris d'un immense désespoir, j'ai malgré
> mes dix-sept ans pleuré comme une première
> communiante.
>
> *Carnet noir.*

Le 28 septembre 1912, Louis Destouches contracte un engagement de trois ans au 12ᵉ régiment de cuirassiers en garnison à Rambouillet. Il déclare la profession de bijoutier.

Pour s'engager en devancement d'appel, il faut répondre à quatre conditions : avoir au moins dix-huit ans accomplis, être célibataire, n'avoir pas été condamné, avoir le consentement de ses père et mère. Les candidats cuirassiers doivent avoir au minimum 1,75 mètre, il mesure 1,79 mètre. C'est nettement plus grand que la moyenne des Français d'alors.

Les raisons de cet engagement sont claires : il s'agit de se débarrasser des obligations militaires afin de pouvoir s'engager dans la carrière pour laquelle il est formé, la bijouterie. Certes la durée du service n'est que de deux ans mais, dans la conjoncture de réarmement qui suit les événements du Maroc, il va être porté à trois ans : rien à perdre de ce côté-là.

Le choix de la cavalerie s'explique par le prestige de l'arme, celui du 12ᵉ régiment de cuirassiers, en garnison à Rambouillet, est moins évident. Un régiment de cuirassiers est en garnison à Paris, un autre à Saint-Germain-en-Laye, et l'engagé a le choix de son corps.

On peut supposer là encore l'intervention de Fernand. Il connaît la question puisqu'il s'est engagé lui-même pour cinq ans au 25ᵉ d'artillerie, il connaît aussi les chevaux, l'artillerie étant alors hippomobile, il existe une photo de lui à cheval en compagnie de son fils. Fernand étudie le problème, il va aux nouvelles, pèse le pour et le contre et impose sa décision : le 12ᵉ cuirassiers à Rambouillet.

La preuve ? une lettre du cuirassier Céline au hussard Nimier, le 14 novembre 1950 : « Le 1ᵉʳ Cuir à Paris était renommé pour la pédale [1]. »

Le 1ᵉʳ cuirassiers en garnison à la caserne Dupleix près du Champ-de-Mars était un régiment de prestige et de parade. De grands et beaux garçons auxquels – Fernand sait tout – on prête les goûts ou les faiblesses des Horse Guards.

L'histoire ne dit rien du 11ᵉ cuirs (à Saint-Germain) mais Fernand doit se dire que, les mêmes causes produisant les mêmes effets, une certaine distance de Paris est nécessaire. À Rambouillet, son garçon sera au bon air et à l'abri des « sodomites ».

Céline se souvient de la réputation du 1ᵉʳ cuirs après cinquante ans, la préoccupation (la peur?) « de la pédale » le suivra toute sa vie. S'il est au courant, c'est fort évidemment parce que Fernand lui a dit le bruit qui courait. Remarquons comment, chez les Destouches, on parle de tout, au moins entre père et fils.

Le 3 octobre, il prend le train à la gare Montparnasse (l'ancienne, celle que l'on voit sur des photos où une locomotive jaillit de la façade). Après une heure de train, il arrive à Rambouillet. Il traverse toute la ville, passant devant le château pour rejoindre le quartier de la Vénerie qui fait encoche dans le parc, dans le faubourg de Groussay. Le civil, le bleu, se présente à la grille encadrée de deux petits bâtiments. Il remet sa feuille d'engagement. C'est un moment inoubliable : « Corps de garde rempli de sous-officiers aux allures écrasantes. Cabots esbrouffeurs, incorporation dans un peloton le 4ᵉ, Lt Le Moyne bon garçon, Coujon méchant faux comme un jeton. » Quand Louis Destouches écrit cela dans son carnet[2], un an a passé, il a fait ses classes, ses pelotons, il n'est plus le civil ahuri par les brusqueries et les grossièretés de ces grands gars plus forts, plus rudes, plus agressifs que lui et quand, vingt-cinq ans plus tard, il reprend le sujet, dans une version transposée, émotive, cela prend l'allure d'une sarabande dans la nuit, un délire épique d'alcooliques dans le crottin.

Le choc est rude pour l'enfant du Passage et de la rue Marsollier qui parle allemand, anglais passablement, et joue du piano mais qui n'a jamais approché un cheval : « Au début c'était effroyable, je tombais tout le temps[3] », dit-il à Claude Bonnefoy.

La vie d'un cavalier du rang était à vrai dire celle d'un valet de ferme ou d'un garçon d'écurie en uniforme. Le cheval doit être nourri, abreuvé, pansé, surveillé. Sa litière doit être impeccable, on la nettoie ou on la change, cela tire sur les bras. Aujourd'hui, à la caserne des Célestins à Paris, dans le dernier régiment de cavalerie qui existe, celui de la garde républicaine, on se contente de la « blanchir », autrefois, même en ville, on la sortait tous les matins[4]. « J'en ai marre de la brouette. J'en ai fait beaucoup au 12ᵉ Cuirassier mais je n'avais pas mal au bras et je n'avais pas cinquante-six ans[5] », écrit Céline à Albert Paraz. Le vendeur de chez Lacloche, promenade des Anglais, apprend à manier la fourche, le balai et à pousser la brouette chargée. Depuis l'origine de l'arme, quand le 12ᵉ s'appelait le Royal Dauphin, le recrutement se fait parmi les « laboureurs », les terriens. Aujourd'hui, 95 % des gardes républicains viennent toujours de la campagne.

Les réveils au clairon et à l'aurore, 5 h 30! Il fait encore nuit l'hiver, à peine jour l'été, il faut descendre à l'écurie, panser son cheval, aller à l'exercice, au manège ou en forêt, au pas, au trot, au galop, avec étriers, de pied ferme sans étriers, tomber, remonter, manœuvrer en groupe, suivant les règlements, les modes ou les idées de l'encadrement, pointer, mimer l'assaut, la charge, l'irrésistible charge de la cavalerie lourde et recommencer le lendemain encore moulu de la veille.

Céline parle à Claude Bonnefoy de quarante-cinq chevaux à nourrir, panser, etc. Interrogés, les cavaliers de la caserne des Célestins, héritiers des cuirassiers, ne voient pas à quoi peut correspondre ce chiffre : une écurie « fait » trente à soixante chevaux. Le garde d'écurie doit donc nourrir quand vient son tour – une fois par mois ? – un maximum de trente chevaux. Même s'il ne s'agit que d'une fois par mois et s'il n'y a que trente chevaux, dormir dans la caisse remplie de la litière du lendemain (règlement de service) en compagnie d'animaux qui meulent l'avoine ou le foin, grattent, crottent, se heurtent ou se battent, hennissent, n'est pas une petite chose pour un Parisien du quartier de la Bourse.

À Rambouillet, les cavaliers sont originaires de la Bretagne, la vraie, la bretonnante, ils arrivent tout droit des fermes et des landes. Quand il les compare aux protagonistes du *Hussard bleu* de Nimier, Céline ne les trouve pas « proustiens » du tout : « Ils ne bandaient pour ainsi dire jamais – et quels ploucs! – spécialement recrutés en ce temps par (pour?) les grèves parisiennes – qui étaient chaudes! Une petite érection vers la cantinière... vague à peine. Tristes gens – *mystiques* [...] pas de sensualité – pas un sur dix parlant français – doux et brutes à la fois – des cons en somme [6]. » Mystique et mystique : celle des Bouffes et celle des pardons.

Fernand, quand il apprend la chose, doit se sentir bien soulagé : le grand enfant qui chausse du 46 n'a pas à redouter les déviations d'une sexualité carcérale : les Bretons sont inertes. Arrivés de leurs étables où ils trimaient autrement dur, ils sont au régime vacances, gorgés de sommeil, de nourriture et de petits blancs. Loin de chez eux et des Maryvonnes, Kermingant, Moallic, Le Mennec, Gueugard, Jouan [7] hibernent dans une béatitude nourrie d'incidents de caserne. Ils restent entre eux, ils patoisent (comme on dit alors) et ils ignorent le Breton du Havre et de Ménilmontant qui, lui, ne pense qu'à ça et une fois les classes finies rentre chaque semaine chez lui, rue Marsollier et retrouve le macadam natal.

Cinq ans j'en ai fait paix et guerre!

Pour les cavaliers, les classes duraient six mois. L'entraînement, sévère pour tous, a été infernal pour lui qui, à part les rigueurs de l'hiver à Ablon lorsqu'il canotait à contre-courant sur la Seine, a connu partout où il a vécu, à Paris, à Diepholz, à Karlsruhe, ou à Ramsgate le grand confort comparé à celui des habitats bretons : sommeil à volonté, repas réguliers, chauffage assuré sinon l'eau chaude. Bourgeois et paysans étaient de ce point de vue à la même enseigne et pouvaient passer plus facilement des conditions de la paix à la vie militaire.

Le plus éprouvant pour le fils unique et choyé, mal noté en conduite, a sans doute été la discipline à laquelle rien ne le préparait, comme à la rudesse des rapports humains. Le plus dur est fait, il trace le bilan dans son carnet intime, un an après son incorporation et il se l'avoue, il a failli craquer, déserter!

Il n'existe pas de correspondance de cette période, François Gibault n'a rien trouvé dans la malle aux souvenirs, il dit n'en pas connaître, c'est bien la preuve que les retours à Paris sont fréquents. Il parle aux parents, il leur dit qu'il ne veut plus retourner à la caserne, il va lâcher, filer à l'étranger! Fernand s'est renseigné, il existe au 12ᵉ cuirs un officier moderne, compréhensif, c'est un lieutenant, il s'appelle Mc Carthy, il ne croit pas à la discipline aveugle, à la mécanisation d'un matériel humain bon à tenir en selle, à charger et à pointer. Il croit qu'il faut intéresser, éduquer, et même distraire les recrues. Il crée une troupe de théâtre – quelqu'un a dit « proustien? – et c'est lui, semble-t-il, que Marguerite approche, c'est lui qui arrange tout. Le colonel est le père du régiment et le lieutenant sa nounou.

Ainsi passe le temps : tours de garde, service d'écurie, nettoyage des abords, exercices, randonnées, simulacres de patrouilles. Quand le service est fini l'attente de la perm, et celle-ci obtenue, la traversée au pas de charge de Rambouillet. À la gare passe un train toutes les heures. De Montparnasse à Palais-Royal ou Quatre-Septembre, il n'y a plus qu'un saut.

Hors permission, sorties en ville, ou le repos dans la chambrée, ce n'est pas gai.

Un soir de novembre 1913, une triste soirée, note-t-il, il s'interroge : « Ai-je beaucoup changé depuis un an, je le crois [...] complètement façonné à la triste vie que nous menons, je suis empreint d'une mélancolie dans laquelle j'évolue comme l'oiseau dans l'air, le poisson dans l'eau. » Il passe en revue ses supérieurs, le lieutenant Le Moyne, bon, le baron de Lagrange sujet à des attaques « dues aux libations excessives de la jeunesse, Servat ancien cabot cassé, faux et brute. [...] Que de réveils horribles aux sons si faussement gais du trompette de garde [...] les descentes aux écuries dans la brume matinale.

« Pris en grippe par un "jeune officier plein de sang" et en butte aux sarcasmes d'un sous-officier abruti ayant une peur innée du cheval », que de fois il lui est arrivé, confie-t-il à son carnet de moleskine, de remonter du pansage pour pleurer sur son lit comme une première communiante « malgré ses dix-sept ans ».

Il doute de lui, d'une « énergie virile qui n'était que fanfaronnade » et se découvre mou, tendre, complexe, sensitif, touché par la moindre faute de tact ou de délicatesse. « Même je cache un fond d'orgueil qui me fait peur à moi-même. »

Ayant ainsi cherché à se voir, à se comprendre, il interroge l'avenir : aura-t-il la fortune qui lui permette de s'éduquer? S'il doute de pouvoir trouver une compagne qu'il puisse aimer longtemps, il espère vivre « une vie remplie d'incidents » contrairement aux « amorphes ».

Ce carnet qui n'aura pas de suite mais qu'il ne jette pas non plus, second essai connu de rédaction depuis le petit journal imité des publications pour enfants qu'il avait rédigé en Allemagne, balise assez bien le personnage et son avenir : sensibilité aiguë dans une forte carcasse, sensibilité qu'on aurait dite alors « féminine », agressivité aisément retournée envers les autres, ceux qui blessent, et cet orgueil, sans fondement encore qui va dévorer l'individu à mesure de ses transformations. Il conclut ainsi : « Si je traverse de grandes crises que la vie me réserve peut-être je serai moins malheureux qu'un autre car je veux connaître et savoir en un mot je suis orgueilleux est-ce un défaut je ne le crois et il me créera des déboires et peut être la *Réussite* [8]. »

La réussite ! Le cuirassier Destouches se sent des ambitions napoléoniennes. Mais son avenir n'est pas dans l'armée, nous le savons, il le sait.

Un fond d'orgueil qui me fait peur

Parmi les cuirassiers de Rambouillet, le jeune Destouches n'est rien et doublement rien. Par rapport aux camarades, inapte, bon à rien, avec sa peur innée du cheval et une gaucherie certaine dans le maniement de la fourche et du balai. Comparé à ces grands ruraux il n'est malgré sa carrure qu'un blanc-bec et une mauviette. Comparé aux officiers, à ce baron de Lagrange (Amaury, Gabriel, Marie) qu'il nomme et à ceux qu'il ne nomme pas, mais tous décorés de particules, le ressortissant du quartier de la Bourse a l'étiquette sous laquelle il a rejoint le régiment : bijoutier. Cela marque mal : un fils de fournisseurs, en somme...

Au 12e cuirassiers, Louis Destouches a retrouvé des distinguos et un snobisme propre au monde du cheval au moins aussi accentué que ceux de Nice vus à travers l'emploi chez Lacloche. Le colonel Dilschneider succède au colonel Gomaud de Séréville. Il sera remplacé en 1914 par le colonel Blacque-Belair, le double nom vaut particule.

Ce régiment, reformé en 1871 et « ardemment tendu vers la Revanche » (Historique du régiment), ne s'est installé à Rambouillet qu'en 1902, il était jusque-là en garnison à Lunéville.

Le rôle que jouaient le château et la forêt dans la vie des institutions n'était pas étranger à ce transfert. On avait besoin d'une garde et de sabres au clair pour le service des présidents de la République quand ils séjournent à Rambouillet.

Le château acheté par Louis XVI au comte de Toulouse avait été résidence impériale mais jamais royale, il pouvait convenir aux fastes républicains. Les présidents y résident et y chassent comme les rois résidaient à Versailles ou à Fontainebleau sans que cela fasse ancien régime. Ils y reçoivent pourtant leurs pairs qui dans l'Europe d'alors sont presque tous couronnés. Rambouillet voit passer le roi de Suède, le roi de Portugal, le roi d'Italie, l'empereur du Siam. Le roi Manoël de Portugal vient avec sa mère, la reine Amélie. C'est la fille du comte de Paris. Une carte postale du temps la montre entourée des officiers du 12e cuirassiers respectueux et empressés. La troupe tient la bride. Céline dira l'avoir fait.

Le président de la République, en général bon bourgeois du Midi, est à Rambouillet un seigneur qui fraie avec ce qui compte localement, le comte Potocki, la duchesse d'Uzès.

Née Anne de Rochechouart de Mortemart, la duchesse est aussi la petite-fille de la veuve Clicquot : « elle descend des croisés mais remonte par la cave », dit le gratin qui a le goût Vermot. La duchesse d'Uzès n'est pas une duchesse comme les autres. Elle a financé l'aventure boulangiste, comme les œuvres de Louise Michel, la pétroleuse, la « vierge rouge ». Elle a obtenu son permis de conduire automobile en 1898 et elle milite pour les droits de la femme, obtenant par exemple que les femmes qui travaillent puissent garder la disposition de leur salaire.

Quand Sébastien Faure l'anarchiste la sollicite pour la maison d'éducation qu'il crée à Rambouillet, elle se montre généreuse. Au moins jusqu'au moment où la réalité se dévoile : il élève ensemble des jeunes des deux sexes !

Un familistère de la race rénovée

Sébastien Faure est l'une des grandes figures du mouvement anarchiste. Ancien séminariste jésuite, il quitte le séminaire afin de gagner sa vie et celle de sa mère comme employé d'assurances. Après son volontariat et un séjour en Grande-Bretagne, il se marie à Bordeaux et commence à militer dans le mouvement guédiste en 1885.

À cette occasion il découvre ses dons et ses pouvoirs d'orateur. Ayant divorcé, il vient s'installer à Paris. Du socialisme, il passe à l'anarcho-syndicalisme et à la transformation de la société par l'organisation des travailleurs. Au cours du congrès de la Fédération nationale des groupes corporatifs en 1888, il se rallie à l'anarchisme. Il prêche la pensée anarchiste et gagne sa vie par des conférences à travers la France : « Douze Preuves de l'inexistence de Dieu », « La Pourriture parlementaire », « Le Chambardement ». Les titres provocants remplissent les salles. Les tournées sont minutieusement organisées, Faure a une voix d'or, les joutes sont passionnées mais restent verbales. Non seulement Sébastien Faure vit de ces conférences mais elles le font connaître. Michel Zévaco, l'auteur de *Pardaillan*, voit en lui le prototype de *l'agitateur*. Benito Mussolini, insoumis réfugié en Suisse, l'entend et rédige un article admiratif : « anarchiste, écrit-il, Faure peut nous plaire à nous qui serions plutôt communistes autoritaires ».

Lorsque le passage à tabac d'un anarchiste, suivi de lourdes condamnations, inaugure la vague terroriste de 1891 qui redouble après l'exécution de Ravachol et culmine ou fulmine avec la bombe qu'Auguste Vaillant laisse tomber dans l'hémicycle du Palais-Bourbon en décembre 1893, Sébastien Faure défend ses camarades et il fait alors dix-huit mois de prison pour incitation de militaires à la désobéissance.

Le sort de la fille de Vaillant, condamné à mort, a suscité la compassion. Drumont lance un appel en sa faveur, la duchesse d'Uzès propose de se charger d'elle mais Vaillant la confie à Sébastien Faure. Le président de la République ayant refusé sa grâce, les attentats redoublent. Émile Henry dépose une bombe au terminus Saint-Lazare, il est guillotiné en mai 1894. Un mois plus tard Sadi Carnot qui a refusé la grâce est assassiné à Lyon et son assassin est jugé et exécuté en août. Les procédures ne traînaient pas. Des lois d'exception votées oralement répriment l'*intention* de violence anarchiste.

Ces « lois scélérates » sont appliquées et Sébastien Faure est arrêté avec une trentaine de personnes liées au mouvement, Jean Grave, Émile Pouget (le Père Peinard), Paul Reclus, par exemple. Acquitté, Sébastien Faure crée *Le Libertaire* avec Louise Michel.

Contrairement à d'autres anarchistes, il est dreyfusard. Roland Lewin, dans l'étude qu'il a consacrée à Sébastien Faure d'où sont tirés ces renseignements, publie l'affiche d'une conférence donnée par Sébastien Faure aux Chartreux le 26 septembre 1898, à Marseille : « Dreyfus est innocent! », prix d'entrée 50 centimes.

Tel est l'homme que l'on retrouve à Rambouillet installé grâce en partie aux libéralités de la duchesse d'Uzès. Il y crée en 1904 une ferme-école, à laquelle il donne le nom de La Ruche et consacre l'argent que lui procurent ses conférences. Il s'agit d'édifier une « humanité libre et fraternelle par l'éducation des petits au cœur vierge, au cerveau neuf ». Les participants, sains de corps et d'esprit, vivront sur les vingt-cinq hectares loués à trois kilomètres de Rambouillet au lieu dit Le Pâtis [9].

Les « ruchards » ne sont pas forcément orphelins, ce sont souvent les enfants de militants anarchistes. Une vingtaine au départ, ils seront vite soixante. En dix ans, La Ruche reçoit quatre mille demandes. Sont admis les enfants âgés au moins de six ans et bien portants. Bonne naissance, bonne éducation, bonne organisation sociale doivent faire des hommes libres, capables de se conduire sans Dieu ni Maître. Ces parfaits futurs hommes et femmes libres restent à La Ruche jusqu'à l'âge de seize ans révolus

L'encadrement est volontaire et bénévole. On vient à La Ruche quand on veut, on en part quand on veut, on travaille selon son envie, ses goûts et ses dispositions et on prend dans la caisse l'argent de poche dont on estime avoir besoin. C'est en somme une commune de type soixante-huitard mais où l'accent est mis, début de siècle oblige, sur l'assiduité au travail : hardi petit! Des camarades étrangers sont les bienvenus. Certains bêchent en bourgeois, le chapeau sur la tête, d'autres se promènent nus sous la pluie battante, un médecin ne se nourrit que de sucre (témoignages d'anciens ruchards). Lorsqu'il n'est pas en tournée de conférences ou occupé aux affaires de l'établissement, Sébastien Faure rentre dans le rang. Les gosses ont le droit d'intervenir dans les discussions et les plus grands sont tenus au courant de tout ce qui se passe.

Ni école, ni pensionnat, ni orphelinat, La Ruche échappe aux cadres et règlements prévus et l'inspection académique, malgré ses tentatives de contrôle, s'y casse les dents. L'appartenance de Sébastien Faure au Grand Orient n'est peut-être pas étrangère à cette impunité dans un temps où les congrégations enseignantes sont repérées et frappées.

Voilà donc le Familistère révolutionnaire implanté dans le Rambouillet de la belle époque, fier de son château et de ses chasses présidentielles, de ses garnisons et de ses écoles (de préparation militaire, de bergerie, d'enseignement professionnel, orphelinat de la Providence dont les sœurs doivent abandonner l'habit religieux en 1905).

Le chemin de fer met la campagne à une heure des Parisiens; ils viennent en masse pour la fête du Muguet avec défilé, discours, élection d'une Reine. En 1913, ils sont venus vingt mille, se fleurir et voir la forêt verdir. La Ruche est alors en plein essor. Chaque été, le premier et le second dimanche du mois d'août, elle organise sa propre fête qui rassemble plusieurs milliers de personnes. Les habitants de Rambouillet s'y rendent en assez grand nombre pour voir « comment sont faits les farouches anarchistes ». Des trains supplémentaires sont mis en service à Montparnasse. Les amateurs de la petite reine viennent par la route. Des coopératives anarchistes, La Bellevilloise, L'Égalitaire apportent vivres et boisson, La Bellevilloise a un orchestre, on chante les hymnes à l'anarchie et on danse.

Les ruchards ne restent pas enfermés dans la ferme. Comme les abeilles qu'ils sont, ils rayonnent alentour. L'été, ils vont se baigner dans les étangs de la forêt. Le cheval Pyrame transporte le pique-nique et les éclopés. Comme tous les riverains de la forêt domaniale (cent dix mille hectares) ils collectent jonquilles, violettes, muguet, fraises des bois, champignons. On en profite pour donner aux enfants des leçons de choses. Les adultes vont parfois braconner sur les terres voisines du comte Potocki et de la duchesse d'Uzès. « Les lièvres et les faisans de ces nobles personnages passaient discrètement de vie à trépas. Quant aux gendarmes de la région, ils s'efforçaient de ne pas avoir l'ouïe trop fine ni la vue trop perçante » (Lewin p. 125).

Les anarchistes sont républicains et Sébastien Faure, on l'a dit, membre du Grand Orient, la tolérance descend la hiérarchie; joue aussi la solidarité entre les « petits ».

Le comte Potocki, lui, bloque avec les moyens qu'il a tout projet d'agrandissement de la ferme-école et la duchesse d'Uzès, bien revenue de ses bonnes dispositions, se trouve directement confrontée aux anars de La Ruche.

Au rendez-vous de la duchesse

Chaque année, la duchesse chasse à Rambouillet. Elle invite amis et voisins. Un jour, Félix Faure chevauchant à son côté, elle fait sonner La Royale.

On vient de Paris par trains spéciaux assister à la curée. La duchesse va et vient parmi l'équipage, les piqueurs et les chiens. Le rituel accompli, elle disparaît dans la maison d'un garde-chasse et réapparaît au balcon. Elle jette des dragées et du pain d'épice, photographes et cinéastes opèrent, on crie « Vive la duchesse [10] ».

Vu de La Ruche, c'est « un répugnant tableau [...]. Après s'être repue à la vue du sang de la pauvre biche, Madame la duchesse se réjouit en

29

voyant tous ces pauvres diables se bousculer, se battre presque pour atteindre quelques miettes. Ah! qu'une bordée de sifflets et une envolée de pommes cuites sur le faciès de tous ces repus, de tous ces gavés, qui jettent aux affamés leurs os, quand ils ont enlevé la viande et aspiré la moelle, aurait été la digne réponse à pareille monstruosité ». Léon Rouget, enseignant à La Ruche, signe ce commentaire dans le bulletin de l'école. Un menuisier anar passe aux actes. « Un lundi de Pâques, tandis que la duchesse d'Uzès jetait à la foule des petits pains d'épice, il joua des coudes, parvint à attraper la plupart des friandises et les renvoya sans façon à leur charitable propriétaire. Hardi les gars! Le premier pain d'épice frôla seulement la duchesse, le second fit chavirer son tricorne, le troisième s'écrasa sur son noble visage. Elle recula horrifiée et poussa des cris [11]. » La foule se jette sur le menuisier qui pratique ainsi le retour à l'envoyeur, il est maîtrisé, ligoté, roué de coups et conduit à la gendarmerie qui l'incarcère trois jours.

Rambouillet est un carrefour, tout le monde est appelé à se rencontrer. Céline se souvient d'avoir assisté aux chasses du rallye Bonnelle : « Je me rappelle bien la duchesse d'Uzès, à cheval, la vieille rombière, et le prince Orloff, avec tous les officiers du régiment, et j'avais pour mission de tenir les chevaux... Ça s'arrêtait là. Du bétail absolument nous étions [12]. »

Nommé maréchal des logis le 5 mai 1914, Louis Destouches, qui a maintenant de l'assiette, conduit son peloton en forêt. En 1950, voulant remercier Louis Lecoin qui est venu à sa défense, il lui offre ces souvenirs de rencontres avec les ruchardes : « Je faisais mon temps au 12ᵉ cuirassiers, à Rambouillet, en 1912, et l'itinéraire des patrouilles était souvent une reconnaissance vers La Ruche.

« Dieu qu'on se faisait engueuler! La Ruche était défendue par une levée de terre, et de la crête toutes les pupilles de Sébastien Faure au passage nous traitaient déjà et comment de vendus, de buveurs de sang! Cavalier de 2ᵉ classe ça allait encore, brigadier ça allait mal, mais maréchal des logis alors la fureur. Et elles étaient si mignonnes les mêmes, et costaudes. C'était donc une reconnaissance qui avait malgré tout des attraits pour des " soudards de vingt ans "!

« Mais elles nous rendaient des points les mignonnes anarchistes pour le vert parler! Oh! on n'a jamais fraternisé. C'est pas l'envie qui manquait – mais ce n'était pas du Déjazet, le 12ᵉ cuirassiers [13]. »

La scène est récurrente comme les rêves (cavalier, brigadier, maréchal des logis), elle reviendra dans la fiction sous diverses formes et à plusieurs reprises : filles libérées, costaudes, agressives, au langage salé et révolutionnaire. Les garçons sont absents, à La Ruche il n'y a que des filles.

Lecoin et Destouches sont quasi contemporains : classe 10 et classe 14. En 1910, Lecoin faisant son temps a refusé de participer à la répression d'une grève. Cela lui a valu six mois de prison, c'est sa première peine pour la cause (pacifiste), ce n'est pas la dernière.

Céline est, lui, « un militaire bien docile » comme il le dit à Claude

Bonnefoy : « On nous a envoyés dans les grèves aussi. Je me souviens d'un 1er mai, rue des Pyramides, où nous nous sommes trouvés face à des travailleurs révolutionnaires qui nous jetaient des pierres. Ils étaient peu nombreux, une quarantaine à peu près. Le 12e cuirassier composé de paysans bretons qui parlaient à peine le français, ne risquaient pas de fraterniser. C'était pour cela qu'on nous appelait [14]. »

Grèves et 1er mai révolutionnaire sont deux choses, le 1er mai 1906 a été chaud, les choses s'étaient beaucoup apaisées en 1913 et 1914, une règle du jeu s'était établie entre manifestants et service d'ordre. Et pourquoi appeler à la rescousse un régiment de la périphérie ?

À ces questions, il n'y a qu'une réponse certaine : le cavalier, brigadier, maréchal des logis Destouches n'était pas un révolté. Monté sur son grand cheval, il joue le rôle qu'on lui assigne, sans doute beaucoup plus soucieux qu'une pierre, un cri n'effarouche sa monture et ne le jette à terre, beaucoup plus conscient du ridicule que de l'anarchie ou de la révolution.

Il se souvient aussi d'une revue de Longchamps où il a aperçu Poincaré tout petit, tout noir « le petit zan tout noir » sous le dais. Poincaré a remplacé Fallières en février 1913, Destouches a pu participer à deux de ses revues, c'est la seconde, bien sûr, le président saluant ceux qui vont mourir, qui a valeur de symbole : simulacre de charge, arrêt brutal devant la tribune, démonstration de l'*élan* avec lequel toute la cavalerie va se ruer sur l'ennemi héréditaire.

Tout cela, anecdotes, images, s'imprime dans la mémoire du cuirassier de vingt ans. Sébastien Faure, la duchesse, le comte Potocki (qui devient peut être Orloff), cette richesse écrasante voisinant avec la protestation anar sous l'égide de la République, restent à la disposition de l'imaginaire (fiction, correspondance, « idées »). Celui qui n'a vu que des costaudes sur la « levée de terre » qui évoque le bastion et n'est mentionnée que par lui, n'a pu que s'intéresser au sort de Sébastien Faure, le grand anarchiste à la voix d'or.

La guerre va tuer La Ruche. Le droit de réunion étant suspendu, Sébastien Faure doit renoncer à ses tournées de conférences. Les ateliers de la communauté ferment, les ruchards étrangers sont arrêtés ou expulsés. L'État verse à Faure une allocation pour les enfants mis à sa charge du fait de la guerre. Faure a eu une entrevue avec Malvy ; le ministre de l'Intérieur propose un modus vivendi, qui concilie effort de guerre et pacifisme. Cette allocation – versée d'avril 1916 à février 1917 – prend aux yeux de Léon Daudet l'aspect d'une subvention au défaitisme. La campagne de presse que mène Daudet va conduire Malvy en Haute Cour quand Clemenceau sera aux affaires.

La communauté vivote et pratique « sans vergogne le braconnage » (Lewin). Les gendarmes admonestent les ruchards et leur demandent de ne pas tirer de coups de feu qui affolent le voisinage. Les adultes trouvent de l'emploi à l'extérieur, les enfants qui ont une famille proche lui sont rendus. En février 1917 après un hiver rigoureux la quinzaine d'enfants qui restent doivent partir et Faure annonce la fermeture de son œuvre d'éducation « à cause de la guerre maudite » (*Ce qu'il faut dire*, mars 1917). Chronologiquement, cette agonie de La Ruche et de sa troupe d'enfants à demi abandonnés et livrés à la maraude suit donc l'engagement de Ferdinand. Dans *Mort à crédit*, la débandade du « Familistère » le précède. En tout cas, le souvenir de Sébastien Faure nourrit l'hybride Courtial des Pereire.

Malvy contraint à la démission, Sébastien Faure est victime de ce que son biographe appelle « une sale affaire ». Le dimanche 23 septembre 1917, à la sortie d'un meeting pacifiste tenu malgré l'interdiction de la préfecture à la maison des syndicats rue de la Grange-aux-Belles, Sébastien Faure est pris en filature par deux inspecteurs de la Sûreté. Après avoir déjeuné chez des amis à Montmartre, il flâne sur les fortifs, puis se rend à une kermesse de la porte de Clignancourt. Croisant une fillette qu'il connaît, il échange quelques mots avec elle, se mêle à la foule et va d'un attroupement à l'autre. A 4 heures pile (il vient de regarder sa montre) une femme l'interpelle bruyamment, le traitant de satyre. Elle dit l'avoir vu palper les rondeurs de plusieurs filles très jeunes. Deux agents surgissent et l'entraînent au poste, dans le brouhaha, Faure entend mentionner les hommes de la Sûreté. Six témoins se présentent spontanément, trois hommes, trois femmes dont une couturière qui identifie la petite fille à qui Sébastien Faure a parlé. Elle est elle aussi amenée au commissariat. Ensuite chacun rentre chez soi. Faure va se mettre à l'abri chez des amis en province, il y tombe malade (une congestion pulmonaire). Lorsqu'il est rétabli, il apprend qu'il a été condamné, par défaut, à deux ans de prison pour outrage public à la pudeur. Vivant sous un faux nom, il est arrêté le 11 janvier 1918 à Marseille. Rejugé, il est condamné à six mois de prison – qu'il accomplit.

La presse nationaliste avait dans ses débuts exploité le scandale, ensuite elle se désintéresse de ce que Roland Lewin appelle « une affaire trouble et troublante ». Présent à Paris, Louis Destouches n'a pu ignorer les problèmes de l'ancien directeur de La Ruche, ils n'ont pu que colorer ses souvenirs. D'autant plus qu'en 1921 Sébastien Faure est à nouveau accusé de détournement de mineure. Louis Lecoin y voit pour sa part une nouvelle provocation policière et présente la plaignante comme une fausse ingénue racolant même au palais de Justice. Le biographe parle, lui, de dédoublement de la personnalité : angélique à La Ruche, Sébastien Faure se déchaînait à Paris.

Céline, qui connaissait les mœurs supposées du président Fallières réputé par ailleurs bon père et bon époux, ne pouvait que « miraginer » le comportement de Faure entre fillettes et « bourriques ».

Contrairement aux autres « ploucs », le cuirassier Destouches ne pense qu'à ça, mais comme eux, il assume son service, devenu une routine moins astreignante qu'il le dit et coupée de permissions. Entraînement des hommes et des chevaux, gardes, déplacements, patrouilles, revues.

Depuis 1911 et surtout depuis la loi qui rétablit le service de trois ans, la cavalerie, reine des batailles, s'est beaucoup renforcée. La remonte, particulièrement difficile pour les cuirassiers [15], est renouvelée à partir de pur-sang. Ils représentent la moitié des contingents livrés en 1912.

Le 1ᵉʳ octobre 1913, vingt mille chevaux de renforcement sont répartis en sus des contingents normaux entre les régiments. Le réarmement s'opère sur tous les plans, de la marine à la révision des instructions sur la conduite des unités, il passe par la cavalerie, lourde et légère. La défaite de 70 lui est attribuée. On la renforce et on s'interroge sur son organisation, son équipement, son armement. On modifie, on tâtonne, on s'affronte entre partisans de la tradition et de la nouveauté à travers des règlements et des questions de bouton.

Au 12ᵉ cuirs, la tunique (bleue aux pans doublés de garance se relevant à cheval pour former retroussis) est modifiée en 1879, elle devient ample, en 1883, et elle est raccourcie. Le manteau, gris de fer, devient bleu, puis de nouveau gris de fer. Le pantalon, garance, est remplacé vers 1905 par la culotte et les houseaux. Le casque est aussi modifié. La cuirasse est supprimée en 1880 dans les régiments pairs, ils reçoivent aussi la carabine au lieu du revolver. En 1883, on leur rend la cuirasse et le revolver, mais la carabine revient en 1891 avec un modèle dernier cri (1890!). Le cavalier la porte dans un étui en cuir suspendu à droite de la selle. Les sous-officiers et les officiers gardent le revolver, ce n'est qu'un appoint au sabre. Si on ajoute que la schabraque, le porte-manteau, la croupière et le poitrail sont supprimés, on a une idée de l'effort de réflexion et de préparation à la guerre nouvelle.

Les missions n'ont pas changé. Il s'agit de recueillir des renseignements en éclaireur et de profiter de la rapidité de l'animal : « L'attaque à cheval et à l'arme blanche qui seule donne des résultats rapides et décisifs est le mode d'action principal de la cavalerie », dit le règlement de 1912. Le combat à pied n'est envisagé que lorsque l'emploi du cheval se révèle impossible.

Quand le roi Christian X et la reine du Danemark viennent en visite officielle en France, on organise pour eux une prise d'armes à Satory avec « charge en fourrageur devant la tribune officielle ». La photographie de *L'Illustration*, prise des tribunes, montre un déploiement de poussière qui, pour le profane, est celui d'une fantasia; c'est une démonstration de force. Une cavalerie dotée de vingt mille chevaux supplémentaires, avec cinquante-huit régiments de corps ou endivisionnés (c'est le cas des cuirassiers), soit six régiments par division, ne peut que gagner. Avis aux neutres.

La mobilisation n'est pas la guerre

La guerre n'est pas pour demain. L'assassinat de François-Ferdinand, héritier de la couronne d'Autriche, le 28 juin 1914, par un Serbe à Sarajevo est certes un événement et *L'Illustration* lui fait une place importante entre l'ouverture de gouffres dus aux orages dans le quartier Saint-Augustin et le bal des Pierreries offert par le duc et la duchesse de Gramont (numéro du 11 juillet), mais en quoi peut-il concerner la France?

Les Destouches s'intéressent certainement plus à la vente de la fabuleuse collection Wallace, rue Laffitte, à Jacques Seligmann pour la somme inouïe de 7 millions.

On sait comment, par un effet de dominos diplomatiques, la Russie finit par déclarer la guerre à l'Allemagne et l'Allemagne à la France, le 2 août.

Le 4, les hostilités sont ouvertes.

Dès le 31 juillet à 18 h 30 une dépêche est parvenue au 12ᵉ cuirassiers. C'est l'ordre de partir comme couverture pour... la suite est barrée. Ainsi commence le « Journal des marches et opérations » qui permet de suivre jour par jour les évolutions du régiment.

Le maréchal des logis Destouches appartient au 2ᵉ escadron commandé par le capitaine Loche, le lieutenant de Saint-Germain et l'adjudant-chef Feraudon, chef de peloton. Est-ce un escadron de service ? Il n'a qu'un lieutenant, les autres escadrons trois ou quatre, ce qui est la norme.

Destouches est l'un des quarante-neuf sous-officiers que compte ce régiment de six cent trente-deux hommes (nombre de montures). Il reçoit la « haute paye » : 1,20 + 0,40 franc par jour.

Dès qu'est parvenu à Rambouillet cet ordre de mobilisation, il rédige une lettre à l'intention de ses parents : « Nous partons demain matin à 9 h 12 pour Étain dans la plaine de la Vœuvre. » L'orthographe indique une transmission orale, un mot, une conversation entendus.

Bon fils, Louis annonce à ses parents qu'il les préviendra par télégrammes « des menus incidents de la route ». Il ne croit pas, ajoute-t-il, qu'il y ait un engagement avant quelques jours.

Tout le monde est tranquille, un brusque silence a succédé à la surexcitation. « Quant à moi, je ferai mon devoir jusqu'au bout et si par fatalité je ne devais pas en revenir... Soyez persuadés pour atténuer vos souffrances que je meurs content et en vous remerciant du fond du cœur [16]. »

On imagine les larmes, rue Marsollier, la fierté à ce noble langage et la lettre qui circule ; tout le monde rêve encore. Le lendemain, le régiment défile à travers les rues de Rambouillet, acclamé par la population. À 9 h 12, l'état-major et le 1ᵉʳ escadron s'ébranlent avec le premier convoi. Louis Destouches est du second. Il arrive le lendemain matin à Sorcy-sur-la-Meuse. C'est le premier jour de la mobilisation. Une proclamation de Poincaré le dit : la mobilisation n'est pas la guerre.

Sur la Meuse

Le dispositif de couverture associe infanterie (à dix kilomètres en retrait de la frontière) et cavalerie. Il ne dépasse pas au nord la frontière du Luxembourg. La 7ᵉ division, dont fait partie le 12ᵉ cuirs, fait face à Metz et Nancy, allemands, dans le plat pays industriel.

Le 4 août, la guerre est formellement déclarée entre la France et l'Allemagne. Dès le 7 août, le régiment qui va d'un cantonnement à l'autre perd son second, le lieutenant-colonel Virgile. Pour varices, écrit Destouches à ses parents. Il prévoit qu'il va en profiter pour obtenir de l'avancement se faisant ainsi l'écho d'une plaisanterie de corps dont il reprend l'argot : « il se bombera d'avancement ». Ces cavaliers de la lourde sont de grands enfants. Le Journal des marches est celui d'un jeu de piste : ils sont ici, ils partent là. C'est une bougeotte perpétuelle qui peut s'expliquer par le besoin de faire fourrager six cents chevaux. Les réveils ont lieu à l'aube, 5 heures, 3 heures, quand il y a mission. Il faut panser les chevaux, réunir le barda. Chaque cavalier transporte réglementairement cent cinquante kilos d'armes, de provisions et d'équipements.

Les repos sont relativement fréquents. Aucune opération le 9 août, le 12, le 15, repos les 19 et 20 août. Du cantonnement, le 9 août, Destouches envoie à ses parents une manière de rapport qui garde le ton héroïque des adieux de Rambouillet : la région est infestée de troupes, les pentes garnies de tranchées et le soir la plaine de la Woëvre inondée du feu des forts « sans que cela éclaircisse la situation qui nous apparaît fort ténébreuse [17] ». Comme il dit que le canon n'a pas encore tiré, il faut imaginer que ces feux sont ceux des projecteurs. Ces illuminations qui n'éclairent rien sont une plaisanterie dans le ton du passage.

Il ne s'est pas déchaussé depuis son départ et il suppose qu'il en sera ainsi pendant toute la campagne. Celle-ci sera courte, tout le monde le croit et on l'espère pour lui, sans voir pourquoi il ne profite pas des cantonnements pour mettre ses pieds hors des bottes, à l'air ou dans l'eau.

Le 22 à 8 heures « le régiment fait un bond sur Malavillers ». Une heure et demie plus tard alors qu'il s'est éloigné de la localité, il peut la voir bombardée par l'artillerie allemande. L'infanterie ennemie débouche et le régiment se replie sous des feux qui ne l'atteignent pas. Le lendemain, marches et contremarches se succèdent pour éviter les tirs des canons ennemis.

Le régiment tient son premier héros, le capitaine de Malmusse (donné dans les états comme lieutenant). Blessé à la jambe droite le 18, il a continué son service. Il est de nouveau atteint à la même jambe par une balle qui blesse grièvement son cheval. Pansé à Nauroy-le-Sec, le capitaine de Malmusse continue sa mission et « rentre au Régiment l'ayant bien remplie ».

Le 24, la division veut tenter une attaque sur le flanc gauche de l'ennemi mais arrive trop tard à Parfondrupt « pour y rien tenter ». Elle bivouaque sur place. Ce jour-là le maréchal des logis Le Conte, ayant été chercher à la gare d'Étain des ferrures (fers à chevaux), arrive, au moment du bombardement. Il reçoit un éclat d'obus dans la fesse. On imagine qu'il s'est jeté à terre, on imagine aussi les plaisanteries des copains. « On dut abandonner deux caisses, note le Journal des marches, et le cavalier de corvée (de Moor) ne reparut pas. » Et puis il est retrouvé.

Le 25 août, on est en selle à minuit et on attend toute la nuit. À 6 heures, on va à la rencontre des voitures de ravitaillement automobiles, preuve que le xxe siècle était en train de rattraper la cavalerie. Redépart à midi en appui de l'infanterie qui attaque Conflans mais des obus et un contrordre amènent le régiment à se retirer à Mézeray.

Ainsi passent les jours, en alertes, déplacements, replis et repos. La chaleur est très forte. Le 29 août, un brigadier, cinq hommes et dix-sept chevaux sont évacués. Le régiment reçoit un nouveau lieutenant-colonel, il s'appelle Limbourg.

Le 1ᵉʳ septembre, « l'Armée française se repliant vers le sud, la 7ᵉ division de cavalerie doit protéger sa retraite », note sobrement le Journal du 12ᵉ.

La réalité de la guerre pénètre la routine de cette vie de champ de manœuvres où hommes et bêtes circulent et campent selon des évolutions dont le sens leur échappe.

Les engagements sont rares. Le 8 septembre, le lieutenant de Saint-Germain du 2ᵉ escadron, celui de Destouches, est envoyé reconnaître le bois Dupuy au nord-ouest de Rimbercourt. Le cavalier Dupuis est tué au cours de cette reconnaissance. C'est le premier mort du régiment après un mois de guerre. Ce même jour le colonel Blacque-Belair est évacué pour maladie, il est remplacé jusqu'à son retour, le 23 septembre, par le lieutenant-colonel Limbourg.

L'alerte la plus sérieuse a lieu le 10 septembre quand le régiment fait mouvement dès 3 heures du matin pour couvrir avec toute la division la retraite du 6ᵉ corps qui se replie faute de munitions après avoir subi de grosses pertes.

S'étant avancé en direction de Neuville-en-Verdunois, le régiment n'a d'ailleurs pas à intervenir. Dans la nuit, il arrive à Ham-sur-Meuse où il est au repos le lendemain.

Le 12, le mouvement des forces ennemies a été arrêté et le 12ᵉ part dès l'aube pour une marche qui l'amène à 11 heures du soir sous les forts de Verdun « ayant pu ainsi se glisser, sans être éventé entre l'Armée principale et les troupes venues assiéger le fort de Troyon ». Cette marche forcée a crevé les chevaux et les hommes, les uns figurativement, les autres littéralement car le Journal note : « Nous laissons un grand nombre de chevaux morts sur la route. »

D'où le repos des deux jours suivants. C'est dans ce contexte que s'inscrit la lettre apocalyptique envoyée par Louis Destouches à ses parents :

« La lutte s'engage formidable, jamais je n'ai vu et verrai tant d'horreurs. [...] Nous dormons à peine trois heures par nuit et marchons plutôt comme des automates mus par la volonté instinctive de vaincre ou de mourir. Pas de nouveau sur le champ de bataille presque sur la même ligne de feu depuis trois jours les morts sont remplacés continuellement par les vivants à tel point qu'ils forment des monticules que l'on brûle et qu'à certains endroits on peut traverser la Meuse à pied ferme sur les corps allemands de ceux qui tentèrent de passer et que notre artillerie engloutit sans se lasser [18]. »

L'image est frappante. Peut-être destinée à tenter l'illustrateur, elle défie tranquillement la vraisemblance : ces corps engloutis qui font barrage auraient pour le moins fait déborder le fleuve. Ce bobard est une anticipation curieuse des combats d'extermination qui se mèneront bien plus tard à Verdun.

Nouvelle mission, vers l'avant et Étain. Le 16 septembre, le régiment envoie « trois patrouilles de sous-officiers ». Le maréchal des logis a pu participer à l'une d'elles. Celle qui est commandée par l'aspirant Charane rencontre des uhlans et l'aspirant tue l'un d'eux. L'après-midi, le 2ᵉ escadron et 1/2, commandant Charanne de Dalmassy (même patronyme que l'aspirant), reçoit l'ordre de fouiller la forêt de Spincourt et d'autres bois alentour, et d'en chasser les éléments ennemis. Tous les escadrons semblent participer à cette partie de cache-cache guerrière où les cuirassiers Marcadet, Heurtebise et Roger sont blessés par balles. Le dépôt envoie le même jour un renfort de dix-huit hommes, et le 20 un autre de cinq maréchaux des logis, treize brigadiers, cent trente et un cavaliers et cent soixante-treize chevaux ainsi que le lieutenant de réserve Le Coutteux affecté au 2ᵉ escadron, celui de Destouches.

Le lendemain, l'intrépide capitaine de Malmusse tombe sur l'ennemi alors qu'il croyait rencontrer des troupes amies. Le gros du régiment entend les coups de feu qu'on tire sur lui à chaque carrefour des bois. Un maréchal des logis est tué. Malmusse et ses hommes doivent abandonner cuirasses et chevaux. Ils mettront quarante-huit heures à regagner un peloton du 29ᵉ dragons et ils rejoignent le régiment à Saint-Mihiel.

Le lendemain, au cours d'une autre reconnaissance, le lieutenant de Saint-Germain, du 2ᵉ escadron, est porté disparu. Il donnera de ses nouvelles, un mois plus tard, du camp d'Ingolstadt en Bavière.

Le capitaine de Malmusse se sort d'une nouvelle situation épineuse et il est recueilli cette fois par le 12ᵉ dragons. Abrité dans le bois Noël, le régiment assiste à des bombardements « effrayants » de forts à forts. Tout devient une affaire d'artillerie.

Le 2 octobre, le 12ᵉ cuirs rembarque en quatre trains à la gare où il était arrivé deux mois plus tôt. Il a eu six disparus et deux tués sur six cent cinquante hommes. C'est précisément parce que le secteur est jugé calme qu'il est transféré vers les Flandres, au-delà de la poche d'invasion qui avance jusqu'à Noyon.

La guerre des Flandres

Le 2ᵉ escadron a embarqué le 2 octobre à 4 heures de l'après-midi dans le deuxième train du convoi qui, par Troyes, Juvisy, Versailles, Sotteville-lès-Rouen, Abbeville, Calais et Hazebrouck arrive à Armentières à 10 heures du matin le 4 octobre, soit deux nuits en wagon.

De Juvisy, Louis Destouches expédie une carte à ses parents : « Je vois la Tour Eiffel nous partons nous battre ailleurs [19]. »

Leur mission (le savent-ils ?) est de couvrir le débarquement des troupes britanniques menacées par des unités de cavalerie allemande. La 7ᵉ division dont fait partie le 12ᵉ cuirassiers est opposée au IVᵉ Corps allemand commandé par le général von Hollen, arrivé lui aussi de Lorraine.

La 6ᵉ et la 7ᵉ division tiennent, dès leur débarquement, un front de quarante kilomètres que défend l'obstacle de la Lys. Le 2ᵉ escadron cantonne avec l'état-major du régiment à Houplines.

Dès le 4, il monte à cheval en direction de Frelighen et du Touquet où de la cavalerie allemande est signalée. Deux pelotons surprennent effectivement deux escadrons ennemis dans Le Touquet. Ils les dispersent, font des prisonniers et capturent des chevaux.

L'attaque allemande sur la Lys a lieu le 5 octobre. Le 1er escadron se replie, un homme est tué. Le 2e défend les passages de la Lys vers Houplines (nord d'Armentières). Le 6, les ponts sur la Deule sont repris. Un escadron pousse une reconnaissance vers Comines à la frontière belge. Le 2e escadron garde les ponts sur la Lys. Le 8, il occupe la position du bout du monde. Le lieutenant Jozan, du 4e, stationné à Houplines, celui dont il était question dans le carnet noir, est blessé ce jour-là dans une reconnaissance ; le trompette réserviste Chaligné y est tué d'une balle dans la tête.

On a rapproché cet épisode d'un passage du *Pont de Londres* (GB II) où le narrateur raconte comment il a sauvé son capitaine en le traînant par les cheveux sous un nuage de balles. Le sauvetage héroïque du lieutenant Jozan n'est pas mentionné au Journal des marches, le lieutenant du 4e est à Houplines et le maréchal des logis Destouches du 2e au « bout du monde ». Il paraît donc difficile de créditer Louis Destouches de ce méritoire sauvetage de son ancien « persécuteur » de Rambouillet, d'autant plus que dans la lettre qu'il envoie à ses parents dans la même période il n'en est pas question : « Je vous écris d'un pays presque étranger où l'on ne parle que le flamand, après plusieurs journées malheureusement orageuses, nous avons eu la victoire mais nous déplorons la perte de plusieurs d'entre nous... pas mal de nos pauvres camarades continuent quand même et vaincrons (*sic*) sûrement [20]. »

« Sûrement ». Avec le trompette Chaligné, le régiment compte son troisième mort et il a eu trois blessés à ce jour.

Mais la bataille réelle s'annonce. Le 9, le régiment est mis en alerte, il part en direction d'Armentières. Il met pied à terre à Pontlogy à 11 heures. À 13 heures, il se porte à la station de Laventie. Il organise sa défense au bois de Biez (le 2e escadron est en réserve). Le 10, double repli devant l'infanterie et l'artillerie ennemies. Le 2e escadron fait alors la liaison au nord avec le 11e cuirassiers, sur la ligne Richebourg – Saint-Vast à Richebourg-l'Avoué. « Le 2e escadron en organise la défense au centre – les cyclistes à gauche, le 11e cuirs à droite. »

Le lieutenant Feller (2e escadron) rentre de reconnaissance à la nuit. Il a surpris un peloton allemand en train de faire boire ses chevaux dans la Lys à Armentières. Il ramène dix-huit chevaux de cavaliers tués ou blessés.

L'état-major, le 1er et le 2e escadron cantonnent dans une ferme à l'est de la Couture.

Le 11 octobre, c'est l'attaque, « sans résultats appréciables ». Le cuirassier Jouan est tué d'une balle en Schrapnel (obus bourré de balles dont l'emploi – et l'orthographe – sont nouveaux). Un brigadier est blessé dans la région du cœur, quatre cuirassiers sont blessés par schrapnels, deux autres par balles.

Le 12, le régiment est remplacé par des cavaliers et fantassins anglais.

Le 14, il met à nouveau pied à terre pour l'attaque de Pont-Michon. « Le 2e escadron marche en deux fractions, soutien d'artillerie. » Le combat très violent dure toute la journée : un disparu, un officier et deux cuirassiers blessés, dix chevaux tués ou blessés.

Dans cette période d'adaptation aux nouvelles conditions de guerre, marquées par la supériorité du feu (des fantassins contre la cavalerie et de l'artillerie contre tous), les chevaux restent encore tout près des cavaliers mis à terre. On va ensuite les cantonner à l'arrière et organiser des roulements de garde.

Le 15, le régiment est relevé et reçoit en renfort un brigadier, cinq hommes et dix-huit chevaux. C'est un échange standard.

En Belgique

Le 7 octobre, le roi des Belges a décidé d'évacuer Anvers pour éviter la capitulation et son armée fait retraite vers l'Yser. Une nouvelle force allemande l'assaille, cherchant à l'isoler. C'est la course à la mer, elle va durer trois semaines.

Le 15 octobre, la 7ᵉ division est envoyée vers Ypres. Le 16 à 7 heures du matin, le 12ᵉ cuirs « entre dans la colonne de la division ». Il cantonne à Westela. Le 17, il coopère à l'attaque d'Houthulst. Le 18, en marche dès 7 heures, il arrive à Staden vers midi. À 14 heures, le 2ᵉ escadron pousse jusqu'à Getsberg. Trois hommes sont évacués, trois chevaux sont tués. Deux aspirants et un adjudant sont nommés sous-lieutenants.

Le 19, devant la poussée de l'infanterie allemande, le régiment fait retraite sur Stadenberg et Poelkappelle dans un cantonnement encombré de Belges et d'Anglais. Un lieutenant et trois cuirassiers sont blessés.

Le 20, dès l'aube le combat recommence. Devant « des forces très supérieures » le régiment se retire vers Poelkappelle et Langemark où il cantonne. Le lendemain il couche à Kordekeek. Un maréchal des logis est nommé sous-lieutenant tandis qu'un lieutenant est évacué pour accident. C'est le second depuis quelques jours (chutes de cheval?). Quatre hommes, quatre chevaux sont évacués et trois chevaux tués à l'ennemi.

Le 22, « les escadrons disponibles » prennent part à l'attaque de Bischoote. Le 4ᵉ (capitaine d'Humières) se distingue en restant sur ses emplacements au moment d'un repli. Le régiment reçoit cinq hommes et en évacue deux.

Le 23 à midi, la division est portée à la ferme de Vauvenbergen et y reste jusqu'au soir.

Le 25, le rassemblement a lieu à 16 heures. Il s'agit de couvrir le 66ᵉ d'infanterie qui attaque Poëlkappelle. Un escadron du 12ᵉ cuirs occupe les tranchées avec les territoriaux.

Le 26, les escadrons de tranchées sont relevés et « toute la brigade attend que les 66ᵉ et 125ᵉ d'Infanterie aient enlevé Poëlkappelle ». Les escadrons cantonnent dans les fermes.

Le journal du 26 signale qu'un maréchal des logis, six hommes et dix-sept chevaux sont évacués.

Il s'agit de Louis Destouches.

Le 27 tandis que le capitaine d'Humières est porté à l'ordre de la division, « le maréchal des logis Destouches du 2ᵉ escadron est porté à l'ordre du régiment avec le maréchal des logis Berthelot, le brigadier Fleurentin, le cavalier Magalon, le cavalier Chouquet, les cavaliers Breguin, Paps (?), Dinis, Jouanne, Lehaye, Pavard, Le Bastard, Ganher, Le Léaume, Picard et le trompette Pahon du 3ᵉ escadron pour avoir assuré les liaisons avec les 66ᵉ et 125ᵉ d'infanterie pendant les journées des 26, 27 et 28 octobre dans des conditions particulièrement dangereuses. Ils sont rentrés au régiment avec la mention du chef de bataillon, commandant le 66ᵉ régiment d'Infanterie : « Ils se sont conduits comme des héros. »

« Le colonel leur adresse des félicitations sans s'étonner autrement d'un courage et d'un dévouement dont le régiment lui a donné tant de preuves depuis le commencement de la guerre. »

Le code de bonnes manières militaire veut qu'on couvre de lauriers les autres mais qu'on reçoive les louanges avec réserve et comme de l'étonnement.

Blessé

Ayant fait sept kilomètres à pied pour trouver une ambulance, le bras passé dans sa ceinture en baudrier, le maréchal des logis Destouches monte dans un convoi de blessés qui va d'Ypres à Dunkerque. À Hazebrouck, il en descend, la douleur est devenue trop vive.

À partir de ce moment, il prend son destin en main, il échappe à l'organisation militaire. Un *officer* anglais lui indique la direction d'une ambulance de la Croix-Rouge où on le panse. Il alerte immédiatement ses parents et ils réussissent à venir le rejoindre à Hazebrouck, dans la zone des Armées.

Quand ils arrivent, la balle vient d'être extraite. Leur fils a refusé qu'on l'endorme, comme il a refusé la morphine. Il tient à être conscient, à savoir ce qu'on lui fait.

Le médecin de la Croix-Rouge est rassurant, il garantit que le bras retrouvera sa mobilité mais le blessé est, d'après son père, en état de surexcitation nerveuse : « Il ne dort qu'une heure par-ci, une heure par-là et se réveille en sursaut baigné de transpiration » (lettre de Fernand à son frère Charles). « La vision de toutes les horreurs dont il a été témoin traverse continuellement son cerveau »... « la mort de plusieurs bons camarades l'a particulièrement affecté. » Avec l'ingénuité de l'arrière, Fernand écrit : « il explique que cette camaraderie des champs de bataille est plus profonde qu'on ne peut l'imaginer » et il transcrit la lettre que lui envoyée le major (rédacteur) du régiment.

Écrivant à Nimier et inspiré par sa lecture du *Hussard bleu*, Céline disait, parlant de ses camarades : « Je les ai vus foncer à la mort sans ciller – les 810 – comme un seul homme et chevaux – une sorte d'attirance – pas une fois – dix! comme d'un débarras [21]. » Près de trente ans après on entend encore sa surprise. Repensant à ces combats, en Afrique, et dénonçant la « tricolorine », il déclare le courage fait d'inconscience [22].

Lui, c'est tout le contraire, son courage a consisté à tuer l'imagination, il est fait d'orgueil. Maintenant, loin du groupe, ce qu'il a vécu revient : « Tout ce qu'il a vu sous ses yeux », comme l'écrit Fernand, les occasions que la mort a manquées, c'est alors qu'il sent la peur. Il s'agira de ne plus se laisser reprendre. Pour lui la guerre est finie. Quelles que soient les bonnes paroles, l'optimisme des médecins, sa blessure est sérieuse et même grave, il y tient.

Le capitaine Schneider, écrivant à Fernand pour lui annoncer la blessure de son fils, le rassurait : il n'y avait pas de fracture. Il lui disait aussi qu'il ne savait pas encore vers quelle destination on l'envoyait mais qu'il lui écrirait sans doute prochainement. Il parle du *courage* de leur fils que, depuis le début de la guerre, « on trouve partout, c'est son bonheur ». Ainsi, comme les bons collèges, le régiment garde l'adresse des parents, la personne à prévenir et le capitaine Schneider, de repos le 30 octobre, envoie des lettres rassurantes et patriotiques aux parents des blessés, les familles d'Humières, Destouches, Magalon, Chouquet et autres.

La guerre a duré trois mois pour Louis Destouches. Les derniers jours mis à part, c'était encore une guerre à l'ancienne, une continuation de 70. Mais, dès le mois d'août, *L'Illustration* a publié des photographies de chevaux morts bordant une route de Belgique : une colonne de cavalerie allemande fauchée à la mitrailleuse par des cyclistes belges. Tout le monde a compris la vulnérabilité de la reine des batailles (22 août). À partir d'octobre, on renvoie les chevaux à l'arrière, on échange les carabines contre d'autres munies de baïonnettes, on met pied à terre définitivement et « on renforce le dispositif de défense », c'est-à-dire qu'on s'enterre.

La bonne blessure

La balle logée dans le bras droit a été extraite par un civil, le docteur Senellart. Moins optimiste que son confrère militaire, il relève, lui, une fracture et une paralysie des extenseurs qu'il juge définitive.

C'est à la fois une bonne et une mauvaise nouvelle, dans l'immédiat une très bonne. Louis Destouches passe un mois au collège Saint-Jacques qui abrite l'hôpital de la Croix-Rouge. Ses parents sont repartis mais il fait l'objet des soins attentifs d'une infirmière major à laquelle la rumeur locale attribue une fille née de ces relations [23].

Repartie pour Paris, la famille ne reste pas inactive : le 1er décembre, grâce à l'intervention de l'oncle Georges, secrétaire général de la Faculté de médecine, le blessé est transféré au Val-de-Grâce.

Le 4 décembre, le capitaine Schneider peut annoncer à Fernand que son fils reçoit la médaille militaire et le colonel envoie cette médaille au maréchal des logis avec une belle lettre d'accompagnement : « Je suis désolé que votre blessure soit aussi grave. Espérons néanmoins que les conséquences ne seront pas celles que vous craignez, et qu'après la guerre en vous soignant vous pourrez vous rétablir complètement [24]. »

Louis Destouches a donc écrit, s'est montré pessimiste et a parlé de sa grave blessure, le colonel ne compte plus sur lui pour une guerre qu'il croit encore courte.

Le capitaine se voulait plus positif : la médaille a été obtenue, écrit-il au valeureux père, moins pour la blessure que pour le courage, « qu'il prenne tout son temps pour se guérir – la campagne n'est pas finie [25] ». Moloch réclame ses enfants.

L'arrière

À l'hôpital, l'arrivée de la médaille est l'occasion d'une petite cérémonie entre camarades de salle. Louis Destouches s'est fait un ami, un sergent, Albert Milon, bon vivant et champion de la longue blessure. C'est son premier ami, il restera lié avec lui.

Il se fait photographier médaille pendante dans les jardins du Val-de-Grâce, la tête enveloppée d'un pansement. Il sera plus tard question d'un traumatisme dû à une explosion d'obus ou à un choc. Cela va engendrer la légende d'une trépanation dont Céline crédite Bardamu et, en vertu du postulat Bardamu-c'est-l'auteur, voilà Céline trépané. Vers 1970, un témoin proche me décrivait les dimensions du trou dans la tête : la grosseur d'un poing (de femme). La légende avait pourtant été détruite par la publication par Jean Ducourneau du dossier médical du maréchal des logis Destouches (*Œuvres complètes de Céline*, éditions Balland) mais elle a la vie dure. Le pansement dont le blessé du Val-de-Grâce s'entoure la tête peut être dû aussi bien à une rage de dents qu'à des malaises analogues à ceux dont se plaindra Céline, ces bourdonnements attribués successivement à la quinine, à une otite, à la tension, aux migraines et dont l'apparition et l'intensité dépendent des circonstances.

Autre contribution à la légende future, la publicité faite par une publication parisienne, *L'Illustré national*, à l'exploit de Poelkappelle. Ce dessin, signé H. Jarrier ou Éd. Carrier, montre le cuirassier au galop, visage tourné vers deux Allemands qui, silhouettes dans la plaine, tirent dans sa direction. La sacoche des dépêches vole au vent, un obus éclate en l'air, un autre derrière le cavalier, les arbres sont en lambeaux. Au-dessous, en légende, un texte inspiré de la citation et que développe le dessin : « Le maréchal des logis Destouches, du 12e régiment de cuirassiers, a reçu la médaille militaire pour s'être offert spontanément (alors qu'il était en liaison entre un régiment d'infanterie et sa brigade) pour porter sous un feu violent, un ordre que les agents de liaison d'infanterie hésitaient à transmettre. Après avoir porté cet ordre, il fut malheureusement grièvement blessé au retour de sa mission. »

La page porte en surtitre : « Histoire anecdotique de la guerre mondiale » et le numéro de page : « 16 ».

Fernand, s'il n'est pas l'auteur direct, l'a suscité, décrivant les circonstances du glorieux fait d'armes ou en fournissant, au minimum, le texte qui recrée la chevauchée héroïque.

Or, il est au moins douteux que Louis Destouches ait accompli sa mission à cheval. Le 12ᵉ avait mis pied à terre et organisé sa défense, il servait d'appui et de réserve à l'infanterie enterrée en première ligne. Écrivant d'Afrique, à Simone Saintu, Destouches, toujours sensible aux dates, célèbre à sa façon l'anniversaire : « Il y a aujourd'hui très exactement deux ans que je fus amoché, un peu plus du moins. Je me rappelle qu'à ce moment entre la première ligne de tranchée et le poste de commandement, il n'y avait pas de boyaux, à la nuit tombante on pouvait ainsi chercher pendant des heures, à l'aveuglette, le poste de commandement qu'aucune lumière ne révélait naturellement. On appelait ça garder les vaches. C'est en gardant les vaches que je fus numéroté [26]. » Qu'aurait fait le cavalier d'un boyau ? Mis à pied, il erre dans la nuit à la recherche du poste de commandement auquel il doit transmettre des instructions ou des renseignements, une balle le frappe au bras par ricochet.

Le brevet d'héroïsme que constitue le dessin de *L'Illustré national* ressort pour la première fois à Sigmaringen, il a été conservé, retrouvé, emporté. La page arrachée au magazine porte au dos de la main de Céline les mentions : « extraits de *L'Illustré national*, Paris décembre 1914.

« Si j'avais su !

« LF Céline. »

Et sous le dessin une autre mention manuscrite : « cité à l'ordre du jour, médaille militaire, 2 citations [27] ».

Par la suite le document fait l'objet d'un montage, par insertion d'un médaillon contenant la photographie en grand uniforme de maréchal des logis que Louis Destouches, nouvellement promu, a fait faire en 1914. Il est placé sous le titre de la publication, donnant l'impression qu'il s'agit d'une première page et – à certains – de *L'Illustration* autrement prestigieuse que *L'Illustré national* qui n'est pas autrement connu et la confusion s'établira.

Fin décembre, le blessé est transféré dans un hôpital auxiliaire boulevard Raspail. Il refuse l'intervention qu'on veut faire sur son bras et il passe à l'hôpital de Villejuif, où le Pr Gosset pratique sur lui, le 19 janvier 1915, une opération destinée à réparer les troubles moteurs de la main par suppression d'un cal et suture du nerf radial sectionné.

L'opération réussit pleinement puisque le médecin-major recommande le 24 février trois mois de convalescence à Paris. Il devrait rentrer rue Marsollier. Ce n'est pas le cas, son dossier militaire indique qu'il est admis du 22 au 27 mars à l'hôpital militaire installé au lycée Michelet de Vanves pour y subir un traitement électrique destiné à rendre toute sa mobilité au bras. Ce genre de traitement fera plus tard l'objet de controverses : le soldat peut-il ou non le refuser ?

Au plus tard en mars, il profite de sa permission. Installé rue Marsollier, il circule en uniforme, médaille pendante. Pour le Paris de l'arrière la guerre est devenue une routine, d'autant qu'on s'aperçoit qu'elle risque de durer. Le front s'est stabilisé et une guerre d'usure a commencé. Le 13 mai 1915 le général Fayolle reçoit sa troisième étoile pour les succès obtenus. Sa division a certes perdu deux mille cinq cents hommes dont sept chefs de bataillon, mais elle a fait deux mille trois cents prisonniers plus un nombre indéterminé de morts et de blessés allemands[28]. Ce genre de comptabilité est devenu courant.

Les Folies-Bergère offrent un grand spectacle signé Marsan et Valentin Tarault : « En avant! – en hommage à nos poilus » auquel succède en avril « Hardi les poilus! ».

Les Bouffes Parisiens donnent *La Jalousie* de Sacha Guitry. L'auteur et Charlotte Lysès, son épouse, se retrouvent dans les mêmes rôles de mari et femme au théâtre. La pièce ouvre sur un long monologue : le mari est en retard, il a suivi une *petite femme* qui lui a coûté vingt-cinq louis, il se demande que raconter à sa femme, mais elle-même n'est pas encore rentrée...

Une photographie conservée aux archives Gallimard montre le maréchal des logis ganté, longue capote, képi légèrement de guingois, cigarette en main photographié à côté d'un panneau : « Défense de faire ni déposer aucune ordure. » Il rit la tête un peu penchée. C'est l'un des premiers clichés où on le voit rire. Le premier est pris à l'hôpital, il a mis sa capote à médaille, sur un pyjama trop petit, il éclate de bonheur.

Délégué du grand quartier général

Le 10 mai, il poste une carte postale d'adieu à l'oncle Charles : « Je suis l'homme des départs précipités aussi je te dis au revoir par carte, mon père t'expliquera. » Et il signe : « L. Destouches délégué du Grand Quartier général au Consulat de France, Londres, Bedford sq. Franchise postale. Économie. »

Il est sûr de son effet : délégué du grand quartier général! Nous n'avons pas les explications de Fernand, elles nous diraient pourquoi et comment les autorités militaires se sont avisées qu'elles avaient sous la main un sous-officier reconnu apte à servir dans un état sédentaire et parlant anglais qu'on pourrait utiliser à Londres. Pour tous ceux qui connaissent les processus des sélections militaires, cela tient du miracle. Ou de l'intervention. Il faut que quelqu'un, un papa publiciste, par exemple, ait fait valoir ces talents et cette disponibilité au bon endroit.

Arrivé à Londres avec deux médailles (la Croix de guerre s'est ajoutée à la médaille militaire) et son titre de délégué, Louis Destouches se fait un nouvel ami au Consulat. Georges Geoffroy a la même formation que lui, bijoutier, et le même emploi. Ils vont partager la même chambre.

Dans son témoignage à *L'Herne*, Georges Geoffroy a décrit leur fonction : donner l'avis militaire pour la délivrance des visas d'entrée en France. Il vient de la 8e division comme Destouches de la 7e. Par un effet littéraire, on a vu du mystère dans la vie de celui qui deviendra l'auteur de *Guignol's Band* et du *Pont de Londres*. Une photographie échevelée, le mariage d'un lieutenant des Touches avec une certaine Suzanne Nebout, les quais de Londres, la brume, les romans...

Les souvenirs du témoin rassis qu'est Geoffroy tempèrent le romantisme du souvenir et sa transposition fantastique. Reste le fait que Londres est l'endroit où se coupe pour la première fois le cordon ombilical avec la rue Marsollier, Fernand et Marguerite. Louis est libre de se livrer à ses instincts et ceux-ci le portent au plaisir. Plaisir de l'esprit, des yeux, de l'oreille, du sexe. Georges Geoffroy mentionne leurs « appétits féminins », formule contemporaine des « petites femmes » de Guitry. Entre son camarade et lui la complicité est totale : « Je t'ai montré souvent ma queue autrefois fort bandante, et j'ai vu la tienne en joliment gaillard état! Bravo! Jeunesse [29]! » On voit non seulement la liberté mais l'intimité dans la complicité.

L'aventure est au coin de la rue. Mata Hari, Hollandaise qui s'est découverte un beau jour danseuse orientale, demande un visa. Elle invite les deux garçons à dîner au Savoy. Les instructions sont de lui délivrer ce visa mais après quelques délais. Ceux-ci auraient été mis à profit. Le poteau de Vincennes, auquel la conduit plus tard l'hystérie jusqu'au-boutiste, donne à la rencontre une autre couleur.

Georges Geoffroy connaît une artiste, Alice Delysia. Il a aussi retrouvé à Londres un ami comédien, Aimé Simon Girard. L'uniforme et les décorations donnent accès gratuit au music-hall anglais, mélange de blagues, de chants, de danses, d'équilibrisme pour lequel Louis montre un goût très vif.

La colonie française de Londres compte un nombre respectable de petites femmes dont les protecteurs sont en rupture ou en attente de front. L'argent est facile, le milieu est généreux : « les maquereaux français étaient gentils pour nous », dit Geoffroy qui ne fantasme pas comme le fera Céline plus tard sur ce destin offert. Accepter de l'argent des femmes, c'est l'extrême limite dans le code du Passage. Louis Destouches s'émerveille, il a tout juste vingt et un ans et déjà trois vies derrière lui.

Il s'instruit toujours. Georges Geoffroy se souvient que le matin il l'éveillait à 6 heures quand il tournait la lumière dans leur chambre de Gower Street « pour achever un bouquin en général de philosophie ou d'histoire » (*L'Herne*). Les noms d'auteurs que cite Geoffroy – Hegel, Fichte, Nietzsche, Schopenhauer – sont vraisemblables, mais juste vraisemblables. Les lectures que mentionne un peu plus tard Louis Destouches dans ses lettres à Simone Saintu sont moins relevées [30]. Retenons que le camarade amateur de music-hall, de danseuses et de filles faciles aime aussi lire. Pas question dans tout cela du moindre malaise, de douleurs au bras ni de migraines, ni de sifflements d'oreille.

Cette vie est d'autant plus plaisante qu'elle se déroule sur fond de tuerie européenne. C'est un bal sous la Terreur. Au dire de l'attaché à l'ambassade de Londres, Paul Morand, des conseils de révision écrèment périodiquement les hommes disponibles. Comment le solide gaillard au coude ankylosé parvient-il à échapper à ces ratissages successifs et à se faire réformer – provisoirement le 2 septembre et définitivement le 16 décembre? Voilà le vrai mystère de Londres.

À côté de cela, la petite énigme du mariage le 19 janvier 1916 du lieutenant Louis des Touches, Private Secretary of Insurance Company, avec une certaine Suzanne Nebout, pâlit beaucoup.

François Gibault imagine la surprise de ses père et mère lorsqu'une femme se présente au Passage disant : « Je suis madame Destouches. » Outre que la visite n'est pas attestée, l'absence d'enregistrement du mariage au Consulat de France, le grade, la particule et la profession imaginaires que s'attribue le marié et surtout, surtout la remarquable discrétion de la jeune femme qui jamais par la suite ne se manifeste rendent cette visite improbable et on le regrette : c'était une fort jolie scène.

Il faut envisager *a practical joke*, le service rendu à une Française « sans profession » ayant besoin d'un état et d'une identité décorative auprès des Britanniques.

En fait la présence d'Edouard Benedictus à ce mariage de complaisance nous intéresse plus que la formalité elle-même. Car Edouard Benedictus est un personnage. Un théâtre de Londres le met en scène dans une pièce qui sera adaptée en France, plus tard, sous le nom de « Mr Beverley ». Céline n'a pas oublié ce que Louis Destouches connaissait. C'est le premier de ces excentriques – personnages hors dimensions qui font éclater les conventions – qu'il rencontre. Il n'en existe pas des bottes. Inventeur, il travaille pour la Défense nationale notamment dans le domaine des gaz asphyxiants qu'on commence à employer pour dératiser l'ennemi, ce qui l'amène à imaginer une chambre à gaz pour les essais. C'est l'un des modèles de Sosthène de Rodiencourt, le délirant qui galope à travers *Guignol's Band*. Oncle de la douce Virginie, il figure en pendant auprès de Suzanne Nebout, bien que Virginie soit plus proche de Marie-Louise, l'une des deux sœurs amies des deux camarades de chambre dans la même période.

Edouard Benedictus est le premier Juif d'influence qui croise le chemin de Louis Destouches mais certes pas le dernier. Il est en relation avec le financier Paul Lafitte qui investit dans les industries de guerre et dans l'édition. Il est en relation avec le mage Papus dont le vrai nom est d'Encausse, qui est médecin et qui travaille également la question des gaz. Il connaît aussi Mme Fraya la voyante du Tout-Paris, celle qui a « vu » l'incendie du Bazar de la Charité et que l'on consulte sur le sort de la guerre. La rencontre de Benedictus, futur inventeur du « verre incassable » – défi au bon sens qui se concrétise sous la marque Triplex pour enrichir Lafitte –, nous fournit non seulement des clés biographiques puisqu'elle établit le lien entre Destouches, Lafitte, Gance, Cendrars et Raoul Marquis, dit Marquis de Graffigny, mais des thèmes vécus où horrible et risible, magie et mort, imposture et découverte géniale se mêlent pour nourrir plus tard la fiction. À Londres, Destouches a connu la vie rêvée et le vécu amorce l'imaginaire.

3.

COLON

Te donnerais-je une description de la vie coloniale
française, il y aurait de quoi faire plusieurs pièces
tragicomiques.

À Milon.

En 1911, la France a résolu la crise ouverte à propos du Maroc en
cédant à l'Allemagne sa colonie du Cameroun, en échange de quoi son
« influence » au Maroc a été reconnue. Joseph Caillaux (promis comme
Malvy à la Haute Cour de Clemenceau) a joué un rôle déterminant dans
cet arrangement qui a évité provisoirement le conflit.

En 1914, le Cameroun allemand dont le territoire avait ainsi doublé
offre un contraste saisissant avec les colonies françaises voisines selon
les observateurs [1].

Quand la guerre éclate en Europe, Français et Anglais bloquent les
communications maritimes du Cameroun et une campagne terrestre à
partir des territoires voisins s'ensuit. Elle ne se termine qu'au printemps 1916, les quinze mille « franco-anglais » arrivant à réduire les
quatre mille hommes des troupes « allemandes » (des deux côtés on fait
largement appel aux indigènes). Les derniers Allemands, échappant aux
Sénégalais du capitaine Blum, arrivent à se réfugier au Rio Muni espagnol, donc neutre, où ils sont internés.

Les Alliés se partagent le territoire conquis, la meilleure part revenant, nous dit-on, aux Anglais.

Dans la zone française, un gouverneur civil est nommé. Un encadrement militaire minimum reste en place en cas d'un retour offensif des
réfugiés du Rio Muni. Le reste est rembarqué, les rescapés des forêts
équatoriales sont nécessaires dans les tranchées.

Dans la zone française, la compagnie forestière Sangha-Oubangui
créée en 1910 et dont le siège social se trouve rue de La Rochefoucauld
à Paris reprend les plantations et les activités commerciales allemandes. Il s'agit d'organiser le troc de l'ivoire et du caoutchouc sauvage, dont la collecte est obligatoire, contre des produits importés. La
compagnie était déjà implantée dans la zone et elle n'avait d'ailleurs
jamais cessé d'opérer pendant la période allemande, avec un directeur

allemand. Il est remplacé à Douala que les troupes allemandes ont abandonnée intacte, par un directeur français et les affaires reprennent comme devant. Elles sont florissantes et, une fois le territoire entièrement « libéré », la zone d'exploitation s'élargit.

En 1916, les jeunes hommes libres et désireux de s'expatrier n'étaient pas nombreux. On ignore comment Louis Destouches rentré à Paris, libéré de toute obligation militaire, est recruté – petites annonces, connexion Benedictus-Lafitte ou l'inlassable Fernand – toujours est-il qu'il signe un contrat avec la CFSO. Il sera stagiaire pendant six mois, au salaire de 150 francs par mois, salaire porté ensuite à 200 francs. Il recevra le logement et une indemnité de nourriture de 325 francs. Le voyage aller est à ses frais mais sera remboursable après un an de séjour, celui du retour n'est payé par la compagnie qu'après un séjour de deux ans. Le fait de faire du commerce pour son compte et l'intempérance sont deux cas de licenciement. En cas de rapatriement sanitaire, le retour est à la charge de l'employeur.

Le fait que le salaire soit inférieur à l'indemnité de nourriture surprend. Pour le reste, il est évident que la Compagnie cherche à retenir ses employés en Afrique.

Notons aussi que le contrat de la CFSO est adressé à M. des Touches. Ce qui était un alias à Londres devient une raison commerciale à Paris.

Le côté Destouches

Le côté Destouches, moins argenté au moment de l'alliance Marguerite-Fernand, offre pourtant plus de champ à la rêverie rétrospective.

Originaires du Cotentin, Manchots comme on dit maintenant, les Destouches ont été rattachés par Jacques Boudillet à un Pierre des Touches « seigneur en partie de Montmartin sur mer » au XIVe siècle (voir *Album de la Pléiade*). Un de ses descendants émigre en Bretagne, à la veille de la Révolution. Il produira un Thomas Destouches, à la carrière et à la vie mouvementées et un Théodore qui, au XIXe siècle, devient professeur de pharmacie à l'Ecole de médecine de Rennes.

Destouches s'est écrit des Touches. Des particules apparaissent ailleurs, par mariage : la mère d'Auguste et de Charles Destouches, du Havre, est née Nayl de la Villeaubry. Et rien n'ôtera aux Français, tous plus ou moins Balsa/de Balzac, l'idée que la particule, « le courant d'air », est preuve de noblesse. Céline expliquait lui-même à Paraz que c'était « une invention de margoulins [2] » et que cela ne prouvait pas du tout la noblesse. On peut le répéter, sans rien y changer, lui-même s'y laisse prendre.

Destouches est un nom de lieu, analogue à Deschamps, Deshayes, Desbordes, Dubois ou Dubosc. La *touche* est un petit bois, un boqueteau, et le patronyme marque une origine terrienne. Au XVIIIe siècle, l'usage a conduit tous ceux qui le pouvaient (qui avaient une surface suffisante) à séparer la particule du patronyme ou à l'ajouter, si par malheur elle manquait. La Révolution a produit le mouvement inverse mais il a repris dès la Restauration et n'a jamais cessé depuis, comme le prouve chaque jour le Carnet mondain du *Figaro*. Dans le cas Destouches, si le lien avec le co-seigneur (ou sieur?) de Montmartin a existé, la tradition hoberote a été rompue avec la vente du « manoir de Lenthillère », simple maison de torchis dotée de quelques terres, par Thomas Destouches, à un certain Nicolas Cousin, en 1787.

Même en 1742, les Destouches ne « détachaient » pas, comme l'indique une lettre qui aurait appartenu à la sœur du chevalier des Touches. Son auteur donne une généalogie de Destouches *écuiers* : Pierrot, fils de Pierre et père d'Olivier [3]... L'*écuier* est le plus bas barreau de l'échelle de noblesse. Souvenir féodal – l'écuyer est serviteur d'armes et de table du chevalier –, il conserve un privilège fiscal. Molière utilise déjà le terme pour un usage comique dans *Monsieur de Pourceaugnac*. Les Destouches de Lentillère et leur manoir d'argile sont donc surtout matière à rêverie : « Je vois que vous vous complaisez en Normandie, en cela avec moi, similitude de goûts, figurez-vous que le jour, où comme Tircis je songerai à la retraite, je filerai en Normandie, il y a là au environ de Coutances un vieux château de famille qui abritera vraisemblablement mes peinates [4]. » Louis a alors vingt ans et il se sent normand.

Respectueux hommages

Louis Destouches assume sa nouvelle identité même auprès d'une vieille connaissance comme Simone Saintu rencontrée au Vieux Colombier lorsque, enfants, ils participaient à un récital de piano. Il la fait assumer par Fernand et Marguerite auxquels il donne aussi de la particule. Une histoire a dû être mise en circulation. Sans doute fondée sur les faits d'armes, elle doit justifier cette « restauration » par son nouvel état.

Exilé en Afrique, coupé du monde et disposant de larges loisirs, Louis des Touches écrit beaucoup. Des lettres, des poèmes, des récits. Amené à soigner les populations locales, il réalise une autre virtualité sinon une ancienne vocation. C'est donc à l'occasion de ce séjour africain que l'on voit s'ébaucher deux nouveaux aspects du personnage (ou deux personnages nouveaux).

Le 17 avril, Louis des Touches, envoyant ses « respectueux hommages » à la jeune fille qu'est Simone Saintu, montre que ses usages mondains sont encore en rodage. Sa véracité prête toujours à caution : il lui parle d'examens que lui fait subir l'autorité militaire, il s'agit d'examens demandés par la Compagnie, n'en doutons pas.

Simone Saintu avait conservé de cette période une photographie de Louis Destouches en Louis des Touches. Elle est reproduite à la page 49 de l'album de la Pléiade. Dans un noble décor, boiseries, hautes fenêtres, balustres, un grand gars fagoté d'habits neufs, sanglé et cravaté serré, pochette blanche jaillissant du poitrail repose sur d'énormes ripatons guêtrés. Rural endimanché, valet de pied en tenue de sortie, on hésite. Comme la photo en grande tenue de cuirassier, c'est une consécration de promotion.

Le ramage répond au plumage. Du Havre, il envoie à Simone Saintu une lettre où l'amphigourique étouffe quelque peu l'humour : « Je verrai sans frémir la terre de France se confondre avec l'horizon et devant ce spectacle mes yeux resteront d'une sécheresse saharienne, j'ai de longue date l'habitude d'une sage contention de sentiments, et je n'avouerai devant tant de beauté, qu'une faiblesse, c'est celle qui m'est causée par la distance qui nous sépare, et qui malheureusement s'accroîtra encore. » Et encore des hommages, aux parents cette fois.

Le bateau qui doit l'emmener en Afrique, l'*Accra*, part de Liverpool trois jours plus tard que prévu. Il l'écrit aux des Touches : la compagnie leur remboursera ce qu'il a dû emprunter. Il leur dit aussi que l'ami Geoffroy lui a joué un sale tour et qu'il s'en souviendra. La menace tombe dans le vide car ils ne se reverront pas avant 1932; quand Louis des Touches réapparaît en Céline, la vengeance est oubliée. Simone Saintu reçoit un morceau sur les dimanche anglais et le défilé de sectes protestantes qui chantent des hymnes... à la Vierge.

C'est le premier des récits de voyage qu'il a dû lui promettre, où se mêlent l'humour, parfois forcé, et des grivoiseries de collégien à collégien. Et toujours des hommages aux parents.

Il a rencontré un personnage pittoresque qu'il appelle Mgr Bernadotte « qui embarque le soir même sur un steamer pour l'Amérique du Sud en qualité de libraire du bord », lui raconte des anecdotes du temps où il était vicaire et lui indique la bibliothèque de Liverpool où sont conservés divers papiers intimes des cours d'Allemagne. L'évadé des Flandres entre d'emblée dans la peau de l'aventurier lettré, à la Cendrars. Il se morfond dans une chambre d'hôtel du charmant port charbonnier d'où il envoie une lettre par jour à son amie.

Télégramme aux parents le 10 mai : il s'en va!

Vogue le navire pendant deux semaines. À la première escale, à Freetown, le 25, une requête urgente est adressée à M. des Touches, au Phénix, rue La Fayette, le priant de vider la caisse d'épargne de son fils Louis et d'envoyer 1 000 francs au plus vite. Louis a eu trois jours de fièvre, il renonce à l'Afrique. Il travaillera à n'importe quoi à Paris.

Ainsi, avant même de l'avoir abordée, l'Afrique le rend malade. Simone reçoit le même diagnostic en deux cartes postales successives où deux fois le mot « enfer » revient, le pays qu'il aborde l'horrifie. L'une est postée en Sierra Leone, l'autre vient du Nigeria « nauséabond, malsain, chaud, noir humide, antichambre de l'Enfer ».

Aperçu du bateau, « le continent noir » est conforme à sa réputation. Le premier moustique de terre ne s'est pas posé sur lui que déjà la fièvre a saisi le passager de l'*Accra*. Née de la chaleur et de la suggestion, elle alimente son délire : ... « je vois par là, errer des requins, quelques baleines, une foule de poissons volants des nègres. Le tout sur fond vert – sautant, vaguant, roulant, valsant au son d'un piston de machinerie que j'entendrai encore au Jugement Dernier et par raffinement futuriste quelques renards par-ci, par-là ». Voilà les impressions d'Afrique envoyées le 25 mai à Simone Saintu, de Freetown.

À son père, il confirme l'accès de fièvre et annonce deux morts à bord, la mise en quarantaine du bateau et réclame toujours 1 000 francs pour son retour. L'Afrique pas plus que les Flandres n'aura sa peau. Silence auprès de sa mère, il ne faut pas l'affoler ! il enverra une autre carte à la maison.

Il en expédie trois, adressées aux des Touches de la rue Marsollier. Elles parlent de chaleur et de quarantaine, sans plus. Il sera temps d'expliquer plus tard. Plus tard, le premier émoi passé, il expliquera que sa première impression était due à la fièvre et aux racontars des passagers (20 août 1916). Les coloniaux retour de congé, les vétérans du continent noir ont multiplié entre deux vermouth les anecdotes sinistres, et le décompte à plusieurs voix des dangers qui attendent le nouveau : le soleil qui rend fou à moins qu'il n'anémie, les pluies qui pourrissent tout, les sauvages qui volent, trahissent ou empoisonnent des Blancs qu'ils rêvent de déguster.

Le voyage se poursuit. L'*Accra* cabote et s'arrête de port en port. De Lagos, d'autres nouvelles d'hypocondrie : la quinine le rend myope et il a pris une couleur de vieux citron. Avant même d'avoir mis pied à terre, il puise dans sa pharmacie. L'ami Milon reçoit le verdict définitif : « Il n'y a ici aucune espèce d'avenir. » Abominables conditions « climatériques », Européens minés par les conditions sanitaires, il ne va pas faire long feu en Afrique – un mois ou deux pour « réparer le côté onéreux de cette petite expérience ». Il faut que Milon lui cherche quelque chose à Paris. Les colons qu'il aperçoit sont de tristes épaves dont la vie semble s'échapper peu à peu « comme absorbée par un soleil qui noie tout et tue infailliblement ce qui lui résiste ». (Lagos, 2 juin.)

Deux données expérimentales sont désormais fixées : chaleur et soleil ne lui valent rien, ils ne valent donc rien à personne. Le Nord conserve, le Sud détruit les organismes et les cervelles, voir l'infériorité des « nègres ».

L'arrivée à Duala (orthographe allemande) a lieu à la mi-juin. La fièvre a disparu, domptée par la quinine, mais il en reste des bourdonnements persistants : « deux douzaines de moustiques dans chaque oreille » (18 juin 1916). C'est la première mention des bruits d'oreille dont on ne cessera d'entendre parler et la première origine qui leur soit donnée : la quinine. Rassuré, il reprend le style ancien et rédige pour sa correspondante une charge plaisante de l'Afrique vue du boulevard. C'est un pays, lui dit-il, où tout devient comestible – la viande humaine a sa cote –, où tout pique et tout mord. Les moustiques surtout dont il faut se protéger dès 18 heures.

Louis des Touches qui est descendu à l'hôtel de France, bâtiment moderne de trois étages promptement rebaptisé, se présente au directeur de la CFSO qui l'affecte à Campo, dans les territoires récemment reconquis où il s'agit de créer une factorerie, poste d'échange pour les produits indigènes. Après quelques jours dans la capitale qui lui permettent de se faire une idée des divertissements érotiques disponibles, il prend le *Fullah*, un petit vapeur de réforme qui fait le cabotage entre Douala et la côte sud.

Il passe quelque temps à Campo Beach, poste situé sur l'embouchure du fleuve N'Tem et tenu par un lieutenant d'infanterie coloniale, Max Delestrée qui a le grade de chef de subdivision, un sergent métropolitain sous ses ordres et une quarantaine de tirailleurs sénégalais. Louis des Touches « surveillant de plantation » transpose tout cela pour Simone Saintu. Delestrée devient le père de Lestrée (toujours cette fixation sur la particule et la soutane).

Le travail consiste à collecter le caoutchouc sylvestre, matière première de l'industrie de guerre et qui vaut alors 4,70 francs le kilo en Europe. Sur place, naturellement, il est meilleur marché, d'autant qu'il est échangé contre des articles dont les Noirs ignorent la valeur d'origine. L'ivoire est aussi un élément du trafic. En 1916 la CFSO en exporte 14,5 tonnes.

À vingt-cinq kilomètres en amont, dans une manière d'île existant entre le fleuve N'Tem et l'un de ses bras appelé la Bongola, les Allemands ont créé une grande plantation de trente mille hectares. La Kampo Plantation Robert Guthman a un permis d'exploiter sept mille hectares sur lesquels un peu plus d'un millier sont en exploitation en 1916.

Louis des Touches qui a mis en place la factorerie de Campo est chargé de la récolte. Il s'établit à Bikobimbo dans ce qui reste des installations détruites par les Allemands, c'est-à-dire une maison en dur, partiellement restaurée, deux hangars en tôle et un séchoir métallique. Cela n'a rien de somptueux. Le nouveau chargé d'affaires emménage dans un petit bâtiment à côté de la maison principale à demi rasée. Cela peut faire six mètres sur quatre. Sur ce qui reste des murs, on a édifié une carcasse en bois sur laquelle repose un toit de palmes. Devant, l'espace est vide et rempli d'herbes folles. Cela ressemble assez à la dernière case de Gauguin dans les îles Marquises, moins la décoration.

La récolte du cacao se fait de septembre à mars, et à Bikobimbo, voici Louis des Touches, armé de sa seule expérience de sous-officier, chargé de mettre au travail les Pahouins.

Celui qui lui passe les consignes est un autre marsouin (soldat de l'infanterie coloniale), détaché comme surveillant de la plantation, bien ennemi et prise de guerre. Il restera sur place jusqu'au 20 août et son successeur l'utilise dans une histoire pour Simone Saintu.

Le système d'exploitation de la colonie est celui de la traite : contre leur travail à la cueillette des fèves de cacao ou à la sécherie ou en échange du caoutchouc collecté dans les forêts et des défenses d'éléphant rapportées, les Pahoins reçoivent tabac, riz, textile ou conserves. L'inventaire des marchandises du poste représente 13 390 francs de l'époque, soit environ 160 000 francs actuels alors que le « chargé d'affaires » recevra 525 francs après six mois à titre de salaire et frais, il est dans la position d'un caissier chargé de manier des millions, un caissier loin de sa banque. Les indigènes n'ayant qu'une notion fluctuante des termes de l'échange, la tentation est grande de les aménager.

Voilà donc Louis des Touches seigneur d'un domaine dix fois plus grand qu'une grande propriété française, maître des lieux et des gens. Il est à onze jours du premier Européen, dit-il à Simone Saintu, au milieu de sauvages notoirement anthropophages, dans un pays dévasté par la malaria et la maladie du sommeil dont les moustiques sont les porteurs. C'est le pot à bouillir ou la contagion :

« Il en résulte que du matin au soir, je me promène entouré d'épais voiles contre les moustiques. Je fais ma cuisine moi-même de peur d'être empoisonné – je m'intoxique à la quinine et à pas mal d'autres drogues pour me protéger des fièvres, enfin je ne sors jamais sans casque et sans lunettes épaissement fumées par crainte des insolations. J'ai également nuit et jour un revolver à ma portée pour régler mes différends avec mes clients, dans les yeux desquels je surprends parfois un éclair de vive convoitise (28 juin 1916). »

Il faut faire la part de l'humour appliqué à soi, d'un autoridicule appris à Londres. Elle semble modeste, Céline restera persuadé qu'il a vécu au milieu d'amateurs de chair humaine, ce que rien ni personne ne confirme.

Milon reçoit une autre chanson. Louis des Touches cherche désormais à l'attirer en Afrique. Il doit donc défaire ce qu'il avait fait dans ses premières lettres et leurs messages alarmistes : l'Afrique reste dangereuse, lui écrit-il maintenant, mais on peut se protéger contre les ennemis majeurs, le soleil qui dissout les globules, l'alcool qui les détruit et les moustiques qui apparaissent à cinq heures pour distribuer les virus. Il suffit de faire appel à la science. Il cite ses sources : « Boyce, le moustique, le soleil ou l'homme. » En fait le soleil est de son cru, le livre est bien de Boyce mais il s'intitule *Mosquito or man? The Conquest of the Tropical World*. L'essentiel est que l'homme informé sait prendre les mesures nécessaires, il supprime l'alcool, il avale sa quinine, il ne sort jamais sans son casque et se couvre de voiles dès 17 heures.

Graham Greene retrouvera dix ans plus tard la même horreur pour la touffeur tropicale mais sans renoncer au whisky quotidien. L'abstinence et la répulsion croissante de Destouches pour l'alcool – avec quelques autres phobies – semblent bien dater de l'Afrique. Ici, plus de suppléments de vin, il s'agit de tenir, de résister à l'omniprésente menace et de se fortifier par une ascèse quotidienne ; qu'on se relâche et c'est le poison dans la soupe, le coup de bambou, un moustique par un trou de gaze, l'injection mortelle.

Jusqu'au 20 août, le poste de Bikobimbo est occupé par le canonnier Harté de la coloniale, avec lequel, on le suppose, Louis des Touches fait popote commune. Harté a-t-il, à la mode locale, des boys à son service ?

Louis des Touches a-t-il lui-même refusé toute aide de ce genre? Ce serait une grande première dans la vie coloniale. La correspondance contient très peu de renseignements concrets sur la vie matérielle qu'on mène sur la plantation, les horaires, le style de vie. Louis des Touches a déjà horreur de la réalité, il préfère fabriquer des histoires.

Tant qu'Harté est présent, le représentant de la CFSO peut voyager. Simone Saintu reçoit une lettre convoyée, lui dit-on, en cinq jours de marche par porteur (« elle aura peut-être l'odeur peu agréable du nègre »). Le cachet postal est de Bata, capitale du rio Muni, à cinquante kilomètres de la frontière du Cameroun. Il y fait du commerce en vendant très cher, dit-il, sa camelote qu'il échange contre de l'ivoire payé fort bon marché.

Ce commerce entre-t-il dans ses attributions? S'il est fait à titre privé, à qui appartiennent les marchandises et comment et où négocie-t-il l'ivoire?

Nous n'en saurons rien, même les lettres à Milon restent infiniment discrètes sur les aspects pratiques d'activités qu'il dit très lucratives. Par contre Simone Saintu a droit à une série de petites transpositions romancées dont on a du mal à discerner le point de départ. Ces anecdotes le plus souvent symboliques sont construites pour une chute abrupte, procédé que l'enfant Destouches utilisait déjà dans ses histoires envoyées d'Allemagne et qui appartient au style d'époque. Exemple : trois Blancs sont réunis, l'un est un missionnaire portugais. Grand chasseur, il parle des singes qu'il abat parce qu'ils bombardent sa messe de noix de coco. Le second, un Américain chercheur d'or, ancien de la Légion, amputé de la main gauche déclare que « depuis la guerre, il ne tuait plus jamais de singes, ils ressemblent trop aux hommes ». Sobre péroraison : « Comme le soleil était tout à fait couché, nous rentrâmes, et de la soirée, personne ne dit plus rien » (7 juillet).

Une autre lettre datée du même jour lui annonce d'ailleurs qu'il envoie une nouvelle au *Journal*. Celui-ci en publie chaque jour une qui a été envoyée par un lecteur. Francis Carco, à peu près au même moment, a soumis « Dans un café ». Il est alors à l'Ecole militaire d'aviation de Pau. *Le Journal* l'a acceptée mais sans lui fixer de date de parution, aussi l'offre-t-il à *Excelsior* qu'il « prie de la publier avec un peu de complaisance pour le jeune auteur qui vous est tout dévoué » (lettre du 11 avril 1916). Ainsi commencent certaines carrières littéraires. La nouvelle envoyée par Louis des Touches n'a pas été publiée, ni retrouvée et sa lettre au *Journal* n'a pas été gardée. Elle a pu paraître trop simplette ou trop sinistre. Des Touches ne contrôle encore ni son vocabulaire ni sa ponctuation. Et il n'a pas encore repéré sa véritable originalité. Nous qui connaissons la suite, nous la repérons sans peine dans les lettres écrites à l'arrivée en Afrique, sous le coup de la fièvre et de la peur, quand il voit errer sur la mer requins et baleines, selon un délire contrôlé mais pas gratuit, ni conventionnel (voir plus haut, lettre du 25 mai à Simone Saintu). Là est son style, encore faut-il en prendre conscience. Il veut encore faire comme les autres et il tâtonne.

Écrivant pour une jeune fille bien élevée, il lui adresse un certain nombre de morceaux, mi-nouvelles à la main, comme on disait alors, mi-exercices de style : il s'agit d'amener au style des journaux ce qu'il vit. L'étrangeté ne suffit pas, il faut l'anecdote à tout prix, alors ce sera « le poste abandonné », « le négrillon sonnette », « la mule Améthyste » et ainsi de suite. Le procédé est toujours le même, une situation extraordinaire ou au moins étonnante traduite en termes parisiens (un négrillon relié à un fil sert de sonnette, il remplace celle qui relie salle à manger et cuisine). Le morceau sur la mule Améthyste met en scène le canonnier Harté et le pseudo-père de Lestrées. Portrait d'Harté : Parisien exerçant une profession mal définie, ce qui lui a valu les Bat' d'Af'. Les vices ont empreint son visage d'une laideur vindicative et les fièvres y ont laissé leur patine jaunâtre. Il parle peuple et Louis des Touches s'essaie à une transcription : « Mon vieux, j'en ai marre de l'Intendance, j'veux bouffer du gibier, mais j'ai plus de flingot, il me faut des crins – pour faire des lacets, y a plus de chevaux – plus de crins, y a que la mule du Père, mais il n'est pas près de revenir, la dernière fois c'était pour l'enterrement de X – le sous-off – la prochaine fois ce sera pour le mien... Un mauvais rire d'enfant vicieux lui coupa la parole » (18 juillet).

C'est la version convenue du langage populaire, celle des petits-bourgeois qui imitent la petite bonne, celle de tous ceux qui croient prononcer les *e* muets (la suppression de l'apostrophe pour signaler le parler populaire est l'une des grandes innovations de *Voyage*). On trouve aussi dans ces lettres des considérations « philosophiques » sur divers problèmes de l'existence et deux poèmes dont l'un parfaitement inconvenant si sa correspondante est une jeune fille sage.

La solitude se fait sentir. Pourtant il voyage ou dit voyager beaucoup, mais là encore le désir de rendre l'étrangeté du continent noir selon les normes de la belle époque est si net que le doute est permis. On l'a vu pour le courrier envoyé de Bata, après, dit l'expéditeur, des journées de marche aventureuse, alors que, les cartes le montrent, la capitale du Rio Muni est à cinquante kilomètres, ce qui limite les risques de se perdre.

Ce gentleman explorateur parle volontiers de lui au passé et comme si les jours étaient des mois et les mois des décennies. En octobre, après cinq mois de séjour, il envisage le moment de la retraite. Elle se fera dans le manoir ancestral : « ... le jour, où comme Tircis je songerai à la retraite, je filerai précisément en Normandie, il y a là aux environs de Coutances un vieux château de Famille qui abritera vraisemblablement mes pénates et celles des vieux amis restés fidèles. » Peinardes pénates. C'est dans la même lettre qu'à propos des *Civilisés* de Claude Farrère surgit sous sa plume un sujet incongru : l'inversion : « J'ai parcouru sur ce sujet pas mal d'ouvrages et interrogé de nombreux spécialistes. Il se confirme que l'inversion chez l'homme comme chez la femme relève des mille affections du système nerveux génital et comme tel justiciable d'une thérapeutique appropriée. Il est indéniable que certains organismes particulièrement féminins présentent des affinités, des prédispositions à l'inversion d'ailleurs en général dont l'éclosion est délibérément favorisée par les intéressés (30 octobre). » Diafoirus donne la main à Pécuchet et le Dr Tissot n'est pas loin. Au-delà des approximations positivistes, il faut relever une constante : le ton définitif. Céline comme Louis des Touches procède toujours par postulats donnés comme les aboutissements d'une longue recherche/d'une expérience. Ce garçon de vingt-deux ans lit et cite beaucoup (Alfred de Musset, Victor Hugo, Émile Faguet), il cogite en solitaire et restitue ce qu'il a absorbé. Le travail consiste pour Louis des Touches à se dégager du cuirassier en bourgeron de corvée plus habitué au maniement du balai, de l'étrille ou du sabre qu'à celui de la plume, à oublier le ton militaire en perm, médailles en devanture, libre accès au music-hall et aux petites femmes. Non qu'il ait rompu avec ce monde-là, ses amis londoniens lui expédient au Cameroun un somptueux cadeau, un phonographe avec une collection de cent disques. Il s'en vante auprès des parents et il l'évalue : 1 500 francs! À Dipikar le soir, voilé, ganté il remonte le ressort et les Pahoins, moins anthropophages qu'il ne le pense, entendent les airs à la mode du music-hall anglais. Matchiches et tangos supplantent les tam-tams.

Simone Saintu l'agace avec ses nouvelles du front. « Je ne vous cache pas que la guerre me répugne, c'est une régression pénible dans la marche au progrès » (22 août 1916). La guerre n'est plus pour lui qu'un sujet de réflexions sur le courage, la nature humaine et le sort des civilisations. Louis des Touches est *défaitiste* comme on disait alors. On a vu que le cuirassier avait eu ses doutes, celui qui a échappé au charnier envoie au Père (Cher Père) une consultation définitive sur le conflit : on revient aux errements latins de l'avant-guerre, la France doit perdre, c'est la loi de nature. Il a reçu un paquet de journaux de France, il les a lus à la file et il y a remarqué qu'on reprenait en « phrases cascadeuses, ridicules de rhétorique empanachée » des réformes reprises de l'ennemi « jointes aux récriminations geignardes dont nous inondons la presse neutre pour notre plus grand ridicule ».

« Je crois discerner dans tout cela, dit ce garçon de vingt-deux ans, ce que j'ai toujours vu dans les luttes de race, le passé se défendant contre l'avenir. [...] Aux premiers jours de la guerre, lorsque le choc initial eut lieu, j'ai eu la certitude que ces gens-là représentaient le présent et nous le passé. [...] Il a coûté fort cher à Galilée au XVᵉ siècle de maintenir que la terre tournait, il est presque aussi dangereux de notre temps de prétendre que la roue tourne.

« Et pourtant elle tourne – et entraîne mon pauvre pays que j'aime quand même et toi aussi

L. des Touches » (30 août 1916).

Pour qui « lit après », voilà bien des notions en peu de mots : la race, le complexe d'infériorité français, la persécution des clairvoyants, tout cela tempéré par un accès de sentimentalité de prétendu vieillard.

Qui par ailleurs met en garde son père contre tout entraînement inconsidéré dans le cas d'une levée en masse. C'est le monde renversé : le fils hors d'affaire conseillant la prudence, l'abstinence patriotique à son père.

Gentilhomme normand

Dans les lettres écrites par le directeur de la plantation de Dipikar, on le voit d'ailleurs progressivement inverser les rôles avec ses parents. Auteur en somme de la lignée, celui qui a pris l'initiative du changement de nom. Les des Touches de la rue Marsollier procèdent de lui comme les napoléonides procédaient de l'Empereur : « J'ai reçu une communication intéressante de la Société des antiquaires de Normandie, leur dit-il, qui me félicite d'être un descendant des des Touches et me prie à une de ses séances à ma convenance. »

Il voudrait bien qu'on ne fouille pas dans ses papiers intimes : « il est certaines portes surtout chez les jeunes éléments qu'il est inutile et regrettable de pousser à certains moments et surtout de réouvrir » (même lettre). Mais il leur ouvre sa bourse : difficilement ou facilement gagné, qu'ils utilisent son argent, il s'en fout complètement.

Ce début d'année 1917 voit le comble du style noble. Louis des Touches possède désormais son personnage et il écrit le 1er janvier : « Tout me porte à croire que la démence des hommes aura son terme cette année » (à ses parents) bien qu'il ignore, avoue-t-il, les conditions de la paix. Le 14, comme il est question qu'ils déménagent, il blâme leur désir de rester dans le Paris commerçant :

« J'aime trop ou plutôt j'ai trop aimé l'animation des villes pour me permettre de vous conseiller un enterrement vivant – mais je crois qu'il serait par exemple sage et nullement outrancier, de partager votre vie ou plutôt votre année, en deux séjours, 6 mois d'hiver, en plein Paris, au moment où il est à la fois le moins malsain et plus animé. Et 6 mois à la Franche campagne – sinon au bord de la mer non pas dans les hôtels ou similaires, dont les séjours se liquident d'ordinaire par des crampes d'estomac sans compter quelques puces, mais dans une propriété que vous et moi nous pourrions avoir et avec un confort appréciable. [...] Mais, mon projet est, et je n'ai aucune raison de le cacher, de me préparer une retraite pour le jour où je devrais y songer, non pas à Paris mais en Normandie, je ne comprends pas que l'on s'acharne, lorsqu'il est possible sans ridicule de faire autrement, à faire partie malgré tout de la grande famille des épiciers, certes méritoire mais déjà si nombreuse » (14 janvier 1917).

Toujours la chute, comme un fier paraphe.

Le paradoxe est que ce contempteur de l'épicerie, prêt à se retirer dans ses terres normandes fait lui-même du commerce, échangeant son tabac ou ses cotonnades contre des cosses de cacao ou des boules de caoutchouc, de l'épicerie.

Depuis septembre, il gère non seulement la plantation et la sécherie mais la « factorerie » et depuis le 20 août, date à laquelle le canonnier Harté quitte la plantation, il est seul maître à bord. Combien d'*âmes* gère-t-il? Il semble que les Noirs sont revenus nombreux car il passe des commandes de plus en plus importantes à Paris. Il s'agit certes de monter son ménage et d'apporter quelque confort à son installation. Il a besoin d'une cuvette pour se laver, d'un service à thé et « tout le service Table si possible – *en assez chic meilleur que la faïence* » (30 septembre).

Il s'agit aussi de se soigner et de soigner. Les listes de produits et d'instruments médicamenteux occupent parfois des pages entières. Acide chloridrique, lactique, sulfurique, tartirique, belladone, bismuth chloroforme anesthétique (*sic*), euquinine, hémoblobine (pour hémoglobine), sérum antivenimeux, sérum antiténique, bichlorure de mercure, un petit mortier, un pilon, un bassinet pour œil, 1 bock de deux litres (avec canules et drins, deux pinces hémostatiques, un bistouri à deux tranchants, il y en a comme ça près de quatre pages imprimées dans la lettre du 21 octobre à son père. Dans quel *Vidal*, dans quelle médecine des familles, ou dans quel dictionnaire de symptômes trouve-t-il l'intitulé des spécifiques contre la malaria ou la maladie du sommeil, que veut-il faire de la morphine, de l'hémoglobine, où a-t-il appris à manier seringue, aiguilles à suture, bistouri? Quelles opérations compte-t-il faire? Que veut-il étudier au microscope?

Pour l'essentiel, on a compris : obsédé par l'hygiène et les mille précautions à prendre pour conserver la santé, état si provisoire, si précaire dans le climat de serre où il est jeté, il étend sa sollicitude au petit peuple de ses travailleurs. Sans titre mais sans Conseil de l'Ordre et sans autres concurrents que les sorciers locaux, il fait en somme du dispensaire sinon de la médecine sociale. Bénévolement ou pas.

À Milon qu'il presse de le rejoindre, il donne un état de ses affaires : 25 000 francs de côté! L'argent est très facile à ramasser, lui dit-il, il lui indiquera sur place par quels moyens très simples. On les imagine assez facilement. Mais d'où vient le numéraire? Contrairement aux termes de son contrat, Louis des Touches fait du commerce pour son propre compte, voilà ce qu'il laisse entendre. Accumule-t-il hors inventaire des marchandises? Il se trouve que celui de 1916 n'a pas été retrouvé. Il est aussi probable qu'il vend ses services de guérisseur. D'Abyssinie, Rimbaud commandait du matériel photographique qu'il avait l'intention de rentabiliser en tirant le portrait des Éthiopiens. Louis des Touches échangerait le coup de bistouri, la piqûre, ou le traitement vénérien contre de l'ivoire ou du caoutchouc. Mais où et comment vend-il ceux-ci? A-t-il établi des contacts au Rio Muni, et cela part-il en contrebande? Le cacao passerait-il en fraude? Les livres de Conrad ou de Greene (*The Heart of the Matter*) sont pleins d'histoires de commerce parallèle, donnée permanente du continent. S'il s'y livre, des Touches prend un double risque : vis-à-vis de la compagnie et vis-à-vis des autorités : le commerce avec les neutres devient facilement du commerce avec l'ennemi. D'où l'impossibilité de fournir à Milon les détails du mécanisme par ces temps de censure.

L'Afrique n'est plus le cimetière de l'homme blanc. Grâce à l'hygiène, une inflexible hygiène, il est possible de maîtriser ses dangers. Le vieux colonial qu'il est devenu en moins d'un an s'avise qu'à tout prendre le climat est moins chaud que certains étés à Paris, il le dit à Milon, et qu'il est parfaitement possible de le surmonter à condition de prendre les précautions indispensables : « 95 fois sur cent, écrit-il à Milon, le coupable, c'est le mort » (15 septembre 1916). Durer est un savoir-vivre. Prendre sa quinine qui ne rend ni sourd, ni amnésique, ni aveugle, porter le casque et se protéger des moustiques. Si le soleil dissout les globules, l'eau les associe : « Ne bois que de l'eau, ne baise pas. » À Simone Saintu il expliquait que s'il ne se « mariait » pas à une Noire, c'était pour ne pas la dévoyer. À ses parents, il confiait que c'était par manque de goût : « J'ai trop aimé les blanches. » Milon reçoit ce qui est peut-être la vérité : « elles ont toutes la vérole » ; non qu'elles l'aient, mais qu'il le croie.

La peur de l'inconnu avec ses dangers réels ou imaginaires se domine, le mal se conjure lorsqu'il a été circonscrit, identifié. Voilà une leçon qui ne sera pas perdue.

Qu'Albert Milon suive son exemple, il deviendra à son tour un seigneur : « Je viens d'obtenir la gérance d'une grande plantation de cacao, je suis à un mois du patron, seul avec des noirs. J'ai pleine initiative pleine autorité – Je fais ce que je veux – Et je mets de côté 2 000 F par mois – Tant par la maison, qu'autrement » (15 septembre). Il presse Milon de signer le contrat qu'on lui présentera : il ne vaut rien, il est léonin.

Albert Milon ne répond pas avant février 1917. Son « vieux Louis » lui pardonne. Il lui annonce qu'il ne rentrera pas avant quatorze mois et qu'il espère alors le faire avec 25 000 francs (environ 250 000 de nos francs). Il compte donc accomplir ses deux années de contrat avec la société.

Il règne sur Dipikar et son domaine qu'il parcourt à cheval, impeccablement mis de blanc (il insiste auprès de Milon sur l'importance de la tenue), casque de liège et lunettes d'aveugle. L'argent et le pouvoir, on serait à vingt-deux ans mégalomane à moins. C'est décidé, son destin est celui d'un colonial. Il aura avec des responsabilités de plus en plus grandes un profit croissant : « On fait ici, depuis la guerre, des fortunes » (5 février 1917).

En mars, c'est la fin de la campagne du cacao et il rentre à Douala. Nous le savons par une petite lettre qu'il envoie à ses parents pour les prévenir. La nouvelle loi de réforme ne devrait pas le concerner, la guerre paraît s'éterniser, sa santé est bonne, il se prépare à attaquer sa seconde année de séjour, il reçoit des lettres de partout et une petite nouvelle vient d'être acceptée par Henri de Régnier.

Il en a donc envoyé une au *Journal* et elle est acceptée. Louis des Touches peut combiner la vie de gentleman colonial (un peu épicier) et la littérature.

Ce destin tourne court : le 10 mars il reçoit l'autorisation de quitter le territoire par le SS Égori quittant Douala vers le 17 mars.

Le 2 avril, le Dr Dreneau certifie avoir donné des soins à M. Destouches (tout court), agent de la compagnie forestière Sangha-Oubanghi pour des troubles moteurs et sensitifs du bras droit et de l'entérite chronique, et recommande son évacuation vers la France.

Dans quelques lettres, il avait mentionné des douleurs au bras. Elles peuvent être réelles et elles peuvent aussi s'expliquer par le contexte de la guerre et les révisions constantes de réforme. Par ailleurs, la CFSO décide de ne pas renouveler le contrat d'exploitation de la plantation de cacao de Dipikar qu'elle ne trouve apparemment pas assez bénéficiaire. Les chiffres de la récolte 1916-1917 effectuée sous la direction de Louis des Touches manquent, on l'a dit. Quant au passage qu'effectue celui-ci par l'hôpital de Douala, il permet de faire jouer la clause du contrat prévoyant que le retour est à la charge de la compagnie en cas de problème sanitaire.

En l'absence de tout document probant, il n'est pas possible de dire avec certitude les circonstances de ce départ précipité. On peut fort bien envisager une reddition de compte au terme de laquelle la solution sanitaire permet d'éviter un scandale préjudiciable aux uns et aux autres, à moins que, le renvoi étant décidé, Destouches ne joue la carte sanitaire pour faire payer à la compagnie son retour.

Vers le 5 avril, Louis des Touches s'embarque sur le *Tarquah*. Il expédie des cartes et des lettres de ses escales avec des textes minimaux, il s'agit d'obtenir des timbres oblitérés.

Du 30 avril est datée une nouvelle, « Des Vagues », qui pourrait avoir pour sous-titre « un moment d'histoire ». Les passagers du *Tarquonia*, en route vers l'Europe, apprennent la déclaration de guerre des États-Unis à l'Allemagne. Les passagers sont un officier écossais dont le visage est empreint d'une rigidité sereine, un gouverneur portugais naturellement huileux, un Suisse paisible et gras qui va occuper dans un pays belligérant une place laissée vacante par la mobilisation, un Français qui s'appelle Camuzet et qui est sujet au mal de mer, un prince roumain esthète à la muse moyenâgeuse et sensible à la virilité. Dans cette mini-société de nations très typées, où se mêlent, dit l'auteur, plusieurs races et diverses confessions, la discussion va bon train jusqu'à l'arrivée d'un Intrus (majuscule d'origine). Opérateur de Télégraphie sans fil, il apporte la nouvelle de la déclaration de guerre. Le major écossais crie Hurrah Hurrah, le Français est réduit au silence par une vague, le prince roumain voit dans le major pénétrant dans la salle à manger, après un ultime cocktail, Charles VII le Victorieux entrant à Reims « et convia sa muse aux grandioses cérémonies du sacre ». Ce sont les derniers mots : ils sont signés L. des Touches.

Un comptable terre à terre de Douala a peut-être tué l'une des vies de Destouches-Céline. Une fois maîtrisées l'orthographe, la ponctuation, et apprivoisés les mots, une fois qu'il se serait dégagé de la convention écrite comme il s'était détaché des règles et de quelques conventions sociales, Louis des Touches avait ses chances de devenir le Blixen, le Conrad, le Kipling français. Le second empire colonial a produit des marins écrivains comme Loti, mais peu ou pas de terriens. On objectera Camus, mais Camus était algérien et l'Algérie, c'était la France.

4.

ÉTUDIANT

> Ma vie est finie... Mes vies plutôt parce qu'enfin, j'en
> ai bien eu trois ou quatre à ma connaissance.
>
> *À É. Porquerol, 1932.*

La France retrouvée par le planteur de Bikobimbo en juin 1916 est
curieusement en phase avec ses préoccupations ; elle s'interroge sur la
guerre.

Un article de Robert de Beauplan échappé à la censure et paru dans
Le Matin révèle en mai au grand public qu'on a failli abandonner Verdun. Le 24 février, avant d'aller se coucher, Joffre a signé l'ordre. Cette
révélation crée tout un remue-ménage politique. La France s'inquiète
du sort et du sens de cette guerre qui n'a plus rien à voir avec celle que
le cuirassier Destouches a vécue, c'est un combat d'enterrés, une
guerre de rats qui cherchent à se gazer ou à se faire sauter, en creusant
sous la tranchée ennemie.

Le planteur a retrouvé sa famille, le quartier et les connaissances.
Édouard Benedictus qui continue ses recherches pour la Défense nationale et ses activités de conseiller auprès de Paul Lafitte. En juin, celui-ci
lance une revue d'inventeurs qui s'appelle tout naturellement *Eurêka*.
Elle est installée à deux pas, rue Favart et Louis Destouches vient y travailler en voisin. Traducteur, secrétaire, rédacteur, agent de liaison, il
court Paris pour ramasser la copie des autres.

C'est une activité modeste mais pas aussi modeste que ce qu'elle
deviendra dans sa mémoire ou celle de Blaise Cendrars (« Fernand
comme on appelait le jeune homme qui faisait les courses [1] »). Le plus
jeune employé d'une publication qui démarre est forcément appelé à
tout faire. C'est une façon de débuter dans la carrière, celle de milliers
d'aspirants écrivains d'alors ou de plus tard (Antoine Blondin, après la
Seconde Guerre). C'est une façon d'apprendre à connaître le milieu et à
s'en faire connaître : « Je connais Blaise Cendrars depuis... J'ai chassé la
pièce de cent sous avec Abel Gance dans les fourrés de cette époque
Canudo, Villermoz, j'ai connu tous les " génies " à leur aurore – vieux
médecin je n'ai plus à apprendre de cette faisanderie. Denoël d'ailleurs
les valait 100 p. 100 [2]. »

Vu à l'arrivée, voilà l'allure que cela prend mais, alors, sur le plan
intellectuel, quelle promotion pour le bijoutier, maréchal des logis, sur-

veillant de factorerie! Lorsqu'on lui demande de traduire un article américain : « De l'utilisation rationnelle du Progrès », il est moins dédaigneux, et il signe la traduction qui paraît dans *Eureka* en octobre 1918. Il signe Louis Destouches. Adieu à la particule, Louis des Touches a vécu.

À la revue, il rencontre un personnage dont il ne parle pas en 1947 parce qu'il s'agit d'un petit et non d'un grand faisan et peut-être parce qu'il l'a copieusement exploité dans *Mort à crédit*.

Henri Marquis né à Graffigny, Haute-Marne, comme Louis des Touches est né Destouches à Courbevoie, utilise ces divers éléments fournis par le hasard pour se présenter dans le Bottin mondain comme Marquis Henri de Graffigny (et Madame), officier de l'Instruction publique, chevalier du mérite agricole, décorations diverses, ingénieur civil et publiciste, villa Labor, route de Joinville, 91, à Champigny-sur-Seine et château de Graffigny-chemin, Haute-Marne. Il est effectivement, selon les normes de l'école publique et de l'administration, Marquis (Henri), de Graffigny, etc.

Lorsque le marquis divorce en 1905, sa femme obtient 50 francs par mois et la garde des trois enfants. 50 francs représentent, on l'a vu, le salaire d'une bonne à tout faire et cette indemnité donne une idée du pied sur lequel vivent les marquis et marquise de Graffigny entre villa et château.

Marquis, Henri épouse alors Marie Margot que ses parents n'ont pas songé à prénommer Reine. Elle restera pour les temps à venir « la grosse mignonne » (*MC*).

Pseudo-marquis, l'homme n'est pas entièrement factice, comme le montre la soutenance d'une thèse en 1904 et le fait qu'on le retrouve chargé de cours à la faculté pour l'année universitaire 1928-1929 [3].

Et il ne manque pas de courage ni d'opiniâtreté, ses nombreuses ascensions en « plus légers que l'air » faites dans les années quatre-vingt en témoignent. Elles sont ponctuées d'accidents et fournissent de nombreuses réminiscences, puisque Louis Destouches qui rencontre Marquis près de quarante ans plus tard a retenu ces aventures et les intègre à sa fiction.

C'est surtout un extraordinaire touche-à-tout. Il signe une multitude de guides pratiques sur les sujets les plus divers, du matériel agricole aux ascenseurs d'immeubles en passant par l'horlogerie. Il écrit aussi des scènes et saynètes instructives et des romans à la Jules Verne dont l'un a l'honneur d'une préface écrite par le grand vulgarisateur du moment, Camille Flammarion.

Henri Marquis, c'est l'optimisme à tout crin sur lequel ouvre le millénaire. Sous sa forme graphomane. Il croit au progrès et aux merveilles de la science et aussi à ce qu'il a écrit car lorsqu'il se retire dans ses terres de Septeuil, une ferme dans laquelle sa femme et lui prennent leur retraite en y nourrissant des enfants de l'Assistance, il installe sous le potager un réseau de fils chargés de capter l'énergie électro-magnétique et de faire jaillir des récoltes miracles. *Le Chasseur français* dans les années quarante perpétuait encore ce genre de rêve pour jardi-niers poètes.

En 1917, en travaillant pour *Eureka* de Paul Lafitte, il effectue une pause alimentaire. D'abord rédacteur pigiste puis secrétaire de rédac-tion, il est employé de novembre 1917 à février 1918. Qui serait le mieux à même de relire les communications des inventeurs et de solli-citer les contributions opportunes, les traductions pertinentes et sur-tout d'adapter les textes aux critères de la revue et aux goûts d'un public connu par cœur que l'auteur de tant de brochures et livres sur les applications pratiques de tant de découvertes?

Comme Papus, comme Benedictus, c'est un exemple pour un jeune homme ne sachant encore s'il sera table ou cuvette, sans certitude comme sans formation patentée. Marquis est un mélange de charlata-nisme et de talent, de bluff et de travail acharné. Il arrive à Papus l'occultiste de tomber juste et à Marquis, de Graffigny, d'être exact. Le Parigot bien positif du Passage flaire la mystification chez Benedictus mais il peut aussi constater qu'elle est créatrice, qu'une idée folle n'est pas forcément fausse, que celle du verre incassable aboutit à un solide brevet.

Quant à propos de son éditeur au noir d'après-guerre, Frémanger, dans lequel il voit « un carambouilleur notoire », Céline évoque les per-sonnages qu'il a rencontrés entre 1916 et 1918, on retrouve son éba-hissement premier : « J'ai connu un pote ainsi, un Juif qui professait aux Arts décoratifs – Inventeur aussi, rocambolesque et mystificateur cabalesque. Il a fini, rêve de toute sa vie, par être personnifié par Gémier dans une pièce *Mr Beverley* au Théâtre Antoine, celui qui est là, écoute tout... Pensant qu'on ne se doute pas, et arrive, surgit de Sirius [4]. » Alors, en 1949, Céline est arrivé au stade où il pense avoir déchiffré toutes les mystifications et identifié les mystificateurs, le Juif n'est pas venu au hasard de la plume. En 1917, le « garçon de course » (« malgré le bac », dit-il à Robert Poulet [5]) n'en perd pas une miette. L'ingéniosité, le tour de main preste de celui qui sait faire accroire, voilà de quoi ébahir et former le jeune qui patauge encore dans la pesanteur des morceaux composés en Afrique, tant d'agilité intellec-tuelle et verbale a de quoi l'épater.

Qui sait d'ailleurs si l'entrée dans ce nouveau milieu n'a pas provoqué le changement d'identité et si Henry marquis de Graffigny agissant comme miroir n'a pas contribué à débarrasser Louis des Touches, gen-tilhomme normand imaginaire, du ridicule nobiliaire? Pour en être sûr, il faudrait disposer de plus de documents que ceux qui ont été extraits de la malle aux souvenirs et savoir jusqu'à quelle date est maintenu le personnage du chevalier contempteur de l'épicerie et prêt comme un Chateaubriand à se retirer, fortune retrouvée, dans son Combourg natal.

Ou bien faut-il attribuer le retour au bon sens au contact retrouvé avec le plébéien Milon – qui a résisté à l'Afrique et qui recherche tou-jours sur le pavé parisien le coup fructueux auquel il est prêt à associer

Destouches. Aux rescapés de la guerre, la réussite est due. Toute une génération affirmera ce dogme.

D'Afrique, Louis des Touches annonçait à ses parents que ce ne serait sans doute plus dans une Europe qu'il voyait mal se remettre de la guerre, mais en Amérique qu'il tenterait fortune. Or, c'est l'Amérique qui vient à lui. Et à Milon, et à Marquis. Suivant un ordre qu'on ne connaît pas, ils vont se retrouver tous les trois embarqués dans l'aventure Rockefeller.

Guerre au bacille

Avant de s'engager dans le conflit européen, les États-Unis, pourtant pour une bonne moitié de race et de culture germaniques, ont déjà manifesté leur sympathie aux Alliés. La Fondation Rockefeller s'est préoccupée des ravages que faisait le bacille de Koch parmi des populations numériquement inférieures à celles de leurs adversaires.

La France combine alors deux records désastreux : le taux de natalité le plus bas d'Europe (18,7 pour mille en 1911) et le taux de mortalité le plus haut.

Parmi les agents de mortalité, la tuberculose a succédé au choléra dans les grandes peurs du siècle. Alors que le cholérique se dépiste aisément et peut être isolé comme le sont les sources de contagion, le tuberculeux passe inaperçu. Contagieux, il ressemble à tout le monde et souvent il ne se sait pas malade. Le microbe incubé en milieu malsain (pauvre) se propage à distance par la toux et les crachats. Amené à Paris de la ferme bretonne, il descend de la chambre de bonne au salon et à la salle à manger des patrons. Le cimetière russe de Menton montre qu'il ne respecte ni le rang ni la fortune.

Si la France y est plus sujette que les autres pays industriels, c'est que le souci d'hygiène y est moins grand. La lutte contre le mal invisible doit donc commencer après un travail d'information, mené aussi complètement et aussi rationnellement que possible. Il s'agit d'éclairer (aux deux sens du terme). Sous direction américaine – et féminine – chaque équipe de la Fondation comprend un conférencier, une conférencière et un chauffeur qui double comme projectionniste, car ces équipes sont motorisées et la lutte antituberculeuse fait ausi appel au cinéma. Documentaires, « drames », dessins animés montrent l'invasion des poumons par le bacille et son refoulement grâce au bon air qui y pénètre et la guérison par une vie saine.

Un courrier dont le rôle est comparé à celui de l'imprésario d'une troupe théâtrale prépare le cantonnement, il réserve les salles, alerte les écoles, les journaux, les autorités. Le camion amène le matériel de propagande et les « artistes ». Les conférenciers portent d'ailleurs un uniforme d'officier américain fantaisie, avec baudrier et ceinturon. La Fayette nous voici, c'est un élément important de l'accueil : la campagne antituberculeuse fait partie de l'effort de guerre. C'est une contribution alliée.

Le travail commence par les écoles. Des causeries, des films expliquent l'action du bacille de Koch aux enfants. Ils reçoivent des cartes postales sur le sujet et la séance se termine par des chansons : *J'ai du bon soleil dans ma chambrette* (air : *J'ai du bon tabac*) et *Va-t'en, va-t'en microbe!* (air : *Il pleut, il pleut bergère*).

Un guignol montre le combat entre le mauvais bacille et la bonne hygiène. Son marionnettiste-scénariste n'est autre qu'Henry de Graffigny, identifié modestement dans les registres de la Rockefeller comme Henri Marquis. Albert Milon occupe, lui, un poste de courrier. Louis Destouches est conférencier.

On est entre copains.

La mission a une stratégie simple : les parents sont alertés à travers les enfants et ils sont informés à leur tour sur leur lieu de travail ou dans leur quartier.

La première réunion a eu lieu à Chartres. Elle s'est terminée sur les cris de « Vivent les Alliés! Vive la France! Vive l'Amérique! », ce qui indique bien le caractère patriotique de la guerre au microbe qui porte comme par hasard un nom boche. Chaque rescapé de la tuberculose est un petit soldat en puissance.

La seconde a lieu à Rennes, à l'invitation du Pr Follet, président du comité antituberculeux d'Ille-et-Vilaine. Il organise pour la mission ce que le Dr Bruno dans son livre-mémorial qualifie de « réception grandiose » : « Toute la population massée des deux côtés de la route, depuis la gare jusqu'à la mairie, acclamait avec joie l'arrivée de ces " nouvelles forces américaines... contre l'ennemi intérieur : la tuberculose ". Le préfet Juillard, le général d'Amade, commandant la région, M. Janvier, maire de Rennes, le docteur Follet furent les premiers à nous initier aux belles et fécondes réunions publiques et à nous montrer quelle part nous allions prendre dans le cœur des populations visitées par la mission américaine contre la tuberculose [7]. »

Le 11 mars 1918 a lieu la première conférence au Théâtre de Rennes. Elle est donnée par le Dr Bruno, secrétaire de la Mission. Céline se souviendra bien plus tard avoir bafouillé devant le général d'Amade et son futur beau-père. Il est possible mais non certain qu'il soit intervenu [8]. Contrairement à la tradition orale, autre nom de la légende dorée, il est en tout cas peu probable qu'il ait arpenté les planches pour donner un cours d'hygiène à la faculté de Rennes et aux autorités, tout au plus lui a-t-on demandé une information pratique.

Le lendemain, la mission au complet est reçue à l'École de médecine par le recteur d'académie.

« M. Destouches » figure en seconde place dans le tableau récapitulatif des conférenciers de la Mission. Ce tableau n'est pas alphabétique quoique M. Antignat précède M. Destouches.

Lui-même se souviendra d'avoir figuré sur la photographie commémorative prise devant le Monument de l'union de la Bretagne à la France, le 10 mars 1918. Ce groupe, reproduit dans le livre du Dr Bruno, comprend une soixantaine de personnes parmi lesquelles plusieurs uniformes américains. Même agrandi, et même à la loupe, il ne livre pas l'image de Louis Destouches, ce qui nous prive du plaisir de trouver la future star sous le figurant.

Dominique de Roux qui avait le premier interrogé les témoins de Rennes, Marcel Brochard et Édith Follet, avait noté une version très années vingt de la rencontre entre Louis et Édith, la source semblant être Marcel Brochard. Il est difficile, faute d'autres témoignages, de savoir s'il s'agit d'une reconstruction de l'auteur de *La Mort de Céline* ou si ses notes de travail correspondent à des données réelles.

Selon une autre tradition (qui passe par Frédéric Vitoux et Lucette Almanzor), Édith Follet aurait par inadvertance fait du pied à Louis Destouches, son voisin, au cours du banquet officiel. La méprise aurait été à la base de leurs relations et conduit au mariage...

Tout nous oriente vers une conquête éclair et il est tentant de raconter l'arrivée à Rennes comme une tauromachie où, après avoir défilé de la gare à la mairie devant la foule en liesse, Louis Destouches conquiert après un brillant combat verbal l'estime du père et le cœur de la fille.

La Mission rayonne pendant de longs mois à travers la Bretagne. Rennes est son port d'attache naturel. Louis Destouches qui parle anglais est l'agent de liaison naturel entre l'état-major américain de la Mission et le président du comité antituberculeux de Rennes, le Dr Follet. C'est alors qu'il a l'occasion de s'en faire connaître.

Un nouvel excentrique : Athanase Follet

La voie du concours permettait en médecine comme ailleurs de brûler quelques étapes sociales. Athanase Follet, d'humble extrace, est reçu dès son premier essai au concours d'internat à Paris. Or, sans aucun antécédent médical, ni aucune relation, il a été jugé sur son seul mérite.

Revenu en Bretagne, il se marie dans « une famille », celle des Morvan, une famille de médecins. Son beau-père, Augustin Morvan, médecin éminent, est ami, nous dit François Gibault, de Charcot et de Nelaton. Membre de l'Académie de médecine, il est connu pour sa description clinique du panaris non douloureux et d'une forme de danse de Saint-Guy très douloureuse, elle.

Les Morvan ont leur origine à Lannilis dans le Finistère où ils possèdent une maison de granit bien réelle et bourrée des meubles et des souvenirs de plusieurs générations.

Les concours et un bon mariage ne suffisent pas à assurer une carrière, un peu de politique est utile et beaucoup d'entregent. Athanase Follet a, dans la Bretagne catholique, la réputation d'un homme avancé, c'est-à-dire d'un républicain bon teint. Il est au mieux avec le préfet mais il soigne aussi l'archevêque. Nous le savons grâce à une nouvelle histoire de Louis Destouches adressée, celle-là, à l'ami Milon.

Le Dr Follet professe à l'École de médecine. Il s'y est faufilé, disent ses ennemis qui sont aussi nombreux que ses amis. Lorsqu'il en est nommé directeur, la rage éclate et la première fois que le corps professoral se trouve réuni par le nouveau directeur, le doyen d'âge lui adresse un discours longuement médité qui sue le mépris et la haine :

« Monsieur,

« C'est la première fois que vous nous réunissez à l'École depuis votre nomination de Directeur.

« Il est juste que les professeurs signataires des protestations de juin 1918 vous souhaitent la bienvenue.

« En ma qualité de doyen d'âge, mes collègues m'ont désigné pour vous lire ce document que nous vous prions de déposer aux archives de l'École.

« Vous êtes entré dans la maison par la porte des intrigues personnelles et des plus tristes compromissions, manquant à la parole donnée pour vous dresser d'une façon qu'on a peine à qualifier contre le vœu formel émis par vos collègues. Vous êtes d'ailleurs de ceux pour lesquels un engagement, fût-ce un chiffon de papier, est toujours sans valeur, et vous devez vous souvenir, comme tous ceux qui vous connaissent, ce qu'ont été vos premiers pas dans la carrière médicale.

« Nos protestations, exemptes de la haine et de la jalousie auxquelles vous vous êtes efforcé de faire attribuer notre attitude, se présentent ce soir aussi fermes et aussi énergiques qu'au premier jour où elles furent formulées et insérées dans la presse rennaise. (Veuillez y voir l'expression indignée de notre conscience blessée par tous vos procédés, et le légitime souci de l'honneur toujours respecté jusqu'ici d'une École que votre présence ne peut diminuer moralement et matériellement.)

« Nous lutterons sans arrêt jusqu'au jour qui nous donnera l'homme digne de nous représenter, de prendre en des mains insoupçonnées et inattaquables les destinées de l'École. Si vous avez encore le moindre sentiment de dignité, donnez maintenant votre démission, Monsieur. Ce sera peut-être, quoique déjà tard, un moyen de vous réhabiliter dans l'esprit de tous les médecins de la région. Vous avez entendu le soulagement de notre conscience indignée, nous allons maintenant tourner nos yeux vers l'École à laquelle nous restons profondément et fidèlement attachés, contribuer à la mise au point des nouveaux programmes de l'enseignement. »

On peut en lisant ce texte voir la mimique des uns et des autres absorbant cette diatribe justiciable du soufflet avec demande de réparation. Mais la guerre a rendu le duel anachronique. Il n'a d'ailleurs jamais eu beaucoup de succès dans le monde médical. Ainsi reçu et imperturbable, le Dr Follet annonce que la pièce sera classée dans les Archives et il passe à l'ordre du jour.

Une tradition maintenant solidement fixée veut que l'arriviste Follet ait vu en Louis Destouches le neveu de Georges, secrétaire général de la Faculté de Médecine de Paris dont dépend l'École de Rennes et que le fait de donner sa fille en mariage au conférencier de la Rockefeller, titulaire d'un certificat d'études, soit le résultat d'un marché : la main d'Édith contre la nomination au poste de directeur.

Elle vient du milieu médical rennais et elle est d'ailleurs donnée pour la première fois dans *Bretagne magazine* d'octobre 66 par le Dr Lejeune dont on nous dit qu'« il connut fort bien Destouches et son beau-père [9] ».

L'idée de cette tractation sordide est bien dans le ton du discours d'accueil fait au Pr Follet, mais il ne tient guère compte du calendrier : Louis Destouches débarque à Rennes en mars 1918, le Dr Follet est nommé directeur de l'École en juin et il marie sa fille en août 1919. S'il avait été capable d'échanger Édith contre un poste administratif, qu'est-ce qui l'obligeait à tenir sa parole un an après? Une fois la nomination faite, elle était irrévocable, le petit discours sans espoir des professeurs de l'École l'indique assez. Sa nomination, Athanase Follet la doit à son activisme médical et politique, c'est un gros travailleur, un progressiste parmi des conservateurs sans relations.

Parvenu d'assez bas, son père était sous-économe d'un asile de fous, Athanase Follet, qui n'est plus ébloui par les titres, se reconnaît sans doute dans le conférencier culotté et bien disant. Ancien bijoutier, ancien cuirassier, médaillé, parlant deux langues, c'est un individu dans son genre, prompt à s'adapter et à apprendre, qui a seulement raté son départ. Et puis, dans cette génération, les maris valides se sont faits rares.

Le journal des étudiants de Rennes publiera, en décembre 1921, une charge du « Professeur Follichon » le montrant en action dans son service. Elle souligne bien l'indépendance et l'originalité de celui qui fait sa visite avec sur la tête une calotte « découpée dans un vieux maillot de bain » : « Il semble se ficher de tout, de son " distingué personnel ", de l'étudiant, de ses confrères : " Voyez messieurs, le malade ne supporte pas ce médicament. On ne sait pas pourquoi. Il y a idiosyncrasie. Moi, il y a des gens que je ne peux pas voir et qui me le rendent bien. On ne sait pas pourquoi. Il y a encore idiosyncrasie " » (*L'A*). Un homme de ce calibre, il n'en existe certes pas des bottes et il est capable, sans calcul, sans marché, de croire capable l'amoureux d'Édith de s'initier au métier et d'y tenir sa place.

Le bac d'abord

Le conférencier Destouches appartient à l'équipe n° 2. La Mission en a compté cinq en tout. Elles ont commencé à tourner en décembre 1917.

Il prend la parole pour la première fois à Châteaudun. L'événement le marque : « Châteaudun te souviens-tu? – La Mazières – notre première conférence – jours bénis, jours de merde, jours de joie! Mêlés en fanfare de coups de gueule. Notre auto [10]. » Émotion de parler pour la première fois en public. L'habitude vient vite et la routine. Il rode son boniment dans les villes et les bourgades d'Eure-et-Loir, et donc à Illiers où les madeleines ne sont pas encore une spécialité pour touristes.

Deux mois de déplacements dans un camion qui transporte la dynamo, le matériel de projection, les cartes, les tracts, un conférencier, une conférencière et la directrice d'équipe.

Par les comptes rendus de journaux locaux, on sait qu'il passe au moins trois semaines à Rennes entre la mi-février et la mi-mars 1918, qu'il parle aux femmes, aux jeunes filles (auxquelles il est présenté par M. Dodu, inspecteur d'académie), aux garçons, aux syndicalistes – il leur rappelle que « l'alcool est le lit sur lequel couche la tuberculose » –, aux cadres instructeurs de la classe 19, aux « jaunes » des syndicats catholiques, aux populations d'un quartier ouvrier. Bien pris dans son uniforme US, le débit rapide, le ton convaincu, le geste énergique, il connaît partout, au témoignage des localiers, le plus grand succès.

Cela n'a rien d'une sinécure, il lui arrive de prendre la parole à quatre reprises pendant la journée.

Après Rennes, la Bretagne est passée au peigne fin, Vitré, Quimper, Loudeac, Caulnes, Évran, Dinan (le jour de l'Armistice). Arrivé à Lamballe le 3 décembre et après un an d'activité dans l'équipe n° 2, il la quitte pour rentrer à Rennes. Il a un nouveau projet.

Des dispositions en préparation vont permettre aux anciens combattants de passer des bacs allégés et il s'agit pour lui de bachoter à mort, c'est-à-dire de rafraîchir et de compléter toutes les connaissances qu'il a pu accumuler en Allemagne, en Angleterre, à Nice, à Rambouillet et à Bikobimbo et de les faire homologuer.

L'idée en revient peut-être au Dr Follet. Il aurait tracé le parcours : les bacs d'abord, puis la médecine, avec sa fille à la clé, mais il ne faut pas sous-estimer l'influence américaine. Le grand directeur de la Mission est le Dr Farrand, président de la Colorado University à Boulder. L'esprit américain pousse à la promotion par l'étude, sans préjugé d'origine ni d'âge : qui veut, peut.

Cette préparation se serait faite en trois mois puisque, le 2 avril 1919, Louis Destouches, qui a alors rejoint la Mission Rockefeller en Gironde, obtient à Bordeaux la première partie de son baccalauréat, suivant les conditions spéciales du décret, tout frais encore, de janvier 1919. Sept épreuves orales sont prévues et il obtient la meilleure note en anglais (18/20) et la plus étonnante en latin, un 16/20 pour une explication d'Horace.

À Rennes, dit François Gibault, il s'est « remis au latin » avec un certain abbé Pihan. Comme on ne voit pas quand il « s'y était mis », il faut que l'abbé ait eu une méthode miraculeuse ou que les anciens combattants aient reçu le privilège de présenter leur propre texte. Bien plus tard, Céline dit à Robert Poulet, ingénieur avant d'être écrivain, qu'il a appris non seulement le latin mais le grec et les mathématiques, d'après les programmes du bac et les livres correspondants. « Personne ne m'encourageait ni ne me disait où j'en étais [11]. » Le souvenir est sujet à caution car il date de l'époque où Céline assurait avoir obtenu un ou deux bacs en 1912, le faisant remonter à ses dix-huit ans. Les examens express de 1919 étaient évidement moins valorisants qu'un bon baccalauréat d'avant-guerre.

Il passe le second dès le 2 juillet, après avoir parcouru la Gironde avec la Mission, étudiant le programme après ses conférences ou pendant les déplacements.

Sur quatre épreuves – philosophie, histoire, géographie, sciences naturelles – épreuves orales auxquelles il se présente dans son bel uniforme allié, il obtient la meilleure note en Histoire contemporaine sur un sujet qui peut paraître étrange : « La République de 1848 à 1861 ».

Le 19 août, le contrat moral passé avec Athanase Follet rempli, Édith Follet épouse un bachelier auquel la route des études de médecine est ouverte.

Le mariage a lieu chez un oncle notaire à Quintin, loin des relations et des confrères rennais. Un contrat de mariage lie les deux époux. Le docteur et Mme Follet verseront 2 000 francs par mois à titre de dot. Devant Mathurin Rolland, maire de Quintin, Louis-Ferdinand Destouches se déclare étudiant en médecine. Son père Fernand devient chef de bureau au Phénix. Marguerite, sa mère, est sans profession et l'oncle Louis Guillou, son parrain, promu au rang d'industriel.

Une photo marque l'événement. Louis Destouches y apparaît sérieux, devrait-on dire maussade? à côté d'Édith épanouie.

La médecine au galop

Étudiant en médecine, Louis Destouches le deviendra prochainement mais Ferdinand-Fernand ne sera jamais chef de bureau. Sous-chef seulement et au moment de la retraite.

Les études commencent en octobre, ensuite c'est la grande cavalcade. Le 26 mars 1920, il obtient son PCN (propédeutique aux études de médecine) et prend quatre jours plus tard ses inscriptions de médecine.

Le 7 avril 1921, un an après, presque jour pour jour, il a en poche ses certificats d'anatomie avec la mention Bien et Assez Bien. En juillet trois mois après, celui d'histologie, physiologie (mention Bien). L'année suivante, le 16 novembre, il conclut ses études à l'École de Rennes par quatre examens (mention Bien partout). Souvenons-nous de l'ambiance à Rennes : les chers collègues n'avaient aucune raison de montrer de l'indulgence pour le gendre du Pr Follet.

Le 5 décembre, il obtient le droit de continuer ses études à la Faculté de médecine de Paris (Rennes n'assure pas encore le cycle complet). Trois ans pour une formation de base, cela peut sembler léger. Le Dr François nous assure qu'il n'y a eu ni précipitation ni faveur : « il accomplit un cycle complet dont chaque étape était parcourue de façon accélérée » (thèse citée). Le cas de Louis Destouches est d'ailleurs loin d'être unique. Sous l'égide de son directeur, l'École de Rennes semble même s'être fait une spécialité de l'accueil des démobilisés. On juge que plus âgés que les étudiants ordinaires, plus concentrés sur leurs études, ils absorbent plus rapidement les matières d'enseignement.

Ce qui est précisément le cas de Louis Destouches. Depuis son mariage, il s'est installé avec Édith dans un appartement au rez-de-chaussée de l'immeuble des beaux-parents, quai Richemont. Ils prennent leurs repas au premier et Louis utilise la bibliothèque de son beau-père pour ses études. L'histoire ne dit pas si le jeune couple paie une pension, ou si les 2 000 francs mensuels sont leur argent de poche.

Ce sont en tout cas des conditions d'études idéales : « Je travaille comme un cheval [...] le matin tel le vertueux Achille, je vois lever l'Aurore et l'astre des nuits m'accompagne bien avant dans mes studieuses veillées », confie-t-il à Milon [12]. En juillet 1921, il écrit à un autre correspondant que depuis six mois il dort « en moyenne 4 h par nuit ». Il vient de faire une otite suivie d'une « dépression nerveuse [13] ». Il est ravi : « Je me livre aux délices des études – j'y jouis pleinement par tous les bouts – il suffit de s'y mettre. Mais j'ai toutes les ambitions – et c'est vers les découvertes que j'oriente mes pensées » (à Milon, même lettre que plus haut).

Peu intéressé par la dissection humaine, les travaux pratiques, le côté manuel, artisanal de la médecine, l'étudiant Destouches est plus attiré par l'abstrait, le spéculatif mais à but pratique. Il laisse aller l'imaginative au hasard des observations : un sirop d'escargot pour les tuberculeux ? les possibilités des chenilles dans le même domaine, qui est celui, remarquons-le, de son beau-père phtisiologue et un peu le sien. Il s'intéresse aussi à la culture du bacille typhique « sous vide », puis, à Roscoff, à un ver de sable qui a la particularité de vivre de ses parasites, des algues microscopiques opérant la photosynthèse pour lui, ce qui amène le ver à sortir du sable aux heures de marée basse.

Les mêmes bons camarades qui ont vu Louis Destouches placer l'éprouvette de ses bacilles typhiques bouchée, à l'air ambiant sous la cloche à vide, nous disent qu'il alimentait en urée ses *convoluta roscoffensis* (le ver à algues) en pissant dans le bac de Petri.

Courtial, c'est moi. Créateur inlassable d'histoires à base de réel travaillé, Louis Destouches engendre et engendrera la légende. L'effet de distorsion qui se produit à partir de 1932 à cause du *Voyage* va affecter toutes les mémoires. André Lwoff, pastorien et prix Nobel 1965, inventeur pour sa part d'un appareil à guérir le rhume, se souvient avec précision de sa rencontre avec l'étudiant Destouches et ses amis. Il rapproche sans peine la fiction (l'illustre Bioduret, Parapine) du lointain vécu. Un Dr Wormser a gardé, quant à lui, un souvenir photographique de sa rencontre dans un wagon-restaurant avec un grand gars qui s'est confié intimement à lui – ses études, sa vie de famille – tout. La chose est en soi banale, à qui mieux se confier qu'à celui ou celle qu'on ne reverra jamais ? L'étonnant, c'est que l'inconnu garde en mémoire la conversation dans ses moindres détails.

Les souvenirs locaux sont de la même façon affectés par le rétrospectif. On est confondu par la précision de ceux qui ont enregistré l'aspect physique de l'étudiant Destouches. L'inconnu du train l'avait trouvé « beau », des Rennais se souviennent du veston (sport), de l'imperméable (bleu) et du manteau (chamois). Tous le montrent coiffé d'un grand chapeau, à la Bruant, de grosses chaussures aux pieds, fonçant droit devant lui « semblant enfoncer les portes plutôt que les ouvrir [14] ».

Évidemment, être à Rennes le gendre d'Athanase Follet ne permet pas de passer inaperçu. Le fait que ses notes n'en souffrent pas montre assez qu'il bûche plus qu'il ne le montre, qu'on ne le voit ou qu'on ne le croit.

La situation lui impose le sérieux. Il réserve pour l'ancien sergent Milon son goût de la dérision, utilisant comme il le faisait en Afrique l'événement local. Rennes a un archevêque hypocondre. Le Dr Follet est rien moins que calotin (d'où la hargne locale ?). L'archevêque n'a pourtant confiance qu'en lui et le Dr Follet monte à l'évêché, consulte et prescrit au pseudo-malade une composition à base d'alcool et de bleu de méthylène. Ce qui eût fait une nouvelle à la France (Anatole) pour *Le Journal* doit être réservé au camarade à qui cela donne une idée de la comédie qui se joue en province.

Logé, nourri, à l'aise (il oublie de passer chercher la monnaie de 1 000 francs laissés chez un libraire local) parcourant la campagne sur une Indiana de surplus équipée d'un side-car, il jouit d'une quiétude jamais connue.

Un beau-père directeur de l'École, chef de clinique, membre correspondant de l'Académie de médecine, l'avenir du Dr Destouches semble tout tracé.

Une dynastie médicale va se perpétuer, de gendre en gendre, Destouches, après Follet, comme Follet après Morvan. D'ailleurs Édith attend un enfant et c'est une fille.

À cette occasion, Fernand réapparaît sous les traits de Louis-Ferdinand. Il pose une série d'interdictions : pas de baisers grand-maternels, peu de dragées pour le baptême, il n'ira d'ailleurs pas à l'église. Les leçons ne sont pas réservées à Rennes, il a une façon de faire ressortir le *calme* qui règne quai Richemont qui en remontre à la rue Marsollier qu'on aurait tendance à trouver trop agitée, n'est-ce pas Fernand [15].

Édith utilise souvent le side-car, ce baquet vissé à la moto dans lequel on pourrait voir un symbole conjugal mais Louis Destouches y trimballe aussi son ami Vareddes, le nouveau copain, un journaliste local, amateur comme lui d'aventures féminines. André Lwoff les rencontre en compagnie d'un couple où c'est le mari qui s'intéresse le plus aux jeunes gens comme lui [16]. Marcel Brochard qui a épousé la meilleure amie d'Édith devient aussi un ami de Louis. Il le sera toujours du temps d'Élisabeth Craig avec lequel, assure-t-il, l'ami Louis lui laissait toute liberté. Des libertés qui ont pu remonter au temps de leur jeunesse bretonne.

La grande conquête de l'après-guerre, cheveux courts et jambes à l'air, leur frontière, est la liberté conjugale. Les années vingt renouent avec les mœurs du XVIIIe siècle, elles créent le mot de partouze qui remplace celui de partie carrée, ou le complète.

La province étant la province, ces escapades se camouflent forcément de gravité. En juillet 1921, dans une longue lettre pleine d'un pédantisme médical tout neuf à un ami palois qui souffre de problèmes psychologiques, le futur médecin n'oublie pas de lui recommander de convoquer des jeunes des deux sexes pour son arrivée : « Vous connaissez mon opinion sur tous ces chapitres. Libre à vous d'inviter des petits cousins ou cousines etc. Vous comprenez [17]. » Pour lui, c'est la meilleure des thérapies, il en fera plus tard toute une doctrine.

Le Dr Follet d'une autre génération se contente de l'adultère tranquille. C'est un fait connu en ville et, chez lui, accepté. Les escapades de Louis Destouches par exemple à Pau, sous prétexte de congrès Rockefeller, sont également tolérées. Ce qui prime, c'est le foyer, ce qui compte c'est le respect du foyer, tout ce qui se passe dehors échappe aux impératifs sociaux.

Je suis né peuple

Or, c'est précisément à ce moment où Louis Destouches, ex-Louis des Touches, retrouve ses racines dans une ville où son grand-oncle Théodore s'est illustré dans les milieux médicaux, où il rejoint en somme un rang social dont il était déchu : il se sent peuple.

Lui, à qui, au témoignage du Dr François, il arrive encore d'évoquer ses nobles origines de Lentillère, écrit à son copain Milon une lettre qui marque un tournant : « Je suis né peuple et les aisances de la vie veloutée n'entament point ma constitution décidément plébéienne [...] le cœur des bourgeois est quelque chose d'inconcevablement terne et d'insensible à la misère des autres. » Il évoque les gueules rondes et fermées rencontrées au hasard des rues et conclut sur un raccourci sociohistorique qu'on retrouvera à peine modifié vingt ans plus tard : « Il y a foutrement plus de différence entre un bourgeois français et un pauvre gaulois qu'entre un riche français et un opulent teuton [18]. » Les Gaulois, race soumise.

Alors commence le travail de renversement d'identité par lequel l'héritier des Touches, dénigreur de l'épicerie, va se redéfinir en descendant des Guillou, les ouvriers bretons de Belleville.

Le côté Guillou est un matriarcat. Les hommes ne vivent ou ne s'attachent pas assez longtemps. Céline Guillou, la mère de Marguerite avait cinq ans lorsque son père, Victor Lesjean, Breton de Belleville, a convolé avec sa mère, Louise Aubry, brodeuse. Puis, il l'abandonne avec deux enfants. Quand, piqueuse de bottines, Céline se marie avec Julien-Jacques Guillou, soudeur sur cuivre, à la mairie du XXᵉ, elle est enceinte de neuf mois. Julien-Jacques ne fait pas de vieux os, car Céline Guillou est veuve dès 1879, après seulement dix ans de mariage. Elle élève alors, seule, ses deux enfants, Marguerite, future mère de Céline, et Louis, son parrain.

Ménilmontant, Belleville, heurs et malheurs du prolétariat parisien, sa liberté de mœurs, voilà le vrai côté peuple de la famille.

Paris je te retrouve encore

L'horreur de la province s'apprend. Destouches a passé les années rennaises la tête dans les manuels et tendu vers l'examen : « Vivement que je passe pour dégueuler ce que je sais », l'entend dire un camarade impressionné par son bagout [19]. À Milon qui a déjà formé son couple, il explique que le mariage ne lui est tolérable que parce qu'il voit très peu sa femme et que quai Richemont chacun mène sa vie à sa guise. Il lui arrive de tourner sur le quai dans un sens pendant que le Dr Follet tourne dans l'autre et sans qu'ils se croient tenus à la moindre conversation [20].

À la table familiale, beau-père et gendre feraient assaut de blagues rabelaisiennes à en effaroucher les dames. Gardons le conditionnel, les carabins choisissent en général un autre public que leur famille. On doit surtout parler métier, c'est-à-dire cas divers, honoraires, rendement, évoquer les cancans locaux, la publication en décembre 1921 du portrait du « Professeur Follichon » dans le journal étudiant, les événements littéraires, l'immense succès de l'*Antinea* de Pierre Benoit, la politique, les débats de la Chambre bleu horizon, la guerre civile russe et les réparations. Il peut être aussi question du gouvernement Briand symbole de réconciliation, puis du gouvernement Poincaré qui veut « les » faire payer (janvier 1922). La conjonction entre Allemands et Russes à Rapallo, au-delà des réparations, frappe-t-elle Rennes autant que les chancelleries ? On peut en douter, Rennes pense à Rennes, les médecins à leur clientèle et à leurs placements, les professeurs à leur avancement et les étudiants à leurs études et aux fugues possibles hors du cercle magique. Si, au témoignage d'Édith Follet, Louis Destouches est antisémite, c'est comme tout le monde, ni plus ni moins, aucune virulence [21].

Le 1ᵉʳ octobre 1922, la cage s'ouvre. Louis Destouches commence un stage à Paris, à la clinique Tarnier, chez le Pr Brindeau, célèbre obstétricien. En décembre, il obtient l'autorisation officielle de continuer le reste de ses études à Paris. Il retrouve la ville jamais perdue de vue mais dont il est éloigné depuis dix ans, il la retrouve en étudiant de vingt-neuf ans, chargé de famille mais renté.

Dès février, il passe ses premiers examens. le niveau est plus élevé qu'à Rennes ou les examinateurs moins coulants, à moins que le candidat n'ait moins bien travaillé : il se fait ajourner pour la partie thérapeutique de son 4ᵉ examen et juger « médiocre » en matière médicale.

L'échec en thérapeutique est réparé dès le 10 avril quand il obtient une mention Bien.

Nouvelle cascade d'examens à la fin de l'année : clinique interne le 3 mai (Bien), clinique externe le 27 juin (Bien), par contre, il est jugé « médiocre » en clinique obstétricale, malgré le stage de trois mois à la clinique Tarnier, au terme duquel il avait obtenu la mention Bien.

Où habite-t-il ? La rue Marsollier semble un peu exiguë pour un couple avec bébé. Le Dr Follet est (aussi) médecin des chemins de fer et dispose d'un permis de circuler, mais Rennes reste loin de Paris. On peut supposer qu'il alterne de courts séjours à deux, l'enfant restant sous la garde de la grand-mère Follet avec des séjours plus longs, seul. Il a l'argument des études.

Dès juillet 1923, il fait son premier remplacement.

Dans les Ardennes. Il remplace un certain Dr Boucher, praticien à Revin. Un article repris dans *La Revue célinienne* n° 2, paru dans *La Grive* d'avril 1993, dix ans après le séjour du Dr Destouches à Revin, ne mentionne ni femme ni enfant juste « Louis-Ferdinand Destouches ».

Il semble assez savoureux pour être cité *in extenso* :

« CÉLINE ET LES ARDENNES

« Louis-Ferdinand Destouches (le docteur Destouches) a habité Revin en juillet-août 1923. Il y remplaçait le docteur Boucher.

« Contrairement aux affirmations de presque toute la critique, son *Voyage au bout de la nuit* n'est nullement une autobiographie. Les Revinois qui ont connu le docteur Destouches ont gardé le souvenir non pas d'un Bardamu, mais d'un garçon très sympathique et très distingué n'ayant de commun avec son héros que l'amour du paradoxe.

« Le peuple ardennais a discerné en lui un type : un type original qui osait traverser la rue Victor Hugo en *purette*...

« Un jour qu'il voulait ausculter le côté droit d'une bonne vieille perchée dans un de ces vieux lits ardennais hauts sur pattes – ce côté droit étant celui du mur, le docteur était fort embarrassé. Ne pouvant déplacer le lit tout seul, il fit un bond par-dessus la brave femme, et put ainsi accomplir scrupuleusement son devoir professionnel...

« La pauvre a survécu quelques mois à ce traitement acrobatique. »

Le docteur Destouches traversait la rue en purette : en chemise ? sans veston ? mais il était très distingué. Le saut par-dessus le lit évoque ces exploits qu'on prête dans les chansons de geste aux héros encore inconnus, roche fendue en deux, ravin passé d'un bond, ils annoncent leur valeur ou leur originalité. Louis Ferdinand n'est déjà plus tout à fait Louis malgré la dissociation entre Bardamu et le Dr Destouches.

L'inventeur de la fièvre puerpérale

Il travaille alors à sa thèse – une biographie de Semmelweis, médecin hongrois qui, ayant découvert intuitivement l'origine de la fièvre puerpérale, n'a réussi à convaincre personne. Il suffisait pourtant de mesures d'hygiène toutes simples : que le médecin se lave les mains avant d'intervenir.

Le choix d'un sujet d'obstétrique est paradoxal, puisqu'il s'agit de sa matière la plus faible. Si le sujet lui a été suggéré par le Pr Brindeau, ce serait un autre paradoxe. Une troisième singularité est que le jury, présidé par l'obstétricien Brindeau, ne trouve rien à redire aux chiffres mentionnés dans la thèse pas plus qu'aux faits. 96 % de mortalité dans les pavillons où les recommandations de Semmelweis ne sont pas observées, annonce froidement l'impétrant. Lorsque sa thèse est publiée sur la recommandation du jury et qu'il en donne une contraction dans *La Presse médicale*, un Hongrois corrige ces statistiques trop démonstratives : 31 % de mortalité, pas 96 %! Il souligne les autres dramatisations spectaculaires. *La Presse médicale* publie sa réponse sans que l'auteur se croie obligé de corriger son texte lorsqu'il reprend son étude, avec *Mea culpa*, en 1936. On vous dira qu'une thèse de médecine est une formalité.

La Vie et l'Œuvre de Semmelweis est un roman hugolien à sujet médical. S'y opposent le mal et le bien, l'obscurantisme et les lumières de la réflexion critique, l'impossiblité galiléenne de faire passer la vérité. Le style est fiévreux et vague. Destouches écrit encore au-dessus de ses moyens. Les amateurs de signes y trouvent certes les points d'exclamation et les trois points qui vont devenir l'instrument de travail privilégié avant d'être la marque de fabrique célinienne, mais on les trouve chez maints prédécesseurs romantiques ou chez d'autres contemporains. Cocteau, alors fort à la mode, écrit en petites phrases ainsi suspensives. Ce qui est propre à l'auteur des histoires d'Afrique ou de Rennes, c'est l'arrangement autour d'un point visuel : Semmelweis court les routes, Semmelweis s'inocule le mal, Semmelweis meurt (fou et méconnu). Toujours des plans et séquences.

On retiendra que l'éducation médicale de Destouches se termine sur un exercice quasi littéraire. Retenons aussi qu'il n'a jamais utilisé par la suite le modèle pourtant tentant du Pr Follet alias Follichon.

5.

MÉDECIN

> Il m'a fallu servir pendant tant d'années de fils, de serf, de paillasson, de héros, de fonctionnaire, de bouffon, de vendu, d'âne, d'écureuil à tant de légions de fous divers que je pourrais peupler tout un asile, rien qu'avec mes souvenirs.
>
> *À Jérôme Gauthier.*

La thèse est un permis de conduire (de pratiquer). Où et comment? Rennes, Paris, le vaste monde? À tout hasard il passe un examen maritime, ce qui sera utile un jour sur le plan pratique et lui inspirera aussi quelques souvenirs imaginaires de médecin de bord.

Rennes est la solution la plus simple mais pas forcément la meilleure. Depuis qu'il a retrouvé Paris et une semi-liberté, ce que Rennes signifie de discipline conjugale, de vie rangée, de conformisme apparent, de bonne table, « la vie veloutée » dont il parlait à Milon, tout cela a perdu de son attrait et de son utilité. Reste le souvenir de l'ennui.

C'est d'ailleurs toujours à travers les lettres au joyeux sergent du Val-de-Grâce, témoin du sauvetage de 1914, que nous suivons le processus tranquille, un brin cynique, selon lequel le nouveau Dr Destouches se détache de la fille du Pr Follet.

Milon, après une tentative de commerce, est revenu à la Rockefeller. Destouches doit faire un stage de spécialisation à l'Institut de Villejuif dirigé par le Pr Roussy. Il doit donc trouver à se loger.

Avec femme et enfant, cela va de soi. La famille a réglé le problème pour eux : prêt ou location, un logement est à la disposition du jeune couple. Édith l'a visité, c'est un appartement sur cour. Il lui convient à elle, lui le refuse au nom de l'hygiène : « Je n'en veux pas, le luxe m'indiffère, mais propre et aéré, j'y tiens. Tu comprends pourquoi, passant ma vie dans la pourriture de l'Assistance Publique. »

Moyennant quoi, début novembre 1923, il demande à Milon de lui trouver une chambre meublée – pour 250 francs maximum : « Je mangerai chez mes parents et ferai de la bicyclette et puis avec le petit Vareddes je vous ferai bien rigoler. » On passe en dix lignes d'un appartement sur cour à une chambre meublée et du « nous » au « je ». Édith, jugée « peu altruiste » dans une précédente lettre à Milon, est renvoyée à son environnement naturel, le quai Richemont, ses repas et ses conversations réglés. À Paris, redevenu célibataire, le nouveau diplômé compte bien rigoler avec les amis.

Changement de projet : de Villejuif, il passe à Pasteur. Il n'y traînera pas longtemps, juste le temps de « voir » et de saisir l'ambiance qu'il restituera à sa façon. La détermination reste la même ; il écrit encore à Milon : « J'ai retenu un logis en meublé, 16 rue Stanislas (ce n'est pas un bordel) à cause de la proximité de Pasteur où je suis interne à partir du 16 novembre [1]. » Il vivra seul.

Les jeux sont faits. Et ils se sont faits très vite et très tôt. Rennes ne lui paraissait vivable... qu'avec Milon : « Je n'ai aucune envie de reprendre La Sagesse et la rue Duguesclin moi tout seul, pas plus d'ailleurs qu'avec n'importe quel autre voleur (ils le sont tous) mais j'aurais volontiers tenté l'affaire avec toi.. et tu sais que c'est une affaire ! (200 000) [2]. »

La Sagesse est la clinique du Dr Follet, la rue Duguesclin, son cabinet. L'une et l'autre produisent, si on retient l'estimation du gendre, un bénéfice de 200 000 francs 1923, environ un million de nos francs. Ce sont des *affaires*. Au contact du beau-père, le planteur de Bikobimbo a eu le temps d'envisager l'aspect financier de la médecine. Lorsque *L'A*, le journal étudiant de Rennes, faisait le portrait du Dr Follichon, en décembre 1921, il notait son souci d'économie : « On ne perd pas de vue, dans le sillage de Follichon, que si le métier comporte des opérations, elles sont pour beaucoup financières. »

C'est la troisième tentative d'associer le camarade de guerre à sa nouvelle fortune. Il a voulu le convaincre de devenir notaire : « On ne demande aucun diplôme d'entrée. Je crois qu'avec la guerre, des clauses spéciales sont créées pour les démobilisés, les études doivent durer un an [...] en tout cas n'aie point peur des examens, toute indulgence dans ton cas t'est garantie de la part des jurys [3] », puis comme Milon apparemment ne se voit pas plus en tabellion breton,qu'en planteur de cacao, il envisage un élevage d'écrevisses : « Je vais te soumettre un projet d'ostaciculture – ostacus qui signifie écrevisse, ceci avec de la culture du cresson [4]. » Il s'agit de trouver « une affaire », étude ou élevage. Ce sera une constante chez Destouches-Céline de vouloir associer à ses projets, ou à son environnement, les amis.

De nouveau la Rockefeller

Au printemps 1924, grâce à l'entregent du Dr Gunn de la Rockefeller Foundation, l'ex-conférencier rencontre le Dr Rajchman de la Section d'hygiène de la Société des nations, installée à Genève.

Le Dr Destouches lui envoie, à la suite de cette entrevue, l'extrait de Semmelweis qui a paru dans *La Presse médicale*, et dans la lettre d'accompagnement il s'arrange pour caresser ses sentiments progressistes : « D'ailleurs, lui écrit-il, nos élections vont rendre à notre pays son véritable (visage ? rôle ?) dans le monde et la SDN une place prépondérante dans nos affaires qu'elle n'avait pas encore. Comme entendu, je serai à Genève dans quatre semaines environ [5]. »

La lettre est du 14 mai 1924, le 11, les élections ont marqué le succès du « Cartel des Gauches ». Édouard Herriot va forcer le président de la République qui s'était engagé dans la campagne, le social-traître Millerand, à la démission. C'est la défaite de Poincaré et de sa politique, le retour de Briand et du briandisme, c'est-à-dire la recherche d'un accommodement en Europe avec les anciens adversaires, dans l'esprit de la SDN.

Une visite est donc prévue fin juin. Le candidat aimerait que la « nomination éventuelle et définitive » (*sic*) puisse se combiner avec la visite aux États-Unis dont a parlé le Dr Gunn.

C'est la Rockefeller Foundation qui finance en effet le poste créé en faveur de son conférencier devenu médecin, c'est elle qui paiera le salaire du « technical officer » mis à la disposition de la Section d'Hygiène. Il faut s'en souvenir lorsque le Dr Destouches quitte Genève : Rajchman n'est pas son employeur.

Le 27 juin l'engagement est officialisé, après passage, on le suppose, devant l'un de ces comités paravents propres aux grandes organisations nationales et internationales.

Ici dans la ruche internationale

Le Dr Destouches jubile. Milon, son « vieux lapin », reçoit un bulletin de victoire : « C'est ici que se trouve ton vieux Louis – ici dans la ruche internationale – Entêté je le suis, tu le sais – me voilà. Cette fois j'embrasse les problèmes d'hygiène de belle envergure et mon dieu, j'aime cela » (2 juillet 24).

Cette joie n'est tempérée que par un retour en arrière, Céline se retournera souvent, dix ans déjà ont passé et une mise en perspective s'impose : « Je sens qu'à la fin de mes jours, je redeviendrai militaire. C'est bien qu'on en dise un bel état. "Être brave n'est pas si vain", disait Pascal. Pas si vain... Une belle culotte de peau qui vous colle aux cuisses fait encore l'envie d'un vieux diplomate chargé d'ans et d'impuissances [6]. » Nostalgie du sous-off qu'il a été et coquetterie du promu. La SDN, c'est l'entrée dans la haute diplomatie au niveau mondial. Ce Louis Destouches, qui prend du recul pour se voir en militaire dont un Talleyrand envierait la cuisse moulée dans le cuir, a exactement trente ans et le sentiment d'être arrivé.

Parvenu en tout cas dans la vertueuse cité de Calvin où se joue une des utopies du siècle, le règlement de tous les conflits par le dialogue entre les nations, « les parties concernées », envahisseurs et envahis occupants et occupés, oppresseurs et opprimés, selon les recettes que nous connaissons.

Il va y rester trois ans. Une éternité de missions en Afrique, aux États-Unis, en Europe, avec séjours plus ou moins languissants auprès du Léman. Ces années vont être déterminantes dans l'élaboration de sa nouvelle personnalité. Au même moment et parallèlement, Albert Cohen employé par la même SDN se sent de plus en plus juif à aimer une calviniste en rupture de classe et de sexe. Céline se frottant à ses collègues va se sentir, lui, de plus en plus français, il ne dit pas encore aryen.

Genève des nations

Le tout nouveau médecin, formé à l'hygiène de terrain, salles de cinéma sans crachoirs, fermes sans fosses septiques, appartements sans soleil, découvre le vaste monde. Impatient de nature, incapable d'endurer (autant que de jouir longtemps), il devient le rouage d'une administration qui a ou croit avoir, cela revient au même, le temps pour elle. Comme l'Église. Pour l'impatient qu'il est, c'est la pierre d'achoppement.

Plus d'agit-prop à base d'images, de films, plus de prises de parole, plus d'action directe, d'éveils à l'hygiène mais des notes, des rapports, des communications de comité à comité.

Une fois passé le sentiment de brasser de grands problèmes et le temps des grands voyages, la déception viendra des méthodes et des cheminements propres aux administrations. À Genève, il s'agit de concilier des points de vue et de satisfaire des amours-propres nationaux. Le talent principal d'un fonctionnaire international est le sens de la conciliation, son rôle celui d'un truchement.

Les lettres du Dr Destouches au Dr Rajchman conservées dans les archives de Genève montrent que le protégé du Dr Gunn est parfaitement capable de flatterie, de modération et d'indifférence, en un mot de diplomatie. Celle qu'il envoie au sous-directeur de la Santé au ministère des Colonies indique aussi qu'il manie avec aisance l'arrogance propre aux représentants d'une grande administration. Il s'agit d'éditer aux frais de l'OMS une brochure du Dr Abbatucci. Louis Destouches est chargé de juger ce qu'elle vaut : « Trop bref et pas assez technique, mais indéniablement, il nous a paru témoigner de la part de l'auteur de qualités de clarté, d'ordre, de méthode qui, je le pense, sont précisément celles dont nous avons besoin pour notre monographie. » C'est le ton du rapport à Rajchman. Avec le « Cher confrère et ami » le ton est plus bref : « Commencez donc, je vous prie, par les corrections dont nous avons parlé ensemble et puis je passerai vous voir vers le 17 juillet et nous pourrons alors définitivement conclure quant à son impression » (4 juillet 1935) [7]. C'est le style du détenteur de pouvoir.

Lui-même rédige une notice sur *La Quinine en thérapeutique* éditée à compte d'auteur, mais pas à ses frais, en 1925. Auteur, il ne le serait d'ailleurs qu'en partie si on croit les confrères bretons qui y voient un démarquage des travaux du grand-oncle Théodore [8].

La SDN, pour laquelle le travail a été fait, en finance aussi la traduction en diverses langues. Voilà une action d'hygiène typique, voilà comment fonctionne le système et comment se fondent certaines réputations de spécialistes : accumuler les publications et laisser faire le temps.

Voilà aussi à quoi passe le temps. Frappés par l'absence de rapports signés Destouches dans les archives de la SDN, les biographes concluent un peu rapidement à une manière d'incapacité ou au moins à une répugnance du « technical officer » pour ce genre d'exercice. Le Dr Balta, plus prudent, n'exclut pas « un traitement spécial d'archive [9] ». On peut aussi évoquer les usages : le junior *officer* prête sa plume au senior. À la même époque, Charles de Gaulle se brouille avec son patron Philippe Pétain pour avoir publié sous son nom l'étude faite pour le Maréchal. Il faudrait pouvoir dépouiller les productions de la Section pendant cette période pour évaluer la part prise par Louis Destouches dans le travail collectif et par exemple les rapports signés Rajchman.

Notons que si le Dr Destouches doit rédiger en langue médico-administrative, ce qu'il sait parfaitement faire et saura jusqu'à la fin [10], c'est du moins en français. Aujourd'hui il aurait dû manier le « global English » utilisé par la communauté médicale internationale. C'est un jargon qui s'apprend comme un autre. En le préparant au commerce international, ses parents l'ont doté de trois langues de culture où la sienne prime encore. C'est lui que Rajchman – renvoyant l'ascenseur de la Rockefeller – choisit pour accompagner un groupe de médecins latino-américains dans un voyage d'études de cinq mois à travers les États-Unis. Il s'agit d'aller étudier les conditions d'hygiène dans le Nouveau Monde et d'en prendre de la graine.

La proposition est faite le 3 novembre 1924. En janvier 1935, il accompagne Ludwig Rajchman à Paris pour discuter un projet d'émission médicale sur Radio-Bordeaux et étudier les conditions d'un échange de personnel sanitaire avec l'Afrique. Entrevues, salamalecs, études, chiffres, prévisions, contacts, ainsi procède l'action sanitaire à la Rajchman, médecin formé à Varsovie et qui, dans un pays massivement antisémite, a su accéder aux plus hautes responsabilités.

Le *technical officer* loge seul dans un immeuble confortable, La Résidence. Il y reçoit sa femme et sa fille, mais en invitées, il semble exclu qu'elles s'installent, qu'Édith et Louis reforment un ménage. La monogamie était bonne pour le quai Richemont. À Genève, le Dr Destouches reçoit des amies, Germaine Constant, relation bretonne, Blanchette Fermon. À celle-ci, victime d'un rendez-vous manqué en décembre, il écrit d'Amérique, la tutoyant alors, preuve que le rapprochement a eu lieu. Elle est, lui dit-il, « une des rares filles qui aient compris mon immense lyrisme... peut être la seule [11] ».

C'est insensé comme la guerre

Le 14 février 1925, Louis Destouches s'embarque à Cherbourg à destination de New York sur un paquebot américain le *Minnetonka*. La traversée d'hiver n'est pas aisée, brouillard, mauvais temps, délais, contremarches, il l'écrit au patron dès son arrivée. Il lui livre alors sa première impression. New York, attendu dix ans, ne l'a pas déçu : « Tout ce que je vois ne ressemble à rien, c'est insensé comme la guerre [12]. » La formule vaut celle du *Voyage* sur « la ville debout », elle montre aussi qu'avec Rajchman les rapports ont dépassé les relations de travail, ce que confirme la lettre narquoise mais affectueuse par laquelle, le 26 février, celui-ci reproche à son délégué divers oublis : « Je vous ai télégraphié aujourd'hui en réponse à votre câble de New York me demandant l'adresse des banques. J'ai été nullement surpris d'apprendre que vous aviez laissé à " La Résidence " certaines parties essentielles de votre garde-robe, mais je ne croyais jamais que vous aviez oublié l'adresse de la banque où votre fortune devait être déposée. Envoyez-nous donc un long cablogramme contenant tous les divers oublis que vous avez dû classer dans un fichier de poche, ayant pris l'air aux États-Unis [13]. » Ayant pris l'air : ayant pris le ton ? pour Rajchman, la plume de *technical officers* français n'était certes pas inutile.

L'humeur américaine de 1925 est singulière. Sous un président qui se prénomme Calvin et ne rit jamais, le pays fait une cure de vertu. La loi de prohibition de l'alcool est appliquée dans tout le pays, ce qui provoque instantanément, dollar oblige, un marché parallèle sur lequel vont se fonder des puissances financières. Certaines existent toujours et sont parfaitement légitimes. On se souvient surtout des diverses mafias, – pendant obligé du puritanisme (ce qui est prohibé réclame une organisation, c'est l'interprétation cynique du phénomène). Ceux pour qui l'alcool est l'ennemi numéro un de la santé morale et physique du pays vont rapidement identifier ses suppôts : les immigrés récents non protestants et venus du sud de l'Europe. Ils bafouent une morale qui n'est pas la leur et sapent tranquillement l'intégrité de la Nouvelle Canaan.

Le Dr Louis Destouches rencontre les officiels, ceux de la Rockefeller nourricière, le *surgeon general* Cummings. Celui-ci impose son programme. Destouches décide de plier : « J'ai senti [...] qu'il convenait de l'accepter tel quel, le temps arrangera les choses », écrit-il à Rajchman le 27 [14].

Le voyage commence par La Havane, protectorat américain, colonie sans drapeau : les pèlerins sont latino-américains. Ils s'appellent Alba, Alvarez, Garira, Gubetich, Lerdes, Mattos, Schiaffino et Valega. Ils viennent du Mexique, de Cuba, du Venezuela, du Paraguay, de San Salvador, du Brésil, de l'Uruguay et du Pérou. Le grand type aux yeux clairs et à la peau qui craint le soleil, qui leur sert de guide, alterne le français et l'anglais. Que comprend-il aux explications sur la dératisation, la désinfection, l'élimination des moustiques, la lutte antityphoïdique ou antivénérienne, l'approvisionnement en eau, qui leur sont prodiguées en espagnol à travers l'île? Il ne gardera que le souvenir des filles métis éclatantes de beauté.

Huit jours de ce régime d'allocutions de bienvenue et de banquets amicaux suivis d'un répit de trois jours pendant la traversée du golfe du Mexique. Ils débarquent à La Nouvelle-Orléans le 12 mars. Et le voyage reprend, Louisiane, Mississippi, Alabama. L'accent est mis sur la lutte contre le paludisme, domaine dans lequel le fiévreux de Freetown et l'auteur de *La Quinine en thérapeutique* a une expérience à la fois pratique et théorique.

François Gibault a compté quatre mille kilomètres parcourus en trois semaines. Usines, mines, écoles, hôpitaux, beaucoup de paroles et pas d'alcool, ce qui doit gêner plus d'un confrère. Un accident de voiture à Schreveport où le Dr Destouches a frisé le ridicule, on ne l'y reprendra plus. Il se plaint aussi du programme « trop rapide et pas assez technique » (lettre à Rajchman) [15].

À Washington, le 6 avril, ils écoutent un exposé de l'*assistant surgeon general*, directeur national de la Santé, sur les pouvoirs et les devoirs de son ministère. Faire le bien, le faire savoir, et convaincre les autres de le faire.

Le 10 avril, le groupe est reçu à la Maison-Blanche par le président Coolidge lui-même, ce symbole d'un pays en marche vers le bonheur par la prospérité, la santé et la vertu. Le chef de groupe, le Dr Destouches, est présenté le dernier et on ne cite ni son titre, ni son origine, juste son nom, Louis Destouches. Il en montre quelque dépit : « J'ai dû passer pour Sud-Américain [16]. »

Après Baltimore, New York, dont on leur fait examiner les mécanismes à la Zola : des abattoirs aux égouts collecteurs, du gazage des rats à l'accueil des immigrés sur Ellis Island que le Dr Destouches découvre en touriste.

Et puis, c'est la Nouvelle-Angleterre, noyau fondateur du pays. On retrouve le froid salubre après les semi-tropiques climatiques ou humains (New York n'est pas l'Amérique!).

Le 5 mai, le groupe arrive à Detroit où il visite les Usines Ford, le dernier cri de la productivité de masse. Le 7, il est à Pittsburgh chez Westinghouse dont l'organisation sanitaire est à l'opposé de Ford. Ainsi sont offerts en un coup d'œil deux cas d'école.

Chez Westinghouse, la philosophie sociale est la nôtre : on emploie les plus aptes, on compense la maladie, le chômage et les retraites par un système d'assurance (par accumulation plutôt que par répartition, c'est la différence).

Chez Ford, on engage ceux qui se présentent, athlètes ou bancroches. Au handicapé, on confie un poste à la mesure de ses possibilités mais il reçoit le même salaire que l'ouvrier en bonne santé, un tarif qui fait rêver les travailleurs américains du temps : 6 dollars par jour! La maison Ford a ses médecins, ses syndicats, sa police. Rien d'étranger à l'entreprise n'est toléré. Henry Ford a conçu ses voitures et monté ses usines seul, sans les banques. Produites en masses, ses modèles doivent permettre au *little man* de se propulser à sa guise. C'est dans l'esprit fondateur une autonomie de plus, un droit individuel, comme celui d'avoir et de porter une arme.

Cette voiture doit donc être rustique et facile à réparer. Chez Ford, la mécanique est aussi simplifiée que la fabrication.

Nouvel interprète du rêve américain, Henry Ford est aussi la quintessence du WASP (White Anglo Saxon Protestant). Il revendique ses traditions et ses valeurs. À Detroit, disent ses biographes, il lui arrive d'interrompre une réunion de conseil d'administration pour entraîner ses collaborateurs, recrutés à son image, dans une *square dance*, un quadrille folklorique, un peu comme si Louis Renault avait fait chanter *Là-haut sur la montagne* ou *Colchiques dans les prés* sur l'île Seguin.

Ford est isolationniste. Pendant la guerre, il a armé un bateau, appelé *La Paix* pour prêcher le pacifisme aux nations européennes en guerre.

Depuis, il a identifié ses propres ennemis qui sont ceux de l'Amérique : les Banquiers, les Juifs, l'Alcool et le Jazz. Cette musique de la « sub-culture » des esclaves est diffusée par les Juifs de New York qui contrôlent aussi le commerce illégal d'alcool. Ils minent ainsi le corps et l'âme de l'Amérique blanche.

En 1925, Henry Ford mène une véritable croisade contre les Juifs. Il a créé un journal, le *Dearborn Independent*, qui les dénonce numéro après numéro. Quelques titres : *How Jews gained american liquor control*, *The Jewish element in bootlegging evil*, *Popular music is a Jewish monopoly*. Un article du 6 août 1921 avance une thèse inédite : *Jazz is a Jewish creation. The mush, the slush, the sly suggestion, the abandoned senseousness of sliding notes are of Jewish origin* (Le jazz est une création juive. La molle, la poisseuse, l'insidieuse suggestion, la sensualité débridée des glissandos sont d'origine juive). Toute l'Amérique suit ce duel entre Detroit et New York.

Dans son rapport à la Section d'hygiène, le Dr Destouches fait de l'ironie : « Chez Ford, écrit-il, les examens médicaux ne semblent destinés qu'à prévenir des recours futurs et pour la documentation de Ford et peut-être pour son amusement. » On peut imaginer, conclut-il, Henry Ford « vaincu par ses propres ingéniosités, dirigeant seul avec quelques hommes chimpanzés cette monstrueuse usine de plus en plus prolifique [17] ». Le premier lecteur de ce rapport est Ludwig Rajchman et, sans sortir du ton objectif, Louis Destouches laisse aller son imagination dans le bon sens.

Trois ans plus tard, la confrontation entre l'industriel et la communauté juive américaine va éclater. Celle-ci le soumet à un boycott : il doit non seulement saborder son journal mais publier une lettre de rétractation. Entre ses entreprises et ses idées, il a choisi.

La graine recueillie au vol à Detroit ne va cesser de croître. Céline dira plus tard avoir été médecin des années chez Ford. Plus de quatre ans, précise-t-il ! Et lorsqu'il aura quitté Genève il s'inspirera de Ford dans ses essais de médecine sociale, préconisant non seulement la mise au travail de tous, mais l'intégration de la médecine à l'usine. Alcoolisés à mort, les Français lui paraîtront justiciables de la méthode de Detroit. Dans *Bagatelles*, le lien entre les Juifs et l'alcool apparaîtra à nu.

De ce périple américain qui se termine le 9 mai aux chutes du Niagara, il rapporte ainsi des foisons d'images et d'impressions qui cherchent leur expression. La volonté, charitable ou sadique (l'amusement personnel d'Henry Ford), de donner du travail aux inaptes l'a durablement frappé. Vacher de Lapouge en mars 1923, dans un article d'*Europe*, revue de gauche, appelle ces déficients des « cacogéniques » : « Entre les plus parfaits des eugéniques et les derniers des arriérés capables d'une existence autosite, l'intervalle est plus grand qu'entre ces arriérés et les meilleurs des anthropoïdes. » On voit combien l'idée de déchéance physique des classes inférieures est alors répandue.

À la mi-mai, le groupe des pèlerins de la Santé visite le Canada, Toronto, Ottawa, Montréal. À Montréal, le Dr Destouches prononce un discours que *L'Événement* reproduit en présentant son auteur comme le secrétaire général de la Section d'hygiène de la Ligue des nations, fils du secrétaire général de la Faculté de médecine de Paris, lui-même médecin renommé. Le journaliste québécois a quelque peu mélangé les informations qui lui ont été données. Dans son allocution le Dr Destouches dit que, découvrant le Canada français, il s'émerveille de la prospérité qui l'autorise à avoir deux Facultés de médecine, l'une à Québec, l'autre à Montréal « qui offrent à l'œil ravi des visiteurs une couronne magnifique de professeurs avisés ». Il maîtrise maintenant le style fin de banquet. Une notation sur le « milieu latin » qui n'est pas « un milieu où fleurit l'hygiène » nous montre aussi des dons de comparatiste.

Pour Blanchette Fermon, il trouve d'autres images. Elles évoquent l'assaut : « À cheval ! Lance en main dans l'assaut de tout ce que les hommes contiennent encore de poétiques et fructueux désirs. » Rare évocation du cheval. On sait tout de Bébert le chat, on ne connaît même pas le nom de la monture que le cuirassier Destouches a laissée dans les Flandres. La lettre se conclut sur une banalité qui n'en est pas une sous sa plume : « On crée dans la joie [18]. »

Grippée, je crois

Ce n'est pas la joie à Liverpool où le groupe débarque le 30 mai. Édith, sa femme, l'attend dans une maison de santé : « fiévreuse, grippée, je crois », écrit-il à Rajchman. Interrogée par François Gibault, Édith Destouches se souvient parfaitement d'avoir été hospitalisée pour les oreillons. L'erreur de diagnostic peut paraître significative.

Second désagrément, un envoyé de l'administration de Genève vient lui demander ses comptes américains. L'inspection se passe bien et Rajchman, le notant chaleureusement, recommande une augmentation de 250 francs par mois.

Ces 1 250 francs suisses, ajoutés aux 2 000 francs de la pension mensuelle versée par Athanase Follet, devraient permettre au jeune couple de vivre à l'aise à Genève, ville à tout prendre plus attrayante que

Rennes. Mais Louis Destouches fait la sourde oreille. Le conjugo a coïncidé avec le séminaire des études, celles-ci finies, plus question de renouer avec lui.

D'ailleurs, la tournée reprend en Hollande. Elle continue par la Belgique, la Suisse, avec un menu qui ne change guère : hôpitaux, services sociaux, service fédéral d'hygiène en Suisse. L'accompagnateur rend ponctuellement compte des incidents et des difficultés dues en général à un programme trop copieux. Il trouve le temps de discuter avec un Australien de la question océanienne et il fait des recommandations : établir la prohibition d'alcool, des centres d'enseignement populaires et une fabrique de citernes standard pour toutes les îles. On voit que le voyage américain l'a formé : pas d'alcool, de l'instruction et de l'eau pure.

Il a reçu une autre responsabilité, celle de recruter à Paris un médecin chargé de conduire une mission au Japon et de diriger un Centre d'épidémiologie à Singapour (11 juillet). Et puis les visites d'usines, d'abattoirs, de cités-jardins, de préventoriums et sanatoriums reprennent à Lille et dans la région lilloise, promenades de santé conclues comme il se doit par des banquets offerts par les municipalités.

Même emploi du temps à Lyon, dernière étape avant l'Italie où le groupe itinère du 28 juillet au 8 août.

Destouches écrit à Genève. Il plaide pour un allégement du programme sinon « l'échange commencé dans la fatigue se finit dans l'hostilité presque avouée ». Il voudrait que les Italiens le consultent puisque c'est lui qui règle les frais. « Bien entendu, je ne veux me servir de ces pouvoirs qu'avec une grande délicatesse » (25 juillet).

Il obtient un aménagement du programme de visites, ce qui n'empêche pas les Italiens du nouveau régime fasciste de montrer tout ce qu'ils savent faire en matière de quinine, d'hydraulique ou d'assainissement. Le 3 août, la délégation est reçue par le Duce en personne (Destouches apparaît sur la photo de l'audience) et, le 5 août, elle visite les travaux du marais Pontin qu'on s'emploie à assécher.

Écrivant de Rome, Destouches se plaint à Genève des conditions de ce voyage : « Nous voyons hélas! l'Italie dans les plus mauvaises conditions – notre pouvoir d'admiration bien diminué par six mois de " sightseing " – chaleur saharienne [...] : Dans mes brefs moments lucides, j'entrevois des choses admirables. » (3 août.)

Ce voyage fiévreux de cornac harassé est le premier et le dernier dans cette autre « mère des lettres et des arts » où Mussolini a l'ambition de réhabiliter les vertus romaines. Il ne sera plus question de l'Italie ni de son régime, sauf tout à la fin de sa vie, très incidemment dans une interview à un journaliste italien. Le destin de Céline n'est pas du côté de la chaleur ni des Latins et il ne sera jamais fasciste.

J'abhorre le mariage

Le 8 août, le groupe se sépare et Louis Destouches rentre au bercail. Aucun voyage n'est prévu pour lui avant l'année suivante, il songe à s'installer. Fin décembre, il loue un trois pièces, 35, chemin de Mire-mont à Champel, à la périphérie de Genève.

Sa fille a grandi, aucun empêchement pratique n'interdit à la famille de se réunir, aucune excuse ne joue plus. À Édith qui le relance, qui demande à le rejoindre et lui dit qu'elle s'ennuie seule à Rennes, il envoie une réponse on ne peut plus nette : « Il faut que tu te découvres quelque chose pour te rendre indépendante à Paris, quant à moi, il m'est impossible de vivre avec quelqu'un, je ne veux pas te traîner pleu-rarde et miséreuse derrière moi, tu m'ennuies, voilà tout, ne te rac-croche pas à moi. J'aimerais mieux me tuer que de vivre avec toi en continuité, cela sache bien et ne m'ennuie jamais plus avec l'attache-ment, la tendresse... [...] J'ai envie d'être seul, seul, seul, ni dominé, ni en tutelle, ni aimé, libre. Je déteste le mariage, je l'abhorre, je le crache, et il me fait l'impression d'une prison où je crève. »
La lettre a été conservée dans le dossier de divorce. Le Dr Destouches coupe les amarres bien franchement. Il ne se sentira jamais d'obligation envers ceux qui l'aident, ou plutôt qui l'ont aidé. Le plus étonnant est le terme « miséreuse » appliqué à Édith Follet. Elle n'a jamais été et ne sera jamais « miséreuse ». C'est sa dot qui a permis à Louis Destouches de faire ses études en toute tranquillité d'esprit.
Le divorce est prononcé alors qu'il navigue vers l'Afrique. Le juge-ment décide que le Dr Follet versera la rente prévue au contrat directe-ment à sa fille; est-ce à dire que Destouches la touchait jusque-là? Il reçoit un droit de visite pour sa fille Colette.

Exit Édith, entre Élisabeth

Pendant l'année 1926, il a fait un dernier voyage à Rennes pour voir la mère et la fille. C'est le dernier. Il est rentré seul, il est libre, dispo-nible pour l'aventure, et un beau jour, avant ou après sa mission en Afrique, avant ou après son divorce, il n'est pas possible de le dire avec certitude, au hasard d'une course en ville, il lève une rousse flam-boyante. L'aventure va durer sept ans.
C'est une Américaine, une danseuse, elle est en Suisse pour se soi-gner, elle s'appelle Élisabeth Craig : « On s'est rencontré devant des livres. Il m'a abordée (picked me up). Nous étions tous les deux à Genève. Je sortais de l'hôpital pour tuberculose. Mon père et ma mère étaient venus parce que j'avais fait de la danse et de la tuberculose étant enfant (sic). Donc, je sortais du sanatorium, et je passais devant une librairie, j'ai oublié laquelle, une très belle librairie – j'ai toujours aimé les livres – Je me baladais et je regardais un livre, lorsque le Monsieur m'a demandé : "Vous aimez...?" J'ai oublié le nom de l'auteur. J'ai répondu : "Je ne sais rien de l'auteur, mais cela a l'air d'être un superbe livre." Il parlait. On a marché jusqu'au coin de la rue et voilà. Quand on s'est quitté, il m'a demandé : "Où habitez-vous?" J'ai répondu : "Avec mes parents, à l'hôtel." Il a demandé : "Est-ce que je

peux venir vous voir ? " J'ai répondu : " Faites donc ! J'en serais ravie. "
C'était un samedi [19]. »

Lorsque Élisabeth raconte la rencontre à Alphonse Juilland, professeur de linguistique à l'Université Stanford, il vient de la retrouver après une disparition de plus de cinquante ans. Elle a quatre-vingt-six ans et elle mélange un peu les années, les noms. Sa mémoire américaine a recouvert la plupart des souvenirs européens de la jeune rousse venue, dans les années vingt, faire carrière de danseuse en Europe. Le « pick up » est présent comme au premier jour, elle le raconte sans une hésitation, seul le titre du livre lui échappe. C'est un ouvrage sur la danse, mais elle donne cette précision : « C'était un samedi. »

Elle sort de l'hôpital, elle est tombée malade à Paris où elle dansait dans un spectacle « genre Roquette », lui-même genre Ziegfeld : ces alignements de girls aux jambes uniformément belles qui battent la mesure sans une fraction d'écart. Genre Roquette, mais sur pointes, précise-t-elle, c'est l'originalité. Les pointes, c'est l'excellence de la danseuse.

Un jour, elle a fait une hémorragie sur scène, où et comment, elle ne sait plus très bien, ses parents sont accourus. Eux qui habitent Los Angeles ont traversé le continent et l'océan pour venir au chevet de leur fille. Puis ils l'ont envoyée se faire soigner en Suisse, ils y sont encore et le Dr Destouches, de la Section d'hygiène de la Ligue des nations se présente à eux.

De ce passé, Élisabeth a gardé quelques lettres, celles de leur première séparation. Et aussi quelques bijoux et quelques photos prises à Genève, le reste elle l'a brûlé, certaines lettres non lues, dit-elle, pas ouvertes.

Dans un parc qui ressemble à un potager, Louis a pris un instantané d'Élisabeth qui à son tour prend Louis. Elle a le nez droit de Molière et les joues pleines. C'est lui, mal fringué, maigri qui a l'air de sortir de cure : « *He wasn't well when I met him* [20]. » (Il n'était pas bien quand je l'ai rencontré.)

On peut supposer que ces photos ont été prises au retour d'Élisabeth de Paris, quand elle a décidé de revenir vivre avec le Dr Destouches, chemin de Champel. Car, elle l'affirme, rien ne s'est passé entre eux à Genève, après leur première rencontre. Seulement à Paris où elle s'était installée avec ses parents, quand il est venu l'y voir. Ensuite elle a pris la décision d'aller le rejoindre en Suisse et ses parents ont accepté.

Faute de repère, ces allers et retours entre Genève et Paris sont difficiles à dater. Ils interviennent nécessairement avant le 14 mars ou après le 6 juin 1926, puisque entre ces deux dates le Dr Destouches accompagne en Afrique une nouvelle mission d'hygiène.

Quand elle parle de la visite qu'il fait à Paris, elle ajoute : « *He then went to Africa on a medical mission for the League of Nations* » (Il est parti ensuite pour l'Afrique effectuer une mission médicale pour la Société des nations) ; son interlocuteur ayant à l'esprit le premier séjour en Afrique la corrige et elle n'insiste pas : *It may have been* [21].

Elle prononce une autre petite phrase à laquelle se raccrocher : « *He had been recently divorced* [22] », il venait de divorcer, ce qui situerait pour le coup la rencontre après son retour d'Afrique

Seconde visite en Afrique noire

Le 20 mars, le Dr Destouches débarque du *Belle Ile* à Dakar, après six jours de traversée. Il rejoint un groupe composite de seize médecins anglais, belges, espagnols, portugais, plus un Guatémaltèque et un Sud-Africain. Il s'agit d'étudier les organisations sanitaires des pays d'Afrique occidentale et d'envisager l'établissement d'un bureau d'hygiène de la SDN. Le programme est chahuté par les aléas des liaisons maritimes, le groupe doit se fractionner et Destouches conduit la portion qui prend le chemin de fer Dakar-Niger jusqu'à Bamako, il voyage en auto entre Bamako et Kouroussa, et prend de nouveau le train jusqu'à Conakry.

La conférence de Freetown sur l'établissement du bureau d'hygiène ne mène à rien, chacun prêchant pour sa colonie, aucun compromis n'est possible, le Dr Rajchman ne peut pas être partout.

Aucune enquête proprement médicale dans tout cela. Dix jours après son retour, le 9 juin, le Dr Destouches assiste à la 7e session du Comité d'hygiène. Il présente un rapport oral sur la partie africaine de la mission. Celle-ci se poursuit en Belgique et en Hollande, la nouvelle mission remettant ses pas dans celle de l'année précédente. Elle visite aussi le premier Centre antituberculeux ouvert par la Mission Rockefeller en 1918. Cela tourne à la routine et au pèlerinage. Jusque-là Louis Destouches qui entre dans sa trente-troisième année n'a jamais rien répété. Depuis 1907, il a été voué aux perpétuels changements de décor. Maintenant, on reprend, on se répète.

Même l'Afrique, d'une certaine façon, était la reprise de la même pièce, dans un rôle différent. À preuve la carte envoyée au copain Milon : « Revoici l'Afrique où je reviens plus vieux, moins pauvre, moins ardent, plus cochon [23]. »

Le contrat de la SDN est établi pour trois ans, son terme naturel arrive fin 1927. Dès 1926, le *technical officer* songe à la reconversion : « Bientôt je prends ma retraite SDN dans le cours de l'année prochaine. Connais-tu aux environs de Paris une clinique accident du travail à vendre ou une pouponnière, ou une spécialité maladie des enfants [24] ? » Toujours une affaire, et toujours avec Milon mais dans la région parisienne, Louis Destouches s'est convaincu qu'il ne pouvait plus vivre ailleurs.

La publication en 1933 de *L'Église* où sont reprises des situations africaines et genevoises, les assertions de *Bagatelles* selon lesquelles Céline dit avoir fait lire sa pièce à Rajchman, caricaturé sous le nom de Yudenzweck, ont imposé un scénario simplificateur : répugnant au rapport, à la besogne administrative, le Dr Destouches mal en cour à la section d'hygiène, se venge en écrivant une farce qu'il soumet comme un benêt, à l'étourdie, au cher Directeur. Rajchman fait la grimace. La mise à pied ne se fait pas attendre.

Il est possible qu'il ait senti ou su dès 1926 que la Rockefeller ne renouvellerait pas son « grant », il est aussi possible qu'il n'ait pas souhaité rester à Genève.

Et il est certain qu'il n'a pas fait lire le manuscrit à Rajchman en 1927 car il continue à entretenir avec lui des relations utiles et cordiales, sinon familiales jusqu'à 1933, c'est-à-dire jusqu'à la publication de la pièce. L'OMS finance ses enquêtes à travers l'Europe, missions pour lesquelles elle ne réclame aucun rapport écrit. Elles ne cessent qu'à partir de l'automne 1933, après la publication de *L'Église*[25].

Les lettres retrouvées

Lorsque après une traque de plusieurs années qui le promène de « mortuaries » en associations de tirs, Alphonse Juilland retrouve sa trace, Élisabeth Craig lui affirme qu'elle a brûlé toutes les lettres de Céline. Après sa mort, on en retrouve néanmoins cinq, parmi lesquelles quatre peuvent être datées de Noël 1926.

Le Dr Destouches, de passage à Paris, s'est installé dans un hôtel à peu près confortable au 225, boulevard Raspail ; le précédent, probablement moins cher, n'était pas chauffé et il était impossible d'y *écrire*. Car le docteur écrit. « *I am back to my play*, écrit-il à Élisabeth Craig restée à Genève, je suis revenu à ma pièce. Je pense que ce sera drôle. » Il n'est pas à même de juger et va aller voir « Maggie » le jour même pour lui soumettre son travail[26].

Dans la lettre suivante, Maggie est devenu Mayès. Le courant ne passe pas très bien avec lui. Il est question de monter la pièce à compte d'auteur, ce qui coûterait 50 000 francs. Cependant si elle se révèle commerciale, il suivra *the usual process*, le processus normal, et il la proposera à un théâtre. Louis Destouches donne les deux premiers actes à Mayès pour lui permettre de se faire une opinion. Éric Mazet propose de rapprocher ce Maggie-Mayès de Ladislas Medgyès, peintre d'origine hongroise qui a eu des activités théâtrales, décor, mise en scène à Paris dans les années vingt[27].

Lorsque Destouches lui propose de cosigner la pièce avec lui, Maggie-Mayès « *is quite scandalized* » et Destouches se demande pourquoi. « *Funny how people are serious about their little produces* », curieux comme les gens prennent au sérieux leurs petites productions (rien de plus facile à traduire que l'anglais du Dr Destouches). L'auteur analyse son interlocuteur : « pratique, sensuel, rusé et asiatique en cela ». Il décrit aussi à Élisabeth l'atmosphère de l'Ecole dont il n'a pas vu les élèves « *safe one, a long haired scandinavian legendary ferry* ». Ce ferry n'a rien de maritime, c'est la transcription orale de *fairy*, pédé : « Sauf un, une folle scandinave de légende à longs cheveux. » Les coulisses du théâtre lui paraissent aussi ridicules que la Ligue des nations ou l'épicerie, ajoute-t-il. Les gens jettent leur petit moi dans un panier et ce sera le seul. S'il était joué, il lui semble qu'il n'arriverait jamais à prendre « *the bloody thing seriously* », le truc au sérieux. Les autres le tueraient avant la fin des répétitions (le thème de la mort du trouble-fête apparaît ici pour la première fois).

La pièce est presque terminée, il rit tout seul en l'écrivant, c'est comme s'il avait un petit théâtre dans sa chambre. Le lendemain, il ira

91

chez Milon à Saint-Germain. Colette, sa fille, arrive le 29 (lettre du 24 décembre 1926).

De La Rotonde, il écrit une troisième lettre à Élisabeth. Il a voulu faire des économies en allant vivre chez ses parents, rue Marsollier. Impossible d'y rester tant ils sont invivables. À donner des envies de suicide. Il va se renseigner sur un « bureau d'Hygiène » qui serait vacant à Courbevoie, un petit bled « *at the door of Paris* » où il est né. La pièce est finie. « *If I could be played* » (si je pouvais être joué) il y aurait un merveilleux rôle pour elle. Mr Maggiès va donner son opinion le lendemain après-midi. Pas de femme. Sans elle (Élisabeth) rien ne l'intéresse. Le lendemain soir, Colette arrivera et le jour suivant ils prendront le train du matin pour Genève. Aucune nouvelle de Rajchman qui doit être en montagne avec sa famille (28 décembre 1926).

Grâce à ces lettres retrouvées dans le coffret à bijoux, le passage de la médecine à l'écriture est en partie élucidé. On voit comment un projet théâtral se substitue à l'idée d'une affaire paramédicale, type La Sagesse ou clinique pour handicapés à laquelle il reviendra d'ailleurs devant l'impossibilité de faire monter ou imprimer sa pièce. On peut supposer que cette pièce dont il parle dans les lettres de Noël 1926 est *L'Église*, ce n'est pas une certitude puisqu'il existe aussi *Progrès*, farce familiale dans laquelle Élisabeth est aussi susceptible de jouer un rôle, tout aussi muet que celui de *L'Église*. Dans les deux pièces, elle fait une apparition muette, elle danse, elle symbolise la rédemption par les corps, au-delà des mots : « Le jour où les femmes seront habillées de muscles seulement [...] et de musique que de phrases en moins ce jour-là. Monsieur le monde vivra-t-il encore de mots? » Le quatrième tableau de *Progrès* se passe au ciel, Dieu prend sa longue-vue, il regarde (il mate), il se servira, dit-il, de ces corps réguliers dans les siècles à venir. Le désir de la perfection physique est un pas vers lui.

Dans *L'Église*, Élisabeth clôt la quête qui a mené Bardamu en Afrique, en Amérique, à Genève et à Balbigny-sur-Seine. Elle arrive, elle est belle, elle danse sur l'air de *No more worries* (plus de soucis). La salle et la scène communient dans la célébration.

Élisabeth, rousse aux yeux verts, apporte à Louis Destouches la plénitude de ses vingt ans et cette Amérique qu'il n'a fait qu'entrevoir au cours du harassant périple sanitaire. Tout entière tournée vers l'avenir, le projet, elle ne doute de rien. Elle croit encore qu'elle peut devenir *a big star*, car elle vit au superlatif, même à quatre-vingts ans.

Ils ne communiquent que dans sa langue, l'américain concis, positif que Louis Destouches écrit sous forme de français décalqué. Quand Céline dira qu'il lui devait tout, que c'est elle qui avait le génie (lettres à Milton Hindus, en 1947), il veut dire qu'elle lui a donné cette audace de faire, de se lancer, d'abandonner la routine de Genève, ce sens du risque et du saut qui font partie de la philosophie du Nouveau Monde. Né au temps de l'écrivain roi, Maeterlinck, Rostand, France, il a depuis toujours la tentation d'écrire, elle lui souffle le culot nécessaire : *Do it!*

Non qu'elle puisse l'aider vraiment, elle ne parlera jamais français et elle n'est pas le moins du monde littéraire ou même cultivée. Elle ne lira même pas *Voyage au bout de la nuit* qui lui est dédié, même en anglais, elle ne l'ouvrira pas. Elle a même oublié qu'il lui était dédié.

Corps à corps

Leurs relations sont avant tout physiques, danseuse Élisabeth s'exprime avec son corps, c'est son corps qu'il lit et relit.

« *He was a sexual hornyrake* [28] », ce que l'on peut rendre en style du temps par « C'était un chaud lapin ». Quand on lui parle de son impuissance supposée, elle dit que parfois elle aurait bien voulu : trois ou quatre fois par jour ne lui faisaient pas peur. La sexualité pour lui était un bain de jouvence. Il s'intéressait aux femmes, à toutes les femmes, sans qu'elle-même se sente trompée. Elle nie par contre tout ce dont la créditent les amis de Céline, d'autant plus libres de parler qu'elle a disparu. Mahé donne le code maritime par lequel ils désignaient leurs conquêtes. La « Caravelle », Élisabeth, ramenait les goélettes au port, disait Mahé. Brochard, le mufle, se souvenait d'avoir eu, pendant que Louis noircissait du papier, la fille délurée qui décourageait les suiveurs en laissant tomber « C'est cent francs ». Tout cela n'a jamais existé, elle l'assure. Certes, Louis insistait pour lui accorder la liberté qu'il s'autorisait : Tu es libre, toi aussi ; il suggérait des expériences, de l'échangisme, mais rien n'a jamais abouti, elle n'a jamais « connu » Brochard, Mahé, ni aucun, ni aucune autre. À la dernière minute Louis reculait, il était jaloux.

Elle admet qu'elle aurait pu, elle-même, être jalouse de Karen Marie Jensen, son amie, que Louis admirait comme danseuse et comme femme. Un ménage à trois ? Karen Marie, qui n'a jamais revu Élisabeth depuis le jour de juillet 1933 où elle est allée l'accompagner au bateau d'Amérique, le nie fermement. Élisabeth Craig aimait les filles ? Jamais. Elles se partageaient Louis ? Encore moins [29].

Le passé revisité soixante ans plus tard ne livre plus que des souvenirs ternis, des illusions, des apparences.

Et c'est peut-être bien ainsi. Ce qui compte, l'important dans la période des relations avec Élisabeth, nouvelle mue de Louis Destouches, c'est qu'il vive en anglais (américain), qu'il voie le monde à travers Élisabeth, qu'il saisisse cette fin des années vingt par des yeux étrangers et qu'il soit amené à le traduire, à l'expliquer pour elle.

La Californie heureuse

Élisabeth, née le 12 mars 1902, est la dernière de trois enfants. Ses parents ont eu avant elle deux garçons, Charles et Alan. La famille maternelle, les Merrill, est installée aux États-Unis depuis le XVIIe siècle, la pré-histoire vue d'Amérique, alors que John Craig son père n'est qu'un Américain de la première génération, ses parents, venus d'Écosse, s'étant installés à Chicago.

De son père, Élisabeth a hérité la tignasse rousse, les yeux légèrement proéminents et le nez qui rebique. De sa mère, elle tient le goût de la musique. C'est le piano, dont elle joue, dit sa fille, à la perfection (« *today she would be a big star* ») qui est à l'origine de la rencontre entre John Craig et Harriett (Hatie) Merrill. Elle est à Vienne, Autriche, pour perfectionner son jeu et lui y exerce ses talents de mécanicien-dentiste. Le dentiste américain est l'un des *must* d'une époque où l'on se fait blanchir à Londres et où l'on vient s'encanailler à Paris. Dans la mémoire familiale des Craig, les clients du père sont tous des altesses et ils invitent à leur table leur dentiste (« *They whined and dined him* », dit-elle, selon une formule qui lui est familière).

Samuel Merrill, le père d'Harriett, originaire du Maine, s'est installé dans l'Iowha. Abolitionniste et blessé au combat pendant la guerre civile qui le range du côté vainqueur, il commence une carrière politique. Il battra par deux fois le candidat démocrate au poste de gouverneur.

Au sortir de ses mandats, il part s'installer en Californie et y investit sa fortune dans le *real estate*, l'immobilier. Il croit au développement de ces terres ensoleillées mais arides. Ses affaires sont assez prospères pour qu'il envoie sa fille à Vienne étudier avec un élève de Chopin, Schnoarvenki, dont la seule famille Craig semble avoir retenu le nom. Hattie Craig parle avec nostalgie de ce temps où elle se produit à l'Opéra de Vienne, comme sa fille se souvient du temps où elle « préparait des chorégraphies » pour celui de Paris.

Une très belle photographie sertit dans un ovale une femme en chemisier blanc et jupe sombre feuilletant un grand livre en compagnie d'une petite fille blonde tout de coton blanc vêtue. Ce sont Harriett et Élisabeth.

La lumière qui vient de face cerne le profil émacié de la mère, une mélancolie puritaine qui tient peut-être à la pose se dégage du cliché [30]. Élisabeth ne sera baptisée qu'à neuf ans et ce sera à l'église anglicane, qui n'est pas la plus rigoriste. Elle fait par ailleurs allusion à l'embonpoint précoce de sa mère qui n'a pas toujours été aussi anguleuse que sur la photo.

Lorsque John Craig est venu demander la main de sa fille au « governor », celui-ci lui a dit qu'il n'avait pas besoin d'un dentiste dans la famille mais plutôt d'un juriste. Qu'à cela ne tienne, tout en gagnant sa vie en fabriquant des appareils dentaires, John étudie le droit californien. Il s'agit d'aider le beau-père dans ses opérations immobilières. Elles sont vastes, incluent un mythique *spanish grant*, mais apparemment démesurées par rapport aux capacités financières de l'investisseur qui anticipe un peu trop le développement de l'agglomération de Los Angeles.

Il faudra à sa mort plusieurs années de travail aux héritiers pour arriver à rembourser les emprunts. Élisabeth se souvient du jour où la dernière hypothèque a été payée. Les premières années des enfants se passent sur une propriété d'une trentaine d'hectares plantés d'orangers. On déménage au gré des transactions immobilières. Pendant une maladie du père qui dure environ deux ans, toute la famille campe. Littéralement. Quand il se rétablit, on construit une maison, un *home*.

Même en 1926, ce n'est pas la fortune. Hôte des Craig dans l'appartement qu'ils ont loué boulevard Raspail, une petite danseuse amie de leur fille, Estelle Reed, parle de *genteel poverty*, de pauvreté décente. On profite surtout du cours record du dollar. John Craig fait alors partie d'un cabinet d'avocats dont Élisabeth a retenu le nom Rees, Cole et Craig, il en est donc le troisième et le moindre associé. Tout le monde l'appelle « Doc », alors qu'il n'a jamais été docteur en quoi que ce soit, à cause de son savoir et de sa curiosité intellectuelle.

Élisabeth est alors leur seule enfant à charge. Alan est marié. Charles, violoniste prodige, dit sa sœur, soliste de l'orchestre symphonique (et embryonnaire) de Los Angeles, a été emporté par la grippe alors qu'il était en partance pour la guerre. C'était le fils préféré de sa mère. Elle sombre alors dans la dépression. Élisabeth l'en tire en réclamant des leçons de piano, bien qu'elle n'ait aucune attirance pour l'instrument. Ce qu'elle veut c'est danser, elle rêve de tutus, de ballets blancs, de pointes aux lumières de la rampe.

Elle a commencé à danser, se souvient-elle, à dix ou onze ans, avec Ernest Belcher, qu'elle appelle son cousin. Mais, venant d'Europe, il ne s'installe à Los Angeles qu'en 1915, et elle a donc plutôt treize ans, l'âge limite.

Belcher va faire une carrière de professeur de danse (« The Celeste School of Dance » !) et de chorégraphe pour le cinéma. Parmi ses élèves Mary Pickford, la petite fiancée de l'Amérique, Ramon Novarro (Belcher dansait le tango à Londres), Shirley Temple dont il règle les numéros de claquettes et la fille de sa femme qui se fait une notoriété d'enfant-acteur sous le nom de Lina Basquette.

Tout ce qui est artistique, musique, décoration, danse, à Los Angeles, est absorbé par le cinéma. Théodore Kosloff, pur Russe, ancien danseur du Ballet impérial et de la troupe de Diaghilev, est le seul à la ronde qui fasse travailler les pointes. Ses élèves dansent *Les Sylphides*, et les présentent en intermède dans diverses salles de cinéma. Malheureusement, il succombe lui aussi à la tentation du dollar et de l'immobilier, et il loue sa troupe aux studios.

Estelle Reed fait la connaissance d'Élisabeth chez Kosloff. Elle communie avec elle et le petit cercle des plus douées, Viola Hegy, Hélène Sheldon, dans une esthétique de clair de lune où se fondent le *Lac des cygnes*, Rossetti, Gustave Moreau, la Salomé d'Oscar Wilde, un bric-à-brac fin de siècle transporté sur les bords du Pacifique. Nijinska, la Karsavina sont les héroïnes de ces adolescentes qu'on voit posant autour du maître élevant dans ses bras un cygne blessé.

Estelle Reed devenue Debrot par son mariage avec un diplomate hollandais raconte avec talent la torture du travail quotidien pour conquérir le développé, l'arabesque, le changement de pied, cette minutieuse grammaire des muscles vers la légèreté. « Quant vous dansez vous entrez dans un monde différent [31]. » La classe de Kosloff abattue par une critique du maître, exaltée par ses éloges, s'ébroue dans les loges où Élisabeth s'est fait une spécialité d'imitatrice : « *Var is your beeg expression* », entorse à la dignité naturelle qui maintient le petit bout de femme (cinq pieds, deux pouces) la tête haute dans ses rêves.

L'illusion de participer à une grande aventure artistique s'écroule lorsque Kosloff fait faire de la figuration à sa troupe dans les films de Cecil B. de Mille, dont il est le conseiller artistique, *Les Dix Commandements* ou *Manslaughter*. Une photo tirée de ce dernier film montre Élisabeth dans une chaste scène d'orgie romaine, parmi une cinquantaine d'autres figurants. Tout cet entraînement pour donner l'illusion du plaisir et du vice dans l'enchevêtrement arrangé des corps !

Kosloff a fait croire à ses élèves qu'il allait créer un vrai ballet et il se sert d'elles pour ces niaiseries qui deviendront des classiques de l'histoire du cinéma. « *We got no further than* Les Sylphides, *part of* Swan Lake *and* Sheherazade », écrit Estelle à Alphonse Juilland. Déçues, dégoûtées, les élèves doivent chercher ailleurs d'autres maîtres.

Élisabeth a alors seize ans. Se présente la tentation du cinéma. La tentatrice s'appelle Alla Nazimova, version brune de Marlene Dietrich d'après les contemporains. Née à Yalta dans une opulente famille juive mais élevée dans la religion catholique en Suisse, elle a une formation de violoniste et préfère le théâtre. Élève de Stanislavsky, elle tient un rôle dans une pièce, *The Chosen People* (Le Peuple élu) qui a beaucoup de succès à Broadway. Elle reste aux États-Unis et se fait une réputation dans le rôle principal d'Hedda Gabler. Hollywood l'appelle. Elle vient s'entraîner au studio Kosloff où, d'après Estelle Reed, elle a un *crush* (faiblesse, coup de cœur) pour la rousse Élisabeth qu'elle invite à passer le week-end chez elle. Elle l'incite à lâcher la danse pour le cinéma. Mariée au metteur en scène Charles Bryant, son second mari, « *Nazimova was attracted to dancers*, dit Élisabeth, *she happened to like me and invited me to her home* [32] ». On peut traduire ici *dancers* par danseuses. Une femme publiera le récit de son aventure avec Nazimova et, lorsque la mère de Nancy Reagan choisit cette « lesbienne connue » comme marraine de sa fille, elle choque sa belle-mère.

Les relations de Nazimova avec Élisabeth semblent durer quelque temps, puisque celle-ci se souvient que l'actrice l'a fait engager pour plusieurs films dans des « *bit parts* », des pannes. Mais sa vocation n'est pas là. Elle veut aller travailler à New York avec un autre maître de ballet, Mikaïl Mordkin, anciennement du Bolchoï. Il a formé à New York « The Ballet Russe Company ».

Elle part avec Helène Sheldon et la mère de celle-ci, une Irlandaise amateur d'enterrements au point de suivre ceux d'inconnus. Le trio arrive à New York le jour même des auditions aux Ziegfeld Follies, où elles comptent se faire engager pour gagner leur vie. La sélection est d'une simplicité biblique : les candidates sont alignées sur le plateau, le rideau baissé à hauteur du bassin. Le premier critère est la beauté des jambes : « *They didn't care about your face* [33]. » Hélène Sheldon est retenue au premier tour, Élisabeth, gênée sans doute par sa petite taille, la rejoint à l'occasion d'un rattrapage. Autorisées à venir battre la cadence dans la « *chorus line* », elles sont devenues danseuses professionnelles, et le génie de Mordkin est à leur portée.

Nous sommes en 1924, Élisabeth a vingt-deux ans.

L'engagement aux Follies dure trois mois. Et puis, c'est l'appel de Paris, où enseigne Nijinska, la sœur de Nijinski, et Madame Egorova, princesse Troubetzkoï à la ville.

L'occasion du départ est un engagement dans la Compagnie d'Albertina Rash qui, on l'a dit, fait sur pointes ce que font les Rockettes de Radio City Music Hall, ce qu'on appelle encore le « modern jazz », une nouveauté américaine de l'époque. D'après Élisabeth Craig la formule eut un succès instantané en France : « *It spread like a wild fire*, cela se propagea comme un feu de forêt [34]. » Ce qui, si l'on suit les savantes déductions du professeur Juilland, peut se placer en mars 1925.

Estelle Reed n'a gardé aucun souvenir de cet engagement. Elle-même n'arrive, il est vrai, à Paris qu'en avril 1926 et, lorsque la famille Craig vient l'attendre à la gare, tout cela est déjà de l'histoire ancienne. Estelle est hébergée chez les Craig, elle partage une grande pièce qu'elle appelle « studio » avec Élisabeth mais elle n'entend jamais parler de l'Albertina Rash Ballet ni, a fortiori, de l'hémoptysie qui surprend Élisabeth sur la scène du Moulin-Rouge.

Lorsqu'ils se rencontrent à Genève, Élisabeth dit à Louis qu'elle a été danseuse. Elle considère alors sa courte carrière comme terminée et elle n'a pas entièrement tort. Elle apporte des souvenirs : Los Angeles, Hollywood, la Nazimova, Cecil B. de Mille et sa réserve de jeunes figurantes, New York, les Ziegfeld Follies et leurs méthodes de recrutement. Le spectacle est de ceux qu'il aime, il est probable qu'il est allé le voir seul ou avec ses « pèlerins ». La mémoire d'Élisabeth devient celle de Céline, elle resurgira dans *Bagatelles*.

Alors, à Genève, l'Amérique, autour de laquelle il tournait depuis son entrée à la Fondation Rockefeller, qu'il n'a fait qu'entrevoir au cours du voyage d'études médical, le rejoint : c'est Élisabeth, son optimisme, son audace, sa façon proprement américaine de glorifier même les échecs. Tout l'opposé du Passage. *Do it* !

À Paris !

En 1927, après quelques mois passés chemin de Champel, le Dr Destouches reçoit une mission de l'OMS à Paris (mai). Il se porte alors candidat pour un poste de médecin-conseil de l'organisation à Paris. La candidature n'aboutit pas, mais elle témoigne de son désir de se réinstaller à Paris. Genève, c'est une autre province.

En juillet, il fait enregistrer son diplôme dans la Seine et il donne à cette occasion Croissy-sur-Seine comme domicile.

En septembre, il obtient un congé de maladie de quatre mois sur un certificat du Pr Léon Bernard qui mentionne le paludisme. Ces quatre mois couvrent la période de fin de contrat. Où habite-t-il ? à l'hôtel, à Croissy, rue Marsollier ? On n'en sait rien. On constate seulement qu'en octobre, il fournit le 35, rue Vernet, siège parisien de la SDN, comme adresse, en déposant son manuscrit de *L'Église* chez Gallimard et que ce même mois il transfère son diplôme à Clichy où en novembre il installe sa plaque « Dr Louis Destouches, médecine générale, maladies des enfants » au 36, rue d'Alsace, un immeuble moderne de brique dont il occupe le premier gauche. Le contrat de l'OMS n'est pas encore terminé.

Que son départ de Genève se soit effectué dans la hâte, on en a pour preuve les ardoises qu'il laisse ; les fournisseurs se présentent à la section d'hygiène de la SDN pour se faire payer, ce qui est l'occasion d'une correspondance très amène avec Rajchman qui fait patienter les tapissiers et autres fournisseurs. Louis Destouches continue à toucher ses 1 250 francs suisses jusqu'à fin décembre. Il envoie 200 francs, promet de payer le reste et rassure les créanciers : tous les objets sont chez lui à Clichy.

L'année précédente, écrivant de Paris à Élisabeth, il lui disait que s'il pouvait toucher l'argent de la SDN, il pourrait se joindre à ses parents (Craig) pour lui offrir un manteau de fourrure (17 décembre 1926). On se souvient aussi des projets d'association avec Milon qui impliquaient la mise en jeu d'un capital. Maintenant ce sont les basses eaux, il faut payer le loyer, se nourrir à deux tout en attendant le client.

Les refus se succèdent chez Gallimard, *L'Église* en octobre 1927, *Semmelweis* en juillet 1928. Ces deux textes sont à thèmes médicaux et ce n'est pas par hasard qu'il cherche à les faire publier. Ses projets sont alors d'ordre médical. Il parle de l'organisation médicale des usines Ford à la Société de médecine de Paris en juin 1928 et il publie une lettre ouverte sur un sujet d'actualité, la mise sur pied d'un système d'assurances sociales (*La Presse médicale*). Il y utilise son expérience toute nouvelle de médecine en clientèle et ses expériences passées dans le domaine international pour s'opposer au système proposé d'une assistance médicale individuelle et bureaucratique. Il recommande de garder les malades et les déficients au travail, de les suivre à l'intérieur de l'usine et de l'atelier. C'est du Fordisme sans le nom.

Faute de pouvoir s'opposer au collectivisme en marche, il faut, dit-il, hardiment l'utiliser (on dirait maintenant détourner) par « la méthode disraélienne de néo-conservatisme » en utilisant « la discipline socialiste de la loi ». « La médecine bourgeoise est morte », il faut l'accepter. Et faute de pouvoir s'appuyer sur l'intérêt populaire, il faut tabler sur l'intérêt patronal. Les médecins du travail sont les médecins de l'avenir, la vulgarisation médicale dont tout le monde se charge, sauf le médecin, ne sert à rien. L'intelligence populaire n'en est pas là. « *Trois mois de clientèle médicale populaire suffisent à nous l'apprendre* » (souligné par nous). Les infirmières visiteuses ne sont pas assez informées, la visite chez le médecin renseigne peu sur le cas en question. Le Dr Destouches propose d'inverser les rôles : l'infirmière ferait le tri et le médecin dépisterait les cas sérieux sur le lieu même du travail. La concentration industrielle favorise l'opération, le cas des États-Unis le montre. « L'emploi des malades doit être le mot d'ordre social de demain. » Les médecins du travail feront de la médecine préventive en luttant par exemple contre l'empoisonnement pharmaceutique, cette toxicomanie populaire. Cela ressemble à de la médecine militaire ? « Pourquoi pas ? l'armée du travail, la plus grande armée du monde, n'a point encore d'organisation sanitaire. »

Cet article, intéressant à lire dans le contexte actuel, n'a aucune répercussion notable, il n'entraîne ni approbation ni contestation. Il déconcerte même les céliniens. François Gibault l'ignore, Dauphin et Godard y voient une provocation ou un machiavélisme (*CC3*). Frédéric Vitoux s'interroge : « Le révolutionnaire socialisant [...] est-il un rêveur, un agent du grand capital ou un déstabilisateur anarchisant? » (p. 179). Quel révolutionnaire socialisant?

Une autre piste relie les idées de Destouches-Céline dans la période 1927-1945 à ce qui se fait ailleurs en Europe et ces « modestes propositions » sur l'organisation médicale du monde moderne, à l'évolution des organisations de santé dans la société moderne. La santé par le travail n'existe pas seulement chez Ford à Detroit.

Sur le plan strictement biographique, il faut relever la rapidité napoléonienne avec laquelle se théorise le vécu : quarante-huit heures chez Ford, trois mois à Clichy et sa religion est faite.

C'est rue d'Alsace, à Clichy, que se forme l'image qui s'impose par la suite du médecin des pauvres, bon et secourable tel que nous le montre sa voisine de palier, Jeanne Carayon, par laquelle nous connaissons la transition qui mène de Destouches à Céline (voir « Le docteur écrit un roman » dans *L'Herne*). Élisabeth Craig n'a gardé aucun souvenir de Clichy mais Jeanne Carayon a entendu les éclats de voix occasionnels en anglais. Rue d'Alsace le Dr Destouches trompe le temps en écrivant, il entre dans la peau du Dr Bardamu, médecin paumé.

Rue Fanny à Clichy

L'article de *La Presse médicale* constitue en fait un adieu à la médecine libérale. Il paraît le 24 novembre 1928 et le 1er janvier suivant, grâce à l'appui du Pr Léon Bernard, le Dr Destouches est engagé au dispensaire que la municipalité de Clichy ouvre rue Fanny. Ce n'est pas tout à fait de la médecine du travail mais cela s'en rapproche.

Le Dr Destouches reçoit 2 000 francs par mois, c'est exactement ce que lui donnait le Dr Follet pour « faire le gendre ». Le dispensaire ne lui demande qu'une heure et demie de consultation par jour, en fin d'après-midi. Cet horaire semble contredire celui dont se souvient Élisabeth puisqu'elle dit qu'ils quittaient leur appartement très tôt l'un et l'autre, et les souvenirs de Céline, qui parlera à Robert Poulet de service de nuit (*Mon ami Bardamu*).

Il travaille aussi pour un laboratoire pharmaceutique, « La Biothérapie », qui exploite notamment une pâte dentifrice à l'arsenic, le Sanogyl. Il reçoit 1 000 francs par mois comme rédacteur et correspondancier. C'est un Russe, ancien ministre de Kerenski auquel l'a recommandé un ami de la section d'hygiène qui l'y a fait entrer.

La Biothérapie est dirigée par Charles Weisbrem et Abraam Alpérine, deux Russes qui ont eu la chance de pouvoir faire sortir leurs capitaux de Russie à temps.

Le monde de l'émigration est tout petit, Abraam Alpérine est l'ami du patron du Dr Destouches rue Fanny, Grégoire Ichok, né Grisha Ichok à

Marienpol, Lituanie. Ichok a fait ses études en Allemagne où il a été interné quelque temps pendant la guerre puis évacué comme tuberculeux vers la Suisse. Il a poursuivi ses études à Zurich et à Bâle. Au sanatorium il fait la connaissance de Salomon Grumbach, homme politique français, ce qui détermine son immigration en France où il reprend ses études en commençant par le baccalauréat. Puis, son diplôme suisse ayant été homologué, il refait le cycle médical en accéléré (septembre 1925 à mai 1927). Il reçoit d'ailleurs son titre français de docteur en médecine avant même d'avoir obtenu la nationalité, ce qui n'est pas tout à fait régulier et lui vaudra plus tard, de la part de Céline, l'imputation de « faux docteur ».

Juif, Ichok l'est comme Ludwig Rajchman, comme Léon Bernard, comme Abraam Alpérine. Il n'existe pas de paranoïa gratuite. Sorti de Rennes, où qu'il aille et quoi qu'il fasse, le Dr Destouches rencontre des confrères juifs, patrons ou protecteurs.

Plus fraîchement médecin que lui, Ichok est hiérarchiquement son supérieur à Clichy. Il est aussi conseiller technique du ministère de la Santé publique et professeur à l'Institut statistique de Paris. Il pense à gauche et tient la rubrique médicale dans *Le Prolétaire de Clichy*, il est aussi membre de la LICA (Ligue internationale contre l'antisémitisme). Sa sœur est restée en Russie et il va la voir en 1936. Ses amis s'appellent Marc Chagall, Charles Gombault, Julien Cain, Pierre Comert et Salomon Grumbach, président de la Commission des Affaires étrangères de la Chambre. Il a aussi un hobby : l'incinération des cadavres, la crémation.

En 1939, au retour d'une visite à son frère, correspondant de l'agence Tass et de la *Pravda* aux États-Unis, c'est-à-dire communiste bon teint, Ichok, souffrant de dépression, est allé habiter chez Salomon Grumbach. Le 10 janvier 1940, il se procure du cyanure au dispensaire de la rue Fanny et va l'absorber à la terrasse d'un café de la porte Maillot. Céline qui voulait voir en lui une taupe communiste interprétera le geste comme une preuve de culpabilité. L'humeur toujours sombre d'Ichok avait peut-être tout simplement devancé le temps des grands massacres.

La vie des autres

Commencé au contact des misères physiologiques populaires, alcool, fausses couches, syphilis, blennorragies et autres misères vénériennes, dans l'environnement lugubre de l'Est parisien, le livre du docteur va se nourrir aussi de rencontres.

Il s'est fait un nouvel ami à Montmartre, Marcel Lafarge. Fils d'un employé de banque et d'une mère couturière, il fait la guerre de 1914 dans l'aviation. Réformé n° 1, il obtient alors son baccalauréat. Gérant de factorerie au Cameroun en 1923 et rapatrié sanitaire, il devient sans-filiste sur divers bateaux avant de travailler pour Pratt et Whitney aux États-Unis et pendant quelques mois aux usines Ford (1929) puis au bureau des statistiques chez Houbigant Inc. (les parfums); il connaît Mac Orlan et Gen Paul.

Cet itinéraire recoupe certes celui de Louis Destouches, mais il coïncide beaucoup plus avec celui de Bardamu que celui de l'auteur : le passage de l'Afrique à l'Amérique, le travail chez Ford, le comptage statistique... *Voyage au bout de la nuit* est une fiction bâtie sur des vécus. Louis Destouches lui intègre également Henri Mahé, Breton de Paris, enfant de la Maub qui vit sur une péniche amarrée en banlieue avec sa femme Maguy, pianiste qui manie à l'occasion le piano à bretelle.

Mahé a alors la beauté du diable [35], il dessine mal mais il a un bon talent d'illustrateur, murs ou livres. Destouches songe à lui confier la décoration de sa salle de bains, chapelle du corps, endroit érotique. Il décorera « Le Bal à Jo », des cinémas et des bordels de luxe. Il peint ses amis parmi ses amies. La péniche amarrée d'abord en aval de Paris puis dans Paris même est un rendez-vous de gens heureux. Ce qu'on aime n'est pas encore vital, l'important est d'aimer, d'avoir le goût et le sens du plaisir. Certains boivent, d'autres fument, certains convoitent les conjoints de leur prochain, d'autres les conjointes. Élisabeth a d'autres découvertes à faire après Nazimova. De Genève, Destouches lui demandait de fournir à son « *old boy* » des « *excitments* » (*sic*) « *Not especially sex*, précisait-il, *but just tricks that are after all more fun* » (pas spécialement sexuels mais des trucs qui sont après tout plus marrants). Qu'étaient les « *tricks* » de 1927 et dans la langue de Louis et Élisabeth ? Un « *trick* » aujourd'hui est quelqu'un qu'on lève, un client ; le mot appartient plutôt au vocabulaire gay.

En août 1929, le couple s'installe à Montmartre au 98 de la rue Lepic dans un appartement constitué d'une grande pièce, qu'Élisabeth appelle une fois de plus un « studio », d'une petite chambre, d'une cuisine et d'une salle de bains.

La cuisine est transformée en bureau, une table, un siège, c'est là, nous dit Élisabeth, que Louis Destouches s'enferme pour écrire. Pas de cuisine à la maison, tous les repas se prennent dehors, il ne veut pas qu'elle manie de casseroles comme il interdira à Lucette Almanzor de passer le balai.

Ils se lèvent tôt. Pas de *breakfast*, dit Élisabeth, un petit déjeuner au café du coin et puis ils vont chacun de leur côté. Ils se retrouvent à midi pour déjeuner ou ne pas déjeuner avant de repartir chacun de leur côté. Le soir, ils dînent dehors. Ensuite, semble-t-il, Louis Destouches écrit. Elle se souvient plus de ses humeurs que de ses horaires.

Élisabeth dit que c'est elle qui a choisi les meubles. Qu'il ne s'en souciait pas. Rue Lepic, elle est connue sous le nom de Mme Destouches. Pour des raisons de langue, elle grille toujours le stop de la loge. Mais la concierge reconnaît son pas, elle dit au docteur, parlant d'elle : « Elle ne marche pas, elle vole. » Portant haut et droit son casque d'or vénitien, ne perdant pas un seul pouce de sa petite taille, celle qu'on a pu surnommer « l'Impératrice rousse » (elle ne s'en souvient pas) n'a pas perdu espoir de percer dans le métier. Elle travaille la barre place Clichy. Une fois elle apparaît au Paramount, en attraction. Louis critique son numéro : il la trouve trop légère, trop rapide, il lui conseille de

101

modifier son mouvement de pied. Elle fait des dessins de danse qu'elle conserve soigneusement, esquisses destinées, dit-elle, à des chorégraphies « pour l'Opéra ». Elle s'occupe de son corps, de sa technique, comme Louis de ses gribouillis dans la cuisine-bureau.

Lorsqu'elle parle de lui, surtout en relation avec ce livre qui devient plus important que la médecine, c'est le mot *despair* qui revient. Quelle que soit la photographie qu'Alphonse Juilland lui présente, même celle du discours de Médan pour la commémoration de la mort de Zola où il paraît alerte, bien portant, dynamique, transformé par rapport aux photographies de Genève, l'œil brillant de malice, remplissant un costume bien coupé, elle le voit désespéré.

Elle a décidé que ce roman le déprime. À force d'écrire des choses horribles, elles finissent par arriver, bredouille Michel Simon dans *Drôle de drame*. Elle dit qu'il lui en lit des passages dont elle comprend la signification générale. À voir. Elle dit aussi que ses relations avec les amis et les amies de Louis étaient forcément limitées par le problème de langue, Louis devant tout traduire.

Entre 1926 et 1932, Louis Destouches vit dans une bulle américaine, dont il ne sort que pour communiquer avec les clients du dispensaire et les amis de la Butte. Deux langues étrangères si l'on veut. Il semble détester, dit Élisabeth, les Français, cultivés ou pas, plus qu'un autre peuple [36]. Il est entré par elle dans un exil intérieur dont il ne sortira peut-être pas.

Tous ceux qui parlent de la rue Lepic, Élisabeth, Karen, les journalistes qui y passent, mentionnent la vue sur Paris : défi quotidien que lance la ville.

Montmartre n'a pas été choisi au hasard d'une location. Terre du plaisir et du crime, dit un professeur au Collège de France qui en a publié le mémorial singulier [37], la Butte, c'est Bruant, le Chat Noir, l'esprit anarchiste, le Bateau-Lavoir, le Château des brouillards, le maquis, le Moulin-Rouge, chaque lieu avec sa légende propre et ses mythes. Montmartre est encore un village et celui-ci est encore moins cher que Paris. Il a vu sur la multitude et le troupeau des ponts, il est en dehors, au-dessus.

Entre 1935 et 1944, bien plus que dans les banlieues auxquelles le voue son travail d'hygiéniste vacataire, la vraie patrie de Céline est là, à Montmartre, c'est celle de son style, né dans l'espèce de réserve où se retranchent les derniers vrais Parisiens qui ont abandonné Paris aux Ichok, Bernard et Alpérine, avec les Institutions et les beaux quartiers.

Montmartre repose sur Clichy et sur Pigalle. Le courrier qu'expédie Destouches puis Céline dans ces années-là est souvent écrit sur papier à en-tête du Pigall's Bar. C'est encore le temps du « Garçon, de quoi écrire », le sous-main, la plume et l'encrier, le papier et l'enveloppe.

C'est encore le temps où les hommes se rencontrent au bistrot. Les régulières à la maison, les autres dehors. Quand on interroge la veuve de Marcel Aymé sur tel ou tel membre de la tribu qui gravite autour de l'avenue Junot, elle se récuse : celui-là c'était le dehors, la vie de Marcel, il ne venait jamais à la maison. Louis Destouches sort sans Élisabeth. Il va au théâtre, nous en avons pour preuve une grande lettre à

Dullin sur son répertoire (29 novembre 1929) [38]. Il y va seul. Élisabeth dit qu'ils sortaient rarement, pas de concerts, pas de ballets. C'est Estelle Reed-Debrot, son amie, qui se souvient que le Dr Destouches les a emmenées toutes les deux voir Isadora Duncan, qu'admirait tant la mère d'Élisabeth. Elle se produit au Théâtre Mogador. Dans deux ans elle va mourir sur la Côte, étranglée par l'écharpe qui se prend dans la roue de voiture. Déjà gonflée par l'alcool, elle a doublé de volume. Louis Destouches qui a peut-être vu des clichés de presse met en garde les deux filles contre leur désillusion. Au point de les impatienter. Isadora paraît. Elle danse « *or was it just moving* », écrit Estelle Reed. Rien de plus triste ni de plus émouvant pour elle, mais pas pour le Dr Destouches qui à la fin d'un des numéros empoigne les deux amies, chacune par un bras et les entraîne hors du théâtre. L'horreur enrobée de nostalgie, il ne supporte pas [39].

Ayant oublié cette sortie, Élisabeth se souvient par contre d'une soirée Mistinguett aux Folies-Bergère. Elle a trouvé le « show » merveilleux. La Miss, aussi vieille alors qu'elle-même quand elle en parle, dit-elle, devait s'accrocher au bras de Maurice Chevalier pour descendre l'escalier [40].

Cela se passe au plus tard en 1932. On pouvait voir Mistinguett trente ans plus tard se produire en « gamine de Paris », séduite par des « gigolos » qui avaient le tiers de son âge. Ils se la renvoyaient de l'un à l'autre, d'un bras sur l'autre mais elle tenait ferme sur ses gambettes, la gamine. C'est cela le temps immobile.

En février 1929, le Dr Destouches se retourne du côté de Genève pour obtenir une aide financière. Il annonce qu'il a abandonné « l'étude des grands problèmes d'organisation sociale » et qu'il veut simplement étudier le fonctionnement d'un dispensaire anglais, voir ce qui se fait contre la blennorragie et aussi comment s'y fait l'alimentation rationnelle des pauvres, question qu'il suppose avoir été particulièrement étudiée en Grande-Bretagne. En mars, afin d'obtenir une bourse de voyage, il développe ces sujets. Il parle alors de médecine standard et d'efficacité médicale, il compte aller se rendre compte sur place de ce qu'il en est du 26 mars au 6 avril [41].

Les contours de son livre dont il donne alors le titre comme « Voyage » à Élisabeth (« Cela te va bien », lui dit-elle) ne sont pas encore fixés. Il n'est donc pas du tout impossible qu'il ait eu envie d'aller faire à Londres les repérages d'une partie anglaise qui est alors envisagée.

Cela, nous le savons par le nouveau copain-complice qu'il a trouvé en Joseph Garcin, rencontré à Montmartre par l'entremise de Marcel Lafarge. Installé à Londres, Joseph Garcin devient une source de renseignements littéraires et extra-littéraires. Il a en commun avec Destouches le goût du plaisir : « Revenez à Montmartre – d'ailleurs nous mettrons au point cent distractions et vous serez comblé », lui écrit celui-ci dès sa première lettre, le 1er septembre 1929 [42]. L'intimité est déjà établie.

Médaillé, décoré, comme Destouches, Garcin cherche comme Milon une affaire et louvoie entre la politique, l'hôtellerie et des activités para-hôtelières pas forcément licites. Voilà une source certaine de *Guignol's Band*.

En septembre 1929, Céline se confie à lui : il y a entre eux « cette expérience de 14 dont je ne parle jamais sauf aux initiés très rares ». Il s'agit, lui dit-il, « de faire payer la note et sans vergogne. [...] J'ai un projet – tout autre chose, pas de frauduleux commerce, il faudra que je vous en fasse part, et vous pourrez m'aider » (1er septembre).

Un professeur français à l'université de Marrakech, Pierre **Lainé**, a découvert au Maroc où l'aventureux Garcin a terminé sa vie, cette correspondance qui apporte un éclairage unique sur la période d'élaboration de *Voyage*. En effet les lettres à Garcin sont contemporaines du livre et les premières qui soient écrites dans le nouveau style, la langue qui s'élabore avec des mots fétiches : *délire* par exemple : « Vous avez l'enthousiasme et toutes les aventures qui alimentent mon délire », lui écrit-il le 20 décembre. Ils se sont revus, Destouches qui a été secoué, confie-t-il, par la fièvre part pour la Belgique. « Curieux et voyeur », il relance Garcin pour des « histoires » (21 mars), particulièrement des histoires londoniennes, son expérience de 1915 a été superficielle et il ne sait pas alors « voir ». Par contre à la SDN il a vu « tout le cinéma, la mise en scène, [...] le grand jeu » (avril 1930).

Le 18 juin, c'est un véritable questionnaire qu'il lui envoie car il prévoit l'insertion d'une partie anglaise récréative, dans son livre « après le charnier des Flandres (qui fait recette) une petite halte anglaise pour la rigolade et l'oubli ». Il félicite son nouvel ami pour les protections qu'il a su s'assurer ; il l'envie. Pour lui, « hideurs et souffrances », le lot commun. Débâcle partout, celle de New York ne l'émeut guère, mais « ici tout nous menace ».

Le *Black Friday*, l'effondrement des cours à Wall Street s'est produit et c'est la première mention de la Crise qui ne va rattraper la France que deux ans plus tard. C'est juste un signe des menaces qui planent sur l'univers de l'apprenti auteur et le contexte dans lequel son livre sortira.

Il n'oublie pas sa profession. Il a sollicité une autre mission de Rajchman à Dresde, Prague et Vienne et sans qu'on puisse y chercher des arrière-pensées littéraires. Il le dit d'ailleurs indirectement à Garcin : « de l'enquête sanitaire bien quotidienne, bien mesquine » (18 juin). La tâche médicale assignée au Dr Destouches est le dépistage, la prévention, les soins ponctuels, et il l'accomplit avec conscience et, pour autant qu'on sache, dans la sérénité sinon avec espoir. Aucune allusion dans ces lettres à la gué-guerre qui l'opposerait au jour le jour au Dr Ichok.

D'Europe centrale, il rapporte une certitude : la catastrophe va venir « un petit peu de progrès comme ils disent et c'est l'euphorie, le sommeil » (4 août 1930). Le veilleur du siècle ne somnole pas et il ne croit certes pas au progrès.

Il explique son projet : il ne s'agit pas d'une œuvre : « aucune prétention et pas de littérature, mon Dieu non. Mais j'ai en moi mille pages de

cauchemars en réserve, celui de la guerre tient naturellement la tête »
(septembre 1930).

Valéry a suggéré le mot « Littérature » aux surréalistes comme titre
de la revue dans laquelle ils comptent la dynamiter. Le terme est déva-
lué depuis longtemps. Le médecin-voyageur ne veut pas faire une
œuvre, c'est-à-dire un ouvrage littéraire, ce sera plutôt un éveil, une
provocation à la délivrance par mille pages de cauchemar, un vaste
miroir tendu au temps, un pamphlet en somme.

Voici d'ailleurs qu'un projet d'installation de Garcin dans le Midi
introduit des thèmes qu'orchestreront les *Bagatelles* : (le Sud, les Juifs)
« Vous savez je ne suis pas homme du midi. Il me faut les froids du
nord, le soleil est mortel, nos viandes sont déjà tellement précaires. »

Dans *Voyage*, les choses se détériorent au large du Portugal. À Dabit,
il dit refuser « les plaisirs qui lui sont chers » au Maroc, à cause du soleil
qui ne lui vaut rien. Et il accusera un jour Élie Faure de parler « femme
et midi ». La continuité est sans faille dans la ligne nordiste.

Quant aux Juifs, il propose à Garcin l'appui d'un « *confrère juif bien
placé à Londres* [souligné par lui]. Il faut toujours suivre les Juifs, dit-il,
ce sont des guides, ils sont aux commandes partout » (15 octobre 1930).

Ce sont des propos d'homme à homme (d'hommes du Nord).

Élisabeth se dira étonnée d'apprendre que Louis ait pu tourner antisémite : il ne parlait jamais des Juifs, il leur devait tant. Par exemple à
celui de Genève. Et à Hollywood son meilleur ami l'était. Il s'agit de
Deval que, dans une lettre à Mahé, Céline appellera « le Juif Deval ». Si
Élisabeth croit Deval, qu'elle n'aime pas, juif, c'est bien qu'on le lui a dit
et qu'elle l'a gardé en tête toutes ces années.

Voilà en tout cas, en 1930, Rajchman, Bernard, Ichok, Alpérine, plus
l'inconnu de Londres, aux commandes. À Genève, Louis Destouches a
vu le grand jeu, il a écrit *L'Église*, épinglé Yudenzweck et Mosaïc et certainement rien montré à Rajchman. La pièce est jouée au poker de Gallimard où celui qui lance les dés s'appelle Hirsch.

Si le scénario du roman qu'écrit le Dr Destouches n'est plus celui de
L'Église, c'est qu'aux facteurs internes quelques réalités extérieures,
réelles ou imaginaires, se sont imposées au rédacteur.

6.

ÉCRIVAIN

> La vie du romancier n'a pas grand intérêt, et ses idées, moins il y en a, mieux ça vaut.
>
> *Jean d'Ormesson.*

En mars 1931, le Dr Destouches annonce à Garcin qu'il renonce au séjour à Londres dont Garcin voulait lui présenter un aspect pourtant bien séduisant : tueurs, bobinards, petites amies à confesser (13 mars). Le besoin de documentation n'est plus aussi urgent.

En juillet, il lui donne l'explication de ce changement de programme : « J'abandonne l'aventure londonienne, un peu d'USA et la banlieue que je connais trop, voilà pour le roman, pour le labeur nocturne immédiat. Mais la suite plus tard aura Londres pour cadre, il faudra bien que tout cela se termine en théâtre, bouffonnerie. Je tiens à vous, je vous garde. » (24 juillet 1931.) Le livre a pris ses contours définitifs et le ton de ce qui, doucettement, devient « un roman » n'est pas la rigolade, la comédie bouffonne dont il garde le goût; il les met pour ainsi dire en réserve avec Garcin. Le choix est fait, le livre a « pris », un souci de cohérence – interne cette fois – l'a emporté.

À la fin de l'année 1929, lorsqu'il pensait encore au théâtre et qu'il écrivait à Charles Dullin, il critiquait certaines de ses options : « Il y a deux genres de pièces, comme de serpents, celles qui vont quelque part et celles qui se mordent la queue. [...] Les vraiment bonnes pièces vont quelque part, c'est un feu d'artifice, une délivrance. C'est ça : une bonne pièce doit être une délivrance [1]. »

Dans l'avant-dernier entretien qu'elle donne au professeur Juilland, Élisabeth Craig reparle de *Travel to the End of Night* qu'elle a enfin lu, tout au moins feuilleté et elle se souvient de la façon dont Louis surgissait de son réduit pour lui en lire le dernier jet. « *Sometimes he would come out all excited : " I am going to read this to you. This is good! I am going to read it in French. If you dont understand it I will translate it to you, but I have got to read it first in French "* » (« Quelquefois il sortait tout excité : " Je vais te lire ça. C'est fameux! Je vais le lire en français. Si tu ne comprends pas je le traduirai mais il faut que je le lise d'abord en français. " » Flaubert hurlait son texte à la Seine, Louis Destouches demande à Élisabeth ce qu'elle en pense et elle se dérobe : elle ne connaît pas assez les personnages, elle ne sait pas ce qui les fait agir ainsi. Ils lui paraissent plutôt brutaux.

– Ils le sont...

– Tout le monde n'est pas brutal.

– Mais si, à l'intérieur tout le monde l'est [2].

La muse n'apprécie pas forcément ce qu'elle a inspiré. Dès leur première rencontre, quand elle a commencé à parler au professeur venu de Stanford qui l'a dénichée, Élisabeth, tout en répétant qu'elle n'a jamais lu le livre même en version anglaise, qu'elle l'a donné à son frère sans l'ouvrir, qu'elle ne savait pas qu'il lui était dédié, Élisabeth reprend avec une fréquence significative les termes de *vulgar*, *vulgarity* à propos de ce *Voyage* qu'elle ne connaît pas. Ce qu'elle a donc retenu du livre par l'accueil qui lui est fait, c'est l'imputation de *vulgarity* qui se traduit beaucoup mieux par obscénité que par vulgarité.

1931 : le style nouveau

Une lettre à Garcin au printemps 1931 fait curieusement écho à cette imputation que l'auteur devance en somme (avant de la retourner brutalement cinq ans plus tard). Il parle de la visite prévue dans les quartiers chauds de Londres : « Diable, rien de vulgaire là-dedans, la vulgarité vous le savez bien elle est chez tous les marchands de philosophie, dans les loges à idées, comme en 14 chez la duchesse. Encore au Trocadéro où Kayserling bavarde à propos de progrès, de notre monde moderne et mécanisé et exaltant, quelle imposture! Alors que nous croulons sous les menaces de tous ordres, que toute la France masochiste s'enivre des pires infectes diversions, on doit vendre dix mille automobiles par semaine, la " Peugeot qu'il vous faut " coûte vingt mille francs et plus. Relire Sorel et Péguy que diable [3]... »

Le terme de réactionnaire révolutionnaire a-t-il un sens? Pour Destouches le progrès rime avec Périclès (premier titre de sa pièce), les marchands de modernité sont des imposteurs d'autant plus infects que la catastrophe se rapproche, l'automobile est à la fois une diversion et un signe de folle décadence.

Il termine sa lettre en disant : « Mon seul problème trouver un moment pour ce petit voyage londonien, me distraire des pilons et de la plume. » Aucune mention d'Élisabeth là-dedans. Quant aux *pilons*, ce sont les clients et on retrouve le terme en ouverture de *Mort à crédit* (« Je n'ai pas toujours exercé la médecine, cette merde »).

La délivrance approche. Cependant les distractions n'ont pas manqué en cette année 1931. Après avoir rendu ses devoirs à Rajchman à la SDN, il est allé aux sports d'hiver avec Élisabeth, à Megève. Quelqu'un les photographie tous les deux à skis sur les pentes, il porte une culotte de cheval. Il envoie une carte postale à Mahé, elle vaut mieux qu'un long discours : « On te la salue bien. On a bien pensé à toi à Genève. Je ne pouvais plus m'arrêter. 16 ans à peine. On voyage pour la jeunesse. J'en reste tout formé » (13 janvier).

Commentaire de Mahé : « La chasse depuis des millénaires fut toujours pratiquée à pied, parfois à cheval, seul, par couples ou en bandes [4]. »

En mars, il guide pour le compte de la SDN un médecin chinois à travers Paris. Son compte rendu est écrit dans le nouveau style vif, court et sarcastique : « Monsieur Wu a visité à Paris les Institutions sanitaires qu'il désirait connaître : entre autres le Pasteur Institute, l'Ecole vétérinaire de Maisons-Alfort, Les Folies-Bergère, l'Institut Verne, le Dispensaire de Clichy, l'Opéra, le Chinese restaurant, etc. Monsieur Wu a été victime d'un accident sans gravité, une légère entorse, en allant prendre le métro... » Et ainsi de suite. Genève accuse réception de ce rapport-là et remercie gravement, en anglais, le Dr Destouches pour sa « kindness » et son « intelligent direction » (1er et 2 mars) [5].

En avril, il présente à sa façon Mahé à Garcin comme un « grand connaisseur de collégiennes en cavales » ... « en tout bien tout honneur et la prudence certes, méfiance innée de toutes les brigades mondaines ou pas. Ensemble nous encourageons les danseuses, entrée des artistes. Quelles grâces et envols et fines ondes. Nous travaillons pour le délire. Consommation sans doute, mais vous le savez, j'aime les filles saines et délivrées et un peu lesbiennes, alors je me régale ». Il dit connaître tous les « bobis » de Paris. Mahé va en décorer un certain nombre.

Élisabeth n'est toujours pas mentionnée, le Dr Destouches se présente en gai célibataire courant les music-halls, avec son jeune ami Mahé.

On insiste un peu sur cet esthétisme érotique car s'il est d'époque comme le « bobi » et la partouze, l'originalité de Destouches-Céline est de le revendiquer et de l'assumer en le théorisant : pour sortir de la lourdeur et de la crasse du monde engendré par la Grande Guerre, une seule issue : la contemplation de filles saines et délivrées (de la morale conventionnelle, du sens du péché) : des danseuses un peu lesbiennes.

Pour Mahé, le plaisir est une façon d'être. Sa péniche ancrée d'abord à Croissy-sur-Seine, là où Destouches se domiciliait, puis quai Bourbon accueille les amateurs de « rigolade ». Leur amie commune Germaine Constans voit dans les deux copains des Vikings « incompréhensibles pour nous petits méridionaux ». Aucune exclusion cependant, on reçoit les Bloch comme Marie Dubas, Éliane Tajar, Paul Belmondo, Maurice Cloche, Francis Carco, Mistinguett, Simenon, les Fratellini... Edmond Heuzé joue de l'accordéon. On rit, on chante, on rentre aphones de Croissy [6].

En août, Élisabeth, dont Céline guide la main, envoie une carte de Deauville aux Mahé : elle leur racontera toutes ses aventures.

Autre message d'été, de Pau (vacances avec Élisabeth ? mission de prospection pharmaceutique ?) : « Drena te demande (elle n'a pas encore été au bobi, [...] nous fûmes au bobi (mais ceci secret) et avec quel trois mâts mes empereurs ! Je me suis tellement agité que j'en ai un furoncle qui me bouffe la cuisse ! C'est te dire [7] ! » Dréna est chanteuse.

Selon Mahé « A Chicago, c'est la souris d'Al Capone ». Cela aussi est dans l'air du temps.

Autre carte, le même jour, une vue du Gave, pour encourager Mahé à emmener aux Ambassadeurs amis et amies voir les Harger-Howell, couple de garçons athlétiques. Il faut y aller « avant vendredi car ils ne feront plus les mêmes danses au Paramount » (10 août) [8].

Une sorte de roman

Le 9 décembre 1931, Louis Destouches écrit une lettre sur papier à en-tête du 98, rue Lepic, elle est adressée à Gaston Gallimard. Le docteur annonce qu'il vient de terminer un travail, « une sorte de Roman dont la rédaction m'a pris plusieurs années ». Il lui semble qu'il arrive au plus mauvais moment pour se faire éditer « même à compte d'auteur » – mais demande si cette lecture n'est pas absolument inutile « de lui dire où faire déposer le manuscrit de façon à perdre le minimum de temps » [9].

Pressé, le Dr Destouches, de faire lire son manuscrit car quatre jours plus tard il dit encore à Garcin qu'il « termine [s]on œuvre » (c'est maintenant une œuvre).

Le 14 décembre, réponse de la rue Sébastien-Bottin. Louis Chevasson demande au nom de Gaston Gallimard un résumé du manuscrit pour qu'il soit remis au lecteur compétent et aussi le « prière d'insérer ». Gallimard, déjà en 1931, est une maison dont on protège le patron des aspirants-auteurs, elle a ses relais, ses compartiments et des lecteurs spécialisés.

1932 : la chasse à l'éditeur

Le Dr Destouches ne répond à Louis Chevasson que quatre mois plus tard, le 14 avril. Il lui envoie son manuscrit avec prière de dire au plus tôt « si vous êtes désireux de l'éditer et dans quelles conditions ». Le compte d'auteur, on le voit, n'est pas exclu. Il l'est d'autant moins que Destouches a proposé son œuvre à des éditeurs spécialisés dans ce genre d'opération. Apparemment, il met Gallimard dans le lot. On se souvient qu'il proposait à Medgyès de signer sa pièce avec lui.

Il fournit le résumé demandé. Le rédiger lui donne, écrit-il, l'impression des plongeurs de cinéma qu'on voit rejaillir jusqu'à l'estacade.

« Ce Voyage au bout de la nuit, explique-t-il, est un récit romancé dans une forme assez singulière et dont je ne vois pas beaucoup d'exemples dans la littérature en général. C'est ainsi. Il s'agit d'une manière de symphonie littéraire, émotive plutôt que d'un véritable roman. » Et il compare cette composition à de la musique où quantité de diversions entrent peu à peu dans le thème et le font chanter. Cela pourrait être ridicule. Pour lui, c'est réussi. « C'est de la grande fresque, du populisme lyrique, du communisme avec une âme, coquin donc, vivant. »

Il donne ensuite un résumé du livre dont le héros est « Robinson, mon ami » vaguement ouvrier qui, d'aventure en aventure, la guerre (« je pense la guerre à sa place »), l'Afrique, l'Amérique en vient à estourbir une vieille. Elle s'en sort, il est aveugle, elle le soigne à Toulouse où il se fiance. « Pour que la vie soye tout à fait régulière il faut encore un petit capital » et il bute, Robinson, la vieille cette fois bien morte. « C'est le bonheur bourgeois qui s'annonce mais quelque chose le retient de s'installer dans le bonheur et la sécurité matérielle. *Quelque chose! ah! ah! C'est tout le roman, ce quelque chose!* »

L'auteur prédit que c'est du pain pour un siècle entier de littérature, « le Goncourt assuré pour l'Heureux éditeur ». Son manuscrit (à l'adresse du Dr Destouches, Dispensaire municipal de Clichy, Seine) est enregistré sous le n° 6127 chez Gallimard le 14 avril 1932.

On a remarqué les termes de populisme et de communisme par lesquels Destouches caractérise son ouvrage. Il emploie dans sa lettre à deux reprises des subjonctifs populaires très connotés : « Pour que la vie soye tout à fait régulière... » et « Je ne voudrais pour rien au monde que le sujet me soye soufflé », conjugaisons dont on ne trouve aucun équivalent dans sa correspondance antérieure : Destouches se présente chez Gallimard en fils du peuple.

Un mouvement littéraire populiste s'est créé autour de Poulaille, Eugène Dabit a obtenu un prix populiste, le populisme est à la mode depuis la Crise et le sort des humbles saisi dans leur style. Leur langue, largement répandue depuis la guerre des « poilus », est devenue un genre littéraire. Les Allemands, dont la crise a devancé toutes les autres ont développé une littérature des misérables avec Döblin et Brecht. Si l'auteur veut que pour rien au monde le sujet lui *soye* soufflé, c'est qu'il le sent dans l'air : seul le premier à l'exploiter fournira du pain pour un siècle entier de littérature, plus le Goncourt 1932.

Aussi, n'ayant pas reçu de réponse, il s'agite. Dès le 25 avril, il réécrit pour demander une réponse afin de pouvoir, si celle de Gallimard était négative, soumettre ailleurs son mansucrit, « avant les vacances ».

Le 29, Gaston soi-même lui répond... que son manuscrit est en lecture. Le 13 juin, l'auteur se re-manifeste pour signaler au patron de la NRF que cela fait deux mois qu'il lui a remis son manuscrit. Même réponse : en lecture [10].

À peu près au même moment, il annonce à Garcin que son « blot est en lecture chez les éditeurs, [...] au train où vont les choses rien avant l'hiver [11] ».

Le 29 juin, L.-F. Destouches redemande son manuscrit chez Gallimard : après avoir attendu une décision deux mois et demi, il a accepté la proposition d'un autre éditeur.

Et, de fait, le lendemain il signe un contrat avec Robert Denoël et Bernard Steele, rue Amélie, dans le VIIe.

L'auteur recevra 10 % du prix de vente *à partir du quatrième mille.* Ce n'est pas un compte d'auteur mais une façon pour l'éditeur de faire participer l'auteur au risque du premier livre. Au-delà de 5 000 exemplaires vendus, il reçoit 12 % du prix de vente, 15 % au-delà de 10 000 et 18 % au-delà de 50 000. Les 18 % mentionnés par Denoël et Steele sont là pour la bonne règle et la politesse. Pour l'auteur, ils vont devenir un fétiche : c'est le chiffre inatteignable des auteurs de grande vente, cela doit devenir sa norme.

Robert Denoël est belge comme Simenon. Fils d'un professeur d'université à Liège, père de seize ou dix-sept enfants, il a choisi comme Simenon de « monter » à Paris. Après quelques essais littéraires, c'est vers le commerce des livres et l'édition qu'il s'oriente. Sa femme tient une galerie, lui une librairie avenue de La Bourdonnais dans le paisible quartier du Champ de Mars. Son plus gros succès est l'édition d'*Hôtel du Nord* d'Eugène Dabit qui reçoit le Prix populiste. Un jour, Bernard Steele qui habite rue Dupont-des-Loges, entre dans le magasin. Il a des projets d'édition ; Robert Denoël le convainc d'adopter les siens. Tous deux s'installent dans une chapelle protestante désafffectée de la rue Amélie, rue populaire du quartier du Gros Caillou et endroit doublement excentrique pour la profession.

Éditeur sans capitaux, voué au coup par coup, Denoël a trouvé un associé solvable : la mère de Bernard Steele assurera quelques échéances délicates.

« Cousu de dettes, toujours le nez sur une échéance désastreuse, il rencontrait infailliblement à moins une, un commanditaire-bouée, ébloui par sa faconde franco-belge et frappé par son flair. » C'est un autre Liégeois, Robert Poulet, édité par lui, qui le décrit. « Ainsi de presque krach en quasi-faillite, il avait rebondi jusqu'à cette boutique de la rue Amélie, où je l'avais retrouvé, l'année d'avant, déjà désinvolte, expéditif, muni d'un accent d'appellation contrôlée. On poussait la porte ; on tombait sur un réduit où bâillaient des emballeurs à la moue désenchantée (ce sont toujours les mêmes depuis vingt ans). Derrière, un petit bureau grotte, que Denoël remplissait de ses chuchotements catégoriques. Des secrets qu'on entendait à trente pas ; mais il avait calculé cela aussi ; cela faisait partie de sa fausse naïveté et de son vrai instinct [12]. »

La dame au manuscrit

L'arrivée du manuscrit de *Voyage au bout de la nuit* rue Amélie entre les mains de Denoël a sa légende, son indispensable légende. L'auteur, la tête ailleurs, l'aurait déposé sans nom ni adresse chez l'éditeur qui, après une lecture en une nuit, ne retrouve l'auteur du livre génial que grâce au papier d'emballage réutilisé, celui d'une blanchisserie de Montmartre. C'est la première version.

Complément : Denoël adresse sa réponse enthousiaste à une femme auteur, demeurant 98, rue Lepic et qui aurait déposé un manuscrit en même temps que Louis Destouches.

Autre variante, c'est une femme, la même peut-être, qui apporte le manuscrit; Max Dorian la reçoit, elle montre une lettre de Gallimard proposant un compte d'auteur, Denoël qui avait oublié le rendez-vous survient, il appelle Max Dorian en pleine nuit : extraordinaire, il faut retrouver l'auteur, mais où? (Max Dorian, *L'Herne*).

Correctif : Max Dorian, transfuge de Bernard Grasset, n'a joué aucun rôle dans la découverte du livre. Juliette Delannoy, la femme de Jean, donne la version définitive à Galtier-Boissière entre deux parties de tennis : « Elle était employée par Denoël. On reçoit un soir un manuscrit; elle en lit cent pages, les trouve extraordinaires, en parle avec enthousiasme à Robert Denoël qui jusqu'au petit matin dévore le *Voyage au bout de la nuit*. Il se précipite à l'adresse indiquée par l'auteur; mais, rue Lepic, il ne trouve qu'une femme de ménage. Le docteur est à son dispensaire. Denoël y court, fait signer un contrat comme ça, à la sauvette.

Dans l'après-midi arrive rue Lepic un pneumatique de la NRF qui accepte aussi l'ouvrage. Céline avait envoyé les doubles du manuscrit à plusieurs maisons d'édition. Mais Denoël est arrivé bon premier [13]. »

La constante, c'est que l'auteur de ce livre extraordinaire est lui-même extraordinaire et agit d'une façon extraordinaire : par pures impulsions et sans se soucier au fond d'être édité ou pas : il jette son livre au vent, advienne que pourra.

Ainsi commence la confusion entre Destouches le minutieux et Bardamu l'indifférent. Le docteur n'est jamais négligent quant aux détails. S'il lui arrive, comme à tout le monde, d'oublier des bagages ou des factures, il n'oublie jamais de mentionner une adresse pour la réponse. Chez Gallimard, il en a fourni deux. Il a été formé à l'exactitude d'avant-guerre. Il date ou ne date pas ses lettres, les signe comme ceci ou comme cela, cela ne doit rien au hasard.

Quoi qu'il en soit, le contrat du 30 juin scelle le destin du livre et de l'auteur. Le 11 janvier 1933, Robert Denoël prend d'ailleurs le soin de faire enregistrer un document devenu entre-temps précieux.

À *élaguer*

Chez Gallimard, on a pris son temps. la réponse est expédiée le 2 juillet. Le lecteur, Benjamin Crémieux, qui paraît avoir enfin lu, a rendu compte du livre, il l'écrit à l'auteur; comme il a quelques objections à présenter, il lui serait reconnaissant de passer le voir au service de presse du ministère des Affaires étrangères. Est-il utile d'insister sur l'espèce de fatalité qui poursuit Destouches dans ses projets médicaux ou littéraires?

Le compte rendu de lecture qualifie le manuscrit soumis de « roman communiste contenant des épisodes de guerre bien racontés. Écrit par moment en français argotique un peu exaspérant, mais en général avec beaucoup de verve. Serait à élaguer ». Benjamin Crémieux est chargé de l'Italie au service de presse du Quai d'Orsay, son patron est Pierre Comert qui a la réputation d'être communiste, un ami d'Ichok. Communiste correspond-il dans l'esprit de Crémieux à un état d'esprit (anarchiste, contestataire) ou bien est-il repris du résumé de l'auteur? Les vrais communistes, français ou russes, sauront faire la différence, eux.

Crémieux très pris n'aurait pas eu le temps de terminer la lecture, le manuscrit aurait circulé rue Sébastien-Bottin passant de Malraux à Emmanuel Berl. Le livre paraît trop long aux uns et aux autres et Benjamin Crémieux voudrait discuter les coupures.

On a ignoré chez Gallimard la lettre du 29 juin par laquelle l'auteur redemandait son manuscrit, elle n'a pas circulé ou bien elle a été interprétée comme un bluff de débutant qui cherche à forcer la décision. Et on se trompe. Par leurs lenteurs et leurs hésitations, les collaborateurs de Gaston Gallimard lui ont fait rater un oiseau rare, un nouveau, après Proust que Gide a rejeté pour cause de vertèbres mal placées.

Les jeux sont faits mais Louis Destouches n'en est pas tout à fait sûr malgré la signature du contrat. Il garde la casserole Crémieux sur un coin du feu, et lui répond par retour qu'il part pour Marseille, puis pour la Bretagne. Il lui suggère un créneau possible entre le 25 juillet et le 2 août. Tant que la fabrication n'a pas commencé, il ne croira pas à la valeur de l'engagement pris par Denoël et Steele. S'ils devaient déclarer forfait, il serait temps de voir Crémieux et de parler de coupures.

Lettre de chez Gallimard (de Louis Chevasson, cette fois): s'il consent à élaguer son manuscrit « nous serions heureux d'en envisager la publication ». Envisager...

La rencontre Destouches-Crémieux n'a sans doute jamais eu lieu, on ne saura donc pas quelles étaient les parties à élaguer avant d'envisager. En août, date du rendez-vous hypothétique, les choses sont assez avancées du côté de Denoël pour que « L.D. » écrive à celui qu'il appelle « Mon vieux » pour recommander de n'*ajouter* rien au texte sans le prévenir et lui recommander la plus grande discrétion dans la présentation. Chez Gallimard on voulait couper, chez Denoël on est tenté d'ajouter. L'auteur, qui déclare avoir digéré son ours et être prêt à le vomir, tient néanmoins à ce qu'on le respecte à la syllabe près. C'est une question de rythme [14].

La vie privée

Si celui qu'on voyait si pressé de soumettre à Gallimard un manuscrit, auquel il mettait encore la dernière main, laisse passer tant de temps avant de reprendre contact avec lui, pour se montrer à nouveau tel qu'en lui-même saisi de hâte, c'est, on peut le supposer, à cause d'événements personnels et familiaux. Élisabeth est repartie pour les États-Unis et Fernand est malade.

On peut supposer que le Dr Destouches le soigne ou le fait soigner. La discrétion est complète : « Mon père est mort. Je ne t'ai pas fait venir. J'aime à réduire le chagrin au minimum. Ce n'est pas facile? Je suis à un âge où plus rien ne s'oublie. » Ainsi annonce-t-il la nouvelle à Henri Mahé le 14 mars 1932.

Une tradition familiale, transmise par les femmes, nous dit que le père et le fils ne s'entendaient pas. C'est possible et cela n'enlève rien au chagrin. À trente-huit ans, voici Louis-Ferdinand en première ligne et responsable de sa mère, l'intarissable causeuse dont parlent ceux qui l'ont connue. Son désarroi ne doit pas être modéré. Elle seule va être associée à la gloire du mirifique rejeton qui lui est survenu rampe du Pont. Mère d'un futur bijoutier, mère d'un cuirassier, mère d'un docteur, la voilà désormais mère d'un écrivain. À la fin de l'année 1932, elle lit le livre et n'aime pas « le rôle qu'elle y trouve ». « Les femmes sont assommantes, écrit son fils à une amie. Les femmes n'aiment pas la vérité » (autre écho à Conrad : « *Its queer how out of touch with truth women are* [15] »).

Les parents d'Élisabeth lui envoyaient un billet chaque année pour qu'elle vienne les voir. Elle paraît avoir quitté Paris début 1932. Un mot d'excuse de Louis décommande une visite à la péniche de Mahé : Élisabeth n'est pas bien. C'est vrai ou ce n'est pas vrai, c'est physique ou c'est moral, en tout cas elle est toujours là.

Elle reste absente une année entière, elle n'est donc pas présente lorsque son ami perd son père ni quand le sort de son travail se joue. Relativement inoccupé depuis qu'il a terminé son grand œuvre, le Dr Destouches ne reste pas veuf. Il ne tarde pas à se faire de nouvelles connaissances, à sa façon : dans la rue.

Début 1932, une jeune Allemande lui tombe dans les bras. Littéralement. Elle s'est évanouie de faim et de fatigue à la terrasse d'un café. Le bon docteur la hisse dans un taxi et l'emmène chez lui pour se restaurer et se reposer. Elle passe quelques jours dans la petite chambre de la rue Lepic. Vers mai, il lui signale qu'elle a oublié sa montre et il l'invite à dîner. Cependant il ne doit pas la revoir car il lui envoie sa « broche » par la poste avec une leçon de morale pratique, condition de la *réussite*. Il la fonde, dit-il, sur sa propre expérience de la pauvreté. C'est une notion nouvelle; elle est promise à un bel avenir.

La jeune fille, Erika Irrgang, lui a fait des confidences : elle vole ou elle a volé dans les magasins. Le Dr Destouches la tance : dans le milieu slavo-germanique qui est le sien, elle doit réagir « contre la tendance anarchiste et vainement expérimentale ». Il lui voit d'autres armes, par exemple la force de la faiblesse, la force d'enfance qu'elle néglige [16]. N'ayant pas reçu de réponse, il se donne à lui-même un conseil utile : « Il faudrait avoir la pudeur de se taire quand on ne peut pas donner d'argent » (15 juin).

« Il n'était pas intéressé par mon argent, ni moi par le sien », dit Élisabeth Craig quand elle revient sur leur vie commune. Rue Lepic, c'est apparemment Louis qui se charge de la vie pratique. C'est de lui que viennent les beaux bijoux, bracelets genre Cartier, art déco, qu'elle conserve dans un coffret avec quelques lettres.

Karen Marie Jensen, encore sous le coup en 1992 des imputations concernant l'or du Danemark (voir chapitre 9) et interrogée sur l'homme de 1933 : « Etait-il généreux? », répond spontanément : « Oui, mais il n'avait pas beaucoup. » On parle du Céline de 1933, il avait plus alors qu'il n'avait jamais eu.

En mai 1932, le Dr Destouches peut seulement offrir le gîte et le couvert, pas plus, et il le regrette en juin. Erika est rentrée en Allemagne, à Breslau. Elle travaille pour le *Völlkischer Beobachter*, l'Observateur, comme elle le traduit dans son témoignage de *L'Herne*. C'est l'organe du parti national-socialiste. Le Dr Destouches qui vient d'achever un livre « communiste » n'en est pas effarouché. Il lui conseille de surveiller les hitlériens, de ne pas se montrer paresseuse, comme les femmes, au point de vue politique, de bien lire les journaux. Elle est sur la bonne voie : « Le tout est de bien choisir le parti qui va réussir. » Ne connaissant pas l'Allemagne, il ne peut la conseiller. En 1932, rien n'est encore joué, l'Allemagne à peu près partagée entre les extrêmes peut basculer d'un côté ou de l'autre.

Le sexe fait partie pour une femme des armes de la réussite. Mais gare aux accidents : « Pas *d'amour sans préservatif*, ou *alors par-derrière* » (souligné deux fois) (15 juin 1932). La maladie et la grossesse sont également redoutables. »

Il part pour Marseille et lui demande de répondre poste restante, il y sera du 1er au 20 juillet. C'est l'adresse qu'il donne à Benjamin Crémieux le 2.

Le 5, il est encore à Paris, comme l'indique une lettre à Mahé dont on trouvera l'équivalent à Nimier vingt ans plus tard : « Sois et demeure gentil avec tes patrons. Tâche de garder le bon esprit. Tu finiras par être apprécié à ta véritable valeur. Tu as de la santé. C'est le principal. Patience. C'est toujours ce que je dis [17]. » Aller au bout des clichés, voilà le ton Mahé-Destouches sur la Malamoa et voilà l'humour constant du *Voyage*.

On ne sait rien – jusqu'ici – de ce voyage prévu pour une quinzaine de jours à Marseille. Il ne semble pas s'agir de vacances puisqu'il les passe en août à Dinard avec sa fille. Ce pourrait donc être un travail qui justifierait les 50 francs par jour à donner au remplaçant du dispensaire. Aucune allusion coquine dans la carte que reçoit Mahé le 19. Il trouve pour Erika le temps d'une autre admonestation paternelle : il faut que dans l'hitlérisme elle soit sérieuse. Ne pas voler dans la caisse. Elle est tombée amoureuse, c'est une faiblesse : « Dans la vie future, il faudra des idées et des cuisses et du vice aussi. » Il lui paie, si elle veut, le voyage et un séjour à Paris, huit jours par exemple, qu'elle vienne se documenter pour des articles, à condition qu'elle jure de ne plus aller à la Samaritaine (10 juillet). C'est une obsession. Cette histoire de fauche n'est pas encore digérée. Erika a-t-elle visité la Samaritaine quand elle habitait rue Lepic? Le Passage s'émeut-il encore à l'idée d'une vérification de police?

Il lui écrit à nouveau de Bretagne. Il se réjouit pour elle des succès hitlériens. Il visite des médecins pour son laboratoire. Il combine vacances et travail. De Vannes, sollicitant le Dr Rajchman pour une mission de santé, il donne comme itinéraire Nancy, Berlin et Breslau, c'est combiner enquête et plaisir. Il profite de l'occasion pour deman-der des nouvelles de son projet de « Cours international » (20 août) [18].

Le projet littéraire en cours ne lui a pas fait lâcher le projet médical, comme la littérature ne lui fera jamais lâcher la médecine. Il a donc proposé à la Section d'hygiène un « Mémoire pour le cours des Hautes Études ». Ce cours reprendrait les résultats des missions internationales sur l'hygiène préventive.

Ce Mémoire est rédigé dans le nouveau style et ses formules ont dû faire choc dans les bureaux de Genève : « Tous les raseurs du monde pondent sur les grands problèmes comme les fourmis sur la langouste pourrie » – « Ils s'en foutent les hygiénistes de l'hygiène » – « L'homme pratique toute fraternité avec ennui et le pillage et l'assassinat avec pas-sion et frénésie » ou ceci, plus banal en soi mais qui reste utilisable : « Une porcherie tenue comme une république aurait fait faillite depuis longtemps. »

Il s'agit de repenser la médecine en la ramenant à la réalité du ter-rain, d'imposer l'élimination de l'alcool, une diététique appropriée, des examens et des soins sur le lieu de travail, tout en réintroduisant l'objectif esthétique : « Être malade et mourir n'est pas tout dans la vie, être beau quand on peut compte aussi »... « Émulations érotico-esthétiques seul moyen peut-être de rendre les propagandes d'hygiène populaires. » À noter un rajout manuscrit au texte dactylographié : « La morphologie par races, climat... ».

Les points de suspension seront maintenus quelques années. Aucune structure politique n'est encore privilégiée. Les idéologies sont toujours plastiques et l'auteur n'exècre que ce que ce qu'il vit : « Il faudrait que cette société s'écroulât pour qu'on puisse parler véritablement d'hygiène généralisée qui ne s'accorde bien qu'avec une formule socia-liste ou communiste d'État. » On peut certes privilégier ici le terme « communiste » mais il ne faut pas négliger « socialiste », en se souve-nant qu'il se marie à l'occasion avec « national ».

A son retour à Paris, il renouvelle à Erika sa proposition de séjour à Paris, à ses frais, il parle maintenant de dix jours, du 10 au 20 septembre et lui joint un mandat de 250 francs pour payer son aller. Son livre doit paraître le 4 octobre et il sait déjà qu'il sera traduit en allemand (2 sep-tembre).

C'est « la petite Carayon », la voisine de palier du 36, rue d'Alsace, qui surveille la fabrication : « (Elle) suit très bien ce que je lui demande », écrit-il à Denoël. Il voudrait savoir de combien d'exemplaires « impri-més pour Mr X », il pourra disposer afin d'amadouer quelques patrons par cet hommage traditionnel, en ne ratant pas l'occasion d'un nouvel aphorisme : « On n'est jamais assez plat » (2 septembre). Cela contredit déjà le mythe d'un anonymat farouche et d'une complète séparation entre les deux activités médicales et littéraires [19].

Deux jours plus tard, attablé à la terrasse du Café de la Paix, il aide une voisine à expliquer sa commande au garçon. Elle s'appelle Cillie Pam, elle est viennoise, professeur de gymnastique et juive, nous dit François Gibault, comme Erika. Elle s'installe à son tour dans la petite chambre de la rue Lepic. Elle y restera jusqu'au 17 septembre, ce qui oblige son hôte à annuler, dès le 5, l'invitation faite à Erika pour le 10 (il doit partir incessament pour Genève, il la verra en novembre à Breslau. Les 50 marks sont un petit cadeau pour ses vacances). Il ne reçoit sa réponse qu'à la veille du départ de Cillie, c'est l'occasion d'une réponse plaintive : il a bien du mal de son côté, « Tout est très difficile » (14 septembre).

Cette échappée sur le vaudeville nous permet de saisir Destouches dans son imperturbable rôle de Dr Tant Pis. Il a fallu la découverte au fin fond de l'Australie par un jeune universitaire, Colin Nettlebeck, de la correspondance que Cillie Pam y avait emportée en exil pour que soit révélée l'existence simultanée en 1932 de deux femmes qui ignoraient leur existence respective, l'une évoluant dans les cercles nazis et l'autre dans ceux du freudisme viennois.

Cillie Pam ne vole pas dans les magasins mais elle se laisse prendre au jeu amoureux, elle voudrait des mots d'amour, or le docteur ne croit qu'au *popo*, il le lui écrit et le lui répète, au popo pas à l'Amour. Élisabeth nous dit qu'il s'intéressait à toutes les femmes et que faire l'amour était pour lui un bain de jouvence. Comme Gide, il n'aime pas seulement sa jeunesse mais aussi celle des autres. Cette Cillie Pam, tout en muscles, a effacé le besoin d'Erika qu'il ne laisse cependant pas tomber, compatissant à ses malheurs familiaux et lui recommandant de « Toujours persévérer comme une juive par tous les moyens dans la direction de la sécurité et du confort » (fin septembre). L'invitation à Paris est reportée au printemps suivant. Qu'elle garde l'argent pour ses vacances.

Du petit popo populaire

Cillie a succombé au romantisme de la vue sur Paris. Elle lui écrit en anglais et en allemand une lettre où « point, lui répond-il, un je sais quoi de ressentiment. " [...] Je ne parle pas assez d'amour " Parlez-moi d'amour ", je voudrais bien Cillie mais je ne peux pas. Je ne parle jamais, je n'ai jamais parlé de ces choses-là. Je parle de popo, je comprends popo, je mange popo. Je ne suis bon qu'à popo. Je suis bien content par exemple de vous revoir en novembre. Que de séances de popo je vais vous donner! Et voilà ». Il veut la savoir heureuse, riche, considérée. Lui a la vague excuse d'une espèce de vocation au malheur, « votre genre, c'est la paix, l'Harmonie, l'argent, la gymnastique. Beautés que j'estime fort bien croyez-le. Suprêmes! » (fin septembre).

Chacun son genre – et sa pose. La politesse de la femme, son devoir d'état sont la sérénité (l'Harmonie) et la gymnastique, de quoi réjouir l'homme chargé du malheur du monde. Débarrassé, grâce à la paix et l'argent de la femme, de toute responsabilité, hormis celle du plaisir. Plus qu'en souteneur, c'est en gigolo que se présente le Dr Destouches.

Un gigolo de trente-huit ans qui paie au restaurant, envoie des billets de train et qui a le mérite de l'honnêteté : « Ici du popo par-ci par-là. Du petit popo populaire sans lyrisme. »

Le 15 septembre, il avait offert en son honneur une « réception » rue Lepic dont elle avait noté les phases dans son carnet intime : « C'est tout possible à Paris ». « Lutz (Louis), une jeune prolo nommée Pauline », (dans laquelle on peut reconnaître Pauline Lanoux dont Céline donnera l'adresse à Mahé) et la jeune femme d'un Juif âgé se pelotent sur le lit alors que Cillie et le mari (Bloch ?) regardent.

À Vienne, il promet de s'occuper d'Elsa, l'associée de Cillie au studio de gymnastique. Il ne lui a pas caché l'existence d'Élisabeth. En Amérique, lui écrit-il, « elle se débat comme elle peut contre les difficultés matérielles et des parents imbéciles et épuisants » (30 septembre). Preuve qu'Élisabeth écrit et que sa mère est encore valide.

Il se met en train pour un nouveau livre. « Il va falloir sortir pendant quelques années de la vie pour tenir cet espèce de délire en élan » (30 septembre). Voilà ce qu'Élisabeth lui reprochait et lui reprochera : être sorti de la vie pour entrer dans le délire de l'écriture.

Le 9 octobre, réclamant des photos de lui qu'elle a prises, qu'il trouve superbes et dont il voudrait se servir pour le lancement du livre, il commence sa lettre par Cher Popo, ce qui peut se rendre par Cher cul ou Cher con, c'est selon. Voilà Cillie Pam ramenée à l'essentiel. Destouches est remonté dans les temps antérieurs aux troubadours, à l'invention de l'amour : « Amour... pas amour... cela n'a guère d'importance. Ce qui compte c'est de vivre en souffrant le moins possible. » Cillie Pam a un nouvel ami. Il y a aussi sa collègue Elsa qui excite à distance le correspondant : « Il faudra bien qu'un jour ou l'autre nous couchions *tous* ensemble. D'ailleurs j'ai couché avec presque toutes les femmes gentilles que je connais. Ceci vous le savez bien, sans aucune vanité. Ce n'est pour moi qu'une conversation plus sincère que les autres, une conversation de popos » (15 octobre).

Il fait des projets pour ce voyage à Vienne et dessine des trous de serrure, un œil...

Voyage en librairie

Ce jour-là, *Europe* et *Les Cahiers du Sud* publient des extraits de son « roman ». Le bal est ouvert.

Le 20 octobre 1932, le livre est en place dans les librairies. Le 29, Georges Altman signe, dans *Monde*, le premier article. Le 31, Céline sollicite un entretien avec Lucien Descaves, l'auteur des *Sous-Offs*, ancien dreyfusard et membre de l'Académie Goncourt : « Quand vous voudrez, où vous voudrez. » Il se présente : médecin de dispensaire « C'est mon métier après vingt autres, né en 1894 à Courbevoie, Seine. Médaillé militaire, un peu infirme – 38 ans d'âge », mais il refuse tout papier dans *L'Intransigeant*, toute notoriété, dit-il, ne peut que lui faire du mal. « La situation électorale et municipale de Clichy m'interdit toute politique ou allure pamphlétaire directe », ajoute-t-il en post-scriptum à son amie Aimée Barancy qui s'est entremise [20]. Le roman doit parler tout seul.

Le 4 novembre, il déclare à Erika que les journaux disent mille bêtises : « Les Français ne sont pas lyriques – les Allemands comprendront mieux, je crois. » Quant à elle, il lui recommande une fois de plus de faire l'amour par-derrière, « Cela aide énormément à contenter les hommes sans risque aucun » (4 novembre). Autres temps.

Le lendemain, à Cillie, il annonce que le livre se vend admirablement et qu'on le présente au Goncourt (500 000 francs). Il ne pense pas l'avoir, « il est trop anarchiste » (le livre). Comme s'il se prémunissait contre un échec, il répète alors que la littérature est pour lui comme un yoyo, c'est la folie du moment (à Charles Bonabel et à Cillie Pam). Il fait cependant tout ce qu'il faut pour obtenir le prix. Il donne par exemple le 10 novembre sa première interview. Elle est pour *Paris-Soir*. Pas de couleur politique marquée et la plus grosse diffusion. À Mme Descaves, il annonce l'envoi de deux exemplaires « luxueux à l'impression que vous recevrez tout spécialement jeudi prochain. Je n'ose même pas vous dire merci tellement je suis confondu de joye (*sic*). J'ai peur que tout cela craque » (catalogue, Maison de l'autographe, printemps 93).

On ignore encore comment le Dr Destouches est entré en relation avec Léon Daudet, auteur des *Morticoles* et membre influent lui aussi du jury Goncourt. Celui qui a inventé (au sens premier) Proust et Bernanos éprouve un coup de cœur pour le *Voyage*. À la réunion préparatoire, le 30 novembre, Daudet et Descaves unissent leurs efforts pour emporter l'assentiment de la majorité. C'est décidé, Céline aura le prix.

C'est tellement sûr que Léon Daudet publie dans *L'Action française* du 6 décembre un article destiné à justifier par avance l'attribution du Goncourt à « un ouvrage truculent, extraordinaire, que beaucoup trouveront révoltant parce qu'il est écrit en style cru, parfois populacier mais de haute graisse ».

Le lendemain, les Goncourt se retrouvent pour déjeuner chez Drouant, l'attribution du prix n'étant qu'une formalité avant d'attaquer le menu. On vote et c'est le coup de théâtre, des jurés sont revenus sur leur promesse et Mazeline, dont *Les Loups* sont publiés chez Gallimard et diffusés par Hachette, reçoit le prix. Lucien Descaves jette sa serviette sur la table et sort en trombe : « Je ne savais pas, déclare-t-il devant les journalistes, qu'on me ferait passer par la cuisine. »

Où se trouve l'auteur? Dans la petite foule qui se presse devant le restaurant avec sa mère et sa fille, comme s'en souvient celle-ci? De dépit, elle le voit écraser sous son pied un grelot d'argent provenant de son berceau, son fétiche. D'autres témoignages nous le montrent courant chez Denoël puis rentrant à Montmartre effondré, avec Jeanne Carayon, avant de retourner rue Amélie où a lieu une petite fête pour le prix Théophraste Renaudot, lot de consolation attribué par les journalistes littéraires aux méritants, aux malchanceux.

La déception est rude. Gallimard a manqué le livre, il récupère le prix pour *Les Loups*, gros ouvrage sage et touffu qui risque de n'exister à l'avenir que par l'échec du *Voyage* et parce que Mazeline rime avec Céline.

Le scandale est vif. Le mot de Descaves est repris et le revirement du jury fait l'objet de diverses analyses et supputations. Celui-ci ou celui-là et pourquoi? Galtier-Boissière en parle dans *Le Crapouillot* et un jeune journaliste M.-Y. Sicard dans un brûlot du même type qui vient d'être créé, *Le Huron*. L'un des traîtres nommés est Rosny aîné, l'auteur de *La Guerre du feu*. Il poursuit Galtier et Sicard en diffamation. Seul le dernier sera condamné. On le retrouvera chez Doriot. Céline qui n'a rien oublié, ni rien pardonné, lui confiera une interview pendant l'Occupation. Il restera aussi en bonnes relations avec Galtier.

Le 7 décembre, le cri est unanime : Hachette (qui distribue Gallimard), le trust de l'imprimé, la pieuvre verte, a gagné.

Le pseudonyme de Céline était percé dès le 13 novembre. Les journalistes se pressent pour rencontrer le Dr Destouches au dispensaire de Clichy. Il leur dit ce qu'ils souhaitent entendre : Bardamu, c'est lui, le pauvre, l'éternel perdant. Il s'invente alors, manière de compenser la tape reçue, la blessure faite à son orgueil, une biographie imaginaire, elle le suit encore.

Fils du peuple

Cela donne, dans l'ordre de parution :

« Je suis du peuple, du vrai... j'ai fait toutes mes études secondaires et les deux premières années de mes études supérieures en étant livreur chez un épicier » (*Paris-Soir*). « Le jour, je travaille pour gagner ma croûte, celle de ma mère et de mes deux gosses. [...] J'ai quarante ans, je suis malade. Un homme fini » (*L'Intransigeant*).

« Je suis né à Asnières en 1894. Mon père d'abord professeur puis révoqué, travaillait au chemin de fer, ma mère était couturière. À douze ans, je suis entré dans une fabrique de rubans. Ça m'a mené jusqu'à la guerre. Blessé en 1914, trépané, réformé, médaillé militaire. Pendant ma convalescence, j'ai recommencé à étudier la médecine. Je n'ai pas pu continuer; il fallait vivre; je suis parti pour l'Afrique (*Les Annales politiques et littéraires*). « Ça vous intéresse, ma vie. Pas vrai? Allons-y. C'est compliqué mais c'est toujours la même chose au fond. Ma mère, une ouvrière en dentelles; mon père l'intellectuel de la famille. On tenait un commerce, on a fait beaucoup de villes. Ça marchait jamais; Faillite. Faillite. Faillite » (*Monde*).

« Je ne crois pas qu'on puisse expliquer une œuvre par la connaissance de son auteur. Mais, tenez, je suis né de sang breton et flamand dans un milieu très modeste. Je fus souvent très malade pendant mon enfance, et je dus subvenir à mes études – faisant la guerre j'eus deux blessures à la tête et au bras » (*Les Cahiers luxembourgeois*).

Couturière, ouvrière en dentelles, commerçante aux faillites successives, l'honorable locataire de la rue Marsollier va avoir l'air de quoi auprès de sa concierge et de ses voisins de palier, sans parler du propriétaire? Elle se plaint et Céline s'en plaint : « Ici j'ai des ennuis avec ma mère qui se mêle du *Voyage* aussi et qui n'aime pas le rôle qu'elle y trouve, etc. Toute cette imbécillité des petits-bourgeois qui se retrouvent partout et qui ne pensent qu'à leur stupide vanité. Enfin tant pis, c'est un dégoût de plus. Personne ne peut tolérer la vérité », ou encore : « Ma mère est assommante. je ne peux plus la voir. Les femmes n'aiment pas la vérité. » Cela s'adresse naturellement à une femme, Cillie Pam.

On ne s'étonne pas que les journalistes de passage à Clichy trouvent l'auteur-narrateur conforme à son personnage. « Il est exactement l'homme de son livre », écrit celui de *Paris-Soir* (10 novembre). Dans *Paris-Midi*, Max Descaves, le fils de Pierre, le fait parler peuple et tutoyer ses clients (7 décembre). On lui trouve les traits plébéiens (Merry Bromberger, *L'Intransigeant*, 8 décembre). Même la rue Lepic devient une évocation silencieuse de *Voyage*. Mais quand René Miquel de *Je suis partout* a l'idée de vérifier les dires de ses confrères en se présentant au Dispensaire en simple consultant, le Dr Destouches l'appelle Monsieur, le vouvoie et lui administre une prescription sévère : pas d'alcool, pas de café, pas de pain (10 décembre).

En répondant à Merry Bromberger le 8 décembre, Céline rend hommage à ceux qui l'ont aidé à devenir ce qu'il est : « Follet d'abord, de l'Université de Rennes, un grand bonhomme ; Rajchman ensuite qui dirige à la Société des nations la lutte contre les épidémies, qui m'aime comme son fils et m'a fait voyager. Et aussi une danseuse américaine qui m'a appris tout ce qu'il y avait dans le rythme, la musique et le mouvement. » Preuve supplémentaire que Louis Destouches n'a pas montré sa pièce à Rajchman et qu'en tout cas il ne le tient pas pour responsable de son départ de Genève ni ne se juge brouillé avec lui. Rien n'exigeait cette allégeance publique à Follet ou à Rajchman.

Les différents personnages qu'il joue, l'écrivain, le médecin, l'homme privé, vont désormais avoir leur appellation ; Louis-Ferdinand Céline, l'auteur, Louis-Ferdinand, Ferdinand, assimilés à Bardamu et le docteur Louis Destouches. Suivant la façon dont on le nomme, on saura dans quel cercle tel ou tel est admis et l'antériorité des relations.

Le 6 décembre, la veille même de l'attribution du prix, Céline reçoit son premier chèque de droits d'auteur : 5 000 francs, soit l'équivalent exact du prix Goncourt et la preuve que le livre s'est déjà bien vendu puisque le contrat ne prévoyait, on l'a vu, de versements de droits qu'après le quatrième mille. À 24 francs l'exemplaire, le versement correspond à deux mille exemplaires. Mais ce n'est qu'une avance, Denoël sait déjà que les ventes sont en passe de dépasser les quatre mille exemplaires au-delà desquels il doit verser des droits. Il a fait de la publicité, des bonnes feuilles ont paru dans une douzaine de publications, l'auteur a participé à cette active campagne par ses dédicaces choisies.

Une fois déclenchée la polémique sur les conditions d'attribution du Goncourt 1932 et les articles sur le phénomène Céline-Bardamu, « underdog », « sous-chien » dominé par les mastifs, les ventes s'envolent. Tous les journaux qui se respectent font un sort au livre.

Ce sont les publications de gauche qui, Daudet mis à part, ouvrent la voie, *Monde*, *L'Avenir*, *Marianne* (créé l'année précédente pour faire pièce à *Candide*), *Le Rouge et le noir* parlent les premières du livre avec Altman, Descaves, Ajalbert, Fernandez et Plisnier.

L'article d'André Rousseaux dans *Candide* du 8 décembre ouvre le feu à droite. Il est hostile. *Le Canard enchaîné* ayant accroché Léon Daudet – « votre vote crie la vérité sur vous, vous montre vomissant sur tout ce que vous dites aimer », – le « gros Léon » répond à la fois au *Canard* et à Rousseaux dans *Candide* du 22 décembre. Il insiste sur la part d'imagination de *Voyage* : « Ce Bardamu est une fiction tirée du réel qui n'a point d'autre rapport avec l'auteur, M. Céline-Destouches, que l'imagination de celui-ci. » Les assimiler, c'est confondre Shakespeare et Falstaff ou Macbeth, c'est conduire la littérature française vers l'ouvrage de patronage : « les lettres ne sont point un divertissement de jeunes filles ou de frères lais et la vraie bibliothèque n'est pas rose ». Le livre est tiré de l'expérience d'un « médecin de banlieue ». Banlieue : on parlait alors de « la ceinture rouge ».

Le tableau importe plus à Daudet que le peintre. Et puis *L'Action française* ne s'est jamais gênée pour dénoncer les ravages faits dans le peuple par les nantis au pouvoir, capitalistes républicains et sociaux, démocrates laïcs. Il n'y a donc pas d'inconséquence majeure chez Daudet dont le respect des convenances est parfois de convenance. Il a l'imagination des situations risquées et certains de ses romans ont été réprouvés par l'Église [21].

Bernanos a donné un article au *Figaro* où il succède sur le sujet à l'ubiquitaire Rousseaux. Il est frappé pour sa part par la déréliction de cet univers sans Dieu. Prenant soin de préciser qu'il n'a rencontré Daudet que six fois et égratignant Maurras au passage, il trouve une magnifique formule pour caractériser le style de Céline, « le comble du naturel et de l'artifice ». Pour lui, « le bout de la nuit, c'est la douce pité de Dieu – c'est-à-dire la profonde, la profonde, la profonde Éternité » (13 décembre).

Voilà Céline en prophète de l'Éternité et en annonciateur de la pitié de Dieu alors que Fréville, dans *L'Humanité*, voit dans le livre l'aube d'un octobre français et que Claude Lévi-Strauss dans *L'Étudiant socialiste* se déclare fier de voir une telle œuvre « sinon exactement dans notre camp, au moins aussi loin des frontières à l'intérieur desquelles se tient un ennemi commun » (janvier 1933). Claude Lévi-Strauss est peut-être revenu sur cette position, il ne s'en est jamais expliqué, mais elle fonde toujours une récupération social-démocrate du livre, à lire les notes de la Pléiade ou Frédéric Vitoux : « Plus difficile encore, admettre l'existence d'un Céline de droite [22]. »

Quand l'auteur résumait son livre pour le comité de lecture de Gallimard, il le présentait, on s'en souvient, comme les aventures de Robinson, une espèce d'ouvrier, racontées par lui. Les contemporains ne retiennent que la voix de Bardamu-Céline. Elle tient la note, le ton, d'un bout à l'autre du livre, mélange d'impropriétés et d'imparfaits du subjonctif, de termes bas ou recherchés, avec toujours le léger décalage, la dissonance qui est la marque du Céline d'alors, ridiculisant à petits traits (les diminutifs abondent) le monde qu'il partage avec André Rousseaux, Claude Lévi-Strauss, Léon Daudet, Bernanos, Sartre, Mounier, Aron ou Berl : le marasme d'un après-guerre raté.

Jusqu'au bout

En 14-18, la France était allée « jusqu'au bout ». Clemenceau-Je-fais-la-guerre avait, avec le soutien actif de la droite, fait échec à une paix de compromis en emprisonnant, fusillant ou bannissant les suspects d'accommodement, Caillaux, Malvy, Almereyda, mêlant suivant des recettes connues les mercenaires et les autres. C'est en 1918, le nécrologue du 12e cuirassiers le montre, que l'ancien régiment de Céline, définitivement mis à pied, enregistre ses plus grosses pertes. La prolongation de la guerre après la défaillance russe coûte un million de morts ou handicapés à vie (surtout par les gaz). C'est le prix à payer pour « la der des ders ». Et puis « l'Allemagne paiera ». Elle s'était équipée avec les cinq milliards-or de sa victoire de 1870, ses indemnités permettront la reconstruction des régions dévastées, les affaires reprendront et la Belle Époque reviendra. Les Alliés ont prévu des règlements annuels très détaillés. La décomposition économique de l'Empire allemand, le démantèlement de l'Empire austro-hongrois font qu'*ils ne paient pas*. Les États-Unis se sont en outre abstenus de participer à l'organisme international chargé de régler tous les conflits, la Société des nations, que leur président avait suscité.

La France des années vingt est malade de sa victoire à l'arraché comme la Grande-Bretagne ne s'est pas encore remise de l'effort de 40-45. Épargne-or liquidée, démographie au plus bas, elle stagne. Seule une immigration massive destinée à remplacer les disparus, soutient l'activité, elle culmine dans les années trente. La politique de Poincaré, faire payer l'Allemagne, alterne avec celle de Briand, s'entendre avec elle.

La crise mondiale atteint la France en 1932, bien après l'Allemagne où elle suscite les deux tentations extrêmes, communiste et nationale-socialiste.

Un nouveau chassé-croisé idéologique intervient : la gauche va progressivement juger le réarmement nécessaire, alors que la droite va retrouver un pacifisme oublié depuis soixante ans. Affaire d'adversaires et prise de conscience des réalités. Après la Seconde Guerre, Céline formulera une loi : tout vainqueur est un futur vaincu. Le sentiment de la décadence ne se limite pas au pays de Spengler. Il sera au centre des préoccupations de Drieu La Rochelle, pour ne citer que lui.

Tout cela est très généralisé et ne tient pas compte des effets retard et des prises de position individuelles. Des socialistes feront de l'agitation antimilitariste jusqu'en 1938 ou 1939, les premiers jusqu'au-boutistes de juin 1940 viendront de la droite maurrassienne et les communistes découvriront la résistance nationale un an plus tard. Tout cela montrant combien la France est devenue un pays décentré, soumis aux vents d'est ou d'ouest.

Toujours est-il qu'en 1932, la guerre, le souvenir de la guerre, la problématique de la guerre sont de nouveau au premier plan des préoccupations nationales, toute phraséologie patriotique digérée. Jean Norton Cru, universitaire franco-américain (il a fait toute sa carrière à Williams College dans le Massachusetts), a été un pionnier en publiant en 1929, son livre *Témoins* [23] qui opposait les récits authentiques des combattants eux-mêmes à l'énorme littérature fabriquée par l'arrière, ou à l'arrière comme *Le Feu* de Barbusse, la réalité et la reconstruction littéraire. Destouches, admirateur du *Feu*, dont il reprend le récit à la première personne, les images provocantes (imaginaires selon Cru) et la langue populaire ne l'avait pas manqué et Céline s'en souviendra.

Denoël : le « Voyage » n'est pas un pamphlet

Dans le prière d'insérer, Robert Denoël précisait que le livre de Céline n'était pas un pamphlet. Quand il l'offrait à Gallimard, Destouches parlait d'une espèce de roman et, lorsqu'il dessine pour Denoël un projet de couverture, le mot roman n'y figure pas. Roman veut dire littérature et, il l'a dit à Garcin, son projet n'est pas littéraire. C'est « une histoire fictive », dit l'avertissement et il faut donner raison à Léon Daudet qui en savait plus long que les journalistes sur les origines, la carrière et les intentions du Dr Destouches : ce ne sont pas des confessions, un exercice de délivrance personnel.

Tant que ne seront pas publiés la correspondance avec Marcel Lafarge et le livre écrit par celui-ci, *Mon ami Labiffe, histoire d'un soldat*, on ne connaîtra pas l'ampleur des emprunts que Destouches fait à son histoire, anecdotes et ton. Ils sont sans aucun doute aussi importants que ceux qu'il comptait faire à Garcin dans le récit de l'épisode londonien qui se plaçait chronologiquement juste après la guerre dans la *Bildung*, l'éducation sentimentale et intellectuelle du béjaune, celui qui prend la parole à la première page de *Voyage* : « Moi, j'avais jamais rien dit. » Lafarge est au travail à quinze ans. Vient la guerre, il est mobilisé comme fantassin (La Biffe) puis aviateur, il est grièvement blessé, il passe ses bacs et part pour le Cameroun avant de devenir télégraphiste sur divers bateaux et d'aller aux États-Unis où il travaille chez Ford et chez Houbigant le parfumeur, au service des statistiques.

La guerre racontée dans *Voyage au bout de la nuit* est pourtant bien celle qu'a vécue pendant trois mois le maréchal des logis Destouches, marches et contremarches, sans but, sans direction définis, quelque chose qui ne ressemble à rien et où la mort se charge de dégonfler la pose héroïque. Tout cela stylisé. Jean Norton Cru peut assurer que les affreux détails donnés par Barbusse sur les effets des balles ou des obus ne correspondent à aucune réalité d'expérience, c'est *Le Feu*, ses images, son langage qui a symbolisé la guerre pour les combattants.

Ensuite un trou, Londres est passé à la trappe, sa joyeuse rigolade n'entrant pas dans la symphonie, alors que l'Afrique de 1916 y trouve tout naturellement sa place. Genève disparaît aussi, c'était le pivot de *L'Église*, tandis que l'Amérique ré-imaginée, reconstituée avec des lectures (Duhamel, Morand) des images et des récits de Lafarge, occupe une place qui excède de très loin les trois mois de tournée touristico-sanitaire de 1925. Cette Amérique-là est aussi celle qu'a apportée Élisabeth – identifiée un peu facilement à Molly, en oubliant la Lola du patriotisme aux beignets et même celle du retour au pays, assez étrange préfiguration de la rupture de 1934.

Rennes, quatre ans, est omis comme Genève, ce qui rend d'ailleurs la formation du Dr Bardamu un peu énigmatique : il fait cinq ans d'études, au retour de l'Amérique, tout en travaillant, et cela est expédié en quelques lignes. Ces années douillettes, bourgeoises, n'ont pas leur place dans un livre au parti pris minimaliste et tout ce qu'elles représentent d'effort positif et de compromis avec les réalités est hors sujet. Bardamu rentrant à la soupe familiale au retour d'une virée en Indiana vers la forêt de Paimpont (Brocéliande), retrouvant beau-papa, belle-maman Follet, la jeune épouse et sa mignonne enfant, ne s'insèrent pas dans le ton voulu. « Quelque chose le retient de s'installer dans le bonheur bourgeois, dans l'amour et la sécurité matérielle. *Quelque chose!* ah ah *c'est tout le roman ce quelque chose.* Attention. Il fuit sa fiancée et le bonheur! » écrivait Destouches aux Gallimard le 14 avril. Il parlait alors de Robinson, ce double de Bardamu.

Le bonheur et la prospérité refusés n'ont pas leur place dans un livre emblématique de l'après-guerre, cela n'a pas empêché Céline de rendre publiquement hommage à Follet et à Rajchman dans *L'Intransigeant*; s'il a quitté Genève, c'est pour la même raison qu'il n'est pas resté à Rennes, parce que la vie de province, fût-elle agrémentée de grands voyages, avait épuisé son charme comme son utilité. Ah! ah! c'est toute l'histoire.

Il réaborde sa préoccupation constante, celle qu'il a exprimée dans les apologues de *Progrès* et de *L'Église* en expliquant à Merry Bromberger que le sujet du livre c'est l'amour, impossible de nos jours et qu'il faut réinventer. Faute de pouvoir reprendre ses thèses sur la rédemption de la société par le corps, l'esthétique et le plaisir en passant par l'abstinence et l'hygiène, ce grand retour à la Grèce de Périclès (version révisée hétéro), il ne va nulle part. Journalistes et lecteurs ne sont sensibles qu'à la dérive constante où le délire fait raccord. De la place Clichy à la guerre, de la guerre aux hôpitaux, à l'Afrique, à l'Amérique, de l'Amérique à la France, Rancy, Toulouse, Vigny avant de boucler la boucle à côté de la place Clichy dans une autre Foire où tout se détraque. Madelon éternelle fiancée de Robinson éternel double de Bardamu tue le premier parce qu'il ne veut pas qu'on l'aime et qu'elle n'accepte pas, elle qui a couché avec Bardamu, les grandes joies biologiques que Bardamu trouve auprès de Sophie la Slovaque et que ni l'un ni l'autre ne verrait d'inconvénient à partager.

Tout cela pour le vaste public, c'est l'anecdote, une façon à la mode du temps de terminer l'itinéraire calamiteux de Bardamu dans ce monde crapoteux auquel il est condamné.

Outre les fausses confidences aux journaux, ce qui a le plus contribué à l'assimilation Bardamu-Céline, c'est le manque de « réalisme » du livre.

C'est une transposition symbolique du voyage vécu : les années d'OMS sont résumées dans le comptage de puces, une cohérence de ton est maintenue de bout en bout, comme celle de *l'absence* pour Camus ou l'*en deçà* chez Beckett. C'est le roman d'un miteux, comme il y a le Roman d'un tricheur – on dirait *loser* en américain courant ou en français branché. Lâche, passif, prudent, Ferdinand reste un œil. Il tâtonne dans la nuit mais, à la différence des autres, il bouge, il ira jusqu'au bout, mû qu'il est par la « conviction d'une espèce de supériorité » (séquence 19).

Cette dérive met en jeu des intervenants passagers (les « guests » des « sit coms ») dans des épisodes qui traversent les diverses expériences vécues. La guerre, l'Afrique, l'Amérique, la médecine, les pauvres, les malades, l'alcool, reprises ici par l'autre côté du miroir, ah! ah! c'est ça le roman, les rapports du Dr Destouches restant inopérants, il est passé de l'autre côté de la vie, il s'est incorporé à sa matière, la nuit de tous, vue du jour. C'est la grande différence avec *L'Église*, essai de mise en scène où le Dr Bardamu, sarcastique, « anarchiste », gardait un rôle positif, normatif. Dans *Voyage*, il quitte le premier plan, il se fait figurant parmi les figurants, au Tarapout ou ailleurs, galérien parmi les galériens, il boit comme tout le monde, il est coupable comme tous de non-assistance à femme en danger, l'accouchée fille-mère, la mère Henrouille, ce prodige d'énergie et de vigueur, de vouloir vivre que Robinson assassine. Seule supériorité, son refus des mots d'amour et son goût des perfections physiques qu'il dérobe à leurs détentrices, Lola, Musyne, Sophie, toutes jeunes et vigoureuses, gourmandes de joie (jouissance) et rédemptrices de ce monde dans la nuit.

Elles-mêmes ne seront pas forcément sauvées, leur grâce tient à la jeunesse et dépend de l'état de leur corps. Elles vieillissent, elles se relâchent. Lola grossit, elle est sur le point de basculer, comme Musyne vers l'horreur qui a déjà saisi Madame Hérote, cette caissière du plaisir. L'âge est le grand critère de ce monde sans métaphysique, ni morale provisoire. Les enfants (Bébert) lui échappent, ils n'y sont pas encore entrés comme certains vieillards en sont sortis par un délire épuré. C'est au milieu de la vie que se déploient l'avidité et le sadisme dont la guerre était la continuation au niveau des Nations.

L'auteur ne fait pas concurrence à l'état civil, il ne repère pas dans les annuaires les noms qui feront vrai, chacun se présente avec sa pancarte : Le général des Entrayes, Robinson, Madame Hérote, Musyne, Birouette, Branledore, les Puta, Jean Voireuse, etc. Bardamu circule entre Noirceur-sur-Lys et le passage des Bérésinas, il part pour l'Afrique sur l'*Amiral Bragueton* et rencontre à Fort Gono le directeur de la Compagnie Pordurière. À San Tapeta, il prend l'Infanta Combitta pour rejoindre New York où il descend au Laugh Calvin. À l'Institut Bioduret, Parapine fait des recherches perturbées ou agrémentées par la contemplation des mineures. À Rancy, la rue Ventru est proche du boulevard Lénine.

La connotation sexuelle ou physique de carabin est obsédante. Tout le monde reconnaît l'Institut Pasteur dans l'Institut de Bioduret (Joseph). Plus les noms sont outrageants, plus ils renforcent la crédibilité. Léon Daudet a aimé le *Voyage* parce qu'il y a retrouvé l'outrance combative de ses *Morticoles*. On a pu relever ce que l'épisode de l'asile de Vigny-sur-Seine qui ne correspond à aucun fait vécu par Destouches leur devait. *Les Morticoles* étaient à la fois une gifle donnée à l'establishment médical et une dénonciation des folies rationalistes. *Voyage* ne peut que renvoyer à une réalité vécue comme une caricature renvoie forcément à un modèle. Cela malgré (ou à cause) de l'avertissement : ceci n'est pas un pamphlet, ceci est un voyage imaginaire. Plus Céline et Denoël en rajoutent dans le misérabilisme, plus les critiques dénoncent les grossièretés de la langue et plus le public veut lire ce témoignage du médecin de banlieue, témoignage transposé, écrit, rythmé, à la différence du document naturaliste dont il parcourt les terrains sans en reprendre les procédés.

Dédié à Élisabeth Craig, le livre s'ouvre sur une Chanson des Gardes suisses, datée de 1793, date qui ne pouvait échapper à la sagacité des annotateurs : depuis août 1792, la garde suisse n'existe plus, elle s'est pour ainsi dire dissoute dans les escaliers des Tuileries.

> *Notre vie est un voyage*
> *Dans l'Hiver et dans la Nuit*
> *Nous cherchons notre passage,*
> *Dans le Ciel où rien ne luit.*

Il suffit de réciter ce quatrain à un Suisse allemand (nommé Strumpf) pour qu'il évoque immédiatement pour lui un choral :

> *Unser Leben gleicht der Reise*
> *Ein Wandrers in der Nacht*
> *Jeder hat in seinem Gleise*
> *Etwas, das him Kummer macht.*

Soit à peu près ceci :

> *Notre vie ressemble au voyage*
> *D'un vagabond dans la nuit*
> *Chacun a sur son passage*
> *Quelque chose qui lui nuit.*

Cela s'appelle le Beresina Lied, c'est un chant populaire suisse, chant de marche des Suisses de la Grande Armée. Les chroniques disent qu'il le reprirent toute une nuit d'hiver, jusqu'au dernier [24].

C'est l'épigraphe qu'il fallait pour le récit d'une déroute saisie dans une série d'instantanés. Le terme de séquence que j'ai proposé pour l'analyse des pamphlets [25] leur va d'autant mieux qu'il n'y a pas de solution de continuité du « roman » au « pamphlet », dans sa neutralité et sa connotation de film, cela bouge constamment et de mal en pis.

On compte ainsi quarante-six séquences courtes ou longues, souvent bouclées sur un personnage ou une situation : à la guerre, dans la paix, en Afrique, en Amérique, de retour en France, elles procèdent le plus souvent par diminution de la donnée initiale. Robinson quitte Rancy, l'affaire Henrouille s'arrange, Bardamu croit que la vie va commencer. Pas du tout, la Crise arrive et le temps se met au doux... Le calamiteux succède toujours au désastreux et le malheur est redoublé par la coexistence de Robinson et de Bardamu, l'un suivant l'autre, répétant les expériences de l'autre jusqu'au-delà du vraisemblable, comme la succession des scènes du maître et du valet dans les comédies classiques.

Bardamu, médecin sans formation définie, homme sans qualité, est lié par la guerre à un calque négatif, comme Schlemyl à son ombre. Seule mais immense différence : Robinson ne connaît pas les ultimes joies de ce monde sans espoir et sans recours les promesses trouvées tout près du derrière de Lola ou les joies pures, partagées sans jalousie, que lui procure la musculeuse Sophie.

Lola, Sophie, sont des étrangères. Les Françaises, petites brunes malines au regard orientalo-Fragonard, n'ont pas la part belle. Même Lola échappe à la véritable harmonie, sa chambre est remplie de photos d'amis « peu de femmes, beaucoup d'hommes, de beaux garçons, bruns, frisés, son genre » (Pl, p. 51-52).

Car le propos populiste repose sur une typologie précise où les grands blonds aux yeux bleus sont concurrents des petits bruns frisés et où Madelon, agent du malheur, est une brune méridionale. Princhard, personnage épisodique et l'une des voix de l'auteur, reprend texto le discours de Léon Daudet sur la démocratie mortifère, les grands massacres arrivés avec le bulletin de vote et celui d'Henry Ford est glissé au début de la septième séquence : « Déjà notre paix hargneuse faisait dans la guerre même ses semences. On pouvait deviner ce qu'elle serait, cette hystérique, rien qu'à la voir s'agiter déjà dans la caverne de l'Olympia. En bas, dans la longue cave-dancing louchante aux cent glaces, elle trépignait dans la poussière et le grand désespoir en musique négro-judéo-saxonne, (Pl, p. 72) Le jazz est nègre, il est (anglo) saxon, ce qui est connu, il est juif, ce qui l'est moins.

Ne manque que l'alcool. Absent de cet amalgame, on le retrouve partout ailleurs ; on boit tout le temps, on boit bien. C'est la grande occupation des « pilons » (les clients) avec le cinéma et le « sport » : « Quant aux malades, aux clients, je n'avais point d'illusions sur leur compte. Ils ne seraient dans un autre quartier ni moins rapaces, ni moins bouchés, ni moins lâches que ceux d'ici. Le même pinard, le même cinéma, les

128

mêmes ragots sportifs, la même soumission enthousiaste aux besoins naturels de la gueule et du cul, en referaient là-bas comme ici la même horde lourde, bouseuse, titubante d'un bobard à l'autre, hâblarde toujours, trafiqueuse, malveillante, agressive entre deux paniques » (Pl, p. 346).

Qu'est-ce qui distingue les grandes joies à venir entrevues par Bardamu des satisfactions de la gueule et du cul ? Une ascèse et une esthétique. La morale de *Progrès* est passée dans le subliminal comme la politique de *L'Église*, le pouvoir exercé par Yudenzweck et Mosaïc sur les Nations en bisbille, s'est réfugiée dans des notations épidermiques et la minuscule note flûtée du négro-judéo-saxon.

Quand « Bardamu » publie ses *Bagatelles* le sentiment de retournement idéologique s'appuie sur l'espèce de manifeste placé au début de *Voyage* sur le patriotisme, l'or et la race. « La race française, ce que tu appelles comme ça, c'est seulement ce grand ramassis de miteux dans mon genre, chassieux, puceux, transis qui ont échoué ici par la faim, la peste, les tumeurs, le froid, venus vaincus des quatre coins du monde. Ils ne pouvaient pas aller plus loin à cause de la mer. C'est çà la France et puis c'est ça les Français. » (Pl, p. 8). Soit l'antienne consensuelle qu'on connaît : nous sommes tous des immigrés. Mais attention, ce convoi en cache un autre : la race n'existe pas : elle est à faire. De même que la « race juive » qui n'existe pas est arrivée au type par l'endogamie (*Bag*), le message est encore incomplet.

Le travail du livre est de soumettre les notions reçues au regard simplificateur d'un Huron sorti de la guerre, d'un Ingénu repris à Voltaire [26]. Il recupère aussi d'autres regards décapants, anarchistes, communistes, réactionnaires (au sens étymologique) en les faisant passer par ce lieu commun à tous les Français, la langue populaire, sa gouaille, sa verdeur, son irrespect, jamais en contradiction, cependant, avec les prescriptions du médecin formé à la prévention et à l'hygiène.

Utilisant le parler, populaire ou pas, il le banalise en supprimant l'apostrophe qui le signale, qui attire l'attention sur une incorrection supposée, comme si la diction en était restée à celle des comédiens français du temps de Racine avec sa métrique obligée : « Trembleu m'at-elleu dit, filleu digneu de moi. » et qui fait écrire à Bruant :

> *Malgré que j'soye un roturier*
> *Le dernier des fils d'un Poirier*
> *D'la ru' Berthe,*

comme si écrit « rue », on eût dû prononcer rueu (ce qu'on fait encore dans des chansons et l'opérette).

Céline a rendu le langage parlé accessible à tous, comme on rend Rabelais lisible en le transcrivant dans notre graphie, transitoire comme les autres. Les rares *J'sais pas*, ou *J'vais* confirment la règle. C'est pourquoi il est curieux de voir ses propos ultimes décorés de ces apostrophes censées traduire l'écart à la norme. « Jen'sais pas » [27]. Qui prononce Je-ne-sais-pas ? Jen'sais pas est élégant (et « relâché »). En matière de prononciation, le Français dit cultivé, toujours bourgeois gentilhomme, ne parle jamais comme il le croit.

Je ne peux plus ouvrir un journal

Le 10 décembre, Céline écrit aux Descaves pour se décommander. Il ne viendra pas déjeuner chez eux avec sa mère dimanche. Il part avec elle et il la laissera chez des amis à Genève. Lui ira en Allemagne. La SDN lui propose une tournée pour étudier la médecine du travail et il ne peut plus ouvrir un journal sans voir sa sale tétère. À Mme Descaves, Céline et sa mère envoient en témoignage de leur gratitude « un petit travail parisien de longue date », une dentelle, on imagine, ou un bibelot [28].

Voilà beaucoup de contre-vérités pour annuler un simple déjeuner. Ce voyage n'est pas improvisé, il est retardé. Le Dr Destouches a sollicité la mission SDN, elle ne semble liée à aucun rendez-vous précis et il a décalé son départ dans l'attente des résultats du Goncourt : Je l'ai, je reste, je ne l'ai pas, je pars.

Arrivé à Genève, il écrit aussitôt à sa mère de l'Hôtel de l'Écu. Elle n'était donc pas partie avec lui. S'il a dit aux Descaves qu'elle partait, c'est soit pour lui éviter l'embarras d'aller seule chez eux, soit plus probablement pour s'éviter les embarras que pourrait y causer une femme peu satisfaite du rôle qui lui est assigné dans le livre et qui, grande bavarde, pourrait vouloir briller un peu, parler des fins de semaine à Ablon, des maisons de Dieppe, de son commerce, de l'héritage de Céline Guillou, des séjours linguistiques de son fils en Allemagne, en Angleterre, de l'éducation soignée que son mari et elle ont tenu à donner à ce fils unique.

À Genève, celui-ci revoit Rajchman et ses collègues, point mécontent on s'en doute de se montrer dans son nouvel éclat. La dernière chose qu'il ait lue, « excédé des journalistes et des photographes », disait-il à Lucien Descaves était l'article d'Edmond Jaloux sur son livre (« Une confession mêlée de pamphlet, un mélange de récit picaresque et de confession lyrique »), c'est une consécration.

À Edmond Jaloux il écrit qu'il l'a lu et relu et qu'il accepte ses griefs : « Il faut faire attention à la fatigue... au bavardage, au paradoxe qui les jours gris tend à remplacer la verve défaillante... On ne délire pas assez franchement, assez simplement. Jamais assez. On veut paraître raisonnable. On a honte, on a tort. Tout cela vieillit si vite... Il faut en (faire) énormément pour qu'il en reste un petit peu. Au prochain livre (dans 6 ans) j'aimerais si vous le voulez bien, vous soumettre le manuscrit [29]. »

Cette lettre, restée d'ailleurs sans suite, est signée Destouches-Céline, elle montre qu'au plus fort de son succès il est déjà résolu à casser le moule de *Voyage*, à aller plus loin sur la voie de l'expression. Un peu plus tard, on l'entendra dire chez Denoël qu'il cherche son style. On veut paraître raisonnable, on a honte, on a tort : le travail à venir va consister, pour lui, à faire sauter d'autres verrous.

À Berlin, il descend à l'hôtel Hascher, un « palace », profitant comme tout un chacun des avantages de change et observant, comme d'autres, la misère et les effets de la malnutrition, d'un balcon du luxe. La région parisienne est accablée par les licenciements et déplore ses deux cent mille chômeurs ; ils sont six millions dans la République de Weimar. À Berlin, ils campent aux portes de la ville. Comment les nourrir au mieux (et au meilleur prix)? S'agissant des enfants, comment leur assurer le minimum indispensable à la croissance? Voilà des sujets de réflexion.

Il passe une semaine à Berlin. Il a prévu « quatre ou cinq jours » avec Erika à Breslau, ils se réduiront à deux.

À Berlin il n'y a pas que de la misère à voir, il y a aussi les attractions de la décadence, le cabaret. Tout son programme s'en trouve décalé. Le 18-19, il écrit à Cillie Pam qu'il ne la verra pas avant le 2 ou 3 janvier à Vienne. Il ira coucher à l'hôtel pour ne pas la compromettre. Il fait, dit-il, ce qu'il peut pour oublier la catastrophe du Goncourt qu'il compare à la guerre : « rien d'aussi horriblement désagréable ». L'échec au Goncourt, c'est un déni de reconnaissance, la guerre sans médaille.

Il arrive à Vienne le mercredi 28 décembre. L'étape de Breslau a été écourtée et la ville lui laisse une impression sinistre. La Vienne qui s'offre à lui est autrement bouillonnante. Cillie, son amie Elsa, Anny Engel retrouvée, Anny Reich, la femme de Wilhem dont il fait la connaissance, c'est un stage théorique et pratique de *libido*. Depuis la fin de la guerre et la disparition de la Kakanie, tout Vienne vit sous le signe du freudisme.

En 1920, le maître, dans un livre au titre parlant, *Au-delà du principe de plaisir*, a dépassé sa première théorie. La pulsion de mort lui est apparue « indépendante du principe de plaisir et susceptible de s'opposer à lui » (Roland Jaccard). Céline fait ses classes freudiennes en quelques jours, reprenant un motif qu'il va exploiter copieusement et, si l'on en croit les lettres à Garcin, cyniquement. « ... suivre la mode comme les midinettes [...] ainsi ces déballages psychanalytiques depuis Freud, [...] j'embrasse ma maman et mets du caca partout, si cela amuse le public. Plus rapide que le chimpanzé pour la bonne branche, et à la pesée donc, voilà l'astuce. Évidemment dans les interviews j'amuse la galerie, pitre autant que je peux [30]. »

De son côté, Freud essaie de lire le livre de Céline mais éprouve des difficultés à le terminer. Il n'a pas de goût, écrit-il à Marie Bonaparte qui l'y a encouragé, « pour la description de l'absurdité et du vide de notre vie actuelle qui ne s'appuierait pas sur un arrière-plan artistique et philosophique [31] », preuve que comme la plupart des lecteurs il n'a pas découvert cet arrière-plan.

De retour à Paris, Céline écrit à Erika qu'il s'est ennuyé à Vienne, à Mahé qu'il y a été malade du cœur, l'aorte déjà usée par les angoisses. À Cillie, il demande l'adresse d'Anny Angel et regrette Vienne et leur vie si amusante. Auprès de tous, il se plaint du « bruit que continue à faire le livre ».

Il est la curiosité de l'année ; à travers lui, comme à travers Eugène Sue un siècle plus tôt, la ville découvre une humanité ignorée. On veut le rencontrer, voir à quoi ressemble l'explorateur. Des témoins nous le montrent tel qu'alors, nous le font entendre : « Il est lavé au baquet », note Élisabeth Porquerol, journaliste littéraire. Il a fait irruption chez elle, a parlé trois heures et lui lance dans l'escalier, après « des grossièretés de carabin » le conseil d'aller vivre à Vienne « parmi les Juifs intellectuels, surtout les femmes médecins [32]. » Elle comprend mal.

« On le sent peuple et gamin », note l'abbé Mugnier qui relève dans son vocabulaire pognon, couillon, putain, enfiler, emmerder, bouffer. Il dîne chez Descaves avec lui, la mère de Céline est présente [33].

Robert de Saint-Jean le rencontre chez Daniel Halévy. Il note que ce n'est pas un prolétaire, il n'en a pas l'assurance, il remarque ses yeux « de marin (il est breton) ou de psychiatre (il est docteur) ». Il relève aussi la distance qu'il établit vis-à-vis des Français ou des Latins [34].

Ces portraits sur le vif d'un homme solide, bien baigné, l'œil clair à la fois définitif et vert mais pas si sûr de lui, ne parviennent qu'avec un retard de trente ans. Mauriac serait venu le voir rue Lepic, il avait parlé de *Voyage* dans *L'Écho de Paris* et il était curieux de rencontrer le docteur-auteur. Céline dira qu'il avait été frappé d'horreur par l'aspect physique de son visiteur. Il faut noter que, dans la série de lettres flagorneuses qu'il envoie à ceux qui ont dit quelque bien de son ouvrage, celle qu'il adresse au tout prochain académicien catholique tranche du tout au tout et résonne comme une porte claquée : « Pour moi simplet, Dieu c'est un truc pour penser mieux à soi-même et pour ne pas penser aux hommes, pour déserter en somme superbement. » Ils appartiennent, dit-il, Mauriac et lui à des mondes différents, ils entendent des voix différentes [35].

En Allemagne du nouveau

Si Dieu est un alibi que Céline se refuse, où le situer au service des hommes ? L'année 1933, année charnière, va être celle des mises en demeure : Céline, de quel côté êtes-vous ?

En janvier, le maréchal Hindenburg, vainqueur de l'Armée impériale russe à Tannenberg, nomme le caporal Hitler, chef des nationaux-socialistes, chancelier du Reich.

En mars, celui que les politologues du moment présentent comme la marionnette de von Papen, son vice-chancelier, saisit les commandes. L'incendie du Reichstag lui donne l'occasion d'interdire les partis de gauche. Il n'y aura plus d'élections.

Le 1er mars, *Le Mois*, publication assez neutre, donne sous la signature de L.-F. Céline les résultats de l'enquête faite par le Dr Destouches en Allemagne sur la question de la nutrition des chômeurs. Les conclusions sont paradoxales et pessimistes. Les répercussions du chômage sur la santé publique paraissent à peu près nulles. Quant au chômage lui-même, il ne disparaîtra, en cinquante ans, que de la disparition des chômeurs « par la paucinatalité et les maladies intercurrentes ». Il faut, calculent les confrères allemands, quatre ans au tarif de l'allocation du chômage pour tuer un chômeur.

Quelle solution au problème ? Répartir la nourriture : « Sur quatre Allemands, le premier mange beaucoup trop, les deux autres mangent à leur faim, le quatrième crève lentement de sous-alimentation. » Il s'agit de standardiser les méthodes de prélèvement et de distribution. « La misère allemande, c'est avant tout et surtout la pagaïe. » L'avenir ? Il est possible que dans l'entourage d'Hitler se trouve le dictateur au chômage qui organise enfin cette misère anarchique et la stabilise à un niveau raisonnable. Pronostic mitigé tempéré d'une touche de pessimisme : « Hitler, lui, tout führer qu'il est, aura bien du mal à sortir de ce marasme alimentaire imbécile. La paix n'intéresse personne et la fraternité embête tout le monde. Il lui sera difficile en vérité d'obtenir un morceau de sucre pour organiser la paix allemande, tandis qu'on lui donnera pour la guerre tout le sang qu'il voudra. »

Le Dr Destouches rédigeait ses dernières lettres à la Section d'hygiène dans le style de Céline. Celui-ci profite de sa nouvelle notoriété pour reprendre les vues du Dr Destouches dans le style qui a fait le succès de Céline ; pas de marge entre l'hygiéniste et le romancier et une nouvelle carrière pour les deux, celle de pronostiqueur. Dans cet article, Céline émet sa première prophétie, elle est invalidée dans un premier temps (le Doktor Schacht résorbe le chômage et l'Allemagne fait un rétablissement éclair alors que les pays capitalistes s'enfoncent dans le marasme) ; elle se réalise dans un second : Hitler obtiendra tout le sang qu'il voudra et au-delà.

On a remarqué que Céline s'est abstenu de tout mouvement de répulsion envers le nouveau maître de l'Allemagne. Or son livre qui allait paraître en Allemagne est interdit par le nouveau régime. Lui qu'on verra grimper aux rideaux parce que Vichy fait saisir un de ses ouvrages, ne proteste pas. L'interdiction de *Voyage* en Allemagne ne lui reviendra à la mémoire que bien plus tard.

Lorsqu'il décide de « s'expliquer » sur son style si particulier, en réponse aux critiques, c'est à l'hebdomadaire de droite *Candide* qu'il confie son article.

Déjà Léon Daudet provoqué par *Le Canard enchaîné* (si Daudet aime Céline, il renie tout ce qu'il tient par ailleurs pour sacré) a choisi *Candide* pour s'expliquer : « Pour que les choses reviennent en ordre, il faut qu'elles soient allées au bout du désordre – plus exactement de la nuit – afin que le jour et la hiérarchie les récupèrent, frémissantes encore de leur émancipation », une interprétation en forme de récupération qui ne choque pas l'auteur : « Daudet m'a fort bien compris », écrit-il à Élie Faure.

L'esprit des formes

Celui-ci avait reçu le livre et s'en était étonné, une correspondance s'établit entre les deux hommes, confrères à un double titre, elle balance entre la flatterie affectueuse et la violence contestataire.

« Si l'Histoire de l'Art avait 35 tomes, la vie serait changée », écrit Céline le 16 mars à Élie Faure. On a mis en doute qu'il ait lu ceux qui avaient paru. C'est un trait commun aux céliniens qu'ils supposent que Céline n'a rien lu et tout tiré des autres. On est certain qu'étant donné son expérience et sa vocation de comparatiste, il a lu *Les Trois Gouttes de sang* par lesquelles Élie Faure met en jeu la part de la race dans la création. Il les dédie « au génie tragique des métis Michel de Montaigne, Jean Racine, Honoré de Balzac, Eugène Delacroix, briseurs de formes ».

Son prénom biblique fait passer Élie Faure pour juif. Il ne s'en offusque pas. En 1924, il explique pourtant à un critique que « si sa race explique son prophétisme ce n'est pas la juive ». Il est protestant, cousin des Reclus, dont l'un se prénomme Élysée. Céline s'y trompera lui aussi, il tient Élie Faure pour juif et communiste.

Le vrai, c'est que la crise ayant frappé, Élie Faure comme une grande partie de l'intelligentsia du temps se fait réceptif aux promesses du bolchevisme, société sans classe, sans chômage, où les lendemains chantent déjà. « Je suis inquiet du lendemain pour la première fois de ma vie », confie-t-il à son fils en octobre 1932. Ni la littérature, ni la « chirurgie » ne rapportent plus. Il appelle ainsi l'embaumement dont il s'est fait une spécialité. En février 1933, c'est lui qui « opère » Anna de Noailles qui vient de mourir.

Il sent ses facultés créatrices diminuer en même temps que ses ressources, d'où la joie avec laquelle il reçoit la dédicace de Céline. Elle lui a arraché des larmes, écrit-il à Walter Pach : « Quelle époque que la nôtre où un chef-d'œuvre pareil – terrible, obscène, apocalyptique – surgit ainsi brusquement du fumier et des décombres. Et quel orgueil pour moi que d'être devenu l'ami de l'homme qui me l'a fait parvenir » (10 mars 1933).

À son fils il annonce : « J'ai rencontré un Roi », signalant ainsi le lien commun avec Céline, Gobineau, qui parlait des Rois et Fils de Rois (tous borgnes de l'œil droit). Loin de se montrer envieux du succès de *Voyage* qui atteint, pense-t-il, les deux cent mille, il l'oppose à la vente des *Trois Gouttes de sang* qui « en pleine prospérité économique n'avaient pas dépassé 500 » (27 mars).

Il veut écrire un article sur le livre du confrère dans lequel il voit un révolutionnaire comme lui. Il pense à *Europe* la revue de J.-R. Bloch qui a publié il n'y a pas si longtemps le testament de Vacher de Lapouge. Il paraîtra finalement dans *Germinal*. On ne comprend rien à tout cela si on ne fait pas l'effort de se souvenir que le racisme n'a encore aucune couleur – rouge ou brune. *Europe* publie Lapouge qui prétend renouveler Gobineau par la biologie. La « dégénération » fatale pour Gobineau ne l'est pas pour Lapouge si les mutants et issus de mutants qui, sur des centaines de millions d'années, ont assuré le développement de l'humanité sont préservés. La race des Eugènes, des surhommes, des Rois réapparaît au gré des gamètes et des unions bénéfiques. Aux damnés biologiques, le bulletin de vote, la démocratie reposant sur un fallacieux égalitarisme d'essence et d'origine chrétienne.

Élie Faure cherche à entraîner son nouvel ami dans l'Association des écrivains et artistes révolutionnaires(AEAR), une organisation vouée d'abord à la défense de l'URSS avant de passer progressivement à l'anti-fascisme sous d'illustres patronages – Barbusse, Gide, Malraux. Elle est animée par un réfugié allemand, Willy Müzenberg, sa femme Babette Gross, Otto Katz et Arthur Koestler.

Céline est ici pris au piège de l'image donnée par son livre et enrichie par les interviews. Il se débat comme il peut pour échapper au bon Faure. L'AEAR prône la création collective : « Vous voyez-vous penser sous la férule du supercon Aragon ? » demande-t-il (14 mars) [36]. Tout le monde le déteste car on ne lui pardonne pas de mettre en évidence la dégueulasserie commune de droite et de gauche (18 mars). Il n'y a plus de plaisir de gauche. « Nous sommes tout à fait dépendants de notre société. Pourrie, agonisante est la nôtre. J'aime mieux ma pourriture à moi, mes ferments à moi que ceux de tel ou tel communiste. Je me trouve orgueilleusement plus subtil, plus corrodant. Hâter cette décomposition, voici l'œuvre – Et qu'on n'en parle plus ! » (mai ? 1933).

Élie Faure ne saisit pas ou ne veut pas saisir la dérobade, il insiste et l'agacement monte. Il parle de salut par le peuple, le Peuple, au sens ou il l'entend n'existe pas ! Il parle « femme et midi ». Faure encaisse tout cela. Pour lui, Céline est un admirable monstre devant lequel il ressent d'autant plus son impuissance présente, il le supplie de lui fournir un sujet.

Nous le savons par le brouillon de la longue lettre qu'il envoie à Céline et qu'il a gardé, Céline, lui, ne conserve rien.

La lecture aux ciseaux

« Qu'on s'explique » paraît le 16 mars dans *Candide* et Céline justifie le choix de cet hebdomadaire très marqué politiquement auprès d'Élie Faure : « Ceux de gauche sont si certains de leur vérité marxiste qu'on ne peut rien leur apprendre. »

L'auteur de *Voyage* réagit à une lettre de lecteur publiée par *L'Intransigeant* et assortie de commentaires malsonnants par un journaliste alors en renom, Émile Zavie. Le lecteur qui se présente comme « agent forestier » dit composer sa bibliothèque aux ciseaux. Des *Loups* de Mazeline il a gardé dix pages, un peu moins de *Voyage au bout de la nuit*. De Proust il conserve le dîner chez la duchesse de Guermantes et le matin de Paris dans *La Prisonnière*.

Après des variations ironiques sur la mère Sévigné, obscène pour toujours avec sa petite lettre entre ses gros appas, sur le sort de son livre, trois cent mille lecteurs en attendant le cinéma, il explique « le genre Céline » : la vie retenue entre les deux mains, les rêves de marine, le bazar des chansons mortes, étendre cette pâte, la travailler à l'horizontale, comme les tisserands vus chez Ajalbert à Beauvais, « Ça vous parle alors un drôle de langage d'écorché ». Il évoque Thomas a Kempis : « Si c'est votre destin de chanter comme un crapaud, alors allez-y » et termine sur une fière apostrophe : « Qui nous juge ? Est-ce donc cette humanité nietzschéenne ? Fendarde ? Cornélienne ? Stoïque ? Conquérante de Vents ? Tartufienne et Cocoricote ? Qu'on nous la prête avec son nerf dentaire et dans huit jours on ne parlera plus de ces cochonneries. Il faut que les âmes aussi passent à tabac. »

Le mépris éclate et un certain sadisme. Le mépris se porte beaucoup dans la littérature de ces années-là. L'article, où les trois points anticipent sur le style que Céline travaille à mettre au point, porte les traces du débat ouvert avec Élie Faure, l'humanité remplaçant le peuple dont Faure attend une régénération.

Élisabeth est de retour

On a vu l'allusion à la Manufacture de Beauvais dont Ajalbert est conservateur. Céline est allé rendre visite à ce bon Goncourt, l'un de ceux qui ne se sont pas dédits, en compagnie d'Élisabeth Craig.

Elle est revenue début mars. Une photographie prise à Beauvais montre Louis et Élisabeth encadrant, souriants, le maître des lieux. Élisabeth porte un béret, elle tient un petit sac sous le bras, c'est la mode nouvelle, son manteau est serré à la taille par une ceinture de même drap nouée d'une boucle lâche. Ce sera pour longtemps la seule photographie de « l'impératrice rousse ».

« Elle a perdu tout son argent avec le dollar », dit-il à Cillie Pam en lui annonçant leur visite commune à Vienne (9 mars). Il eût fallu qu'elle en eût. La médiocrité dans laquelle Estelle Reed-Debrot voyait vivre la famille Craig quelques années plus tôt a été mise à mal par la « Dépression ». C'est maintenant Céline l'homme prospère, son projet a abouti et on ne voit pas pourquoi la situation financière d'Élisabeth ferait problème, s'il la considère toujours comme « sa femme ». Depuis le premier versement du 6 décembre, les ventes vont bon train et les chèques ou traites que remet Denoël (alors que le contrat ne prévoyait que deux versements par an) n'ont pas cessé, 12 000 francs en janvier, 35 000 en février et en mars, 45 000 en avril, en mai, en juin, 43 000 en juillet, sans compter les droits des traductions variées qui sont payés comptant. En juin, il a reçu de la rue Amélie un peu plus de 600 000 de nos francs. Il demande 1 000 francs de l'heure aux Galeries Lafayette pour une signature, 10 000 pour le texte d'une édition illustrée réalisée par Mahé. Tout cela est sans commune mesure avec les revenus de Clichy et de ses laboratoires. Il parle de « gros lot », il dit qu'il a la peau cousue de billets.

Élisabeth revient donc en période de vaches grasses et qu'importe si ses ressources à elle ont diminué ?

La philosophie amoureuse de Destouches devenu Céline n'a pas changé. Avait-elle des raisons de le faire ? Son succès n'est qu'une occasion supplémentaire de contacts et de drague. Aux correspondantes que lui vaut son livre il confie qu'il « aime les perfections féminines à la folie » (à Évelyne Pollet d'Anvers) et que l'humanité directe c'est ce qu'on fait de mieux quand on couche (à Élisabeth Porquerol, à Paris). Aux femmes libérées de Vienne, il annonce la visite de son Américaine.

Il a envoyé également son livre à Eugène Dabit et ils se rencontrent pour la première fois en avril 1933. Céline et « son amie », note Dabit dans son Journal, l'attendent quai de Jemmapes; Dabit ne voit que lui : « pas misérable du tout, l'œil clair, la voix vive, les gestes brefs, un homme, un camarade. un voyageur solitaire ». Ils déjeunent. Céline lui dit qu'il aime ses livres. Élisabeth ne dit rien et Dabit mentionne tout juste sa présence. Céline a établi d'emblée son emprise sur l'écrivain populiste. Il a accepté d'écrire quelque chose sur son livre *Faubourgs de Paris*, il y renonce et Dabit ne s'en formalise pas. il accepte des remarques (« Vous n'êtes pas comme moi accablé d'orgueil »), que d'autres auraient trouvées mortifiantes. Le nihilisme démoralisant que Céline semble réserver pour lui – qu'il lui administrera trois heures durant à Saint-Germain où il finit *Mort à crédit* – le laisse encore et toujours K.O. mais admiratif. Il restera jusqu'au bout tiraillé entre ses deux grands hommes, André Gide et Louis-Ferdinand Céline, deux options, deux passions. Qui sait si ce n'est pas à Gide que Céline adresse ses discours décapants? Nul doute qu'il voit dans la mort de Dabit en URSS où il a accompagné Gide un symbole très fort [37].

Le livre lui a permis de renouer avec l'ami Geoffroy quitté à Londres en mauvais termes. Les chiens de la chienne annoncés alors ne résistent pas à un contact téléphonique. Le *Voyage* paraît, Geoffroy appelle rue Amélie pour se renseigner, il semble connaître Steele, justement Destouches-Céline est là, on lui passe l'appareil.

Il retrouve aussi Abel Gance qui se déclare prêt à porter le livre à l'écran. Une option de huit jours pour une adaptation évaluée à 300 000 francs (un peu moins d'un million de nos francs) lui est accordée. Élie Faure est mêlé au projet. Céline fait une visite aux studios. Ces contacts avec le monde du cinéma lui font faire la connaissance de Junie Astor, amie de Jacques Deval, l'auteur de *Tovaritch*, avec lequel Céline va se lier suffisamment pour habiter chez lui à Los Angeles, l'année suivante.

Le fait qu'il le croit juif comme Élie Faure et fils de « Blumaran », selon Henri Mahé, ne nuit en rien à ses sentiments. Dispensaire, laboratoires, édition, cinéma, Céline fréquente des Juifs partout hors Montmartre.

C'est pourtant au début de l'année 1933 qu'il décide de publier l'essai théâtral qui a servi de brouillon à *Voyage au bout de la nuit*. La publication n'est pas prévue au contrat, il le rappelle dans une lettre passablement brutale à Denoël.

L'acte III se situe à la Société des nations. On y voit Yudenzweck, chef du Service des compromis, dire à son collègue Mosaïc, parlant de Bardamu : « C'est un garçon sans importance collective, juste un individu. » Sartre va placer la réplique en exergue de *La Nausée*, son premier roman qui paraît en 1937, insensible depuis 1933 à la tonalité antisémite que cet acte III donne à la pièce, certains expliquent qu'il n'aurait pas lu la pièce, juste entendu la réplique.

Le personnage de Yudenzweck (le but juif) est ainsi présenté : « un petit homme habillé en Juif polonais, long cache-poussière noir, petite casquette, lunettes épaisses, nez extrêmement crochu, parapluie, guêtres se glisse prudent, très prudent, venant de la salle, le long des loges. il monte vers la scène, furtif et un peu caché... ». Alexandre Yudenzweck distribue les chèques et entretient les conflits qu'il est chargé d'apaiser. Son ami Mosaïc (également vêtu d'un petit cache-poussière, parapluie, lunettes, etc.) s'inquiète : « Ne crois-tu pas que nous sommes un peu nombreux, ne le crois-tu pas dans cette maison ? » Yudenzweck ne le pense pas : personne ne connaît leur nom à deux kilomètres, ce qui ne rassure pas Mosaïc, les Jésuites personne ne les connaissait et ils ont mal fini. L'argument ne trouble pas Yudenzweck : les Jésuites n'avaient pas assez d'argent. Quoiqu'il aime bien Bardamu, il va s'en séparer, il s'est emmêlé dans une affaire d'épidémie africaine dont chacun se renvoie la responsabilité et puis, surtout, il se sent jugé par lui.

Lorsqu'on a repris *L'Église* en 1992 un avant-papier significatif du *Monde* rebaptisait les protagonistes. Il n'était pas question de Yudenzweck mais de Rajchman, ce qui donnait à Michel Cournot l'occasion de souligner l'ingratitude de Céline, ce fils spirituel de Rajchman qui a l'inconscience de montrer au père-patron le brouillon de sa pièce. Cela sur les dires de *Bagatelles*.

On l'a dit, le trait est célinien, c'est un argument de fiction mais il ne correspond à aucune donnée vécue. Imaginer qu'il ait mis sous les yeux de Rajchman en 1927 le texte de la pièce dans lequel il lui fait jouer le rôle qu'on connaît, sans conséquences immédiates, suppose beaucoup d'arrogance d'un côté et beaucoup d'humilité de l'autre. La rupture entre Céline et le service de santé a lieu en 1933, après la publication de la pièce. Le Dr Destouches ne se soucie plus ensuite de demander des missions : alors le Dr Rajchman a lu.

La publication de *L'Église* est un acte à motivation double : il s'agit d'alimenter le marché suscité par le *Voyage* et c'est une occasion de mettre les choses au point. Céline se sent désormais assez fort pour publier son expérience de Genève, d'autant que la réaction de Rajchman et des anciens collègues de la section de Santé à son succès littéraire l'a probablement déçu ou blessé. L'hypothèse que *L'Église* ait été complétée pour publication est assez peu vraisemblable également. Céline a fait lire divers textes à Denoël, « Progrès » dont il fera cadeau à Mme Denoël, « La Volonté du Roi Krogold » qu'il demandera à récupérer pour l'employer dans *Mort à crédit*, c'est *L'Église* qui plaît le plus à Denoël. Peut-être à cause de l'acte III.

Insistons là-dessus, c'est l'un des points les plus difficiles à ressaisir soixante ans plus tard, la publication de *L'Église* ne marque encore aucune rupture idéologique pour les contemporains. La presse est moins fournie que pour le roman mais elle est bonne. *Le Canard enchaîné*, qui mettait Léon Daudet face à ses contradictions à propos de Céline, apprécie particulièrement l'humour de cet acte III qui montre les Moïse, Mosaïc et Yudenzweck « à nez extrêmement crochus ». Il existe une solide tradition d'antisémitisme de gauche.

Dînant avec les confrères, recevant les Renaudot à déjeuner, discutant avec les Galeries Lafayette la possiblité d'une signature du livre dans leur magasin, fouillant ses tiroirs pour alimenter l'édition, remerciant tous ceux qui parlent de son livre, Céline, auquel Paulhan demande une contribution à la *NRF* et Malraux une préface pour un roman traduit par sa femme et dont Elsa Triolet aidée de son mari Aragon traduit le livre en russe, est au plus près de l'intégration dans « la république des lettres ». Le livre a commencé une carrière internationale. Abel Gance va peut-être le filmer. Certes la parution de la traduction dans le *Berliner Tageblatt* et l'édition qui devait suivre par Piper Verlag sont interrompues. Denoël intente une procédure en dommages. Bien géré, cet ostracisme allemand pourrait être bénéfique. Est-ce pur hasard si Céline répond à l'appel lancé par Barbusse en faveur des accusés de l'incendie du Reichstag? Des portes s'ouvrent et la décision de publier le script complet du *Voyage*, avec l'étape de Genève dont le ton antisémite n'a pas échappé à Aragon (*Commune*, novembre 1933) poussent à les refermer. N'oublions pas que la décision de sortir *L'Église* intervient dans le contexte de la prise en otage de la communauté juive d'Allemagne par Hitler et les nationaux-socialistes.

Le contexte européen

En avril, la publication est annoncée pour septembre. Le contexte est chargé, les journaux de tous bords retentissent des déclarations d'Adolf Hitler concernant les Juifs. Le 14 mars, il a obtenu les pleins pouvoirs du Reichstag réuni à l'opéra Kroll. Le 20, *L'Œuvre* publie la mise en garde qu'il envoie aux Juifs du monde entier : « Il faut que le judaïsme reconnaisse qu'une guerre juive contre l'Allemagne atteindra le judaïsme allemand », ce qui provoque dès le lendemain un boycott des produits allemands par le Sentier : « Les représentants allemands ne seront pas reçus. » Hitler a désigné un adversaire et l'adversaire lui répond. L'engrenage est en place.

Les mesures que le régime nazi prend en avril contre les commerçants, médecins et avocats juifs, ont évidemment une autre portée mais on voit comment le combat singulier lancé par Hitler a rejoint Paris. Toute l'opinion est choquée par l'hitlérisme mais la gauche exprime son indignation de façon d'autant plus véhémente que communistes et sociaux-démocrates ont été emprisonnés ou mis au pas. Ce qui ne les empêche pas de reprendre en France les antagonismes qui ont été fatals à la gauche allemande. *Le Populaire* dénonce le chantage allemand sur les Juifs, *L'Humanité* tout en appelant au combat antifasciste lui rappelle le ralliement social-démocrate à Hitler mais dénonce encore le rattachement de l'Alsace-Lorraine à la France et se déclare contre la

139

guerre impérialiste « à laquelle certains socialistes comme Esnard se résignent », ce qui n'empêche pas d'appeler à la commémoration solennelle du mur des Fédérés le 28 mai, « front unique de socialistes-communistes-sans parti contre le fascisme ».

Le fascisme, Céline le voit vainqueur en France, il le répète à tous ses correspondants du moment : « Vers le fascisme, nous courons, nous volons » (à É. Faure). Il en sera la victime (à Cillie Pam). Cela ne l'empêche pas de refuser les appels au combat d'Élie Faure : « Il ne faut plus commettre les fautes de 71... le mur des Fédérés doit être un exemple non de ce qu'il faut faire mais de ce qu'il ne faut plus faire. Assez de sacrifices vains, de siècles de prison, de martyrs gratuits » (fin mai – début juin 1933). Qu'était ce glorieux massacre au nom duquel on voulait rallier toute la gauche sinon un jusqu'au-boutisme de résistance militaire à l'Allemagne, une folie désespérée ?

Céline lit déjà tous les journaux, il lit en tout cas *L'Œuvre* puisqu'il écrit à une journaliste qui s'est élevée contre les cruautés du dressage d'animaux de cirque : « Une cité où de telles lâchetés sont applaudies doit être brûlée, massacrée, gazée et le sera » (10 juin), la sensibilité pour les grands chats s'accompagne, on le voit, d'une belle férocité verbale pour les bipèdes.

Le 1er juin, dans son premier numéro, une petite revue, *L'Avant-Poste*, dénonce le ton « pauvre mec » du *Voyage* et interpelle l'auteur : « Le désespoir et la colère sont des choses vivantes, tandis que l'avachissement et les vieux râleurs impuissants, c'est encore une variété de la merde, mon vieux Céline. » Son directeur, Henri Lefèbvre, reçoit une dégelée qui préfigure, thèmes et ton, celles des *Bagatelles* :

« Paris, le 13 juillet 1933

« Cher confrère,

« Je vois que vous êtes parti du pied droit pour réformer l'humanité. C'est demain le 14 juillet. La ville est à vous ! N'hésitez pas !

« Mais quel drapeau allez-vous planter tout en haut ? La croix gammée ? La faucille ? Le marteau ! Le râteau ! Avec vos " désespoirs et colères si vivantes ".

« Qui sera gouverneur ? Tout est là. Monsieur Gide ? Ses petits amis ? Ubu ? Qui ? Vous-même ?

« On est foutu, confrère, quand on se prend au sérieux. Votre remontage de morale (*sic*) pue la guerre et " la madelon ".

ô les colères vivantes !
Viens nous servir à boire !

« Bien à vous,

L.-F. Céline [38]. »

D'un côté les belles paroles, les idéaux variés, de l'autre l'état des corps. La réaction rageuse reste incomplète. Elle montre cependant une grande évolution par rapport aux confidences plaintives de l'hiver pour le Goncourt raté. La décision de publier *L'Église* intervient dans le contexte des bastonnades, amendes et vitrines brisées. Il en est conscient car tout en situant pour les journaux la pièce dans une lointaine année 1922, « la grande époque de la religion internationale [39] », il juge pour son éditeur les circonstances favorables : « Je crois qu'on en vendra comme des petits pains à cause de l'acte SDN [40]. »

Après avoir répudié l'engagement antifasciste auquel le conviait Élie Faure, il rejoint l'autre camp dans une attaque antisémite. Un leitmotiv est posé, l'orchestration viendra plus tard. Déjà certains sont alertés. Rajchman rompt toutes relations, à Clichy la lutte sourde avec Ichok, qu'on signale de divers côtés, semble bien dater de ce moment-là, le docteur désormais connu va redouter des traquenards à propos de ses jeunes clientes ou amies, le popo populaire. D'autre part, le succès venu, les « 300 000 lecteurs » dont il parle sont acquis, il se sent assez fort pour montrer la partition complète, *L'Église*, script premier du *Voyage*.

Céline et ses femmes

La pièce est dédiée à Karen Marie Jensen. En 1952, son nom disparaît de la réédition Gallimard. Entre-temps a eu lieu l'affaire de l'or dans laquelle Céline a pris parti pour une autre. En 1933, la situation est inverse. Élisabeth rentrée des États-Unis a amené Karen rue Lepic pour un pas de deux ou de trois et c'est l'invitée qui a la préférence.

Karen est danoise, Jensen y est aussi courant que Martin en France. À la scène elle préférera un autre nom. Elle vient d'une famille aisée. Son père, hôtelier, possède une grande ferme avec cent cinquante-cinq vaches. Elle se souvient du nombre exact soixante ans plus tard. Elle a donc en naissant cette qualité que Céline pousse toutes ses femmes à acquérir : l'autonomie financière.

C'est une bonne danseuse. Élisabeth Craig s'incline devant elle : Karen était meilleure qu'elle. De son côté, elle juge qu'Élisabeth n'était « pas très bonne », mais jolie, charmante. « C'était ma meilleure amie d'alors. C'est moi qui l'ai accompagnée lorsqu'elle est partie. Mais je ne l'ai pas connue longtemps, trois ou quatre mois. » Élisabeth a dit la même chose quelque temps plus tôt : « Je ne l'ai connue que quelques mois [41]. »

Revenue en mars 1933, Élisabeth repart en juin et Karen l'accompagne au bateau. Cela correspond point par point. C'est donc un véritable coup de cœur entre les deux femmes, amies intimes tout de suite. On comprend la surprise de Karen de n'avoir jamais plus reçu de nouvelles d'Élisabeth.

Karen parle français, allemand, anglais, elle apprendra l'espagnol plus tard. Formée à la danse classique, elle pratique surtout la variété, comme Élisabeth mais, beaucoup plus qu'Élisabeth, elle a des engagements dans des troupes aussi variées qu'itinérantes. Celle qui en a le moins besoin est celle qui travaille le plus. Elle se targue d'avoir introduit en Espagne, où l'a conduite sa vie sentimentale, le vrai ballet classique ou au moins la formation classique au ballet traditionnel russofrançais. Elle attire beaucoup Céline. Il n'est pourtant question d'elle dans aucune des lettres du printemps 1933. Il annonce à Cillie, le 9 mars, qu'il compte venir la voir fin avril avec Élisabeth puis dans la lettre suivante qu'Élisabeth ira à Vienne fin avril. À Erika, il écrit qu'il va envoyer à Berlin (à la même date) Élisabeth Craig, « danseuse américaine très fine et très curieuse » (20 mars).

Fin avril, il écrit à Cillie qu'il ira à Vienne en octobre mais qu'Élisabeth y sera peut-être en mai (20 avril) et, dans une autre lettre, il parle de venir en juin, en provenance de Varsovie où avec Élisabeth ils auront assisté au Congrès de la danse. Ils descendront au Graben Hotel. Élisabeth vient d'apprendre la veille la mort de sa mère. Elle est tout à fait démoralisée. Il croit que le voyage lui fera du bien surtout que sa santé n'est pas brillante. Il pense que les deux femmes, Élisabeth et Cillie, s'entendront bien. Élisabeth contrairement à Germaine (Constans, vieille amie de Rennes) est très silencieuse. Ils iront, Cillie et lui, se promener seuls, laissant Élisabeth avec celui qu'il appelle Gutemberg, le petit ami de Cillie. Toujours, en passant, l'idée des permutations.

Il confirme, le 4 mai, le passage par Berlin où il restera cinq à six jours avec une petite amie américaine... en route pour Varsovie. Lettre qu'il agrémente d'un *Heil Hitler!*

Il a promis un article à Dabit sur son *Faubourgs de Paris* et il n'arrive pas à s'y mettre, il y renonce, il s'en excuse avec mille précautions et en signant « très affectueusement ». Les relations avec Dabit garderont toujours ce caractère-là, supériorité de Céline qui traite le doux Dabit avec les égards qu'on a pour un obligé ou pour une petite amie. S'il l'invite à dîner, il lui propose d'aller ensuite sur les marches de la Seine. Cette échappée de clair de lune est dans la vie de Céline aussi rare que la tendresse du sergent Alcide ou celle de Molly, mais aussi précieuse : elle existe.

À la mi-mai, il annonce à Joseph Garcin son arrivée à Londres pour un programme assez mystérieux. Il s'agit d'aller sur les « traces du baron » – allusion inexpliquée – et Céline, qui explique par ailleurs son désespoir et la nécessité de mentir, se sent des jambes de vingt ans (13 mai). Élisabeth n'est pas du voyage, elle doit le rejoindre directement de Paris. Où ça? La rédaction en anglais dit *there*, là. Il compte passer par la Belgique, où Évelyne Pollet l'attend, puis par Berlin et Vienne. La vie est aussi très difficile à Paris, Élisabeth ne reçoit plus d'argent d'Amérique; il n'a pas été très bien lui-même. Gémir ou mourir. La confidence est faite à Cillie qui a reçu déjà celles qui concernent sa mère.

Tous ces projets successifs avortent puisqu'une lettre utilitaire (il remercie Léon Deffoux, journaliste à *L'Œuvre* pour ses efforts afin de lui faire obtenir le Prix populiste) est datée de Paris le 28 mai. Il est rentré d'Anvers. De la même période, mais non datée, une lettre à Garcin, de niveau, si l'on peut dire : il insiste sur leur similarité, leur situation semblable par rapport à la vie, loin de tout intellectualisme, la chance commune d'avoir échappé au lycée. Il voue les contemporains à la trique et à des mois de pénitence. Non seulement le ton et les thèmes des pamphlets sont là mais leur sincérité est authentifiée par l'éloignement de Garcin et son sexe, il n'a rien à obtenir de lui, rien à se faire pardonner.

Pas question de ses femmes, dans cette lettre, ni d'Élisabeth ni de Karen sa meilleure amie. À Cillie, il annonce pourtant une fois de plus sa venue à Vienne par Bâle, Zurich, Innsbruck et retour par Prague, à petites étapes.

Le départ a lieu le mercredi 7 juin, si on se fie à une lettre par laquelle il l'annonce à Évelyne Pollet qu'il remercie de lui avoir envoyé une reproduction de *Margot L'Enragée* de Brueghel l'Ancien et lui assure avoir fait sa commission (remise de manuscrits à Denoël et à Descaves) (5 juin).

Elisabeth repart

Cillie Pam reçoit un autre message envoyé sitôt après : il sera à Vienne vendredi. Ce jour-là Élisabeth partira pour l'Amérique. « Sans doute pour très longtemps. Ses affaires là-bas vont très mal. » Il lui dit : « Nous avons eu de gros ennuis. Vous aussi sans doute. » Ennuis personnels, ennuis politiques? le vague est voulu. Le départ d'Élisabeth est imposé par des raisons d'affaires, voilà la version qu'il répand et qui ne va cesser de s'enrichir dans l'imagination des amis : détournement d'héritage, juge juif et ainsi de suite.

Il y a un probable transfert de sens : les ennuis matériels d'Élisabeth sont autant, sinon plus, parisiens qu'américains. Céline qui a alors la peau cousue de billets de banque, comme il s'en vante auprès de Mahé, craint, encore et toujours, de manquer. Qui peut assurer qu'il pourra recommencer le coup de *Voyage* ? Pourra-t-il même produire un deuxième livre? L'agitation, l'instabilité de sa vie depuis huit mois l'en font douter. « Toute cette histoire mirobolesque ne me fera pas, impôt payé, une retraite de douanier moyen. Restent ma mère et ma fille... un peu moins de merde ce sera tout. Si je commençais à entamer le pécune, il ne me resterait en un an plus rien du tout, plus que jamais je colporte mes petites astuces de potard en potard [42]. »

C'est à Mahé qu'il écrit cela, après le départ d'Élisabeth. Il a reçu des nouvelles : elle a connu le pire, son père s'est révélé comme une « vache à triple fond ».

Remarquons qu'il n'a pas touché au pécune et qu'Élisabeth ne figure pas parmi ceux qu'il considère à sa charge, uniquement sa mère et sa fille, charges qui, autant qu'on sache, ne sont pas écrasantes. Sa mère travaille et la famille Morvan-Follet pourvoit sans peine aux besoins de Colette.

Lorsqu'il annonce son arrivée à Vienne le vendredi 9, le jour même du départ d'Élisabeth, aucune obligation, aucun rendez-vous ne l'y appellent. La preuve c'est que le vendredi 9, il n'a pas atteint Vienne, il se trouve à l'hôtel Jura, à Bâle, près de la gare. Il y est arrivé venant de Zurich d'où la veille il a écrit aux Milon complétant ses explications sur le départ d'Élisabeth : « à cause du père veuf à présent et qui bouffe tout et fait son inflation tout seul ». Il n'arrivera à Vienne que le 10 ou le 11, il en prévient Cillie le même jour.

Depuis que Piper Verlag a dû abandonner l'édition allemande, il cherche un autre éditeur. Il le trouvera à Prague, il l'a peut-être cherché en Suisse. Mais rien d'impératif ne l'y appelait et, s'il a laissé Karen mettre Élisabeth au bateau, c'est qu'une rupture a eu lieu, et, si brusquement le souci du pécune se rappelle à lui, c'est qu'il a pu être un élément du débat. Élisabeth n'en parle pas mais elle se rappelle lui avoir dit : « Tu auras Karen de toute façon. » C'est la seconde rencontre avec son questionneur et elle lui en livre alors un peu plus :

« Quand vous m'avez demandé si j'étais jalouse d'elle, j'ai répondu non, mais je me suis demandé si je n'étais pas un peu perturbée parce que Louis était terriblement attiré par elle. Je le savais et je savais que cela devait se produire. Quand je suis partie, je lui ai dit : Well, tu auras Karen de toute façon! Elle avait son appartement à Paris pendant qu'elle y travaillait. Karen était une danseuse superbe et une superbe femme. Je lui ai donc dit : Tu auras Karen pour te faire oublier ta peine pendant quelque temps. Je me suis questionnée ensuite : *Je me demande si tout au fond de moi je ne suis pas un peu jalouse.* Louis m'a demandé : *Es-tu jalouse de Karen?* Je ne le pensais pas alors parce que j'avais prévu ce genre de vie avec Louis et je l'avais acceptée. Et j'étais assez intelligente pour savoir que cela n'avait pas à me toucher [43]... »

Élisabeth parle de l'âge qu'elle sentait venir, de l'image qu'elle voulait laisser. Il s'agit de la décision qu'elle prend l'année suivante lorsqu'il vient la rejoindre à Los Angeles. On peut aisément et de façon beaucoup plus convaincante, replacer la décision de rupture pendant ce séjour en France de mars à juin 1933. Deux femmes, un homme « terribly attracted » par la nouvelle, plus jeune, plus riche, plus indépendante. Élisabeth, frappée par la mort de sa mère, prend conscience de son âge et de la position humiliée, humiliante qui risque d'être la sienne dans ce trio-là ou dans un autre. Sourires, gestes gracieux, les deux femmes sont les meilleures amies, lorsque l'une décide de partir, l'autre l'accompagne. Avec Louis Destouches, il y a eu quelques éclats et beaucoup de non-dit, aucun geste qui rassure. Un demi-siècle plus tard, Élisabeth affirme qu'elle ne l'aurait jamais épousé par peur de perdre son passeport américain. Elle se fait là plus ignorante qu'elle ne l'eût été en 1933 si la demande avait été faite.

Rien de dramatique. Il y a Karen et puis Cillie, Annie, Erika, Évelyne, Céline n'éprouve donc sur le coup aucun sentiment de perte. Il doit donner une explication à cet apparent lâchage de « sa femme » – celle avec laquelle il vit depuis huit ans : ce seront « les sous », ses sous à elle, la succession difficile.

Par l'entremise de Milon, il vient de placer une partie de ses droits d'auteur dans la pierre, un appartement à Saint-Germain-en-Laye, trois pièces au cinquième étage d'un immeuble moderne avec vue sur la forêt. Il compte aller y « camper dès octobre » puis il se résout à le louer.

De Vienne, il annonce qu'il a rédigé la préface à un livre illustré par Mahé, *31 Cité d'Antin*. C'est l'adresse d'un « bobi ». Il a imaginé un dialogue entre un jeune couple. Arrivée devant la porte, la jeune femme hésite à entrer. Cela représente « 5 pages grandes et manuscrites ».

« Tes michés vont être gâtés pour leurs dix billets. » Dix mille francs pour cinq pages, c'est ce qu'il vaut.

Les cent mille de tirage sont atteints en France, et à Vienne le livre est un gros succès. « Mon épicerie me donne bien du plaisir, écrit-il à Mahé. Et puis il y a le pouet pouet, j'ai des relations supra terrestres avec une mignonne bonne bohémienne, et puis une psychanalyste qui parle comme une prostituée. C'est beau et bon » (mardi 13 juin). Don Juan a toujours plus de plaisir à dire qu'à faire.

Le reste n'existe pas. Pas un mot des affrontements violents entre manifestants hitlériens et police du gouvernement Dollfuss. Ils aboutiront pourtant le 21 juin à l'interdiction du parti nazi autrichien.

À Prague, il a subi, dit-il à Denoël, un mini Renaudot. La version tchèque du livre s'enlève, la version française encore plus. Un éditeur va faire paraître une version allemande et un metteur en scène se déclare prêt à filmer le *Voyage*, une fois levée l'option américaine. Ce serait, après Abel Gance, le troisième projet de tournage. La lettre se termine sur un coup de patte à Winkler, chargé, rue Amélie, des traductions : « C'est un couillon bavard et bêtement intrigant », ce qui produit une généralisation : « Ces juifs sont sottement tortillons » (26 juin).

Le lendemain, il envoie à Erika ses regrets de ne pas être passé par Berlin et lui offre de nouveaux conseils : « Puisque les Juifs ont été chassés d'Allemagne, il doit y avoir quelque places pour les autres intellectuels ? Heil Hitler ! Profitez-en ! (27 juin).

Ces Juifs « sottement tortillons » prennent de la place dans la vie culturelle mais ils sont remplaçables, voilà la constatation qu'il rapporte de Vienne et de Prague. Erika (qui a toujours nié être juive) doit en profiter, c'est la lutte pour la vie et le chemin de la réussite.

À Paris, Céline reprend la routine médicale, vacations aux laboratoires, consultations de fin d'après-midi au dispensaire. « Le monstre poursuit sa course », constate-t-il. Il est dans la nature des monstres d'être rares. L'activité littéraire reste pour lui, jusqu'en 1945, un extra. Il ne lâchera pas le sûr, le solide. Même si ses livres lui rapportent bien plus que ses emplois, il assume ceux-ci jour après jour. Il est vrai que leur caractère et sa notoriété lui assurent de longues escapades pratiquement à volonté, comme celle qu'il vient de se ménager tout au long de l'année 1933.

Le créateur du *Voyage* est aussi celui de la Basedowine, une préparation pour les règles douloureuses commercialisée par le Laboratoire Galliez. La créativité trouve toujours une issue. « L'écrivain est le raté de tous les arts », écrira bien plus tard Céline, émigré, à l'un de ses admirateurs. Si ses vues sur l'hygiène, les solutions de la médecine standard, la formule des soins sur les lieux de travail avaient trouvé un écho dans la profession ou dans le pays, est-il certain que leur promoteur aurait imaginé la dénonciation furieuse et détournée du roman ?

Le deuxième livre

Le voilà confronté maintenant à l'épreuve du second ouvrage auquel, il le sait, la critique attend tout débutant. Sujet, ampleur, ton, il faut choisir entre le développement de l'épisode anglais qu'il avait préparé ou celui de la SDN qui doit faire vendre *L'Église*. Il a le choix entre l'une ou l'autre de ses vies. « J'en ai bien trois ou quatre à ma connaissance », écrit-il à Élisabeth Porquerol début juillet 1933. Il lui dit aussi qu'il n'a pas encore écrit une ligne. Elle est journaliste et, dans sa notoriété, il applique la règle de sa période obscure : pas un mot sur le travail en cours, sauf à « la famille », les complices, les éditeurs.

À Garcin, il peut confier les difficultés du labeur : il faut trouver le ton, le style. Le sujet semble retenu. Ce sera un très fort volume, cinq cents pages au moins qu'il met Steele au défi de réaliser. Le sujet pourrait être sa vie sous l'uniforme puisque le titre retenu alors est « L'Adieu à Molitor ». Denoël est prévenu, il ne doit pas compter sur le manuscrit avant 1938. Il voudrait bien quelque chose avant mais Céline est inébranlable : « Tout ce qui n'est pas un peu éternel ne dure pas et – pire – ne se vend pas » (12 ou 22 août).

Autre lettre et autre piste : il demande à Denoël de lui renvoyer sa légende, il compte l'utiliser. Ce qui nous renvoie à un écho publié en début d'année, sur l'initiative, on peut le supposer sans risque, de Robert Denoël : « Céline a bien failli écrire une Notre Dame de Paris 1936. Il avait le projet entre autres possibilités de publier un autre livre. L'un d'entre eux aurait pour fond la vie populaire au Moyen Age, ce serait une sorte de transposition, sur le plan réaliste et humain, d'un sujet que Victor Hugo traita en archéologue et en poète romantique » (Les Treize, les Projets du Lauréat, *L'Intransigeant*, 7 janvier 1933). Écho démenti par *Marianne* du 18 janvier : « Nous avons de bonnes raisons de penser que M. Céline ne pense actuellement à aucun autre sujet. »

En fait d'archéologie, c'est à la sienne, nous le savons, que Céline va finalement œuvrer, la pré-histoire transposée de Ferdinand (Bardamu). Dès le 3 août, le titre définitif est trouvé : Ce sera *Mort à crédit*. Il le livre à Denoël. Il peut parcourir les zones vécues laissées en friche par le premier livre, l'important c'est le ton, le style, le niveau de transposition. Il avance, il recule, il hésite. Sa détermination n'est pas aussi établie que ce qu'il dit dans les bons jours à Denoël.

Il passe la seconde partie du mois d'août à Dinard avec sa fille dont il a la garde pour les vacances. Son travail le plus urgent est de rédiger le pensum dont il a accepté de se charger sur les instances de Lucien Descaves : délivrer le prône annuel pour la cérémonie anniversaire de la mort d'Emile Zola, héros de l'Affaire Dreyfus.

Fernand est mort depuis un an et son fils va célébrer Zola. La tâche est d'autant plus maussade qu'elle se combine à une vérification de ses comptes d'édition qu'il a eu toutes les peines à obtenir de Bernard Steele. Ce sont, juge-t-il, « des faux notoires et tarabiscotés » (12 ou 22 août). Il part d'une pétition de principe assez sinistre : « Si vous ne me volez pas vous n'êtes pas conforme à ma vision des hommes et des choses. N'êtes-vous pas comme moi capable de tout? Êtes-vous malade? Tout ceci n'est pas clair (7 août). »

Il n'est pas capable de tout, mais le proclamer autorise la conviction que les autres le sont – dans leur état normal. Denoël passe ses vacances en Vendée, il craint la typhoïde, il pourrait mériter la compassion. Et puis il y a l'humour.

De retour à Paris le 9 septembre, il trouve une lettre de Léon Deffoux qui lui demande le texte de l'hommage à Zola pour *L'Œuvre* – (que seuls les imbéciles ne lisent pas) mais il vient de le promettre à Malraux pour Émmanuel Berl et *Marianne*. L'hebdomadaire a été créé par Gaston Gallimard pour faire pièce à *Candide*, publication de droite.

Le 12 septembre, *L'Église* sort en édition de luxe tirée à 2 120 exemplaires vendus 20 francs dans la collection « Loin des foules » symbolisée par une tour d'ivoire. Le portrait de l'auteur est remplacé, dans ce cas, par le masque dit de « L'inconnue de la Seine ». En octobre, une édition ordinaire tirée à 3 300 exemplaires est vendue 15 francs. La bande porte « Bardamu à la SDN » et la quatrième de couverture parle de « verve féroce », c'est attirer l'attention sur l'acte genevois que Céline jugeait susceptible de faire vendre.

Pas plus que le colonialisme, l'antisémitisme n'est encore une pierre de touche politique. L'exotisme juif est un lieu commun littéraire que des auteurs juifs ne sont pas les derniers à exploiter. La « Tour d'ivoire » du « Loin des foules » frappe plus les confrères que la caricature de Yudenzweck. Aragon titre son article-lettre ouverte : « A Louis-Ferdinand Céline, loin des foules » (*Monde*, novembre).

Hommage à Zola

Le 1er octobre, très attendu, l'orateur de l'année s'adosse à la porte de la maison de Zola pour lire le papier qu'il a péniblement mis au point pendant l'été. Un photographe prend une photo qui rappelle celles de Vienne prises par Cillie Pam en octobre 1932, avant la célébrité. Élégant – il porte le même costume gris bien coupé – reposé et détendu, un brin rieur, Louis-Ferdinand Céline apparaît, à ceux qui ne le connaissent pas, sain et solide.

Le discours contient une allusion furtive à l'œuvre de Zola citée à travers *L'Assommoir* (« Notre Coupeau à nous ne boit plus autant mais il délire bien davantage »). Le vrai sujet est posé par la petite phrase mise en exergue au discours : « Les hommes sont des mystiques de la mort dont il faut se méfier. » Son origine n'a pas été trouvée, c'est une citation retravaillée, comme l'exergue de *Voyage*.

Les articles et extraits de Freud, qu'il a demandé à Cillie Pam et à ses Anny (Angel et Reich) de lui traduire, ont formé les matériaux de ses variations sur l'instinct de mort : « le sadisme unanime actuel procède avant tout d'un désir de néant profondément installé dans l'Homme et surtout dans la masse des hommes, une sorte d'impatience amoureuse, à peu près irrésistible, unanime, pour la mort ». On note la distinction entre l'Homme et les hommes. « L'impatience amoureuse » est la signature célinienne : là est son *ton*, l'art qui lui est propre d'appuyer de gracieusetés et de grimaces mignardes l'horreur des fins dernières, préciosité des gestes dans la dissection du destin.

On le trouve poussé à l'extrême dans cette dissertation de vacances assez sombres pour laquelle il est ou s'est mis dans l'humeur : « Tout nous pousse, tout nous change. La poussière elle-même vieillit. Il y a de moins en moins de voiles sur la mer. Les messieurs à lorgnettes et pantalons retroussés sont tous morts déjà. C'est ce qu'ils guettaient à l'horizon, nous aussi. » Il écrivait cela à Élie Faure le 11 août. Et le 16 : « Notre vie n'est qu'une mort sans élan » à Évelyne Pollet. Puis à la même début septembre : « Notre plaisir est toujours au prix de telles peines que nous finissons par vivre sans plaisir et nous finirons par mourir sans le savoir. » Parmi ses amoureuses, Évelyne est la plus vaillante, toujours disponible à la gnose érotique. Il a pour sa part des envies d'absence, de refuge ailleurs. Il rappelle à John Marks qu'il est chargé de lui trouver une maison à Chelsea : « Ça m'est égal d'être pendu, mais je crois qu'ils feront ça mieux à Londres qu'à Paris... ils ont plus l'habitude » (août).

L'inertie, c'est le sommeil de la race, écrivait-il dans *Candide*. Qui le réveille se voit menacé. Dès cet été 1933, Céline se met dans la posture de celui qui dérange et que ses contemporains meurent d'envie de tuer. Voilà de quoi il est question à Médan, le 1er octobre.

Surprise pour certains : « j'avais trop détesté le *Voyage* pour imaginer son auteur sous ces traits de grand enfant solide, costaud et sain », confesse P. Lagarde dans *Comoedia* (2 octobre). Une femme journaliste, Marguerite Jouve, trouve que sa diction, la nonchalance de ses attitudes en font une réplique de Louis Jouvet (*Le Rempart*).

Sa présence a attiré non seulement les journalistes, mais des curieux et des amis. Il y a foule. Abel Gance est là. Le discours est coupé de sifflements de train, l'orateur doit élever la voix, il retrouve la technique de la Rockefeller, celle des allocutions en plein air.

Le petit discours terminé, un sifflet qui ne vient pas de la voie retentit. Le siffleur se fera connaître. Il s'appelle R. T. Hartmann, il est expert près des Tribunaux, le discours ne lui a pas plu, il trouve que Céline fait du mauvais travail en jetant le trouble dans les cerveaux de la jeunesse (*Comoedia*, 5 octobre).

Me Hild monte à son tour les marches du perron. C'est l'ancien assistant de Me Laborie, le défenseur de Dreyfus. On rappelle le rôle de celui-ci dans l'Affaire. Un historique hélas complet, note un journaliste qui entend Céline dire à un ami que c'est bien la dernière fois qu'il parle en public (Lagarde, *Comoedia*).

Ensuite, il y a banquet dans un café local. « On a bien mangé mais on a mal bu », dit Céline en sortant. L'échotier du *Charivari* qui le rapporte note que Lucien Descaves dort et qu'il a tort car il y a du piquant dans le discours, un autre, de Jean Vignaud qui préside (et que *Le Canard enchaîné* traite de réactionnaire). Jean Vignaud déplore « les grossièretés inutiles dans le roman contemporain avec coup d'œil vers Céline impeccable dans son veston gris ».

Les professionnels se communiquent leur impression : l'auteur de *Voyage au bout de la nuit* est un excellent comédien : « Quant à M. Céline ses paroles ne déçurent ni ne surprirent. Le romancier sait composer son personnage. À ce bon public un peu ahuri par tant de violence sibylline, il dit exactement les mots qu'il attendait. À tel point qu'une de nos conseurs pourtant d'un naturel indulgent s'en alla avec cette impression qu'elle s'empressa de communiquer – Céline a manqué sa vocation : il aurait dû faire du théâtre mais comme acteur » (*Le Charivari*, 7 octobre 1933).

Les soins officieux de Robert Denoël ont rapproché la sortie de *L'Église* de cette célébration, et les abondants comptes rendus vont mêler la pièce et le discours jusqu'en novembre.

L'approbation bruyante que reçoit l'acte III de *L'Église* dans un article du *Canard* a pour contrepartie une interpellation de Châtelain-Tailhade dans le numéro du 14 octobre. On y parle de mépris de l'homme, d'incroyance en lui, on somme Céline de sortir de sa tour d'ivoire. *La Vérité* juge pour sa part la pièce injouable. Tout ce qu'elle contient de vérités sont des substantifs orduriers. Ramon Fernandez dans *Marianne* a l'œil plus aiguisé. Il trouve ce troisième acte de beaucoup le meilleur, pas loin du chef-d'œuvre. « On y fait des découvertes singulières, notamment que M. Céline se fait de la SDN menée par les Juifs une idée toute semblable à celle que s'en font l'Action française et M. Hitler » (10 octobre).

Jean Prévost rapproche pour sa part dans *Notre Temps* l'œuvre de Céline des Mémoires de Poincaré, par l'accumulation des clichés plus « une bonne dose d'antisémitisme », né tout au début de l'Affaire Dreyfus dans l'imagination populaire (4 octobre).

Les appréciations et les clivages sont, on le voit, affaire de sensibilité individuelle.

Dans cette perspective la lettre ouverte qu'Aragon adresse à Céline dans le numéro de novembre de *Commune*, organe de l'AEAR l'organisme monté par Münzenberg, André Simone et autres agents soviétiques, est singulière. Aragon cherche à piéger Céline par son érotisme : « Allez Céline, allez voir là-bas ce qu'est la jeunesse née de la Révolution ! Là-bas, non point pour le plaisir d'un médecin de quartier se développe à millions d'exemplaires la femme dont vous n'avez qu'entraperçu l'idéal fardé ! Et c'est l'Inconnue de la Seine aujourd'hui et non point ce sous-produit des usines Ford et de la prostitution qui vous enchante, qui reprend sous le Drapeau rouge ses droits véritables sur la vie. N'attendez pas notre octobre pour ouvrir les yeux le dernier. »

Il le conjure de rejoindre le camp de l'avenir malgré « ses petites idées sur les Juifs ».

Perspicace, Aragon, il a bien saisi les deux préoccupations essentielles de Céline. Et il ne les juge pas incompatibles avec le communisme. On dit que les Soviets remplissaient les piscines dans lesquelles se trempait Gide de séduisants gaillards en service commandé, Aragon fait miroiter des millions de perfections physiques dans la patrie de Lénine. Trente-sept est déjà dans trente-trois.

Céline! Céline!

Que les journalistes soient venus à la commémoration de Médan attirés par la présence de Céline une anecdote le prouve. Ils déjeunent chez Leclerc un restaurant proche de la gare de Villennes et la salle retentissait de cris : Céline! Céline! « A la suite de quoi Céline apparaissait un peu lent il faut le reconnaître, avec le bœuf mode ou l'addition » : la serveuse s'appelait aussi Céline (*Le Canard enchaîné*, 4 octobre).

Qu'il soit l'homme de l'année, la polémique sur l'identité réelle de « L'Inconnue de la Seine », moulage d'artiste ou masque de noyée, en est une preuve supplémentaire. Il envoie à l'ami Deffoux, de *L'Œuvre*, une petite lettre proustienne à ce propos :

« Figurez-vous qu'à présent, en y repensant bien, je me souviens moi aussi d'avoir vu ce plâtre très loin autrefois, dans ma petite enfance. Mais sans cette soudaine polémique je n'aurais pas osé le penser.

« A ce propos, il faut ce genre d'occasion pour percevoir cette silencieuse présence poétique chez les anonymes, qui disparaît dans le silence aussi, sans jamais laisser de traces jamais.

« Un jour quand je serai vieux, je ferai un livre dans ce sens à la recherche des choses qui s'en vont. »

C'est une lettre de jeune auteur. Or dans la vie il se sent et se dit vieux : « L'âge moyen du cancer, c'est 43 ans [44] » et il en a trente-neuf. Toute la rédaction du nouveau livre va se faire dans un climat d'hypocondrie. *Mort à crédit*, c'est l'exhumation des horreurs de l'anonymat et des servitudes de l'enfance. Il va les revivre en quatre ans de dur labeur et d'épreuves personnelles.

Les incendiaires du Reichstag

Avant d'entrer en atelier, il paie sa dette morale envers Barbusse. Ce sera sa dernière manifestation publique pour quelque temps et aussi l'occasion de recroiser l'itinéraire de Münzenberg, ce maître-espion soviétique.

Le 27 février 1933 à 9 heures du soir, un passant aperçoit des lueurs aux fenêtres du Reichstag et il alerte un shupo. Police et pompiers arrivent un quart d'heure plus tard et trouvent dans les couloirs du Parlement une sorte de zombi, déambulant parmi les foyers d'incendie. Il s'appelle Marinus Van der Lubbe, il est de nationalité hollandaise. Emmené au poste, il avoue être membre du parti communiste. Goering est président du Reichstag, de concert avec les dirigeants nazis, il saisit l'opportunité. Des liens sont établis entre ce communiste étranger et trois membres du Komintern, Popov, Tanev et Dimitrov qui se trouvent en Allemagne. Leur procès s'ouvre à Leipzig le 21 septembre. À Londres, un tribunal international mis sur place avec des « liberals » conclut à la culpabilité probable d'Hermann Goering dont la résidence communique avec le Reichstag par un passage souterrain.

Willi Münzenberg qu'on surnommait « le millionnaire rouge » lorsqu'il dirigeait des affaires de presse et de propagande allemandes bâties sur des collectes en faveur des affamés de la guerre civile russe, Willi Münzenberg publie un *Livre brun* placé sous l'égide d'un Comité Einstein imaginaire qui attribue l'incendie aux SA en établissant, pour faire bonne mesure, des liens sexuels entre Van der Lubbe et certains dignitaires nazis. Ce *Livre brun* traduit en vingt langues est diffusé à des millions d'exemplaires. C'est la locomotive d'un mouvement international en faveur de Dimitrov, Popov et Tanev.

Une campagne de signatures est mise en route. Henri Barbusse lance un appel aux intellectuels en faveur des « héroïques accusés de Leipzig » victimes de la machination allemande et de la terreur blanche en Bulgarie.

Un 19 du mois entre septembre et décembre, Céline envoie à Barbusse la lettre suivante :

« Cher Barbusse,

« Nul mieux que vous n'est qualifié pour rédiger cette protestation qu'avec vous bien entendu je signe.

« J'espère que dans l'état actuel des choses il ne sera pas trop tard pour qu'un tel geste aboutisse positivement.

« À moins qu'avec Noël Hitler ne se livre à quelque grâce politique...

« La vie tient le plus souvent à de telles bêtises.

« Mais vous êtes le meilleur Juge.

« À vous bien cordialement

L.-F. Céline »

On note l'espèce d'allégeance personnelle à Barbusse, auteur de ce qu'il considérera toujours comme le meilleur livre sur la guerre de 14, *Le Feu*. Et l'absence de tout terme émotionnel en ce qui concerne les accusés ou Hitler vu comme un simple instrument du destin.

Il parle de grâce : les Bulgares sont acquittés par le Tribunal allemand, leur libération – que s'attribuent naturellement les militants – ayant, semble-t-il, fait l'objet d'un marché entre Soviétiques, nationaux-socialistes avec échange d'agents respectifs [45].

Le verdict est rendu le 23 décembre.

Conséquence de ce rapprochement ou effet de la traduction en russe – qui récompense d'ordinaire les écrivains sympathisants –, Céline est invité à visiter la patrie du prolétariat et il envisage un voyage d'hiver qui le ferait passer par Berlin et Prague, il est question d'y monter *L'Église*. Il prévient l'amie Erika qui, pour autant qu'on sache, travaille toujours au *Beobachter* (13 novembre). Céline ne se sent, ni ne se veut lié à rien, ce qui l'autorise à se juger menacé par tous, promis à la corde : « Je ne sais pas au juste qui me pendra, écrit-il fin novembre à Benjamin Fondane, les militaires, les bourgeois ? les communistes ? les confrères ? [...] Chez les aveugles pourquoi se faire supplicier pour telle ou telle couleur ? Le bleu plutôt que le vert ? En verront-ils davantage ? Mon mépris pour ces brutes est total, absolu [46]. »

Son correspondant a écrit un article sur *L'Église*, c'est ce qui lui vaut ces variations sur la mort et les autres, la mort par les autres. Céline a maintenu la gageure de terminer l'année 1933 comme il l'avait commencée : sur un refus d'engagement.

Louis entre Ferdinand dit Fernand et Marguerite-
Céline. Des trois, ce serait Marguerite la plus bileuse.
(Imec, coll. F. Gibault.)

Rare photo du père et du fils, adultes cavaliers tous
deux, dans la cour du quartier à Rennes.
(Imec, coll. F. Gibault.)

Louis doit « faire son temps »,
le 12e cuirassier à Rambouillet
est choisi par Fernand parce que
le 1er cuirassier à Paris
a mauvaise réputation.
(Imec, coll. F. Gibault.)

Trois mois de guerre, une blessure au bras, un emploi au consulat de France à Londres. Pour la
première fois la liberté.
(Imec, coll. F. Gibault.)

Caporal, puis maréchal des logis,
en 1914. La photo en grande
tenue consacre la promotion.
La « lourde » est encore la reine
des armes comme des batailles.
(Imec, coll. F. Gibault.)

Louis Destouches épouse à Quintin la fille du professeur Follet.
Il donne comme profession « étudiant ». Ce sera vrai à la rentrée.
(Imec, coll. F. Gibault.)

De gauche à droite : M. Ramon Fernandez (prix Femina) ; Mᶦᶦᵉ Simone Ratel (prix Interallié) ; M. L. Ferdinand Céline (prix Théophraste-Renaudot)

Le docteur a écrit un roman qui a séduit à la fois Léon Daudet et Lucien Descaves. Assuré du Goncourt, il reçoit le Renaudot. *(Kharbine-Tapabor.)*

Louis-Ferdinand Céline est la vedette de la cérémonie commémorative de Médan en octobre 1933. Invité à célébrer Zola, il parle du « désir de mort ». *(Harlingue-Viollet.)*

Depuis 1927, il vit avec une danseuse rousse et américaine, Elisabeth Craig. Elle ne parle pas français. Sa spécialité : la danse moderne sur pointes. *(Ph. J. Mandel, coll. A. Juilland-Lee Klinger.)*

Chaque année Elisabeth part pour la Californie. En 1933, elle présente à Céline une danseuse danoise : « Tu auras Karen. » *(Coll. F. Gibault.)*

Louis-Ferdinand Céline est venu chez Ajalbert, l'un des Goncourt fidèles. L'auteur de *Voyage au bout de la nuit* offre à l'objectif son image publique. *(Harlingue-Viollet.)*

Le nom de la plume a été rapidement percé : le roman
à succès de 1933 est le livre d'un carabin pour le cari-
caturiste de *Fantasio*. *(Kharbine-Tapabor.)*

Auteur à scandale mais toujours médecin. En mai 1940, l'équipe du dispensaire de Sartrouville, à laquelle s'est adjointe Lucette Almanzor, va partir
sur les routes. *(Imec, coll. F. Gibault.)*

Céline, par Gen-Paul (1942).

Céline descend chez Gen-Paul retrouver les copains de
la Butte, écrivains, comédiens, musiciens, peintres. Il
écoute puis explose et fournit la péroraison. *(D.R.)*

À l'inauguration de l'Institut des questions juives, le
grand antisémite s'est placé au dernier rang, à côté
d'un certain Lambert. Un incident excite sa verve. *(Coll.
Viollet.)*

7.

MILITANT

... Le Juif n'est pas tout mais il est le diable et c'est
suffisant. Le diable ne crée pas tous les vices, mais il
est capable d'engendrer un monde entièrement,
totalement vicieux.

A Combelle, 1939?

1934

Le projet de voyage allemand, russe et tchèque ne s'est pas réalisé,
Céline passe seulement deux semaines à Londres pour travailler avec
John Marks à la traduction anglaise décidément délicate. C'est au
moins l'objet ostensible du voyage.

Il est à Paris pendant les émeutes causées par la déconfiture, la fuite
et la mort d'Alexandre Stavisky, escroc, propriétaire de journaux, dont
les inculpations n'aboutissaient jamais, grâce à un traitement approprié
de son dossier dû à des amitiés dans le personnel judiciaire et politique.
M. Alexandre a ainsi pu mettre la main sur le Crédit municipal de
Bayonne, ce qui lui avait permis de tirer un nombre illimité de traites.
Alexandre Stavisky, suicidé d'un coup de revolver qui lui a été tiré à
bout portant (titre *Le Canard enchaîné* le 10 janvier) est de ceux qui
n'ont pas aimé le *Voyage*. Celui-ci l'avait écœuré et il s'était proposé de
créer un prix de littérature « propre ». Céline faisait allusion à lui dans
ses lettres à Élie Faure, « Stravisky » (*sic*) figurait avec Henri de Régnier
parmi ceux qui l'avaient vomi. Il les citait à Élie Faure comme un motif
de ne pas choisir entre gauche et droite. Il reparlera de lui aux journalistes de Chicago.

Le 6 février, la police tire sur les manifestants de droite place de la
Concorde. Il y a des morts. Céline aurait, selon Mahé, assisté aux événements de la Malamoa, il aurait vu les opérateurs d'actualité mettre en
scène l'attaque du ministère de la Marine (*La Brinquebale*). Cela paraît
acrobatique. Il interprète en tout cas ces convulsions comme un signe
de la marche au fascisme, suivant l'exemple allemand : « On attend
l'homme à poigne avec ou sans moustache. [...] La France est une
vieille femelle qui se vide comme en Afrique. Ces femmes dont les
règles durent trois semaines. C'est la répugnante hémorragie », il l'écrit
à Garcin, une semaine après les événements [1].

La politique passe par le biologique, la littérature aussi : *Commune*, la revue de l'AEAR sous direction d'Aragon, a lancé une enquête : « Pour qui écrivez-vous ? » La réponse est téléguidée : pour les autres, pour le peuple, pour le progrès de l'humanité.

Céline a encore en tête la lettre ouverte que lui envoyait le mari d'Elsa en novembre, il répond : « Si vous me demandez pourquoi les hommes, tous les hommes, de leur naissance jusqu'à leur mort ont la manie, ivrognes ou pas, de créer, de raconter des histoires, je comprendrais votre question. Il faudrait alors (comme à toute véritable question) plusieurs années pour y répondre. Mais écrivain!! biologiquement n'a pas de sens. C'est une obscénité romantique dont l'explication ne peut être que superficielle. »

Prédictions

Élisabeth est à Los Angeles, elle annonce son retour pour mars ou avril. Karen est en tournée, Cillie est plus ou moins casée à Vienne, Évelyne est toujours mariée et toujours sans éditeur. Reste Erika qu'il avait le projet d'aller voir à Berlin ; il la réinvite à Paris avec préavis d'un jour. Sa mère et sa fille viennent souvent coucher chez lui, lui dit-il. On ne voit pas pourquoi Marguerite ne rentrerait pas coucher chez elle et Colette est rarement à sa garde (quelques jours, deux ou trois fois par an, dit Élisabeth). Il veut éviter toute rencontre surprise, avec « Hamlet » (surnom de Karen), lorsqu'elle passe par Paris.

Erika recueille la première prédiction *datée* de Céline : « Tout cela finira comme vous savez dans cinq ou six ans – l'union européenne se fera dans le sang », ce qui donne 1939 ou 1940, deux dates bien visées. L'état de la vieille femelle France laisse augurer du résultat. Complément pour le Londonien Garcin : « L'Angleterre suivra le mouvement. La City est aux ordres depuis longtemps. Canaillerie. La purification par les Mongols nous attend. C'est une débâcle qui nous est due, à la Léon Bloy, rien à attendre de la pourriture, Garcin. Alors rigolons. Il s'agit de bander vite et fort avant qu'on nous les coupe » (29 avril).

Céline, qui dessine alors « le beau zozo » pour Mahé, illustrateur éventuel de *Voyage*, sème ses pronostics à tous vents. Le jour où il les réunira, il fera un malheur et il signera le sien.

Pour le moment, il est question d'un voyage aux États-Unis. L'occasion est la sortie de la traduction anglaise. Ce voyage n'est pas laissé au hasard mais préparé par une interview donnée au *New York Herald Tribune*. Un reporter est monté rue Lepic et Céline lui a raconté sa vie (en partie celle de Marcel Lafaye) : né prolétaire, orphelin de père cheminot, élevé par une mère couturière en atelier, au travail à douze ans dans une fabrique de ruban, l'école du soir, la guerre. Grièvement blessé, il entreprend des études de médecine – qu'il interrompt à l'armistice pour aller travailler en Afrique-Équatoriale. Au retour, son doctorat en poche, il travaille sur un paquebot transatlantique, ce qui lui permet de connaître les États-Unis et l'Afrique où il étudie la maladie du sommeil pour la Fondation Rockefeller avant de travailler à Paris pour les pauvres. Ensuite c'est l'épopée de *Voyage* et du Goncourt gagné et perdu : « Ils se sont battus littéralement pour mon livre dans une librairie quand le stock était épuisé. » Il n'est pas écrivain. Tout le monde écrit et porte un livre en soi – sa vie – même le *wattman* en faisant résonner sa sonnette. Ainsi parle l'auteur, au temps des tramways et au milieu de bons meubles anciens, de modèles de voiliers, des vieilles gravures, une mappemonde d'écolier et quelques livres entassés n'importe où, qu'enregistre le journaliste. Celui-ci reçoit un conseil : « Écrivez si vous voyez d'un œil clair ce qui se passe autour de vous... si vous voulez... s'ils vous laissent faire » (27 mai 1934).

Ils : les puissances. Elles ne sont pas encore désignées. Écrire ce qui se voit clairement est un exercice périlleux et requiert quelques ruses et quelques travestissements : en homme du peuple par exemple.

Il croit alors passer par Londres et annonce à John Marks qu'il y arrivera accompagné par une ravissante danseuse russe. Karen part pour l'Amérique, elle ausi, il sollicite pour elle (la danseuse russe) « un gentleman accompagnateur » (« Toujours un peu maquereau par mes tendances, j'aime à rendre service », 26 mai).

Élisabeth reçoit de son côté une carte mélancolique représentant les marches vides de la grande allée du parc de Saint-Cloud : « *That where I pass my sundays now sick of St Germain as you may well imagine* », ce qui se traduit mot à mot : « C'est où je passe mes dimanches maintenant fatigué de Saint-Germain comme tu peux l'imaginer. »

Un prix Blumenthal est décerné à un artiste moderne, Céline se démène pour le faire obtenir à Henri Mahé qui vivote au gré des commandes. Il met en branle ses récentes relations journalistiques ou autres, et houspille le candidat trop disposé à se fier à la chance et au destin : « Il faudrait bien que tu t'occupes toi-même *sur place des détails* précis, pertinents de ta campagne. »

Sa place est retenue le 12 juin sur le *Champlain* et il sera absent trois semaines, il prévoit son retour avec Élisabeth fin juillet. Il s'inquiète toujours de l'apathie de Mahé et se renseigne sur les influents, Deffoux, l'intermédiaire d'Havas, « la mère Descaves » qui a trouvé le moyen de recommander Mahé à « tous les membres du jury Blum ».

Il n'est pas sûr d'aller en Californie, « trop loin, trop cher ». Élisabeth le rejoindra sur la côte est.

Il l'appelle, elle revient. Sultane du harem, sa place est rue Lepic. À Cillie, confidente des ennuis intimes (mère insupportable, fille trop différente) il peut dire qu'elle a été très malade (2 juin).

La mode du moment est aux enquêtes. Céline a le temps de répondre à celle d'André Rousseaux – dont il n'a pas oublié les écœurements – dans *Le Figaro littéraire* : « Faut-il tuer les prix littéraires ? » demande-t-on au perdant du Goncourt et au lauréat du Renaudot. Il répond par une modeste proposition : les multiplier comme les bistrots. On compte trop sur la Loterie nationale (elle est de création récente). Le Renaudot, dit-il, en lui apportant 1 250 francs (environ) de rente mensuelle lui a mis l'eau à la bouche et si, bien placé comme il l'est, André Rousseaux entendait parler d'un petit jeu floral pas trop loin de Paris... Il pourrait changer de nom (9 juin).

Élisabeth est une belle garce

À la veille de son départ, il sait plus ou moins à quoi s'en tenir sur les intentions d'Élisabeth : « Je m'attends à bien des choses », écrit-il dans sa lettre d'adieu aux Dabit. Sa régulière est une belle garce [2]. Il est plus explicite avec Junie Astor, l'actrice rencontrée sur les tournages d'Abel Gance. Elle habite avec Jacques Deval à Hollywood, tout près d'Élisabeth. Il irait sur place « donner de beaux exemples » à celle-ci, s'il avait l'argent, de la liberté et l'or de l'aventure, mais « ton amant est incapable de faire un sou de mon biniou ». Il écrit du *SS Champlain* où il a embarqué. Et il lie le scénario confié à Deval et ses déboires sentimentaux : si Deval vendait le scénario, il aurait de quoi aller en Californie convaincre Élisabeth de revenir. Il suggère pour renforcer les chances du scénario « un petit mariage juif à la fin qui donnerait de l'actualité à toute l'affaire », référence évidente à l'Affaire, la nouvelle, l'affaire Stavisky, et manque évident de tact si Jacques Duval est juif comme il le croit, « fils naturel de Blumaran » selon Henri Mahé et non de vieille souche tarnaise, comme il l'affirme lui-même [3]. Manière de la mettre dans le jeu, il termine sa lettre à Junie Astor sur une plaisanterie : « Peut-on engager les scénarios à Hollywood comme des montres ? Dans ce cas, n'hésite pas, va le porter tout de suite [4]. »

Arrivé à New York, il donne des nouvelles du livre à Denoël, elles sont bonnes, déjà presque vingt mille exemplaires de *Journey to the End of Night* vendus. Selon Élisabeth, « Californie-cinéma se tâte encore », il va y aller lui-même, en passant par Chicago, il y sera en juillet.

Élisabeth a donc de nouveau écrit, ou bien il a téléphoné en Californie du Vanderbilt Hotel où il est descendu, il a parlé à Élisabeth ou à son père car il n'est pas certain qu'il ait son adresse à elle. Il est maintenant décidé à aller la chercher en passant par Chicago où se trouve Karen. Le cinéma, la vente du scénario tournent à l'alibi, c'est pour aller convaincre Élisabeth de rentrer avec lui qu'il réclame à Denoël une nouvelle avance. Où est placé l'argent encaissé jusque-là ? A Zurich ?

Un nuage de tabac et d'alcool

On se souvient de Rashomon : un crime a été commis dont il existe autant de versions que de témoins (coupables inclus). Plus d'un épisode de la vie de Céline y fait penser. Par exemple celui de la séparation définitive avec Élisabeth Craig à Los Angeles, en juillet 1934.

Jusqu'à une date récente, on n'avait que la version de Céline et accessoirement celle de Jacques Deval, l'une et l'autre parfaitement opposées : drame atroce, répète Céline, sous une forme ou sous une autre, à chacun de ses correspondants. « Des journées atroces qui ne seront jamais racontables, même par moi qui pourtant... » Il écrit à chaud, de Los Angeles, à Denoël le 12 juillet [5]. « Il ne m'a paru que médiocrement anxieux de retrouver Élisabeth », dit Jacques Deval. C'est le témoin oculaire, Céline loge chez lui [6].

Situation convulsive pour l'un (« Élisabeth dans un état de semi-démence [7] », « circonstances tout à fait burlesques [8] »). À Henri Mahé, le copain, le complice, il peut dire le vrai du vrai : Élisabeth s'est donnée aux gangsters ; il lui recommande le secret, n'en parler à personne (8 juillet [9]).

Il raconte cela de Chicago, où il a rejoint Karen qui vit *aussi* dans un quartier interlope.

Lucette Almanzor donne une version forcément tardive mais d'autant plus animée : Élisabeth a été arrachée à Céline. Cela s'est passé dans un terrain vague, elle a été happée derrière une palissade, saisie par les gangsters [10]. Cet argument de ballet à la Roland Petit, où l'on « voit » le bras de Zizi Jeanmaire s'agiter, puis disparaître, doigts frémissants, remonte à l'après-guerre. Céline parle alors à Milton Hindus, professeur d'humanité à Chicago, d'Élisabeth « disparue dans un nuage de tabac et d'alcool ».

La version d'Élisabeth arrive en deux fois : celle des entretiens qu'elle a avec le professeur de Stanford qui l'a retrouvée par la voie des associations de tirs, et celle de la conversation enregistrée de trois heures qu'elle a avec Jean Monnier [11] mis sur sa piste par les archives de l'église mormonne à Salt Lake City (chez les Saints du dernier jour, la conversion posthume est possible ; les mormons sont devenus les meilleurs généalogistes du monde). Simples et claires au premier abord, les explications que fournit la dame de quatre-vingt-six ans se compliquent un peu à l'examen.

Californie-Paris

Début juillet 1934, Céline arrive donc à Los Angeles venant de la côte est où *Journey* figure dans la liste des best-sellers du *New York Times*. Il a rencontré ses éditeurs américains à Boston et fait ce qu'il fallait pour la promotion du livre. C'est un homme maintenant rodé au succès de librairie, mais qui vise toujours le vrai gros lot que serait l'adaptation de son livre au cinéma.

Jacques Deval travaille précisément pour les studios de Hollywood, il se régale, dit Céline à Mahé, « par la poche et par le cul [12] », c'est l'intermédiaire tout trouvé auprès des producteurs. Cependant, jamais trop prudent, l'auteur a envoyé un exemplaire de la traduction à Élisabeth Craig, également sur place et qui, avec ses relations dans le cinéma, devrait avoir à cœur de présenter le scénario.

Cela fait maintenant une année pleine qu'elle est rentrée s'occuper de son père, seul après la mort de Harriett Merrill-Craig. Quand la traduction anglaise sort, il lui en envoie un exemplaire. Sans l'ouvrir, assure-t-elle, elle le remet à un producteur qui est peut-être le même que celui avec lequel « l'ami de Céline » (Jacques Deval) est en rapport. Lorsqu'elle réclame une réponse, on lui dit qu'on n'a pas fini de le lire (à Alphonse Juilland) ou qu'on n'est pas intéressé ; elle a fait la connaissance de Ben Tankle, elle n'a plus le temps de s'occuper du scénario et elle l'écrit à Céline à peu près un mois avant son arrivée (à Jean Monnier). Elle trouve par ailleurs que « l'ami de Céline », dont le nom lui échappe, a été négligent (à Alphonse Juilland) ou, pis, qu'il souhaite plus ou moins clairement l'échec du projet. Elle ne sait toujours pas son nom, mais il devient « ce Juif » (à Jean Monnier).

Élisabeth n'a aucune sympathie pour Jacques Deval, cela se sent au-delà des décennies. Pourtant c'est dans sa maison que l'entrevue ou les entrevues se passent. Élisabeth est venue de San Fernando Valley avec Ben Tankle, le nouvel ami avec lequel elle vit. Ils se sont installés à l'hôtel pour ces rencontres (à Alphonse Juilland). Il l'a conduite de chez son père (à Jean Monnier). Ben Tankle connaît l'existence de l'écrivain-médecin français, soupirant de sa petite amie. Elle lui en a tout dit, assure-t-elle, en tout cas ce qu'elle juge admissible, par cet immigrant de la première génération, prompt à régler ses comptes. Quand le Pr Juilland fait état de la légende du juge juif propagée par Mahé, Élisabeth ouvre de grands yeux : Ben juif? A Jean Monnier, elle dit que Ben ne lui a jamais dit qu'il l'était, elle a appris plus tard qu'il était juif russe d'origine. Elle a des idées précises sur ce qui différencie les Juifs et les autres, les premiers se caractérisent dans leur obstination à la recherche du dollar tandis que les Anglo-Saxons se lassent vite de cette poursuite, surtout à l'Ouest.

Ben Tankle n'est pas libre. Sa femme, riche et artiste, est devenue folle. Elle est enfermée dans un asile aux frais de sa famille. Élisabeth et Ben ne pourront régulariser leur cohabitation qu'en 1939. En attendant, ils vivent sous le régime du *common law marriage* qui, dans la coutume anglo-normande passée aux Amériques, règle de façon bien pratique l'union libre.

Ben Tankle est alors dans l'immobilier – *real estate* – comme le père et le grand-père d'Élisabeth. Qui dans la Californie de 1934 ne touche pas de près ou de loin au real estate? La crise et la sécheresse chassent de leurs terres les fermiers du Middle West (*dust bowl*) et donnent un nouvel élan au mouvement qui pousse vers l'ouest et la Californie heureuse. Le soleil est là, il suffit d'apporter l'eau pour centupler le prix d'un lotissement. Avec la fin de la prohibition, des capitaux et des énergies employés dans le trafic d'alcool se reconvertissent dans les jeux et dans l'immobilier.

Céline n'apprend l'existence de Ben Tankle qu'à Los Angeles, c'est le récit fait au Pr Juilland : Élisabeth lui dit qu'on l'attend dehors, qu'elle n'a qu'une heure, en fait elle reste deux. A Jean Monnier, elle dit qu'elle l'a prévenu (ce seraient les messages de « la belle garce » concernant le scénario et sa liaison), elle dit aussi qu'elle a deux heures, pas deux heures et demie, deux heures. Ben attend, embusqué dans sa Cadillac.

Si Ben Tankle ne l'accompagne pas dans la maison de Jacques Duval, c'est qu'il est l'un de ces *volatile characters*, soupes au lait, et que cela peut tourner à la bagarre. Elle craint que Céline ne l'insulte (à Jean Monnier). C'est à elle de régler le problème, c'est-à-dire de signifier à l'ex-*lover*, son congé. Réinterrogée sur la personnalité de Ben Tankle, elle précise que c'est un immigrant style Nouvelle-Orléans pour qui tirer sur quelqu'un n'est pas une affaire (*a big deal*). Sans être en rapport avec la Maffia, sauf pour leur vendre des propriétés, c'est un type habitué à faire la loi. Si on se mettait sur son chemin, il trouvait un moyen de régler le cas, plutôt par intermédiaire. Elle en est plutôt fière.

Si elle en a autant dit à son *French lover* en tirant nerveusement sur sa cigarette, on peut imaginer comment cela s'est traduit. La maison Duval doit fournir des remontants. Dehors, l'autre attend dans sa voiture. Un cocktail mental se met en place : tabac, gangster, alcool, Benjamin Tankle. Il va s'enrichir au long du chemin et au cours des années.

Dans les récits faits à Alphonse Juilland, il y a une entrevue, ou des entrevues, ce n'est plus clair dans la mémoire de la vieille femme qui essaie de retrouver ces moments de crise soigneusement refoulés depuis. Dans celui qu'elle fait postérieurement à Jean Monnier, soit qu'elle ait réfléchi, soit que l'histoire se soit décantée d'elle-même, il n'y a plus qu'une seule entrevue de deux heures, tout au début du séjour de Céline à Los Angeles. Ils sont émus tous les deux, ils pleurent tous les deux. Il est venu un billet à la main. Elle n'en a pas besoin, elle renouvelle le sien très régulièrement. Elle lui dit que, s'il ne la voit pas à l'aéroport le lendemain, cela sera fini. Qu'elle ne promet rien, même pas de revenir ou de ne pas revenir en Europe.

Elle explique encore son désir de rompre, par la peur du déclin. Elle a trente ans, trente et un, Céline est obsédé par la beauté et la jeunesse des femmes, ce n'est pas quelqu'un avec lequel il serait possible de vieillir. Elle veut lui laisser un beau souvenir d'elle. Pour Alphonse Juilland, elle recrée une émouvante et sensuelle soirée de rupture, elle dit : « *I had a beautiful evening with him* », laissant ainsi entendre qu'elle lui avait offert ce soir-là et pour la dernière fois les joies qu'il appréciait tant. Jean Monnier recueille une version fort différente : Céline est pris, il a un dîner d'affaires concernant le fameux scénario, et il part le lendemain matin. Elle-même ne rentre pas chez son père. Elle file dans la Cadillac avec Ben Tankle tout droit vers le Texas où son ami est chargé d'acheter des terrains pour la Shell.

Ils se quittent sur un hypothétique rendez-vous à l'aéroport. Élisabeth rejoint Ben Tankle, plus jeune, plus entreprenant, plus optimiste, Céline c'est fini.

On n'entendra plus parler d'elle jusqu'à ce qu'Henri Mahé donne sa version de la rupture : Élisabeth a épousé un juge juif chargé de l'héritage paternel et elle joue à la jolie fermière dans le ranch retrouvé. Rare concentré d'erreurs, juge le Pr Juilland : le père n'est pas mort, il n'y a ni héritage ni ranch, et Ben Tankle n'est pas juge. Est-il juif? Élisabeth dit qu'elle n'en sait rien, il ne lui en a jamais parlé, et puis, au fil des entretiens, elle le mentionne comme un fait établi... Quand elle parle à Jean Monnier, c'est pour elle un fait connu depuis longtemps. Ergo, Élisabeth dit ce qu'elle veut quand elle le veut.

Pourquoi a-t-elle refusé de revenir en France? La réponse était évidente pour Céline : Ben Tankle était plus jeune, plus riche. Ce n'est pas la sienne. Elle l'a quitté, affirme-t-elle, parce qu'elle l'aimait trop, elle s'était dit qu'elle ne pouvait plus que décliner et le décevoir.

Elle ouvre aussi une autre piste : c'était un désespéré. De plus en plus négatif depuis qu'il rédigeait son livre, il était *déprimant*, même s'il savait l'encourager, lui faire croire qu'elle avait du talent, il refusait de voir le côté plaisant de la vie. Sa préoccupation des taudis, son dégoût des Français l'absorbaient. À Jean Monnier elle explique qu'il pouvait devenir laid après avoir écrit comme s'il s'était identifié à sa matière. Quand cela le prenait, il rentrait du dispensaire l'index en l'air et s'engouffrait dans son petit bureau où il pouvait s'absorber jusqu'à quatre ou cinq heures dans ses écritures. Quelquefois il ramenait des clients du dispensaire, hommes ou femmes, il les faisait parler, il ne les exploitait pas mais il absorbait leur vision des choses. Il en invitait à dîner, il disait : « Je ne leur ai rien promis ! » Elle croit même avoir rencontré dans le groupe des amis de Mahé un certain Robinson, auquel il n'arrivait que des malheurs. Quand elle reçoit Jean Monnier, Élisabeth a réussi à terminer *Voyage au bout de la nuit*. Elle en est encore confondue : où a-t-il trouvé, imaginé, ces personnages abominables ? Les Français apprécient l'optimisme américain mais ils ne le ressentent pas. Céline détestait les Français qu'il appelait « les petites gens », mais il était fasciné par leur condition sans espoir et il s'est perdu dans cette contemplation.

Tout cela sonne vrai et tout cela correspond à ce que nous connaissons de Céline. Rue Lepic, on a une vue splendide de Paris, mais c'est de Paris lui-même, Paris tout entier, dont Élisabeth voudrait jouir. Montmartre est loin et médiocre, surtout après le point de départ de Genève. Elle garde un souvenir tenace de ses masures lépreuses. Élisabeth l'optimiste « travaillait dans la troupe de Diaghilev ». Tout a été fini avec la mort de celui-ci, donc en 1929. Ensuite elle a continué son entraînement avec la sœur de Nijinski, elle avait même un temps son propre studio à Clichy. Sa spécialité, c'était la variété sur pointes, elle était capable de gigoter des hanches tout en restant sur les pointes, elle s'en souvient. Et puis, l'une des rares Américaines à Paris, elle a un certain prestige sur les directeurs de troupe et elle joue les imprésarios pour d'autres danseuses à qui elle procure des engagements.

Elle parle curieusement du *Voyage* comme d'un demi-échec : le livre va avoir un prix, elle aurait souhaité qu'il gagne plus d'argent avec lui. Il était obsédé par l'argent et cela lui aurait fait du bien d'en ramasser beaucoup.

En mai 1933, il est l'homme de l'année, il connaît des tas de gens, il pourrait les lui faire rencontrer. Elle ne voit que Dabit, quai de Jemmapes. Ce n'est pas très reluisant. Le couple fait connaissance de la nouvelle venue, Karen. Il est question d'aller à Berlin, à Vienne, à Londres, mais Paris reste toujours aussi loin. On pense à ce que répond Karen à la question : Généreux Céline ? – Oui, mais il n'avait pas beaucoup. C'est l'impression qu'elle a gardée de lui ; elle compare avec les vrais riches. Comme Élisabeth compare avec des revenus américains à la taille d'un continent. Comparé aux vrais pauvres, il a beaucoup, plus qu'il n'a jamais eu. Mais il a encore peur, il ne parle pas du *pécune* aux dames, il le place, il le planque, et il s'embarque dans un autre livre, il faut que la source ne tarisse pas. Quand il rencontre des écrivains, Élisabeth sourit, elle ne comprend rien. Et Karen Marie Jensen est plus jeune, plus athlétique, plus nordique, plus riche, plus indépendante, elle excite le quadragénaire. Sa mère à elle est morte et elle a trente ans, elle n'est encore personne, juste une expatriée. Elle refuse d'aller à Vienne découvrir le cirque freudien dont il lui rebat les oreilles, cette décadence dont les Français sont fiers, on ne sait pas pourquoi (à Jean Monnier), et elle rentre. Karen l'accompagne au bateau, la gentille Karen : Tu auras Karen. Deux mois après son retour, elle est la vedette d'un « classical burlesque » à l'Hollywood Bowl, un théâtre en plein air. Elle a pris le nom de Dana Lorr, elle danse avec Robert Bell et Charles Teske dans un ballet de Kurt Baer : « The Tropical Lion », elle est la princesse que se disputent un lion et son dompteur. C'est le bouquet final de sa carrière.

Élisabeth retrouvée en Californie n'est pas celle dont nous parlent Mahé ou Brochard, la fille qui dit aux suiveurs : C'est cent francs, qui se laisse aimer devant Céline absorbé par ses paperolles, qui aborde hardiment les petits cotres et les remorque à la maison. Dans le gay Paris tout est permis. Quand Jean Monnier vient l'interroger, elle le prévient : N'attendez rien de ce côté-là. Certes Louis l'a emmenée au bordel, un bordel de luxe. Il y était connu, elle a été très bien accueillie, mais elle ne voyait pas l'intérêt d'aller regarder travailler les filles obligées de faire ça pour gagner leur vie. Elle n'a jamais dansé pour lui. Il venait seulement la regarder s'entraîner. Elle a oublié l'épisode du Paramount raconté à Alphonse Juilland quand Céline avait critiqué son numéro. Et elle repense à Paris sans regret : « Paris, surtout à cette époque, je ne sais pas comment c'est maintenant, mais il y avait cette décadence, cette attitude de supériorité dans la décadence comme si c'était quelque chose qu'il fallait chérir, et quand je suis revenue à l'imbécillité américaine, à cette fraîcheur bête qui marque la jeunesse ici, je me suis dit : ouf! quel soulagement... je ne veux plus jamais retourner là-bas... ce n'est pas que je n'appréciais pas le côté intellectuel... non... mais regardez (elle montre par sa fenêtre les collines ensoleillées de la Californie du Sud), ici je peux sortir et voir la nature. Moi, j'ai besoin d'être dans la nature, dans la campagne pour vivre bien, et Louis ne pouvait pas supporter la campagne [13]. »

Une nouvelle de Paul Morand dans *Ouvert la nuit* résume ces jeux de civilisation. Un jeune Parisien rencontre une Anglaise dans une folle soirée. À quatre pattes dans un placard, elle fait le chien, ouah! ouah! il est séduit par son entrain, sa santé, et il cherche à la retrouver. Après une longue recherche, il la débusque un beau matin au fin fond de sa campagne anglaise. Elle est là, fraîche, appétissante, retrouvée. – *Filthy Frenchman*, grince la *girl*, outrée de l'audace.

Chicago, les gangsters

Céline ne prend peut-être pas son avion pour Chicago au lendemain de l'entrevue avec Élisabeth. Le 12 juillet, il est encore à Los Angeles.

Le 14, il écrit à Dabit de Chicago. Il a rejoint Karen que Dabit connaît, elle travaille dans une revue, genre Folies-Bergère, montée par un imprésario du nom de Fisher à l'occasion de la foire du Centenaire de la ville. C'est un événement. Les Ford, Henry et Edsel, sa femme, la visitent, Mme Paul Dupuy née Browne, femme du magnat de la presse parisienne, aussi et elle offre une coupe.

Le temps est très chaud. Atrocement, dit Céline qui ne supporte pas. Il fait une nouvelle crise de furonculose qu'il attribue aux émotions de Los Angeles. Il habite au New Lawrence Hotel, bourré de « maquereaux nègres » et de gangsters. Depuis l'enlèvement d'Élisabeth par Ben Tankle, il les voit pulluler. A Chicago, la fin de la prohibition a imposé une reconversion brutale aux professionnels de l'illégal, **ils** se sont reportés vers le hold-up, l'attaque de banques, le prélèvement à la source.

Début juillet, la première page des journaux de Chicago se partage entre la liquidation de Röhm et de ses SA (la « Nuit des longs couteaux ») et le meurtre par Dillinger et ses hommes d'un directeur de banque. Le jour où Céline arrive en ville, Hitler fait un long discours au Reichstag réuni à l'Opera Kroll pour justifier « la purge des 77 ». En France, l'affaire Stavisky provoque de nouvelles émeutes.

Céline, attendant Karen, soigne ses furoncles, travaille à son manuscrit et répond au courrier. A Denoël, il a annoncé, de Los Angeles, avoir donné une option de six mois à Lester H. Yard, directeur de *Variety*, option qui peut avoir d'autant moins de suite que *Variety* est le journal du « show-business », sans liens organiques avec les studios. On peut supposer qu'il a voulu justifier l'avance demandée. De Chicago, il réclame encore de l'argent, ses comptes, et fait surtout part de sa décision de publier dans les huit mois, le premier livre de *Mort à crédit*, « Enfance, Guerre, Londres », programme qui correspond à *Mort à crédit* tel qu'il a été publié, au *Casse-Pipe* inachevé et à *Guignol's Band*. Il fera cette publication suivant un nouveau barème de droits, 12 % dès le premier exemplaire, « toutes traductions et adaptations pour cézigue » (16 juillet).

Il a pris le genre du pays : à un revers, il répond par une contre-attaque ; il « recoup » le négatif par du positif, il compense l'échec privé par la recherche d'un nouveau succès littéraire. Élisabeth verra ce qu'elle a perdu. En mars 1935, au plus tard, *Mort à crédit* paraîtra !

Eugène Dabit, qui travaille de son côté à un nouveau livre, reçoit des encouragements et aussi des confidences : « Une atroce épreuve, pas racontable même par moi qui pourtant... Je n'ai pas besoin de fignoler mon Destin, la vie me sert au-delà de toute (question ou pression) – je vous assure – et sans recherches à moins qu'inconsciemment... » Il l'encourage à venir mais au printemps, il faut fuir l'hiver et le torride été. Il ne voit que la Russie pour ressembler à cette énorme aventure. « Un pays qui ressemble à la mer mais plus, beaucoup plus de perfections physiques. » Quelle chair ! Il y cède, surtout en Californie où pourtant il a reçu une énorme leçon de méfiance (14 juillet).

Curieuse, fiévreuse lettre qui se ressent des étouffements moites de Chicago. Tout est mêlé, les épreuves morales et les perfections physiques, celles des États-Unis et celles de la Russie (que Céline ne connaît pas). Céline ne peut pas avouer qu'il a perdu Élisabeth, il a été trahi, il se raccroche à la doctrine immanente du *popo* qui s'est montrée, dans ce cas, inopérante.

Dabit connaît Karen. Céline lui dit qu'elle est « ici avec moi ». « Elle travaille chez les gangsters, danseuse. » La ville est entièrement dirigée par les gangsters depuis les tramways jusqu'aux grands quotidiens. « Chez nous aussi sans doute, mais ici en romantique. » Le ton est très différent de celui de l'Europe : « Ni dégoût ni haine, une vitalité divine, infiniment souple, l'Europe vers 1660 sans doute – et traîtresse – Moi ni vous pas idée » (14 juillet [14]).

Ce n'est ni la lettre d'un « communiste » (il déplore l'antagonisme de classes) ni à proprement parler celle d'un veuf. L'Amérique a de nouveau séduit le Parisien en col dur du Passage. Il tombe sur une comparaison étonnante pour rendre compte de cette anarchie positive (ni dégoût ni haine) dans laquelle baigne le nouveau monde, l'Europe de la prise de pouvoir, la France du roi amoureux. Comme un chat dans la jatte de crème, il a seulement du mal à ressaisir les bords.

Le 18 juillet, le *Chicago Daily News*, important quotidien de Chicago (et donc gangstérisé comme le reste), publie une interview à sensation – donnée comme la première qu'ait accordée le Dr Destouches. Celui-ci a pourtant fourni à son interlocuteur les articles publiés en anglais par le *New York Herald Tribune*, eux-mêmes fondés sur celui de Paul Vialar en 1932. Ainsi se propage la légende du manuscrit identifié grâce à un ticket de blanchissage. L'interview sert à la promotion de Karen présentée comme « une jolie danseuse des Folies-Bergère » à laquelle le rôle principal est réservé dans le film tiré du *Voyage* et dans la nouvelle pièce de Céline qui va être montée à Paris l'hiver prochain. C'est l'occasion d'un hymne à la femme américaine, « la tragédie de leur beauté flexible, sinueuse, élusive » ! Il parle de son livre en cours et de la situation présente qu'il voit fort sombre : « Les hommes adorent se regarder tuer. » Et il conclut sur l'affaire française du jour, le scandale de ce Stavisky que le *Voyage* choquait et qui voulait créer un prix de littérature « propre ».

« Stavisky gardien de la moralité française! fait le docteur en souriant. » L'article est illustré par une photo de Karen et par une « caricature » de Gen Paul représentant un Céline en traits dissociés (c'est une première version).

Avant de quitter Chicago, il se plaint de la désagréable publicité faite sur sa venue, publicité qui aura du moins l'avantage d'alerter les gens de cinéma. C'est la manière dont les prime donne indiquent que la presse a été copieuse. Il fait monter un peu les enchères : ce sera 18 % au-dessus de quarante mille exemplaires vendus et non plus cinquante mille. Ces 18 % sont une consécration et, en rabaissant le seuil, il se grandit d'autant.

Le jour même où il écrit à Denoël, Dillinger se fait abattre à l'entrée d'un cinéma de Chicago. Il avait donné rendez-vous à une fille en rouge, dont l'identification va déchaîner le zèle des journalistes. Le

Chicago Daily News annonce le 25 que les clés trouvées sur le cadavre criblé de balles par la police « *fit flat of girl in red* » (raccourci de l'anglais que Céline ne peut qu'apprécier) : Dillinger a été trahi par sa petite amie. Elle travaillait pour la police qui la renverra vers son Europe natale.

A New York, le relais féminin est assuré grâce à Karen qui adresse Céline à Irène McBride, autre danseuse. Il l'assiège immédiatement, chair à laquelle il cède selon le style de la lettre à Dabit. Successivement toutes les danseuses qu'elle lui présente, y compris « une gamine de quinze ans » (Gibault), sont sollicitées pour ces conversations un peu plus franches qu'il aime.

Son engagement terminé, Karen le rejoint et cela se passe mal. Elle a rencontré à son tour « un petit Roméo » et elle est devenue « tout à fait méchante ». On retrouve là le style que Céline emploie avec ses étrangères, les simplifications du langage enfantin. Ces reproches parviennent à Karen de Paris, avec une offre de cohabitation sinon de mariage : en somme la place d'Élisabeth est à prendre (7 février).

Il est allé rejoindre Mahé en Bretagne. Celui-ci navigue le long de la côte et des télégrammes l'attendent dans chaque port où il pourrait faire escale : Carentan, Le Rosan, Carteret.

Une Américaine qui deviendra un sculpteur connu, Louise Nevelson, se souvient aussi avoir été demandée en mariage par Céline sur le bateau du retour et, si on en juge par la carte que Céline lui envoie de Saint-Malo, il ne fait pas de doute qu'elle au moins y pensait :

« *Dear Miss Nevelson,*

« *By now you must have been married over and over again. What passion will be left for me?*

« *Il will be in Paris Saturday evening. Have lunch with me any day you say, but write one day before. 98 rue Lepic. Where is that money? Louis F.C.* »

(Maintenant vous avez dû être mariée plusieurs fois. Quelle passion restera-t-il pour moi? Je serai à Paris samedi soir. Déjeunons n'importe quel jour de votre choix mais prévenez un jour d'avance. 98, rue Lepic. Où est cet argent?)

Une carte précédente faisait allusion à l'argent que Louise Nevelson allait « faire » à Paris. Elle vient conquérir la France, et le mariage était sur l'itinéraire d'une jeune Américaine un peu débrouillée.

On voit, à travers ces badinages qui prolongent des plaisanteries de traversée, que le ciel de Céline n'est pas uniformément sombre et qu'il est décidé à poursuivre, ici ou là, la chasse aux nymphes et les « conversations ».

Junie Astor reçoit de son hôte de Los Angeles une lettre de château passablement cynique. Ajoutée aux confidences à Dabit sur les tentations de la chair en Californie, elle permet de comprendre pourquoi Jacques Deval l'avait jugé médiocrement désireux de récupérer Élisabeth : « Le truc du cœur a marché pépère à Chicago et puis à New York.

Je te le ferai très prochainement, mais au fond quand même je suis bien sonné. J'espère que de ton côté tu n'as pas à te plaindre. Je te dois bien de la reconnaissance pour les manières si affectueuses dont tu m'as traité là-bas (à part le tourisme). J'ai eu des mots vifs dont je te demande bien pardon. Je ne savais plus très bien ce que je disais, toi non plus d'ailleurs. Douleur, chaleur, lover [15]... »

Fin août, il retrouve Montmartre et les amis qu'il s'y est faits depuis sa notoriété, Gen Paul dont il avait emporté un dessin dans son « dossier de presse ». Gen Paul a son atelier au bout de la rue. C'est Hubert le brocanteur installé rue Lepic qui a amené Céline chez Gen Paul. Au témoignage de Le Vigan qui a aussi fait sa connaissance par Hubert, Céline est épaté par sa dextérité de faussaire. Il a retrouvé un nouveau manipulateur des réalités, façon marquis de Graffigny ou Papus. Du fond de l'Argentine, Le Vigan revivait la rencontre : « J'ai connu Ferdinand (Louifé je l'appelais) après son *Voyage*. [...] Ce fut à Montmartre quand je vivais là avec ma daronne, un sombre atelier au fond d'une cour rue Simon-Dereure au n° 11. Lui, il habitait un atelier au 2 ou bien au 3 dans la rue Lepic (*sic*), à droite en montant, presque avant d'atteindre la rue Girardon. En bas de sa taule vivait un brocanteur ivrogne et sympa et unijambiste, Hubert qu'il s'appelait, un vieux de la vieille du marché aux puces. S'étant retiré, il s'était mis là pignon sur rue!... Tout un personnage! Carburant pastis du matin au soir ou bien anisette! renard authentique, maître en faux de tout, qui vous arrangeait en deux coups un seul une page blanche en vieux manuscrit! et qui vous sortait des merveilles rares, planches, inédits tirés des cartons de Rembrandt, de Bosch, de Poussin, d'Ingres, de Rodin, Mayol, tout ce qu'on voulait, fort incontestable, mais que les rapins avaient ébauché l'avant-veille au soir. En fallait-il plus pour piper Louifé, que cette alchimie en arrière-boutique dès qu'il habita la rue Lepic? C'est cet Hubert qui tout aussitôt le mena dans l'antre de Golo Golo, Gen Paul pour les caves, autre unijambiste. Je fréquentais (coin rue Girardon, avenue Junot) la vieille masure, palais des punaises! des journées entières. Ce fut l'admission toute spontanée d'un beau chevalier du " coin Girardon ". Il s'y incrusta! venait comme moi plusieurs fois par jour pour y rencontrer folle compagnie et s'y divertir de libre gazette! Il y avait là coutumièrement soit Pulicani, soit Marcel Aymé, Daragnès, Bonvilliers, Max Revol, Perrot, Varennes et beaucoup d'autres moins assidûment; tandis que Golo Golo barbouillait ses toiles en répandant l'huile de sa vacherie toute spécifique sur la compagnie ou sur les sujets de la digression [16]. » Golo Golo est le petit Noir de *L'Église*. Céline a rapporté le terme d'Afrique, pour lui il désigne un esprit malin.

Albert Paraz rencontre Céline la même année dans un bistro rue Lepic. Ils se tutoient tout de suite. Plus tard Paraz lui montre le manuscrit de *Bitru* et Céline lui dit d'aller voir Denoël : « C'est un Belge. » Montmartre est un village, les rencontres se font fortuitement ou par enchaînements d'affinités. Henriette Chervin, qui habite aussi rue Simon-Dereure, est suivie dans la rue par Céline qu'elle finit par interpeller : « Vous me cassez les pieds ! » Ils causent. Elle se souvient qu'alors celui qui était en train d'écrire *Mort à crédit* ne connaissait pas le terme « bignolle ».

En 1934, Le Vigan tourne *Golgotha* avec Julien Duvivier, il y tient le premier et le dernier grand rôle de sa carrière, celui du Christ. S'identifiant comme toujours à son personnage, il se serait fait enlever quelques molaires pour paraître plus émacié. *Le Canard enchaîné* accroche Duvivier sur ce sujet édifiant. Le metteur en scène s'abrite derrière un projet de tournage de *Voyage* : « Si Céline et moi en trouvons les moyens, autre histoire moins suspecte aux yeux de votre collaborateur que la passion aveugle » (17 octobre 1934).

Ce tournage de *Golgotha* nous permet de dater une rencontre faite à ce moment par Céline, meurtri mais toujours cavaleur. Retrouvée dans le Sud-Ouest, une respectable bourgeoise, mère et grand-mère d'une nombreuse famille, se souvient qu'assistant à Pleyel à un concert il se présente à sa voisine en lui passant le programme sur lequel il a écrit : « Louis-Ferdinand Céline ». Comme cela ne semble rien évoquer, il ajoute : « Voyage au bout de la nuit ».

Ils font connaissance au Foyer. Il se montre empressé mais respectueux : « J'étais blanche mais pas oie », dit Mme L., et ils se revoient. Il l'invite par exemple à assister au tournage de *Golgotha*.

Au retour des États-Unis, Céline a renoué avec son réseau féminin, Cillie à Vienne, Erika à Berlin, Évelyne à Anvers. A toutes il se plaint : atroce, tragique, rien ne se compare à ce qu'il a subi et il est difficile de ne pas penser au « coup du cœur » de sa lettre à Junie Astor. Tout sonné qu'il soit, le cavaleur cavale. Karen se manifeste, elle est toujours aux États-Unis dont la gaieté l'enchante, Céline lui décrit ce pays comme il le voit maintenant : « sinistre, absolument dépourvu de vie profonde, une impuissance spirituelle inouïe, une nation de garagistes ivres, hurleurs et bientôt complètement juifs », un corps sans âme : « miracle de grâce et de forme ».

Si Karen ne se marie pas ailleurs, si elle renonce à se renouveler sexuellement, il lui offre « la continuité d'une histoire qui va si possible de l'enfance à la mort ». Il a gardé, assure-t-il, le sens des valeurs profondes, même s'il n'en dit rien par une pudeur qui se perd. Si elle rentre, il la loge, la nourrit, l'habille, il le peut maintenant, elle se débrouillera pour son argent de poche, il sera même heureux de le lui donner (si elle est gentille !).

Lettre étonnante, post-scriptum à *L'École des femmes*, mi-supplique, mi-contrat notarié par lequel il fait entrevoir l'héritage, la rente assurée, s'il peut encore travailler dix ans, pour elle et pour sa fille. « Je ne voudrais pas mourir seul. » Cette demande est aussi une promesse de veuvage [17].

Le même jour, 7 février 1935, préparant une escapade à Londres où il rejoint John Marks, il lui demande de lui procurer *un cul bien anglais*, cette fois il ne quittera pas le bordel, il veut *enculer le printemps*. Le mariage offert serait un mariage ouvert. Sécurité d'une présence, complicité assurée et renouvellements par les escapades [18].

166

À Henry Miller dont il fait connaissance, il recommande la discrétion et se plaint par ailleurs de « Petit Mahé » bien gentil mais « qui fait des gossips comme une femme » (à Karen, 17 juin). Ce sont des allusions à des incidents dont la nature est claire mais dont on ignore la substance.

En juin, de retour de Londres par la Belgique, il trouve à Paris deux lettres de Karen. Elle est rentrée au Danemark, elle a décidé de ne pas épouser « le jeune homme », elle pourrait donc être disposée à accepter son offre. Il fait aussitôt un pas en arrière. Est-elle sûre de ne pas regretter plus tard ? « Je vous aime bien, Karen, mais je n'ai pas grand-chose à offrir. Allez, je le sais bien. Vieux déjà, débauché, pas riche, malade en somme. C'est un pauvre parti. Vadrouille et sinistre, je suis bourrelé de scrupules en pensant que vous avez peut-être fait une bêtise en refusant ce jeune Américain » (17 juin).

Il lui parle de son travail qui avance (« rien ne vaut une petite aventure voyageuse pour remettre de l'entrain dans la fabrication des pages »), du prix d'un appartement, de son film, de Marie Bell qu'il va rencontrer, de Jacques Deval dont on monte deux pièces à la fois. N'importe quoi. Plus question de mourir dans les bras de Karen. Le printemps londonien a fait son effet.

Et puis, en avril, il a assisté à un récital de piano donné par Lucienne Delforge et, en mai, il a fait sa connaissance. En témoignage d'admiration après un concert salle Gaveau, il lui fait parvenir un texte pour sa « presse » : « Elle s'exprime avec un lyrisme naturel. On peut compter sur les doigts les virtuoses qui ne tuent pas la musique, la plupart d'entre eux ne savent pas ce qu'ils font : appris, forcés (apprise, forcée ?) la musique n'est pas leur langue... ils la parlent comme le latin ? » Céline et elle passent ensemble un week-end à Londres. Et en juillet, il part en sa compagnie pour Copenhague rendre visite... à Karen. Ils sont descendus à l'hôtel d'Angleterre. C'est le début d'une virée de deux mois. Il avait prévu d'aller voir en Finlande les derniers grands voiliers au long cours, le voyage dévie vers Berlin nouveau style qu'ils atteignent le 16 juillet.

Un été allemand

L'Allemagne que retrouve Céline n'est plus celle du début de l'année 33 qu'il avait visitée. Les lois de Nuremberg définissant l'appartenance à la race juive et l'exclusion pour les Juifs de tous les emplois publics vont être proclamées. Sans qu'il y ait encore des persécutions caractérisées, le climat a changé. Les Soviétiques ont fondé leur nouvelle société sur l'élimination d'une classe, les nationaux-socialistes fondent la leur sur l'exclusion d'une race d'« exploiteurs », gérants sinon responsables du malheur. Stresemann et Rathenau, au pouvoir du temps de l'humiliation, étaient juifs. Coïncidence, Schacht fait des miracles et le chômage se résorbe à grands pas. Le rétablissement physique du pays s'est traduit en mars par la victoire de l'équipe allemande de football au parc des Princes devant quarante mille spectateurs. Les sept mille visiteurs allemands ont entonné le *Deutschland über alles*, les Français ont répondu par une tonitruante *Marseillaise*. Les Anglais toujours pragmatiques signent un accord naval avec la nouvelle Allemagne autorisée à augmenter son tonnage. C'est la première entorse officielle au traité de Versailles. La réoccupation de la Rhénanie va suivre.

De Berlin, Céline et Lucienne Delforge se rendent à Munich, puis en Autriche. Céline alerte Cillie, il l'invite à venir faire de l'alpinisme avec sa petite amie, le M. (mari?) et les trois Annie. Pas d'exclusion pour les amies. Ils la rencontreront à Salzbourg, que Céline écrit phonétiquement Saltzburg, à partir du 27 juillet.

Un bel été. L'ancien ami d'Élisabeth semble avoir trouvé sa nouvelle compagne. Elle est présentée aux uns et aux autres, or le 2 août il quitte brusquement Salzbourg en l'y laissant. Lucienne Delforge y reste encore une huitaine de jours, sans doute pour profiter du festival. Ainsi se terminent deux mois de voyages communs et une relation amoureuse. Ils se reverront pour des déjeuners, des visites de musée, des concerts, des conversations jusqu'en mars 1936. Lucienne Delforge tient un journal, elle voit alors Céline finir seul. Il vient tout juste de se lier avec celle qui deviendra sa troisième femme. Ils se retrouveront à Sigmaringen où Lucienne Delforge, qui semble avoir elle aussi subi l'influence de l'été allemand, se retrouve avec un journaliste collaborationniste.

Dans une longue lettre adressée à « mon petit chéri », Céline explique son départ brusqué : il l'encombrait, et puis il y a cette incapacité qui est la sienne de supporter « la constance de certaines choses ». Il réagit à ce mariage comme à celui de Rennes, même si cette fois il y met les formes : « Je suis né tout petit dans une ambiance de cauchemar et de misère et puis il y a eu la guerre et puis tant d'autres effroyables épreuves et l'habitude hélas bien explicable d'escompter toujours le pire, et puis cet espèce d'acharnement à refuser les dons d'une vie que je hais » (26 août [19]). Le personnage public, marqué du soleil noir de la mélancolie, est opposé à une jeune femme devenue importune. Quelque chose entre eux ne collait pas. Nous n'avons aucune raison de savoir quoi.

À Chicago, il prévoyait la sortie de *Mort à crédit* en décembre 1934, il parle maintenant de décembre 1935. Ce sera décembre 1936. Ce mémorial sous le signe de la mort, où l'aventure entièrement imaginée de Courtial des Pereire prend peu à peu la place réservée à la vie militaire et à Londres, vient difficilement. Pourquoi la hâte de publier sinon par crainte de voir le personnage, ostensiblement exécré, oublié, par le besoin de garder l'emprise sur le public, celui de compenser les déceptions privées et les contorsions humiliantes auxquelles il est soumis depuis octobre 1932?

Tout se lie, la tentative de retrouver la relation idéale qu'il avait ou croyait avoir avec Élisabeth et cet autre miracle qu'a été la rédaction réussie de *Voyage*. La tension de cet été nous est transmise par les lettres qu'il envoie à Élie Faure avec lequel il poursuit le débat depuis deux ans. Faure insiste pour lui faire assumer le rôle auquel le voue son personnage. Céline se dégage avec violence : son interlocuteur, prétend-il, est « malgré tout de l'autre bord ». Lequel ? Il ne le dit pas mais c'est poser une question de nature : « Vous ne parlez pas notre langue et vous aurez... (*illisible*) de regretter les guerres [20]. » C'est au « Juif Faure » que s'adresse cette diatribe : il est tenu comme tel pour comptable de la guerre à venir. C'est la logique de Nuremberg.

Il est conscient d'avoir été trop loin et expédie le même jour une deuxième missive à « Cher Élie ». Il y reprend les mêmes thèmes mais en mineur : « Le prolétariat héroïque égalitaire n'existe pas. » Breughel et Villon n'ont pas d'opinions politiques. La fuite vers l'abstrait est la lâcheté même de l'artiste. Il faut se donner entièrement à la chose en soi. Ni au peuple ni au Crédit Lyonnais.

Dans une longue réponse qu'il envoie à la fin du mois et dont il garde le brouillon, Élie Faure donne raison à « l'admirable monstre » : « Céline, si vous m'aimez, donnez-moi un sujet concret, je meurs de n'en pas trouver depuis mon voyage. » Depuis son tour du monde, c'est la stérilité. Il n'y aura pas d'autre réponse que *Bagatelles*, mais Élie Faure, qui n'a pas apprécié « la scatologie » de *Mort à crédit*, est mort lorsque paraissent ces variations qui reprennent pour l'essentiel les thèmes de l'été 35.

Avec Lucienne Delforge ou avec Élie Faure, Céline utilise le même argument tiré de ses origines. Sa bassesse mythique est à double face : handicap et avantage, créance sur les autres et sur la vie. Il se trouve qu'il est en train de rédiger ces « enfances », truquées sur le plan des faits mais conformes à une vérité intérieure : il les ressent comme un long, un interminable asservissement, une amputation permanente de ses dons natifs.

Reste à trouver le ton, à broder sur le canevas improvisé pour la presse populaire l'histoire du fils de la dentellière et du professeur révoqué qui en haut du tuyau de poêle du Passage rêve de mer et de voiliers. À noter d'ailleurs que sur le plan de l'anecdote, du détail, l'écrivain affabule beaucoup moins que l'homme public.

En septembre, il dit à Dabit qu'il croit pouvoir terminer avant la fin de l'année. C'est un monstre (« je parle du fond ») et une énormité : 800 pages.

Le temps presse, il voit l'explosion européenne pour dans deux ans lorsque Hitler se lancera sur l'Ukraine. Seconde prophétie et première erreur chronologique : la ruée vers l'Est n'aura lieu que six ans plus tard [21].

Il s'installe à l'hôtel Frascati du Havre, bel établissement moderne avec vue sur le vieil océan. Il travaille et il se délasse : « Le quartier Saint-Vincent me reçoit jour et nuit. On y trouve de tout. Je dis tout » (à Henri Mahé).

De Saint-Vincent, il ne reste qu'une chanson de Mac Orlan, c'est le quartier chaud du Havre et il offre apparemment les facilités qui sont chères à Destouches, celles qu'on trouve au Maroc, disait-il à Dabit, ici sans les inconvénients d'une chaleur qui lui est contraire. La prudence l'oblige à ne pas préciser. Mahé le comprend au quart de mot.

« En vieillissant tu verras ce qui reste. Rien du tout. Hormis la violente passion de parfaire, cousine de la mort. » Gobineau disait : « Il y a l'amour, il y a le travail et puis il n'y a rien. » Céline n'a plus que le travail. Son seul projet consiste à aller à Londres voir les Harger-Howell qui s'y produiront tout l'hiver. En quoi consistait donc ce numéro d'hommes pour mériter le voyage ?

Les servitudes du « boulot », dispensaire de Clichy, laboratoires, sont légères. Rue Fanny, c'est une femme-médecin d'origine arménienne, le Dr Howyan, qui le remplace quand il le veut.

En octobre, installé au pavillon royal à Saint-Germain, il va, confie-t-il à Dabit, à Paris tous les jours pousser sa roue ; il la tourne depuis trente et un ans, ce qui nous renvoie à 1904, l'année de la mort de Céline Guillou, quand il avait dix ans. Au boulot depuis l'âge de dix ans ! Dickens est battu et sont enfoncés tous les écrivains, populistes, communistes, anarchistes ou autres.

Dabit a sorti *Zone verte* chez Gallimard, Céline veut le Goncourt pour lui. Tout en trouvant que cela manque un peu de musique, qu'il y a plus de raconté que de senti, que sa langue est devenue un peu étrangère à l'étranger (Dabit habite les Baléares.)

La guerre d'Abyssinie éclate. Elle excite son imagination : « Il doit y avoir de jolis viols actuellement et du mineur bien régalé et de la mignonne en perdition. Seulement il y a une question de couilles. » Celles des Latins ? Le Dr Destouches écrit de la rue Fanny à l'ami Mahé sur un certificat médical. Il souhaite que cette affaire d'Éthiopie ne gêne pas la sortie de son livre. Mahé lui a suggéré d'acheter un bateau. Jamais ! Des chambres d'hôtel et des libertés. Il s'agit de vendre (son livre) : « Je n'aime pas être accosté familièrement par les bourgeois, juifs ou pas. C'est tout. » Par-delà les années, Louis des Touches et Louis-Ferdinand Céline se tiennent la main, toujours « accablés d'orgueil ». L'antagonisme vis-à-vis des Juifs est un fruit de l'été allemand.

Début 1936, il travaille toujours au « monstre » et sur la partie Courtial, la plus imaginée et la plus nouvelle sur le plan de l'écriture, celle qui lui donne donc le plus de mal. Alors qu'il annonçait son intention de déménager de Montmartre et de s'installer complètement à Saint-Germain dont l'air lui convenait, le voilà malade et qui se rapatrie rue Lepic. C'est le cœur, ce sont les intestins, c'est le surmenage. Il a perdu onze kilos. Suivant les correspondants, le diagnostic évolue. Son confrère, « le petit Gozlan », le soigne. Karen et Mahé connaissent Gozlan. Il le désigne à Karen comme « le médecin de Médan », ce qui nous indique non seulement que Gozlan assistait à la cérémonie mais Karen aussi, elle était donc restée étroitement en liaison avec lui après le départ d'Élisabeth. Celle-ci connaissait aussi ce médecin dont la petite taille (ou le contraste avec Céline) l'a suffisamment frappée pour que, lisant des chroniques de médecine dans un journal de Los Angeles « juste avant la guerre » (elle commence en 1941 pour les Américains), elle pense tout de suite à lui. Elle croit se souvenir de son nom : Alvarez, c'était « le petit Alvarez » !

Gozlan, fatalité, est juif. Comme Gance que Céline fréquente beaucoup à ce moment, allant par exemple voir son *Napoléon* sonorisé au Paramount. Gance, malade aussi, qui se plaint de traîner sa galère. Les « merdes auxquelles il est contraint risquent de le couler », juge le bon camarade Céline.

À part lui, il ne voit que Gen Paul, assure-t-il.

Le manuscrit est suffisamment au point fin février pour qu'il puisse poser ses conditions à Robert Denoël. Celui-ci capitule avant le combat : « Je ne veux pas discuter avec vous puisque vous êtes le plus fort » (27 février). On est loin du printemps 32.

Céline veut être payé au fur et à mesure des rentrées ; il obtient le pourcentage minimum de 12 % qu'il réclamait de Chicago mais le 18 % à partir de cinquante mille exemplaires seulement. Il est vrai que ce chiffre est ramené dès le 28 février, par un avenant au contrat, à quarante-cinq mille exemplaires, en contrepartie de quoi il réserve l'exclusivité de toute sa production future à Denoël. Par contre, il garde pour lui les droits de traduction et d'adaptation, il n'aura plus affaire à ce Winkler si bêtement tortillon.

Ces divers points réglés, il remet le manuscrit de *Mort à crédit* rue Amélie.

Jeanne Carayon, qui avait été chargée de la mise au point de *Voyage*, est partie pour les États-Unis. Elle lui a indiqué une remplaçante, une amie à elle, Marie Canavaggia, corse d'origine, célibataire qui habite avec ses deux sœurs un appartement provincial du quartier de Port-Royal. Marie gagne sa vie comme traductrice (elle a traduit plusieurs romans de John Cowper Powys). Céline après quelques énervements s'en remet à elle pour domestiquer ses « monstres » ; elle assurera la normalisation de l'orthographe et autres problèmes de cohérence interne. Ils prépareront jusqu'à *Rigodon* exclu la mise au point des manuscrits allant à l'impression et la correction des épreuves.

En 1936, ils font connaissance et il tient à être informé de tout : « La moindre virgule me passionne, [...] c'est au terme des choses qu'on reconnaît le véritable ouvrier. [...] *Ne vous laissez pas presser*, huit jours de plus peuvent énormément pour un boulot. » Il lui écrit du Havre le 12 avril 1936. « À supprimer [...] scène de la mère je voyais, etc. [...] son bas-ventre (la motte poilue, le fendu...) conserver seulement bas-ventre. Affectueusement. Louis D. »

Pour elle, d'emblée, il est Louis Destouches et il est d'autant plus étonnant de lire la matière qu'il donne à traiter à la respectable Marie Canavaggia.

Répétition de la mise en scène du premier livre, il prépare un voyage pour la sortie du livre, prévenant Garcin à Londres de son arrivée et sa remplaçante à Clichy de son départ : « Une bonne nouvelle ! Vous me remplacez encore tout mai. Je ne suis pas encore requinqué. Je reprendrai le 1er juin » (21 avril).

Il présente son livre à Garcin : « Cela va beaucoup plus loin que *Voyage*. » Du coup il est épuisé, il veut changer d'air, tout au vice et à la farce. Il a reçu à la consultation une certaine Nadia que Garcin lui a envoyée : « Quel charme! Quelle insolence! Vous êtes, Garcin, fin découvreur de talents orientaux ou pas. L'âge hélas! » (même jour).

Cet « âge hélas » veut dire qu'il est resté sur sa réserve, question de contexte, on peut le supposer, ou d'épuisement mental, voilà en tout cas introduite la ritournelle de l'âge et de l'impotence, tout au moins de la mise en suspens du désir. La « conversation » n'est plus aussi spontanée. Celui qui parle ainsi aura quarante-deux ans dans un mois.

En Angleterre se trouvent déjà Henri Mahé et Erika, mariée et mère, l'un travaille, l'autre s'est réfugiée, ils ne se connaissent pas. Cillie est toujours en Autriche et elle parle elle aussi d'avoir un enfant. Céline s'en épouvante : « C'est long la vie d'un enfant! Cillie. Tout ce temps trembler? [...] Même les animaux sauvages ne se reproduisent pas quand les conditions générales deviennent trop périlleuses, trop instables... Et notre jungle à nous! » (27 avril).

Ces convictions antinatalistes ne se démentiront qu'un bref instant pendant l'Occupation quand le déficit français des naissances sera mis en cause, il ridiculise Bernanos et sa progéniture et ne pardonne pas à sa fille et à son gendre leurs cinq enfants, ses cinq petits-enfants. Le monde dont il rêve n'est fait que de beaux garçons et belles filles stériles ou protégés.

Denoël annonce une avance de 20 000 francs pour fin mai, une estimation de ses gains au 10 juin, et l'assure de sa reconnaissance. C'est un éditeur comme on n'en fait plus. Il est vrai que, pour lui comme pour l'auteur, *Mort à crédit* est une nouvelle partie à jouer, une grosse partie.

Au-delà du Voyage

« Nous voici encore seuls. Tout cela est si lent, si lourd, si triste. Bientôt je serai vieux. Et ce sera fini. Il est venu tant de monde dans ma chambre. Ils ne m'ont pas dit grand-chose. Ils sont partis. Ils sont devenus vieux, misérables et lents, chacun dans un coin du monde. »

Le récit est renoué sous le signe du temps révolu, par le « Je » retrouvé. Celui qui s'exprime a perdu son patronyme, c'est Ferdinand tout court. Il emploie une langue qui au-delà de cette attaque nostalgique se radicalise rapidement : « Je n'ai pas toujours pratiqué la médecine, cette merde. » Argot, néologismes, onomatopées vont faire paraître par contraste le vocabulaire de *Voyage* très sage. *Mort à crédit* est si cru, si direct que Céline, on l'a vu, a eu des hésitations ici ou là, et que Denoël obtient de pratiquer des blancs.

Voyage s'orientait vers le long épisode Henrouille, *Mort à crédit* se résorbe dans les péripéties des efforts de Courtial pour surmonter le sort et survivre. La technique de la fragmentation par les trois points apparaît dans cette seconde partie du livre. Elle va devenir la marque de fabrique célinienne. Ce n'est pas une *aposiopèse* comme le jugeait Paulhan, un suspens, mais plutôt une fragmentation du discours qui permet d'escamoter les chevilles des qui et des que, la lourdeur des relatifs.

« Plus voltigeur que *Voyage* », le nouveau livre, disait Céline à Garcin, et il est vrai que, dès les premières lignes, le lent et le lourd sont conjurés. Ce sera l'envers de la vraie vie où ils règnent, celle que le *je* était contraint de vivre. La libération de la « lourdeur » est vue comme un vif mouvement, l'élan qui arrache la danseuse du sol, la seconde de miracle, d'éternité. Ce mouvement que Céline finira par résumer en une syllabe : hop ! (*PL*).

Le livre, dédié à Lucien Descaves, est diffusé par Hachette. Il est d'emblée tiré à vingt-cinq mille exemplaires et accompagné d'une solide campagne de publicité, l'avertissement indiquant les coupures faites à la demande de l'éditeur renforce l'attrait du dernier Céline dont la bande-annonce proclame l'ambition. C'est une citation de Jean-Sébastien Bach : « Je me suis énormément appliqué à cet ouvrage. Celui qui s'appliquera autant que moi fera aussi bien. » En insistant sur le labeur, l'effort, la conscience artisanale, Céline n'hésite pas à se présenter en créateur d'une nouvelle expression verbale.

Plus dure sera la chute

Le livre est mis en place dans les librairies le 12 mai 1936. Il tombe mal : depuis huit jours la France s'offre une escapade.

L'alliance des gauches a gagné les élections. Le déplacement des voix n'a pas été considérable, mais le système électoral lui a donné une majorité et l'espoir soulevé chez les électeurs apparaît vu à distance aussi démesuré que la peur du côté perdant.

Avant que la Chambre se réunisse et avant que le ministère soit constitué, des comités de Front populaire surgissent un peu partout. Ils affichent leurs revendications : semaine de quarante heures, congés payés, augmentations de salaires. Pour les assurer, ils pratiquent « la grève sur le tas », c'est-à-dire par les occupations d'usines ; les patrons ne sont plus chez eux. Blum désigné comme président du Conseil confirmé par la Chambre peut, de sa voix musicale, appeler à la patience, la France est paralysée pendant tout le mois de mai. Le calme ne revient qu'en juin avec les accords Matignon. Ils donnent les quarante heures, des congés payés de deux semaines et des augmentations de salaires substantielles.

Pour la presse, la recension du dernier Céline est un exercice obligé. De Londres, Céline demande à Marie Canavaggia les coupures par six exemplaires, « pour les éditeurs étrangers », dit-il. Il juge les critiques excellentes car elles donnent envie d'aller voir. Elles sont encore trop favorables : « Je voudrais bien que quelqu'un se décide à me couvrir de crachats. Cette modération relative est banale » (22 mai). *Le Figaro* a parlé d'épopée obscène, *Comoedia* de pamphlet éperdu, René Lalou de déception mais aussi de forme brutale et rusée et de « pénible voyage au bout de la littérature ». On l'a compris, Céline blessé en remet. Noël Sabord, un nom alors, salue la prouesse mais ne veut pas croire que le héros de cette épopée grotesque soit l'auteur dont il aime la langue (*Paris Midi*, 13 mai). Pour *Je suis partout*, si le *Voyage au bout de la nuit* est plutôt l'épopée de la hargne, *Mort à crédit* est plutôt l'épopée dégueulasse de la nausée et du dégoût (6 juin). Voilà les articles que Céline a pu lire lorsqu'il se plaint de la modération de la presse. Ce qui va venir a de quoi le satisfaire.

Ramon Fernandez souligne certes la verve du livre, la réussite presque constante, mais parle aussi de première impression assez écœurante et d'odeur. Zola à côté, c'est de la fleur d'oranger (*Marianne*, 27 mai).

Les louanges des petits journaux (*L'Ère nouvelle*, *Le Merle blanc*, *La Volonté*, *Le Peuple*) compensent mal le dégoût manifesté dans les grands. Jacques Debû-Bridel voit en Céline un insupportable précieux de l'ordure. Il parle aussi d'odeur, évoque un apprentissage de propreté raté (*La Concorde*, 3 juin). Pis, Robert Brasillach, rendant compte pour la première fois d'un ouvrage de Céline (en 33, il avait choisi *Les Loups* de Mazeline pour sa chronique de *L'Action française*), dit avoir eu du mal à terminer *Mort à crédit*, à aller jusqu'à la page 243 où commence le roman picaresque « extrêmement amusant » de Courtial des Pereire. Brasillach, tout compte fait, estime que Céline a dégradé sa technique et termine son article sur le mot *ennui* (*L'Action française*, 11 juin). *Candide* dénonce l'imposture des coupures, l'affreux néant intellectuel et moral de ce triste volume, et parle d'*écrits lavatoresques* (11 juin). *Le Journal* mentionne de beaux passages « dans les sept cents pages serrées de morne bassesse et de laideur triste de ce livre dont la langue ne cesse presque jamais d'être fabriquée » (14 juin).

Indécence, scatologie, artificialité, obsessions variées, la presse de droite est plutôt plus négative dans ses compte rendus que les journaux populaires de ces temps où le « peuple triomphe ».

Brasillach dans son article de *L'Action française* a évoqué l'admiration de Léon Daudet pour le premier roman de Céline. Celui-ci, qui, souvenons-nous-en, a dédié son livre à Lucien Descaves, adresse une longue lettre à l'auteur du *Rêve éveillé* dont il se réclame opportunément. Moins adroitement, s'adressant au fils d'Alphonse, ami des félibriges et de Charles Maurras, provençal et animateur de l'École romane, il récuse la latinité et revendique ses origines nordistes pour justifier son genre : « Je ne suis pas méridional. Je suis parisien, breton et flamand de descendance. J'écris comme je sens. On me reproche d'être ordurier, de parler vert; il faut alors reprocher à Rabelais, à Villon, à Breughel, à tant d'autres. » Et il parle de « formule nordique ».

Il évoque l'énorme travail en jeu, ses modestes revenus (1 500 francs par mois au dispensaire) sa mère et sa fille à charge.

Rien n'agit. Léon Daudet garde le silence. Rentré à Paris le 29 pour reprendre son service le lundi 1ᵉʳ juin, Céline dit à Mahé que « Daudet et Descaves se sont, cette fois, foireusement dégonflés ». La veille a paru dans *La Griffe* l'article de Pierre, fils de Lucien, intitulé « Le Marathon de la crotte ».

Le lendemain, André Rousseaux publie dans *Le Figaro* la lettre que Céline lui a envoyée, répondant à ses critiques. Céline dit que, pour sa part, il ne peut pas lire un roman écrit en langue classique : « Leur langue est impossible. Elle est *morte*. André Rousseaux a jugé sa langue à lui périssable ? Donc elle a vécu, elle vit tant que je l'emploie. »

Céline en a pris conscience : il écrit *sa* langue, de nature nordique. Elle s'oppose à *leur* langue. Il existe une opposition fondamentale entre deux conceptions, deux façons d'être. D'un côté, la vie, de l'autre la mort, voilà l'alternative qui en entraîne une autre : la langue de la paix s'oppose à la langue de la guerre.

L'« échec » de son livre, échec relatif puisqu'on en vend trente-cinq mille exemplaires, se traduit par le fait qu'on n'atteint pas les 18 % magiques. Il conduit l'auteur de *Mort à crédit* à une confrontation non seulement avec la critique mais avec les auteurs qu'elle aime et qu'elle loue. Cela ne peut se résoudre que par un autre livre. La nouvelle fiction que Louis Destouches, touché dans un orgueil qui est immense, élabore mettra aux prises Ferdinand avec ses détracteurs. À propos d'un livre sur le premier avant-guerre, on fait un saut dans le monde contemporain, le second avant-guerre par le fait.

Chez Blanche d'Alessandri

Gen Paul connaissait de bonnes adresses, il allait chez Blanche d'Alessandri, rue Henri-Monnier, faire son petit Degas en regardant les jeunes danseuses à l'exercice. Il y emmena son ami Ferdinand qui y trouva aussi son plaisir.

Par une faveur rare, nous dit-on, l'écrivain-médecin obtint aussi le droit d'assister à l'entraînement des élèves dont certains se feront une réputation, Serge Lifar ou Ludmilla Tcherina. Blanche d'Alessandri, ancienne danseuse, menait son monde d'une façon implacable ; fervente du ballet classique, elle sanctionnait tout manquement à coups de canne.

Gen Paul désigna à l'attention de Céline un petit modèle, danseuse au format d'adolescente. C'était Lucie Almansor, dite Lucette Almanzor. Cela se passait à la fin de l'année 1935 alors que Céline en plein marasme campait à Saint-Germain et ne venait à Paris que pour son travail médical et ses distractions, ne fréquentant alors que Gen Paul et les amis de Gen Paul.

D'abord, il ne prête guère d'attention à Lucette. Elle a vingt-trois ans, la moitié de son âge à lui, ce n'est pas pour le rebuter. Elle est gracile, il lui manque au premier coup d'œil la charpente et les muscles qui le séduisent et l'ont séduit chez Élisabeth, Karen ou d'autres. C'est Gen Paul qui le convaincra de ses qualités. Il la lui fait *voir*, dira-t-il ensuite.

Malgré un patronyme exotique, Lucette Almanzor est une Parisienne de Paris. Sa mère, première vendeuse chez Lanvin, a épousé Almansor, au nom de comédie XVIIIe siècle, sur sa belle mine. C'est un sportif, adepte de la « petite reine ». Dans la vie pratique, sage comptable qui exerce sa profession dans des maisons de tissus. On reste dans le métier. Pourtant très rapidement, le couple, installé rue Saint-Louis-en-Lisle ou rue Monge, ne s'entend plus. La jeune Lucette cherche à s'évader de l'environnement familial. Elle prépare seule le concours d'entrée au Conservatoire et elle y est admise en 1927, à l'âge de quinze ans. Elle en sortira avec un accessit de comédie qui curieusement la conduit à un engagement dans le corps de ballet de l'Opéra-Comique : Lucette, en poursuivant ses études dramatiques, a fréquenté le cours de danse du Conservatoire. Elle se préfère danseuse que comédienne. Un accident physique, une fracture au gros orteil lui interdisant le ballet classique, elle s'institue danseuse orientale, nous dit son camarade Serge Perrault, après un contact avec un célèbre danseur indien, Shandra Kali. Elle a tout saisi intuitivement [22]. Celle qui n'a pas reçu la formation précoce jugée indispensable au ballet blanc s'entraîne et souffre sous Mme d'Alessandri avec une belle obstination.

En 1935, elle vient de quitter l'Opéra-Comique, elle a trouvé un engagement dans la troupe « genre Folies-Bergère » de l'imprésario Fisher, aux États-Unis, celle-là même où travaillait Karen Marie Jensen un an plus tôt, et elle habite quelque temps New York. Elle s'est fait par ailleurs une spécialité de danses anciennes et espagnoles et se produit ici ou là pour des numéros en costumes. Elle fréquente aussi le studio de Mme Egorova (princesse Troubetzkoï) chez laquelle Élisabeth a fait la connaissance en mars 1934 de Karen. Le monde de la danse est petit.

Lorsqu'il a bien *vu* la jeune danseuse, et reconnu ses mérites, Céline lui fait une cour de jeune homme timide, autour du bassin des Tuileries. Elle est séduite par sa carrure, sa maturité, ses yeux et – on peut le supposer – sa réputation : « Il avait quelque chose d'un archange », confie-t-elle à Frédéric Vitoux. Il l'invite à déjeuner, la force à commander de la viande, il a des idées précises sur ce que doit manger ou ne pas manger une danseuse, mais il l'entraîne dehors quand on la sert. Il vit sous le signe de l'impatience. Il a, malgré ces manières expéditives, de la délicatesse, celle par exemple de poser de l'argent sur le piano de Mme d'Alessandri pour payer les leçons. Lucette proteste en vain.

Ainsi, peu à peu, il l'apprivoise. Elle vient rue Lepic. Elle s'y installe même en février 1937 pendant un voyage qu'il fait aux États-Unis. Elle y reste quand il rentre. Leur liaison se régularise. Certes elle n'est pas toujours présente, elle a des engagements extérieurs, elle voyage, elle a un partenaire. Lui continue à correspondre avec Cillie, Karen, il rend visite à Évelyne. Mais pendant cette année décisive au cours de laquelle Céline décide de répondre dent pour dent au mépris, il n'est plus seul, il a reformé un couple, ce sera le dernier, avec Lucette Almanzor.

Une bataille de crachats

Rentrant fin juin 36 d'Angleterre et retrouvant Paris, Céline envoie un bulletin de victoire à John Marks : « Après une bataille de crachats avec la critique, *Mort à crédit* sort victorieux, 8 000 à 10 000 par jour, nous dépasserons le " Voyage " si les événements se tassent un peu... Prévenez de tout cela les éditeurs [23]. »

Céline, qui s'est réservé les traductions et les adaptations, pousse les feux, mais la réalité est autre. Certes, Gide se souviendra d'avoir vu *Mort à crédit* en piles jusque dans les moindres librairies de province [24] – Denoël a fait son travail –, mais les chiffres de vente annoncés par Céline sont de pure fantaisie et on est loin des ventes de *Voyage*.

Les événements mobilisent l'attention. L'Allemagne réarme en accéléré quand la France se met en vacances. La bourgeoisie tremble ou conspire. Le 6 juin, lors de la présentation du ministère Blum, a eu lieu le premier incident racial caractérisé. Xavier Vallat, ancien combattant et député de l'Ardèche, a relevé à la tribune que c'était la première fois que « ce vieux pays gallo-romain était gouverné par un Juif ». Interruptions des travées socialistes : Un Juif vaut un Breton! La formule passe de l'Assemblée à la rue, aux journaux, un débat est ouvert, il n'est pas clos. En 1993, un magazine fait figurer les Juifs et les Bretons dans un questionnaire d'opinion [25].

Le 17 juillet, le général Franco et les garnisons du Maroc se rebellent contre le gouvernement de *Frente Popular* élu en février – avant le Front populaire français. La guerre civile espagnole commence. Par l'intervention plus ou moins masquée des « fascistes » et des « républicains », elle devient une répétition de la guerre à venir. C'est aussi une transposition meurtrière des affrontements français. On va en Espagne, on en revient, on raconte, on prend parti, chaque camp fait valoir son dossier d'atrocités, poète assassiné contre religieuses violées.

On va aussi beaucoup en Russie. L'effort de propagande poursuivi par la centrale Münzenberg auprès des intellectuels arrive à maturité, il est relayé par la « politique de la main tendue » lancée par Maurice Thorez (inspirée par Eugen Fried). Gide part dès le 16 juin. Dabit est du voyage. Céline a une autre préoccupation en tête : il voudrait faire jouer un argument de ballet : *La Naissance d'une fée*.

Être dansé

Il se démène de tous côtés avec l'obstination et le sens pratique qui le caractérisent. Il verrait son ballet monté à Londres et compte sur l'entremise de John Marks qui n'est pas seulement traducteur mais anime une brillante revue littéraire dans la mouvance de Graham Greene. Il essuie sans doute un refus : « La garce Seymour peut se taper, lui écrit Céline, je n'aime pas les petites dédaigneuses... Je ne suis supérieur à personne mais inférieur à personne [26]. »

Il déjeune avec Barthollin, maître de ballet danois, ami de Mme Lindequist, photographe en renom, relation de Karen avec laquelle Céline est en rapport. Barthollin travaille aux Ballets de Monte-Carlo animés sinon créés par René Blum, le frère du président du Conseil. Céline juge Barthollin tout à fait gentil et loyal, mais il ne peut pas grand-chose. Nouvel aphorisme : « Travailler pour les hommes, c'est travailler pour des cochons » (à Karen).

La Naissance d'une fée circule de main en main. Elle aboutit entre celles de Boris Kochno, l'ami de Christian Bérard. L'argument sera mis en vente avec les autres documents de sa succession à Monte-Carlo en 1992. Il n'a jamais servi.

Cet échec, cette impuissance qu'éprouve Céline, auteur réputé, figure déjà légendaire des lettres françaises, à faire danser un argument de ballet, va prendre le sens emblématique qu'on verra. Pour le moment, c'est un dégoût parmi d'autres – Lucienne Delforge, amoureuse d'un journaliste, fait écrire, juge-t-il, « des saletés sur son livre » (à Cillie Pam fin juillet) – qui s'ajoute à de grosses préoccupations.

Hausses de salaires, diminution du temps de travail, on connaît la recette de l'inflation. Celle de 36-37 est d'autant mieux ressentie qu'on sort d'une longue période de déflation. En 1932, les prix avaient baissé de 30 % et le « gros lot » du *Voyage* en avait été apprécié d'autant.

Or, fin juillet 36, Denoël écrit à Céline qu'il ne peut lui régler les « 23 000 francs vendredi matin » et qu'il doit s'en tenir aux termes d'un contrat qui prévoyait, certes, des règlements fin juin et fin juillet correspondant aux exemplaires mis en place, mais, comme il en est sorti 30 000 et que Céline a déjà touché 40 000 francs d'avances, Denoël estime ne lui devoir qu'une somme de 9 164 francs qu'il lui règle par chèque. Il lui devra fin août 28 014 francs, plus les exemplaires de luxe.

Pour Céline, c'est clair et limpide : Denoël est au bord de la faillite. Il le dit à Ramon Fernandez qui le répète à Pierre Seligmann qui l'écrit à Gaston Gallimard : « L.-F. Céline est convaincu que Denoël va sauter. Il est prêt à traiter avec nous sur la base d'une mensualité [27]. »

Seligmann écrit directement à Céline : Gallimard a été informé que Céline désirait entrer « en relations commerciales avec nous », il rentrera à Paris si Céline désire le voir.

Céline n'est pas à Paris. Il prend des vacances, lui aussi. Il voyage dans les pays du Nord, le Danemark qu'il recommande à Lucienne Delforge, il voudrait y habiter. « C'est bien gentil l'enfer mais un petit peu de Paradis tout de même ça repose. » Quand il aura l'occasion de s'y établir, ce paradis deviendra un enfer. Pour le moment il arrive avec une trousse de médecin fort lourde. Il la fait soupeser à Karen. Elle contient onze kilos d'or qu'il dépose dans une banque locale.

Il est en route vers la Russie. C'est un but comme un autre. La traduction de *Voyage au bout de la nuit* par Elsa Triolet (et Aragon, pense-t-il) a été publiée par les éditions d'État. Le gouvernement soviétique ne souscrit pas aux conventions internationales sur les droits d'auteur et son intention est d'aller ramasser son argent sur place : « Je vais à Moscou chercher un peu d'argent », écrit-il à Cillie (fin juillet 36).

C'est le lendemain même de son retour de Saint-Pétersbourg (Leningrad) au Havre que le gouvernement Blum suspend la convertibilité du billet. Les sorties d'or étaient devenues trop importantes pour la Banque de France.

Autre mauvaise nouvelle : une traite de 35 977 francs signée par

Robert Denoël le 31 juillet, l'essentiel de son avance, est revenue impayée et la Lloyds Bank du boulevard des Capucines où il a son compte l'a fait protester le 8 septembre.

Du Havre, Céline écrit à sa remplaçante à Clichy, le Dr Howyan, pour demander ses mensualités d'août et de septembre. Il sera de retour au dispensaire le 15 octobre. Céline l'errant, le visionnaire, a été formé par Fernand à ne pas négliger la moindre somme et à tenir exactement ses comptes de ménage.

Impressions de Russie

De Russie, il ne rapporte pas un kopeck mais quelques convictions supplémentaires. Une carte postale envoyée de Leningrad le 4 septembre à Jean Bonvilliers, signée « Louis F », donne au dos d'une vue du Palais impérial ses premières impressions de Russie : « Merde! Si c'est ça l'avenir il faut bien jouir de notre crasseuse condition – quelle horreur! mes pauvres amis. La vie à Gonesse prend une espèce de charme en comparaison! Bien amicalement à vous deux [28]. » Il parle aussi d'horreur à Cillie Pam et d'ordure monstrueuse à John Marks (30 septembre).

À Cillie, il fait part aussi des menaces de mort qu'il a reçues, il n'invente rien, dit-il, il en reçoit comme cela chaque semaine (octobre).

Un lecteur du *Merle blanc* a mis le journal au défi de publier sa lettre à Pierre Scize sur « le cas Céline ». Il l'y traite de charlatan de l'ordure, de goinfre coprophage, d'enfileur de néant, de loque gâteuse et de salope à supprimer. « La mort de Céline, le livre qu'il n'écrira pas, ce sera parfait. »

L'expression était avant guerre bien plus libre qu'elle ne l'est, la batterie de lois qui répriment l'injure, l'intrusion dans la vie privée, l'allusion à tel groupe ethnique n'existait pas, *charlatan, coprophage, loque, salope à supprimer* paraissaient des termes licites à un rédacteur en chef. Il ne vient pas à l'idée de Céline de saisir un tribunal pour menaces de mort. À une attaque de presse, il répond par la presse, posant simplement la question qui lui paraît essentielle : le journal se sentirait-il la même liberté s'il était communiste ou camelot du roi? Le lecteur du *Merle* représente toute la critique, forcément plus prudente, mais lâche et racoleuse. Dès qu'un homme se croit à l'abri, il se montre tel qu'il est : « Un con et un assassin » (1er octobre 1936).

La blessure causée en mai et juin est toujours à vif. Le même *Merle blanc* dans un écho publié début septembre signalait que Céline « vu en Russie par l'un de nous était un furieux ».

Parti furieux, il est revenu furieux et sa fureur redouble de voir que la défaillance de Denoël, ajoutée à celle du franc et à la crise de l'édition, le frustre d'un labeur de quatre ans. Même s'il passait chez Gallimard, celui-ci ne paierait que la production à venir. Les 50 000 francs qu'on lui doit ont le sort des assignats. Entre septembre et décembre, l'inflation court au rythme de 28 % et Denoël lui met le marché en main : attendre ou tout perdre.

Au témoignage de Bernard Steele, Gaston Gallimard fait alors rue Amélie une petite visite. Elle semble se placer au retour des vacances. Gaston Gallimard explique aux deux associés qu'ils n'ont pas les moyens, la trésorerie suffisante pour éditer un auteur du calibre de Céline. Il leur propose de le reprendre moyennant indemnités. Sur leur refus, il menace : tout cela un jour sera à lui [29].

Denoël annonce à Céline que Bernard Steele se retire entièrement. L'affaire Denoël et Steele est hypothéquée pour 200 000 francs, elle doit 50 000 francs au fisc. Il demande du temps pour se remettre sur pied. Si Céline refuse, quel sera son avantage ? « Les bouquins se vendront au camion à 80 francs la tonne » (28 octobre).

C'est l'argument imparable du failli au créancier. Le contrat Céline fait partie de l'actif de Denoël, s'il refuse de le céder, il n'y a rien à faire, l'auteur sera embarqué dans la déconfiture de son éditeur.

Denoël se fait comprendre, un nouveau contrat est signé le 15 décembre. Il concerne *Mea culpa*, suivi de « La Vie de Semmelweis ». L'auteur recevra ses 18 % dès le premier exemplaire et 5 000 francs d'avance au bon à tirer. Céline, qui a eu quelques entrevues animées rue Amélie, a tiré avantage de la crise pour obtenir le pourcentage qu'il vise depuis longtemps. Par contre, il se montre raisonnable quant à l'avance : *Mea culpa* est une publication mineure.

L'examen des comptes prouve d'ailleurs que Céline a eu raison de faire confiance à Denoël. Il ne perd rien du fait de la situation difficile de la maison. Le relevé de fin d'année indique qu'il lui a été versé 88 305,35 en 1936. *Mort à crédit* n'a pas été le succès escompté, mais la littérature lui rapporte néanmoins, cette année-là, quatre fois le traitement de Clichy.

Mea culpa

Le texte de *Mea culpa* est très court – vingt pages imprimées – et l'adjonction de la thèse de médecine est destinée clairement à faire bon poids. Le premier tirage est modeste, cinq mille exemplaires. Ni Denoël ni Céline ne s'attendent à une grosse vente, ce qui explique d'ailleurs la modicité de l'avance.

Il y eu déjà beaucoup de publications sur l'URSS. Le livre qu'André Gide a publié en novembre, *Retour d'URSS*, a fait un bruit énorme et le court texte de Céline risque ne pas répondre à l'attente du public.

Surprise. Le titre, la personnalité de Céline qu'on classe encore largement « à gauche », la presse, excellente dans ce cas, assurent à l'ouvrage un gros succès, il écrit même « un énorme succès » (à Karen, 6 février 1937), ce qui doit s'entendre par comparaison aux premiers espoirs, car en mars ses droits se montent à 9 000 francs à comparer aux 22 000 francs que lui vaut encore *Mort à crédit* (chiffre arrondi). Céline sait maintenant qu'un livre qui ne se présentera pas comme un roman peut néanmoins se vendre.

Se sentir libéré

Avec *Mea culpa* une équivoque est levée. Céline n'est plus, s'il l'a jamais été, communiste. Le titre ne se comprend que par rapport à sa réputation et il éructe dès qu'on s'avise de le traiter de transfuge : de quoi ? transfuge de quoi ?

Si *Mea culpa* a un sens, c'est dans son contexte chrétien. Autrefois, dit-il, l'Église répétait à l'homme qu'il n'était rien, on lui a dit l'inverse et installé la mystique du bonheur, or une fois retirée l'excuse de l'exploitation, on trouve la pénurie. Les rôles seuls ont changé.

Ces vingt pages imprimées ont pour l'auteur valeur de libération : « L'essentiel, c'est de se sentir libéré, écrit-il à Garcin, au diable les servitudes » (25 janvier). Et à Évelyne Pollet qui le met en garde contre les dangers à venir, il répond : « Vous avez sans doute raison. Mais que faire ? on ne se refait pas à mon âge ! conscient au contraire d'avoir subi bien trop d'imbéciles et ravageuses contraintes. Jouet peureux d'idiots respects, tous avachissants et creux. Crever bien libéré, voici au moins le travail d'homme. Avoir recraché tout semblant. »

On est encore loin du compte, *Mea culpa* dans l'ambiguïté de son titre et les obscurités relatives de ses imprécations ne fait qu'entrouvrir les grilles. Toute l'année 37 va être consacrée à mettre les choses au point. Le *Casse-Pipe* annoncé – récit d'autres idiots respects et contraintes – est mis de côté pour un livre qui se place délibérément dans l'actualité immédiate. Celle-ci va modeler sa forme, par exemple le nouveau sujet du nouvel argument de ballet, « Voyou Paul, Brave Virginie », préparé en vue de l'Exposition universelle de Paris, qui n'a pas eu plus de succès que « La Naissance d'une fée ». La méthode de travail ne change pas, ni le style, ni le genre, mais la matière, au lieu d'être tirée d'expériences (plus ou moins réelles, plus ou moins vécues) situées dans le passé, utilise l'actualité immédiate. Ferdinand, qui n'est plus Bardamu et qui n'est pas Louis, en est le protagoniste, il retrouve certains interlocuteurs, le cousin Gustin, par exemple. Sa verve est la même, mais l'adversaire est nommé.

Tout en travaillant, l'écrivain circule beaucoup. En novembre, il était allé à Anvers. On sait pourquoi. Le voyage qu'il fait aux États-Unis en février 1937 pour voir, dit-il, son éditeur est moins explicable d'autant qu'il s'embarque sans aucun enthousiasme : « Comme tout le contenu de la vie devient sec et formel en avançant en âge. Le jus s'échappe et il ne reste que les grimaces », écrit-il à Karen, du Champlain qu'il connaît bien. Cela lui paraît étrange de revenir à cet endroit dont il n'est plus qu'à deux jours de mer. « Je ne pouvais plus m'empêcher. » M'empêcher de quoi ? D'y aller ? De voyager encore, et seul, Lucette occupant son appartement de Paris.

Il revoit Louise Nevelson, des danseuses de l'American School Ballet de Balanchine. Il les évalue pour Karen, Daphné Vane, Kathryn Mallowry, « danseuses assez insensibles je pense mais êtres de féerie »

(2 mars). Émerveillement qu'il fait partager aux potes de Montmartre : « Je reviens à la jeunesse – sans doute pour la dernière fois [30]. » Voilà certainement la motivation profonde de ce voyage, vivre l'aventure américaine qui se confond avec celle de ses danseuses une dernière fois avant la catastrophe qui arrive.

Car, pour le reste, c'est jugé : l'Amérique issue de la grande dépression, l'Amérique de Roosevelt et du New Deal, a changé. « Ils suivent la même pente dégoûtante que l'Europe. Ils sont à la remorque de l'Europe et des Juifs entièrement, de grèves en grèves et de démagogie en révolution qui je crois ne tardera guère au train où ils vont » (à Karen, 2 mars).

Une prophétie pour rien mais significative. L'époque où il a pu être question d'une candidature Ford à la Maison-Blanche, grand retour aux valeurs nordiques, est loin, bien loin ; l'Amérique de New York vibre aux persécutions hitlériennes, elle suit en cela l'Europe des fronts populaires.

La traduction de *Mea culpa* paraîtra dans l'année chez Little Brown, à Boston, c'est le seul résultat tangible de ce rapide voyage.

Les parents de Lucette se séparent et cela amène son installation rue Lepic. Il ne la mentionne pas avant septembre dans les lettres à Karen. Il le fait pour des raisons pratiques ; Karen doit venir à Paris et la chambre de la rue Lepic est occupée, lui explique-t-il, par une petite danseuse qu'il a recueillie ; elle était dans la rue et, blessée au genou, il ne peut la chasser. Il se croit tenu de préciser : « Ce n'est pas une maîtresse. Vous me connaissez, juste une pauvre malheureuse » (11 septembre).

Elle partage pourtant sa vie depuis sept mois. Une vie qui n'est pas plus gaie que du temps d'Élisabeth, plutôt moins, mais que Lucette contrairement à Élisabeth accepte. « Je n'ai jamais vu quelqu'un accaparé à ce point par son boulot », dit-elle à Frédéric Vitoux. « Nous n'allions jamais au restaurant. Pas de dîner avec des amis [31]. » Élisabeth expliquait comment Louis avait transformé la cuisine en petit bureau. Lucette ne voit qu'une cuisine d'un mètre cinquante qui « fait salle de bains ». Déjà, Karen parlait de repas préparés dans la salle de bains. Le dimanche, il emmène Lucette à Saint-Germain-en-Laye, un aller en train, une promenade, le retour et au travail.

Les vacances, c'est un remplacement près du Havre. Le docteur et sa danseuse, courant les routes à bicyclette, ont étonné. Il l'a aussi emmenée à Jersey où il se rend pour la deuxième fois cette année et il la présente alors au consul de France comme « une petite amie tout à fait convenable ». Il s'inquiète aussi des droits de douane qu'il aura à payer pour les vélos.

Le premier voyage en mai a été mouvementé. On l'a soupçonné de vouloir rejoindre des complices dans l'île pour on ne sait quel complot contre Leurs Majestés britanniques dont le couronnement va avoir lieu à Londres. On lui a confisqué son passeport et il a été interrogé sans aménité : *You lie, sir!* comme si le Dr Destouches pouvait dire autre chose que la vérité ! Il ne se sort des mains des employés de l'immigration que grâce à la caution du consul de France qui leur explique qui est Louis-Ferdinand Céline. « Moi qui venais chercher un refuge éventuel », écrit-il à Robert Denoël en lui racontant l'incident, sûr qu'il sera répété aux échotiers. Pour faire bonne mesure, il alerte d'ailleurs John Marks et lui demande de « répéter ce petit écho dans l'oreille des journalistes ». Le sens du talion n'est pas une exclusivité, Céline explique pour sa part sa longue mémoire, ce besoin de faire payer l'outrage, par le fait qu'il ne boit que de l'eau. Plus tard il s'en fera un devoir sous le nom d'*esprit mangouste*.

Allait-il chercher un refuge pour lui ou pour ses économies, le pécune, le magot qui fond avec le franc ? Jersey jouait-il déjà en 1937 le rôle de paradis fiscal ? Était-il possible d'y acheter librement de l'or ? De l'y déposer ?

Persuadé que le pire arrive, très conscient des risques qu'il prend avec le livre qu'il rédige, Céline explore l'environnement. Lutte et partage entre le fils de Fernand soumis au besoin de sécurité, aux servitudes de l'argent, et l'aventurier qui veut « crever bien libéré ». C'est le dédoublement entre le petit-bourgeois casanier, frugal et buveur d'eau et le grand voyageur habitué des meilleurs hôtels, rue Lepic à Paris, l'hôtel Adlon à Berlin, l'hôtel d'Angleterre à Copenhague, le Vanderbilt à New York.

Le contraste va se réduire lorsqu'il ne pourra plus compter que sur ses livres pour vivre. Annonçant un retour à Anvers, il indiquera qu'il va changer de catégorie d'hôtel : il ira au Bristol plutôt qu'au Century, trop cher pour les francs français.

Début 1938, il a quitté le dispensaire, simultanément à la sortie de *Bagatelles*, c'est un message d'assiégé qu'il fait parvenir à Karen : elle est toujours la bienvenue à Paris, Gen Paul est toujours séduit par elle, Lucette prépare par ailleurs un départ qui ne saurait tarder. Il le faut. Il ne peut plus rien pour elle, il est traqué de tous côtés. « Si je tape dans le capital je suis perdu. On m'attend pour m'étrangler », sa mère, sa fille à charge, il faut jouer très serré. Ah, s'il était anglais ou américain, ce serait l'opulence, avec l'énorme succès que connaît *Bagatelles*! (12 février 1938.)

L'énorme succès de Bagatelles

Il a arraché les 18 % au premier exemplaire, pour ce nouveau livre comme pour le précédent. C'est maintenant un droit acquis. Il obtient aussi une avance de 50 000 francs par une lettre-avenant au contrat rédigée par Denoël, qui prévoit l'annulation pure et simple de la convention à la première infraction. Le chancelant Denoël est conservé mais il paie le prix de sa fragilité.

Bagatelles sort en décembre 1937. Le livre a tout de suite un grand retentissement. Céline faisant son *mea culpa* c'était déjà surprenant, Céline antisémite, Céline rendant responsables les Juifs de tous ses malheurs et de ceux de la France, voilà qui est bien plus étonnant.

Le dossier de presse de *Mea culpa* s'était réduit à une dizaine d'articles, celui de *Bagatelles* en rassemble plus d'une soixantaine, depuis celui de *Gringoire* publié le jour même de la sortie du livre le 24 décembre 37 jusqu'à celui de *L'Univers israélite* qui ferme le ban en septembre 38.

A gauche ou à droite, pour le condamner ou l'approuver, la presse ne lit que l'antisémitisme. Il y a pourtant bien d'autres choses dans le livre, à mi-chemin du dossier politique et du roman tel que Céline le conçoit, c'est-à-dire un immense discours de Ferdinand protagoniste et narrateur, distribué en séquences dont certaines se ramènent à quelques lignes. Ferdinand, le médecin de *Mort à crédit*, est aussi écrivain. Il est aux prises avec les « classiques ». Il s'agit de choisir entre son raffinement, le vrai, le sien, et le leur, faux, écœurant, truqué, traduit, juif. L'alternative se trouve posée dès la première page du livre. Céline proclame ce que se contentent de murmurer ou de penser fortement les autres écrivains; que son langage est le seul qui vaille.

Car il est le seul à écrire en français vivant. Les autres écrivent une langue morte. C'était déjà ce qu'il disait à André Rousseaux. Les autres ont tort depuis la Renaissance, depuis Charlemagne, depuis qu'on a perverti le fonds originel. Moderne, puisque le seul « vivant », il se révèle ultra-réactionnaire, paradoxe encore insoluble pour beaucoup : les Juifs omniprésents à l'Exposition, dans la presse ou les maisons d'édition, gauchissent, juge-t-il, la belle langue native en imposant le traduit, traduit du latin, traduit de l'anglais. Ferdinand qui par une chance insigne a échappé au lycée, dont la langue maternelle n'a pas été déformée par la formation classique, Ferdinand celto-germain de Paris que l'on cherche à accabler sous sa prétendue grossièreté, Ferdinand est le seul parmi ses contemporains qui ait échappé à la décadence langagière et esthétique favorisée par l'alcool, juif comme la guerre qui se prépare. Est-ce un hasard si Blum est élu par un département viticole ou si le tzar Nicolas II a été abattu après s'être attaqué à la vodka?

Le livre, dans lequel certains voudront voir un appel « pour un massacre », porte la bande imaginée par Céline : « pour bien rire dans les tranchées ». C'est aussi un exercice de dérision, une autre modeste proposition, une rapsodie d'humour noir. Le fond est sérieux. Un combat singulier est en cours entre Allemands et Juifs, constate l'auteur. La France ne doit pas s'en mêler. Le livre ne prêche pas le pacifisme comme on l'a soutenu un peu abusivement, mais l'apaisement avec Hitler l'anti-juif, il y a une nuance. Ce sont les recettes mêmes de l'exclusion nationale-socialiste que Céline préconise pour la régénération de la France et c'est en fonction du combat commun qu'il souhaite la paix avec les prétendus ennemis.

Le livre, sous son aspect de grand déballage et ses passages de pure invective (« Tirez, petits crépus, tirez! ») et ses apophtegmes époustouflants destinés à poser la supériorité aryenne (« un ongle de pied d'Aryen vinasseux vaut plusieurs centaines d'Einstein »), est construit pour convaincre. Il emprunte les recettes des prêcheurs et des rhétoriqueurs de toutes époques. Dès sa sortie, un critique parle, dans *La Nation belge*, de « rhétorique peuple ». On peut même y retrouver les étapes recommandées par la rhétorique savante : exorde, divisio, narratio, probatio. Même les ballets refusés par le gang judéo-saxon de l'Exposition ont leur rôle à jouer comme preuve et témoignage du raffinement foncier de Ferdinand. Une péroraison, offerte ostensiblement pour ajouter de la substance au livre, est tirée du voyage en Russie. Elle contient des descriptions, rares chez Céline, hymnes au Nord, à ses couleurs, aux gris du ciel et de la mer mêlés, sans oublier le guide Natacha chargée à la fois de l'édification et de la surveillance du voyageur, grand connaisseur en perfections physiques, tout se tient.

La première partie (séquences 1 à 27) présente la confrontation entre Ferdinand et les Juifs. Car ses revers littéraires viennent de leur emprise sur le monde parisien. Il fait état de son expérience de Russie, de ce qu'il a vu à la SDN et il dénonce le bellicisme juif. Dans une seconde partie, Céline parle en son nom pour offrir une solution : le retour aux valeurs « blanches », soit un racisme à fondement littéraire. Céline écrit de race, il est en fait le dernier blanc qui fasse vibrer le lyrisme – l'émotion naturelle. L'anglais étant vu comme un instrument de la standardisation juive : « Les bons rêves ne s'élèvent que de la vérité, de l'authentique, ceux qui naissent du mensonge n'ont jamais ni grâce ni force. C'est encore le folklore, les derniers murmures du folklore qui nous bercent... après ce sera la nuit et le tam-tam nègre. » Lui détient, le dernier, le secret de « transposer directement les choses » (séquence 41). Ensuite il énumère ses preuves, en lisant juif son temps, journaux, théâtre, cinéma, peinture, littérature. De nouveau Ferdinand reprend la parole et propose un programme de grands travaux, par exemple la création d'une autoroute qui ouvrirait en éventail sur les plages de la Manche : seule la mer peut assainir Paris.

La documentation reprise aux libelles antisémites tend à prouver que Juifs, franc-maçons, communistes, ploutocrates ont partie liée. Même Thorez n'est qu'une marionnette pour prestidigitateur juif.

« Alors tu veux tuer tous les Juifs ? » demande le cousin Gustin.

Ils sont responsables de dix millions de morts en Russie, répond Ferdinand, et c'est alors qu'il pose son axiome sur la valeur comparée d'un seul ongle de pied pourri de n'importe quel vinasseux ahuri truand d'Aryen et de quatre-vingt-cinq mille Einstein.

Langage à part, la démarche n'est pas inédite. Elle fonde depuis 33 la politique menée outre-Rhin. Mais c'est ce langage qui empêchera les visiteurs nazis d'utiliser Céline.

Céline antisémite

La presse d'opinion a foncé sur la muleta antisémite. Lucien Rebatet a raconté dans *L'Herne* la divine surprise des antisémites parisiens qui se répètent au téléphone les invectives céliniennes. Tous ceux qui vivent les temps du Front populaire comme une catastrophe ont trouvé une voix. L'antisémitisme n'a jamais eu un tel porte-parole, une telle caution, une telle violence. Léon Daudet, qui assurait avoir dépassé l'antisémitisme du temps de l'Affaire, retrouve un terrain familier : « Il a mis je crois dans le mille et même dans le cent mille. Ce qui est beau c'est le silence à son sujet de presque toute la presse! Ah! ces Juifs! » (*L'Action française*, 10 février). Silence fort bruyant puisqu'une trentaine d'articles ont déjà paru sur le livre.

Parmi eux un parallèle entre *Bagatelles* et *Mein Kampf* et les libelles antisémites français, publié par Georges Zerapha dans *La Conscience des Juifs*. Georges Zerapha loge alors dans ses bureaux. *Esprit*, la revue catholique de Mounier, et le relevé des emprunts faits par Céline aux opuscules et livres antisémites est repris par la revue. Il tend à disqualifier son propos en montrant le peu de sérieux des sources et leur falsification.

Le clivage entre droite et gauche est alors presque impeccable. La droite approuve, quand elle ne se délecte pas, la gauche réprouve, à l'exception de quelques libertaires de la tradition anticapitaliste et antisémite (pour eux c'est la même chose) que réjouit cette verve populaire retrouvée.

Certains refusent de se placer sur le terrain politique. Pierre Loiselet dans *Marianne* (17 janvier) voit dans l'antisémitisme un terrain propice aux expériences linguistiques de Céline. Châtelain-Tailhade que l'on avait quitté au *Merle blanc* et que l'on retrouve à *La Patrie humaine*, après avoir déclaré qu'il « ne marche pas dans l'antisémitisme », ne cache pas son ravissement : « Quant au reste, ô merveille! il y a dans *Bagatelles* des pages à se rouler par terre » (14 janvier). Marcel Arland dans la *NRF* souligne la réussite, dans le style même que Céline veut tuer, « la sérosité pâle NRF » : « Le Céline de *Bagatelles* rejoint et prolonge celui du *Voyage*. Il ne fait pas de doute que c'est aux instants où il est directement ému et réagit à son gré, sans souci de fiction, que Céline donne le meilleur de son œuvre » (1er février).

De ce point de vue, Céline a réussi son coup : « J'aurais pu donner dans la science, la biologie où je suis un peu orfèvre, explique Céline à un militant antisémite, Henry-Robert Petit. J'aurais pu céder à la tentation d'avoir magistralement raison, je n'ai pas voulu. J'ai tenu à déconner un peu, beaucoup pour rester sur le plan populaire » (mars [32]).

Il s'explique sur les emprunts faits aux publications des uns et des autres, emprunts « arrangés » dénoncés par Zerapha et *Esprit*, il les a, dit-il, « triturés ». Comme dans *Semmelweis*, les données même chiffrées sont justiciables de quelques manipulations pour obtenir le relief, l'effet recherché et la preuve désirée. Que tous les Juifs étaient planqués pendant la guerre, par exemple.

Cet antisémitisme forcené de *Bagatelles* a obnubilé pas mal d'observateurs, l'antialcoolisme est au moins aussi virulent et l'antichristianisme, quoique plus feutré, est patent. Il est commun à la doctrine hitlérienne dont il emploie les mêmes voies indirectes ou occultes. La dénonciation antisémite cache finalement ce que pouvait avoir de positif le travail sur le corps français. Alexis Carrel a posé deux ans plus tôt, dans *L'Homme cet inconnu*, la nécessité d'un eugénisme (volontaire), la création d'une aristocratie génétique héréditaire. Il a eu un très fort succès sans faire hurler au nazisme, alors que ses références à la race blanche supérieure sont constantes. Le rigolo, voulu, affiché, outré parfois par Céline, va le disqualifier auprès des racistes « sérieux ». Et finalement le protéger.

C'est à sa vieille amie Marie Le Bannier, l'amie de son ancien beau-père Follet qui lui loue l'appartement de Saint-Malo où il a rédigé une partie de son livre, qu'il livre son vrai projet ou l'aspect sérieux de son projet : la nécessité nietzschéenne d'un travail sur l'homme à venir : « Notre civilisation est juive – nous sommes tous des sous-Juifs – À bas les Juifs ne veut rien dire. C'est vive quelque chose qu'il faudrait pouvoir – mais vive quoi ? Les Druides ? Hélas oui ! des néo-druides aussi différents de nous que furent les chrétiens des païens ; il faut des hommes nouveaux – Ils ne naîtront qu'après quelques décades de catastrophes sans nom » (début 37 [33] ?).

En 37, comme en 27, Céline était dans une impasse. Dix ans plus tôt, ses projets de théâtre ou de médecine étaient rejetés et lui renvoyé à l'obscurité d'un travail peu absorbant mais moins que gratifiant. *Voyage au bout de la nuit* lui avait permis de reprendre ses petites idées sur la société sur un mode nouveau, populaire, rigolo. En soustrayant du scénario précédent, celui de *L'Église*, le positif, l'édifiant, le démonstratif, en faisant entrer Bardamu dans le champ, simple actant parmi les autres, il se faisait lire. L'envers pour l'endroit : voilà ce que le public voulait.

En 1936, il a subi un autre échec, relatif mesuré aux tirages, mais absolu quant aux efforts déployés pour arriver à sa propre langue. À travers celle-ci, langue-voyou où le client devient pilon, la médecine cette merde, et tout le métier rendu en termes de prostitution, il osait se montrer à peu près tel quel. Elle a provoqué un tollé. Et Céline la reprend, l'accentue, la libère un peu plus pour reprendre la leçon du IIIe acte de *L'Église*, l'emprise juive sur le monde des Nations, qui devient maintenant un contrôle universel des cultures, des politiques, un grand jeu de massacre au bénéfice de quelques-uns, reprise sur grand écran, à la Gance, où il régurgite toutes les humiliations qu'il a dû subir, lui, né natif de Courbevoie, cavalier promis au casse-pipe, maintenu parmi les fantassins de la médecine par les grands Juifs, les Bernard, les Rajchman, les Ichok, les Halperine.

Dernier à écrire de race, il peut extrapoler son expérience personnelle – la soumission à laquelle il s'est contraint pour exister – aux dimensions du pays. Il voit celui-ci, débilité par l'alcool, le tréponème et la politique, aller à un affrontement sans espoir avec l'Allemagne rénégérée d'Hitler, pour la défense d'une minorité abusive. C'est parce qu'elle a senti sa différence que celle-ci cherche à l'accabler sous sa grossièreté supposée.

Jacques Deval, interrogé sur les motivations supposées de *Bagatelles*, y voyait « un accès d'ébriété mentale ». Un accès : susceptible de disparaître comme il était apparu.

Quand on a voulu expliquer le livre, après la guerre et les révélations de 1945 sur les camps, on a eu recours à toutes sortes d'explications biographiques. Ainsi est née la légende du Juge juif qu'Élisabeth devait épouser pour récupérer l'héritage d'un père encore vivant et plutôt démuni. On a aussi mentionné la curieuse figure de ce Dr Ichok, venu d'ailleurs supplanter l'autochtone Destouches. Remarquons qu'Ichok était Front populaire sinon communiste et que Céline a gardé son poste à Clichy malgré *Mea culpa*.

Il n'y a pas eu de cause définie, d'agression particulière à laquelle le livre ait été une réponse, seulement le résultat d'une longue évolution, l'exemple allemand faisant contraste avec le Front populaire « à direction juive », l'ordre ici, le désordre là, renforcé par l'afflux de réfugiés d'Espagne ou d'Allemagne. Le mirage soviétique s'estompe, pour beaucoup, l'exemple italien ou allemand l'emporte. Les liturgies de Nuremberg en ont séduit plus d'un. Revenant d'Amérique en mars 37 au moment où il rédigeait *Bagatelles*, Céline voyait, on s'en souvient, les États-Unis de Roosevelt suivre « la même pente dégoûtante que l'Europe... de grèves en grèves et de démagogie en révolution [34] ».

Pour Céline, le sentiment tenace d'avoir un compte à régler avec son temps est renforcé par le demi-échec de *Mort à crédit*. Ajouter le climat montmartrois, le prix intellectuel à payer pour la fréquentation des danseuses et on aboutit à l'explosion libératrice. Céline a épuisé les joies du travestissement mental et, dans la manière qui fait son succès, il éprouve un immense soulagement à parler enfin son vrai langage.

Les jeux sont faits

Les indicateurs habituels changent de pôle, après la publication du livre. La gauche avait passé sur la physiologie de *Mort à crédit*, la droite interprète maintenant le débraillé, le scatologique, comme une verve populaire délicieuse : Rabelais enfin retrouvé. *L'Humanité* avait publié les bonnes feuilles de *Mort à crédit*, *Je suis partout* donne des extraits du livre et présente l'auteur en victime de l'hydre juive : « Il perd successivement tous ses emplois et tous ses postes. » Céline-victime naît le 4 mars.

Il a lui-même donné l'information à Henri Poulain. Celui-ci a été chargé par Robert Brasillach d'établir le contact avec lui. Henri Poulain demande à Céline une contribution au journal, Céline lui répond par un un non fleuri :

« Vous m'embarrassez cruellement! Je sais tout ce que je dois à Brasillach et à son journal. Sans lui tout était raté – tout fusait – sans conteste – Il faut beaucoup de courage pour défendre un objet pareil. Je n'ai rien à perdre mais il avait tout à risquer. Enfin, il me semble que spirituellement au moins la bataille est gagnée. Là s'arrête, cher ami, et doit s'arrêter mon petit rôle. Plus loin je deviens l'imbécile, l'imbécile triomphateur. « Partie prenante », la réussite!

« L'on m'a viré de mes petits emplois. Hier encore je fus licencié, directo à cause du livre, d'un minuscule boulot à 400 francs par mois – que j'occupais depuis dix ans – C'est la persécution supermieuse!

« Israël plus bête que le Tzar! Tout cela beaucoup trop beau pour ne pas m'enchanter.

« Je voudrais bien vous faire comprendre que je ne m'isole pas par stupide désir de singularité. Que je me refuse à toute personnelle collaboration pour des raisons maniaques, chinois, non. Mais je poursuis ma petite route, ainsi depuis longtemps, que ce serait une infidélité dont je crèverai sans doute, de rien changer à mon état de « voyeur » le plus anonyme possible.

« Je construis dans mon ombre mes petites lanternes, elles éclairent ou n'éclairent pas, c'est selon, ne me demandez pas davantage [...], si jamais j'éprouvais un jour une faiblesse pour le journalisme, j'irais sans doute demander à Brasillach de me recevoir et gratuitement [35]. »

Juste avant la parution, Céline a envoyé sa démission rue Fanny. Par contre, il a perdu son poste au laboratoire de la biothérapie.

Qui se fait payer un article se vend et prostitue sa pensée. L'argent d'un livre est d'une autre nature, il faut l'arracher au proxénète éditeur. Le contrat prévoit que les droits sur *Bagatelles* seront versés en espèces et calculés sur les trois quarts des exemplaires mis en place. Le 28 mars, il fait remarquer à Auguste Pïcq, caissier de Denoël, que le premier tirage était de 27 400 exemplaires et non de 27 000 et insiste sur les espèces : il n'accepte ni traite ni chèque, « ipso facto rupture », courte mais efficace allusion aux conditions d'annulation du contrat.

C'est Denoël qui est tenu par Céline et non l'inverse, et dire que l'un a cédé aux instances de l'autre en publiant *Bagatelles* ne correspond en rien à la réalité de leurs relations. Leurs idées peuvent concorder comme leurs intérêts, mais Céline garde l'initiative. Il n'aurait certes pas eu la même liberté en passant chez Gallimard. Rue Amélie, il tempête, il exige, il obtient – ses comptes, le 18 % sur tous ses livres et même in extremis, avant la remise du manuscrit de *L'École des cadavres*, l'annulation de la clause du contrat de 1932 prévoyant le versement de droits d'auteur après le quatrième mille : Denoël lui versera le 18 % en espèces, sommes immédiatement converties en or et en bijoux. Le ton qu'il emploie alors avec Denoël est d'une violence inusitée : « Je vais vous guérir une fois pour toutes de vos malices et de vos chinoiseries escroques si demain à 4 heures je n'ai pas cash les 89 838,60 et le compte Voyage intégral » (4 juillet). Il faut imaginer l'affolement chez Denoël, le branle-bas pour réunir la somme au centime près faute de quoi l'auteur vedette sera perdu.

Voyage sur le Celte

Le 15 avril, Céline a de nouveau filé hors de France. Il s'est embarqué à Bordeaux sur le *Celte*, à destination de Saint-Pierre-et-Miquelon. Ensuite il passe au Canada et revient par New York.

Quel est le but de ce nouveau voyage aux Amériques qui sera transcrit tout vif dans *L'École des cadavres* avec la description de la traversée de retour sur le *Youpinium* ? Il est difficile de n'y voir qu'une croisière sous les latitudes Nord ou qu'un reportage. Il y a dès cette époque l'idée de trouver un refuge dans le cas imminent d'un nouvel embrasement européen.

C'est le sens d'une lettre-rapport adressée à Gen Paul qui s'est depuis quelque temps substitué à Mahé comme « pote » en chef, ami, confident, complice :

« Dans l'ensemble impression détestable. Jamais encore la propagande juive n'a été si implacable, vitupérante, insatiable.

« Aucun salut pour nous de ce côté. Les défaites japonaises sont saluées ici même et les catholiques comme les bénédictins d'ailleurs, tous sont maçons, projuifs, antifrançais et poussent au crime. Ils nous voient tous en guerre ; ils nous méprisent comme des chiens et ne nous conçoivent qu'à la curée.

« L'ensemble abject.

Quant à Saint-Pierre-et-Miquelon, F 3 points aussi et projuifs. Au sommet, forcément.

« Le cercle se resserre.

« Terrifié aussi par les prix. Des dollars comme s'il en pleuvait.

« Je rentrerai plus tôt sur le Normandie du 18. 23 au Havre. Almanzor viendra peut-être me chercher.

« Ne dis rien à personne, les journalistes me poisseraient à l'arrivée.

« Amitiés à tous, Ton pote,

Ferd.

« En vérité je crois que l'Espagne seule resterait un refuge. Tout le reste est cuit. »

Dès ce moment Céline a choisi son camp. Seule l'Espagne de Franco serait un refuge. Il écrit à Karen que « le mieux qui puisse arriver au Danemark c'est de devenir allemand ». C'est cela ou les Juifs. Est juif tout ce qui n'est pas allemand ou japonais ou espagnol, le reste est asservi à la propagande juive et trois points, les catholiques compris *et* les bénédictins.

On est au cœur de ce que l'on peut appeler la période militante. Céline est en relation avec Henry-Robert Petit qui publie *Au Pilori*, feuille exclusivement antisémite. Qui le met en relation avec Georges Montandon – professeur d'ethnologie dont il s'agit de populariser la doctrine. Montandon de son côté le met en contact avec le Pr Barbeau au Canada et Céline lui fait faire la connaissance du *Weltdienst*, service allemand de propagande antisémite qui fonctionne sur un plan international.

Il cherche à enrôler Henri Béraud, auteur de *Popu-Roi* et roi de la polémique, qui dans *Gringoire* s'en est pris violemment au gouvernement Blum. Tout en se défendant de tout antisémitisme personnel, il a publié des listes de membres de son cabinet pour démontrer la sur-représentation en conseillers juifs. « Nous n'en voulons pas aux Juifs en tant que Juifs, lui écrit l'auteur de *Bagatelles* (c'est une race intel-ligente, entreprenante, active bien que folle au fond), ce que nous leur reprochons c'est de faire du RACISME. » Les Juifs pratiquent par l'endoga-mie un racisme absolu, Blum ne pourrait pas citer un ancêtre non juif. « Nous le tenons [le Juif] pour non français parce qu'il se refuse, lui, et lui seul, à pactiser dans *les faits* avec les Français. Le jour où il lèvera cet interdit et se fondra réellement dans le bloc national, comme les Bretons ou les Provençaux, alors il n'y aura plus de question juive. Et vive Gringoire ! » (novembre 1938).

On aura noté le « nous », Céline ne se présente pas ici en homme seul, il présente la thèse qu'on pourrait dire minimaliste des « antijuifs ». On trouvera plus tard la thèse maximaliste quand il verra les Juifs et les enjuivés mélangés au fond aryen au point de le rendre indiscernable (voir chapitre 8).

Le retour en France est encore plus raté que d'habitude : « J'ai retrou-vé Pipe avec sa cargaison de désastres coutumiers, enfin la série, l'ava-lanche merdeuse que tu connais de ma mère, de ma fille, même cou-plets avec variantes. Je reste ici quelques jours. Je pense à mes boulots, seule consolation bientôt dans cette chierie invraisemblable, ce cauche-mar toujours renouvelé, cette pétaudière écœurante », écrit-il au pote Paul remercié pour l'aide apportée à « Pipe » aux prises avec un parte-naire qualifié de « petit mac », « vols, viols, tueries !... sottise de Pipe (et un peu de vice) ». Moyennant quoi, il entrevoit son retour à Paris avec une sorte d'horreur.

Dans l'attente de la catastrophe, une lutte à outrance est engagée entre les deux partis que Céline voit aux prises et il a conscience de jouer un rôle clé dans l'affaire désignant, avec la mégalomanie propice aux belles œuvres, Blum comme son « ami » personnel (à Karen, 15 mars 1938).

L'Autriche réunie, l'Allemagne au nom du regroupement ethnique s'attaque à la Tchécoslovaquie, État hybride détaché à Versailles de l'Empire austro-hongrois, fait de Tchèques urbanisés, de Slovaques ruraux et catholiques et de Sudètes d'expression allemande. On est au bord de la guerre. Le Premier ministre anglais tente une dernière négo-ciation avec Herr Hitler auquel il fait une visite en compagnie d'Édouard Daladier, « le taureau du Vaucluse », radical-socialiste qui a succédé à Blum à la présidence du Conseil. Ce sont les négociations et les accords de Munich qui provoquent un immense soulagement en Europe. Daladier est follement acclamé à Paris. Les Sudètes rejoignent « la patrie allemande », les fortifications qui protègent la Tchécoslova-quie sont très légalement occupées par la Wehrmacht. Tchèques et Slo-vaques seront pour la prochaine bouchée.

Suite à Bagatelles *et fin de la question*

Céline ne voit là qu'un sursis ; il l'écrit à l'amie belge dont le roman n'est toujours pas édité par Denoël. Elle s'inquiète pour sa sécurité. Son sort, lui dit-il, n'a pas beaucoup d'importance, mais c'est pour le sport et il n'a pas beaucoup l'habitude de perdre. Que fera-t-il au moment où tout sautera ? Il n'en sait rien, il termine son livre suite à *Bagatelles* et fin de la question. L'été s'est passé au travail et il n'a pas quitté sa chambre.

En octobre, le livre est terminé. Écrivant à Garcin qui va quitter Londres, Céline emploie déjà un ton posthume : « La guerre arrive et quand elle sera finie, si nous ne sommes pas poussière au vent d'alors, nous serons trop vieux pour reprendre le cours des choses » (22 octobre). Cela peut être interprété comme un adieu aux aventures et aux plaisirs de la jeunesse. L'homme qui s'est lancé dans son fol assaut aux moulins a tourné le dos aux grandes joies biologiques. Les témoignages qui nous le montrent comme un pur esprit et un pur regard remontent à cette période. Finies les escapades à Soho ou au quartier Saint-Vincent. L'abstrait, c'est la désertion du mâle, aurait dit Céline à Élie Faure quelques années plus tôt.

L'École des cadavres, dont le titre surenchérit dans le sinistre sur *Bagatelles*, paraît le 24 novembre 1938. Quelques jours plus tôt, un jeune Polonais voulant venger le refoulement vers la Pologne des Juifs polonais, parmi lesquels ses parents, a tiré sur le conseiller von Rath de l'ambassade d'Allemagne à Paris. Fidèles à leur principe de répondre à toute attaque par des représailles au centuple, les nazis déchaînent leurs milices contre les Juifs qui n'ont pas encore pu ou voulu émigrer. Bastonnades, vitrines brisées, humiliations, molestations avec morts d'hommes, c'est l'événement connu sous le nom de Nuit de cristal.

L'École sort dans ce contexte, or, plus que *Bagatelles*, c'est un livre politique en ce sens qu'il suit de plus près l'actualité et qu'il impute franchement la guerre à venir aux démocraties, l'Amérique dont il revient, l'Angleterre où les banquiers juifs tiennent la cour et **la City**, la France où de Bedain (Pétain) à Cachin tous poussent au crime et où même les « redresseurs nationaux », de Doriot à Maurras en passant par La Rocque, sont aux ordres.

Le livre n'est plus une défense, une protestation comme *Bagatelles*, il présente des solutions concrètes à la crise européenne. D'abord, le nettoyage ethnique, une seule race en Europe, l'aryenne ! Et la création d'une armée franco-allemande – la réconciliation entre une France latine par hasard mais celto-germanique pour les trois quarts, la partie qui se fait tuer, qui travaille. La confédération des États aryens d'Europe aura pour pouvoir exécutif cette armée qui « fixera l'Angleterre un bon coup ». Voilà une autre race de pacifisme.

Le livre est plus mince que le précédent mais compte dix séquences de plus, soit un découpage moyen de trois pages. Le rythme est donc encore un peu plus haletant. Et les outrages aux personnes et aux valeurs reçues encore plus marqués.

Céline s'engage à fond : « Je me sens très ami d'Hitler... de tous les Allemands... ça me ferait énormément de peine si jamais ils étaient battus » (séquence 68).

Voici ce que peuvent lire une presse et une opinion qui deux mois après Munich au-delà du « lâche soulagement » ont pris plus clairement conscience de la reculade.

Le dernier Céline est largement ignoré. Même *Je suis partout* qui réclamait des articles s'effarouche de cette prise de position prohitlérienne. Robert Brasillach attend le 17 février pour parler du livre. C'est pour reprocher à Céline d'avoir demandé à Maurras s'il n'était pas juif et refuser le dilemme domination allemande-domination juive. Il faut l'éloignement qui donne à Henri Guillemin le recul nécessaire pour qu'il juge les idées idiotes et le style magnifique (*La Bourse égyptienne*, 19 février). D'autres sont moins nuancés. « Que de chemin parcouru depuis le *Voyage* où toute une époque déjà s'était reconnue », lit-on dans *Vendredi* avec suggestion d'une enquête sur les droits d'auteur allemands et italiens que pourrait toucher Céline avant d'ailleurs de conclure : « Après tout peut-être n'a-t-on même pas besoin de payer Céline » (12 décembre). C'est la première imputation de vénalité et elle est tout de suite annulée.

La vente est si médiocre que, lorsqu'en avril 1939, suite aux décrets Marchandeau réprimant les attaques « contre les habitants de la France », décret non rétroactif (la rétroactivité est un acquis de la Libération), Céline et Denoël décident le rappel des « pamphlets », certains y voient un coup publicitaire, une façon d'écouler le stock.

Même les antisémites militants jugent le rallié sévèrement. Après une réunion rue Laugier, chez Darquier de Pellepoix, conseiller municipal antisémite de Paris, Céline a une conversation avec les militants, au café du coin : « L'auteur de *Bagatelles* y apportait une note désabusée, le diagnostic du Dr Tant Pis qui contrastait avec le vibrant dynamisme de Darquier » (*La France enchaînée*, 13-31 décembre 1938). Céline n'aura jamais de bons rapports avec les antisémites-Labiche.

Le 12 décembre, Théo Briant le rencontre à la Crêperie bretonne, il lui trouve les yeux caves et tristes. Céline attaque violemment le catholicisme confesseux qu'il appelle « une religion de Juifs » (journal de Théo Briant).

Marcel Sauvage de *L'Intransigeant* nous le montre au même moment sur la Butte, seul, « toujours la même silhouette, un vieux foulard autour du cou, un pardessus qui tient de la bure élimée, verdie à l'usage ». La scène se passe probablement dans l'atelier de Gen Paul, et Céline, qui ne chasse plus, commence à ne plus prêter attention à son apparence. Il vit de peu, rapporte Marcel Sauvage, ne boit pas, ne fume pas. « Il fulmine, percute de l'épithète à longueur de journée, dans une solitude agrandie autour de lui qui résonne de sa passion fougueuse de mots, de cris, d'insultes et parfois, j'imagine, d'un grand rire farceur frénétique et douloureux. Car le génie ne va pas sans révolte ni éclat de rire. Sans une sincérité féroce qui brûle et se moque » (23 décembre 1938). Voilà ce que le journaliste le mieux disposé trouve à dire de mieux sur le Céline de *L'École des cadavres* : génial, fauché, sincère.

L'année sombre

Ouverte sur le gros succès de *Bagatelles*, l'activité militante de Céline se clôt sur l'échec de *L'École*. Lucien Rebatet dans *L'Herne* croyait se souvenir que sa sortie avait coïncidé avec l'entrée des Allemands à Prague au printemps 39. L'erreur est significative. Ce livre où Céline recommande une union étroite avec l'Allemagne afin de contrôler à deux l'Europe des Européens est paru au moment d'une persécution. Les Juifs, loin d'apparaître comme la minorité abusive qui contrôle tous les secteurs de la vie économique, politique et culturelle, se présentent sous l'aspect de pauvres hères humiliés publiquement et maltraités par de gros gaillards mangeurs de choucroute, les « barbares », envahisseurs des deux guerres précédentes. Il semble y avoir alors 150 000 citoyens français d'origine juive en France métropolitaine, auxquels va s'ajouter à peu près le même nombre de réfugiés en provenance des pays contrôlés par les nazis. Quelques-uns seulement ont réussi à sortir leurs biens négociables, ces réfugiés plus ou moins bien accueillis par leur propre communauté inspirent plus pitié qu'envie. Prêts à s'amuser aux dépens des « Rothschild » de tout poil, les puissants, les nantis, de Blum censé manger dans de la vaisselle plate, les lecteurs se rangent instinctivement du côté des petits, des bannis, des proscrits, victimes des nouveaux seigneurs teutons. L'opération consistant à rallier le populaire à la révolte contre ses « émirs » juifs reste donc largement inopérante. Céline a mis à côté de la plaque.

L'année précédente lorsqu'il rédigeait *L'École*, il écrivait à Denoël pour lui rappeler la liste des ouvrages en préparation, les énumérant dans l'ordre : 1) *Casse-Pipe*, 2) *Abîmes, Fredaines, Soucis*, 3) « *Honny soit* », 4) *La Volonté du Roi Krogold*. Il réclamait également un « récapitulatif de tous ses titres (26 mai 38). Il voulait que le public n'oublie pas que la bataille dans laquelle il s'était engagé ne lui faisait pas abandonner son travail proprement littéraire. Son programme antérieur s'allongeait même.

Moins vite fait que dit. Sans le dérivatif de la pratique médicale, il a du mal à s'abstraire de la situation politique.

D'autant qu'il fait l'objet de deux poursuites en diffamation. Le Dr Rouquès, un médecin qu'il a placé dans une fournée de Juifs communistes, et Léon Treich, journaliste, le poursuivent. Seule la première procédure aboutit. Un avocat, Me Sandemont, lui offre ses services par l'entremise de Jean Boissel, auteur d'ouvrages antisémites.

Céline le consulte lorsque le décret Marchandeau est publié. Denoël songe alors à expédier *Bagatelles* et *L'École* en Belgique et à les vendre à partir de ce pays neutre qui est le sien. Céline pense, au même moment, y trouver ce refuge qu'il cherche depuis deux ans. Il songe à une petite ferme au bord de la mer en pays flamand. Il en parle à Évelyne Pollet qui vient d'être opérée et à laquelle il annonce une nouvelle visite. C'est l'occasion d'un tableau sinistre du monde ambiant et de ce qui l'attend : « ... du Jérôme Bosch en réalité et le pire se prépare, l'Apocalypse. Puisque les goys sont si sots, ils vont expier toute leur veulerie, leur vanité brève, leur crédulité criminelle. Tant pis pour eux » (février 39).

La France écoute Mireille et Tino, Ray Ventura, *Madame la Marquise, Chacun sur terre se fout, se fout...* Céline pointe le doigt vers le cataclysme qui attend ce monde bien tranquille occupé à digérer les acquis de 36 (« on se saoule à l'eau de la Marne à présent? », *EC*). Croit-il vraiment que la Belgique restera neutre dans le conflit qui vient ou croit-il que le pays flamand sera neutralisé, comme il souhaite que le Danemark le soit?

Le 26 mai, un écho de *Je suis partout*, un tout petit écho, le pique au vif : il annonce le retrait des pamphlets de la vente. « Ferdinand, tu te dégonfles! » Il vaut à Robert Brasillach une lettre aussi venimeuse que furieuse :

« Je ne vous traite pas de lope ni de salope, moi, si j'avais envie de le faire, je ne choisirais pas un prétexte. J'irais vous le dire en homme et en face. [...] Je vous ai dit que nous avions déjà deux procès. Faut-il que nous en prenions 36 pour vous faire jouir, fillette [36]? » Il demande un rectificatif. Celui-ci paraît sous forme d'un quatrain qu'il a composé :

> *Ferdinand jamais dégonflé*
> *École Bagatelles retirés*
> *Mesures Parquet Police*
> *Votre journal rien à craindre*
> *Parfaitement conforme.*

Il est publié dans le numéro du 30 juin.

Caton et Cassandre, le fouet et le trépied. Un de ses condisciples de Rennes publiant un livre chez Denoël reçoit le compliment suivant :

« Mon cher Dagorne,

« Mille mercis pour ton livre. Il est, je pense, maçonnique et humanitaire à souhait. Il fut un temps où de telles professions avaient du risque, maintenant elles sont conformistes et en cour [37]. »

Et de rappeler ses états de service : quinze ans dans un dispensaire communiste, quatre ans à la SDN lui ont appris les coulisses de la Sociale et de l'Internationale.

Toujours l'expérience, il ne faudrait pas qu'on croie à des humeurs; selon l'excellente formule d'Erika Ostrowsky, Céline se veut « voyeur voyant ».

Les Juifs maîtres de leur destin

Dans ce dégoût quasi universel, adversaires, partisans, antisémites mités et timorés, tous bien buveurs, lui arrive un disciple. Secrétaire de Gide, directeur d'une petite revue, *Arts et idées*, Lucien Combelle.

En février, il adjurait ses lecteurs de se ressaisir : Céline n'est pas Hitler! Littérairement Combelle le met au-dessus de tous.

Une correspondance s'ensuit, infiniment précieuse, car c'est l'une des seules qui couvrent cette période de silence public. Elle nous permet de savoir comment Céline réagit en privé à son échec « politique ». Dominique de Roux m'avait permis de prendre des copies de la copie qu'il avait, mal tapée, ponctuée de blancs ou d'approximations, attestant l'ignorance du lecteur ou sa discrétion, Lucien Combelle les a authentifiées comme la transcription faite par la police après la saisie de ses papiers en 1944. Ainsi s'explique l'omission de certains noms de tiers mis en cause par Céline.

À ce jeune sympathisant, Céline se livre avec le minimum de travestissement :

« Pour ma part/ je crois au racisme – ce n'est qu'une/ croyance médicale – une mystique biologique/. Dans mon modeste,/ très précaire domaine –/ j'ai fait tout mon possible.../ Alea! »

Le transcripteur de police semble recopier ligne par ligne (la fin de ligne est ici indiquée par la barre transversale). Ce qui donne au texte la forme de vers blancs assez analogues à ceux qu'il envoyait à *Je suis partout*. C'est un bon exemple de la tension rythmique sous laquelle Céline compose. Du coup, l'énoncé tourne très vite à l'incantation :

> *Salut! Qu'ils crèvent*
> *Donc tous ces vendus!*
> *Les lâches! les traîtres!*
> *Et le plus tôt sera le*
> *mieux et leurs « guides*
> *spirituels » avec! Et point*
> *bénignement je l'espère! Je*
> *l'implore! La justice est la justice!*

(N° 101, trois feuilles recto verso.)

Céline écrit ces lettres à Combelle de sa grande écriture, celle des improvisations inspirées. Il est entré dans la peau du prophète (de malheur), il a « vu », il fait « voir », il corrige : « Vous ne dites rien des Juifs – rien de l'alcool – rien de l'immonde flagornerie du peuple pour (par?) la presse et des fameuses élites. Quel opium! »

Combelle l'interroge, il se récuse : « Il fut un temps, bien grotesque, où les " écrivains " se prenaient fort au sérieux. Je crois que Duhamel, les Montherlant, les deux Romains sont encore de cet avis... Pitié à leurs œuvres! Il me semble... voilà tout... Rien de plus... Je n'ai aucune lumière spéciale. Nous sommes tous Narcisses mais (si?) on le sait plus d'excuses!... Résoudre le problème juif? C'est l'action qui s'en chargera

– Pas les mots – les faits – l'inexorable entraînement de manège – les Juifs sont actuellement les maîtres de leur destin. L'or (*souligné deux fois*). Nous ne comptons plus – nous comptons (?) pour rien (*souligné deux fois*). Joueront-ils bien ou de travers? Tout est là. On ne nous demande rien – Que nous taire par décrets et sans décrets. On ne demande plus aux domestiques de décider du sort des maîtres – ou bien c'est la révolution – Personne n'y songe – ce sont eux qui jouent – pas nous – Il ne faut pas nous prendre pour des juges – nous sommes des condamnés. Bien cordialement, L.-F. Céline. »

Au-delà des apparences (les persécutions, les expulsions), Céline pose le primat du pouvoir juif. Hors Allemagne, les gouvernements sont des domestiques ou des figurants. C'est exactement le syllogisme hitlérien : les Juifs pervertissent le Reich, ils en sont chassés, ils deviennent des ennemis, tout ce qu'ils font au Reich, le Reich le leur rendra. Ils sont donc maîtres de leur destin : s'ils ne contrent pas les entreprises du Reich, il ne leur arrivera rien.

Cet antisémitisme, qui n'est pas seulement symbolique, comme ont voulu le croire certains, n'est qu'un aspect de la doctrine : « Il n'y a d'antisémitisme réel que le *racisme* (*souligné deux fois*) brut. Le reste est diversion, babillage, escroquerie (genre AF), noyade de poisson » (n° 98).

Foin de l'antisémitisme à fondement religieux, économique ou politique (genre Action française) : les Juifs sont nocifs en eux-mêmes, par leurs gènes et leur culture, sur le plan de l'espèce, de la race. On revient au racisme à fondement littéraire, artistique, émotionnel de *Bagatelles*, là où Gide croyait que Céline « se rigolait ». Le mépris pour les antisémites traditionnels est affiché : « Nos antijuifs puent la naphtaline – Il faut tendre au vivant – au parfait vivant – pas aux phrases – " Je ne croirai qu'à un dieu qui danse " (Nietzsche) moi aussi? Je veux pas me citer mais lisez *L'Église*, mon premier livre. Lisez aussi en anglais *Secret Societies* de Webster » (n° 98).

Le correspondant de Lucien Combelle au-delà des emprunts qu'il reconnaît dans *L'École* fournit ses sources. Il renvoie au message des années vingt, à la démonstration physique par la danseuse, à la fin d'une pièce où le pouvoir juif était ridiculisé. Il renvoie aussi à ses lectures du temps, ces *Secrets Societies* de Nesta Webster où le complot juif est assimilé au pangermanisme (ce que fait Montandon à l'époque, et les autres antisémites, l'histoire a de ces grimaces). Il pose une antériorité : *Bagatelles* et *L'École* ne sont pas nés d'un orage mental, ils sont l'aboutissement d'une longue réflexion, l'objet d'une longue dissimulation. Le racisme qu'il préconise est un élément de sa modernité. Il s'agit de créer le nouvel homme sur le modèle des quelques spécimens conservés : grands blonds, débarrassés des entraves de la morale courante; pour ces « barbares » retrouvés – instincts et lyrisme – l'antisémitisme n'est qu'une étape. Et un instrument : si *Bagatelles* connaît le succès qui est le sien, c'est parce que le livre répond au goût d'un vaste public. « Nous sommes tous antisémites, mais quelques-uns d'entre nous ont l'élégance de ne pas le montrer », écrivait dans son *Journal* Jules Renard, laïque, républicain et dreyfusard. Il notait cela bien après l'Affaire. Juif est alors synonyme de matérialisme, d'affairisme, de recherche du profit (honni par toute la tradition chrétienne), de fil en aiguille de tout ce qui paraît mauvais et méprisable dans le monde issu de la Révolution. Les Français sont volontiers xénophobes, donc anti-sémites, antiarabes, antianglais, antiaméricains, plutôt que racistes – à moins d'étendre l'acception du mot à l'infini. Historiquement, le racisme n'apparaît que dans les sociétés qui posent l'autonomie de l'individu, ce qui n'est pas le cas de la France, imprégnée par la menta-lité catholique qui n'évoque pas de justes, seulement des pécheurs dont les âmes se valent aux yeux du Dieu de miséricorde.

L'isolement de Céline dans son temps est quasi absolu, il n'arrive, il n'arrivera jamais à faire passer son message de réforme de la race. Les antisémites les plus résolus ne partagent ni ne comprennent le racisme de type national-socialiste. Ses valeurs (le corps, la danse, l'érotisme), son style (qui nomme toutes les fonctions du corps) et ses idées, fon-dées sur la spécificité nordique, l'enferment dans une clôture quasi her-métique. Il ne s'en échappe que par ce qu'il appelle le « rigolo » et, à travers l'antisémitisme de comédie, le dénigrement du concurrent trop gras, trop bruyant et trop vulgaire pour être honnête.

Le 12 juin, il assiste à un concert du groupe féminin de musique ancienne, Ars rediviva. Lucienne Delforge aussi. Il ne l'aborde pas « pour ne pas l'ennuyer », « La roue tourne », lui écrit-il le lendemain. Il a clairement l'impression d'être tout en bas.

Ses procès le préoccupent. La correctionnelle pour le fils de Fernand et de Marguerite, c'est l'humiliation, la flétrissure.

Le 21 juin, Robert Denoël et lui sont condamnés à 200 francs d'amende chacun et conjointement à 2 000 francs de réparations envers le Dr Rouquès pour injures et diffamation. Reprenant un article de *L'Humanité* qui citait les médecins présents à l'inauguration du dispen-saire du Syndicat des métaux, Céline avait ajouté : « Tous juifs. » Le tri-bunal note que le Dr Rouquès n'est pas d'origine juive mais que *L'École des cadavres* d'un bout à l'autre renferme à l'adresse des Juifs des invectives, allégations et imputations de fait diffamatoires et qu'il y a donc eu diffamation indirecte envers le Dr Rouquès.

Céline assiste à l'audience ainsi que « Mlles Almansor et Canavag-gia ». Quand on rééditera le livre en 1942, Céline s'en souviendra dans la préface. Car cette audience reste le tréfonds de sa désolation : « Nous voici dans l'arbitraire sec – déjà cynique – Juifs + •*• + communistes + magistrats – demain exécution au petit jour » (à Lucien Combelle).

C'est alors que sont retirés de la vente les deux pamphlets anti-sémites. Pas dégonflé Ferdinand : prudent, réaliste, il entrevoit l'ombre du poteau de Vincennes.

Le complot Abetz

Ce n'est que le début des ennuis. *Le Canard enchaîné* du 5 juillet, dans un article non signé et à propos de la découverte d'agents de renseignements allemands au *Temps*, parle des relations qu'entretiendrait un écrivain – non nommé mais très reconnaissable – avec Otto Abetz, agent de la propagande nationale-socialiste à Paris.

Le 12 juillet, le *Canard* publie une réponse de Céline. C'est un démenti absolu : « Jamais rencontré M. Abetz. » Il n'a appris son existence que par les journaux.

L'Humanité mène alors une campagne contre les partisans d'un arrangement avec Hilter et pour la conclusion d'un pacte avec l'URSS. Le 8 juillet, Lucien Sampaix a entamé une série d'articles visant à démasquer « les agents de l'étranger en France ». Partant du principe que la pénétration nazie commence toujours par de la propagande anti-sémite organisée par les services de Julius Streicher, il va lier l'expulsion d'Otto Abetz, l'arrestation des journalistes du *Temps*, l'inculpation d'un secrétaire au Sénat et les enquêtes et poursuites contre des militants antisémites tels que Darquier de Pellepoix.

Le 9, il annonce que Darquier a rencontré « l'écrivain français C... » qui lui a remis un nouveau plan d'action antisémite, prévoyant l'unification des mouvements antisémites et la création de lettres anonymes et d'un groupe terroriste. Il déclare détenir des documents accablants pour « l'écrivain C... ».

Le lendemain, Sampaix mentionne que Darquier de Pellepoix et « l'écrivain Cel. » sont allés présenter le plan à divers directeurs de journaux et, le 12, que deux inculpations sont prêtes à leur intention.

Cette série se poursuit jusqu'à la fin août mais sans autre allusion à C. ni à Cel. et sans que Céline soit inculpé.

Un instant inquiété pour violation du secret de l'instruction, Sampaix poursuit son enquête. L'évolution de la situation l'amène seule à l'interrompre : le pacte germano-soviétique transforme les ennemis en amis et les communistes français en agents potentiels de l'étranger, ce qui va provoquer l'interdiction de *L'Humanité* par le gouvernement Daladier.

L'Humanité ne publiant jamais de rectificatifs, c'est à *Je suis partout* que Céline confie sa réponse aux allégations de Sampaix. Elle paraît dès le 21 juillet.

Céline réfute, comme il dit l'avoir fait auprès de *L'Humanité*, les accusations de « cet innommable ». Il ne connaît cet Abetz ni d'Ève ni d'Adam, n'a pas été en Allemagne depuis trente-cinq ans, et si ses livres ont été traduits, il n'a pas été réglé de ses droits, pas plus que de ceux qui lui restent à venir d'URSS. Sampaix est un chacal effarant de turpitude et de sottise. Céline sait à quoi correspondent sociétés, comités pour ou contre – ils sont montés de A à Z par la police. Pour qui le prend Cent mille pets? Sur la question des habitants, il a tout dit dans ses livres. Ils sont retirés de la circulation. Chaque fois qu'un de ces chiens viendra caquer devant sa porte, il se chargera de lui frotter le cuir qu'il en brûlera pour la vie.

Le même jour, *Le Droit de vivre* qui a repris l'écho du *Canard* publie la réponse demandée par huissier. Elle est plus courte mais analogue. Céline dit n'avoir pas revu d'Allemands depuis Poelkapelle. Il ne sait rien d'un plan de subversion, mais la 12ᵉ chambre (celle des diffamations) n'est pas fatiguée et « M. Cent mille pets (de bourrique) tient certainement à s'abonner à vie ».

Son correspondant à *Je suis partout*, sans doute Lesca, reçoit, datés du même jour, des remerciements et une charge furieuse contre Nizan. Celui-ci écrit à *Ce soir*, le pendant populaire de *L'Humanité*, il a publié le 15 juillet un article relayant Sampaix : « Une grave affaire qui éclaire Munich. MM. Aubin et Poirier [...] ne sont pas les seuls coupables de trahison. » Céline n'a pas non plus oublié les comptes rendus de *Voyage au bout de la nuit* et surtout de *Mort à crédit* par Nizan. Avant Simone de Beauvoir, Nizan y avait senti du mépris pour les gens et vivement récusé son style. En voilà un que ne séduisent ni le populisme ni le lyrisme particulier à Céline. C'est une question de nature, explique celui-ci à Lesca :

« Un tout petit côté burlesque mesquin mais tout de même piquant dans cette rocambolade est de surprendre le Nizan donnant à l'entour des verges catoniennes! Peuchère! Lui, l'effroyable intrait de sauvetage politicailleux s'il en fut! L'échappé des bordels des loges! lui, le personnifiant même de toutes les foirures, de toutes les loupailles littéraires et politiques.

« Lui, le plus décourageant insipide bulleux limaçon de tout l'élevage habitano gauchiste où pourtant Dieu sait s'ils inondent, submergent et glairent à foison!

« Lui, honte du jour! Ce foutricule fade cuyde à présent nous enseigner! Lui, le dénué-né! Le calamiteux " douzième " roue à la traîne dans toutes les vases, merdeux dans toutes les ornières! »

La tirade se poursuit sur deux pages; elle est inédite. Céline dit qu'il a vu à Leningrad un roman de Nizan, *Le Cheval de Troie* en vente, « traduit de l'anglais » alors que le livre n'a certainement pas été traduit et doit y compter deux cents lecteurs. L'*intrait* est un extrait sec de plantes fraîches stérilisées par des vapeurs d'alcool entre 80° et 105°, nous dit le Robert. On voit que Céline va chercher loin ses injures et que ceux qui parlent de ses préciosités n'ont pas toujours tort.

Espérait-il voir sa lettre publiée? C'est la première qui rejoigne la « morgue » du journal, elle est déjà jugée excessive dans un temps où la liberté d'expression était pourtant grande.

Fin août, au moment du pacte Hitler-Staline, Nizan rompt avec le parti communiste auquel Aragon reste fidèle. En juin 40, il périt dans la bataille de Dunkerque où Aragon se distingue. Les destins sont moins nets que les « natures ».

Saint-Malo et Paramé

Les vacances sont les vacances, elles se passent en Bretagne. Il en reste le souvenir d'une photo de plage où l'on voit Céline, Mahé et Sergine Le Bannier regardant Lucette Almanzor prouver sa souplesse, une jambe passée par-dessus la tête.

le 19 juillet, Louis et Lucette rendent visite à Théo Briant à Paramé. Lucette, déjà passionnée d'animaux, pénètre dans l'enclos aux poules et les affole. Céline en rattrape une qu'il garde un moment suspendue en l'air avant de la relancer par-dessus le grillage. Théo Briant note cette dextérité dans son journal. Il note aussi la réflexion de son hôte qui, contemplant les friches, juge Théo Briant « peu nerveux sur l'emblavure ». « Toujours dans l'œil cette lueur de godille et de désespoir. Homme étrange, fleur du ruisseau. Il faudrait se tabasser tragiquement avec lui pour savoir ce qu'il a dans le ventre. » Voilà comment un poète celtisant voit le grand Céline : fleur du ruisseau.

Cela indique assez le malentendu qui s'est établi, même avec les amis. Ils appréhendent Destouches à travers Céline et Céline à travers Ferdinand. La distance que Théo Briant sent dans le regard de son visiteur vient probablement de l'opinion de « l'accablé d'orgueil » sur le confrère en écriture, auquel il lui arrivera de faire la leçon. Et puis un jour il découvrira que « Madame est schmout » et tout s'éclairera (voir infra, chapitre 8).

Il rentre à Paris fin août, toujours aussi combatif et exigeant une seconde insertion rectificative du *Droit de vivre*.

Drôle de guerre

En septembre, suite à l'invasion de la Pologne par l'Allemagne (suivie de l'URSS), la France et la Grande-Bretagne déclarent la guerre à l'Allemagne. Le 27 septembre, Louis Destouches, réformé n° 2 depuis décembre 1915 à Londres, demande le bénéfice de la loi du 31 mars 1919 et la réforme n° 1 avec pension. Elle lui est accordée.

Il loue une maison dans une rue provinciale de Saint-Germain-en-Laye et y accroche sa plaque : « Dr Louis F. Destouches, Lauréat de la Faculté de Médecine de Paris, Réformé, Médaille militaire. Médecine générale, consultation tous les jours de 1 heure à 3 heures ».

Des cartes de visite portant le même intitulé sont distribuées dans la ville par Marguerite Destouches et par Lucette Almanzor. Celle-ci a cousu des rideaux pour garnir les fenêtres. Une pièce de la villa est meublée sommairement pour recevoir les clients. Lucette Almanzor se souvient que le docteur et elle dormaient par terre dans la cuisine, « seule pièce chauffée » (à Frédéric Vitoux). Pas un client ne se serait présenté en trois semaines et le téléphone, le 14-20, n'aurait sonné qu'une seule fois. Dans le jardin, il y a un gros noyer dont Lucette mange les fruits. Ils la rendent malade, ce qui fait au moins un cas à soigner.

En octobre, l'expérience est jugée concluante et le couple se replie chez Marguerite Destouches, rue Marsollier. Ce sera le port d'attache de Céline jusqu'en 1941.

Le 11 décembre, on le retrouve dans l'est de la France où il remplace un médecin, inspecteur sanitaire, mobilisé. Il envoie une carte à Théo Briant : « J'ai vu Verdun, lui écrit-il, la Woëvre. »

C'est dans la Woëvre qu'avait commencé pour lui la guerre précédente, vingt-cinq ans plus tôt. Il annonce son départ pour Marseille dans deux jours.

Il a été engagé par la Compagnie Paquet pour un intérim de huit jours comme médecin de bord du *Chella* qui fait la liaison avec le Maroc. Lui qui avait horreur du soleil, il y prend goût, écrit-il. On sent, dans la correspondance qu'il envoie à Montmartre, une alacrité paradoxale. Après avoir prédit, avec quels tremblements, le conflit, ses lettres sont gaillardes, rassurantes, confiantes. Ce sont les vacances de la vie. Il n'y a plus à s'agiter, à lutter, à s'opposer, c'est l'ordre de la guerre, où la responsabilité personnelle s'efface. Il le dit à Jean Bonvilliers : il éprouve « un sentiment de vieux chien contre un mur ». Ce vieux chien a quarante-cinq ans. Il se fait apprécier. La Compagnie Paquet le garde et lui donne du galon. S'étant armé, le *Chella* entre en effet dans la Navale. C'est comme si, dit-il, on lui avait enlevé vingt-cinq ans et qu'il se retrouve au 12e cuirassiers. Il fait oui, oui, oui, et il trotte au commandement.

Il a confié « la Pipe » à sa mère qui est, confesse-t-il, une « emmerdeuse éreintante ». Il aurait voulu faire descendre Lucette à Marseille mais sa solde, 1 700 francs, ne le lui permet pas, alors il lui envoie ce qu'il peut.

Pas question, même en cas de conflit, de toucher au pécule, gelé sous forme d'or et déposé à Copenhague. Il trouve cet emploi miraculeux comparé à l'inactivité des mois précédents quand les versements de Denoël étaient presque taris : 7 988,80 en juillet! Il souhaite juste assez de merde aux copains, sauf Popol, pour « la dignité des choses ». Ils ont été joliment lâches et fumiers dans ses malheurs – comprendre l'adversité qu'ont représentée le décret Marchandeau et les poursuites intentées contre lui.

Au début de l'année, il souhaite à son correspondant « une bonne fin d'année 40 – le plus vite possible », autrement dit un rapide passage au-delà des événements.

Pour lui le dénouement a failli être encore plus rapide : « Dans la nuit du 5 au 6 janvier le *Chella* qui marchait à vingt nœuds tous feux éteints se trouvait à l'entrée du détroit de Gibraltar vers 10 heures du soir – au moment du changement de quart, quand des hommes de veille au bossoir signalèrent une masse noire à toucher sur l'avant. L'abordage eut lieu aussitôt suivi d'une énorme explosion qui ébranla tout le navire et déchira son étrave et sa coque... À bord du *Chella* trois blessés graves et plusieurs plus légèrement atteints par les épaves projetées furent l'objet des soins du Dr Destouches. »

Il est intéressant de comparer ce rapport officiel de la nouvelle Compagnie Paquet à la relation de l'abordage que fait Céline à son confrère, le médecin-colonel Camus. Il l'envoie de Gibraltar le 9 janvier :

« Vaillance et discipline et toujours le premier. Ainsi je voguais fort estimé sur les mers traîtresses quand mon paquebot éventra l'autre nuit, en pleine vitesse, un torpilleur anglais qui fit une de ces explosions qui comptent dans la vie et la mort d'un navire. Il coula corps et biens en moins d'une minute.

« Nous fûmes fort arrangés nous-mêmes et en détresse toute la nuit. Inutile de te dire encore que ton ami tout au cours de cette nuit fort tragique, entre morts, noyades et blessés, sut faire honneur à ceux qui lui apprirent le métier des armes et de manœuvre et la vaillance, et discipline. À ce point je me demande si mes talents ne seront honorés en haut lieu. Enfin nous amarrâmes de justesse, à ce port, à la détresse. Nous rallierons Marseille plus tard, après raccommodage sommaire... et puis l'on désarmera. [...] La belle époque vois-tu c'était le XVIIIᵉ, on y faisait facilement une vie par semaine. De nos jours dits rapides on guerroye en limace. »

C'est signé Louis F. Destouches. Par une grossièreté, par une trace d'argot, Céline retrouve dès qu'il le veut, dès qu'il le juge opportun, indiqué, le style Des Touches-Trois Mousquetaires qui lui sera commun avec Nimier – cette adolescence de la langue.

Autre version : « Quelle nuit! J'ai suturé pendant quatorze heures et piqué dans tous les sens – toute la nuit coupaillé ici ou là – la guerre! sur ce rafiot fonçant, fonçant. Il faut avoir vu ces scènes – et deux cents tirailleurs marocains à bord – je ne regrette rien – mais je n'ai pas de veine dans mes carrières – on nous calfate sommairement et on rentre remorqués à Marseille se faire débarquer – marins malheureux sur le sable encore! Tu parles d'une malchance! J'étais si bien sur ce bidet! Enfin c'est la vie et la guerre à mort! par emmerdements! »

Cela pour Montmartre. On remarque qu'au médecin Camus le Dr Destouches avait eu le tact de ne pas parler des « clients », les marins repêchés ou ceux du bord, les détails médicaux n'intéressent que les profanes [38].

De Marseille, où il craint pour son emploi, il reprend les discussions avec Denoël sur le calcul de ses droits. Pour *Bagatelles* et *L'École* il est entendu qu'on attendra la fin des hostilités. En tout cas, 6 882 exemplaires sont mis au pilon. La Compagnie Paquet lui a donné une garantie provisoire d'emploi mais, quand à la mi-mai le *Chella* réparé est remis à flot, rien n'est encore tout à fait décidé. Le 2 juin, un bombardier allemand en piqué incendie et coule le bateau, faisant dix morts que le Dr Destouches connaissait et dont on lui envoie les noms : Solevant, Monier, Delazzari, Escoffier, Georgelas...

Céline remplace depuis trois mois à Sartrouville le médecin-chef du dispensaire municipal, mobilisé. Il habite avec Lucette chez sa mère. Celle-ci a exercé sur la jeune danseuse la surveillance qui lui avait été recommandée, venant la chercher le soir dans sa loge au restaurant Ledoyen où elle a un engagement. Consigne, consigne. Lucette se souvient d'une femme intarissable. Marguerite Destouches parle ses soucis comme son fils les écrit.

Le 10 mai, après huit mois d'attente commence la vraie guerre, les Allemands déclenchent une offensive. Les blindés de Guderian respectent la ligne Maginot mais attaquent à travers la défense naturelle des Ardennes, violant pour la seconde fois la neutralité de la Belgique et pour la première fois celle de la Hollande. Céline le prophète a deviné à reculons en déposant ses florins-or à Amsterdam, il se fondait sur ses souvenirs de jeunesse. Les voilà désormais à la merci de l'occupant.

Pour la seconde fois l'armée française se rue par les Flandres vers

Namur. Quand, le 20 mai, les tanks de Guderian atteignent la côte, l'armée du Nord et le corps expéditionnaire britannique sont encerclés.

Suivront les péripéties de batailles fragmentaires, comme en 70, héroïques ici, inexistantes là, assez sérieuses dans l'ensemble pour faire en un mois presque autant de victimes qu'en aura l'armée américaine sur les deux théâtres d'opérations d'Europe et du Pacifique de 1941 à 1945.

Le 10 juin, jour de la déclaration de guerre de l'Italie à la France, les Allemands sont aux portes de Paris et le maire de Sartrouville donne l'ordre d'évacuation. Lucette Destouches revêt une blouse d'infirmière, et un équipage composé de cinq personnes (chauffeur, médecin, un infirmier, deux infirmières) embarque dans une ambulance avec des malades qui, selon les versions, sont deux nouveau-nés dont l'un trouvé en route et une vieille alcoolique ou deux grand-mères (ou une grand-mère et sa petite-fille). Ils forment un convoi avec d'autres véhicules de Sartrouville. Pas question de Marguerite Destouches. Est-elle déjà partie ou attend-elle sagement rue Marsollier la suite des événements, dans Paris ville ouverte?

Le convoi part en direction de Pressigny-les-Pins au sud de Montargis. Il semble y arriver sans trop d'encombre. Il en repart presque immédiatement, il s'agit de passer la Loire à travers les mouvements de l'armée dont l'état-major est à Briare. Campés le 15 juin dans un cinéma de Gien avec des malades mentaux eux aussi évacués, les Sartrouvillais comptent passer la Loire le lendemain. Mais à 9 heures du soir des avions allemands jettent des bombes incendiaires sur la ville, le centre est en flammes et le Dr Destouches devant l'impossibilité de traverser la cohue de véhicules malgré les blouses blanches et la Croix-Rouge décide au milieu de la nuit de repartir et de remonter la Loire sur la rive nord jusqu'à un point de passage. C'est fait en fin de matinée par le pont de Cosne-sur-Loire. Lorsque à 3 heures de l'après-midi un bombardement détruit le pont, faisant cinquante-huit morts et de nombreux blessés, l'ambulance est déjà loin. Elle est alors isolée : le convoi parti de Sartrouville s'est disloqué. Il s'agit de trouver du carburant, c'est le gros problème de chacun.

Cette traversée de la Loire sera transposée dans « le bombardement du pont d'Orléans » qui ouvre *Guignol's Band* selon la nouvelle technique bruitée, Braoum Vraoum, qui inaugure une nouvelle période de style. Bombardement apocalyptique dans lequel Lisette, pas peureuse, est Lucette. Elle entre ainsi pour la première fois dans la transposition.

Lorsque Céline publie *Les Beaux Draps* en 1941, *L'Informateur médical* reçoit la lettre d'un confrère qui dirigeait un an plus tôt l'hôpital militaire de campagne installé dans le collège de Cosne-sur-Loire. Il se souvient avoir arrêté l'ambulance de Sartrouville, et y avoir trouvé le Dr Destouches avec deux nouveau-nés dans les bras. Une fois les enfants changés, couchés, alimentés, le Dr Destouches et Lucette vont se reposer au bord de la Loire. Il fait beau, l'eau coule paisiblement, tout est calme, la guerre est loin.

Autre étape, dans un village « au sud de Nevers » dans la grange d'une ferme abandonnée en compagnie d'autres réfugiés. Un cheval dont c'était sans doute l'écurie insiste pour entrer. Il laisse à Lucette Destouches « un souvenir un peu surréaliste ». François Gibault a retrouvé, on ne sait comment, une femme qui s'était abritée le même soir dans la même grange et qui se souvenait du cheval. On pense forcément à celui de Guernica et on mesure à ce genre d'incident le dépaysement que représente pour les Parisiens de Paris la traversée de la France rurale.

Le 18 juin, l'ambulance repart vers l'ouest et Issoudun. Les bébés sont confiés à une crèche pour la nuit. Lucette se souvient que, lorsqu'ils sont revenus les chercher, ils les ont trouvés dans la cour : « Ils étaient restés là pendant que les bâtiments brûlaient avec des morts un peu partout. Nous sommes revenus à temps. Ils ressemblaient à des petits singes, [...] les pauvres enfants étaient rouge brique [39]. » Elle les nourrit avec du lait en poudre qu'elle met dans une boîte de métal. Céline et elle couchent dans l'ambulance. Il n'est plus question de l'infirmier un peu trop entreprenant et qui aurait paniqué, se réfugiant dans un bois, Lucette prenant alors le volant, les enfants restant sur place.

La ville d'Issoudun a effectivement été bombardée le 19 juin et il y aurait eu une centaine de morts. Le musée est détruit, l'église et la mairie sont touchées, une soixantaine de maisons détruites, mais le « quartier de l'hôpital n'est pas atteint », assure le service historique. Si l'hôpital avait brûlé, aurait-on songé à y laisser des nourrissons ?

Le lendemain en fin d'après-midi des éléments motorisés font leur entrée dans Issoudun. L'ambulance a déjà atteint La Rochelle. Pourquoi La Rochelle ? La vieille femme amateur de rouge y est déposée, à moins qu'elle ne soit restée à Issoudun avec les bébés, si l'un était sa petite-fille.

Dès le 20 juin, le Dr Destouches se met à la disposition de la préfecture. Le médecin inspecteur d'hygiène du département le recommande à l'inspecteur du port comme médecin sanitaire maritime. Des bateaux quittent encore La Rochelle, Lucette presse son ami d'embarquer, elle se voit professeur de danse à Londres, lui médecin. Il parle anglais. Elle se souvient lui avoir dit : « Allons-y », il aurait hésité. Et puis le devoir l'aurait emporté, la grand-mère soiffarde, sa petite-fille (si c'était sa petite-fille) et l'autre, l'enfant trouvée, à ramener à Sartrouville, sans compter l'ambulance, bien communal. Il faut croire que certains destins ont tenu à ces fils. De Gaulle sautant dans l'avion de Spears, André Labarthe s'embarquant sur un transport de troupes polonaises ont le sentiment d'une mission ou une mission tout court. Qu'est-ce qui aurait pu attirer l'auteur de *Bagatelles* et de *L'École* vers le sanctuaire juif de la City ?

Le Dr Destouches se met à la disposition d'une société d'aéronautique repliée à Saint-Jean-d'Angély.

L'armistice est signé le 22 juin. Philippe Pétain, ambassadeur du Front populaire auprès de Franco, a remplacé Paul Reynaud comme président du Conseil. Il demande un armistice. Celui-ci prévoit l'occupation partielle de la France : toute la façade atlantique, le Nord et l'Est. La zone non occupée comprend les départements du sud de la France et d'Algérie avec les ports de la Méditerranée, Toulon et Mers el-Kébir où la Flotte – la seconde après la britannique par le tonnage – est consignée. Le 10 juillet, à une majorité écrasante, le Parlement du Front populaire réuni au Casino de Vichy confie les pleins pouvoirs au maréchal Pétain, avec mission de réformer la Constitution. La IIIᵉ République a désigné son liquidateur.

À Sartrouville, Céline a trouvé une circulaire datée du 3 juillet. Elle émane de la Direction de la Santé publique et demande aux services de santé municipaux de préciser les conditions de leur départ et de le justifier. Les chroniques de l'époque abondent d'histoires d'officiers et de médecins abusant de leur grade ou de leur fonction pour se faire attribuer de l'essence et fuir les premiers (voir *La Moisson de Quarante* de Benoist-Méchin).

Céline répond avec un sérieux quelque peu sardonique. Il est à la vacation, chargé de rien; s'il est parti, c'était pour rendre service et, d'après les directives du maire; il a pu mettre en lieu sûr à Issoudun deux enfants, et ramener l'ambulance qui lui avait été confiée à Sartrouville.

Tous les frais ont été *à sa charge et de sa poche*, 5 000 francs de bagages personnels confiés aux camions du convoi ont été perdus.

Mais il ne regrette rien. « Curieux de nature et si j'ose dire de vocation, j'ai été fort heureux de participer à une aventure qui ne doit se renouveler j'imagine que tous les trois ou quatre siècles. »

Le désastre est mis en perspective dans le ton de la lettre de Gibraltar au Dr Camus. Ce rapport laisse présager le ton des écrits à venir : Céline observe la défaite annoncée avec une certaine distance, ce n'est pas la sienne et rien n'indique ici qu'il l'ait ressentie comme un malheur. On pouvait expliquer l'espèce d'allégresse de la lettre de Gibraltar par le bain de jeunesse que son expérience maritime donnait au quadragénaire, il faudra interpréter autrement les écrits ou déclarations de l'après-40.

8.

OCCUPÉ

> La masse ne compte pas. Elle est plastique, quel-
> conque, elle fait viande, poids de viande, c'est tout.
> La guerre, la vie le prouvent. La masse, la troupe ne
> valent que par ses cadres, ses chefs.
>
> *À Henri Poulain, 15 juin 1942.*

Une fois son titulaire démobilisé rentré, le poste de Sartrouville n'est plus disponible. Denoël n'a pas encore repris ses activités et Céline se trouve donc comme en 1939, sans emploi.

Le premier à recevoir de ses nouvelles est l'ami Théo, à La Tour de Feu. Lui parvient un morceau néo-bardique où son christianisme est brocardé : « As-tu vu ce déluge ? Ton cœur chrétien doit battre d'ivresse à ce surcroît de pénitence ! Comme j'ai rampé, résonné de milles bombes, tressauté de torpilles, dégueulé de malheur (en pensant à toi) tout au long de cette caravane hantée ! De Sartrouville à La Rochelle ! »

Au pont de Loire il a imaginé son ami « récitatif et frugal (mais ponctuel) en [s]a salle à manger portique au revers des flots » (6 août 1940). Théo Briant incarne alors la France de l'été 40, celle qui fait, repentante, son examen de conscience.

Dans Paris encore vide, des journaux ont reparu. Peu à peu va se mettre en place une presse parfois financée, toujours contrôlée par le Propaganda Abteilung. À *Paris-Soir*, les occupants n'ont trouvé que le liftier, un Suisse allemand, ils le bombardent directeur de la publication. Un autre Suisse, de Genève celui-là, est mis à la tête de *La France au travail*, il s'agit de George Oltramare. Il prend le pseudonyme de Charles Dieudonné (qu'il utilisera également à Radio-Paris, propriété allemande). Son compatriote Georges Montandon lui confie des articles, une série qui s'intitule « Le sang des Juifs ». L'anthropologue fait sans tarder œuvre pédagogique.

Le 18 août, suite à une rencontre avec Céline, Georges Montandon envoie un « papier » à intercaler, hors série. Le titre est fait pour attirer l'attention : « Faut-il fusiller ou couper les nez ? ».

« Je viens de rencontrer mon confrère Céline (car " par la base " nous sommes tous deux médecins). Céline est déchaîné. Furieux contre Dieudonné – qui pourtant l'a fait gentiment plagier par Anselme –, furieux contre *La France au travail*, furieux contre les Allemands.

« L'armée allemande a bien travaillé, soit ; mais les dirigeants allemands l' font comme si savaient pas ce qu'ils veulent ! Les Juifs et les franc-maçons l' comprennent que si on leur fait chier du sang ! I' croient déjà que les Allemands ont peur ! Les occupants s'entendent en sous-main avec les pourris de Vichy ! I' ménagent l'Amérique en ne canardant pas les Juifs ! C'est de nouveau nous qu'on sera refaits !

« Est-ce qu'on vient pas de nommer Copeau au théâtre, un Juif ? Pourquoi est-ce qu'on l'a pas fusillé ? La Comédie-Française et l'Opéra-Comique, c'est deux boîtes pleines de Juifs : pourquoi est-ce qu'on les fusilles (*sic*) pas ? Voilà Lévitan qui rentre avec de l'or ! Et Bernheim, qui refusait sur le front les artistes qui voulaient pas coucher avec tous les officiers, est-ce qu'I' va reprendre son métier ? Y a pas un Juif ou un franc-maçon qui démerde de sa place. I' se sentent déjà requinqués ! Ah ! on est refoutus !

« Il y aurait pourtant – ce n'est plus Céline qui parle – une modalité élégante de faire se terrer les jolies Juives. Vous savez qu'il n'y a rien qui enlaidisse davantage une femme que de rendre béantes ses deux ouvertures nasales (la syphilis tertiaire a de ces jeux-là). Pas besoin d'opération à grand spectacle, avec assistants, narcose, etc.! Il suffit d'un coup de pince coupante, ou d'un coup de dents – comme nous l'avons vu un jour splendidement opérer. Le danger d'hémorragie mortelle est nul. Mais la jolie Juive qui aura subi la circoncision de l'appendice nasal, automatiquement ne remontera plus sur les tréteaux et ne caracolera plus dans les salles de rédaction.

« Qui nous donnera le droit de fusiller et de couper le bout du nez ?
Georges Montandon »

« PS : Nous avons été particulièrement heureux de lire dans *La France au travail* du 9 la protestation de l'Association d'entr'aide aux étudiants. Ceux-ci commencent à se méfier des saltimbanques de la Sorbonne et du Trocadéro, dont le plus clair des exercices intellectuels consistait à lever le poing " à la juive ". [1] »

La publication du texte de Montandon n'a paru opportun ni à Oltramare ni sans doute à Céline. Les propos qui sont prêtés à celui-ci correspondent à des thèmes qu'on lui verra traiter, mais dans une langue bien différente que celle que Montandon croit entendre. Et de manière le plus souvent à faire rire plutôt qu'horreur. On ne sait s'ils ont discuté ensemble une défiguration des belles Juives, les références à la syphilis sont bien céliniennes, mais l'auteur de *Bagatelles* a toujours gardé les « dames » en dehors du combat. Cette folle idée de circoncision nasale aide en tout cas à comprendre pourquoi Céline est amené à rédiger un « certificat de modération » pour « le Pr Montandon [2] ».

La France est à refaire

Chaque parti a ou veut avoir son organe de presse. Avec les communistes, les doriotistes ne sont pas les derniers dans la course à la parution. Jean Fontenoy a obtenu une autorisation et lancé un hebdomadaire, *La Vie nationale*. Il reçoit une lettre de Céline datée du 27 août, elle est publiée le 31. C'est un appel qui va très vite devenir une rengaine :

« Mon cher Confrère,

« Toutes ces bonnes choses, ne trouvez-vous pas ? eussent gagné à être dites, écrites surtout, trois ou quatre années plus tôt, sous Blum, par exemple ?

« Qui les écrivait alors ? Personne.

« Qui baisait les mules à Blum ? Tout le monde.

« Les blumistes d'hier sont les hitlériens d'aujourd'hui, à peu de chose près, et si le vent souffle, les communistes de demain.

« Les mêmes vus de dos.

« " Qui faisait les chaussures fera toujours les chaussures. "

« Ce peuple clos, racorni, sans folie, grimacier, sans cœur, tourne en rond sans sa raison d'être : chier encore de plus gros colombins. La France n'est plus qu'un énorme concours de vidanges. La France est à refaire. Là où il nous faudrait un lyrisme de feu, on nous propose des jus de pandectes. Misère ! éternelle connerie de ce pays abruti de raison, prosaïque comme une panse – Nous périssons non seulement de raclée militaire, d'alcoolisme invétéré, de vinasserie inondante, de juiverie forcenée, de boustifaille éperdue, mais surtout, avant tout, de notre haine de tout lyrisme.

« La Tare n'est pas d'hier !

« Aucun lyrisme de Villon à Chénier !

« C'est " Mr. Mon sous le dieu mufle ".

« Qui hait le lyrisme crève ignoblement. Les poubelles sont là.

« À vous bien cordialement. L.-F. Céline. »

Ainsi commence la correspondance aux journaux, par cette lettre retrouvée en 1988 par Paul Lecomte, et publiée pour la première fois par *Le Bulletin célinien*, de Marc Laudelout, à Bruxelles.

La dernière lettre paraîtra le 22 juin 1944, alors que Céline a déjà quitté la France. Entre-temps, il aura donné onze interviews et envoyé trente et une lettres dont certaines refusées par *Je suis partout*. Henri Poulain les avait conservées jusqu'à sa mort. On les donnera ici pour la première fois. Elles complètent ce que nous savions de sa démarche politique pendant les quatre années d'occupation. Naturellement, ces lettres et interviews aux journaux, niées avec une belle obstination, sont parfaitement voulues. Quand il s'adresse à la presse parisienne, Céline veut se faire entendre, agir sur l'événement.

La France a capitulé, la République abdiqué, la moitié du pays est occupée, en apparence rien ne change. La question rhétorique posée dans *La Vie nationale* : « Qui les écrivait alors ? » (ces vérités), appelle une réponse évidente qu'il ne se lassera pas de répéter pendant quatre ans : « Moi ! – dans *Bagatelles*, dans *L'École*, sous Blum, au péril de la Correctionnelle ou de ma vie. »

Les Français sont vaincus pour n'avoir pas entendu le dernier lyrique, l'homme du vrai raffinement devant lequel les critiques enjuivés se récriaient du temps de *Mort à crédit*.

Seule la dénonciation du ventre peut paraître curieuse et elle deviendrait rapidement hypocrite de la part de celui qui, comme chacun de ces Français méprisables et méprisés, va consacrer beaucoup de temps et de talent à se nourrir. Contacts, démarches, voyages et ce que sur la Butte on appelle le « marcif » : « Les chiens humains que nous sommes ne songent plus qu'à la pâtée [3] », écrit-il un jour à l'un de ses ravitailleurs ».

Pour le moment on trouve ce que l'on veut, c'est à la rentrée, lorsque la ville se sera repeuplée, que les problèmes de ravitaillement commenceront à se poser.

Une place se libère à Bezons

L'une des premières décisions du gouvernement installé à Vichy a été de renforcer une loi de 1934 qui interdisait la fonction publique aux naturalisés depuis moins de dix ans. Il établit une liste de professions soumises à *numerus clausus* pour les Juifs et interdites purement et simplement aux étrangers. À Bezons, le médecin-chef du dispensaire est un Haïtien marié à une Française. Par ailleurs, la municipalité, communiste, est désormais administrée par une délégation spéciale présidée par un Savoyard, Frédéric Empeytaz.

Lorsqu'il apprend la vacance au dispensaire de Bezons, le Dr Destouches se démène. En octobre, il rencontre le directeur des services de santé de Seine-et-Oise, M. Blanqui, et il écrit aussitôt à Frédéric Empeytaz pour déposer sa candidature [4].

Non seulement le directeur des services de santé du département intervient auprès de l'administrateur provisoire mais on lui laisse entendre qu'une nomination du Dr Destouches par le ministre de la Santé lui-même pourrait intervenir.

Le 3 novembre, le Dr Destouches écrit de nouveau à Frédéric Empeytaz sur le mode ironique. Il trouve qu'il y a beaucoup de médecins juifs et maçons à Bezons et qu'il ne serait pas mal qu'un indigène de Courbevoie, médaillé, y trouve sa place. Si ce n'était pas le cas, il saurait s'en satisfaire : « Vous savez que les écrivains trouvent aussi leur bien dans l'adversité – et le monstrueux paradoxe – celui-ci par les temps qui courent prend une jolie proportion [5] ». Entende qui veut : Céline est susceptible de venir au secours de Destouches à tout moment. C'est un procédé qu'on aura l'occasion de retrouver dans l'adversité quand le polémiste se proposera de venger l'inculpé. Pour le moment, triomphant, il se contente d'une allusion à ses talents de plume.

Deux jours plus tard, le 5 novembre, il réitère auprès du directeur de la santé de Paris. Il lui signale qu'il a jeté son humble dévolu sur le poste de médecin du dispensaire de Bezons occupé par un nègre haïtien et sa femme : « Ce nègre étranger doit normalement être renvoyé à Haïti. » Lui, Destouches, a fait les démarches nécessaires, tout le monde semblait d'accord, « mais le maire semble être passé » et rien ne va plus. Il aurait eu tous les postes imaginables, médecin des ports, médecin des prostituées, s'il s'était fait inscrire à la Parfaite Amitié. Il serait ministre de la Santé! « Tout pour moi, vous le devinez, Monsieur le Directeur, devient vite amusement et ces petits malheurs après tant d'autres réels font partie de l'aventure de vivre une vie difficile. Enfin tout de même je serais heureux de ne point perdre tant de temps sur moi-même et je serais bien aise si vous pouviez me trouver une petite substance obscure dans un de ces innombrables emplois de médecins à votre disposition (et que tous les Juifs et maçons médecins ne comblent peut-être pas définitivement) » (5 novembre).

Rien n'a changé, les mêmes sont en place, les mêmes réseaux d'influence fonctionnent. « Les mêmes saloperies sont au nougat – on a en plus les fritz comme parasites et puis c'est marre. Varennes est toujours au pouvoir et Lévitan – Les grandes croisades du jour? Le champagne, le Hanovre! et plein la gueule! et la chemiserie fine! kif du youp » : il invite Gen Paul à venir dîner rue Marsollier un jour avec viande et lui parle leur langue [6].

Henri Mahé est encore en Bretagne, il y reçoit un aperçu de la situation parisienne :

« Ne lance personne dans rien... Quand tu viendras à Paris on te racontera surtout Bonvilliers qui te fera marrer. Il ressort que c'est Mme Abetz (et Marie Bell) qui fait la politique et la dirige avec Tinou et Mlle Luchaire.

« Envoie donc Madeleine et Magy. Je pense à Carmen. Si tu retrouves Samuel, ça ne serait pas mal non plus. Paulette bien entendu. Titayna préside. C'était plus sérieux sur la Malamoa.

« Le reste s'enfuit.

« Il n'y a plus lieu d'être surpris par rien.

« De quel droit?

« Je songe de plus en plus à faire venir Gance, l'homme vraiment de la situation » (s.d) [7].

Titayna, journaliste alors connue, est au cœur d'une petite polémique entre Georges Montandon qui l'accuse d'être juive et Georges Oltramare, directeur de *La France au travail*, qui lui veut du bien.

Théo Briant reçoit pour sa part une courte énigme : « Christicoles et ostophages sont kabbalistes, c'est l'évidence, on verra l'avenir », ce qui voudrait dire que les chrétiens mangeurs d'ostie sont de mèche avec les Juifs, si on suit bien le code.

La Butte a ses sources propres d'information par les coulisses et, courroucé ou souriant, le constat est inchangé : cette occupation n'est pas sérieuse et les Allemands pas ceux qu'on attendait. La comédie continue. Suzanne Abetz a repris le rôle d'Hélène de Portes qui avait elle-même repris celui de la marquise de Crussol. C'est, si l'on n'y prend garde, la recette d'un nouveau désastre. Les lettres aux journaux n'y suffisent pas, Céline pense à un livre, nouveau pavé dans la mare, sa quatrième intervention politique depuis 1936. Le titre est trouvé dès novembre : *Les Beaux Draps*, ceux dans lesquels la France s'est mise.

Un Balzac plus grand pas si gros

Un journaliste de *La France au travail* – organe destiné au public populaire – vient le voir rue Marsollier où il s'est réinstallé chez sa mère. Il trouve le Dr Destouches en robe de chambre, la tête inclinée sous le plafond trop bas (*sic*) « comme un Balzac plus grand pas si gros et moins joufflu ». Le ton est désabusé : médecin avant tout, à côté de Clément Vautel et d'Henry Bordeaux ses tirages sont insignifiants, l'écriture est une hystérie, il ne pense rien des événements (lui qui voulait une alliance avec l'Allemagne, se souvient le journaliste). Celui qui a écrit : « Je l'ouvre comme je veux, où je veux, ma grande gueule quand je veux ! », la ferme. On lui dit que l'éditeur ne sera pas satisfait. Il demande de ses nouvelles : que devient-il ? C'est normal qu'il s'intéresse à la camelote, c'est un épicier (1ᵉʳ décembre).

Prudent, « en quart », dans cette période qui suit Montoire, l'entrevue Pétain-Hitler et l'annonce d'une collaboration dans l'honneur. C'est encore la drôle d'occupation où communistes et nationaux-socialistes sont amis et alliés, ce qui n'empêche pas les services de renseignements de fonctionner à plein, Armée secrète, premiers réseaux, SD, KGB.

Le 4 décembre, Céline envoie une énigme à Lucien Combelle : « La nuit s'épaissit voilà tout... Benda, le diable et moi n'y retrouverons point les nôtres, [...] essayons de vivre le plus longtemps possible pour voir le plus possible d'hommes engloutis par leurs déjections – le monde bousier – Le néo-redresseur itou[8] ? »

Il est beaucoup question pendant cette période de parti unique dont chacun se verrait volontiers secrétaire général.

Déat, n'étant arrivé à rien, a quitté Vichy pour Paris. Il se place auprès d'Abetz, venu lui aussi du socialisme. Il note la similitude de leurs vues après un déjeuner à l'ambassade de la rue de Lille : « L'antisémitisme n'est pas absent des préoccupations, mais il tient moins de place que l'anticléricalisme[9]. »

Est-ce Déat le néo-redresseur ? Abetz, ambassadeur d'Allemagne, réside à Paris et non auprès du gouvernement à Vichy, situation curieuse qui amène le gouvernement à nommer à Paris un ancien journaliste marié à une Juive et cependant promoteur du rapprochement franco-allemand, Fernand de Brinon. Il sera ambassadeur auprès de l'ambassadeur. L'un des objectifs allemands est de ramener le maréchal Pétain, symbole de la légitimité française, à Paris ou à Versailles, mais celui-ci requiert l'extraterritorialité, une sorte de Vatican, avec une garde armée, ce qui bloque le projet.

Le rôle d'Abetz est d'entretenir les ambitions des uns et des autres et donc les rivalités. Il dispose à côté de l'administration militaire du pouvoir de toute-puissance occupante, la haute main sur l'administration, la police, le ravitaillement, la délivrance des *Aussweis* d'une zone à l'autre, sans parler de l'argent prélevé sur l'indemnité journalière prévue par l'armistice : l'argent français sert à manipuler les Français. D'autant que le cours du mark a été fixé au double de sa valeur normale.

Le coup du 13 décembre

En décembre, Hitler, pour encourager la politique de collaboration et ramener le Maréchal à Paris, décide de rendre à la France les restes de « l'Aiglon », le duc de Reichstadt, le fils de Napoléon et de Marie-Louise d'Autriche, tout un symbole. L'entourage du chef de l'État y voit un piège tendu par Laval, président du Conseil, et Abetz. Le Maréchal décide de donner un coup d'arrêt. Le 13, Pierre Laval est démissionné, arrêté et mis en résidence surveillée dans sa propriété de Châteldon où Abetz vient le chercher, le ramenant avec lui à Paris. On voit qui a le pouvoir et on voit qu'on a le choix pour le « néo-redresseur » : Déat ou Laval, l'abomination ou la désolation.

Le Dr Destouches assure sa consultation à Bezons les lundi, mercredi, vendredi de 2 heures à 4 heures. Mais il se fait souvent remplacer. Il envoie alors un mot d'excuse à Frédéric Empeytaz : « Je suis convié à déjeuner demain chez Laval – craignant d'être retardé, avec votre permission Mme Hogarth me remplace » (hiver 40-41 ?). Mme Hogarth est la femme du médecin haïtien qu'il a remplacé. Elle s'occupe des femmes et des enfants et se souvient que le Dr Destouches la consultait souvent : « Vous savez, dit-elle cinquante-trois ans plus tard, qu'il n'était pas médecin. » Dès qu'il y avait un cas sérieux, il faisait appel à elle, et d'après elle, le médecin du dispensaire de Bezons n'était pas un simple consultant, il assurait aussi des visites à domicile auprès des grands malades.

L'hiver 40-41 est très rude et le plus pénible de toute l'Occupation à Paris, les Parisiens n'ayant pas encore établi de relations alimentaires avec les campagnes. Nommé le 21 décembre médecin assermenté du canton d'Argenteuil, le Dr Destouches est responsable des allocations de charbon, lait, etc. Devant le caractère de plus en plus acrimonieux des demandes, l'agressivité des déboutés, il demande officiellement le 14 janvier 1941 que ces fonctions « soient confiées à un médecin spécial délégué par la Préfecture et dont l'autorité ne serait pas mise en question ».

Le 21 janvier, il suggère que quatre repas par semaine, très nourrissants, soient assurés aux enfants de prisonniers. Les femmes seules étant les moins susceptibles de « pallier aux insuffisances de l'allocation ». Il cite une mère : « Le jour où j'achète du charbon, nous ne mangeons pas [10]. »

Voilà le contexte sur lequel se basent les propositions de « communisme Labiche » qu'il va faire, voici aussi le climat de ce premier hiver d'occupation si dur aux malheureux. Il formera la matière des dernières pages fuguées par lesquelles il termine de façon sensible un livre impitoyable.

Le nouveau Céline

Le 3 février, il signe un traité avec les Nouvelles Éditions françaises, domiciliées par Denoël au 31, rue Amélie. L'auteur obtient le 18 % du prix fort de tous les exemplaires mis dans le commerce. Payables d'avance, le jour du tirage. Ces droits sont calculés sur un premier tirage de dix mille exemplaires, à la remise du manuscrit. Les tirages supplémentaires sont à régler sur « bon à tirer » de l'auteur. C'est une capitulation de l'éditeur.

Il est vrai que son risque n'est pas grand. Quelle que soit la valeur du manuscrit – que l'éditeur n'a pas l'occasion d'examiner – le nouveau Céline se vendra. Il avait prédit une catastrophe, la voilà. Et la presse des adversaires a disparu. Le problème n'est pas de savoir quoi imprimer, mais ce qu'on peut et avec quoi. Céline recommande son ami Daragnès qui a établi une imprimerie dans sa maison de Montmartre, Denoël lui préfère Diéval, rue de Seine, qui fournit le papier. Et la compétition est vive, jamais on n'a tant lu qu'entre 40 et 44, tout le monde l'a dit, jamais tant vu de films ni de pièces de théâtre.

Le 14 février 1941, les NEF annoncent par communiqué à la presse la sortie des *Beaux Draps* pour le 25. Ce communiqué rappelle que Céline avait prédit le désastre par deux livres fameux qui lui avaient valu la correctionnelle et une condamnation. Titre (annoncé) de la bande : « Aux oreilles du ventre », variation sur le ventre affamé qui n'en a pas et le courage d'agir qu'il faudrait avoir.

Cette annonce est suivie d'un prière d'insérer où le livre est présenté comme « l'événement littéraire de l'après-guerre ». Visionnaire et prophète, l'auteur, dans une langue rapprochée de celle de Villon (le coquillard) et de Rabelais, s'est créé une syntaxe, une musique.

Comme il convient à ces temps de restriction, le livre, de format réduit, ne compte que 221 pages, c'est un opuscule comparé aux pavés des trois premiers ouvrages. Les thèmes sont également limités : 1. la défaite, 2. l'état de l'opinion, 3. le communisme Labiche, 4. la reprise de l'enfant par l'école, 5. le racisme par le communisme Labiche. Le tout suivi de l'épilogue déjà mentionné.

Les deux cent vingt et une pages sont divisées en 67 séquences, soit une moyenne de trois pages par séquence, le propos est aussi scandé que bref.

Conduite par un militaire, la France de Vichy a délégué les responsabilités du désastre sur les civils et les politiciens et propose un ressourcement par la terre, la famille et la religion. Céline s'attaque aux fondements mêmes du système. Le titre de travail du livre était « Notre Dame de la débinette ». Dans *Les Beaux Draps*, il fait des gorges chaudes de « la course à l'échalote » qui mêlait civils et militaires. La logique de l'armistice et de l'appel à un militaire est qu'on n'en a jamais autant vu au pouvoir. Sonneries, marches, levers des couleurs, c'est de contrition et de revanche que se nourrit le régime. Ayant nié toute résistance à l'offensive allemande, Céline détruit à l'avance l'autre mythe qui se dessine, celui d'une victoire malgré tout, car on s'arrangera, assure-t-il, pour tourner tout cela à l'envers, ce qui n'est pas mal prédit.

Pour un communisme de la race

Pour lui, rien n'a changé, « ça papillonne aux pissotières », courage de Juifs, de métis. Les Français qui ont voulu la guerre sont gaullistes et arrivistes. Rien ne prévaut contre une nation sauf la pollution raciale. La France est juive et maçonnique, l'antisémitisme chrétien, une farce, les Aryens ont délaissé leurs dieux de sang, de race.

Pour les rattraper, il faut sauter sur le dada du Juif : le communisme. La race est cachée sous les sous. Partageons-les et voilà un communisme à la française, un communisme Labiche. Le Français veut la retraite du fonctionnaire, donnons-la-lui, le Juif ne craint qu'une chose : le communisme sans lui.

Plus rien à faire avec l'adulte, le seul recours est l'enfant, l'école. Il faut réapprendre à danser, à chanter, à créer.

Il faut réaliser l'égalité physiologique devant le besoin. Cent francs par jour pour tous. L'élite comprise. Il faut opérer la population de sa jalousie avant de lui parler de racisme. Si on ne parle pas des ronds, racisme, beauté, patrie, mérite, abnégation, sacrifices, du vent !

L'épilogue est une leçon de choses : un hiver rigoureux au dispensaire, trois bons, une ordonnance, la tournée des malades et des morts, une vieille qui a suivi sa petite musique. Des appels, des présages, des ambitions hermétiques, des pendus obstinés qui remontent des ténèbres, « des suicides encore plein les zéniths. Portons ailleurs nos entrechats. Trois trilles, trois sylves. Que tout se dissipe et nous déporte à grand vent rugit et qui passe ».

Le docteur des pauvres module sur la misère du pauvre peuple sa poésie bardique. Ce n'est certes pas le franc pornographe, le grossier, que prétendaient certains.

Qui vive, foutre sang!

Il a confié à *La Gerbe* d'Alphonse de Châteaubriant (cornac allemand : Mühlhausen) une lettre-article où il s'en prend aux songeurs après qui, comme Sergine (Le Bannier), prédisent les événements de la veille, Trudule de La Gardière ou Prosper de La Médouze. Sous Blum toute la France était bloumiste! Anti-hitlérienne! Ils ne parlent jamais des Juifs. « Cent mille fois hurlés " Vive Pétain " ne valent pas un petit " vive les youtres! " Quelle clique! À préférer Lecache et Sampaix, cet étron incroyable. Il y a de tout dans vos journaux. [...] Prenez-vous Pavlova, Huysmans pour Aryens? [...] Ah quand je pense à tout ce qu'on pourrait faire avec les gars qui n'ont pas les foies! [...] Qui vive? foutre sang! Qui vive? quinze jours il faut en tout pour dégeler la France, quinze jours et savoir ce qu'on veut. [...] Les Juifs sont-ils responsables de la guerre ou non? »

L'adversaire est ciblé, Céline appelle à l'action, et quelle action : quinze jours au nom du sang et le problème est réglé! Montandon n'a pas l'oreille assez fine pour capter le style de Céline, mais il a bien retenu le message.

Encore ne lisons-nous qu'une adaptation du texte envoyé à Châteaubriant. Céline prévient Combelle : sa lettre de *La Gerbe* a été tripatouillée, édulcorée, tronquée, falsifiée!

Combelle voudrait l'interviewer, il se récuse : qu'il interroge les autres, qu'il se renseigne sur les absents : « Que fait votre ami Benda? Que pense-t-il? Et Duhamel? Et Giraudoux? Voilà qui nous intéresse » (15 février).

À défaut d'interview, Combelle publie une partie de cette lettre dans *Le Fait* du 22. Il a vu Léautaud qui note l'incident dans son journal du 17 : « *La Gerbe* a publié la lettre amputée d'un quart et complètement falsifiée aux trois quarts. » Il n'est pas question du contenu, seulement du procédé. Après 45, Céline pourra dire : « On a passé son temps à publier de mes fausses lettres. » Celle de *La Gerbe* n'est pas fausse, seulement raccourcie, édulcorée. Amputée de certains noms? des allusions contre l'Église ou l'armée? des suggestions expéditives?

Reste que Céline dans sa première lettre réclame une vaste épuration préalable à tout redressement.

L'accueil fait aux Beaux Draps

Le livre est mis en vente le 28 février. Dès le 22, dans *Le Fait*, Lucien Combelle le présente en avant-première en donnant des extraits de lettres reçues de Céline. Il insiste sur l'antériorité du « prophète » et Céline l'en remercie chaleureusement. On pourrait croire que dans le contexte parisien du printemps 1941, dans des journaux contrôlés quand ils ne sont pas financés par les Allemands, l'accueil fait aux *Beaux Draps* serait unanimement favorable et on se tromperait. Sur une vingtaine d'articles parus en février-mars, cinq sont négatifs. L'un est de Mac Orlan dans *Les Nouveaux Temps*, un autre de Robert Desnos dans *Aujourd'hui*.

Desnos, dans sa chronique, rend compte de quatre livres, deux sont d'Henry Bordeaux, soit un choix, estime-t-il, entre la restriction et l'indigestion. En outre, partageant la même clientèle, Bordeaux et Céline ont plus d'un point commun, par exemple le besoin d'écrire pour ne pas dire grand-chose. Si le premier a le souffle court, le second est boursouflé, ses colères sentent le bistro, la moleskine et le zinc. Elles évoquent les fureurs grotesques des ivrognes. Desnos parle d'ennui, il évoque Bernanos – « un Monsieur » – et enchaîne sur l'édition dans la Pléiade des *Œuvres complètes* de Paul-Louis Courrier : quel réconfort! (3 mars).

Combelle, dans *Le Fait*, réplique à Desnos, « bouffon de la critique », « surréaliste » (une excuse, un imperméable et un couvre-chef, le surréalisme mène à tout à condition d'en sortir). Ce qui n'empêche pas Ramon Fernandez dans le même numéro de traiter Céline de « Célimène de génie » ni de parler d'un « assez bon livre », ce qui n'a rien d'excessif (6 mars).

La veille, *Aujourd'hui* a publié la réponse que Céline lui a adressée par huissier : « Pourquoi Desnos ne crie-t-il pas le cri de son cœur, celui dont il crève inhibé : Mort à Céline et Vivent les Juifs! [...] Que ne publie-t-il, M. Desnos, sa photo grandeur nature face et profil, à la fin de tous ses articles? La nature signe toutes ses œuvres. " Desnos " cela ne veut rien dire. Va-t-on demander au serpent ce qu'il pense de la mangouste? » Robert Desnos signe une courte réponse à « M. Louis Destouches, dit " Louis-Ferdinand Céline ", Robert Desnos, dit " Robert Desnos " ». Il continuera ses chroniques jusqu'en juin et son arrestation par la suite n'aura aucun rapport direct avec le signalement anthropométrique de Céline.

C'est trop moche, l'homme!

Le même jour, *Je suis partout* publie une interview de Céline par Henri Poulain. Il est venu au dispensaire de Bezons. Céline, « modeste toubib et génial écrivain », veut bien parler du livre mais pas de lui-même. « C'est trop moche, l'homme! » Henri Poulain trouve *Les Beaux Draps* relativement sages de langue – et on évoque Daudet et Rabelais. Le Juif n'y a pas la vedette. « Pour l'instant, il est tout de même moins arrogant, moins crâneur. Faut quand même pas s'illusionner. Le secrétaire des médecins de Seine-et-Oise s'appelle Menkietzwictz. À part ça! »

Dans une parenthèse, Henri Poulain note que Céline, français, médecin militaire, exerce la profession de médecin des morts dans une lointaine banlieue alors que le médecin de l'état civil de la Butte s'appelle Weiss...

L'article paru, Henri Poulain envoie à Céline les deux lettres qu'il a reçues des deux médecins cités. Le Dr Mackiewicz précise l'orthographe de son nom et demande à son cher confrère de ne pas confondre « youtre » polonais, simple habitant de la Pologne, et Polonais : ne pas confondre « Blois et Blum ».

Son grand-père est venu en France en 1840. Son père était médecin militaire. En 14, ils étaient cinq frères au front dont 2 tués... S'il était juif, il serait peut-être plus riche.

Céline envoie le billet suivant à Poulain :

« Mon petit pote,

« Tous les hurluberlus me font chier donne (acte?) au Mackiewicz qu'il n'est pas juif, qu'il est pépère et brave homme et tout et que je l'embrasse sur les deux joues et que c'est tout de la vilaine méprise et qu'on espère bien qu'il va nous montrer aryennement tout ce qu'il peut faire au conseil de l'ordre.

« Quant au Weiss, il exagère. Il est de Clichy, je l'ai en effet connu, il n'a rien à voir dans ton article! Il pêche de la publicité!

« À toi Afft, adresse tes livres, 4 rue Girardon, Paris 18ᵉ ou plutôt chez Gen Paul 2 avenue Junot. »

Rue Girardon

Gen Paul lui a trouvé un appartement au cinquième du 4, rue Girardon, juste au coin de l'avenue Junot, en face de la petite maison qu'il loue à la ville. On peut s'appeler par les fenêtres, déposer en bas des objets ou des messages.

C'est un quatre pièces, une chambre pour lui, une pour Lucette, une salle à manger et une pièce qui sert de « studio » ou de réserve à nourriture. L'immeuble est récent et dispose du confort. Céline a les meubles mais manque de linge, il en demande à un correspondant qui pourrait être Victor Carré, employé de la municipalité qui lui procure à l'occasion les tickets nécessaires. Il a besoin de draps, de serviettes, de mouchoirs et de chiffons. « Je manque de tout mon linge de maison non que j'en possédasse des quantités, mais l'essentiel! » Il propose des livres, « des quantités [11] ». Ainsi fonctionne le troc de guerre.

Dès la fin du mois, Denoël disposant d'un petit stock de papier propose une réimpression de 2 100 exemplaires. Il envoie un chèque en demandant le bon à tirer. Autre type de troc et dressage réussi.

Il y aura cinq réimpressions des *Beaux Draps* avant la fin avril, soit 21 630 exemplaires et une « 45ᵉ édition », et Céline touche 97 440 francs, soit près de 200 000 de nos francs.

Ô Perruches

Maryse Choisy s'est fait avant guerre une réputation par ses reportages sur la prostitution, elle a été choquée par les descriptions de la « débinette ». « Une phrase de trop lui a montré un homme qui peut dire des bêtises et faire beaucoup de mal, malgré son bon cœur : " J'ai pourchassé l'armée française de Bezons jusqu'à La Rochelle, j'ai jamais pu la rattraper. " » Sous le nom de Maryse Desneiges, elle lui adresse une lettre ouverte dans *Le Pays libre*, organe de Georges Clementi, l'un de ces « chefs » de mouvements suscités par les événements et autorisés par Abetz. Elle fait état des traces de combats et des tombes : « 100 000 peut-être. Nous nous sommes bagarrés pour dire ces choses, j'ai demandé que ce soit moi. »

Céline a retrouvé l'interlocuteur de toujours, la mère, la femme qui paralyse l'homme au nom de sa sensibilité, quand elle ne l'envoie pas se faire tuer au nom des valeurs éternelles et il lui adresse une longue réponse.

Statistiquement, c'est Maryse Desneiges qui a raison, le fait que Céline n'ait pas vu de combats entre Sartrouville et La Rochelle ne prouve pas qu'il n'y en ait pas eu. Mais pour lui, on le sait, il n'y a pas de vérité statistique. Les deux millions de prisonniers, les cent quatre-vingts généraux à la belote en Allemagne, voilà pour « les pieuses réconfortantes balivernes ». La dernière raclée ne suffisait pas à Clemenceau, résultat deux millions de morts. « Rien n'est compris, rien n'est changé, le vieux fond vaniteux, désastreux celte gloriolant que les Juifs font si bien flamber, ô perruches. » Mal latin. *La Débâcle* a valu à Zola ses plus violentes haines. C'était sous Blum à hurler au crime en gestation. Mutilé de guerre à 75 %, médaillé militaire, quatre citations, qu'on lui fasse grâce des traits de vaillance. « Je reproche aux Français d'avoir lancé à travers le monde des cartels grotesques, gâteux, qui leur sont retombés sur la gueule et de bouillir d'en lancer d'autres, vous avec eux, Madame, pleureusement, acharnée devant la tradition vinassière, furieusement imbécile, tradition dont nous méritons de crever enfin tous, et je l'espère une fois pour toutes. »

On ne devrait faire que les guerres qu'on peut gagner, voilà le pacifisme de Céline. Depuis 70, dans la confrontation avec son voisin de l'Est, la France est promise à la défaite, disait d'Afrique Louis à Fernand, et c'est ce qu'il répète aux Parisiens de 1941 à travers *Le Pays libre*. Le problème est biologique et le docteur prescrit une double désintoxication, physique et morale.

La lettre est violente, elle a pourtant été elle aussi amputée. Céline prévient Henry-Robert Petit trois jours après la parution du journal :

« *Le Pays libre* n'a pas publié la partie essentielle de ma lettre où ces fendards se trouvaient littéralement fessés par les chiffres :
« *160 000 civils tués*
« *30 000 soldats tués*
« *dont 20 000 Noirs.*
« J'ai eu beau envoyer l'huissier! Il faudrait la correctionnelle! Quels morveux! Quels immondes! Le cloaque a tout pris (8 avril) [12]. »

D'où tire-t-il ces chiffres, guère plus flatteurs pour les vainqueurs que pour les vaincus? Il est au moins curieux d'imaginer l'audience au Palais où ils seraient disputés. Pour Céline le patriotisme cocoriquant camouflé de Clementi n'est que l'un des signes qu'« ils n'ont pas compris ».
Non pas que les occupants valent mieux : « L'enjuivement parisien fait merveille sur ces puceaux, plus le pive (vin) et la morue. [...] Les Fritz étirent leurs divisions partout... Tout cela bien précaire et périlleux... » (à Mahé).

Rien n'est gagné : Paris-Capoue s'ajoute à la faiblesse des Latins. Il a fallu envoyer aux Italiens le renfort de Rommel en Cyrénaïque, et venir à leur secours en Grèce, que Mussolini s'était mis en tête de conquérir tout seul. Les Allemands sont ainsi amenés à occuper la Yougoslavie, ce qui va les y immobiliser pour longtemps.
Prescience : les analystes militaires voient dans le retard pris à cause de cette implication des troupes allemandes dans une guerre inutile, la cause de l'échec de l'offensive éclair à l'Est. Les troupes expédiées par trains entiers sont détournées vers les Balkans.
En mai, Céline remercie Pierre Drieu La Rochelle pour le compte rendu des *Beaux Draps* paru dans la NRF. Il a la modestie de l'attribuer aux circonstances : « Notre futilité ne peut se gonfler que de vent. Il souffle par trombes et de tous côtés [13]. » Drieu La Rochelle a repris la revue fondée par Gide. Au même étage, Jean Paulhan incarne la résistance. Gallimard comme la France a deux fers au feu.

Le 11 mai, on inaugure L'Institut des questions juives, rue La Boétie (dans un bien juif saisi). Le capitaine Sézille, directeur de l'Institut « mariné dans le mandarin » (Rebatet), casse la figure de l'éditeur Baudinière dont il trouve le nez bien suspect. Céline au dernier rang lance des vannes. Lucien Rebatet, en 1957, rappelle la scène à Céline, et cet incident est utilisé pour la défense de Céline posé en adversaire des antisémites.
En juin, il prend ses vacances en Bretagne avec Lucette. Il s'agit de manger. Les Bretons, eux, boivent toujours : « L'ensemble est assez triste et communiste et plus de pinard que jamais. Le Breton ne des-

soûle plus, semble-t-il. » Il envoie ce triste constat de Camaret à Gen Paul qui n'est pas voué à l'eau minérale non plus. Il pleut et il y a des bombardements (10 juin).

On lui signale le cas d'un simple qui, après boire, a saboté la ligne téléphonique du poste allemand. Céline intervient pour lui auprès de Fernand de Brinon, mais sans succès, le malheureux a déjà été passé par les armes pour sabotage : « Quel Juif a-t-on fusillé depuis l'Occupation ? » demande Céline le 2 juillet.

Il est rentré à Paris le 21 juin, le jour même où se déclenche l'offensive allemande contre l'URSS. Il se plaint de la chaleur, menace Denoël de rupture de contrat, encaisse un nouveau chèque dès le lendemain, fait part à Karen Marie Jensen – qu'il voudrait aller voir au Danemark – de l'amour fou que Gen Paul éprouve pour une femme vulgaire, affreuse et délirante. Il espère que les Russes et leurs Juifs vont bientôt être écrasés. Il serait bien allé s'engager si on avait levé une Légion française. « Il ne semble pas, je le regrette. La Russie liquidée, je pense que nous pourrons enfin voguer vers des jours meilleurs » (29 juin).

On pourrait le croire sur le pied de guerre, mais il faut nuancer cette impression. La Légion des volontaires se crée et le Dr Destouches ne s'enrôle pas. Placée sous les auspices de Déat et Laval, cette légion-là n'est pas à son goût. Il peut se féliciter de la cadence « heureuse dans l'ensemble » des événements, c'est-à-dire de la déroute soviétique, le sort de ses économies de Hollande modère son entrain.

Il avait placé 184 pièces de 10 florins-or dans une banque d'Amsterdam, promise à la neutralité. Il y fait une visite rapide la seconde quinzaine de juillet, passant par Anvers, avec l'espoir de les récupérer. Ils sont bloqués ! La banque lui refuse l'accès à son coffre. Et le 20 août, elle lui en demande la clé, « pour (lui) éviter des frais inutiles d'ouverture ». Son or est saisi comme bien ennemi ! La formule le fait bondir : l'homme qui a préconisé l'armée franco-allemande traité d'ennemi !

Du sort de son or, il va faire dépendre sa participation à la croisade, participation qui évolue d'ailleurs de plus en plus vers une solution sanitaire.

Le 20 août, il répond négativement à une demande de collaboration à *La Gerbe*. La publication lui semble « plus juive que jamais ». « Châteaubriant n'a jamais rien compris à la question, l'ambassade non plus d'ailleurs. Et puis qu'écrire aux Français sauf Vive Staline et Vive de Gaulle ? La croisade Déat donnerait de Guillerets colonnes. La Légion Tartarin ! Les casquettes du Don ! Tous les défilés français n'iront jamais plus loin que la Foire du Trône ! Communistes ou réactionnaires. La pièce est jouée » (à Combelle, selon transcription).

Les Juifs à toutes les places, les Francais dans les steppes

Dans la même période, il écrit à Lesca de *Je suis partout*, mais l'hebdomadaire ne publie qu'un extrait de cette lettre qui appelle à une épuration en France :

« Mais nom de dieu! Personne parmi vous n'aura donc le courage de secouer les mots d'ordre, les impératifs de censure! Merde! Personne n'osera hurler à l'escroquerie de cette croisade qui laisse les Juifs plus que jamais *en toutes les places* pendant qu'on envoie les derniers Français aryens dans les steppes! Rien n'est dit, rien n'est même ébauché!!! Quelle honte! Vive Worms dans ce cas!

« Et puis ces Chefs sur estrades. Allons-enfants! et qui se planquent *tous* n'est-ce point un merveilleux sujet ces merveilleux tirs et massacres! Mais ils sont tous devenus *Juifs* aussi ficelle aussi cabots aussi lâches et vendus.

« N'allez point croire surtout que je recherche des alibis – Je pars *demain* (*souligné deux fois* – *en marge* : avec 75 p. 100 d'invalidité) et sans grimaces. Si les écuries sont *nettoyées avant le départ* – Après?? On me l'a déjà jouée deux fois – 14 – 39 – Trop, c'est trop! Con peut-être mais veule à ce point non.

« Publiez ma lettre si vous voulez.

« *(En marge) :* Après tout je suis le premier qui ait recommandé l'armée franco-allemande. »

Au verso un rajout : il se plaint de n'avoir reçu aucune réponse de Poulain à une lettre du même ordre : *Je suis partout* est pressé de l'avoir lorsqu'il n'a rien à dire « et quelle formidable discrétion dès que les circonstances deviennent délicates » (le 17 – juillet ou août –, inéd. [14]).

Il y a des précédents historiques à ce nettoyage de Paris avant le départ aux armées. *Je suis partout* ne passe pas cet appel. Pour le moment la machine administrative de la zone occupée sous autorité allemande en est au simple dénombrement. Lucien Rebatet, après la guerre, interprétera ces excès comme ce que précisément Céline récuse : un alibi, une dérobade (*L'Herne*). Voire.

En attendant, les menaces sur son coffre le font hurler. Il envoie une longue protestation à Alphonse de Châteaubriant, espérant, on peut le supposer, que le message sera transmis. Il dénonce cette « insulte personnelle, ce lâche et révoltant brigandage » faits sur l'un de leurs rares amis, persécuté pour leur cause, qui intervient au moment où il projetait de « " lancer une campagne en faveur de la croisade antibolchevique ", où il voulait créer un corps sanitaire français » (30 août).

Argumentation reprise à la mi-septembre mais un ton en dessous : aller tuer du bolchevik pour le compte de Worms et de Mgr Gerlier ne lui dit rien. « La France croit que anticommuniste veut dire croisade pour le Crédit Lyonnais. » On sait que la banque Worms est créditée d'une influence prépondérante sur le gouvernement Darland, à travers la « Synarchie ». Quant à Mgr Gerlier, il est archevêque de Lyon et primat des Gaules. Céline prêche toujours pour une révolution raciste et communiste (Labiche) avant toute action militaire.

Ainsi, par ses propres voies, rejoint-il l'attentisme de Vichy. Il juge que Laval et Déat n'ont pas grand monde derrière eux et s'interroge : « Faut-il porter d'autres viandes à la boucherie alors que vingt millions d'hommes s'étripent jour et nuit ? » Comme il connaît la Russie, on aura là-bas certainement autant besoin de secours médicaux et épidémiologiques que de renforts en canons ! « Tuer, franchement j'ai beaucoup tué, ne me dit plus rien[15] ! » On voit le cuirassier accablé essuyant son sabre.

Alphonse de Châteaubriant donne une conférence le 28 mars et Céline lui annonce qu'il y assistera. Il lui demande de rappeler son affaire de Hollande à Achenbach, s'il le rencontre d'ici là.

Le 1er octobre, rentrant d'une nouvelle tournée de ravitaillement en Bretagne, il demande audience à Fernand de Brinon. Le remerciant de son intervention « auprès des autorités avides », il ajoute : « J'espère que l'on voudra bien ne pas me " punir " d'avoir été partisan. »

Le 10 octobre lui parvient une lettre rassurante d'Alphonse de Châteaubriant sur son affaire. Malheureusement, elle arrive après une lettre d'Amsterdam lui annonçant que son coffre a été ouvert, que ses 185 guldens d'or ont été saisis par les autorités allemandes et qu'il sera indemnisé au cours officiel en florins-papiers. Au dixième de la valeur réelle ! Voilà la collaboration : ses droits d'auteur, sa seule fortune, confisqués : « Je pensais partir en Russie à mon vieil âge et j'y pense encore mais j'aurais peur que pendant mon absence au train qu'elles affectent les autorités tutélaires ne fassent vendre ma table et mon lit. Vous allez me trouver maniaque, cher Châteaubriant, mais que de juiverie dans votre Journal ! [...] Il est vrai c'est exact que Baur est à Berlin ! avec un princier contrat (peut-être soldé avec le prix de mes économies) [16]. »

Chacun trouvera dans cette lettre qui n'est, comme les précédentes, pas écrite uniquement pour son destinataire ce qu'il voudra trouver : un trait de petit-bourgeois parisien faisant passer le sort de ses sous avant tout ou la persévérance de l'antisémite qui dénonce la présence juive en tout lieu, par exemple à Berlin. On pourra aussi être frappé par le savant mélange des genres.

Un journal publie la photographie d'Harry Baur écoutant dans la foule un discours du chancelier Hitler. Cette énormité, signalée, répétée, dénoncée comme ici, va conduire à l'arrestation de l'acteur. Détenu au Cherche-Midi, maltraité, torturé dit-on, il en est libéré mais il meurt quelque temps plus tard. C'est l'envers de la comédie.

Karl Epting est également alerté. Fernand de Brinon réclame des précisions pour Achenbach. Céline va écrire directement à celui-ci. Dans sa réponse à Brinon, Céline parle de « la nature slave de nos cousins » (tiens, les Germains pourraient être soumis aux critères raciaux et leur pureté contestée ?). Il pense qu'il est peut-être tard pour aller donner en Russie des preuves d'attachement et de vaillance. Il a regretté le départ d'un certain Pierret qui avait pris des « *positions franches* » (à F. de Brinon, 15 octobre). Ceux qui prennent ce genre de position sont plus utiles à Paris que sur le front de l'Est.

Dans une autre lettre à Alphonse de Châteaubriant, il compare le sort qui lui est fait à celui que les judéo-tartares auraient réservé à leurs Juifs, mais il n'est plus directement question de l'or hollandais. Ni d'ailleurs d'un départ pour la Russie.

Les Allemands, les Juifs et les communistes

La drôle d'occupation s'est terminée en juin 1941. La France avait été envahie par une armée de métier. Gilles Perrault mentionne ce général allemand qui, le 14 juin 40, prie à genoux sur la dalle de l'Inconnu [16]. La résistance active était le fait d'officiers ou d'anciens officiers, elle prépare le round suivant en collectant des renseignements, en dissimulant des armes et en formant de futurs cadres. C'est la contrepartie de ce qui s'est fait de l'autre côté entre 18 et 33 et l'autre face du gouvernement de l'armistice. L'État français recherche les agents allemands et les fusille. Henri Frenay, premier résistant de l'intérieur, se réclame du Maréchal.

Après juin 41, ce match entre gentlemen est terminé. Les communistes, interdits depuis Daladier, ont déjà activé leur appareil clandestin, ils passent à l'action armée. Leur tactique est celle de l'attentat qui entraîne une répression, dressant alors la population frappée contre l'occupant. La formule est connue. Des immigrés juifs, désireux de ne pas subir le sort auquel ils viennent d'échapper chez eux, se tournent vers les communistes pour se battre (Le MOI par exemple). Voilà Juifs et communistes unis et le schéma nazi vérifié. Pour Céline, la collusion est de nature – autant de Juifs à Moscou qu'à la City – et, pour lui, le fait juif est le fait central de cette guerre.

Lorsqu'il écrit une lettre à *La Gerbe* pour accompagner un article sur les restaurants communautaires de Camille Fégy, doriotiste, ancien cadre communiste, qui sera publiée dans le numéro du 23 octobre, il se renseigne au préalable auprès d'Henri-Robert Petit, directeur de *Au Pilori* d'avant-guerre : le connaît-il, a-t-il signé chez lui à un moment donné ? (11 octobre). Le critère antisémite prime tout.

Rassuré, il appuie dans *La Gerbe* l'idée de Fégy, il veut le restaurant communautaire *obligatoire*. Il ne craint pas d'écrire : « En France, tout est gueule, l'obsession des Français est là. Le marché noir nous ouvre la carrière. » Ce qui ne l'empêche nullement par ailleurs d'entretenir une correspondance alimentaire soutenue avec le père d'Henri Mahé ou avec les sœurs Le Coz, de passer des commandes précises (rillettes plutôt que pâté), de surveiller la maturation des cochons et des jambons, se rendant sur place, comme en novembre, chercher les œufs, le beurre, le lard, ni de stocker pommes de terre et charbon dans sa baignoire. En 1944, il quittera Paris avec un stock de thé tel qu'il lui en reste suffisamment, à son arrivée au Danemark un an plus tard, pour en offrir.

Les premiers attentats ont lieu pendant l'été. La réaction de l'armée allemande est immédiate : représailles sur otages. Comme en 70 ou comme en 14, comme toutes les armées occupantes, selon leurs modalités variées : tirs immédiats ou différés, rapprochés ou à distance, internements, amendes, destructions. Toujours très vite et très fort, pour marquer, pour faire peur. Le 21 octobre, 48 otages sont fusillés à Nantes, le 23, 50 à Bordeaux.

L'avance en URSS a pris l'allure d'une promenade militaire comme celle à laquelle Céline a cru assister en mai-juin 40. En juillet, le Palais-Bourbon est barré d'un énorme calicot : « *Deutschland siegt auf allen Fronten* » (l'Allemagne gagne sur tous les fronts) et la tour Eiffel est marquée d'un immense V : les Allemands ont repris à leur compte le V de Victory, le V de Churchill, que les gaullistes dessinent à la craie sur les murs, « *Der Sieg wird unsere sein* » (la Victoire est à nous). Mais l'automne arrive, l'hiver approche sans effondrement soviétique, l'énormité russe joue son rôle, avant le « général Hiver » et les livraisons d'armes britanniques et américaines.

Céline croit à la victoire allemande, cela ne fait aucun doute. C'est la période de son engagement maximum, malgré les agacements de la spoliation hollandaise. Certes, il a répondu à Lestandi directeur de *Au Pilori* qu'il est contre la création d'un « Comité central israélite » (CCI), car il deviendrait immédiatement un pouvoir occulte (30 octobre) montrant ainsi qu'il n'est pas dans le secret du processus administratif que Lestandi sert. Le CCI est la technique déjà éprouvée qui fait mettre en place par les Juifs eux-mêmes l'instrument qui les contrôle avant de les éliminer.

L'enquête que lance *L'Appel* et qu'elle publie le jour même sous le titre sensasionnaliste de « Faut-il exterminer les Juifs ? » porte sur la méthode et la rapidité avec lesquelles « on règle la question juive ».

Céline envoie successivement deux réponses. Dans la première, il déclare qu'on ne peut séparer question sociale et question juive. Dans la seconde, il conseille d'interroger les autres, ceux qui ne se sont pas prononcés – comme lui – sous Blum : « Duhamel, Monzie, Bergery, Montherlant, Colette, Châteaubriant, Mauriac, Bordeaux, Guitry, Déat, Luchaire, Morand, Drieu, etc. Laval ? Giraudoux ? Quel silence ! » Le désordre est savant dans cette liste d'illustres, collaborateurs ou pas, soupçonnés ou convaincus d'enjuivement (30 octobre). Et la stratégie reste immuable : faire le racisme par le populisme, contre les élites.

Le 15 novembre, Robert Denoël le consacre « contemporain capital » dans *Le Cahier jaune* dont on voit la couleur. On peut trouver, écrit-il, dans *Bagatelles*, *L'École* et *Les Beaux Draps* « la bonne méthode ». « Tout y est, vous n'avez qu'à prendre. »

Le lendemain, une matinée de gala a lieu à l'exposition « Le Juif et la France » à l'occasion du lancement de cette revue consacrée à l'étude des questions juives.

L'exposition vient d'accueillir son deux cent millième visiteur. Lorsqu'elle s'était ouverte un mois plus tôt, Céline avait écrit à l'organisateur, le capitaine Sézille, boxeur de nez crochus, pour se plaindre à sa manière, l'antiphrase (« Je ne me plains pas, je ne me plains jamais »), de ce que *Bagatelles pour un massacre* et *L'École des cadavres* ne figurent pas à la librairie : « Alors qu'on y favorise une nuée de petits salsifis avortons forcés de la quatorzième heure, cheveux sur la soupe. » Et il imagine, dans une situation inverse, « l'exposition du miracle juif ». « Ah mes empereurs quel tabac de mes livres! La bagatelle! du néon! des salves de canon! toutes les heures! Aryen-foireux jaloux et anti-aryens! Hélas! » Sézille lui répond, péteux et navré, que *Les Beaux Draps* et *Mea culpa* sont vendus tous les jours, « les autres ouvrages indisponibles chez les éditeurs ».

Ce magistère est confirmé par l'affaire des *Parents terribles*. Alain Laubreaux n'a pas aimé la pièce de Cocteau, *Les Parents terribles*, il l'a écrit, il y voyait du « théâtre enjuivé ». À la suite de quoi, la pièce a été interdite et Laubreaux giflé en public par Jean Marais.

Céline envoie à Alain Laubreaux une lettre que publie *Je suis partout* le 21 novembre :

« Mon cher Laubreaux, je vous suivais mal dans l'affaire Cocteau sur le plan artistique et moral.

« Je vous voyais sous peu atterrir chez Bordeaux. Mais quelle virtuosité dans le rétablissement! J'en suis baba! Sur le plan raciste alors je vous suis cent pour cent.

« Raison de race doit surpasser raison d'État. Aucune explication à fournir. C'est bien simple. Racisme fanatique total ou la mort! Et quelle mort! On nous attend! Que l'esprit mangouste nous anime, nous enfièvre!

« Cocteau décadent, tant pis!

« Cocteau licaïste, liquidé!

« À vous bien affectueusement,

« Céline. »

La mangouste est un petit mammifère ennemi des serpents, au moins chez Kipling, elle était apparue pour la première fois opposée à Desnos le serpent, elle va être la référence constante de l'Occupation. Être ou ne pas être mangouste, avoir ou ne pas avoir le vrai instinct de lutte à mort. La LICA ou Ligue contre l'antisémitisme était animée avant guerre par Bernard Lecache, Céline découvre en Cocteau un « licaïste ».

Le poète demande à Céline son arbitrage. Celui-ci accepte une réunion générale pour expliquer cette sottise et, preuve de confiance, il donne son adresse. Cocteau reçoit de lui une lettre affectueuse d'explication : « Je suis vous le savez un élémentaire. » Le problème racial prime tout pour lui. Cocteau ne peut s'abriter derrière le refus de la politique. « Le fanatisme juif est *total* et nous condamne à une mort d'espèce atroce personnellement et poétiquement totale. Le Cher Poète est sommé de créer un mythe aryen et merde du reste [17]. » La liquidation, la mort dont il est question sont ici rhétoriques.

Chaque fois que Hitler prend la parole

Le 20 novembre, le journal de Costantini, *L'Appel*, a publié un article intitulé : « Sur un mot cher à Péguy : Deviens ce que tu es. » L'auteur Pierre Villemain écrit : « Nous avons nos saints et nos sages... Péguy est de ceux-là. [...] Ah les belles et vivifiantes questions : qu'est-ce que je suis ? Qu'est-ce que je ne suis pas ? » Charles Péguy, le fils de la rempailleuse, normalien patriote, mort au champ d'honneur et chantre de Notre-Dame de Chartres, est souvent invoqué pendant l'Occupation. Céline n'oublie pas qu'il a été aussi dreyfusard. Il écrit à Costantini : « Je vous signale que Péguy n'a jamais rien compris à rien, et qu'il fut à la fois dreyfusard, monarchiste et cabotin. Voici bien des titres, certes, à l'enthousiasme de la jeune Française si niaise, si enjuivée. Le jeune Français catéchumène rageur, ratatiné, bougon, découvreur de lune, ce Péguy représente admirablement le jeune Français selon tous les vœux de la juiverie. Une parfaite " assurance tout risque ". L'abruti à mort. »

Il rappelle la Quinzaine Péguy en mai 39, « dernier spectacle avant la catastrophe signé Huysmans, Mandel ». Et il demande des nouvelles de son enquête auprès des *autres*, leur opinion « sur la question juive, sur le problème délicat du racisme » (4 décembre).

Ce n'est pas *L'Appel* qui mènera cette enquête – il met quinze jours à réagir – mais *Au Pilori*, journal dirigé par Lestandi. Elle prend la forme d'une convocation dans ses bureaux des chefs de file de la collaboration parisienne et de Xavier Vallat, commissaire général aux Questions juives, celui qui a corrigé les premières ordonnances prises par Vichy par rapport aux Juifs. L'appartenance raciale a été remplacée par une définition religieuse de la judéité, ce qui provoque une course aux certificats de baptême, français ou étrangers. Xavier Vallat est par ailleurs engagé dans une compétition de séquestres avec les occupants. Ses relations avec les services allemands de Paris ne sont pas bonnes, si mauvaises en fait qu'il sera interdit de séjour à Paris et devra céder la place à l'ancien conseiller municipal antisémite de Paris, vieille connaissance de Céline, Darquier, dit de Pellepoix.

Au Pilori publie le 11 décembre une première liste d'invités à la réunion organisée à l'initiative de Céline : « Antijuif de la première heure, j'ai quelquefois l'impression que je suis sinon dépassé par certains nouveaux, tout au moins qu'ils ont des conceptions entièrement différentes des miennes sur le problème juif. C'est pourquoi il faut que je les rencontre. Il faut que je m'explique avec eux. Chaque fois que Hitler prend la parole, il engage formellement la responsabilité des Juifs quant au déclenchement de la guerre européenne. Alors pourquoi vous qui voulez vous incorporer dans le national-socialisme n'engagez-vous pas cette responsabilité? »

La liste contient onze noms. Chefs de parti (Bucart, Déat, Deloncle), journalistes (Laubreaux, Luchaire, Suarez), ralliés (Monzie, Spinasse) et spécialistes (Darquier, Montandon, Sézille) sont conviés. Le commissaire aux Questions juives, Xavier Vallat, est également convoqué. Le numéro du 15 décembre contient une nouvelle liste de vingt-six invités, Combelle, Cousteau, Drieu La Rochelle, Ramon Fernandez, Henri Poulain, Lucien Rebatet, notamment, s'y rajoutent. Après les suspects, les amis et connaissances.

Xavier Vallat décline le 16 l'invitation de *Au Pilori*. Il aurait, écrit-il au journal, été heureux de rencontrer Céline dont il admire l'ardeur désintéressée, « mais il comprendra que je préfère le voir ailleurs que sous vos auspices ». C'est une claire imputation de vénalité. Il envoie une lettre de regrets à Céline et celui-ci la passe au journal, manière d'indiquer sa solidarité avec lui. *Au Pilori* est de notoriété publique une feuille payée (par la Propaganda), Combelle mettra en garde Céline contre ce support douteux, il n'en a cure, seul le combat antijuif lui importe.

Cette réunion a lieu dans un contexte fort sombre. L'armée allemande subit le plein effet de l'hiver russe. Déniché sur la Butte par Maurice Yvan Sicard qui travaille maintenant à *L'Émancipation nationale*, Céline voit le sort de la race blanche se jouer à l'Est. Il salue le courage d'« homme » du volontaire Doriot. Lui-même aurait aimé s'expliquer avec les Russes, mais il est plutôt marin et puis il a eu le bras fracassé... (21 novembre). La guerre Labiche. Ses états maritimes, outre les soirées sur la Malamoa et divers passages sur les transatlantiques, se résument aux quelques traversées du *Chella*. Reste qu'un homme engagé comme il l'est devrait se battre. Début décembre, il se tâte encore : « J'irai tout de même en Russie pour finir. Si les choses deviennent trop graves, il faudra bien que tout le monde participe. Ce sera question de vie ou de mort – si cela est vivre ce que nous vivions. » Il écrit à Karen avec qui il cherche à rétablir le contact. Elle est maintenant liée à un diplomate espagnol appartenant au premier cercle franquiste et elle est libre de ses mouvements.

Le sort de la guerre est en jeu et il se joue en partie à Paris. Capoue n'est plus ce qu'elle était. Les attentats communistes ont créé un climat d'insécurité pour les troupes d'occupation et les sanctions pleuvent : couvre-feu, interdiction de circuler, fermeture de stations de métro, fusillade des détenteurs d'armes. Les appels et les avis se multiplient. Londres condamne les attentats individuels. Le maréchal Pétain envoie un télégramme de condoléances et de regrets à Hitler le 7 décembre, il est publié le 10. Il s'agit d'éviter les représailles. Le 15, soixante-dix otages sont passés par les armes au mont Valérien. Même l'offre de se constituer lui-même otage n'a servi à rien.

Le 10, la police allemande est allée cueillir à leur domicile sept cents notables juifs de Paris. Elle procède à des rafles pour atteindre le chiffre de mille otages exigé de Berlin.

C'est la première fois en France que la technique hitlérienne qui consiste à lier la sécurité de la population juive à celle de l'armée allemande est employée, elle l'est sous la direction du Dr Best chargé des Questions juives à l'administration militaire.

Le 12, le général Keitel communique à Paris le décret « Nacht und Nebel » signé le 7 par Hitler; il prévoit l'exécution d'otages pour chaque attentat et le transfert en Allemagne de tous les *suspects*, sans que leur famille ou la Croix-Rouge soient prévenues.

Le 7 décembre, les Japonais attaquent la flotte américaine en rade de Pearl Harbor et la guerre devient mondiale. C'est un dimanche. Ernst Jünger, l'auteur d'*Orages d'acier*, l'un des livres les plus remarqués sur la Première Guerre mondiale, capitaine de l'état-major de l'armée allemande à Paris, passe à l'Institut allemand, rue Saint-Dominique, dans l'ancienne ambassade de Pologne. L'Institut est dirigé par Karl Epting, grand admirateur de Céline. Celui-ci est aussi passé le voir.

C'est semble-t-il la première rencontre entre les deux anciens combattants, le cuirassier au bras fracassé et le détenteur de l'ordre « pour le mérite » (accordé à douze officiers subalternes seulement pendant la Première Guerre mondiale). Jünger a fait la guerre d'un bout à l'autre malgré quatorze blessures. La commençant comme simple soldat (après une escapade dans la Légion étrangère), il la termine lieutenant.

Ernst Jünger tient un journal, il note ce jour-là sa visite à l'Institut allemand : « Là entre autres personnes Céline, grand, osseux, robuste, un peu lourdaud, mais alerte dans la discussion ou plutôt le monologue. Il y a chez lui ce regard des maniaques tourné en dedans qui brille comme au fond d'un trou. Pour ce regard aussi, plus rien n'existe ni à droite ni à gauche, on a l'impression que l'homme fonce vers un but inconnu. " J'ai constamment la mort à mes côtés " et, disant cela, il semble montrer du doigt, à côté de son fauteuil, un petit chien qui serait couché là. Il dit combien il est surpris, stupéfait que nous, soldats, nous ne fusillions pas, ne pendions pas, n'exterminions pas les Juifs, il est stupéfait que quelqu'un disposant d'une baïonnette n'en fasse pas un usage illimité : " Si les bolchevistes étaient à Paris, ils vous feraient voir comment on s'y prend; ils vous montreraient comment on épure la population quartier par quartier, maison par maison. Si je portais la baïonnette, je saurais ce que j'aurais à faire. " J'ai appris quelque chose à l'écouter parler ainsi deux heures durant, car il exprimait de toute évidence la monstrueuse puissance du nihilisme. Ces hommes-là n'entendent qu'une mélodie mais singulièrement insistante. Ils sont comme des machines de fer qui poursuivent leur chemin jusqu'à ce qu'on les brise. Il est curieux d'entendre de tels esprits parler de la science, par exemple de la biologie. Ils utilisent tout cela comme auraient fait des hommes de l'âge de fer. C'est uniquement un moyen de tuer les autres. »

Jünger, qui travaille au Militärsbefehlshaber de l'avenue Kléber, a-t-il pris connaissance des instructions de Hitler sur les déportations des suspects dans le brouillard et la nuit? Est-il au courant des préparatifs qui sont en cours pour l'arrestation et l'internement à Royallieu, près de Compiègne, des notabilités juives? Alors que l'un et l'autre parlent, les Japonais piquent sur la flotte américaine d'Hawaii et les États-Unis entrent dans la guerre aux côtés de l'Angleterre et de la Russie, c'est le grand tournant.

Celui qui monologue ne pense qu'aux Juifs, aux responsabilités juives dans la guerre, les attentats, et à la nécessité de les éradiquer. Que sait-il lui-même de ce qui se prépare? Que sait Epting et que lui a-t-il confié?

Après la guerre, quand Jünger publiera son journal parisien sous le nom de *Strahlungen*, le nom de Céline sera remplacé par Merline. Il reviendra « par inadvertance » dans l'édition française et Céline tout juste rentré fera un procès à Julliard. Jünger enverra des messages contradictoires et on s'ingéniera à retrouver la trace d'un « Merlin » frénétique censé avoir tenu les propos meurtriers du 7 décembre à l'Institut allemand (voir chapitre 10).

Nous savons que le manuscrit mentionne bien Céline [18]. Il est reconnaissable à cet interminable monologue que, dans une version inversée du *Silence de la mer*, le capitaine allemand écoute en silence.

Il faut faire naturellement la part de la rhétorique propre à Céline et du vertige des mots : « Si je portais la baïonnette, je saurais ce que j'aurais à faire » renvoie à : Si la Russie était une mer, je m'embarquerais, de l'interview à *L'Émancipation nationale*. Celui qui s'exprime est un combattant de papier, qui garde en tête l'affrontement des vingt millions d'hommes et des vingt mille avions mentionnés dans la correspondance du moment, le soldat très temporaire de l'automne 14, le marin plus amateur de péniches sans moteur ou de grands voiliers à l'horizon que de destroyers. Il ne manierait pas la baïonnette pour nettoyer les maisons juives de Paris et, s'il met en contraste la méthode éprouvée des commissaires du peuple et la passivité des troupes d'occupation à Paris, c'est pour faire honte à l'humaniste amateur d'insectes, de minéraux et de jolies femmes, au mondain qu'il devine ou sait hostile au raciste Hitler comme la majorité des membres de l'état-major parisien; juillet 44 le prouvera. Cette épuration parlée reste encore hypothétique, abstraite. Reste qu'il la réclame.

Et celui qui parle s'est engagé à fond dans l'entreprise de *Au Pilori*, journal exclusivement antisémite financé par les Allemands. Il tente d'impliquer dans la lutte antijuive, réplique aux attentats, la fine fleur de la collaboration parisienne et le haut-commissaire de Vichy en délicatesse avec les services correspondants des occupants.

Le 16 décembre, les services du Militärsbefehlshaber in Frankreich publient un avis signé Stülpnagel. Il impose une amende de un milliard de francs à la communauté juive de France occupée (premier usage fait du CCI). Il annonce en outre qu'un grand nombre d'« éléments criminels » judéo-bolcheviques seront déportés à l'Est et que cent Juifs, communistes et anarchistes qui ont des rapports certains avec les auteurs d'attentats seront fusillés.

Conformément aux ordonnances allemandes, environ cent cinquante mille Juifs se sont déclarés dans les commissariats de police de France occupée. Ils croient risquer plus en n'étant pas en règle qu'en l'étant.

L'ancien patron de Céline à la Biothérapie, Benenson, est arrêté. Sa femme travaille à l'Union générale des Juifs de France, organisme d'entraide. Elle pense faire appel à Céline, puis y renonce. Elle obtient cependant de Danneker la libération de son mari.

Maurice Goudeket, troisième mari de Colette, est arrêté au Palais-Royal. Colette se démène pour le faire libérer. Elle y parvient aussi. Céline après la guerre racontera à Jean Paulhan qu'il était au courant de son affolement et de celui de Mme Leibovici, qui l'a rejoint et qui cherche à faire libérer son mari, le chirurgien, « foireux s'il en fut ». Il était renseigné par sa dentiste de Bezons, « Mlle Mayer ». « Dieux qu'on s'est amusé. Tout a très bien fini grâce à Mme Abetz. C'est moi qui paye finalement pour toute cette faribole [19]. » Il imagine la situation des « grands Juifs » confrontés pour la première fois à un danger réel et s'affolant pour rien car l'ambassade enjuivée accourt à la rescousse et fait libérer tout le monde, c'est de la frime comme le reste, Céline en reste persuadé, il n'est rien arrivé à personne.

Si personne à Bezons ne se souvient d'une dentiste nommée Mayer – le dispensaire n'en avait pas –, le souvenir qu'a gardé Céline des arrestations de Goudeket et du Dr Leibovici n'est pas imaginaire, le Tout-Paris collaborationniste a bruit des arrestations du Tout-Paris juif, il s'en est amusé ou ému, a ri ou est intervenu. Drieu, Fernand de Brinon, Herold-Paquis, Luchaire et même Montandon, chacun a eu son dossier de décharge, sinon une attestation de reconnaissance, du moins un document témoignant d'une intervention en faveur d'un Juif arrêté ou inquiété en cette occasion ou en une autre.

Le 15, à Caen, une autre connaissance de Céline, Lucien Sampaix, celui qui établissait dans *L'Humanité* de juillet-août 39 ses liens supposés avec « l'officine Abetz », est passée par les armes. Céline l'apprend puisqu'il cite son nom dans une lettre de l'automne suivant à Lestandi du *Pilori* : le sort du Juif Sampaix a valeur d'avertissement pour ses ennemis, les Celtes le comprendront (10 septembre 1942).

Par mesure de précaution, le lieu et la date de la convocation adressée aux vingt-six personnalités que Céline souhaitait rencontrer ne sont pas précisés. On ne sait donc ni où ni quand elle s'est tenue. On peut la situer le 20 décembre 1941. Huit invités seulement sont venus : Costantini, Déat, Deloncle, Montandon, Suarez, Cousteau, Henri Lèbre et Henri Poulain. Jacques de Lesdains, Darquier de Pellepoix, Abel Bonnard se sont excusés. Trois personnes présentes n'avaient pas été invitées : Barthélemy, Guy Crouzet et Filliol. Barthélemy est PPF comme Henri Lèbre qui dirige le quotidien du parti, *Le Cri du Peuple*, et Georges Suarez, le biographe de Briand.

Lucien Combelle n'est pas venu. Céline lui en fait le reproche. Le 24 décembre, il a publié dans *La Révolution nationale* un article intitulé « Trouver des hommes ». Céline lui réplique : « Pour trouver des révolutionnaires, il faut d'abord montrer son pavillon, son programme – la troupe suit le drapeau. Nous l'avons élaboré sommairement mais précisément avec Deloncle au *Pilori* (où vous n'êtes pas venu). »

Le 25 décembre *Au Pilori* donne un compte rendu de la réunion. Elle semble avoir été l'occasion d'un autre monologue :

« Céline avec le verbe torrentueux qui lui est propre présente un programme en trois points :

« Aucune haine contre le Juif, simplement la volonté de l'éliminer de la vie française :

1) régénération de la France par le racisme ;
2) mise en question de l'Église dans le problème raciste ;
3) révolution du salaire (communisme Labiche). »

Lucien Combelle justifie son absence auprès de Céline. Il parle comme Xavier Vallat de la fâcheuse réputation du journal de Lestandi. Céline lui envoie une lettre furieuse et menaçante.

« Qu'ai-je à faire avec la morale de Lestandi ? Je conserve son journal comme une colonne Morris où je colle une lettre ! Que déconnez-vous ? Je n'ai d'intérêt financier, sexuel, mondain avec personne – pas plus lui que n'importe quel autre – je défie foutrement n'importe qui fût-ce un diable de me compromettre ou de me mettre !

« Comment bougre s'y prendrait-il ?

« Libre comme l'air !

« Le monde de la presse est un cloaque – Y fouillerai-je – Je m'en fous énormément. Je le prends comme il est – avec une pincette suffisamment visible. Vais-je vous reprocher à l'infini de défendre Déat ? »

Il dit posséder l'affiche par laquelle Déat attaquait l'Allemagne et le fascisme. Il a aussi gardé la lettre dans laquelle Combelle lui vantait Julien Benda « et ses vertus socratiques ». « Allez, Combelle, je fais toujours bien attention de n'avoir pas trop de mémoire. Tenez-m'en gré. »

Plus persécuteur que persécuté, en cette fin d'année, le militant Céline.

Saisie des Beaux Draps

Les Beaux Draps sont saisis dans des librairies de zone libre. Céline y voit une agression de Vichy. Il n'a peut-être pas tort. Il a voulu embarrasser Xavier Vallat à Paris, c'est possiblement la réponse administrative à cette agression contre l'État.

Outragé, l'auteur reçoit un journaliste de *Paris-Midi*, un quotidien susceptible de répercuter immédiatement ses propos. Il rappelle ses états de service, militaires et autres. Interdit par Daladier, interdit par Pucheu! Il réclame un prix Nobel. Parle de ses ennemis. D'André Billy qui a failli entrer à l'Académie Goncourt. « Tout ça c'est des piailleries de ghetto, de vraies batailles de Juifs. Ça ne me regarde pas au fond, parfaite neutralité, moi. »

Puis – ayant jeté un noyau de datte au plafond, note le visiteur – il parle de Le Vigan, présent, il serait au Français s'il était juif, mexicain ou naturalisé, et de ce théâtre où tout est devenu tout petit. « Que l'on ne se trompe pas, ajoute Pierre Lhoste, l'interviewer de *Paris-Midi*. Tout cela n'est pas une colère de Céline. C'est un bavardage de 5 à 7 » (29 décembre 1941).

Le 8 janvier 1942, Céline confirme à Karl Epting qu'il a bien été saisi et que Pucheu (ministre de l'Intérieur) qu'il a vu, lui a donné quelques explications vasouilleuses mais que l'interdiction demeure. Il remerciait Karl Epting de lui avoir envoyé un manuscrit du Dr Gross dont la traduction ne lui semble pas bonne. Il recommande H.R. Petit « de l'ancien *Pilori* » (celui d'avant-guerre) pour l'adapter. Il lui dit aussi qu'il serait heureux d'aller vers le 1er mars visiter le service médical d'une usine, un dispensaire de banlieue. Il pourrait donner *en français* une causerie sur la médecine standard. Le Dr Bécart et Gen Paul voudraient l'accompagner. Il pourrait dépenser sur place ce que lui doit Zwinger Verlag, Dreiglockenstrasse à Dresde, pour la traduction allemande de *Bagatelles*.

Il aimerait bien passer aussi quelques jours à Copenhague.

L'or encore

Ce voyage à Berlin est une tentative de sauvetage. Il peut arriver à Copenhague ce qui est arrivé à Amsterdam : une saisie par les occupants. Il faut rencontrer Karen Marie Jensen à Berlin pour lui passer la clé du coffre et qu'elle vide les onze kilos d'or qu'il contient. Il s'agit de lui éviter le sort des florins dont il n'a toujours aucune nouvelle (dit-il à Alphonse de Châteaubriant le 10 janvier, alors qu'on lui avait annoncé de la part d'Abetz que c'était arrangé [20] !). Il compte d'ailleurs, lorsqu'il sera à Berlin, écrit-il à Karl Epting, s'il peut rencontrer un personnage qui « ait enfin sagesse, justice et pouvoir, l'intéresser à (s)on misérable cas, bien ridicule au surplus ». En Hollande son avoir a « *été saisi comme bien ennemi* (souligné trois fois) comment voulez-vous que je m'engage à la Légion [21] ».

Le 8 janvier, paraît dans *Au Pilori* sa réponse à la saisie des *Beaux Draps*. Un an après sa parution! Lui qui avait tout annoncé sous Blum. Lui, pas Maurois, Romains ou Bernanos qui « dégueulent à tout éther sur le vénéré Maréchal ! Ils auront sûrement le prix Nobel ! C'est certainement ce que l'on pense à Béziers, Narbonne, Toulouse et la suite... Et à Vichy bien entendu. Ce chef clapier des bourbiers juifs ». S'il faut des pendus dans l'histoire, les autres, pas lui. Il le leur dirait à Riom, s'il était convoqué, lui le patriote n° 1 : « Pendez, Monsieur, pendez, mais oui... » À Riom a lieu le procès des responsables politiques d'avant-guerre, Blum, Daladier, Reynaud, considérés comme les responsables de la défaite.

Des « autres », il est encore question dans une lettre à Henri Poulain, secrétaire de rédaction de *Je suis partout*, qu'on peut dater de cette période. L'ayant remercié de ses articles, il lui dit : « Ma joie serait au comble si je ne trouvais en de si belles pages de tels pompeux éloges de M. Guitry – non de jalousie, vous le pensez bien – mais " le sens mangouste " vous fait désastreusement défaut... une fois pour toutes. Il ne faudra pas que Lesca s'étonne si Israël l'emmène encore sur les routes. Il aura tout fait pour ça. Vous savez que Marie Dubas, catholique décidément, rentre bientôt. Trenet déjà... Tout va bien. JSP va leur trouver des parallèles. Bérenger... Jeanne d'Arc. Tant qu'un artiste n'a pas fait une déclaration nette précise, irrévocable, publique, formelle, antijuive, il doit être considéré comme juif ou projuif, ce qui revient au même (telle est la loi des loges à l'envers). Pourquoi plus con que les loges ? À toi bien affectueusement, LF Céline ».

Être mis sur le même plan, au moins dans la même page, que le douteux Guitry est intolérable. Le serpent rôde et les mangoustes sommeillent.

Lesca en 1940 avait été arrêté comme suspect sur ordre du ministre de l'Intérieur Mandel et traîné sur les routes.

Après un hiver aussi dur que le précédent, le printemps 42 s'annonce favorable au réveil des mangoustes. En Russie la seconde campagne doit achever la première, le danger judéo-bolchevique sera éliminé et l'Europe racialement unie.

Le rapport de forces est tel qu'il suffit des menaces de Goering, relayées par Abetz, pour que le maréchal Pétain décide de reprendre Laval, seul interlocuteur agréé par les Allemands. Le 20 janvier, Xavier Vallat qui s'est bruyamment accroché avec Danneker à propos du marquage envisagé des Juifs, qualifié par lui d'enfantillage, est interdit de zone occupée. Il est remplacé par Darquier, le bouillant conseiller municipal antisémite de Paris, qui, pour marquer sa rupture avec la politique antérieure, interdit l'entrée du Commissariat aux affaires juives... aux Juifs. Ils cessent d'être des interlocuteurs pour devenir l'objet de mesures de surveillance et de répression.

Prenant acte de l'échec de sa politique de représailles, le général von Stülpnagel démissionne ; Karl Oberg, de la SS, est installé à Paris par les soins de Heydrich. La SS prend le relais de l'armée dans le travail d'information et de répression antiterroriste et Danneker celui de Best. Le jeu change de nature. Un assistant d'Oberg pour les questions de renseignements d'ordre politique s'appelle Hermann Bickler. Il s'installe avenue Foch où sont également situés les services de police antijuive. Le Dr Pfannstiel, qui a traduit *Bagatelles* en allemand, dirige, lui, le service des sociétés secrètes dans des bureaux du square Rap. Céline est en relation avec les uns et les autres.

L'interdiction des *Beaux Draps* en zone Sud provoque une discrète polémique entre services allemands. Informée par Karl Epting, la presse allemande de Paris a regretté la mesure. Le 18 janvier 1942, Bernard Payr, de la mouvance d'Alfred Rosenberg, estime dans *Das Reich* que le livre, une maladresse, ne vaut pas tant d'honneur. Dans un rapport pour son organisation rédigé à la fin du mois, il conteste la promotion et le solide soutien dont il bénéficie de la part de l'Institut allemand. Ce que Bernard Payr reproche à Céline, c'est son langage, ordurier, que l'Institut allemand qualifie pour sa part de « spontané et robuste [22] ».

À la fin de l'année, le même Payr publie un livre sur l'état de la littérature en France (vue dans l'optique Rosenberg, théoricien du racisme allemand) : *Phoenix oder Asche?* – Phénix ou cendres? Il juge Céline de façon sévère : « Il a remis en question à peu près tout ce que l'être humain a produit de valeurs positives et l'a traîné dans la boue. » Cependant ses attaques contre le communisme et l'Église sont agréables et ses notions biologiques sont jugées « correctes ». Satisfecit pour les idées, zéro pointé pour l'expression.

Il ne suffit pas d'avoir été le premier sous Blum à dire ou prédire pour remporter l'adhésion de ses contemporains, encore moins de ses confrères. Céline en ce début d'année est venu expliquer ses conceptions de la médecine standard à « l'École libre des sciences médicales ». Elles sont jugées « un peu sommaires mais joyeuses ». Si ses auditeurs n'ont pas appris grand-chose, au moins ils ne se sont pas ennuyés, lit-on dans le compte rendu du *Concours médical* du 15 février. Aussi bien auprès des racistes « corrects » que de la profession médicale, Céline paie le prix de ce qui fait par ailleurs son succès : sa verve, sa langue, l'instrument créé pour se faire entendre et montrer de façon « rigolote » ce qu'il a « vu ».

Il ne faut d'ailleurs pas exagérer les coups d'épingle qu'il reçoit. Jean Luchaire, dont la position dans la presse de Paris est éminente, se croit obligé de justifier auprès de lui son absence à la fameuse réunion de *Au Pilori*. « Je n'oublie nullement les Juifs dans ma pensée et petit à petit je suis devenu extrêmement antisémite – ce qui n'était pas mon cas il y a quelques mois. » C'est son collaborateur Guy Crouzet qui « précise dans ses articles sur le racisme une doctrine qui pour n'être pas véhémente n'en est pas moins implacable ». La lettre, privée, sera produite par le procureur Linden à son procès. On imagine qu'il avait gardé le double. Remarquons à ce propos qu'aucune lettre de la correspondance reçue par Céline rue Girardon n'a été jusqu'à présent produite. Ou bien le déménagement soigneux dont la villa de Montandon à Clamart a fait l'objet n'a pas eu lieu, ou bien le ménage avait été fait avant le départ.

À Guy Crouzet, qui était présent à la réunion, Céline fait cadeau d'une petite lettre publiée dans *Les Nouveaux Temps* de Luchaire du 16 janvier. Elle porte sur le goût invétéré des Français pour le « faux ».

Une lettre, c'est une faveur dont il se montre chiche. Elle a droit à la première page. Les événements, joints à son inlassable vigilance mangouste, amènent les uns et les autres sur ses positions : l'indispensable révolution raciste préalable à toute révolution nationale.

Le 16 février, le capitaine Sézille sollicite un entretien, le lendemain Lucien Combelle demande une lettre et Céline lui en promet une à paraître après celle qu'il a chez Doriot. C'est l'occasion d'une nouvelle pointe : « Votre Shueller avec toutes ses pitreries me semble bien youtre. Il ne parle jamais des Juifs dans ses livres. Il " paraît " que son conseil d'administration recèle de fort puissants youtres, anglais et américains. D'ailleurs je ne comprends plus rien à rien ou j'ai peur de comprendre. » Il s'agit de Schueller (Eugène), créateur et directeur de L'Oréal (« conseil d'administration ») et aussi du Mouvement social révolutionnaire, MSR, avec le polytechnicien Deloncle. Eugène Schueller a publié plusieurs livres sur l'évolution des rapports sociaux en France. En 1942, *La Révolution de l'économie*, à la Société d'éditions modernes parisiennes. Il traversera les événements sans dommages, éditera *Votre Beauté* dont le directeur sera François Mitterrand, alors beau-frère d'une nièce de Deloncle. Sa société a été plus récemment dénoncée comme un nid de collaborateurs antisémites suite à un différend commercial (affaire Corrèze-Cosmair).

Au moment où Céline le signale à Combelle, il villégiature à Megève, station fondée par une Rothschild où se sont réfugiés les Schreiber. Son voisin de chalet est le fondateur (juif) du Rouge Baiser [23].

Extra-renseigné ou extra-lucide, Céline a même des idées sur ce qui se passe outre-Manche : « L'Angleterre tourne bolchevique à toute berzingue : la gueule des gaullistes ce jour-là [24]! »

Les mormons baptisent les morts, Céline examine leur pedigree. Le 2 mars, il s'informe auprès de Karl Epting sur le cas de Racine : « Elie Faure juif et maçon parle de son ascendance allemande, dans *Les Trois Gouttes de sang*, page 225. Mauriac, de Sconin, franques et peut-être scandinaves. Epting connaît-il en Allemagne un spécialiste de la question qui puisse dire si c'est juif ou germain? Son théâtre n'est qu'une fougueuse apologie de la juiverie [25]... »

On peut voir dans ce Racine juif un cadeau fait à Epting en récompense du voyage à Berlin ou un déchiffrement à rebours du passé littéraire français. Céline promettra une préface à un livre que Denoël doit publier et ne publiera pas sur l'onomastique juive. Il est en rapport avec son auteur, Armand Bernardini.

L'épicerie

Le 28 février, Robert Denoël envoie à Céline un chèque de 9 000 francs correspondant à un nouveau tirage des *Beaux Draps*, tou-

jours très demandés. Le 30, un autre de 34 308 francs co.
son relevé général. Ce sont donc près de 60 000 francs de r
tombent dans l'escarcelle du vacataire de Bezons. Une éd.
de *Bagatelles* illustrée par Gen Paul est en route pour paraî
et la réédition de *L'École des cadavres* est prévue pour
Étant donné la publicité faite par de nombreux journaux à ɛ   ̣ui-a-
tout-prévu, c'est la vente assurée. Le seul empêchement à la vente pourrait venir de la pénurie de papier.

Jusqu'ici Denoël s'est débrouillé, les tirages réguliers des *Beaux
Draps* le prouvent et Céline détient une promesse de Karl Epting de lui
en procurer au cas où il viendrait à en manquer. « Il est ensorcelé par
Céline », note Jean Cocteau dans son Journal. Jünger lui parle d'une
étude qu'Epting a écrite pour dire que la littérature française était
morte depuis Rabelais et se retrouve en Céline. « Pauvre docteur, c'est
comme un brave homme qui tombe amoureux d'une danseuse, on ne
sait pas où les choses vous mènent. » Jünger était très drôle, note Jean
Cocteau.

En avril, Céline rappellera sa promesse au bon docteur. Il a besoin de
quinze tonnes de papier. Epting intervient et des instructions sont données par les comités d'organisation appropriés pour que Denoël soit
approvisionné en priorité [26]. On voit que sur le plan matériel comme
sur les autres la situation est exceptionnellement favorable. Céline s'il
était enclin à l'optimisme pourrait dire en 42 ce qu'il disait en 33 : J'ai
rarement eu aussi peu à gagner ma vie.

Or, c'est le contraire : « J'ai de grands ennuis avec la vie matérielle,
cela devient très dur en ce moment. Tout coûte trop cher en ce
moment. » Il écrit à Karen pour organiser le calendrier de leur rencontre à Berlin et lui parle ainsi de la dureté des temps.

L'Institut allemand lui délivre une attestation concernant ce « voyage
scientifique médical » auquel il l'invite et prie les autorités françaises de
bien vouloir lui accorder le plus vite possible les papiers nécessaires.

Le 17 février, l'Institut lui verse des honoraires correspondant vraisemblablement à cette invitation [27].

Nach Berlin

Le Dr Destouches, le Dr Bécart et le Dr Rudler partent pour Berlin en
compagnie de Gen Paul associé à ce « voyage médical » par le caprice
de Céline. Ils rejoignent le Dr Claoué qui effectue en Allemagne un
stage de chirurgie esthétique – spécialité à laquelle la guerre donne un
vaste développement. Les liftings et redressements de nez de l'après-
guerre devront ainsi quelque chose aux grands blessés du front russe.

Arrivé sur place, chacun vaque à ses affaires.

Karen Marie Jensen est en ville avec une troupe de danseuses. Céline
la rencontre et lui confie la clé de son coffre de Copenhague, celui qui
abrite la lourde sacoche déposée avant la déclaration de guerre. Elle est
chargée de la mettre à l'abri. Ils conviennent d'un code : les pièces d'or
ce seront les enfants. Elle lui donnera au plus vite des nouvelles de leur
santé.

Il fait toute confiance à celle qui aurait fait, on s'en souvient, une bien jolie duchesse de Normandie s'il avait été assez riche pour l'épouser.

En avril, elle le rassure : les enfants vont bien. Elle a été une véritable mère pour eux, lui écrit alors Céline, ils ne seront pas ingrats et ils la rendront heureuse et fière d'eux plus tard. Si leur santé l'inquiète, il faut partir avec eux à la campagne.

Ce qu'elle fera – transportant la sacoche à vélo avec son amie Johanssen jusqu'à une maison amie. Puis, lorsque la cachette paraît moins sûre, transférant son contenu dans une grande boîte de cacao Cadbury qui est enterrée dans le jardin des Johanssen.

À Berlin, elle se souvient, cinquante ans plus tard, de promenades dans une ville déjà en voie de destruction mais que Céline s'obstine à trouver superbe. Elle se souvient aussi de la grande réception à l'hôtel Adlon avec les dignitaires du régime qui clôture la mission. Ce sont des fastes de temps de paix.

D'après les souvenirs, également tardifs, de l'un des participants à ce voyage, le Pr Rudler, la rencontre des officiers retour du front de l'Est aurait donné aux Parisiens une idée de ce qui allait venir et Céline qui visite les ministères, dont celui des Affaires étrangères, à la recherche de l'homme capable de résoudre son problème de saisie de florins, les aurait jugés « pleins de Juifs ».

Au retour, il signe avec tout le gratin de la collaboration parisienne le manifeste des intellectuels français contre les bombardements alliés sur Paris publié le 14 mars.

Il n'oublie pas de remercier le Dr Epting pour l'accueil qui lui a été fait à Berlin. Il lui a été donné personnellement, lui dit-il, de rencontrer des personnes qu'il désirait rencontrer depuis longtemps, en particulier M. Abetz. « Tout s'est en somme passé admirablement » (18 mars).

L'Église la grande métisseuse

Frédéric Empeytaz à Bezons, pour lequel il intervient auprès des ministres Lehideux et Pucheu afin de le faire nommer sous-préfet de Saint-Dizier, reçoit ses impressions : « Je pense à une guerre de quinze ans pour le moins, même d'évolution favorable. Nous ne sommes pas au bout de nos espoirs! de nos attentes, de nos hivers! Il faut tenir. »

Ce n'est pas gagné, la lutte sera plus longue que prévu mais au bout des espoirs il y a la victoire : Céline dans un rôle inédit soutient le moral de l'arrière.

Pourtant dès le retour, les agacements se multiplient. Il se plaint à Lucien Combelle qu'on ait de nouveau caviardé une de ses lettres. Une phrase a disparu. Elle concernait « l'Église notre grande métisseuse ». Il réclame son rétablissement. Le diable est décidément partout, dans le bénitier surtout : « Je vois Mgr Gerlier demain, officiant de Fourvières, baptiser de haut toute la France à la rigolade! à la Clovis! en Bloch si j'ose dire, aux quatre points cardinaux. »

Depuis que Xavier Vallat a fait substituer des critères religieux aux critères raciaux de la loi de septembre 1940 définissant les Juifs, le certificat de baptême, plus ou moins antidaté, est de rigueur. Mgr Gerlier peut avoir par ailleurs une réputation de collaborateur, il ne trompe pas le pape du racisme, tout Primat des Gaules qu'il soit.

La lettre consacrée une fois de plus aux saisies de la zone libre (on lui aurait brûlé 3 000 exemplaires des *Beaux Draps*) paraît dans *La Révolution nationale*, sans la phrase sur la grande métisseuse, mais Mgr Gerlier est néanmoins mentionné parmi ceux qui n'ont pas protesté aux propos des généraux sur les responsabilités de la défaite au procès de Riom.

Cette phrase, confie Céline à Combelle (lettre du 17 mars), avait « glacé » Lestandi pour *Au Pilori*. Doriot lui-même devant témoins avait juré de l'imprimer, sans coupures ; elle a néanmoins sauté de la « Lettre au chef » publiée par *Les Cahiers de l'émancipation nationale* à la mi-mars : « *L'Église, notre grande métisseuse, la maquerelle criminelle en chef, l'antiraciste par excellence.* » C'est Céline lui-même qui souligne dans sa lettre à Combelle du 17 mars, lui disant : « Rétablissons je vous prie, pour mon honneur, la phrase qui me manque – Elle n'engage que moi – J'ai l'habitude d'être seul. » Rétablir comment et où ? Ce n'est pas clair. Dans le « milieu » ou dans l'article à venir pour *La Révolution nationale* ? Celui-ci paraîtra le 5 avril.

Dans la lettre à Doriot, Céline martèle un thème quasi unique, « le sabotage du racisme en France par les antisémites eux-mêmes », alors que « volatiliser sa juiverie serait l'affaire d'une semaine pour une nation bien décidée ». L'emprise des Juifs sur la France est totale, la solidarité aryenne n'existe pas, les Français sont divisés, s'il existait un seul parti, « l'Aryen socialiste français », « le Juif se retrouverait évincé, éliminé, un beau matin, naturellement, comme un caca ». Sans les Juifs le rapprochement allemand serait fait. « Un seul souci, toute cette ordure, toute cette chiennerie bâtarde, cette canaille en délire : que se ruent, déferlent bientôt, les noirs, les asiates, nos égorgeurs prédestinés. »

La lettre se termine sur une timide note d'espoir : « Puisse votre victoire à l'Est bouleverser le cours des choses ! »

Faute de s'y être engagé physiquement, voici Céline engagé moralement dans la croisade à l'Est.

Le texte de mars 42 frappe d'abord par son divorce apparent avec les réalités extérieures. L'identification des Juifs, les prises d'otages, le regroupement et l'internement en France et hors de France sont en route. L'abandon par l'armée des tâches de renseignements et de sûreté au profit de la SS a marqué une étape d'un processus déjà éprouvé. Knochen s'est installé à Paris, les bureaux de la rue des Saussaies et de l'avenue Foch commencent à rendre. Leur travail, au-delà des fusillades massives d'otages qui n'ont donné aucun résultat, est un effort d'infiltration des réseaux, d'appel à la délation et de terreur muette. Dans un mois, le premier convoi de déportés va quitter Compiègne.

Malgré le remplacement de Vallat par Darquier, cette tâche est essentiellement allemande. C'est au nom des conventions de La Haye que les occupants réquisitionnent les forces de police. Le jeu du gouvernement Laval consiste à monnayer cette besogne inéluctable : lâcher le minimum d'étrangers, sur lesquels il n'a aucun pouvoir juridique réel, pour protéger le maximum de nationaux. Les 300 000 Juifs présents sur le territoire représentent une toute petite fraction de la population totale (environ 0,50 %). Il y a eu 73 800 déportés : 17 % des Juifs français ne reviendront pas, 43 % des Juifs étrangers périssent. Le chiffre des départs reste loin des objectifs premiers [28].

La population ne fait pas le détail, elle salue les bombardements, preuves de la puissance alliée, met ses espoirs dans les Soviétiques ; le racisme, contraire à une tradition chrétienne millénaire, est ressenti comme un phénomène exotique, une aberration propre à l'Europe centrale. Même les partis de la collaboration volontiers antisémites ne paient au racisme biologique que des hommages aussi rituels que polis : c'est la doctrine du vainqueur.

Céline est pratiquement le seul à militer pour les lois de Nuremberg, pour la régénération de l'Europe par le sang, le seul à jouer la mangouste dans les domaines qui sont les siens, la médecine, la littérature et la danse. Une exposition de la danse est organisée au pavillon de Marsan. « Par M. Lifar, naturellement complètement ratée. Mais c'est une curieuse idée d'aller chercher un Juif d'Ukraine pour une telle entreprise. Irais-je exposer les danses juives à Tel-Aviv ? De nouvelles étoiles protégées de Lifar montent au firmament des ballets, elles ont nom Charrat... Luchaire, etc., de treize à dix-sept ans – Solange Schwartz est reine incontestée de l'Opéra, la jeune Ivanoff, une autre Juive, fait aussi merveille » (à Karen, 13 février).

Les talents indigènes, librettistes ou danseuses sont toujours aussi négligés. Serge Lifar règne sur l'Opéra. La rumeur parisienne dit qu'il a piloté Hitler à travers la maison lors de sa mémorable visite à Paris. Il le nie, comme il nie avoir envoyé un télégramme de félicitations pour la « libération » de Minsk, sa ville natale. Il a certes reçu Goebbels mais les pieds sur la table, feignant, d'abord, de ne pas le reconnaître, lui refusant ensuite le portrait de Wagner qu'il convoite [29].

Céline est persuadé que Lifar est l'anagramme de Rafil, Lifar, que Céline l'a dénoncé, « vers 1942 », comme juif, parce qu'il refusait « des petites choses sans valeur », des arguments de ballets imaginés par Céline. La Gestapo est venue l'interroger. Cela a bien tourné, il est devenu ami avec le type qui enquêtait. Sur cent dénonciations, lui a dit celui-ci, il y en a dix de vraies.

Serge Lifar raconte cela en 1969, Céline est mort ; lui organise au musée d'Art moderne une rétrospective de sa grande époque. Il dit alors : « Je ne suis d'ailleurs pas juif. Pavlova l'était à moitié. »

Dans une lettre du 20 juin à Karen, Céline répète qu'il voudrait bien voir Lucette entrer à l'Opéra. Mais rien n'y a changé et ce sera pour une autre vie. Elle a quitté Allessandri et va chez Egorova. Popol est malade, tuberculose, il faudrait de la suralimentation. Mahé va divorcer pour épouser une Bretonne, il fait un décor pour Charles Trenet. Le Vigan joue dans le même film. Charles Trenet, attaqué ailleurs (son nom étant donné comme l'anagramme de Netter), est épargné ici. L'antisémitisme est à géométrie variable. Est juif qui gêne.

Le 20 avril a lieu à l'hôtel de l'Écu de France, gare de l'Est, un déjeuner en l'honneur de Jean Drault, auteur du *Soldat Chapuzeau* et ancien collaborateur de Drumont à *La Libre Parole*. La veuve de Drumont est là, ainsi qu'une vingtaine de journalistes et écrivains politiques (Lucien Rebatet, Pierre-Antoine Cousteau, Jean Azéma, Alphonse de Châteaubriant, Jean Hérold-Paquis, des rédacteurs de *Je suis partout*, de *La Gerbe* et d'autres périodiques. « Comme il y avait dans ce milieu des gens qu'il n'aimait guère, quelques-uns pour des raisons précises, il n'ouvrit pas beaucoup la bouche, mangea très peu et n'avala que quelques gorgées d'un très bon vin (il était pratiquement abstème et peu porté sur la bonne chère). » Avant de se retirer, il eut un geste que bien peu imitèrent : il mit ses tickets d'alimentation sous le pied de son verre (« Bien respectueux des lois et règlements », comme il disait) et reprit sa « pelure pour la pluie » raccommodée à gros points dans le dos. Paul Bonny qui assistait au même banquet raccompagne Céline jusqu'à l'avenue de Clichy. Céline lui raconte que peu de temps auparavant il s'est trouvé dans un quartier qui venait de subir un bombardement. Des morts alignés sur le trottoir étaient gris comme de la pierre. Céline s'était rendu à l'hôpital du quartier pour offrir de soigner les blessés. L'hôpital était réquisitionné et un jeune médecin allemand, désignant du doigt les mains de Céline qui venait de réparer sa motocyclette, lui dit seulement : « Pfuui[30] ! »

C'est le 7 mai que Heydrich vient installer le Gruppenführer Oberg à Paris. Les choses sérieuses commencent.

Début juin Céline part pour la Bretagne, il est invité par le Dr Mondain, directeur de l'hôpital psychiatrique de Quimper, et il s'en déclare ravi. Il compte y passer dix jours. Lucette est présente, elle conserve des souvenirs tout autres de cette visite chez les fous[31].

Avant de quitter Paris, il a eu le temps d'envoyer une lettre à Fernand de Brinon suite à l'Exposition qu'il vient de le voir inaugurer au Grand Palais, « La France européenne », sous le signe des grands ancêtres de l'Europe, Charlemagne ou Victor Hugo. C'est un exercice d'ironie sur le baiser Lamourette et la grande réconciliation avec les « autres » Duhamel, Giraudoux, Maurras, Maurois, Daladier, Raynaud, « De Blum Worms au général Stupnagel (*sic*). Tout ceci présenté plaisamment mais avec quelque conviction et sévérité ». Céline – ignoré dans cette exposition ? – sait qu'il s'adresse au mari de Lily Ullmann. Il le sait bien sûr, comme il sait à quoi s'en tenir sur « Stupnagel ».

Henri Mahé sort un dessin animé, « Blondine », et Céline alerte les journalistes de connaissance, solidarité amicale et bretonne.

Le 6 juin apparaissent dans les rues de Paris les premiers porteurs d'étoile jaune. Léautaud note dans son journal : « Rencontré rue de Grenelle, rue du Vieux-Colombier, deux passants, un homme, une vieille dame, d'allure bourgeoise portant l'étoile jaune et dont le visage ne révélait vraiment pas le Juif. »

C'est rue Royale que pour sa part le capitaine Jünger croise le lendemain trois jeunes filles portant l'étoile, elles avancent bras dessus bras dessous. Les insignes ont été distribués la veille en échange d'un point de textile. Jünger écrit qu'il se sent gêné par son uniforme (*Journal*, 7 juin).

La France suralgérique

Le 15 juin, Céline adresse de Fouesnant une lettre à Henri Poulain et *Je suis partout*. Elle est à publier, et vite : Céline demande par avance qu'on lui garde dix numéros. « Saisi aux champs », le rédacteur de cette lettre en a, en fait, médité les termes, puisqu'un renseignement demandé avant son départ de Paris à H.R. Petit est utilisé : « En quelle année, demande Céline, Saint Louis fit-il christianiser tous les Juifs de son royaume et en quel nombre : 300 000 ou 600 000 [32] ? »

Le renseignement doit lui servir à démontrer l'enjuivement français. On le fait bien rire, écrit-il à Poulain, lorsqu'on annonce 500 000 ou 600 000 Juifs en France alors que Saint Louis le bien nommé en fit baptiser 800 000 d'un seul coup dans le Narbonnais. « Pensez s'ils ont fait des petits ! Encore cinquante ans, plus un seul Français qui ne soit métis de quelque chose en " ide ", araboïde, arménoïde, bicoïde, polonoïde.. Et Français bien entendu, cent mille fois plus que moi. »

Le patriotisme est en proportion du métissage. Si la guerre avait duré, elle aurait fait deux millions de morts aryens « remplacés immédiatement par deux millions d'asiates et de nègres ». Si on constituait un parlement selon les races, on n'y trouverait qu'une aile droite Vercingétorix insignifiante, un centre énorme, marécage des hybrides, et puis une aile gauche bougnoule en pleine croissance. « Le marécage des hybrides, croassants, sous commandement Blum et composé de tous les négroïdes du monde, arménoïdes, assyriotes, narbonnoïdes, hyspagnotes, auvergnoïdes, pétanistes, sémites maurrassiques, etc. etc. » Ce parlement dans sa majorité écrasante appelle de tous ses vœux « la défaite absolue de l'Allemagne et de son idéal raciste ».

Le coup de grâce a été porté par la guerre de 14, l'élimination des chefs aryens. On a bien vu ce que valaient les cadres Boncourt, les naturalisés Mandel pendant la guerre 39-40.

Les femmes se marient avec ce qu'elles trouvent. Les féroces soldats (négroïdes) ne tuent pas, ils saillent. Cinquante mille étoiles jaunes n'y changeront rien. La France entière pour un peu, un peu plus dreyfusarde, chrétienne, arborerait le signe judaïque.

La France une et indivisible est un truc de maçons. Les Romains métissés se sont donné deux capitales. « J'en ferais autant Marseille et Paris » : le Nord et le Sud (suralgérique), la France travailleuse et raciste et la France Saint-Domingue. Celle-ci ne l'intéresse pas. Peut se la farcir qui se présente. « Je regrette tout simplement d'avoir laissé tant de ma viande (75 pour 100) pour défendre cette saloperie qui ne rêve que de Lecache. Une si grande guerre, tant de misère pour aller de Rotchild (*sic*) à Worms ! Il faudra vraiment du nouveau pour me faire revenir patriote. »

Ainsi peut-on résumer la copieuse lettre que *Je suis partout* renonce à publier. Refusées à l'unanimité, dit Rebatet. Dans son témoignage de *L'Herne* il la postdate (l'erreur chronologique est une constante de ses témoignages), il la situe après la suppression de la zone de démarcation en 1943 : Céline aurait demandé à ce qu'elle soit rétablie afin d'empêcher la remontée des narbonnoïdes dégénérés vers le Nord. Il émet aussi l'hypothèse que Céline a cherché sciemment à faire refuser ses contributions « par les plus nazis des collaborateurs » afin de prendre ses distances avec la collaboration.

Le 15 juin 1942, il n'en est rien. Céline veut tellement être publié et si intégralement qu'il réclame des épreuves (crainte de coupures), elles devront lui être envoyées au nom du Dr Destouches, poste restante à Quimper. Et il n'est certes pas sur la défensive. Même si la guerre doit être plus longue que prévu à cause de l'intervention des Américains et des Japonais, la victoire semble assurée en Europe. Lorsque Céline écrit, il ressent toujours la saisie des *Beaux Draps* et il cherche à punir le Sud (Narbonne, Toulouse). Était-ce un hasard si la France a été découpée en trois zones qui peuvent correspondre à trois données ethniques ?

Il ajuste son argumentation maximaliste à la nouvelle donne : l'étoile jaune – cette marque infamante placée par l'occupant sur des êtres « comme vous et moi » – va a l'encontre de toutes les sensibilités. Les journaux de la collaboration parisienne épuiseront toute leur dialectique pour justifier la mesure (cette femme inoffensive, mère potentielle d'un exploiteur, cet enfant attendrissant, futur exploiteur).

Au regard des réalités de l'emprise juive, ces « 50 000 étoiles » sont pour Céline encore trop timides. Sa démarche ressemble une fois de plus à celle d'Hébert et des libellistes de la Révolution préparant de la plume l'événement. L'enjuivement français est pour lui profond, presque total : il date de Saint Louis, de la christianisation « en Bloch ». Séparer les métis en créant deux Frances, c'est résoudre la contradiction des deux « révolutions », la nationale et l'autre. La race prime la nation. Céline, qui se présente volontiers en superpatriote, aime à ce moment tellement la France qu'il en veut deux. C'est l'occasion de se rappeler que dans les tout débuts de l'Occupation, les occupants refoulaient vers le Sud leurs réfugiés juifs et aussi que l'idée de purification ethnique n'est pas récente.

Le 18 juin, départ pour Beg-Meil. Il n'a pas reçu ses épreuves mais ne s'en inquiète pas encore. « On s'amuse bien, on est jeune », écrit-il à Mahé.

La lettre ne paraîtra pas, Henri Poulain la conserve, n'en citant à l'occasion que la dernière phrase désabusée : « Une si grande guerre pour aller de Rotchild à Worms. » La Banque Worms est au cœur du « complot synarchique » que dénoncent alors aussi bien Londres que Paris, c'est elle, une banque « juive », qui conduirait la politique de Vichy à travers ses technocrates.

Le 23 octobre 1943, répondant à l'enquête de Pierre Lhoste dans *Paris-Midi*, Céline reprend les thèmes de sa lettre de juin 42 à *Je suis partout*, mais un ton en dessous : « D'abord la France n'est pas une race. déclare-t-il. C'est un pays, une nation. À l'heure actuelle, il y a moins de Français que sous Louis XIV. Quatorze millions au plus sur quarante millions. Le reste, c'est du métis. C'est de l'italote, de l'espagnote, du germinote, etc. Les genres sont tellement mêlés qu'on pourrait retrouver à la rigueur une chose qui ressemblerait à une ethnie au nord de la Loire. Et encore... » On a cité ce passage pour montrer les convergences entre la pensée de Céline et celle d'Alexis Carrel [33]. La terminologie nation, ethnie, race est celle de Georges Montandon. On remarque comment Céline modifie la sienne en un an. En 1943, il ne s'agit plus que d'une constatation quasi scientifique faite par un praticien. Céline est revenu à l'équivoque des premières pages de *Voyage au bout de la nuit* : « La race ce que t'appelles comme ça, c'est seulement ce grand ramassis de miteux dans mon genre, chassieux, puceux, transis qui ont échoué ici poursuivis par la faim, la peste, les tumeurs et le froid, venus vaincus des quatre coins du monde. Ils ne pouvaient aller plus loin à cause de la mer. C'est ça la France et c'est ça les Français. » *Des miteux dans mon genre* : le narrateur, Ferdinand Bardamu, s'inclut dans le lot. En 1942, Céline s'en extirpe, il fait partie des eugènes, ni buveur ni syphilitique, sorti de la race supérieure des Celto-Germains, il a séparé son sort de celui des suralgériques, les Français du Sud sémitisés à des degrés variés, il ne veut plus rien avoir à faire avec eux. On pourrait peut-être recommencer quelque chose autour de Paris...

Seconde campagne d'été

Le 20 juin, retour en ville. La vie reprend son cours, Lucette suit les cours de Mme Egorova. Elle ne désespère pas d'entrer un jour à l'Opéra. Le ravitaillement est plus facile l'été, il y a des légumes et des fruits. Mahé fait ses décors, Le Vigan tourne, Gen Paul peint, Marcel Aymé écrit. Le Dr Destouches va trois fois par semaine à Bezons, sa route passe parfois, nous dit François Gibault, par l'avenue Foch, où il bavarde avec Hermann Bickler de la situation. Il lit tout, il se tient informé de tout, en travaillant à son prochain livre. Chaque samedi, Henry-Robert Petit monte à Montmartre, il tient Céline au courant de ce qui l'intéresse : les menées juives. Le dimanche, la réunion se tient chez Gen Paul. Chacun parle, raconte, Céline se tait et puis explose et fournit la péroraison, Marcel Aymé enregistre. Cela ressortira dans des nouvelles, « Avenue Junot » ou « La Carte », qui restituent le climat du moment et montrent dans le locataire de la rue Girardon l'homme d'une douce manie.

Céline harcèle toujours Denoël pour que celui-ci réimprime ses livres. Denoël se fâche un peu : Céline lui a fait obtenir cinq tonnes de papier, il en a trouvé lui le double. Dès qu'un wagon arrivera, il fera retirer *Mort à crédit* dont la composition est achevée (20 juillet). Il retirera ensuite *L'École des cadavres* et une fois de plus *Voyage* en septembre quand les librairies de province et de Paris seront à court. Il joint à sa lettre un chèque de 17 243 francs pour la nouvelle édition de *Voyage au bout de la nuit*, payée d'avance, soit environ 150 000 de nos francs. On a de quoi voir venir rue Girardon.

La guerre continue, les combats pour Stalingrad sont en cours. La ville est devenue un symbole, le Verdun de ce conflit. Les 16 et 17 juillet ont eu lieu les grandes rafles de Juifs étrangers, hommes, femmes, enfants arrêtés au petit matin par la police parisienne réquisitionnée. Beaucoup ont été prévenus, ce qui explique la proportion de femmes et d'enfants, on a pu penser que seuls les hommes seraient « regroupés ». C'est l'opération connue sous le nom de « rafle du Vél' d'Hiv ». La récente polémique à propos du fichier du ministère des Anciens Combattants semble indiquer que 60 000 personnes ont été arrêtées entre 41 et 44 sur les 149 734 qui se sont inscrites comme Juifs dans les commissariats. Jünger note dans son journal qu'on a pu entendre dans les rues les cris des enfants séparés de leurs parents (18 juillet). La seule allusion qu'on trouve dans la correspondance (disponible à ce jour) de Céline est une lettre à H.R. Petit : « Du nouveau ? Vous m'étonnez mon cher Petit, je ne crois plus au nouveau. Venez me dire que rien ne change samedi à l'heure habituelle » (22 juillet).

Qu'est-ce qui pourrait changer ? Céline s'obstine à voir la société parisienne de l'Occupation sous strict contrôle juif, il s'en plaint à sa manière, la rigolote : « Vois le bel article de Laubreaux sur Vermorel dans *Je suis partout*, écrit-il à Mahé, j'espère bien que ce Charlemagne va se faire avec Harry Baur et Fainsilber en Roland. Jamais trop. Abel est le dernier grand seigneur juif à se payer un bouffon aryen. Après ce sera le balayage du studio pour Vermorel. »

Rajout : « Dernière minute : Vermorel est engagé par Gance pour Fracasse (voir Comoedia). Il prépare un Nostradamus. Quelle splendide époque ! J'use ma culotte de jouir ! Je n'en peux plus » (vers le 20 août). La légende franque jouée par des Juifs, la légende juive tournée par un aryen sous direction juive, voilà ce que comprend le destinataire de la lettre, en 1942.

Gaieté avant tout. Auguste Picq, le caissier de Denoël, avoue une légère erreur de compte, 4 644 francs. Céline lui envoie un petit mot : « Ah, s'il fallait à votre caisse rendre gorge, il me faudrait douze vélomoteurs pour capter, transborder ce pactole ! » (25 juillet). Il exige alors ses paiements en espèces.

Lucien Rebatet vient de sortir *Les Décombres* chez Denoël. Grand succès mangeur de papier. Il a fait hommage de son livre à l'auteur des *Beaux Draps* et il en reçoit une réponse qui mêle le sucré à l'acide : « Très bien ton livre, je le ferai lire et relire mais tu vois pour commencer – difficile comme saint Thomas – je demanderais à tous les contemporains et surtout aux antisémites de me présenter avant toute chose – bulletin de naissance de quatre générations de leur patriotique personne et de leurs ascendants et de leurs épouses [...] nulle clique plus noyautée de Juifs et de juivisants [...] le bulletin de baptême aux chiottes bien entendu! Je dis de naissance. » La femme de Rebatet, Veronica, a un fort accent d'Europe centrale. Maurras la dit Juive roumaine alors, rétorque Rebatet, qu'elle est née Popovici, le nom le plus foncièrement chrétien de Roumanie. On dit aussi que d'autres purs Français se sont interrogés alors sur le patronyme de la compagne de Céline, cet Almansor qui respire son Sud, son Espagne marrane. La révolution raciale a, elle aussi, tendance à dévorer ses propres enfants.

Les attentats contre les troupes d'occupation continuent. Entre le 11 août et le 15 septembre, dix nouveaux ont eu lieu dont six à Paris. L'un contre le Soldatenkino installé dans l'ancien Rex, bien juif, fait 58 victimes, tués ou blessés. Le 11 juillet, Oberg prend une nouvelle mesure : tout membre masculin de la famille d'un auteur d'attentat sera fusillé. C'est un encouragement à la délation préventive dans les familles. « Une sorte de péché originel, note Léon Werth, réfugié dans un village du Jura. Progression en deux ans de l'Allemand " gentil " à l'Allemand tueur [34]. »

Les Anglais font une tentative de débarquement à Dieppe et les actualités montrent les cadavres des tommies sur les plages. Danneker visite cet été-là les camps de la zone Sud. Il obtient de Laval le transfert vers le Nord des Juifs étrangers internés. C'est un renversement de la politique de 40 quand la zone Sud était considérée comme une poubelle raciale. Les Allemands présentent un plan de regroupement juif en Pologne. Dans l'esprit des autorités de Vichy, ce transfert de 41 000 étrangers garantira la sécurité des 75 000 Français juifs de zone Nord (estimation de Xavier Vallat [35]). Si tous les auteurs juifs et tous les ouvrages consacrés à des Juifs sont interdits en zone occupée, selon les dires de Céline à Combelle, ses livres sont déconseillés en zone libre : « Au-delà de Tours, je n'existe plus. Mais Aragon, Bernanos, Maurois, Mauriac, Duhamel entretiennent le bon esprit. Mgr Gerlier bénit. » Et en marge : « Et puis Proust juif, je ne pleurerai pas si on le supprime, cher dadais [36]! »

Le 3 août, Céline est grand-père. Un fils est né à sa fille Colette qui a épousé Yves Turpin le 10 juin pendant que Céline passait ses vacances en Bretagne. Il n'a pas approuvé l'événement.
À la fin du mois, il rend visite au colonel Boemelburg dans ses bureaux de la rue des Saussaies, Boemelburg est chargé dans l'organisa-

tion Oberg du contre-espionnage politique. C'est « un vieux policier » qui parle parfaitement français, nous dit Saint-Loup [37]. On voit sa silhouette caricaturale sur les photos des événements mondains de l'Occupation. Fernand de Brinon lui a recommandé Céline comme un « ardent antisémite bien avant guerre et le plus utile défenseur du rapprochement entre la France et l'Allemagne [38] ». De quoi est-il question ? De papier ou encore et toujours de l'or de Hollande ? ou d'autres sujets d'actualité ?

Céline et Lucette passent ensuite une partie du mois de septembre en Bretagne. Dès leur arrivée à Camaret, ils sont interpellés. Camaret se trouve en zone militaire. Un mot de Robert Le Vigan les aide à sortir de difficulté : « Kissel nous a donné dix jours de séjour. Quel amour ! » écrit Céline à Mahé. Le restaurant que leur a recommandé celui-ci a fermé faute de marchandise. Ils ont été obligés de se rabattre sur « Tartouille si crasseux mais cordial ». Ils espèrent aller pêcher avec lui. Alors la fête serait complète. Après dix jours, il faudra aller dans l'intérieur des terres à Huelgoat. Ravitaillement néant, gendarmes partout [39].

Une lettre envoyée de Huelgoat le 6 septembre et encore inédite donne le ton du moment :

« La pauvre Tinou à force de se suicider, elle va finir par réussir un jour ou l'autre. Ah les amants infidèles, c'est aussi grave que la Volga. Tout y passe. [...]

« Il fait heureusement assez beau mais on mange assez peu, et on vit au Sana. Tu n'aimerais pas. C'est un concert de toux du matin au soir. Aucun autre endroit la troupe partout. [...]

« Denoël toujours ergoteur et jésuite. Il faut que je rentre pour me défendre. C'est la vie. L'ambassade non plus n'a rien donné en fait de papier. Je ne suis pas piffé je pense. [...]

« Jaffe pour l'hiver patates et beurre à n'importe quel prix. Provisions. Ici zéro. Ou avec de tels risques que le marché noir à Paris donne moins de fatigues que de risques. [...]

« Pour la guerre – rien de neuf. Au fond, on y laissera nos os, au mieux de vieillesse. [...]

« Baisers à Mahé. On s'est bien marré à Camaret grâce à Madeleine.

« Baisers à tous deux.

Louis F. »

Même verve heureuse dans un mot à Mahé. Ils sont passés voir son père à Rétiers, c'est une des principales sources de ravitaillement : « Ton père plus brave que jamais nage en plein bonheur ! Il cultive du café, du céleri, des bretelles, des papiers mouches, tout ! Il est admirable et heureux. Ta réussite l'épanouit. »

Voilà le père de Mahé transformé en un de ses personnages, prestidigitateur du « marcif » – ce qui incidemment nous rappelle que Céline a complètement négligé cette veine, l'aventure du marché noir que l'ami Marcel a, lui, pleinement exploitée.

Le 10 septembre, Jean de Lestandi fait paraître dans *Au Pilori* une lettre que lui a adressée Céline. Ce sera la dernière que Céline lui enverra, Lestandi annonce dans son éditorial son désir d'aller à la pêche : on interdit au *Pilori* de prendre des abonnements en zone Sud et Édouard Herriot a pu renvoyer sa Légion d'honneur sans être sanctionné.

Céline s'était tu depuis la lettre refusée par *Je suis partout*. Sa signature n'avait pas figuré dans un journal parisien depuis la lettre de sympathie envoyée à Jean Drault à propos de la parution de son *Histoire de l'antisémitisme* et publiée dans *Le Réveil du peuple*.

On lui demande pourquoi il n'écrit plus : jamais de redites, il faut des écrivains et des négociants, des diffamateurs et des bourriques. Il en a connu d'extraordinaires. Le Juif Sampaix par exemple, sous Mandel. Comme il est normal lorsqu'on chatouille de tels destins, ce Sampaix finit fusillé.

Un petit clan actuel le veut antiallemand, anarchiste, pas constructif.

« J'ai pris à tous vos poids sous Blum ! [...] Je vous pèserai tous encore ! Dans votre petite boîte ! au petit jour pas très lointain. Ex-membres de la LICA, francs maquereaux de toujours. Demain racistes avec les Juifs. Nouveau conformisme, nouveaux chiens. Antisémitisme d'État à 90 % youtre. " Tel " vieux clown nous inflige une Histoire de France maçonne et sémite...

« " Collaborateur " ardent, certes, mais libre absolument LIBRE et non salarié de la chose. [...]

« On me fait volontiers grief de bouder les assemblées. Je n'y rencontre que des Juifs... On m'y trouve mal habillé... N'est-ce pas, monsieur Ménard ?

« Je boude paraît-il la Légion...

« Merde ! n'étais-je point tout le premier à la réclamer sous Blum ?

« Et le mariage franco-allemand ? Et l'armée franco-allemande ?

« Va-t-il rabâcher ? la viande d'autrui quelle vilaine dette !... Quand on a connu Barrès, Viviani, Poincaré, Cherfils, et plus tard Gallus !

« Ah qu'il est difficile de faire apprécier la pudeur par les temps qui courent où l'obscénité tient bazar.

« Byzance ! D'ailleurs tout ceci est écrit. Nous sommes parvenus au *Verseau* tout récemment. Nous allons changer de régime pour au moins deux mille bonnes années. »

Toujours la pirouette finale, une petite énigme à décortiquer à sa convenance et suivant « le sort des armes ».

Le bruit a donc couru que Céline, prophète du malheur français, prenait ses distances. C'est la thèse que soutient encore Lucien Rebatet, lorsqu'il évoque la période, dans les années soixante. Elle n'est pas convaincante. Le thème de la guerre longue est établi depuis le voyage à Berlin, Céline ne croit plus aux victoires éclair auxquelles Hitler avait habitué l'Europe, mais à un combat d'usure entre les deux camps, les aryens et les autres.

Il tient en respect les rapprochistes et autres antisémites surgis des circonstances et il interpelle « monsieur Ménard ». Ancien champion cycliste, celui-ci est devenu l'un des personnages en vue de la nouvelle presse parisienne, rédacteur en chef du *Matin* et président de l'Association des journalistes antijuifs, ce qui ne mange pas de pain par les temps qui courent. Rencontrant Céline dans les salons (ceux de l'ambassade Abetz), il s'est étonné de son laisser-aller. Céline circule alors dans son équipement de motocycliste, canadienne et gants arrimés à un cordon passé autour du cou. Sa « moto » est d'ailleurs plutôt un cyclomoteur puisqu'il la hisse jusqu'à son appartement et la pend à côté du vélo de Lucette. Il est, selon un témoin, Serge Perrault, d'une incompétence totale en matière de mécanique, pas bricoleur du tout, ce qui semble exclure les interventions dans le cambouis et soumet à caution l'incident du bombardement et du médecin militaire allemand : « Pfui [40] ! »

L'interpellation de Ménard donne une idée du climat de la collaboration où chacun suspecte ou méprise l'autre. Lors de l'épuration, Ménard se targuera d'avoir fait la leçon publiquement au plus extrémiste des collaborateurs et Céline niera l'avoir rencontré : c'était reconnaître avoir fréquenté les salons de la collaboration.

On peut voir aussi dans la lettre à Lestandi une sorte d'avant-première à la réédition de *L'École des cadavres* pour laquelle il écrit une préface accréditive qu'il justifiera, lorsqu'elle lui sera reprochée, par les contraintes du contrôle des prix et les nécessités de l'édition. *L'École*, rappelle Céline, a été en son temps le seul texte, journal ou livre « antisémite, *raciste*, collaborateur (avant le mot) jusqu'à l'alliance militaire immédiate, antianglais, antimaçon et présageant la catastrophe absolue en cas de conflit ». Cela dans un temps où il était permis, écrit-il, d'« être ceci ou cela mais pas tout à la fois : antiraciste si l'on était antisémite, etc. ».

L'homme qui réaffirme ainsi ses positions et dresse le palmarès des « purs », ceux qui l'ont soutenu dans sa détresse, n'est pas un homme qui a perdu espoir dans la victoire de son camp. Il a promis une préface au livre que prépare Armand Bernardini, « membre de l'Institut international d'anthropologie », ce *Traité d'onomastique juive* dont la revue de Georges Montandon, *L'Ethnie française*, publiera des bonnes feuilles en janvier 1943 [41] : « Notons que le nom de RACINE (eh oui!) porté par des Juifs est une graphie correcte de ROSON », déclare Bernardini avec une restriction que l'on remarque : « porté par des Juifs » ; il existe donc des gens qui s'appellent Racine et qui ne le sont pas, comment s'y retrouver ?

Suivant le même système, DOGOL, « il se glorifie », donnerait DEGOL et DEGAULLE, JOROSH, « il conquiert », JAURES. Bernardini imagine l'étonnement de ses lecteurs : de Gaulle et Jaurès juifs ! Pour Jaurès une photo lui suffit. « Quant à de Gaulle dont le nom est introuvable dans le répertoire de l'onomastique et de la toponymie française, il brille également par son absence dans les armoriaux. Ayant eu l'occasion d'insister sur l'étrangeté de son cas dans *Le Matin*, nous avons pu constater que les informations de ses partisans les mieux informés étaient sans fondement aucun. » Preuve que des gaullistes lisaient *Le Matin* et qu'ils y justifiaient l'aryanité du Général.

Céline, à l'époque, se préoccupe moins de la guerre que de l'approvisionnement en papier. Denoël lui envoie un nouveau chèque – 62 274,40 francs pour la réédition de *Bagatelles* – mais la vente est conditionnée par les bons matière et voilà que le fisc du régime qui le saisit et l'interdit lui réclame des sommes énormes, « 69 000 francs cette année », écrit-il à Rebatet. Une mention en marge : « Trenet hors de cause, bien entendu et Lifar et Blum. On vous passerait d'être là si vous étiez franc-maçon ou mieux encore tout à fait juif mais à présent aryen quelle ordure [42] ! » Tout se tient, Vichy, « chef clapier des bourbiers juifs », persécute l'écrivain aryen.

Le 29 octobre, « la commission d'études judéo-maçonniques » donne un déjeuner à l'occasion du numéro spécial du *Weltkampf* consacré à la question juive en France.

Arthur Pfannstiel, traducteur de *Bagatelles* et auteur de *La France corrompue* (1940), chargé, on l'a dit, dans la SS du service des sociétés secrètes, est à l'origine de cette manifestation. Dans le compte rendu de *L'Appel* il est présenté comme étant à la tête de l'« Einsatzstab Rosenberg » (à laquelle appartient aussi Bernard Payr).

Céline est nommé en tête des personnalités françaises présentes – mentionnées, il est vrai, après les « notabilités allemandes » – avant le Pr Montandon, directeur de *L'Ethnie française*, Pierre Costantini, chef de la Ligue française et directeur de *L'Appel*, et Jacques Ménard dont on a déjà mentionné les titres.

Henry Coston, Robert Denoël, Gen Paul sont également présents. Le monde des antijuifs parisiens est on le voit tout petit. Bernardini fait une communication : il propose d'appeler *judariates* les demi-Juifs, par analogie avec les eurasiates, et préconise une politique de contrôle ethnique plus sérieuse. Jacques Ploncard va dans le même sens. Pendant que les convives se restaurent (le menu n'est pas indiqué), Jacques Ménard et le marquis de Magallon prennent également la parole.

« Pour terminer, Louis-Ferdinand Céline, dans une étincelante improvisation, fit un vibrant appel en faveur de la vraie révolution qui ne pourra être considérée comme amorcée tant que le mur d'argent de la juiverie restera debout. »

Darquier de Pellepoix déjeune ailleurs et il envoie ses regrets.

La route de Copenhague est ouverte

Le 8 novembre, on se téléphone la nouvelle du débarquement anglo-américain en Afrique du Nord. Voilà la France directement impliquée dans le conflit. Jusqu'ici les engagements restaient le plus souvent verbaux et la guerre abstraite, lointaine. La présence fortuite du « dauphin du Maréchal » à Alger va mettre à nu les ambiguïtés du régime. D'autant que Giraud, général évadé d'Allemagne, reçu par le Maréchal auquel il a fait allégeance, a été obligeamment transporté à Alger, ce qui met le général de Gaulle hors de ce coup. Après son échec devant Dakar où, canonné par les batteries françaises, il a dû faire demi-tour, les Anglais ne jugent plus utile de s'en faire accompagner.

À Paris, la presse fait le silence sur les nouvelles d'Alger jusqu'au 17 novembre, mais les déclarations des uns et des autres, Darlan, le Maréchal, Hitler, sont autant d'indications qui s'ajoutent aux nouvelles diffusées par les radios suisses et anglaises.

Le 11 novembre, Hitler donne l'ordre d'envahir la zone libre. Son flanc sud est découvert et le ralliement de Darlan aux Anglo-Américains est une indication de ce qu'il peut attendre de Vichy en cas de débarquement. L'idée, lancée par Déat, d'une armée franco-allemande pour la reconquête de l'empire n'est même pas examinée, la France n'est pas un partenaire fiable.

Le 13 novembre, écrivant à Karen, Céline lui confie prudemment (les lettres sont soumises à la censure) : « Que d'événements tragiques ! On ne sait plus que penser. Bien merci pour vos nouvelles et des enfants. Ne les quittez plus tant. » Et le même jour et, on le suppose, dans la même lettre : « Je me demande si je ne vais pas partir pour six mois en Allemagne comme médecin avec des ouvriers français. Ainsi je pourrais vous voir plus souvent. Ces cochons d'Américains qui viennent encore de prolonger la guerre. »

L'Allemagne est une solution d'attente et la guerre n'est pas encore perdue, elle est prolongée. Le problème est qu'il ne veut pas partir seul : « Je voudrais emmener Lucette, ce qui complique les choses, elle n'a pas un métier bien utile » (2 décembre [43]).

C'est le moment de « la relève » : tant de travailleurs volontaires contre tant de prisonniers libérés. Le troc négocié par Laval est abondamment exploité par la propagande filmée allemande (mains agitées, trains qui se croisent). Elle aboutit à un échec qui conduit au STO (Service du travail obligatoire) d'où naîtront les « maquis », le passage de jeunes et de moins jeunes dans la clandestinité. Céline, contrairement à ses compatriotes, est prêt à faire son devoir d'Européen en Allemagne. Médecin de la relève serait aussi une façon de se rapprocher des enfants.

Le 9 novembre, Denoël lui a adressé un nouveau chèque de 132 050 francs, soit environ 180 000 de nos francs. La somme correspond aux ventes de son fonds courant. Galtier-Boissière note alors une envolée des valeurs refuges : tableaux, bijoux, or. Pour plus d'un possédant, bourgeois ou pas, le 8 novembre, date du débarquement en Afrique du Nord, est le grand tournant.

Le 28 novembre, objet d'un coup de main allemand, la Flotte, seul souvenir de la puissance française, se saborde en rade de Toulon. Céline a ses informations : « Ce sont les ouvriers de l'Arsenal qui ont coulé les rafiots, comme de juste, aussi les matafs. Et les officiers tous en ville. Et vive l'Angleterre. On tombe de plus en plus bas et de plus en plus con. Nous irons jusqu'à Déat et puis après... »

Il s'apprête à partir au ravitaillement en Bretagne où il va prendre contact avec les autonomistes (« je les préfère tout de même à de Gaulle [44] »). Il replace le Service du travail obligatoire dans une perspective historique : « L'avenir français est à la servitude. Soit avec les Allemands contre ces Russes, soit avec les Américains contre les Japonais [45]. »

Quel hiver!

« Quel hiver! quel hiver! si on savait encore combien d'années on pourrait s'acheter soit un cercueil soit un bateau. » Céline se lamente auprès de Mahé. Désormais il s'agit de scruter les signes du destin pour soi et non plus pour les autres. Où aller, où y a-t-il une chance d'échapper à la catastrophe? Stalingrad est l'enjeu-symbole de cet hiver-là. Il y a de la défaite dans l'air et rien ne change : « Abetz est solide comme un roc. On nage en pleine bourgeoisie juive et plus youtre que jamais. Lévy-Pluton roi d'Europe nouvelle et en plus nazi » (14 décembre 1942).

Remarquons qu'il fait bien plus confiance aux services postaux de l'État français qu'à ceux de l'Allemagne ou du Danemarke, et que son obsession raciste-antisémite reprend sous un nouvelle forme l'idée du complot judéo-allemand de Nesta Webster dont il recommandait, juste avant la guerre, la lecture à Combelle. Hitler juif ou demi-juif machinerait le cataclysme : il descendrait aux enfers avec les Aryens, voilà à quoi aboutit la démarche antisémite.

Le 20 décembre il est invité à parler à ses confrères médecins du Groupement corporatif. Il fulmine contre les philosémites, contre les bourgeois qui se gavent dans les restaurants à 1 000 francs pendant que le pauvre bougre se contente de ses 1 200 calories « et contre les facéties d'une révolution nationale qui maintient une Juive dans un dispensaire de banlieue à la place d'un médecin aryen, l'obligeant ainsi à parcourir chaque jour quatorze kilomètres, " pedibus et omnibus " »... Il fulmine mais ne s'étonne pas : « La France est enjuivée jusqu'à la moelle. »

Le compte rendu paraît dans *Le Cri du Peuple,* du 23 décembre. Le Dr Howyan, sa remplaçante à Clichy, dit avoir reçu la visite d'un

« Allemand ». Alertée par les sœurs Filippachi-Luchaire, elles-mêmes d'origine arménienne, elle avait pu se préparer et elle prouve ses origines chrétiennes. Rien de désagréable ne s'ensuit pour elle des lamentations de Magic City. On reste là encore sur le plan de la comédie verbale.

L'année se clôt sur le premier règlement de comptes franco-français. Le 26 décembre, l'amiral Darlan qui représente à Alger l'espoir d'une transition ordonnée entre collaboration et résistance est assassiné par un jeune royaliste. Réaction immédiate de Céline : « Enfant tout est dit! Plus rien qu'à admirer le travail, les artistes, l'orchestre, l'Apothéose » (à Combelle).

Céline doit ruminer le sort qui eût été le sien s'il avait suivi le conseil que lui a donné l'été passé un certain Eckering, venu chez lui en compagnie de son ami espagnol Zulaoga et de Claude Popelin, avocat attaché au cabinet de Lehideux, ministre de la Production et ami de Pucheu. Cet Eckering, « allemand, ivrogne et antihitlérien », lui annonce la défaite allemande et le pousse à se réfugier en Algérie en passant par l'Espagne. Il pensera encore en mai 1951 au destin de Pucheu fusillé à Alger [46].

En janvier, Céline et Lucette Almanzor sont à Camaret. Il y écrit pour Mahé un scénario (« Scandale aux Abysses) » qu'il qualifie de « faribole alimentaire ». Il s'agit de constituer des réserves de vivres pour le court terme et d'argent pour le plus long terme. La mangouste se double d'un écureuil. Or le fisc l'assassine, il lui réclame, assure-t-il à Mahé, 62 000 francs sur un bénéfice de 120 000 francs fait en 1942. Ce serait un prélèvement de 50 % sur le « bénéfice ». Or l'addition des paiements faits par Denoël en 1942 montre qu'il a versé à Céline 422 882 francs de droits d'auteur, soit environ 550 000 de nos francs, auxquels on peut ajouter le traitement du dispensaire qui se montait à 32 988 francs en 1941, dernier chiffre connu. Cela ramène les protestations de Céline a de plus modestes impositions : le prélèvement qui lui est demandé représente un septième de son revenu total, soit moins de 20 %.

En se plaignant auprès de Mahé, copain moins renté, des sous que lui arrache le percepteur, Céline suit un patron typiquement français (latin) : la vantardise sous la plainte. Il en installe un peu, mais pas trop. Ce qui ne l'empêche pas, écorché à vif par l'État français, de garnir le nid. Le 20 janvier, remerciant Karen pour les soins dont elle entoure les enfants, il lui demande ce qu'elle penserait d'offrir à Lucette « pour sa majorité un très joli diamant blanc-bleu dans les quatre ou cinq carats, mais vraiment une très belle pierre qui pourrait lui servir plus tard de dot, une pierre de qualité exceptionnelle [47] ».

Est-ce une demande de convertir l'or du Danemark en diamant, plus léger, plus transportable, plus facile à coudre dans une doublure? Ou bien a-t-elle reçu par la valise, via Zuloaga et son ami Serrat, des fonds appartenant à Céline?

Elle vient de lui expliquer ce qu'elle a fait pour les enfants : « les papiers et les bijoux », écrit-elle, sont déposés chez une amie, Madsen Mygal, dans ce qu'elle décrit comme « un safe au cheminé spécialement fait exprès pour les papiers et actes importants en cas de feu, vol ». Comprendre : un coffre à l'épreuve de l'incendie et des voleurs. Le reste est chez elle à la campagne, l'or a été enterré.

Ces papiers et bijoux dont il est question pour la première fois lui ont été soit remis en 1939, soit plus récemment à Berlin. Les papiers, quelle est leur nature? Qu'ont-ils de si précieux? Il ne sera jamais plus question d'eux, non plus d'ailleurs que des bijoux.

Quant au diamant blanc-bleu exceptionnel, pourquoi ne pas l'acheter à Paris où Céline dispose non seulement des sommes nécessaires mais de l'intermédiaire idéal en la personne de l'ami Geoffroy, bijoutier rue La Fayette?

Un bon Cohen à knout

Stalingrad tombe le 3 février 1943. Le maréchal von Paulus, tout juste promu, ne se suicide pas comme prévu, il est emmené prisonnier avec ses hommes. La plupart mourront dans les camps russes, pas lui. Le Reich décrète trois jours de deuil. *L'Œuvre* de Déat parle, le 5, d'épopée et rappelle le 11 que l'Europe n'est qu'un petit cap de l'Asie. Le 19, Goebbels déclare de son côté que, si la Wehrmacht n'était pas en état de repousser la vague bolchevique, l'Europe entière succomberait.

Le peuple allemand donnant son sang, il est normal que les autres Européens apportent leur travail. Telle est la nouvelle ligne. Le 8, dans le cadre de la relève, on a annoncé la libération du cent millième prisonnier français. Mais l'appel pour le STO commence, classe par classe.

« Enfouis dans les terres, refoulés de la mer, on est détestés à fond par les indigènes, nos super-frères de race. Je rêve kolkhoze pour tout ce joli monde avec un bon Cohen à knout » (à Mahé). Le voilà menacé à nouveau, mais point abattu, prêt à jouir de la haine qu'il sent monter pour le « collabo », rêvant de la rétribution que vont recevoir les imbéciles faux frères de race promis aux maîtres juifs.

Karen est en Espagne, elle le presse d'y venir. Pas à Madrid, trop cher, mais dans un port. Il pense y aller, il dit « pour un mois » mais c'est peut-être à l'intention de la censure. Il irait chez Zuloaga le peintre, à Bilbao, puis à Madrid, voir Karen et lui parler. Il est aussi question de partir pour l'Allemagne comme médecin de la relève, ou mieux encore à Leysin, en Suisse, médecin des prisonniers français. Il préférerait « avec (sa) santé actuelle qui est *bien loin* d'être brillante » (20 janvier 1942 [48]).

Santé : mot à ajouter au code où les enfants sont l'or. Santé va rimer avec situation politique. Céline en ce début d'année 1943 commence à employer ce que le Céline vaincu et persécuté de l'après-guerre utilisera à satiété.

Étant donné sa sensibilité à l'avenir, sa prescience de la fin, pourquoi, le dernier fusil s'étant tu à Stalingrad, ne pas partir en Espagne, en Suisse, partout où une porte veut bien s'entrebâiller, sinon parce que l'espoir est toujours le plus fort ? Céline pendant dix-huit mois encore, tout en prêchant le malheur, aura des bouffées d'optimisme. La mangouste n'a pas l'habitude, donc pas l'imagination, de la défaite. La possibilité d'un retournement d'alliance, comme celui qu'avait tenté Rudolf Hess, reste présent, ainsi que la mise en jeu des nouvelles armes que forgent en Allemagne les millions de requis.

C'est en tout cas le début des solutions à la Ubu. Fermez Radio Londres, dit-il à Combelle, pas de concours d'éloquence : il pense à Philippe Henriot dont le taux d'écoute vaut celui de Radio Londres et qu'on ne fera taire qu'en l'assassinant en juillet 44. « Faites rentrer les TSF. Elles sont plus dangereuses que les tanks. La guerre a changé de visage depuis la TSF avec une populace butée, vacharde, basse, comme la nôtre. » En marge : « Vous auriez trois fois plus de travailleurs en Allemagne sans la BBC. » Et en PS : « 500 000 tanks jaunes de l'Oural dans dix ans et ce sera la fin de cette populace blanche infecte » (de Huelgoat, feuillet n° 68). Dix ans ? On retrouve là l'optimisme paradoxal qu'on mentionnait plus haut.

Le relais journalistique n'étant pas suffisant, il alerte l'ambassade :

« *Le 2*
« Mon cher Ambassadeur,

« Prévenir vaut mieux que guérir. Énergie pour énergie le comt alld aurait mieux fait de supprimer *net* tous les appareils de radio. Les Français ne croient guère que Radio Londres. La propagande rapprochiste ne sert à rien et les Juifs de Londres ont beau jeu de souffler sur le feu. *De telles tragédies sont directement provoquées par les messages radio anglais.*

« C'est l'envoûtement.

« Les Juifs de Londres parlent le langage flagorneur et vantard et redondant et de haute fatuité pontifiant auquel les Français seront toujours infiniment sensibles et qui leur *ôte tout jugement.*

« C'est laisser la morphine à portée du malade. Sadisme ? À vous bien amicalement

« L.-F. Céline [49]. »

Même ritournelle sur la saisie des radios, auprès de Brinon : « Dans l'état actuel des esprits, conserver aux Français leur radio de Londres est une trahison, une provocation cynique, une intelligence flagrante avec l'ennemi [50]. »

Proust, le Talmud et les chenillettes

Brasillach consacre un article à Proust, Ramon Fernandez un livre. Marguerite Duras, sa voisine de palier et amie (c'est Betty Fernandez qui lui a trouvé son appartement), raconte comment elle lui annonce un jour qu'elle entre en résistance. Désormais, il ne faudra plus se saluer [51].

Céline interprète tout de suite l'opération Proust. Il a promis une lettre à Combelle pour *La Révolution nationale*, voilà le sujet tout trouvé. Proust c'est le Talmud, tortueux, arabescoïde, mozaïque, désordonné, sans queue ni tête, « du travail de chenille, incohérent en apparence pour nous qui ne sommes pas juifs, mais de style pour les initiés... Épuration. La chenille passe dessus, bave, les irise. Le tank et la chenillette feront le reste ».

On peut le croire obsédé. Pas du tout. Il est prêt à crier : Vive Proust! Vive le Talmud! La dissimulation seule le blesse.

Mieux vaut un Juif avoué qu'un masque. On peut certes par comble de subtilité estimer que Céline se déclare du parti juif contre les antisémites que seraient Brasillach et Fernandez, ce serait oublier les balances génétiques auxquelles il pèse ses contemporains, collaborateurs ou pas.

La lettre est publiée et quelques centaines de milliers de lecteurs apprennent ce qu'ils ignoraient sans doute jusque-là : tiens, Proust lui aussi?

Le 12 février, pour être sûr d'être compris, Céline envoie un postscriptum à Combelle : « S'il vivait encore, de quel côté serait Proust? Je vous le laisse à penser. La chute de Stalingrad ne lui ferait certainement aucune peine. »

Proust serait antiallemand et gaulliste, comme la vaste majorité des Français, dans lesquels on peut compter désormais Fernandez et Brasillach crypto-proustiens, juifs par le fait.

Céline organise une collecte pour une petite chanteuse de la radio bretonne de Guivinec qui a tout perdu dans un bombardement. Il intervient aussi auprès de Karl Epting pour René Fauchois, montmartrois, auteur de *Rêves d'amour* et victime de la censure allemande. Sa demande n'aboutit d'ailleurs pas et le bon Dr Epting reçoit de sévères missives comme on n'en adresse qu'aux intimes : « Tous les cons dindons d'État, fous suffisants, zazous honteux, bureaucrates délirants, nous donnent le ton et la loi et la corde, si nous insistons... Tant pis! Nous verrons la suite!... L'exemple que donnent les élites (de la collaboration) est immonde. Pendant ce temps le loup proustise, demain blumera, bouffera sans cris habiles et bergères et tout sera dit » (à Karl Epting, s.d. et 11 mars).

Il est à Saint-Malo où il « tartine ». Il a repris ses écritures, non le *Casse-Pipe* prévu – il serait malvenu – mais la suite annoncée depuis 1932, sur Londres. Il se sert par économie de brouillons de lettres (preuve qu'il en fait, la spontanéité se travaille) et divers documents reçus. Marie Canavaggia s'est chargée de faire dactylographier le travail effectué depuis juin 41. En le reprenant, il pensait n'avoir qu'une simple mise au point à faire, erreur : « Il faut tout refaire ou presque. Trop hâtive la première copie. Cinq ou six mois de travail encore » (29 juin [52]). Il ne commence à se déclarer satisfait du travail qu'à la fin août.

Nouvelle visite à Théo Briant à Paramé. Toujours aussi disert, il plaisante ou ricane sans arrêt, Théo Briant n'est pas dupe, c'est un système de défense, il le note dans son carnet. On peut juger aussi que Céline agresse le juge potentiel. Paresseux, Briant, il faut refaire une page sept fois de suite. Et ce qu'il fait est trop tendu. Il n'a pas l'âme en face des trous, il n'a pas la bonne technique, il est comme le cavalier qui monte sur les couilles. Le but (de l'écrivain), c'est d'intéresser la concierge.

Sous couleur de conseiller Briant, c'est de lui qu'il parle, naturellement. Briant croit à la sincérité de certains êtres, pas lui. Quand il dit à Céline qu'il « existe de par le monde des êtres valables », celui-ci secoue la tête en désespéré [53].

Conséquence probable de cette visite au barde de *La Tour de Feu*, le même jour Céline intervient auprès de Poulain : il faut faire quelque chose pour l'œuvre de Le Braz (Anatole) qui n'est plus en librairie. Sabotage de l'éditeur? Chicanerie d'héritiers, *La Légende de la mort*, le classique moderne de tous les celtisants du monde entier, n'est plus imprimé depuis treize ans. « Et l'Europe se saigne à l'Est pour sauver paraît-il sa culture! » (14 mars, inéd.).

Il est alors à Paris. Un rendez-vous est pris depuis quelque temps à la mairie du XVIIIe. Le Dr Louis Destouches se marie avec Lucie Almansor, avec laquelle il cohabite depuis sept ans. Nul doute que cette « régularisation », comme on disait alors, ne soit liée aux événements. Cette formalité administrative peut en faciliter d'autres.

Un reportage du magazine *Panorama* le montre alors chez lui rue Girardon. Il reçoit dans sa chambre. Un lit, une table, un fauteuil. Sur la table de grandes feuilles jetées dans tous les sens. Sur un radiateur électrique, une bouilloire que le reporter voit d'étain. Il ne fait pas froid, le radiateur n'est pas allumé. Il offre le fauteuil au visiteur et s'assied sur le lit.

Expression d'admiration devant une telle abnégation, le refus d'une existence capitonnée. Un style qui hérisse les pédants et les imbéciles. Un homme qui a conscience de son œuvre mais sans vanité : « Il opère et il écrit, il soigne et il prêche. Son ami Gen Paul l'a rejoint en cours d'entretien. Il l'appelle mon petit pote. Son livre en cours : la vie à Londres en 1916. Il semble le traiter en dilettante. Les grands problèmes sociaux qui galvanisent l'Europe et le monde n'ont cessé de le passionner. »

Le visionnaire a-t-il pris le parti de se taire ? En poussant au noir le tableau, il veut réveiller l'instinct de conservation national face au danger oriental. Il ne l'a pas dit mais...

Il observe de son regard bleu, transparent. « Toujours assis sur le lit, dans cette petite chambre où la simplicité évoque un désordre relatif (*sic*), il parle et les mots pittoresques qu'il trouve font une ronde d'images sévères autour de nous » (25 mars).

Il parle et on n'entend rien, sauf la petite phrase sur le livre. Manque de talent, consigne ? Le journaliste n'enregistre ni ne transcrit le moindre mot, la moindre image significative. Comme s'il n'osait soumettre le public de *Panorama* au traitement sévère auquel l'invite son hôte.

Pourtant Céline le remercie de « son magnifique article si mesuré, si discret » (28 mars [54]).

Fin mars, il demande un congé de maladie à la municipalité de Bezons, la fatigue, écrit-il à Frédéric Empeytaz [55], il compte repartir pour Saint-Malo. Il a hâte de finir la mise au point de son livre. *Guignol's Band* est aussi un canot de sauvetage.

Il voit alors Marie Bell avec qui il a plus d'un goût commun. Elle monte les étages de la rue Girardon en compagnie de Florence Gould que sa beauté a faite milliardaire. Défaut à ce parfait schéma célinien : elle boit. En dégringolant les escaliers de la rue Girardon, elle se casse une jambe, dira Céline à Mᵉ Mikkelsen, au Danemark, à l'époque où il cherche des contacts utiles.

Le 14 avril, il retrouve Marie Bell sur scène. Elle joue dans *Renaud et Armide*, drame en vers de Jean Cocteau pour lequel Christian Bérard a fait les décors. Il est invité à la répétition générale que Cocteau suit sur scène, caché dans le « guignol ». Un événement très parisien pour lequel on s'est arraché les places.

Céline envoie le lendemain une lettre de remerciement à Marie Bell. C'est un véritable compte rendu pour lequel, on le sent, il s'est appliqué : « Pièce superbe, acteurs admirables, vous la plus belle parfaite. » Il n'a pourtant pas aimé les costumes, traîne miteuse, chapeau à plume qui gonfle le visage. Et puis pas assez de musique. L'Homme chantait avant de parler (majuscule). Le chant est naturel, la parole apprise. « Cocteau aurait introduit un peu de drôlerie, il frôlait Shakespeare (*sic*). » Mais c'est impeccable sur le plan de la doctrine. « On n'y célèbre aucun Juif, si ce n'est un peu Ben Jésus. J'y respire. » Un post-scriptum pour dénoncer ce qu'il appelle le prologue, deux levers de rideau « assommants, maladroits ».

Cette lettre d'un auteur de théâtre rentré est aussi, après l'incident des *Parents terribles*, une manière de visa. Même s'il commence à prendre une position quelque peu en retrait sur la scène parisienne, Céline y joue son rôle. Il lit tout, il voit tout, il gourmande, il signale, il informe. Et passe de temps à autre bavarder avec Hermann Bickler avenue Foch.

Bickler, de père allemand et de mère alsacienne, a opté pour l'Allemagne en 1918 mais en continuant à résider en Alsace où il exerce la profession d'avocat. Créateur d'un mouvement paramilitaire et militant autonomiste, il est arrêté par les Français en 1939 et libéré par les Allemands en 1940. Quand François Gibault l'interroge sur « la teneur des renseignements que Céline lui apportait », il rédige en 1979 un rapport d'après des notes prises en 1948 – époque, on peut le supposer, où il avait à s'expliquer sur ses activités à Paris. Ce rapport a donc subi une double réfraction due au temps et aux circonstances. Il ne nous apprend rien que nous ne sachions par la correspondance. Céline aurait dénoncé le rôle joué par Suzanne Abetz, ses amies, ses amis, et aurait mis le SS en garde contre Laval, youpin typique.

Vues de 1979, les théories de Céline paraissent à Bickler « extravagantes et exagérées dans la forme ». Bickler est recyclé dans le monde d'après-guerre; c'est un vaincu malléable.

En 1942, il s'entend assez avec « l'exagéré » pour fréquenter rue Girardon. Céline l'emmène même assister à des cours de danse (celui de Lucette? celui de la Erogova?). Il fréquente cet Alsacien dissident, comme il fréquente l'autonomiste breton Mordrel, le sentiment de la République une et indivisible lui est étranger, on l'a vu par la lettre du 15 juin 1942 à *Je suis partout*.

Avenue Foch, Céline est choqué par l'alcool. L'élite (de la race) boit. Le cognac coule à flots. On se conduit comme des provinciaux en goguette, on court les restaurants et on se confie à des Mata-Hari de sixième catégorie [56].

Le 22 avril, jeudi saint, il se trouve avenue Charles-Floquet chez les Morand pour le petit déjeuner. Le printemps est venu et les marronniers du Champs-de-Mars sont en fleur. La conversation entre les convives donne pourtant dans le sinistre. Sont présents Jacques Benoist-Méchin, la comtesse Palffy (Louise de Vilmorin), le capitaine Jünger. Le ministre (c'est Benoist-Méchin que Jünger appelle ainsi, il l'a presque été, il ne l'est plus, il le reste) raconte comment, sa voiture glissant sur le verglas et blessant une femme, elle l'en a chaudement remercié, il la débarrassait de son mari pour quelque temps.

Ce qui amène l'anecdote du prisonnier libéré plus tôt que prévu qui trouve sa femme avec un amant. Le colis expédié entre-temps est partagé par ses camarades. Ils meurent empoisonnés. Mundo cane.

« Le docteur parla alors de sa pratique qui semble se distinguer par une accumulation de cas sinistres. Du reste, il est breton, ce qui confirme ma première impression qu'il est un homme de l'âge de pierre. Il va visiter incessamment le charnier de Katyn, qu'exploite aujourd'hui la propagande. Il est clair que de tels endroits l'attirent [57]. »

Et il est clair que le capitaine Jünger n'a pas la moindre sympathie pour ce Dr X rangé parmi les démoniaques.

Katyn, c'est la preuve du sort qui attend les élites occidentales si les troupes de Staline l'emportent. C'est aussi un des plus beaux bluffs de propagande de guerre. Reprochée aux dirigeants allemands jugés à Nuremberg, on a maintenant la preuve que cette liquidation des cadres de l'armée polonaise capturés par les Soviétiques a été ordonnée par Staline lui-même.

Pouvoir de l'horreur, on voit comment Katyn pouvait fasciner Céline. Mais il n'ira pas sur le charnier, Brasillach oui, mais pas lui. Si Céline avait été photographié comme lui sur les lieux, il aurait dû assumer le poids d'une justification paradoxale : dans la perspective de l'après-guerre, c'était une complicité morale d'assassinat.

Marie Bell lui a trouvé un acquéreur pour un manuscrit, mais il renonce à la vente (13 mai), il se montre également confus de l'avoir dérangée pour une obscure affaire de danse où est intervenu « un petit bougre tout papillonnant de poussières », superbe instantané de mépris, genre dans lequel Céline excelle. « La pauvre Almanzor demande bien pardon » (le 3 juin?).

Combelle, lui, se fait tancer, il décaroche à tour de bras, il déconne comme un vrai intellectuel : qu'on supprime la censure et lui, Céline, lui réglera sa boussole. « Encore un an de cette impunité et vous serez aussi cons que les Anglais » (4 juin). Par les Anglais, il faut comprendre les Français-Anglais, ceux qui parlent de Londres et ceux qui les écoutent.

On pourrait croire que cette censure dont il se plaint serait pour lui un motif sinon un prétexte pour se taire. Or, il envoie à Henri Poulain qui le lui a demandé un nouveau texte pour *Je suis partout*, une lettre ouverte de huit feuillets :

« Mon cher Poulain,

« Tu me demandes ce que je pense – je vais te le dire. Par les temps qui courent toutes les lettres devraient être un testament surtout dans mon cas.

« Si l'Allemagne ne gagne pas cette guerre, c'est qu'elle n'a pas assez d'effectifs en ligne. Pénurie de soldats combattants. Elle aurait gagné cette guerre comme armée franco-allemande. Je l'ai écrit sous Blum. Il paraît que je me trompe souvent – je voudrais bien. Pourquoi l'armée franco-allemande ne s'est-elle pas réalisée?

« Parce que le rapprochement franco-allemand a été tenté par les bourgeoisies et non par les peuples. Car la bourgeoisie d'Europe est une chose liquidée et surtout la Bourgeoisie française (*ill.*) décatie, dégénérée, pourrie. La diplomatie allemande lui a rendu un semblant d'importance. Erreur de diagnostic, erreur de manœuvre. – Résultat : catastrophe. »

Suit un long développement qui reprend les thèmes des *Beaux Draps*, sur la responsabilité des élites. *Je suis partout* en tirera les extraits qu'il publiera le 9 juillet. Il se gardera de toucher au début et à la fin de la lettre qui évoquent la situation de la guerre :

« L'alliance franco-allemande actuelle est une alliance sur (?) la charogne. Elle donne la mort à tous ceux qui la pelotent.

« Et l'on ne fait que cela depuis trois ans !

« La fosse de Katyn est plus vaste qu'on ne l'imagine. Je suis porté à croire qu'elle va jusqu'aux Tuileries.

« Tu peux publier si tu l'oses.

« Afft à toi

« LFC

« Je pars en Bretagne le 18 » (11 juin).

En somme, si on perd la guerre à l'Est, c'est parce qu'on n'a pas suivi ses prescriptions de *L'École des cadavres* : les Français enrégimentés côte à côte avec les troupes de Hitler. Et qu'il ne desespère pas d'un changement. Reste que l'hypothèse d'une défaite allemande est posée, moyen ici de réveiller l'opinion quant au danger asiate.

De Saint-Malo, il relance Poulain à la fin du mois :

« Mon cher Poulain, Je crois que tu as des ennuis de timbres (en voici un) puisque tu ne réponds même plus à mes lettres. Vous êtes tous les mêmes ! Ah donne-moi vite un texte ! et patati patata ! Et puis du vent ! même pas polis !

« À toi, Ferd. »

C'est Ferdinand qui rédige ces textes et ces lettres. Cependant, au-delà de la provocation rigolote qui fait sa spécialité, ils indiquent bien que Céline se veut cohérent. Depuis l'invasion de l'armée hitlérienne, il subit une constante frustration, il attendait des frères de race une révolution raciale populiste, une réplique au régime national-socialiste avec son Führer caporal autodidacte, et il assiste au gouvernement d'une armée traditionnelle, guindée dans sa correction à la Jünger, couplée à une ambassade manipulant le personnel de la République, armée, et ambassade rivalisant dans le parisianisme « juif ».

La lettre à Poulain renvoie au *Journal* de Jünger. L'horreur du charnier de Katyn sert de réactif dans les deux cas. Jünger voit en Céline un frère de Kniebolo (Hitler dans son code à lui), serviteur de l'horrible, tandis que Céline voit en Jünger l'épitomé d'une armée d'occupation rêveuse, humaniste et perdue.

La lettre de reproche à Poulain s'est croisée avec une réponse. Changement de ton :

« Je t'engueulais hier, je te bise aujourd'hui ! Cela sera tu l'as dit entièrement censuré. Très bien ainsi ! L'écœurant de nos jours c'est qu'on ne risque plus rien ! Friedrich représente le comble de l'audace !

« Tous les journaux sont illisibles de larbinage –
« Après tout ce salariat... » (s.d.).

Il a pris son parti des coupures. La censure (Friedrich) ne laissera pas passer les supputations sur l'issue du conflit ni les regrets sur ce qu'aurait pu être l'action de l'Allemagne dans la révolution raciale avec de sérieux interlocuteurs.

Gen Paul avait lu le texte envoyé de Saint-Malo à *Je suis partout*, ou bien ils en ont discuté, car lui en parle :

« Je dois reconnaître, le peuple est devenu aussi tartuffe et dégueulasse que le bourgeois. Tu as mille fois raison.

« Les Malouins ne travaillent que pour eux – on gaullise à bloc, mais on refuserait à bouffer si on pouvait. Tout pour les Fritz [58]. »

Même refrain mêlé d'ironie au cher Dr Epting à qui il réclame son livre (on y parle de lui). Il n'a plus une chemise à se mettre, les blanchisseuses ne travaillent que pour les Allemands (2 juillet).

Les journaux de Paris sont salariés, illisibles, il les lit tous et trouve à redire : « Péguy adorait les Juifs, il était dreyfusard, il a été sorti par Benda! Christiano-juif et imbécile, il devait finir martyr et abruti, ce qu'il fit au mieux. Détestable! *Il n'a jamais rien compris.* » Cela pour Poulain le 5 juillet. En décembre 1941, *L'Appel* avait déjà publié l'opinion de Céline sur ce Péguy « dreyfusard, monarchiste et cabotin » et cela n'avait servi à rien, l'époque garde ses (fausses) icônes.

La lettre sur Péguy montre que la culture antisémite de l'auteur de *Bagatelles* remonte loin en arrière, elle n'a pas été empruntée à la hâte, elle est de type Drumont, elle procède par rapprochements et menues découvertes : tiens, Péguy sorti par Benda, pourquoi?

Le livre de Karl Epting est pleinement satisfaisant pour lui et déjà Céline l'apprécie de façon rétrospective : « Je crois qu'un livre comme le vôtre est une des rares œuvres valables durables mémorables du passage des allemands en france (*pas de majuscules*). Tout le reste est stupide. Il serait dommage qu'une large diffusion ne lui soit pas assurée. » La collaboration a été ratée dès le début. Il lui écrit ce qu'il a eu maintes fois l'occasion de lui dire.

C'est le temps des bilans et des regrets. Rien n'a été fait pour Fauchois? Tant pis. « Vous auriez gagné un ami sûr. Toujours ces petits chichis, non royaux, petits-bourgeois. » Plus leurs revers s'accumulent et plus les Allemands sont dépouillés des prestiges du conquérant, plus il devient tentant, et nécessaire, de leur faire la leçon, comme aux Français, comme aux battus qu'ils sont en puissance.

Théo Briant passe Maison Franklin à Saint-Malo. Il trouve Céline les pieds dans de vieilles sandales avec un « pantalon de soutier » (un bleu de travail?). Il note aussi les pellicules, les yeux creux et ardents, les lèvres humectées de salive que d'autres vont incessamment relever par la suite. Le volubile ne prend plus le temps de déglutir. De la fenêtre devant laquelle il travaille, le clocher et la plage. Et l'avenir tourmenté : il voit, dit-il, le triomphe du bolchevisme, sa propre pendaison qui le fera rigoler car, aristocrate, il est d'abord esthète, avec le goût du risque et la nécessité de braver la mort. Il voit des Katyns un peu partout, la bourgeoisie anéantie. Deux choses doivent être rayées de la carte du monde : le capital et l'Église. On brûlera les intellectuels avec leurs bibliothèques et les prêtres avec leurs églises. Qui mourra, demande-t-il, pour le curé de Saint-Malo, alors que des millions se feront tuer pour la mystique du paradis sur terre?

On voit Céline ici au plus près du retournement qui est celui de Drieu au même moment : la détestation du vieux fond oligarchique et catholique dont on sort porte vers le national-communisme du futur, passage interdit aux illustres mais que réalisera plus d'un sans-grade.

À chaque fois que Céline voit Théo Briant, il faut qu'il lui parle de catholicisme, qu'il imagine une situation d'épouvante pour le bourgeois et le chrétien qui le regarde, lui, ses sandales, ses pellicules et son pantalon de soutier.

Une lettre à Brasillach

Katyn, la perspective de Katyn, propre à accabler les autres, n'empêche pas la vie. Louis et Lucette, couple maintenant établi, passent leurs dernières vacances heureuses. On mange, Lucette se baigne, elle va danser à Dinard, Louis écrit, il lit la *Légende poldève* de Marcel Aymé, l'apologue l'enchante : « Quel esprit, quel talent! quel génie a Marcel! Je le dirai à tout le monde! » (26 juillet [59].) Le bonheur rend généreux.

Le 2 août, il s'adresse personnellement à Brasillach pour le féliciter d'un article et lui parler du port d'arme qu'il réclame, dit-il, depuis des mois. « Si les Anglais amènent quelques parachutes, que la plèbe se soulève un peu – ce ne sera sûrement pas pour assassiner des Allemands, le risque est trop grand! mais pour nous assassiner vous et moi et quelques autres – C'est tellement facile! » Il vit chez les communistes à Bezons qui ne songent qu'à sa peau. Brinon, Laval, Doriot, Déat, eux, ne risquent rien. « Il m'est égal de crever mais crever con me gêne. En ce moment nous sommes les cons de l'aventure – on dirait qu'un jour (j'en suis sûr!) il serait agréable à bien des collaborationnistes de me savoir assassiné. Ils ne feraient rien pour que cela n'arrive pas. »

Il écrit, dit-il, pour prendre date. Un post-scriptum : « Tous les flics, archigaullistes, sont évidemment armés jusqu'aux cils! Sécurité! »

Ils se mettront in extremis en grève, recevront la fourragère et arrêteront les collaborateurs comme précédemment les Juifs et les résistants.

Mourir con, c'est mourir en acceptant sa mort, ce que Brasillach fera et ce que Céline ne lui pardonnera pas. La mangouste doit se maintenir alerte jusqu'au dernier souffle de revanche, au prix de plus d'une humiliation et de quelques palinodies.

Robert Brasillach passe la lettre à Henri Poulain, ou bien celui-ci la garde; c'est par lui qu'elle nous parvient. Il ne semble pas y avoir été répondu. Elle a pu alimenter la rumeur parisienne d'un Céline en proie à la panique, un œil sur les communistes de Bezons et l'autre sur le flic du coin Junot archigaulliste armé jusqu'aux cils.

Cette lettre porte l'adresse de la rue Girardon, il a donc fait un saut à Paris si elle est bien datée, car à la fin du mois il est toujours à Saint-Malo. Le temps est au beau comme l'humeur, comme sa santé. Il écrit, le beurre est à 400 et il faut aller dans le Finistère pour se ravitailler. Sa distraction c'est le port, les ragots du port, les mouvements de bateaux. « La pipe (Lucette) ne quitte pas l'eau. Je vais être veuf si ça continue, il suffirait d'une vague. Ce matin elle a été mitraillée dans la flotte, elle était partie nager dans la zone de tir » (26 août). Le destin de Lucette est de traverser le feu et le drame comme la salamandre, la flamme.

C'est mieux que la paix

Gen Paul est le confident de ce mariage que Céline – pudeur, crainte du ridicule, peur des interprétations malveillantes – garde pour lui.

Henri Mahé reçoit aussi des nouvelles souriantes de Saint-Malo, toutes les huiles locales (sous-préfet, commissariat central, maire) sont amies, le port est en mouvement perpétuel, Trésa, jolie fille à demi hindoue qui tient un hôtel de passe, a des ennuis qui vont s'arranger, Maria Le Bannier que le Pr Follet a laissée nantie « jouit à contresens » quand elle arrive à acheter du beurre au-dessous de la taxe. Un marin de Camaret a apporté la nouvelle que Mahé va être père. Ils n'iront pas le voir avant septembre. D'ici là « on aura peut-être été délivrés : alors les malheurs commenceront vraiment ».

L'idée de la défaite allemande est maintenant acquise, mais la perspective n'apparaît pas encore trop meurtrière pour ceux qui se sont compromis. Quand Céline parle de massacres de bourgeois et de catholiques, il pense aux hordes russes, à la foule, il ne voit pas une répression en règle venant des gaullistes.

Lorsque la propriétaire de Léautaud le met en garde contre des propos inconsidérément collaborationnistes et lui parle des menaces de la radio de Londres, celui-ci imagine sa comparution devant un « tribunal révolutionnaire populaire » : – Vous étiez collaborateur? – En action, non, en esprit, oui. – Vous aviez des complices? – Très peu. – Combien? – Tous les Français intelligents [60]. Et il s'en tirerait sur ce mot.

Céline peut encore croire pendant ce bel été 43 où l'on trouve du beurre au-dessous de la taxe, quand les bateaux sortent chaque jour, que la délivrance sera un retour à la situation antérieure, au pire à l'hystérie qui a précédé la guerre. Il faudra mettre au premier plan l'œuvre littéraire et délaisser le militantisme. C'est bien pourquoi il juge particulièrement malvenue une autre nouvelle de Marcel Aymé, « Avenue Junot », où il figure nommément dans son rôle habituel : « Le bouffe-Juif, le maniaque, le fou dangereux. » La nouvelle est construite autour d'Adélaïde qui n'aime que les hommes à barbe. Céline y est montré « habillé d'un imperméable flasque et d'un pantalon effrangé, ses gants de motocycliste pendus au cou, un bidon d'essence à la main, ses épaules cuirassières ployant un peu sous le poids de ses ruminations ».

Cependant les propos qu'il tient – annonce de la catastrophe sanglante, allusions aux tinettes à Lebrun – remontent à l'avant-guerre.

Il voit très bien Marcel se dédouaner à ses frais, « en fait le toujours bon ami des youtres ». Gen Paul a tort de ne pas venir. C'est féerique. Personne ne s'en fait. L'argent roule. Lucette a trouvé une femme de ménage sourde qui travaille comme dix [61]. « C'est mieux que la paix, c'est la supervie », dit-il à Mahé.

Les combats à l'Est tournent toc

La mangouste n'estive que d'un œil, les nouvelles qu'il reçoit de Paris le poussent à écrire à Fernand de Brinon : Huysmans (pour Huisman) est à Paris avec un passeport allemand et s'occupe des Beaux-Arts.

Le 17 août, les troupes de l'Axe se sont rendues en Sicile, « Dreyfus est le grand vainqueur de Sicile – le Roi incontesté. Amen » (à Combelle).

Le 25 juillet, le Grand Conseil fasciste avait démis Mussolini de ses fonctions, le maréchal Badoglio qui lui a succédé poursuit la guerre mais va faire la paix. Les Latins trahissent comme Dreyfus, l'analyse ne change pas d'un iota.

Céline voit alors des nuages rouges courir sur l'avenir. Ce qu'il aime à Saint-Malo, c'est qu'on lui foute la paix. À Quimper, il faudrait parler. Les autonomistes bretons de Mordrel, « tous plus ou moins fliqués, mouches et contre-mouches. Kaganovitch est le seul garçon sérieux. Les Chinois mangent plutôt la langue, les Kirguizes les yeux »... Céline improvise pour Mahé, le futur père, dans le genre de la rédaction en cours, la sarabande morbide de *Guignol's Band*, Montandon qui s'est promené en Sibérie l'a documenté.

Il faut penser à la rentrée : « Les combats à l'Est tournent toc dans l'ensemble. Au cours de l'hiver, je sens que je vais faire ma musette pour la troisième fois... Sans illusion bien entendu, mais préférant encore le mouvement de la mort à la mort elle-même. » Il annonce à Mahé l'intention de s'engager pour la troisième fois. S'engager où, avec qui, pour quoi ? Une mission médicale qui lui permettra de prendre du champ, de s'éloigner de Paris, de la France, de sa réputation, de ses ennemis ?

À Paris, où l'attend un nouveau chèque de Denoël (124 144 francs, environ 130 000 de nos francs). Dès juin 1942, Combelle a remplacé Fontenoy comme directeur de *Révolution nationale*. Robert Brasillach a quitté *Je suis partout*, il collabore au journal de Combelle qui se veut indépendant et ouvert, qui parle par exemple de Giraudoux et de son retour à la scène avec *Sodome et Gomorrhe*. Lettre furieuse de Ferdinand : « Ni les uns ni les autres ne semblez avoir décidément le sens, l'instinct primitif, le réflexe de défense immédiat, absolu contre l'ennemi – qui, lui, ne vous oublie pas, ne vous prendra jamais pour un autre. Mangouste! Admirable mangouste! admirable petit fauve! jamais dégénéré qui n'a jamais, ne prendra jamais la vipère pour un verre de lampe! la vessie pour la lanterne! Mots pourris! Mangouste! Combelle!

Mangouste! Assez de mots! » Giraudoux, le mieux payé des pourris de l'immonde propagande Continental; Mandel, le plus fétide enjuivé, ne devrait pas être mentionné, même à propos d'une première de théâtre.

Un mois plus tard, on assiste néanmoins à un décrochage relatif dans la réponse à l'enquête de *Paris-Midi* : « La race française court-elle à son déclin? ». Après avoir paraphrasé l'ouverture de *Voyage* et parlé d'un conglomérat d'italotes, espingotes et germinotes, d'une masse de petits où dominent quelques longs blonds élancés, Céline s'en tient au domaine de l'amélioration sanitaire par l'élimination de l'alcool. La misgénation est à peine évoquée à travers les brahmanes, « premiers Aryens et maintenant tous bicots », et une remarque sur le midi de la France qui noircit de plus en plus. Il note que c'est à Cuba qu'il a rencontré les plus belles filles du monde.

Céline 1943 semble résigné à ce métissage qui a tout de même fait, signale-t-il, des Alexandre Dumas, des Pouchkhine, des Leconte de Lisle, des Heredia, des Gauguin « et une immense partie du personnel artistique » (23 octobre 1943).

Cet entretien dont les Juifs sont miraculeusement absents se termine cependant sur une petite note sadique concernant « les petits ». La France d'avant-guerre consommait quatre-vingt-dix millions de bouteilles d'absinthe : « Puisqu'il faut détacher la race de son poison après la guerre, je vois d'ici le tuppe (type prononcé à l'allemande, le vulgum pecus) montant à pied vers l'Est, quittant la Bourgogne et ses coteaux modérés pour l'Oural et ses mines abruptes où se trouvent l'or et les gens sérieux, gaiement conduit par ce slogan : Bon marcheurs de tous les pays, unissez-vous » (23 octobre 1943). Le tuppe ira extraire l'or de la Kolyma pour le compte d'un maître qui n'est plus nommé. Il s'agit de faire peur s'il en est encore temps et de se venger de la bêtise ambiante s'il est trop tard.

Une lettre à *Je suis partout* reprend le même discours qu'on pourrait dire posthume. Les petits cercueils ont commencé à circuler et, le 30 septembre, Lucien Pemjean, quatre-vingt-trois ans et doyen du *Pilori*, annonce qu'il a reçu le sien. Les menaces par lettre ou par radio se multiplient. « La radio de Londres qui menace les collaborateurs, antisémites et patati patata, écrit Céline à *Je suis partout*, ne parle jamais des autres, tous gavés d'argent allemand. » Qu'on foute la paix aux idéalistes. Les profiteurs forment la majorité des auditeurs de la BBC. Les collaborateurs tiennent-ils à mourir « comme des cons et des veaux, assassinés, bâillonnés, sans même avoir osé cracher à la gueule de leurs assassins la seule vérité qui nous venge, toute leur sale imposture, toute leur jactance obscène, leur sermonnage pourri » (29 octobre).

Si elle n'était datée du 2 août, c'est ici, thème et préfiguration, que la lettre à Robert Brasillach sur le « mourir con » se placerait naturellement.

Le 16 novembre au soir, le capitaine Jünger rencontre à nouveau
Céline à l'Institut allemand, si l'entrée de ce jour le concerne. Il signale
la présence d'Arno Breker, de Mme Abetz, d'Abel Bonnard, de Drieu La
Rochelle avec lequel il échange des souvenirs de guerre (la première),
lorsque chacun de son côté des lignes, il entendaient la même cloche
sonner les mêmes heures. Puis il ajoute : « Ensuite des scribouillards à
gages, des bonshommes qu'on ne voudrait pas toucher avec des pin-
cettes. Tout ce monde mijote dans un mélange d'intérêts, de haine, de
crainte, et certains portent déjà sur leur front le stigmate des morts horribles. J'entre à présent dans une période où la vue des nihilistes me
devient physiquement insupportable. » Seul ce terme de nihiliste peut
se référer à un Céline qu'aurait fait hurler l'amalgame avec les scribouillards à gages. Mᵉ Gibault signale cependant sa présence ce soir-là à
l'Institut allemand [62].

1944 : retour à la littérature

Le 13 janvier 1944, le contrat pour le nouveau livre, *Guignol's Band*,
est signé entre le Dr Destouches et les éditions Denoël. Un tirage de
10 000 exemplaires est garanti et 30 000 par contrat annexe, avec une
édition supplémentaire de 4 000 exemplaires pour la Belgique.
Les droits sont fixés à 18 % payables d'avance sur tirage minimum de
10 000 exemplaires. À ces conditions déjà draconiennes, le contrat
annexe ajoute un à-valoir de 400 000 francs (environ 420 000 de nos
francs) qui sera remis à l'auteur au fur et à mesure de la remise du
manuscrit, au tarif de 1 000 francs la page. Denoël n'en finit pas
d'expier sa défaillance de 1937. On comprend que ces sorties d'avances
compliquent sa trésorerie et l'amènent à céder la moitié de ses parts à
une firme allemande [63].
Cela dit, comme on imagine tout de même mal l'auteur livrant son
livre feuillet par feuillet en échange d'un billet de mille, on doit y voir la
transcription d'un fantasme de diva : je vaux mille francs la page.
Le livre terminé, Céline rédige ce qu'il appelle dans une lettre à
Marie Canavaggia : « une préface d'attaque [64] ». C'est une transition par-
delà sept années de militantisme. L'enjeu du livre est gros, il s'agit de
replacer l'auteur des « pamphlets » sur ses rails littéraires, de lui redonner le statut d'écrivain qui est la meilleure des protections dans un
vieux pays de culture comme la France. On ne touche pas aux écrivains
et quand on y touche, Villon, Chénier, Brasillach, on s'en mord les
doigts.
Drieu La Rochelle, qui reprend alors son Journal, n'a pas encore
décidé s'il se suicidera ou s'il s'exilera. La fin paraît inéluctable mais
elle reste irréelle. À force d'attendre, tout le monde sera surpris. Drieu
ébauche une pièce sur le thème de la trahison et dans le secret de ses
carnets fait la même analyse que Céline : les Allemands paient leur
absence d'esprit révolutionnaire en 40. Au lieu de reprendre l'Alsace-
Lorraine, juge Drieu, ils devaient fédérer l'Europe contre la Russie [65].

Le 27 janvier, Bezons est bombardé. Céline était en train de prendre un café (il précise : un faux, donc il en boit des vrais) chez le pharmacien. Le pont visé n'a pas été touché mais des maisons des deux côtés de Colombes. Il pense qu'il y a eu des morts mais il n'est pas allé voir [66].

Deux semaines plus tôt, *La Gerbe* a publié la préface qu'il a donnée au livre que le bibliothécaire de la ville, Albert Serrouille, a rédigé sur ses incitations, *Bezons à travers les âges*. L'ouvrage inaugure une collection chez Denoël, « À la ronde du Grand Paris », avec un modeste **tirage de** 2 000 exemplaires.

C'est la BA de Céline qui insiste auprès d'Henri Poulain pour que ces 5 000 francs (la « pige » de *La Gerbe* ?) lui soient envoyés le plus tôt possible, ce sera son petit Noël. Henri Poulain a quitté *Je suis partout*. Il a une amie danoise – ce contact intéresse Céline au plus haut point –, il ne perd pas de vue son or et son refuge, ce qui n'empêche pas une extrême lucidité : « Il est plein de Juifs ton nouveau cancan, tutti Mr Apollinaire et la suite – Le Lifar et le reste quel tortillage. Comme on meurt de ne pas être suffisamment enculé par ces bons Juifs! On ne sait plus quel subterfuge pour se faire miser quand même! Ah quand même! » (déc. 43).

Le jour de Noël, Céline et sa femme déjeunent chez les Geoffroy. « Il était heureux, détendu, charmant. Il venait de refuser vertement aux Allemands de participer à la création d'un journal antisémite. Quand il parlait politique, Céline était comme un prophète, cent pieds au-dessus des événements véritables, ou du monde. Soudainement il me dit : " Tu sais, mon vieux, aussi longtemps que les boches seront assez cons pour se faire tuer à l'Est ça ira. Mais le jour où ils décrocheront, alors les asiates arriveront à Paris et ce sera effroyable " (il appelait les Russes les asiates). Ceci laisse supposer que Céline ne croyait pas au débarquement des Anglo-Américains? Je lui répondis calmement : " Louis, les Anglo-Américains, sois tranquille, seront à Paris bien avant les asiates. " Et j'y croyais, écrit Geoffroy dans *L'Herne* en 1963. J'étais américanophile-anglophile » (l'un n'aurait pas suffi).

On s'interroge sur la création d'un journal antisémite en décembre 43 alors que tous les journaux de Paris le sont depuis trois ans. De ce bon déjeuner, on ne peut garder que l'idée d'un Céline détendu après le grand effort de rédaction et se souvenir que le contact est maintenu avec le bijoutier qui aime tout le monde, les Anglais, les Américains et son vieil ami Céline.

Celui-ci a suggéré à l'ami Poulain de venir le voir en action à Bezons. C'est lui offrir une interview comme en février 41 dans le cadre de la sortie d'un livre. Cela ne se fait pas à cause des bombardements. Il charge « Mme Poulain » de messages pour Mme Lindequist, « photographe de l'élite, le Manuel de l'endroit », qui les aimait bien, Gen Paul et lui, comme son ami Ottorstöm (*sic*) : « Ta femme emporte notre cœur! Comme j'aurais voulu revoir tous ces gens délicieux avant de crever! Pourvu qu'il ne leur arrive rien! J'y pense presque tous les jours! Qu'elle nous rapporte des nouvelles! ».

Il est venu terminer son livre à Saint-Malo, il a revu Théo Briant auquel il donne, écrit dans le style médiéval qui le tente depuis toujours, un texte pour sa revue. Il est daté du quatrième An de l'Apocalypse et il reprend le sujet du Le Braz non réédité : « Depuis des ans déjà, j'erre, je quière, je fouille et ne laisse de jour et de nuit à mander. Les légendes et Le Braz et la Mort où sont-ils?... Puis-je les obtenir à prix d'or et de sang? L'écho est muet, Théo! Les libraires sont hostiles, Le Braz est inconnu, les vélins hors de cours, les héritiers atroces, l'éditeur sous les flots! [...] Au secours Théophile, les légendes se meurent! mieux qu'Artus sommeillent et ne reparleront plus! Au combat Gwennlann barde aux larmes de feu! Accours et tes crapauds! Les chemins sont ouverts. [...] Bientôt le moment rouge et la foudre du monde. » Le texte paraît en première page du numéro de février du *Goéland*.

Giraudoux meurt. *Je suis partout* publie un billet de Céline : « En douce les Juifs doivent bien se marrer de lire les nécrologies de Giraudoux! Façon de leur lécher le cul par la bande! », preuve que Céline n'a pas besoin de Marcel Aymé pour se faire une réputation. Drieu, de son côté, voit en de Gaulle un maître de cérémonie embauché par les Juifs : ils aiment la particule. Il l'écrit le 11 janvier dans ses carnets. On peut juger Céline conduit par la monomanie ou simplement par le besoin d'avoir le dernier mot : si les Juifs symbolisent l'ancien système exécré, Giraudoux qui en a assuré la propagande était leur serviteur. D'où la lettre à *Je suis partout*. Or, quand viendra le temps des accusations, ce sont les écrits de 43 qui seront retenus contre lui.

Le bon réflexe, celui du refus, est rare : « Non j'en ai marre de faire le pitre. Tous ces êtres sans mystique et sans caractère méritent une discipline animale. Kaganovitch va leur apporter tout ça. Il va les (*ill.*) audessous de leur bassesse, par la terreur absolue. Très bien! » (à Poulain).

C'est le leitmotiv du moment : la punition des Français par leurs libérateurs. Il l'écrit à ses ravitailleurs de Quimper :

« Le communisme n'est plus loin. Décadence – Désastre – L'avenir est donc à l'extrême rose – attention aussi – la merde n'est pas loin de la rose – jamais.

« Ces vaches de paysans deviennent fripouilles. Ils finiront tous aux kolkhozes. L'Angleterre tourne bolchevique à toute berzingue.

« La gueule des gaullistes ce jour-là!

« Je vais vous envoyer des boîtes à œufs. Certainement si je récupère mes 4 sous je n'attends pas la fin du monde pour décamper. Je file de votre côté » (23 février).

Les « 4 sous » sont ceux de *Guignol's*, il songe à un réduit breton. Depuis le 8 février, il possède une carte d'identité au nom de Louis-

François Delétang, né à Montréal. Lucette Almanzor en a une au nom de Lucile Alcante. Il a aussi obtenu son port d'arme. Il peut se défendre contre le communiste bezonsais ou le flic gaulliste et passer dans la clandestinité, si nécessaire.

En mars, Robert Denoël lui adresse un chèque de 200 000 francs (à peu près l'équivalent de nos francs) à valoir sur les droits d'une réédition de *Voyage au bout de la nuit*, inépuisable producteur de droits. Et il durcit pour la première fois le ton vis-à-vis de son auteur vedette. Celui-ci s'étant plaint de la part qui lui est faite dans les productions de la maison, il lui précise qu'il publie ce qu'il veut sans rendre compte à ses auteurs et que Céline a absorbé à lui tout seul le quart du papier utilisé par les éditions ; le reste a été partagé entre cent cinquante auteurs (14 mars). Il est le seul qui ait eu des réimpressions constantes, celui qui a touché le plus de droits d'auteur depuis l'armistice, cinéma et théâtre mis à part (16 mars).

Faites-vous crever, miliciens, légionnaires, somnambules

On a créé un Ordre de la danse. Un hebdomadaire cite les membres principaux parmi lesquels Nyoka Inyoka, Nana de Herrera, Jacqueline Dax, Nina Vyroubova. Céline ne résiste pas au besoin d'envoyer la coupure à *Je suis partout* avec le commentaire suivant :

« Vit-on jamais plus d'étrangers sur une seule liste ? Même aux plus beaux jours de Blum ? [...] Faites-vous crever, miliciens, légionnaires, somnambules. On s'occupe pour vous de l'âme française, vous êtes trop pris par les grandes choses... Et ce sont les petites choses qui comptent. [...] C'est ainsi que vont, vont, vont, les petits ratons tout menus d'abord. Aussi peu de Français dans cet " Ordre " de la danse, remarquez, que dans n'importe quel comité de dérailleurs... Coïncidence évidemment, Danse et Terreur !

« Sommes-nous déjà outre-Oural ?

« En médecine, les petits signes sont les plus précieux, le bon clinicien établit sur eux son diagnostic. Faites-vous crever, miliciens, légionnaires, somnambules... » (3 mars).

Le décrochage suit une progression parallèle à l'escalade. Quand il était question d'antisémitisme, Céline réclamait du racisme. Au printemps 44, les Juifs se fondent dans la masse opaque des étrangers.

Et moi, j'écris sur Londres

« Il y a des écrivains français qui sont à Londres et qui parlent à la radio et qui écrivent sur la France. Et moi, j'écris sur Londres. Eux, ils parlent de politique et moi je n'en parle pas. Voilà toute l'histoire. »

Céline reçoit, rue Girardon, Pierre Lhoste de *Paris-Midi*, il lui explique le livre mis en vente la veille et dont le sujet peut en effet surprendre. Ensuite il est question des sous, des éditeurs-barbeaux qui se régalent encore sur le cadavre de l'écrivain cinquante ans après, de sa consultation de Bezons, où il va deux fois à moto et une fois à pied. Il en rentre justement : « Je suis encore tout verdâtre d'être revenu à pinceaux » (17 mars).

Le sujet londonien était, on s'en souvient, à la base du projet dont parlait Céline à son ami Garcin vers 1928. Il n'avait finalement pas trouvé sa place dans *Voyage* mais Céline n'a pas cessé de se documenter d'abord auprès de Garcin – gens à rencontrer, lieux à visiter – puis auprès de John Marks, son traducteur anglais, qu'il charge par exemple de retrouver la « gare des morts » à *Waterloo under the Bridge*. On y expédiait vers la province les cercueils des Londoniens décédés, cela avait frappé le rescapé des Flandres [67].

Le choix de *Mort à crédit* avait de nouveau repoussé la réalisation de ce qui avait alors pour titre *Honny soit*. Le retour en arrière s'achève sur l'engagement du jeune Ferdinand recru d'aventures vécues ou pas. La suite logique serait militaire. *Casse-Pipe*, démarré sur la scène de l'arrivée à la caserne, doit, après l'errance absurde et meurtrière de la guerre, déboucher sur les joyeusetés que laisse prévoir le titre de *Honny soit*, devise de la Jarretière, de galante origine.

En 1939, un tel sujet, venant de l'auteur de *L'École des cadavres*, serait malvenu. Céline, on s'en souvient, emporte avec lui à Marseille le manuscrit, récupéré chez Denoël, de *La Volonté du roi Krogold*. Dans cette guerre à laquelle il s'est opposé en allant jusqu'à se déclarer partisan d'une alliance militaire avec l'ennemi potentiel, il travaille à un sujet situé dans un « moyen âge d'opéra ». « Que faire de la réalité ? » demande-t-il à Marie Canavaggia le 24 janvier 1940. Les citations qu'il fait dans *Mort à crédit* de sa légende et les lettres à Théo Briant nous donnent une idée de ce qu'aurait été cette *Volonté du roi Krogold*, pour ainsi dire effacée par *Bagatelles*, *L'École* et *Les Beaux Draps*. La guerre terminée comme prévu, il n'a pas résisté au Je l'avais bien dit. Il ne se remet au travail de fiction qu'en juin 41 et à défaut de *Casse-Pipe*, de nouveau inopportun, il reprend le thème londonien. Avec difficulté car il a perdu le fil de son histoire, dit-il à Marie Canavaggia [68].

Londres, on l'a dit, a été un temps de miracle ; rescapés, Georges Geoffroy et lui, dispensateurs de visas, courent les music-halls. Céline a enfin pu se laisser aller à ses instincts et ceux-ci le portent à la liberté de mœurs et au partage. Georges Geoffroy se souvenait dans les années soixante de la philosophie que lisait son camarade de chambre, il ne mentionne pas les souvenirs que Céline lui rappelait pourtant en 1949 : « Je t'ai montré souvent ma queue autrefois fort bandante, et j'ai vu la tienne en joliment gaillard état ! Bravo ! Jeunesse [69] ! »

Les deux garçons partagent leurs conquêtes ; parmi celles-ci deux sœurs, Jeanine et Marie-Louise. L'une amie de Destouches, l'autre de Geoffroy. Ils les ont plaquées l'une et l'autre, Jeanine et Marie-Louise, qui n'étaient ni prudes ni farouches : des petites femmes. Leurs hommes guettés par la conscription et le casse-pipe. Voilà le nouveau sujet : le bon temps pris sur la mort. La guerre qu'il vit à l'arrière colore celle qu'il raconte. Il va réutiliser la silhouette inoubliable de Benedictus et cette ouverture unique dans une vie jusque-là vouée au travail et à la discipline. Ces années vont rester celles des grandes, des plus belles vacances. Elles vont entretenir le fantasme du *mac* qu'il aurait pu être, qu'il a été fugitivement, mac d'honneur, si on veut. Nourri par le sexe, protecteur et protégé, fantasme que le docteur rejoue au long de sa vie en soignant des *filles* et en parlant un langage d'affranchi avec Garcin, Mahé et Gen Paul.

Guignol's Band, le jazz-band de Guignol ou la Bande à Guignol, c'est selon, est la transposition de ces émerveillements du jeune Ferdinand, côtoyant Cascade et ses filles, Sosthène de Rodiencourt ou Borokrom déjà mentionné dans *Bagatelles*, cette autre fiction plaquée sur du réel.

Le vocabulaire colle à la période. Dans la part d'argot toujours importante, à côté de termes toujours en usage (pote, morue, poulet, tantes), il retient des mots fanés depuis le début de siècle : brêmes, derge, gaffeuses, goyot, ménesses.

Le néologisme marque pourtant l'évolution du style. Il traduit la liberté croissante que Céline se donne vis-à-vis de la langue. Il transitive des réfléchis (il prélasse) ou des intransitifs (il nous vrombit), il itérative à volonté (il rarrive). L'onomatopée devient un raccourci d'action, Braoum ! Broum ! Tic Tac ! Vloumb ! Vrang ! Wraggo ! Procédé qu'il va pousser jusqu'au point où, dans la seconde partie, écrite dans la foulée de la première et publiée après la guerre sous le nom de *Pont de Londres*, le code devient si personnel qu'il réclame une traduction : « VV ! vvv ! vvv ! ça veut dire vitesse. »

Guignol's Band, sarabande macabre où les morts se mêlent aux vivants, n'est que mouvement et le livre si éloigné en apparence de la réalité des années 41-44 enregistre comme un sismographe les secousses du conflit en cours. Les actualités de chaque semaine fournissent ces tac, tac tac, boum et brang. Tanks, bombardiers, chasseurs foncent à grand bruit vers la victoire, c'est-à-dire la mort des autres.

Le point de suspension apparu dans la seconde partie de *Mort à crédit* est employé systématiquement dans *Guignol's Band*. Céline le défend dans le prologue en évoquant la mémoire de son grand-père qui du haut du ciel lui souffle : « Enfant pas de phrases ! » et au nom de la modernité – le jazz a renversé la valse, l'impressionnisme a tué le faux jour, vous écrirez télégraphique ou vous n'écrirez plus du tout ! – il s'agit en prêchant d'exemple de tuer un peu plus le style classique qui souffre des tares dénoncées dans *Bagatelles* et de traduire l'émotion directe (ou brute) par la fragmentation croissante de la chaîne narrative coupée par le point d'exclamation, autre marque de fabrique célinienne : ! ça veut dire émotion.

Le verbe l'emporte sur l'adjectif, dans une proportion de trente-sept sur dix-sept, soit trois à un dans une page prise au hasard. Ce sont des verbes et des adjectifs forts. La technique a donc bien évolué depuis *Voyage* où elle visait à une dérision par le diminutif. Ici tout porte au rythme.

Cela se traduit pas des rimes internes plus réussies, plus significatives que les vers donnés dans le prologue, vers conscients et mirlitons :

> *L'Émoi c'est tout dans la Vie!*
> *Faut savoir en profiter!*
> *L'Émoi c'est tout dans la Vie!*
> *Quand on est mort, c'est fini.*

Ou même que les versets à coupe respiratoire de type claudélien donnés dans le texte : *Galipette!*

> *Telle brute ivrogne début juin*
> *De folie au mois d'août s'égare*
> *Sous un canon*
> *Émerge au délire mi-septembre!*
> *En plein bistro.*
> *Assassine un Fritz au billard.*
> *Revanche des Flandres!*
> (P. 11, éd. poche)

et ainsi de suite (p. 95-96, éd. Pl) à comparer avec :

> *Le monde là même s'est retourné*
> *Vieux parapluie tout fourbu mou*
> *Il a vogué dans les cyclones!...*
> *Tant pis pour lui.*

Vers blancs avec rime à la césure, ou bien sur un rythme plus bref :

> *Le dieu le père*
> *Les Aquilons!*
> *Le trou du cul!...*
> *Miséricorde.*

Ce versus (retour) s'accompagne d'allitérations : « Et la piaillerie des piétinés! des écorchés de la folle colonne. »

Ces jeux, déjà présents dans l'œuvre précédente, se multiplient. Ils prennent la place que libère l'anecdote. Cela aboutit à des phrases qui épousent le bruit. En voici une qui ferraille dans le bombardement d'Orléans : « Et la chenille à cent vingt mille dents concassières! à mordre l'écho!... à l'arrachement du Calvaire! Sous son ventre à trois cent mille chaînes farcies d'acier brinquebalant, de tripes à viroles pirouettantes », soit quelques mots fétiches, *brinquebalant* avec sa suggestion de danse et de déséquilibre et *pirouettant* pour la légèreté et l'esquive.

Viroles est un bon exemple de la recherche dans le vocabulaire. Si on le prend dans son acception courante, il s'agit de petites bagues de métal dont on garnit l'extrémité d'un manche en bois (la virole d'un Opinel) et le mot n'est là que pour la consonance. Si on prend le terme technique (Robert : moule d'acier circulaire pour la frappe des monnaies et médailles) c'est la recherche du mot rare, du mot juste : les chaînes de tanks frappent et marquent l'asphalte des routes comme la virole le métal.

On entre dans une explication de texte porteuse de mauvais souvenirs, *Guignol's Band* inaugure en effet la période abstraite pendant laquelle Céline se veut avant tout styliste – Proust à l'envers, disent certains. Les idées, les combats du temps ne sont que les épreuves du pauvre monde pour lequel l'artiste a éprouvé de la compassion, soucieux dans ses presciences de lui éviter le pire. Il ne sera pas question d'autre chose de 44 à 57, et le souvenir s'incrustera dans la mémoire comme l'image du banni et du reclus loqueteux fournie à la suite.

Pour effectuer cette rentrée en littérature pure, il ne faut pas moins de trois enveloppes. Celle du prologue où Céline devance la critique : attendez la suite! Chacun de ses livres fait l'objet d'une mauvaise réception. Puis l'évocation du bombardement d'Orléans (où son ambulance n'est pas passée), cataclysme qui résume l'histoire et le temps comme la messe que faisait dire Reynaud à Notre-Dame pour le salut de la France : « Y avait des Juifs plein les chapelles / qu'avaient de l'essence plein leurs bidons. »

Les Juifs sont donc encore présents mais ils restent sous le porche. Dans le prologue, ils étaient *youtrons*, mêlés à la tourbe de la critique (« maçons, youtrons, rombiers et rombières, binocleux, chuchoteux, athlètes, gratte-culs, toute la légion, toute là debout, hagarde, déconnante l'écume! » (Pl, 84), la foule du métro aux heures de pointe : les Français.

Une fois passé le seuil du récit, « Moi j'ai connu un vrai archange, au déclin de son aventure, encore tout de même assez fringant », etc., ils disparaissent de ce livre écrit au plus fort du combat antijuif. Personne à l'exception de Milton Hindus, légèrement polarisé, n'a lu dans *Guignol's Band* une histoire juive. Un personnage, un seul, le brocanteur drogué Van Claben, avatar de Van Bagaden de *Bagatelles*, atteste de leur existence à Londres en 1916. Et le bateau sur lequel Ferdinand veut s'enfuir est le Kong (ou Knut) Hamsun, l'écrivain norvégien à la même sensibilité nordique, et antisémite comme Céline. C'est tout, il ne faut pas confondre Céline, Bordeaux et Bourget.

Bye bye, Môssieu Céline

La critique parisienne d'un printemps 44 fait d'ailleurs au livre un accueil assez mitigé. D'une part, les têtes sont ailleurs (quand? où?) et puis une part notable des journalistes ressent dans ce tourbillon londonien comme une dérobade, un attentisme (mot exécré à Paris [70]).

L'article du *Réveil du peuple* (24 mai) s'intitule « Bye bye, Môssieu Céline », comme s'il était passé à la dissidence anglaise. Une note du *Je suis partout* de Lesca explique la déception du public par le « manque de contenu polémique » (14 avril). C'est le sentiment que traduit Jacques de Lesdain : « Je m'attendais à découvrir dans le nouvel ouvrage de Céline une prise de position nette et sans ambages sur les questions politiques et sociales actuelles. [...] *Guignol's Band* n'est pas autre chose qu'un kaléidoscope d'images pénibles, souvent ordurières » (*Aspect*, 2 juin). Céline aura l'occasion de retrouver Jacques de Lesdain outre-Rhin, il n'aura pas oublié ses mépris.

L'Écho des étudiants oppose l'œuvre de Céline à celle de Sartre : « On proteste un peu partout contre le pessimisme de M. Sartre. Et celui de Céline alors ? Au moins le pessimisme de Sartre se justifie-t-il, au moins est-il organisé, soutenu par une conception métaphysique, tandis que celui de Céline n'a aucun point de contact avec la vie normale » (Pierre Lachens, avril [?] 44). François Sentein dans le même organe évoque lui « une œuvre secrète et merveilleuse, *Notre-Dame des Fleurs* : Quand on lit le roman dont je vous parle, on se sent complice, " brûlé ". Dans *Guignol's Band*, presque jamais » (30 avril). *Notre-Dame des Fleurs* est édité sous le couvert de l'anonymat par Denoël qui publie aussi Elsa Triolet. Avec Genet et Sartre, la succession est, on le voit, ouverte dès le printemps 44.

Restent, solides, les familiers, les amis, Henri Poulain, Ramon Fernandez, Jean Fontenoy, Jullien-Courtine, Lucien Combelle et Karl Epting. Le directeur de l'Institut allemand de Paris publie en avril un article sur Céline dans *La Chronique de Paris* où il souligne la vertu libératoire (socialement) de sa langue. C'est la traduction mise à jour de sa contribution à une revue de Hambourg, *Deutschland-Frankreich*. Céline l'en remercie chaleureusement.

Les articles les plus agréables sont signés par Claude Jamet, un jeune normalien enthousiaste, et par Roger de Lafforest dans *Révolution nationale* de Lucien Combelle. Roger de Lafforest soutient, contre Gide, la thèse que la juiverie n'est pas pour Céline un prétexte où accrocher ses colères lyriques. « Céline n'est pas plus fou que farceur. Il joue franc jeu et gros. Mais comment dire ? Cela passera. Rabelais avait aussi ses querelles, ses croisades » (35 mars 44). Claude Jamet fait, lui, une étude stylistique basée sur *Les Beaux Draps*.

Céline réclame par brassées « le magnifique article Jamet » : vingt et puis vingt encore (à Combelle). La photocopieuse n'existait pas. Claude Jamet reçoit une lettre sur la tartufferie de la Résistance – le thème des Français tous profiteurs et impatients de convertir leurs bénéfices en dollars. Elle est publiée dans un nouveau journal au titre révolutionnaire, *Germinal*, le 28 avril en même temps qu'une interview prise rue Amélie sur l'invitation de Robert Denoël.

Elle devait être littéraire, elle devient politique – à l'initiative de Céline. Celui-ci n'apprécie pas le mot socialisme que ces jeunes affichent : « Blum, M. de Wendel est socialiste, le comte de Paris itou ! Le pape ! La banque Morgan. M. Weigand. Les prolétaires veulent du positif. Il y a le communisme maintenant en ligne. Le chef-d'œuvre juif comme le jazz (qui a tué la valse lente). Le jazz est nègre, mais c'est pareil comme chacun sait. Ce n'est jamais sur Les Roses de Metra que la jeunesse viendra guincher. Contre le jazz, il n'y a que le jazz hot. Bouffer du Juif ou du maçon ce n'est pas tout. On ne renversera le communisme qu'en le dépassant. Contre le communisme, je ne vois rien que la Révolution, mais alors, là pardon! la vraie! Surcommuniste! L'égalitarisme ou la mort. Je décrète salaire national maximum 100 francs par jour, 150 francs pour les ménages. 25 en sus à partir du troisième môme. Comme vous voyez j'ai tout prévu. »

Ces vingt-cinq francs par jour en sus au troisième enfant sont la seule nouveauté de ce discours que Céline ressasse sans se fatiguer, tout ou partie, en clair ou en code, depuis son premier livre et la musique négro-judéo-saxonne sur laquelle il voyait danser la première après-guerre (V p. 72, éd. poche) et dont il fournit treize ans plus tard la clé, trouvée à Detroit, chez Ford.

C'est son testament, un scoop que Claude Jamet ira méditer en prison et une recette que beaucoup reprendront ici ou là, en Allemagne et en France où plus d'un « fasciste » rejoindra « le parti des 75 000 fusillés ».

Le bombardement Montmartre

Dans la nuit du 23 au 24 avril 1944, la guerre rejoint Montmartre. Des bombes destinées au nœud ferroviaire de La Chapelle mais lâchées de haut atteignent la Butte. Le raid est passablement meurtrier, 259 morts et 231 blessés dans le seul XVIIIᵉ arrondissement. C'est comme le point d'orgue aux bombardements de la région parisienne qui tuent des civils par milliers, et que Philippe Henriot, secrétaire d'État à l'Information, dénonce dans des discours qui ont un large écho populaire.

Ce bombardement de Montmartre qui, pour les chroniqueurs de l'avenir, n'est qu'un infime détail du conflit, au point que les annotateurs finissent par douter de sa réalité, a pourtant un large retentissement à Paris. Ce Bombardement Montmartre (style moyen âge sur le modèle : Hôtel Dieu) est un symbole : « Ils ont bombardé Montmartre! Ils ont arrosé la Butte d'explosifs! » « Les cow-boys du Far West, les Négus de Californie ont rivalisé avec les gentlemen d'Oxford et de Cambridge », écrit La France socialiste. Elle signale que deux bombes ont encadré la Basilique.

Hambourg a été passé au phosphore, Dresde va brûler, Berlin n'est plus qu'un champ de ruines, comme Le Havre, mais ces deux bombes et leur cratère que les Parisiens viennent regarder ont une bien plus grande valeur. Le haut lieu de la parigoterie est atteint!

Pour Céline qui vit un pied en l'air depuis un an, qui scrute ses concitoyens et ses proches – il est en froid avec Marcel Aymé, et un peu « brouillé » avec Gen Paul depuis une altercation dans la rue, il ne sort en ville qu'armé de son revolver – pour Céline, la nuit du 23 au 24 avril est le dernier signe annonciateur de l'Apocalypse. Il y savoure sa mort quand les enfants du temps du Maréchal font des nuits complètes si leur maison n'est pas dans la trajectoire des bombes et vont ramasser le matin les éclats de la Flak.

Le 26 avril, Lucette Almanzor écrit à Andrée Le Coz, une des sœurs hôtelières et ravitailleuses bretonnes, pour lui demander si elle connaîtrait un petit coin aux environs de Rennes où louer une chambre « au cas où il faudrait quitter Paris [71] ». Le passeport fourni par le frère de l'ami Perrault pour Delétang et Alcante serait-il valable en Bretagne? Céline en doute. Il a les mêmes réflexes que lorsqu'on lui proposait de passer en Algérie, il se méfie. « La terreur est partout », écrit-il à Andrée Le Coz le 25 mai. Et le 31 : « Ici on ne parle que de meurtres, de bombes et de fin de tout. Ils sont ennuyeux. Je n'oserais pas aller à Rennes, ils me tueraient. » Le mois précédent, la condamnation à mort de Pierre Pucheu à Alger et son exécution ont coïncidé avec la découverte au 21 de la rue Le Sueur, suite à un feu de cheminée, des restes calcinés de vingt-cinq victimes. L'occupant est un médecin, le Dr Petiot. Il réussit à prendre la fuite. On le retrouvera dans la Résistance. Ses victimes sont pour la plupart des Juifs à qui il se faisait fort de faire quitter le pays. Petiot entre désormais dans la mythologie personnelle de Céline.

On peut être certain du pire et le croire impossible. Maurice Bardèche dit très bien dans ses *Souvenirs* le mélange d'anticipation et d'inconscience dans lequel baignent alors ceux qui ont ou n'ont pas collaboré. Dans cette guerre où les coups de théâtre se sont succédé, la crédibilité militaire de l'Allemagne est encore grande. Charles Dieudonné, alias Georges Oltramare, Suisse qui travaille à Radio Paris, se souvient d'un déjeuner ce printemps-là, boulevard Flandrin – où habite le Dr Bécart – auquel assistait Céline. Oltramare, retour d'Allemagne, raconte ce qu'il a cru voir des premiers effets d'une expérience nucléaire allemande : « un désert de vingt kilomètres carrés recouvert d'un épais tapis de poudre grise. Le " Napu! " hurlait Ferdinand que les visions d'apocalypse mettent en état de transe [72] ». Reprise du titre d'un roman de Léon Daudet (de 1927), Céline croit-il alors à l'arme suprême capable de détruire d'un coup les « ennemis de l'Europe » qui sont les siens?

On a souvent rapproché le sort de Drieu et de Brasillach de celui de Céline. L'un et l'autre ont trouvé des refuges fournis par les amis; dans le cas de Drieu, c'est sa première femme, Juive qu'il avait lui-même sauvée, qui le protège; Brasillach ne se livre que parce que l'on a emprisonné, pris en otage, sa mère et son beau-père. On sent dans les lettres que Lucette et Céline envoient en avril-mai l'appel au secours, la demande de protection. Rien ne vient. Céline ne trouve d'aide sûre que du côté allemand. Ce sont Hermann Bickler et Karl Epting qui lui procurent l'invitation qui les mettra à couvert d'un *fremdenpass* (passeport allemand pour hôtes étrangers).

Les antisémites se sentent d'autant plus vulnérables que leur phobie est grande. Des exécuteurs arriveront jusqu'à la chambre du ministre Henriot. D'autres entrent dans la « Villa Montandon » à Clamart. Ils montent à l'étage et tirent sur le vieil homme que son fils essaie de défendre avec une sagaie de la panoplie africaine accrochée au mur. Rue Girardon, arrivé au cinquième, il faut frapper quatre coups brefs et un coup fort – J'ai du bon tabac – si l'on veut se faire ouvrir.

Début juin, selon les souvenirs du danseur Serge Perrault, son frère aîné qui travaille à la Préfecture monte à Gen Paul un revolver et un port d'arme pour Céline. Pourquoi ne pas le lui remettre directement? Gen Paul abriterait à la même époque un certain Oscar Rosembly, qui irait tous les jours boire le thé et manger des bretzels (*sic*) au cinquième de la rue Girardon. Il ferait après la Libération arrêter la compagne de Serge Perrault et tenterait de lui faire dire où est Céline.

Il faut mettre tout cela au conditionnel, en remarquant pourtant que Gen Paul traversera l'été 44 sans problème.

Les locataires du quatrième, Champfleury, heureux détenteur d'un brevet de musique, et son amie Simone, tiennent une sorte de relais du STO. Selon les besoins du moment et les humeurs de la mémoire, cette activité du voisin du dessous est donnée comme dérisoire, simple combine pour fournir de la main-d'œuvre à un parent constructeur du mur de l'Atlantique – ou bien comme une ténébreuse et dangereuse activité de résistance – que Roger Vailland romance dans *Drôle de jeu*, et dont il donnera une autre version dans ce curieux journal conservateur et communiste qu'était *La Tribune des nations*. Il se souvient alors qu'on conspirait à mi-voix pour ne pas attirer l'attention du super-collabo dont on méditait la liquidation. Champfleury racontera pour sa part que le bon docteur soignait la main écrasée par la torture (ou prise dans l'armoire aux confitures?) d'un de ses jeunes protégés.

Cette superposition du repaire de collaborateurs, où viennent toquer Jullien-Courtine, Ralph Soupault, Combelle, Epting, Bickler, Zuloaga, et du nid de résistants, sans que rien en résulte de fâcheux pour les uns ou les autres, fournit une vue cavalière de la situation montmartroise, parisienne et française.

Serge Perrault met en scène Champfleury « grand résistant » écoutant la BBC. « La voix de Londres monte par la cheminée du salon mais parvient trop faiblement aux oreilles de Céline qui est à l'écoute. Agacé, il frappe du pied le plancher pour avertir Champfleury et gueule dans la cheminée : " Plus fort, Champfleury, plus fort, j'entends pas. " » Très courtoisement, celui-ci monte le son [73]. » Champfleury, ce nom Labiche, se prête à toutes les situations du vaudeville politique qu'est l'Occupation, vue des hauteurs de la rue Girardon.

L'anecdote rejoint celle du « déjeuner à l'ambassade » dont circulent des versions multiples et contradictoires. « Jamais mis les pieds à l'ambassade », « A annoncé à l'ambassade le Götterdämmerung », « A encouragé Gen Paul à imiter Hitler devant Abetz médusé », « A expliqué à Abetz qui recevait des officiers supérieurs sa théorie de la judéité du Führer ». Tout cela existe et circule selon le processus de transformation propre aux légendes. Epting jugeait pour sa part que Céline « n'était pas du calibre à être reçu à l'ambassade ». Et l'ancien camelot Gen Paul, encore moins. Jacques Benoist-Méchin qui aurait assisté au dîner se refusait aux explications.

L'hypothèse la plus probable est qu'il s'est agi d'une fantaisie d'après-boire. C'est là où la foi est la plus vive qu'on blasphème le mieux et Gen Paul encouragé à « faire Hitler » montrerait mieux que toute autre indication le degré d'intimité auquel étaient parvenus partisans et artisans d'un rapprochement franco-allemand après quatre ans de cohabitation intime (Brasillach parlait de lit partagé).

Le jeu est fini

Le 6 juin aux petites heures, le jeu est fini. Robert Brasillach est prévenu à 4 h 30. Cela devait arriver et cela semblait ne pas pouvoir se faire. Le mur de l'Atlantique, dont on montre aux actualités les formidables casemates de béton armé avec ascenseurs ultra-rapides qui dégorgent à volonté leur garnison de troupes aguerries, est aussi infranchissable que l'a été la ligne Maginot. Pourtant les Alliés ne sont pas comme à Dieppe rejetés à la mer.

Le 6 juin au soir, dit la rumeur parisienne, Céline, Rebatet et quelques autres se seraient réfugiés à l'ambassade. Ils auraient cru l'émeute imminente [74].

Le 8 juin, le couple Destouches obtient son *fremdenpass*, plus un carnet sanitaire pour le chat Bébert. Acheté par Le Vigan à la Samaritaine, confié à Lucette lorsqu'il divorce, c'est le premier animal du couple. Ils songent, dit Lucette, à le confier à la femme de ménage, puis ils y renoncent. Bébert fera le voyage dans une musette que portera Céline.

Une musette bien garnie. Les banques l'ont vu passer. Il vide coffres et comptes. Au début de l'année, il avait commencé à retirer de la Lloyd's Bank, agence des boulevards, des sommes qui se montaient au total à 600 000 francs. En juin il retire le reliquat, soit 375 000 francs, ce qui fait un total de 1,44 million de francs, à peu près l'équivalent de 900 000 francs d'aujourd'hui. La précaution prise de se faire verser ses droits d'avance s'avère utile. Geoffroy reçoit sa visite rue La Fayette. L'ancien copain de Londres vient lui confier la montre de Lucette à réparer, il n'est pas dupe, dit-il. Il aurait sans doute pu expliquer le sort du papier-monnaie retiré par son copain Destouches depuis le début 44. Entièrement dépensé à Sigmaringen pour les soins aux malades, comme Céline le dira? Le coffre du Crédit lyonnais contient des pièces d'or, elles vont prendre place dans un gilet aménagé par Lucette. C'est littéralement cousu d'or que Céline lève le camp.

Marie Canavaggia le reçoit square de Port-Royal, il apporte divers papiers dont un exemplaire dactylographié de la seconde partie de *Guignol's Band*. Il sera « retrouvé par hasard » (au grand émoi de « Mademoiselle Marie ») et publié sous le nom du *Pont de Londres* par Robert Poulet. Céline confie également à Marie Canavaggia ce qu'il a rédigé de *Casse-Pipe*.

Il laisse d'autres papiers chez son voisin, le dessinateur-imprimeur Daragnès. Il se rend, on peut le supposer, rue Marsollier chez sa mère. La met-il au courant ? La dernière image qu'il garde d'elle est celle d'une vieille femme se reposant un peu sur un banc de l'avenue Junot, avant de rentrer chez elle.

Son départ reste secret. S'il était connu, il ferait le plus mauvais effet : premier engagé, premier déserteur. Lucette Almanzor se souvient que sa mère à elle n'a pas été mise dans la confidence (Vitoux). Mais ceux qui viennent tapoter « J'ai du bon tabac » au cinquième de la rue Girardon n'entendent plus un bruit. Et la légende s'empare immédiatement de ce départ. Ralph Soupault raconte à Lucien Rebatet que Céline s'est embarqué avec « une douzaine de malles remplies de fers à cheval, de fers de pioche, de fils barbelés, haches, bassines, serpes, harnais, pour le troc alimentaire avec les cultivateurs teutons (le trois-pièces de la rue Girardon était, paraît-il, bourré de matériels agricoles dans le même dessein » (*L'Herne*). Rebatet, qui prétend par ailleurs avoir entendu, dès l'automne 40, Céline annoncer la défaite de l'Allemagne dans cet appartement que Céline n'occupera qu'un an plus tard, accrédite ces fariboles. Céline rend d'ailleurs la monnaie de sa pièce à Ralph Soupault dans la première version de *Féerie* qu'on a publiée sous le titre de *Maudits Soupirs*.

Céline a d'autant moins de raisons d'avoir d'inquiétudes financières qu'il est invité officiellement par le ministère des Affaires étrangères allemand à séjourner au Brenner's Park Hotel, de loin le meilleur de Baden-Baden. Y sont abrités les hôtes de marque de l'Allemagne.

Le départ est prévu pour le 15. C'est la date que Céline indique à Karen. Il la remercie une fois de plus des soins qu'elle donne aux enfants. Il lui écrira de Baden. Se reverront-ils ? Il se le demande. Saint-Malo est détruit. Montmartre va sans doute l'être. Gen Paul et Le Vigan, bien inquiets, vont peut-être le retrouver. Cette lettre du 10 juin n'indique en rien le Danemark comme but du voyage. Peur de la censure, des indiscrétions ? Mais quand Céline veut passer un message, il maquille les noms. Ici, Baden-Baden, Gen Paul et Le Vigan sont en clair. Seuls « les enfants » gardent leur mystère.

La légende locale – solidement enracinée – veut que Gen Paul et Céline se soient brouillés. On explique le ressentiment durable de Gen Paul par la disparition à l'anglaise de son copain[75]. Il ne faut pas exclure une petite mise en scène des deux complices, à destination du village.

Le 16 juin, les premiers V1, bombes volantes, traversent pour la première fois le ciel en direction de l'Angleterre. C'est la première des armes secrètes annoncées. Elle doit rendre l'espoir à plus d'un.

Le 17, Pepino Morato, montmartrois et danseur mondain qui a joué un rôle dans une rupture provisoire entre Champfleury et son amie Simone, accompagne les Destouches à la gare de l'Est. Les bagages sont empilés dans une remorque à vélo. L'indispensable pour chacun, l'inutile pour l'autre. Céline a pris son manuscrit en cours, divers papiers, son argent, du cyanure ; Lucette, ses chaussons, ses castagnettes et ses costumes de scène. Il y a une provision de thé, un réchaud, une théière d'argent. Cela devient dans la mémoire ultérieure une échappée miraculeuse : « On a pris gare de l'Est l'avant-dernier train, celui d'après a été bombardé » (Vitoux).

Ce train du 17 juin sera suivi de bien d'autres jusqu'à la fin août. C'est, si l'on veut, l'un des derniers trains normaux. À part Céline et Lucette, rien que des voyageurs ordinaires. Leur voisine de compartiment n'a même pas pensé à se munir d'un *Ausweis* pour pénétrer en Lorraine. Céline la prend sous la protection de son document allemand.

9.

ÉMIGRÉ

C'est un homme qui s'est mis en colère et puis qui a pris peur.

R. *Poulet*, Le Kaléidoscope.

Baden-Baden, le nom l'indique (Céline le francise en *Bains Bains*), est une station thermale. Elle est située dans la vallée du Rhin, côté allemand, un peu plus haut que Strasbourg.

Le Brenner's Park Hotel où les Destouches arrivent le 17 est le plus confortable, le plus orné d'une ville douillette pour rhumatisants et vacanciers. Il est placé sous la direction du Dr Josef Schlemann, chargé par la Wilhelmstrasse du séjour des diplomates allemands rapatriés, en majorité dans l'hôtel, quand les Destouches, eux-mêmes hôtes des Affaires étrangères, y arrivent. Ancien vice-consul à Marseille avant la guerre et parlant donc plus que correctement le français, Josef Schlemann est assisté d'une secrétaire dont le caractère aurait empiré à la suite d'une fessée reçue au Maroc. Elle est d'une francophilie très relative.

Le premier soin du Dr Schlemann est de ramasser les *fremdenpass* de ses hôtes. Céline retrouve l'état de dépendance qui était le sien autrefois quand, adolescent, il apprenait la langue à Diepholz ou à Karlsruhe. Invité certes, mais tenu à une stricte discipline.

Après les petits cercueils, les interruptions de métro, les dérangements du trafic ferroviaire à l'Ouest qui rendaient l'approvisionnement précaire, Baden-Baden est un havre de paix et d'abondance. Les pâtisseries regorgent de douceurs, les menus de l'hôtel sont copieux et soignés, le petit déjeuner servi sur des nappes repassées offre beurre, sucre, confitures, à tartiner sur des petits pains frais. Céline prétendra que Schlemann fait venir de Marseille par avion tout ce qu'il faut pour une vraie bouillabaisse (*CA*). Les hôtes sont encore peu nombreux et choisis. Parmi eux la veuve du général von Seeckt, chef d'état-major général de l'armée allemande après la défaite de 1918. Il aurait été en concurrence avec le maréchal Hindenburg pour la présidence du Reich. La générale parle bien sûr français et l'ancien maréchal des logis peut ou pourrait se livrer avec elle aux réminiscences et supputations sur le passé : que serait-il advenu du caporal Hitler si von Seeckt, plutôt qu'Hindenburg, avait eu la responsabilité de nommer un chancelier en 1933 ?

Les Destouches ont une suite au « bel étage », le premier, et Lucette a toute la place nécessaire pour ses exercices ; Louis a emporté du travail : il termine, écrit-il à Marie Canavaggia, la suite de *Guignol's Band*. Pour lui, Baden-Baden n'est qu'une villégiature d'été, elle remplace Saint-Malo détruit par les bombardements : « Si les circonstances le permettent, je ferai un saut en septembre, quelques jours [1] ».

Il manque de lectures et, du coup, il fait appel à Karl Epting et lui écrit, après un bon mois de présence, comme s'il venait d'arriver :

« Mon cher ami,

« Grâce à vous nous voici au repos et au calme dans cet admirable séjour sous le gouvernement combien attentif de Mr Schleimann ! (*sic*). Nous avons mis quelques jours à admettre la réalité de cet enchantement ! à nous habituer à cette paix incroyable – égoïstement l'on jouit hélas de tant de bienfaits, heureusement pour l'inquiétude de nos amis, nous sommes survolés de temps en temps, par la mort et la foudre ! trop bien (*photocopie coupée*)... nos pensées – et notre gratitude.

« En de tels événements les incroyables heureux que nous sommes n'ont plus qu'à se taire et prier pour qu'on les oublie – *Martiny* notre compagnon d'exil est un peu moins heureux que nous parce qu'il n'*a aucune nouvelle des siens depuis dix-huit jours* – Il me semble que d'ici peu de temps les choses de la guerre auront pris un tour assez décisif pour qu'on nous donne un travail médical utile mais en ces semaines si... (*photocopie coupée*) le mieux est " d'avoir l'air en vacances ". Personne à l'hôtel ne sait ce que nous venons faire, ni notre nom véritable. »

Il voudrait les *Mémoires d'outre-tombe* de Chateaubriant (*sic*), les Poésies de Ronsard, ses propres ouvrages et *Frankreich in Widerspruch*, ces livres pouvant rester à la disposition des Français « s'il en vient d'autres ! ». Ils pensent à Epting, aux périls qui l'entourent, espèrent le revoir au plus tôt en parfaite forme. Il le charge de ses respectueuses amitiés pour Mme Epting. « Voulez-vous aussi avoir la grande obligeance de me rappeler au meilleur souvenir de Mlle von Steeg. » On voit que Céline n'est pas aussi malappris que le voyait Ménard et aussi qu'il ne compte pas rester indéfiniment incognito, si véritablement il l'est encore.

Pendant ce temps à Paris...

Le 22 juin a paru dans *La Gerbe* sa réponse à une enquête sur les bombardements : il donnerait aux flammes toutes les cathédrales du monde si cela pouvait apaiser la Bête, à l'avenir – on fera une architecture pleine de trous et on vivra dans le tout-à-l'égout.

Le même jour, Jünger, qui a appris par le lieutenant Heller de retour de Berlin le passage outre-Rhin de Céline, s'étonne dans son Journal que « des êtres capables d'exiger de sang-froid la tête de millions d'hommes s'inquiètent de leur sale petite vie ».

Rebatet, mis au courant, on l'a vu, par Ralph Soupault, se fait l'écho de l'impression ressentie dans la collaboration parisienne à ce départ hâtif : « Bardamu brave cuirassier à vingt ans, mais beau foireux à cinquante. Grande gueule de littérateur et trouille au derrière dès que ça chauffe », ce qui correspond très exactement au portrait que fait de sa fuite Hérold-Paquis, dans des *Mémoires* écrits *in extremis*.

Le 29 juin, Marcel Aymé reçoit chez lui, rue Paul-Féval, à 11 heures du soir, une communication l'avertissant qu'il n'a plus que trois jours à vivre. Quelques minutes plus tard, une autre communication l'invite à ne pas s'inquiéter, c'était Céline qui lui avait fait une blague. « Or, déclare Marcel Aymé à Maurice Toesca, directeur du préfet de police de Paris, auprès duquel il est allé se plaindre, Céline qui est un camarade avec lequel j'entretiens les relations les plus cordiales est actuellement en Bretagne ; ce ne peut être lui qui m'ait fait cette plaisanterie de mauvais goût. Le lundi 3 juillet vers 16 heures, une troisième communication m'avertissait en ces termes : " Allô, ici le maquis, on descend tout de suite. " Puis, vers 21 heures, j'ai reçu un dernier message ainsi conçu : " Avec votre ami Céline, vous n'avez plus que quarante-huit heures à vivre. " Depuis je n'ai plus rien reçu [2]. »

Marcel Aymé survivra à la Libération, Gen Paul aussi ; le Dr Martiny, le compagnon français du Brenner's Park Hotel, si inquiet pour sa famille, revient en France et traverse lui aussi la Libération sans dommage majeur. Mais Louis Renault ne survit pas à sa détention et Brasillach est fusillé, comme Paul Chack et Georges Suarez. L'après-Occupation est pour beaucoup une sorte de raccourci sur le précipice, on passe ou on tombe.

Céline a fait le grand détour. Parti le premier, il reviendra le dernier. Pour le moment il croit encore ou feint de croire à une affectation médicale après les vacances, une sorte de relève à retardement.

Le 16 août, Robert Le Vigan arrive à Baden-Baden en compagnie de Maurice Rémy, Georges Oltramare (Dieudonné de *La France au travail* et de Radio Paris).

Une semaine plus tard, c'est la foule des premières. Les 22 et 23, les Luchaire, famille légitime et famille parallèle, débarquent avec les Abetz, les Déat, Costantini, Alphonse de Châteaubriant, Fernand de Brinon et Mme Mitre, Lucienne Delforge et son ami Henry Mercadier, speaker à Radio Paris. Jacques Ménard se présente aussi.

Cela fait beaucoup d'excellences et de présidents à caser. Le Brenner's est tout de suite surnommé « l'hôtel du Parc », y habiter vous classe et la compétition est vive. Les Destouches rétrogradent vers les hauteurs, à un étage plus modeste. Ils ont pour voisins de chambre des rapatriés de Paris, les Bonny, avec lesquels ils vont se lier et qui vont porter quelques-uns de leurs espoirs. Les Bonny sont suisses et, bien qu'engagés du mauvais côté, à un rang relativement modeste, on compte sur eux pour pénétrer dans le sanctuaire de la Paix.

L'atmosphère du Brenner's change du tout au tout. « La politique y régnait », dit Hérold-Paquis. « C'était Vichy[3]. » Il est lui-même parvenu à Baden-Baden après un voyage mouvementé en compagnie de journalistes PPF dans un wagon réservé qu'il compare à un fourgon cellulaire. Cousteau, Sicard et Soupault y sont les témoins des frousses intenses de Rebatet toujours prêt à grimper sur le toit.

Les nouveaux arrivés s'émerveillent d'avoir beurre et *Brötchen* au déjeuner du matin et de voir des pâtisseries aussi garnies. Il faut imaginer les rencontres entre ces effarés et Céline déjà bien installé et qui s'est coulé dans une vie de palace qu'il connaît bien.

Les escadrilles passent haut dans le ciel, pourtant les règlements de la défense passive sont strictement appliqués, un valet de chambre parcourt le couloir en frappant sur un gong et il faut descendre impérativement dans les abris. Céline, toujours discipliné, descend Lucette et les Bonny dans les sous-sols portant la musette aux trésors qui contient Bébert. Il se sent rassuré dans les profondeurs jusqu'à ce que Paul Bonny lui montre les tuyaux de la chaufferie : qu'une bombe tombe, ils éclatent et tout le monde sera ébouillanté[4].

Le commandant Costantini a été nommé chef de la défense passive du Brenner's. Selon Hérold-Paquis, il a fui Paris en uniforme allemand. L'éditorialiste de Radio Paris (« L'Angleterre comme Carthage sera détruite ») le montre faisant la roue au Brenner's en culotte de golf sans lâcher la serviette censée contenir un million de francs en espèces.

Hérold-Paquis épingle ainsi l'un après l'autre « les hôtes de marque choisis par les services d'Otto Abetz dans cet hôtel aux faux airs anglais, son ensemble de mauvais goût et son authentique confort de palace international ». Il montre une Lucienne Delforge si négligée « qu'on pouvait penser qu'elle n'avait pas procédé à sa toilette depuis Paris ». Les Bonny n'ont pas oublié pour leur part les entrées de Lucette dans la salle à manger à l'heure du déjeuner, son aspect pimpant, sa démarche aérienne de danseuse : « la Parisienne ». Toutes les têtes se tournent. La tenue de Céline ne les a pas frappés, preuve qu'il se baigne et se nippe convenablement. Hérold-Paquis ne le mentionne même pas, il est vrai qu'il loge ailleurs, qu'il ne fait que visiter le Brenner's, où il remarque surtout les protagonistes de la comédie qui se joue pour un hypothétique poste dans le « gouvernement » ou « à la radio » : Jacques de Lesdain, Henry Mercadier, Rebatet, Cousteau.

Céline se calfeutre, c'est clair. Quand il écrivait à Epting pour avoir des livres, il se félicitait de son incognito et s'il lui demandait de passer par l'intermédiaire de Denoël pour trouver des livres, ce qu'il aurait très bien pu faire directement, c'était pour ne pas laisser de traces, d'adresse. Seule Marie Canavaggia, Corse bouche cousue, est dans la confidence.

Il rencontre pourtant certains des nouveaux hôtes du Brenner's, on le sait par un certificat médical qu'il délivre à Costantini :

« J'atteste avoir donné mes soins à M. Constantini (*sic*) pour une crise de sciatique aiguë (*remplace* : douloureuse) (jambe gauche) qui lui rend la marche très douloureuse et je lui ai ordonné un traitement médical et un repos à la chambre d'une durée de dix jours et jusqu'à nouvel ordre. »

Ce certificat est daté du 25 août. Les 29 et 30 août, Karl Epting est à Baden. Il a été appelé au secours par Céline. Au-delà de la détérioration matérielle des conditions de séjour et des zizanies avec le Dr Schlemann et Frau Fisher, Céline veut partir, il tient à couper son sort de la rafle de notables collaborationnistes à laquelle il se trouve involontairement mêlé. Les armées alliées arrivent sur le Rhin, et Baden-Baden est à deux pas : y être pris serait encore plus compromettant qu'à Montmartre.

Les Destouches et Le Vigan, qui a lié son sort au leur, repartent avec le Dr Epting vers Berlin. Il y a là-bas l'espoir d'une hypothétique affectation médicale par l'entremise des Drs Knopp et Hauboldt que Céline connaît depuis l'Institut allemand à Paris.

Hauboldt qui a le titre de *Reichsgesundheitsführer*, responsable de la Santé pour le Reich, dispose d'une antenne à Kränzlin près de Neuruppin, à cent kilomètres au nord de Berlin, et c'est là qu'aboutissent les trois voyageurs. Le voyage s'est bien passé, mais la vision de Berlin, où ils auraient passé deux semaines, les poursuit : « Quelle avalanche de maisons. Louis en était malade », écrit Lucette aux Bonny. Ceux-ci détiennent, leur dit-elle, la clé de leur liberté. Kränzlin n'est donc qu'une étape. Céline parle de son côté de « Berlin ensorcelée au suicide », ajoute que Lucette aimerait revoir Mme Bonny. Deux messages valent mieux qu'un. « Robert (Le Vigan) est aussi affolé qu'un lapin le jour de l'ouverture. Il voit des fusils partout. Il ne fait pas partie des damnés gars. Tout le monde n'est pas Lesdain : le moral fait mot. Il n'a aucune nouvelle de France ni de Paris[5] » (5 septembre). Ce sont des allusions à des conversations du Brenner's. Jacques de Lesdain dont Céline n'a pas oublié les dédains (c'est le surnom qu'il lui donne) a un moral d'acier dont on s'est gaussé.

Ces lettres, écrites dès l'arrivée à Kränzlin, sont des appels au secours. La porte de la liberté ne peut s'ouvrir que sur la Suisse. Il s'agit d'être libérés de la guerre.

Les Destouches et Le Vigan sont logés au Schloss Scherz, grosse bâtisse à laquelle ont été ajoutées des tours. L'une leur est affectée.

Le « château Scherz », du nom de la famille, est le centre d'une vaste exploitation et il est entouré de bâtiments occupés par des réfugiés et prisonniers ou objecteurs de conscience. La famille Scherz s'est fait construire une maison moderne à côté du château lui-même, la seconde génération l'habite, tandis que le patriarche et sa sœur résident dans la vieille maison dont les Destouches et Le Vigan occupent l'une des tours.

La famille se compose du Rittermeister Scherz, ancien capitaine de cavalerie âgé en 1944 de quatre-vingts ans. Il avait déjà cinquante ans en 1915 quand Céline en avait vingt. Il va vivre encore trois ans.

Son fils Erich a quarante-cinq ans. Suite à une poliomyélite, il est paralysé depuis 1935. Il meurt en 1949 d'un cancer à l'estomac.

Sa femme, Asta, a quarante-trois ans en 1944. Elle a deux enfants, une fille de douze ans et un fils de dix ans.

Après la parution de *Nord*, où Céline a transposé à sa manière le séjour fait à Kränzlin sans modifier les noms, Asta Scherz atteste qu'elle n'a rencontré les Destouches que trois fois pendant leur séjour dont deux à un repas auquel elle les avait conviés. Les Français sont les hôtes du château mais non des Scherz. Pour ceux-ci, le nom de Céline ne signifie rien.

Un service médical d'une quinzaine de personnes, relevant du Dr Hauboldt, occupe la grande maison. Les Destouches et Le Vigan prennent leurs repas avec les employés et les menus n'ont rien à voir avec ceux du Brenner's Park Hotel. Chacun se mitonne des suppléments sur des provisions personnelles, sauf, bien sûr, les Français coupés des sources de ravitaillement et réduits à la pitance de base. En Allemagne, le « marcif » est à haut risque.

Nous revoir et passer, tout est là

Ils ne reçoivent pas de réponse de leurs nouveaux amis suisses avant la fin septembre. Céline dresse par retour un constat de la situation :

« Nous sommes ici en subsistance à quatre-vingts kilomètres de Berlin (Nord) dans l'ennui et la mort! en attente *sans bouffer* d'un poste à Rostock vers fin octobre. Pour le *Danemark* rien à faire! Pour le *Schleswig non plus*! J'ai dû me contenter de Rostock – donc au fond *rien du tout*! Certes nous serions enchantés de revenir avec vous! Nous avons fait par ici d'abominables expériences! une agonie!

« En bref, j'écris tout de suite à *Brinon* que je suis candidat au retour dans votre groupe avec préparation au passage en Suisse avec Le Vigan bien entendu – Mon cher vieux, voulez-vous aller *tout de suite le voir* (nous sommes en très bons termes) et *poussez la chose*! Nous revoir et passer, tout est là. Écrivez vite! (*souligné deux fois*). Mille affections à vous deux et aux enfants. Destouches.

« *Télégraphiez si possible*. »

Les lettres de Céline sont doublées par celles de Le Vigan. Il implore de son côté une intervention et une réponse rapides. Les Bonny, comme tous les résidents de Baden-Baden, à part Doriot et ses partisans cantonnés à Mengen, ont été dirigés sur Sigmaringen.

Les Allemands, toujours amateurs d'ordre, ont concentré autour du château des Hohenzollern (la branche aînée, qui n'a pas aussi bien réussi que celle de Prusse) tous les Français sans distinction d'origine. Le chef de l'État français, depuis que les Allemands ont forcé les grilles de l'hôtel du Parc, se considère comme prisonnier. Pierre Laval, son président du Conseil et dauphin, refuse également de jouer un rôle politique hors du territoire national. Il avait, à Paris, cherché à organiser la transition des pouvoirs par Édouard Herriot, et le Maréchal avait fait transmettre les siens à de Gaulle. Rien n'aboutit, la Libération sera un règlement de comptes entre « résistants » et « collaborationnistes ».

Fernand de Brinon, l'inamovible ambassadeur auprès de « l'ambassade », a institué une Mission gouvernementale qui s'est donné juridiction sur les Français présents en Allemagne. Bömelburg dirige pour sa part le *Gau* ou district de Sigmaringen. On a reconstitué en somme à Sigmaringen une mini-France occupée.

Ce que Céline et Le Vigan attendent de Fernand de Brinon, c'est une convocation qui leur permettra de mettre fin à leur escapade volontaire. Affamés, ils se sentent par ailleurs en danger. On ne leur fait rien espérer pour Rostock avant la fin octobre et « le drame serait que le cas désespéré nous surprenne ici, où nous sommes arrivés connus, et les ouvriers étrangers ne se méprennent pas sur l'espèce, y compris les Français... Alors! » (seconde lettre de Le Vigan du 26 septembre). Le cas désespéré, ce serait l'effondrement du front de l'Est et une ruée des Russes. Le domaine fait travailler des prisonniers russes, polonais et français, et ceux-ci, forcément communistes, feraient un sort aux « collabos », soit qu'ils les livrent aux Kirghiz, soit qu'ils leur règlent eux-mêmes leur compte. Le Vigan, auquel Céline délègue déjà le rôle qu'il lui attribuera dans *Nord*, n'est pas le seul à se sentir lapin au jour de l'ouverture.

Ils ne se dorent d'ailleurs pas la pilule : quitter Kränzlin pour Sigmaringen, c'est Sylla après Charybde. « Il est clair que, si la Suisse ne nous est pas ouverte, on s'affiche en une collectivité dénoncée et en une province méridionale où des désordres seront plus passionnés » (deuxième lettre du 26 septembre).

On voit quelles sont les préoccupations et les supputations auxquelles Céline et Le Vigan se livrent : en allant à Sigmaringen, ils reviennent à la case départ, ils s'affichent au milieu des collaborateurs, mais, puisque le passage du Danemark reste fermé, il ne reste que celui de la Suisse, dont les Bonny possèdent éventuellement la clé.

Le lendemain, Le Vigan se déclare d'ailleurs prêt à séparer son sort de celui de Céline. Celui-ci, médecin à Rostock, a une chance de s'en tirer tandis que lui, infirmier en usine, perdrait son statut d'hôte des Affaires étrangères.

Puis nouvelle missive et nouveau dispositif : Ferdinand a réfléchi. Même sans passage en Suisse, il est prêt à aller à Sigmaringen. Si Paul Morand et Drieu y sont, il témoignera que « l'Idée qui fit notre combat n'était pas si précaire qu'elle n'obtînt pour Elle trois des plus grands noms de la littérature française. [...] Historiquement le noyau doit être formé – les autres savent que le massacre donne historiquement raison à tous les arguments fabriqués après lui » (deuxième lettre du 27). Autrement dit, il sera moins facile de massacrer trois écrivains prestigieux qu'un Céline tout seul trouvé dans une ferme isolée.

Dans le terrier de Kränzlin on ignore le suicide de Drieu La Rochelle et l'exil en Suisse de Paul Morand. On est aux prises avec la femme chargée des nourritures, elle arrache les tickets en échange des deux soupes quotidiennes : « C'est une vie si petite, si mesquine, si domestique, si cuisinière, si perdue, si loin du cerveau que nos quarante ans de réflexions veulent bien plutôt y crever », écrit Le Vigan. Rostock ayant été écrasé sous les bombes, on demande un mois pour aménager un appartement au docteur!

Le 30, à travers une nouvelle lettre de Le Vigan, on entend la voix de Céline : « La musique de la langue, le tour de la pensée, le climat mental, est plus nécessaire que le pain, nous ne pouvons durer, refaire sa vie c'est pour les gens de trente ans. » La musique de la langue est d'autant plus nécessaire que le pain manque, et c'est l'ultime justification pour le retour à ce qu'on a fui.

Le 2 octobre, la réponse de Paul Bonny atteint Kränzlin. Il était temps, ils devaient partir le 20 pour Rostock – prendre une location à 275 marks par mois : « Ces gens-là sont remplis d'intentions excellentes mais aucune psychologie », écrit Céline. Il souffre de la tête et du bras – blessé à quatre-vingts pour cent. Il avait imaginé des Affaires étrangères plus compréhensives et peut-être plus ingénieuses; on le prend pour un jeune romantique de vingt-cinq ans! Il a fait cadeau à la cause de tout ce qui lui restait de validité, « à présent un peu d'égard ne serait pas malséant de la part de M. Pétain aussi dont je suis un des vaillants rescapés », ces réclamations sont envoyées de Krantzlin-Neuropin (*sic*) (Schlossherz, le 2 octobre). M. Pétain a de lourdes obligations envers le cuirassier, dont les douleurs se réveillent dès qu'il y pense.

Le génie de Céline se nourrit de mégalomanie au quotidien. Naturellement, il ne verra jamais Pétain qui s'est enfermé à son étage du *Schloss* Hohenzollern et n'en sortira que pour aller en Suisse.

La lettre de Bonny annonçait une réponse positive de Brinon. Suit un télégramme de Céline à Bonny disant qu'il a reçu « notre réponse pour Brinon » et demandant que la réponse soit envoyée à la *Reichsärztekammer* de Berlin, la Chambre des médecins du Reich, qui requiert, on peut le supposer, une manière de décharge pour les hôtes des Affaires étrangères dont elle a la charge.

Dès le 28, tout le monde est à Sigmaringen. Rebatet se trompe une fois de plus de date en faisant arriver Céline au début du mois. Son témoignage, s'il n'est jamais véridique, est admirablement *vu*, Rebatet aussi est un écrivain : « Les yeux encore pleins du voyage à travers l'Allemagne pilonnée, il portait une casquette de toile bleuâtre comme les chauffeurs de locomotive vers 1905, deux ou trois canadiennes superposant leur crasse et leurs trous, une paire de moufles mitées pendues au cou, et en dessous des moufles, sur l'estomac, dans une musette, le chat Bébert présentant sa frimousse flegmatique de pur Parisien qui en a vu bien d'autres. Il fallait voir devant l'apparition de ce trimardeur la tête des militants de base, des petits miliciens : C'est ça le grand écrivain fasciste, le prophète génial. Moi-même, j'en restais sans voix » (*L'Herne*). D'après Bonny, l'arrivée a lieu de nuit. La voix de Céline perce l'obscurité : « T'es là, vieux ? »

Le Vigan sépare son sort de celui des autres ou l'inverse : « On a traîné un moment Le Vigan avec nous, il nous a quittés à partir de Sigmaringen. Jusque-là, il était avec nous. Il n'y tenait pas, mais on était accrochés », dit Lucette à Daniel Rondeau [6]. Qui n'y tenait pas, Le Vigan ou Céline ? Celui-ci prend rapidement ses fonctions de médecin de la colonie française, comme l'atteste une ordonnance rédigée et datée de sa main. Il pratique sans attendre l'autorisation officielle et réclame de la morphine, de la caféine, de l'huile camphrée et une casserole pour faire bouillir seringues et instruments [7]. Il se sert ensuite du cabinet d'un dentiste absent. Il donne aussi des consultations à l'hôtel Löwen où les Destouches ont une chambre. Elle horrifie Rebatet par son désordre : penser qu'il a été hygiéniste ! (*L'Herne*). Dans ce Coblence de la collaboration les choses sont plus humaines qu'à Kränzlin, le ravitaillement s'est organisé et le « marcif » fonctionne. Rebatet, toujours perfide, raconte comment Céline collectionne jambons, saucisses, poitrines d'oie fumées mais se croit tenu de temps à autre de partager le repas communautaire en faisant semblant d'y faire honneur alors que Bébert, de toutes les sorties, refuse de toucher au « stamgericht ».

Lucette a obtenu de pouvoir s'entraîner dans une salle du château. Elle y emmène Bébert. Le Dr Destouches la rejoint à l'occasion, il bavarde avec les « actifs » et les « passifs » (ceux qui ont accepté de jouer un rôle dans l'administration de Brinon et ceux qui refusent toute collaboration). Lucienne Delforge pratique aussi son piano au château et Lucette lui donne des cours de danse.

Ils sont deux médecins, le Dr Destouches et le Dr Jacquot. La clientèle est pour le moins variée. Céline passe voir chaque jour la mère de l'ancien ministre de l'Éducation nationale, Abel Bonnard, et il l'accompagne dans sa dernière maladie. Il sympathise avec l'Excellence qui doit montrer de la considération pour le docteur. Abel Bonnard restera pour toujours classé parmi les êtres d'élite, détachés de la matière, les Ariel : Céline n'a que considération pour sa conversation et sa culture ; ses préférences sexuelles n'ont du coup plus d'importance. Ils se sont rencontrés au début de l'Occupation. Abel Bonnard ayant cité un texte de Céline sur l'alcoolisme, il a reçu un de ses livres dédicacés et ils ont dîné ensemble. À Sigmaringen, ils parlent de littérature, dans un langage qui, note Bonnard, n'a rien à voir avec celui de ses livres ; comme pour Léon Daudet, juge-t-il, c'est le contraste entre un tempérament violent et un goût littéraire raffiné. Il note aussi son « inquiétude pénible à l'idée d'être ratatiné » lorsque le sol de la petite ville tremble des bombardements d'Ulm (*L'Herne*).

Céline voit peut-être Laval, au château, une ou deux fois, et certainement Paul Marion, être d'exception comme Bonnard, mais jamais Pétain qui a son propre médecin, le Dr Ménétrel, que la rumeur publique donne comme un agent de l'Intelligence Service. Sur intervention de Brinon, il est bientôt exilé à dix kilomètres de Sigmaringen. Tout ce que peut alors faire Ménétrel pour le Maréchal est de réclamer des vêtements chauds. Mais l'hiver se passe sans que le grand vieillard attrape un rhume. Un médecin prisonnier, le Dr Schillemans, est cependant requis pour remplacer Ménétrel. Il rencontre par hasard (croit-il) son confrère Destouches dont les yeux le frappent par leur fixité, l'interrogation muette qu'ils contiennent.

Céline, qui porte son chat dans un sac de voyage à trous d'aération, l'aborde sur la rampe du château. Il juge la situation désespérée et sollicite son avis : qu'est-ce qui va sortir de ce micmac ? Il le met aussi en garde contre les dangers alentour et lui assure que Bömelburg, présent un peu plus loin, nourrit son molosse de chair humaine [8].

Aussi insolite qu'elle paraisse, la scène qui réunit le médecin de Pétain, le consul Müller, le gauleiter Bömelburg et son chien à la porte du château sonne vrai. Céline y est conforme à son emploi. Concierge de la tragédie, il cueille l'information utile au prix du jour, provocation ou affabulation.

Le Dr Schillemans décide après quelque temps de quitter un service qu'il juge inutile et demande à retourner dans l'anonymat de son oflag attendre sa libération. Fernand de Brinon le met aux arrêts pour désertion de poste et il a la surprise de voir entrer dans sa chambre son confrère Destouches qui lui déclare qu'il a « déconné » et lui demande ses intentions. Il va s'entremettre pour lui auprès de Brinon et lui rapporte une bonne nouvelle dès le lendemain : il rentre dans un camp, pas forcément celui dont il vient compte tenu de l'avance alliée, et il lui souhaite de ne pas retrouver les Russes.

L'affaire se dénoue ainsi dans la solidarité confraternelle. Le patient n'a qu'à bien se porter. Personne n'a songé à proposer Céline au Maréchal, à moins qu'il ne se soit récusé (c'est peu vraisemblable).

Sur le front intellectuel, le Dr Epting ne reste pas inactif. Le 6 novembre, il a organisé à la Deutsches Haus une journée d'études des intellectuels français en Allemagne; Brinon parle, Déat parle, Céline est à la place d'honneur. Il lui suffit d'une demi-heure pour transformer la grave réunion en pétaudière, affirme Rebatet (*L'Herne*).

L'issue nord

A la fin du mois d'octobre, une lettre de Karen Marie Jensen est arrivée d'Espagne. Elle renouvelle son offre antérieure d'hospitalité à Copenhague : « Si vous voulez et si vous pouvez y aller, vous avez mon appartement en ville et ma maison à la campagne, et en plus Mme Johansen et les enfants. » Les enfants des uns et les enfants des autres.

Qu'est devenu le million collecté dans les banques avant le départ? Céline dira l'avoir dépensé pour vivre et soigner ses malades, ce qui porte le prix des remèdes et de la poitrine d'oie à des sommes astronomiques. Il a un poste officiel qui doit être défrayé. Le matin, il pratique à la maternité du Fidelis, ancien couvent transformé à cet effet. L'après-midi, il utilise, on l'a dit, le cabinet d'un dentiste absent. On possède des ordonnances de sa main, ce ne sont pas des bons de livraison. Il y a quelques indications, du côté Bonny, permettant de penser à des conversions en timbres rares. La perte sur le billet français doit être dans tous les cas sévère. Cela nous renvoie une fois de plus au joaillier Geoffroy, à l'or du gilet et à des bijoux.

En janvier 1945, quand, arguant de sa qualité d'écrivain, Céline dépose une demande officielle d'admission en Suisse, il fait état de pièces d'or et de bijoux pour une valeur de 12 000 francs suisses environ, il n'est pas question d'argent liquide. Il déclare aussi au consul de Suisse qu'il pourrait obtenir d'Espagne le triple de cette somme, d'amis auxquels il a confié de l'or. On pense évidement à Karen, à son ami diplomate et aux enfants du Danemark.

Cette demande n'aboutit pas et les Destouches font plusieurs excursions dans la neige du côté de la Suisse pour voir s'il serait possible de passer la frontière. Ils aboutissent un jour à un lac sans aucune maison alentour où Lucette voit sortir de terre des soldats nus comme la main qui se jettent dans les eaux glacées. C'est un hôpital souterrain avec sauna. Comment le sait-elle [9]? Égal à lui-même, l'increvable Bébert suit dans la neige. Lucette Almanzor se souvient aussi qu'ils allaient regarder partir les trains à la gare et qu'un jour ils avaient même réussi à se hisser sur un marchepied. Le train démarrait, mais la gendarmerie allemande les avait fait descendre (Vitoux). C'est une histoire touchante devant laquelle il faut hésiter : s'il avait suffi de prendre le train et de se présenter à la frontière, les trois quarts de la colonie de Sigmaringen se seraient déjà éclipsés en janvier.

À la mi-décembre, une offensive allemande dans les Ardennes fait croire quelque temps à une répétition de mai 40 vu de l'autre sens. Le journal *La France*, qu'édite Jean Luchaire, remonte le moral des exilés dont le sort dépend des Allemands, comme celui des FFI dépendait des Alliés. Tous les espoirs sont mis dans les armes nouvelles (le Napu !).

Le 6 janvier, Doriot crée le « Comité de la libération française » auquel adhèrent Darnand et ses six mille hommes. Débris de la division Charlemagne, miliciens, membres du parti, joints aux militants de Déat, ils doivent former l'avant-garde d'une armée de reconquête avec un potentiel de deux millions d'hommes, les prisonniers et hommes du STO susceptibles d'être mobilisés. On peut toujours rêver.

Le dernier homme que le Maréchal a accepté de voir, Gabriel Bruneton, adhère à ce comité. Doriot doit rencontrer Déat pour sceller leur réconciliation. Sur la route de Mengen, sa voiture est mitraillée et il est tué. Des funérailles solennelles lui sont faites à Sigmaringen auxquelles le Maréchal et Laval refusent (séparément) d'assister mais auxquelles participe toute la colonie française.

Les morts violentes se multiplient. Montandon, agressé chez lui à Clamart et atteint de plusieurs projectiles, a survécu. Évacué vers l'Allemagne, opéré à Fulda, on découvre alors qu'il nourrit un cancer terminal. Céline en est informé.

Jean Bichelonne, ministre technicien du gouvernement Laval, s'est fait opérer d'un genou accidenté l'année précédente. Il meurt d'une embolie pulmonaire sur la table d'opération. Ses anciens collègues, Marion, Gabolde, Darnand, vont assister à ses funérailles solennelles à Stettin en Prusse-Orientale. Jusqu'au bout, le régime insiste sur la pompe et le décorum. Céline, renseigné par Paul Marion, s'approprie cet événement, comme les autres, ce qu'on lui raconte à la porte du château ou ailleurs. Sa transposition intègre les funérailles nationales que les nazis font au maréchal Rommel qu'ils ont forcé à se tirer une balle dans la tête après l'attentat manqué contre Hitler.

Le 20 janvier, Karl Epting organise une nouvelle réunion littéraire. Les sujets de conversation ne manquent pas : depuis le 4, les Anglo-Américains sont sur le Rhin et la radio a rendu compte du procès Brasillach. Au dîner-débat de Karl Epting, un plat unique de poisson et une grande abondance de vin rouge. Rebatet, qui y assiste, entend Céline entamer le leitmotiv de l'après-guerre : les Allemands ont le beau rôle ! Ils vont rentrer chez eux la conscience nette alors que les collabos vont tout perdre, biens, honneur et vie. Ce qui lui permet, assure Rebatet, de dire ce qu'il pense de l'uniforme allemand et tout le monde – militaires compris – de rire. Les repas d'enterrement finissent toujours dans la gaieté et les survivants provisoires se montrent indulgents les uns envers les autres.

Le 6 février, Robert Brasillach, jugé le 19 janvier en quelques heures, est exécuté. Le général de Gaulle a refusé le recours en grâce malgré les suppliques. L'article 75, assistance à l'ennemi en guerre (de Gaulle ne reconnaît pas l'armistice), est applicable aux écrivains. Avis. Attendre les Alliés à Sigmaringen, c'est attendre le peloton d'exécution.

Céline assiège Epting ; il reçoit aussi l'appui de Heller, ex-censeur à Paris plus tard traité de « fiote ». Le colonel Bickler, l'ancien responsable des renseignements politiques pour l'Ouest, qui a gardé un poste dans la SS, dénoue la situation. Il obtient de Werner Best, qu'il a connu comme responsable de l'administration militaire à Paris et qui est maintenant « ambassadeur » au Danemark, comme Abetz l'était à Paris, un visa d'entrée au Danemark. « On a fini par avoir un laissez-passer », résume sobrement Lucette Almanzor [10]. Or, c'est une faveur unique. Bömelburg renouvelle les *fremdenpass* arrivés à expiration, accorde l'*exeat* et met à la disposition des Destouches un infirmier débrouillard chargé de les convoyer jusqu'à la fontière, un nommé Chamoin.

Le 15 mars, le père de Lucette Almanzor envoie une carte postale à Mme Rolli, sœur et belle sœur des Bonny qui habite Genève et sert de relais avec la France (il a fonctionné en sens inverse et on sait dans la famille où se trouvent Lucette et Louis). M. Almansor a assisté « aux obsèques de la mère de Louis décédée il y a huit jours ».

Le 21 mars, Germinal Chamoin reçoit son ordre de mission : « accompagner et aider le Dr Louis Destouches, grand blessé de guerre, dans son voyage jusqu'au Danemark et lui porter aide ». Le document est délivré par le Service central de sécurité du Reich, commando spécial « R ».

Le 22 mars, à la gare de Sigmaringen, Lucien et Véronique Rebatet, le Dr Jacquot, l'autre médecin français de Sigmaringen, Abel Bonnard, Paul Marion, Le Vigan, les Bonny assistent au départ. Céline déploie le « phénoménal Ausweis d'un mètre cinquante de long, militaire, diplomatique, culturel et ultra-secret, qui allait lui permettre, fait unique, de franchir les frontières de l'Hitlérie assiégée ». Rebatet, qui ne cache pas son envie, croit voir au moins deux cents kilos de bagages. « Céline, Bébert sur le nombril, rayonnait, et même un peu trop. Nous ne pèserions pas lourd dans son souvenir » (*L'Herne*). Nous savons que les Destouches n'ont pris que l'indispensable, confiant l'excédent, dont les costumes de Céline et les manteaux de fourrure de Lucette, aux Bonny.

A 19 h 30, le convoi, chauffé au bois (toujours Rebatet), s'ébranle.

Trois jours de train

Premier arrêt à Ulm pour la nuit. Au matin, autre gare et un train pour Augsbourg. Germinal Chamoin mène les opérations. À Ulm il a réquisitionné une charrette à bagages qui leur permet de traverser la ville.

Bébert est du voyage. Il devait en principe rester chez l'épicier qui lui fournissait à Sigmaringen de quoi se nourrir, mais il se devait aussi à son mythe : il casse un carreau, traverse Sigmaringen et retrouve la chambre 11 du Löwen. Comment abandonner un tel animal ?

Chamoin note chaque étape : Donaworth, Treuchtingen, Nuremberg, Furth, Bamberg, Lichtenfels, Eisenach, Bebra, Göttingen, Hanovre. Puis Han (?), Kleefeld, Lerthe, Hambourg, Altona et Flensburg où ils arrivent le 26 mars à minuit.

« Le train s'arrêtait dans une gare, on ne savait pas où on était », c'est Lucette Almanzor qui se souvient quarante ans plus tard : « Ça m'a semblé dément. Pour se reposer on s'allongeait par terre. On est passé à travers tout. C'étaient des locomotives incroyables qui marchaient au charbon et au bois, elles jetaient des étincelles partout. On prenait un train, il était bombardé. Je nous vois sortant d'un tunnel, obligés de foutre le camp, tombant dans les bas-côtés. Les Allemands remettaient les rails, ça durait des heures. Devant le train, vous imaginez. On prenait le train sans jamais savoir où il devait nous emmener. » Un Italien les suit, ils transportent un Anglais sur une civière. « On l'a poussé jusqu'à une gare, c'était Nuremberg [11]. » « On » doit être Chamoin qui, lui, sait où il est et où il va. Céline se contentant, suivant un autre récit (à F. Gibault) de répéter : « Au nord, Chamoin, au nord ! » Il écrira plus tard aux Bonny que Lucette et Chamoin l'ont littéralement porté.

La traversée de Nuremberg d'une gare à l'autre devient, dans le récit fait à Daniel Rondeau, l'épisode central du voyage : de la ville, il ne reste rien, sauf les cheminées dans lesquelles les feux brûlent, c'est la nuit, par terre comme des sacs de pommes de terre : « C'étaient des gens, des Allemands, et tous ils chantaient. C'était comme un immense opéra. » Chamoin pousse la brouette des bagages, Céline et Lucette suivent chargés de leurs biens les plus précieux. Lucette dit perdre ainsi un sac contenant des bijoux, des parures indiennes et ses castagnettes. Dans une autre ville, au clair de lune, ils voient des soldats appuyés sur leur fusil le long d'un mur. « On s'est approché. Ils étaient morts. Ils avaient été soufflés. Et, quand on les a touchés, ils se sont écroulés » (Vitoux, p. 433). C'est la résurgence d'un de ces fantasmes de guerre que Norton Cru analysait dans *Témoins*.

Le voyage, qui paraît interminable, dure, on l'a dit, trois jours. Lu sur la carte, l'itinéraire de huit cents kilomètres tracé par Chamoin, auquel Céline répète : « Au nord ! », va tout droit de Sigmaringen à Flensburg, il ne fait un ventre, vers l'est, que pour rattraper Nuremberg où les voyageurs seraient arrivés le second soir. Ils traversent des gares effondrées et des faubourgs en ruine. Lucette a emporté un réchaud à alcool, sa provision de thé, la théière et la casserole d'argent de Paris. Ils s'approvisionnent en eau dans les gares et elle fait sa préparation en route. Ils ont pu acheter du pain à Göttingen le deuxième jour. Bombardé, le train se réfugie dans un tunnel, ce qui fournit à Chamoin l'occasion d'un mot d'esprit : « On y est, dans le voyage au bout de la nuit ! »

Manque d'à-propos de profane, il ne s'agit plus ou pas encore de littérature. Plus tard, Céline parlera de dix-huit jours, *à pied* [12], et de vingt-sept changements de train. Dans *Rigodon*, il amalgamera les divers trajets parcourus en Allemagne de Baden à Berlin, de Berlin à Sigmaringen et de Sigmaringen à Flensburg, ce qui en fera une interminable odyssée. Cette traversée entre les armées à l'assaut de l'Allemagne s'amplifie d'ailleurs d'autant mieux que Chamoin Germinal, le fidèle porteur et guide infaillible, en disparaît, le rôle de Bébert atteignant des proportions légendaires : « Lucette l'avait mis dans une gibecière. Elle l'a porté ainsi sans boire, ni manger, ni pisser, ni le reste pendant dix-huit jours et dix-huit nuits. Il n'a pas remué ni fait un seul miaou. Il se rendait compte de la tragédie. Nous avons changé vingt-sept fois de train. Tout perdu, brûlé en route, sauf le chat. Nous avons fait des trente-cinq kilomètres à pied d'une armée à l'autre, sous des feux pire qu'en 17 [13]. »

Ce qu'a fait Bébert, aucun homme ne l'aurait fait. François Gibault, prosaïque, fait remarquer que les voyageurs, Bébert compris, n'ont jamais été à moins de deux cents kilomètres de l'un des deux fronts.

La troisième nuit, la frontière du Danemark est atteinte, le train ne va pas plus loin. Dans la salle d'attente de Flensburg, Céline confie des lettres pour Fernand de Brinon et son confrère le Dr Jacquot à Germinal Chamoin, le reste de son argent allemand et des tickets d'alimentation. Le 31 mars, Déat note son retour à Sigmaringen. Par lui, la colonie sait que Céline, arrivé le premier, s'en est sorti le premier.

L'effet n'est pas heureux sur tous. Hérold-Paquis commente le lâchage : « Les trains roulaient mal ou ne roulaient plus. Le carburant, même synthétique, manquait. Le colosse motorisé était paralysé. Ce fut dans cette atmosphère que j'appris la fuite de L.-F. Céline. Réfugié à Sigmaringen, Céline avait vu la défaite allemande après l'échec des Ardennes. Dès lors, il s'était renié. Il racontait que *L'École des cadavres*, *Bagatelles pour un massacre*, *Les Beaux Draps* n'étaient que des notes personnelles qu'il ne voulait pas livrer au public, mais que Denoël lui avait littéralement arraché les pages manuscrites de ses trois bouquins. Oui, L.-F. Céline, porté au pinacle par les propres ténors de la collaboration, Céline, pour une lettre duquel *Je suis partout* ouvrait sa première page, Céline, le dieu des antijuifs, le messie de l'ordre nouveau, Céline que son torrentiel langage avait imposé à la foule, Céline qui était le " prophète ", l' " Évangile ", tout, en un mot, Céline désavouait l'auteur de *Bagatelles*, de *L'École des cadavres*, des *Beaux Draps*. Ces trois livres, il les méprisait, les repoussait du pied. Céline faisait lui-même dans cette ville allemande, devant quelques millions de Français, le " voyage au bout de la honte ". Puis un jour il disparut [14]. »

Ce réquisitoire, écrit dans l'attente de l'exécution, ne sera publié qu'en 1948.

Au matin du 27 mars, vers 6 heures du matin, un train entre en gare. C'est un convoi de la Croix-Rouge suédoise sous la conduite d'un médecin-colonel. Il transporte des rapatriés, tous suédois. Le Dr Destouches aborde son confrère et lui demande le passage. Lucette se joint à son mari pour le supplier de les emmener.

Elle garde de l'événement un souvenir dramatique : le Suédois reste inflexible, elle tombe d'épuisement, le train s'ébranle, quelqu'un se saisit d'elle, la hisse dans le wagon. Céline la rejoint avec Bébert, le convoi s'ébranle, il pénètre au Danemark. Sauvés! (Vitoux.) Et les bagages? On vous a dit qu'ils avaient été brûlés, perdus, semés au long de la route. Et Chamoin? Il est toujours là, sa mission n'est pas finie. Il note sur son relevé de voyage : « Entrés au Danemark à 18 h 38. » Il aurait fallu attendre douze heures pour que le colonel suédois se laisse fléchir et pour que le convoi reparte.

Céline au Danemark

Céline dira plus tard que Lucette s'était jetée sous le train. C'est l'équivalent de la charge héroïque de *L'Illustré national* avec le motif récurrent du genou blessé, pendant pour danseuse de la main blessée de l'écrivain. Elle-même se souvient qu'elle a été projetée sous un train avec Bébert, un peu avant Hanovre (Vitoux).

À Copenhague, les Destouches se font conduire à l'hôtel d'Angleterre, où Céline avait ses habitudes avant guerre. « C'est presque un palace », se souvient plus tard Lucette Almanzor (Vitoux). C'est toujours le meilleur hôtel de Copenhague, le plus prestigieux. Il a la réputation d'être plus sélectif que le Ritz. « Les pays du Nord sont snobs, snobs [...] c'est là qu'on descend pas ailleurs », écrit Céline à son beau-père [15]. La chambre la moins chère est actuellement à 1 750 couronnes, 1 540 francs. Les animaux y sont admis après arrangement préalable. En 1945, Bébert y entre dans la musette que portent alternativement Céline ou Lucette. Ceux-ci ne doivent pas payer de mine après trois jours de train, sans même parler des autres incidents de la route, chutes sous les roues, soldats soufflés, traversées d'opéra.

Une difficulté supplémentaire vient de ce que l'hôtel est réquisitionné par l'ambassadeur d'Allemagne et ses services. L'interminable visa signé Best peut jouer son rôle, on leur donne une chambre et ils plongent sans transition dans les délices de l'eau chaude, des petits pains beurrés et de la confiture à gogo.

Les Destouches ont l'adresse des amis de Karen Marie, Knud Otter-ström, Anne-Marie Lindequist et Ella Johansen, amie d'enfance de Karen. Prévenues de leur arrivée, Ella Johansen et sa fille viennent les voir. Lorsque leurs relations se seront rafraîchies, elle se souviendra de la manière dont on leur a offert « une pincée de thé » en leur laissant entendre qu'« il y en aurait d'autres [16] ». Le marcif gâte les manières.

Le thé et le café sont à peu près les seuls produits alimentaires introu-vables au Danemark. Pour le reste, tout ce que produit la riche cam-pagne danoise est offert à profusion. Lucette se souviendra du choc reçu alors : elle parcourait des magasins regorgeant de produits en vente libre et elle en riait toute seule (Vitoux). Ce sont donc, après les restrictions et les bombardements, la paix et l'abondance. Céline a gardé le contact avec les exilés de Sigmaringen, il écrit à son confrère Jacquot pour lui dire qu'il ferait n'importe quoi pour « le malheureux Chamoin », « sans lui nous ne passions jamais entre les quatre armées combattantes ». Lucette et lui l'ont littéralement porté. La lettre, citée par François Gibault, n'est pas datée, une mention à « la torture » dans laquelle il a fallu retomber et aux Érinyes fait douter qu'elle soit écrite par ces jours de calme. Le mot de remerciement qu'il envoie à Cha-moin lui-même, le félicitant d'être « retourné en Italie. Ici on l'aurait livré. LVF », « pas plus vache que ce pays », indique à la fois d'où venait Chamoin, comment il s'en était sorti et aussi qu'il avait été question qu'il passe lui aussi au Danemark [17].

Les Allemands, depuis le 19 septembre 1944, administrent directe-ment le pays. Le Parlement s'est mis en vacances, le gouvernement a démissionné et ce sont les secrétaires généraux des ministères qui dirigent l'administration, la police a été arrêtée et l'armée allemande assure directement le maintien de l'ordre. Les occupants et Werner Best, tout SS qu'il est, gardent ce petit pays soigneusement en dehors du conflit, comme une Suisse à eux. Au début 43, il y a encore des élec-tions législatives, 96 % des suffrages se portant sur la coalition du « Zusammenarbeit ».

Le Dr Werner Best, avec le modeste titre de représentant diploma-tique du Reich, a la haute main sur le pays. Il a été en poste à Paris d'août 40 à juillet 42 en tant que chef de l'administration militaire du commandement militaire en France et, comme tel, chargé des premières mesures antijuives : recensement, arrestations des notables ; amendes, port de l'étoile... Membre du parti depuis 1930 (n° 342331), employé aux Affaires étrangères de Ribbentrop, mais avec une fonction dans la police secrète et le titre de *Brigadeführer* de la SS, et disposant de la confiance de Himmler, il a une influence croissante sur la politique étrangère du Reich. On a parlé de lui comme un successeur pour Heydrich quand celui-ci a été assassiné. Dans ses *Mémoires*, il dira avoir pris une part active à la façon dont la « question juive » avait été réglée au Danemark par l'évacuation vers la Suède des quelque 1 500 Juifs que comptait le pays [18].

Céline va le remercier pour son visa d'entrée et en profite pour faire mettre à jour le *fremdenpass* qui lui a été délivré le 8 juin 1944. Il était renouvelé par erreur jusqu'au 19 mars 1945, il est donc déjà expiré ! On le proroge, comme celui de Lucette, jusqu'au 19 mars 1946.

Après avoir passé quelque temps dans la maison d'Ella Johansen à la campagne, Céline, qui se fait appeler Courtial, et Lucette, qui se fait appeler Lucie Jensen, s'installent dans l'appartement de Karen au dernier étage du 20, Ved Stranden, dans la partie historique de Copenhague. En bas de l'immeuble, l'une des épiceries fines les plus célèbres du Danemark, Bokelund. Spacieux, disposant de deux sorties, bien meublé, agréablement décoré, pourvu de tout ce qui est nécessaire à la vie, l'appartement n'a que l'inconvénient d'être au dernier étage, un peu bas de plafond et soumis aux écarts de température, froid l'hiver, chaud l'été.

Les Destouches sont en règle avec l'occupant, ils disposent de pseudos auprès des Danois ; ce sont des amis de Karen Marie Jensen qu'elle héberge et leur présence pourrait aller de soi. Mais voici que les Russes atteignent Berlin, qu'Hitler se suicide et que l'armée allemande capitule. À Copenhague, cela se fait dans le plus grand calme, le 5 mai. Après avoir défilé, les Allemands remettent leurs armes aux Britanniques. Ce jour-là, Me Mikkelsen, avocat danois qui vient de perdre sa femme française, présente Céline au chef de la police pour les étrangers, « étant entendu que cette démarche garde un caractère personnel [19] ». Mikkelsen a participé à la Résistance danoise, mais il est francophile avant tout. Il a pris en charge un prisonnier français évadé, Louis, qui lui sert de cuisinier. Il prend maintenant la responsabilité des Destouches. Céline, introduit au Danemark par les Allemands avec un passeport allemand, est maintenant sous couvert de la Résistance et de la police danoises ! Ces protections que lui ont ménagées ses amis danois, Anne-Marie Lindequist, Knud Otterström, constituent un retournement dont il ne peut manquer d'apprécier la saveur.

Les Danois, reprenant le contrôle de leurs affaires, commencent une « épuration ». Le 1er juin, le roi Christian X signe une loi à cet effet ; c'est le jour où Me Mikkelsen dépose pour les Destouches une demande de permis de séjour.

Le 20 juin, ils remettent leurs passeports au directeur de la police nationale, passeports *français* délivrés avant la guerre et périmés depuis 1943. Par ces temps de remue-ménage, personne ne s'interroge sur la façon dont ils ont voyagé depuis ni ne réclame leur document d'entrée au Danemark. Il n'en est pas plus question désormais que des vrais-faux passeports délivrés au nom de Délétang et Alcante qu'ils auraient pu être tentés d'utiliser. À cette différence que ces passeports, eux, ont, été conservés.

Céline passe une journée à la campagne chez Mikkelsen à Korsör avec le chef de la police de Copenhague, Aage Seidenfaden. Il est agréé à résider dans la discrétion. Il continue à donner le nom de Courtial et Lucette celui de Jensen pour recevoir leur courrier chez Karen Marie Jensen, ce qui provoque quelques embrouilles. Le voisin du dessous s'appelle aussi Jensen, nom aussi courant au Danemark que Martin en France et il est soupçonné d'intercepter leur courrier pour aller le lire à la police. Aussi les Destouches se font-ils adresser leurs lettres au nom d'Almanzor chez Ella Johansen ou chez Bartholin, ce chorégraphe que Céline espérait voir s'intéresser à ses arguments de ballet en 1936. Lucette recommence à s'entraîner avec lui; elle donnera même quelques leçons dans les locaux de l'Opéra où il est danseur et chorégraphe. Ainsi, avec les Johansen, Mme Lindequist, la photographe en renom, Knud Otterström, ils ont reconstitué sur place un réseau d'amitiés.

Le 15 novembre, ils reçoivent leurs tickets de rationnement. La prochaine étape à franchir est celle du permis de travail qui autoriserait Lucette à donner officiellement et à son seul bénéfice des leçons de danse espagnole et orientale. Bartholin la laisse enseigner dans sa classe, malgré l'opposition de Harald Lander, et elle donne aussi des leçons dans des studios improvisés. Céline se plaint qu'elle soit obligée de laisser l'essentiel du bénéfice aux autochtones, éternel problème des immigrés. Mikkelsen entrevoit pour lui un poste de médecin où il pourrait exercer en anglais. Il lui fait rencontrer des amis de la Résistance et des milieux médicaux. Ce serait un travail hospitalier.

Chaque jour, Céline descend faire les courses et acheter les journaux qui le tiennent au courant de la vie à Paris, de l'épuration par exemple.

Les jours se passent, paisibles. Des liens sont renoués avec Marie Canavaggia à Paris et, à travers elle, avec le monde de l'édition, avec les Bonny en Suisse par l'entremise de « Mme Rosa », rue de Carrouges à Genève. Une lettre de Marie Canavaggia à Mme Rosa donne le ton du moment : « Madame, Nous avons votre beau-frère et moi un ami commun – il s'appelle Ferdinand – lequel apprenant que je vais à Genève m'a chargé de quelques commissions. Selon lui votre beau-frère l'aurait entendu parler de moi. Je serai à Genève à la fin de cette semaine. Voudrez-vous me téléphoner ou m'écrire chez des amis qui m'hébergent (eux ne connaissent pas Ferdinand)? (S.d.)

On utilise un code. À Marie Canavaggia on parle de « Pantin II », ou de « La Bataille du Styx », dans lequel on compte insérer *Scandale aux Abysses*, à Mme Rosa de diverses maladies, des rhumatismes attrapés ici, de l'asthme dont on souffrait là et de cet hiver qui à Genève est rigoureux (12 septembre). Lucette se plaint des prix presque suisses, de Kr (couronnes) au change élevé et des problèmes qui les empêchent de travailler (elle, son genou, lui, sa tête). Il ne se remet pas de la perte de sa pauvre maman. Car, apparemment, la lettre du père de Lucette qui annonçait la mort de Marguerite Destouches ne lui est parvenue qu'au Danemark, et le fils vit son deuil à retardement. Il culpabilise en revoyant sa mère, en bas de chez lui, renvoyée comme un chien battu (à Marie Canavaggia).

Autre sujet d'inquiétude : si Karen Marie revient, où logeront-ils ? Tout est hors de prix, les chambres introuvables [20]. En septembre une lettre lui parvient d'Espagne, elle a croisé la sienne : Karen ne rentre pas, il peut être tranquille de ce côté-là.

Lucette se plaint auprès de sa mère, que leurs dépenses se montent à un demi-louis par jour, encore en se réduisant. Un louis vaut cinquante couronnes. C'est le prix minimum d'un homard ! Et un pot de confitures coûte 5 couronnes soit 500 francs : « rien à moins de 1 Kr ou 100 francs ».

Elle compte la couronne danoise à 100 francs. C'est, dit Henri Thyssens, son cours parallèle [21]. Au cours officiel, elle vaut 10,34 francs. L'un et l'autre cours étant irréels en terme de pouvoir d'achat, ce qui compte, c'est que Céline négocie le louis à 50 couronnes et qu'un homard de petit poids coûte exactement cela, un louis, soit 500 francs ou 5 000 francs, selon le taux de change retenu.

En 1933, Céline se sentait pauvre au moment où les ventes de *Voyage* s'envolaient, il ne voulait pas toucher au « pécune ». Établi dans le pays qu'il considérait alors comme le paradis, sans permis de travail, sans revenu régulier, sans perspective proche d'édition, il voit se volatiliser son magot au rythme d'un louis tous les deux jours, et c'est une angoisse permanente.

On dira que celui qui se récrie devant le prix du homard n'est pas misérable. Certes. Restent la tension de la clandestinité, et la dépression d'être sans prise sur l'événement, après neuf années de militantisme fiévreux, et, après quatre années d'influence, de pouvoir, la frustration d'être totalement hors du coup.

Quand Mikkelsen l'a présenté à la police des étrangers, il a fait état d'un épuisement nerveux qui rendrait tout départ impossible. Dans les lettres à Karen, il dit que, bien qu'ils rêvent d'Espagne, « les voyages sont dans son état encore trop fatigants ». À Copenhague, s'il ne voit personne, c'est qu'il est encore « trop malade ». Lucette dans les lettres envoyées en Suisse s'inquiète « des plus malades ». C'est le code du moment : la collaboration est une lèpre, les collabos intransportables. Le problème, c'est que métaphores et réalité se superposent pendant cette période et rendent la lecture des bulletins de santé difficile.

Une photo de l'été montre Céline travaillant sous les toits, torse nu, les lunettes au bout du nez, l'estomac replet. Cela n'empêche pas l'inquiétude à l'idée de l'opprobre, des brutalités, de la mort promis à

Paris. Et quand il parle du temps libre que lui laissent ses maux de tête, ce n'est pas nécessairement une des figures du code.

Une autre photo le montre, dans la rue, un filet à la main, marchant face à l'objectif, un passant derrière lui met la touche d'époque, c'est un GI à peu près du même âge, cravate beige, barrette de décorations. Céline a le col ouvert, le petit rictus de celui qui se sait photographié, il est bien mis, ses chaussures sont cirées et la main gauche porte une paire de gants. On portait encore des gants en 1945, un homme élégant tenait une paire de gants à la main en 1945. Le Maréchal, quand il entre dans le prétoire le 23 juillet, tient les siens à la main. Il les pose dans son képi renversé sur la petite table installée devant son fauteuil. Et cela chaque jour jusqu'au 15 août, somnolant ou ne somnolant pas, par ces journées torrides, dans une salle bondée.

Le 6, l'humanité change d'ère, Hiroshima est vitrifiée, c'est le doux président Truman qui a manié le Napu, pour des raisons humanitaires : il faut convaincre les Japonais de cesser une résistance inutile : l'âge atomique commence avec l'*imperium* américain.

Céline ne mentionne aucun de ces événements dans une longue lettre qu'il envoie en Espagne. Il parle de la façon dont Lucette se débrouille pour travailler, des ennuis de Denoël, de son besoin à lui de publier, de Gen Paul auquel il ne faut rien dire et qui serait « à présent très ivrogne », de Bébert qui est tout ce qui lui reste de la France, de son appartement pillé, d'Abel (Bonnard) auquel il faut faire sa « toute vive amitié » et de M. Serat, consul général d'Espagne en Suède, le nouvel ami de Karen. C'est comme si tout cela, la politique, le procès Pétain, le procès Laval qui va suivre, ne le concernait plus, comme si le théâtre de la politique mondiale, imaginé et réimaginé depuis tant d'années, perdait tout sens. Mais c'est peut-être tout simplement dû à la peur de se faire repérer par la censure.

Une lettre de Lucette à la jeune Bente Johansen, la fille d'Ella, à qui elle donne des leçons de danse nous montre cependant que Céline suit à la radio les procès de collaboration : « Cela influe beaucoup sur le moral de Louis, il est obsédé par ce coin où il est né. » Il travaille pourtant puisqu'il vient d'achever « un charmant ballet assez d'actualité tout en se passant chez les dieux ». Knud Otterström et Anne-Marie Lindequist sont passés les voir, ils ont aussi fait un tour du port en bateau qui a été délicieux. C'est, on le voit, vu par Lucette dont la patrie est la danse, un enfer très tempéré.

Mme Rosa reçoit en septembre une lettre datée du 12, signée Lucette mais rédigée de la main de Céline et cryptée selon la grille des maladies dont nous avons parlé. Elle demande des nouvelles : « Je serais si heureuse d'avoir des nouvelles de votre sœur et de son mari et de ses enfants. De mon côté j'ai été bien malade au cours de l'hiver dernier. Je traîne un rhumatisme qui ne me quitte plus. Votre sœur souffrait beaucoup de son asthme, l'hiver à Genève est assez rigoureux. »

C'est alors que semblait parvenir, avec six mois de retard, l'annonce de la mort de Marguerite Destouches. « La pauvre maman de mon amie est morte cet hiver, cette affreuse nouvelle plus une grande douleur pour nous, elle n'a pas pu supporter cette séparation – les privations l'ont achevée. J'en suis très abattue, mon amie est inconsolable. C'est très triste. » Lucette communique la nouvelle à sa mère le 25 septembre sous cette forme discrète et suivant une progression déconcertante. À peine moins que celle dont Céline lui-même mentionne la nouvelle deux jours après à Karen dont il vient enfin de recevoir des nouvelles. Il lui parle d'abord de la paire de castagnettes que Lucette a trouvée et dont elle se sert énormément, de la partie de campagne qui a eu lieu à « Ströby-Egede, " qui se prononce hélas en danois SkeubiÜÜÜze ", l'un des trois mots de danois qu'ils connaissent et qu'ils connaîtront sans doute, dussent-ils demeurer dix ans au Danemark, mais vous savez que parler beaucoup me fait mal et forcément à Ströby avec toute la petite famille... et puis il fallait que Lucette s'entraîne et puis au fond je suis si triste à présent que ma pauvre mère est morte à Paris toute seule que je suis bien ainsi tout seul chez vous – mais il m'aurait fait grand plaisir que vous rentriez quand même ». Suivent des réminiscences sur le « cher Antonio » (Zuloaga) qui apportait son riz au curry rue Girardon, sur Irène McBride et sur diverses danseuses en quête d'engagement qui téléphonent chez Karen.

Lucette mentionne encore les maladies « qui les empêchent de travailler », maladies politiques, elle parle également de la « tête » de Louis qui ne va pas mieux, ce qu'il faudrait comprendre littéralement comme des migraines dont il se plaint par ailleurs lui aussi. Lucette les attribue au « moral ». Elle pense qu'il fut « très touché par la perte de sa pauvre maman qui nous était si dévouée », oraison funèbre pour vieille et fidèle domestique. Louis est plus affecté qu'elle par la maladie. « C'est un miracle d'en avoir réchappé. » Là on est revenu aux événements, d'ailleurs il est question du « plus malade » en Suisse, Paul Bonny pour lequel on fait des vœux. Bébert se remet des fatigues en dormant beaucoup et mangeant de même. On se demande en PS si les envois de colis seraient déjà possibles entre la Suisse et le Danemark : on voudrait, cela est sous-entendu, savoir si on pourrait recevoir les vêtements laissés en dépôt, l'hiver arrive vite dans le Nord (3 octobre, aux Bonny). Madeleine Renaud et Jean-Louis Barrault en tournée à Copenhague jouent un acte d'*Hamlet*. Ils récitent aussi de la poésie. C'est en matinée, Céline est là. Il écoute Barrault dire « La Ballade de celui qui chanta dans les supplices » d'Aragon. « Ce Barrault me hait solidement, cela se sent (je ne l'ai pas approché). » Il écrit cela à Marie Canavaggia. Pour que la haine de J.-L. Barrault pour lui se sente, c'est qu'il a eu le sentiment d'en être vu. Curieux réflexe pour celui qui se cache de venir dans une salle où tout ce qui parle français à Copenhague risque de se trouver.

Céline se concerte avec Marie Canavaggia sur le sort à faire à *Scandale aux Abysses*, ce ballet aux Enfers, il compte l'insérer dans « La

Bataille du Styx », titre provisoire de ce qui deviendra *Féerie* auquel il a donc commencé à travailler sous une première forme qui sera publiée sous le nom de *Maudits Soupirs pour une autre fois*. Les derniers temps à Montmartre, une sarabande à travers les rues de la Butte et ses bistros, parmi les mille menaces de la fin.

Le 12 novembre, Lucette écrit à la sœur des Bonny, sur les instances de Céline n'en doutons pas, pour s'inquiéter de ne pas avoir reçu de réponse. « Nous manquons de renseignements sur nos amis quittés depuis plusieurs années. »

À la mi-novembre, Céline peut annoncer à Ella Johansen qu'il n'aura plus besoin de ses tickets, qu'ils ont reçu les leurs la veille, mais qu'il ne peut aller à la campagne parce qu'il doit « *report to the special office every week* » (se présenter à la police toutes les semaines), prétexte commode pour ne pas quitter la ville. Il parle de la réunion que Mikkelsen a organisée pour lui faire rencontrer la Résistance et des médecins : « *I learned very amusing thing about the whole show while visiting him* », il a gardé la même curiosité pour les coulisses des événements, mais l'échelle a changé. Avec Ella Johansen, il communique en anglais. Anne-Marie Lindequist, Otterström, Bartholin et à un moindre degré Bente Johansen sont les seuls avec qui il puisse parler français.

Hitler était une brute folle

Une lettre est enfin parvenue de Suisse. Ils ont pleuré en la lisant. « Jamais bêtes n'auront été pourchassées aussi cruellement – les Allemands sont aussi bien fautifs, bien criminels d'avoir engagé tant d'innocents dans cette histoire qu'ils savaient parfaitement perdue depuis longtemps. Hitler était une brute folle. »

Céline peut enfin tirer la morale de toute l'histoire. Il écrit une longue lettre à « Madame Rosa » qui la transmettra aux pauvres Bonny, persécutés eux-mêmes par les Suisses pour avoir fait confiance aux Allemands : « Les haines que vous savez sont tenaces et sadiques. » Voici Paul Bonny « dans ce trou » mais son sort eût été pire s'il était tombé aux mains des Français. « Il n'y coupait pas. Là il a de grandes chances quand même. La Douleur (Le Vigan?) est à Fresnes et aussi Rebatet. Le vent en France est à la sauvagerie toujours et davantage. » Les journaux français n'arrivent pas à Copenhague, seulement les anglais et Radio Brazzaville. Il demande des nouvelles de Reine, de son infirmier et raconte leur exode : « Nous avons été brûlés (?) écrabouillés jusqu'au bout – nous avons tout perdu – j'ai été blessé Lucette plus que moi le genou bien abîmé – Cela va mieux. Il le faut – Comment avez-vous quitté le fameux séjour? Les dernières heures ont dû être coquettes! On a peine à imaginer. Notre odyssée a été atroce – 27 changements de train en neuf jours – entre les trois armées en bataille – Nous sommes arrivés en pleine insurrection – on ne peut tout raconter – maintenant c'est loin encore d'être brillant – séjour bien fragile. On a vieilli de cent ans en six mois – Vous aussi sans doute – La vie chère comme en Suisse, à manger tout ce qu'on veut mais à quel prix! impossible d'acheter des vêtements ni du linge. Je n'ai que deux chemises et un seul complet, heureusement de (velours?)! L'argent file. Pas question de gagner sa vie sauf Lucette un peu avec ses castagnettes clandestinement et sa danse – des leçons aux professionnels – Nous sommes logés chez une amie absente – Quand elle reviendra ce sera tragique – On ne trouve pas une chambre à louer et à quels prix! Et on n'entrevoit pas du tout la fin. Enfin c'est déjà un miracle d'être là. Je suis le seul ici à ma connaissance. Nous ne voyons d'ailleurs personne et je sors à peine pour les commissions. Il ne faut pas. Je crois que certains réfugiés sont en Suisse mais ils sont très menacés par les Russes. En Espagne l'asile est bien précaire – Ce sont les Suisses qui ont remis Paquis aux Français de Bâle. C'était d'ailleurs un petit salaud il a trouvé moyen de me saler dans *Le Figaro* avant de mourir. Je ne le connaissais pas – c'était un jaloux – de quoi mon Dieu! Qu'est devenue votre collection de timbres? Je tremble. Bébert est avec nous; bien gentil toujours. C'est notre seul souvenir de tout notre effroyable passé – Je serais heureux que vous fassiez mes amitiés à Paul Morand. Si vous pouvez savoir où il demeure (sûrement par Gentizon), en lui demandant bien entendu en discrétion ce qu'il pense de l'avenir pour ce qui nous concerne – il est dans le même bateau que moi comme écrivain – à la même enseigne – nous pourrons peut-être nous réunir pour publier quelque part – la Hollande, la Belgique? »

Ce qui manque le plus à Lucette, ce sont les castagnettes. Dès que les colis postaux remarcheront, il en demande en recommandé par deux paires à la fois. On ne les trouve même plus nulle part, pas même en Espagne! Il envoie ses salutations aux enfants. Ils ne feront pas de politique. C'est un jeu de dupes où l'on sacrifie, massacre les meilleurs, les crapules seules gagnent, « nous l'avons vu de près! ». Il termine sur un constat : « L'exil c'est atroce, moins bien sûr que Fresnes – atroce consolation. » La lettre datée du 25 novembre est mise à la poste le 27. Elle clôt et résume ce qu'on peut appeler la période réussie, heureuse, de l'évasion.

Denoël assassiné

L'hiver 1945 a été de mémoire de Danois l'un des plus précoces et des plus terribles qu'ait connus le pays. La gardienne-chef qui me fait visiter la prison se souvient que la mer avait gelé dans le détroit entre le Danemark et la Suède. Elle avait trois ans. Le Danemark n'a qu'un seul combustible national en dehors du bois, la tourbe, mise gelée dans le poêle, elle commence par abandonner son eau. Voilà un souvenir d'enfance. Dans leur appartement d'artiste au troisième et dernier étage du 20, Ved Stranden, comment se chauffent les Destouches?

Décembre leur apporte une très mauvaise nouvelle, Denoël est mort, il a été assassiné, esplanade des Invalides, d'un coup de revolver tiré dans le dos. Lui aussi avait passé le plus dur, il reprenait le contrôle de sa maison mise sous séquestre puisqu'il avait vendu la moitié de ses parts à un éditeur berlinois pendant la guerre. C'était une de ses premières sorties en compagnie de son amie et nouveau mécène, Jeanne Loviton, en littérature Jean Voilier – fille des éditions Domat-Montchrestien et ancienne égérie de Valéry.

Ils roulent dans la nuit, un pneu crève. Pendant que Jeanne Loviton va chercher du secours au commissariat des Invalides, Denoël s'emploie à changer la roue. On lui tire un coup de feu à vingt mètres de sa voiture. Fuyait-il? Son portefeuille est intact. Des « vengeurs » le filaient-ils depuis l'appartement du XVIᵉ où il logeait avec Jeanne Loviton?

Céline écrit son oraison funèbre dans le ton las de l'ouverture de *Mort à crédit* : « Voilà. Une tombe est refermée. Une de plus... Avec ce malheureux s'ensevelissent bien des choses... tant de choses que la vie s'arrête... que cela ne palpite plus... que le cœur reprend sur un autre rythme. Pauvre Denoël, son Renaudot! nous deux si misérables alors déjà... et puis ce Goncourt truqué escamoté... [...] et puis cette espèce de gloire si menacée si périlleuse si méchante si précaire déjà toute pétrie de venin, de haines et puis l'issue. Ici c'est une tragédie de plus. Si vous saviez depuis dix-huit mois... on est comme des bêtes trop battues... on se demande si un coup plus lourd que les autres ne serait pas une charité... Qui peut le remplacer à présent? [...] Voilà la besace aux chagrins s'est accrue d'un poids bien amer, bien démoralisant. Il faut tout de même poursuivre la route [22]. »

Il était tentant de couper la citation sur une prémonition : « On se demande si un coup plus lourd... », elle annoncerait ce qui va suivre. Ce serait fausser la situation, la nature de Céline le voue à « poursuivre la route ».

Un nazi et un antisémite acharné

Le dimanche 15 décembre, le grand journal de centre droite *Politiken*, l'équivalent danois du *Figaro*, publie en première page une information reprise de Paris :

« Paris, samedi, *Politiken*, de source confidentielle : le journal *Samedi-Soir* rapporte que l'écrivain Céline vit comme réfugié politique à Copenhague. Céline est célèbre pour son roman *Voyage au bout de la nuit*; il fut pendant la guerre un nazi et un antisémite acharné. Ses livres antisémites ont donné à penser que cet homme était pratiquement fou.

« Après la guerre, il s'était réfugié avec le gouvernement fantôme de Vichy à Sigmaringen, où il a renié toute son œuvre antisémite, et il a réussi à gagner le Danemark, où il vit chez une Danoise et où il donne des consultations gratuites.

« Céline, dont le vrai nom est Destouches, était à l'origine médecin. Grâce aux nazis, il a pu, avant la défaite, mettre en sûreté le montant de ses droits d'auteur dans une banque danoise. »

Les Destouches ne lisent pas les journaux danois, mais la fille du chef de la police alerte Lucette : il faut filer en Suède au plus vite! Ils négligent cet avis.

Le lundi 16 à 7 heures du soir, le marchand de journaux auprès duquel Céline se fournit signale à la Sûreté qu'un homme parlant français et *disant être Céline* venait chaque jour chez lui.

Le lendemain, le mardi 17, après la fermeture des bureaux, note Helga Pedersen, alors secrétaire du ministre de la Justice, les Affaires étrangères reçoivent un appel du chef de la légation de France. Il communique l'adresse de Céline à Copenhague et annonce le dépôt d'une demande d'extradition dès l'ouverture des bureaux. Le téléphone fonctionne entre les ministères intéressés et, à 7 h 30 du soir, une demi-heure après l'appel du marchand de journaux, la Sûreté reçoit du ministère de la Justice l'ordre d'arrêter les Destouches à l'adresse qu'on lui fournit (et qu'elle connaît depuis juin) et de les placer en détention.

Trois agents, deux inspecteurs et un commissaire, dit le rapport, arrivent à 9 heures du soir, Ved Stranden 20. Ils montent l'escalier, frappent à la porte et s'annoncent en anglais et en allemand, ce qui déclenche « une extrême agitation ». On ne leur ouvre pas. Ils frappent encore et attendent. À ce moment un homme monte l'escalier. C'est un Danois, Bartholin le danseur, Lucette l'a appelé au secours. Il s'explique avec les policiers et rassure les occupants du troisième : c'est bien la police danoise. On leur ouvre. D'après le témoignage d'un des trois agents, la pièce est dans un désordre indescriptible. Saluons ce désordre qui est l'ordre de l'écrivain et de sa danseuse. Si nous interprétions littéralement le rapport, il nous ferait pénétrer dans une pièce unique sens dessus dessous, dont les occupants sont surpris « en vêtements de nuit ». Sur la commode un revolver chargé. La fenêtre est ouverte.

Céline évoquera la scène sur le ton du vécu : « Arrestation burlocomique! par les toits! Cavalcade entre les cheminées!... fort commando de flics, revolvers au poing!... je vous assure qu'il faisait pas frais sur les toits de Copenhague, Danemark 22 décembre!... allez-y voir!... rendez-vous compte! touristes, vous risquerez rien!... en bas l'épicerie! Bokelund!... l'autre côté de la rue, vis à vis, grand illuminé, nuit, jour, le National Tidende... [...] Lili, moi, Bébert, les toits, les gouttières... Les poulets armés, méchants feux braqués... cache-cache autour des cheminées... Noël 1945!... ils doivent tout de même se souvenir... » (*CA*).

Ils se souviennent, c'est même la version qu'a retenue l'encyclopédie danoise, celle à laquelle croient les occupants actuels de l'appartement. Lucette l'enrichit d'un quiproquo à propos d'un boc pour soins intimes et sa canule : les officiers ne sachant pourquoi ils étaient là auraient cru pénétrer dans l'antre d'un avorteur (Vitoux).

La disposition de l'appartement se prête aussi peu à ce compte rendu « transposé » qu'à la simplification du rapport de police, intrusion dans une chambre garnie, avec le revolver posé sur la commode. Ouvrant au troisième, il est situé en fait au quatrième, celui ou celle qui l'a aménagé ayant annexé l'escalier conduisant d'un étage à l'autre. Lorsque la porte s'est ouverte, les policiers et Bartholin se trouvaient donc devant un autre escalier. Celui-ci offre un palier à mi-étage. Est-ce sur ce palier que se trouvait une commode et, sur la commode, le revolver?

L'appartement lui-même qui doit faire soixante à soixante-dix mètres carrés est composé d'une série de pièces mansardées éclairées par des tabatières (remplacées par des Velux) et quelques lucarnes d'origine. Quelqu'un qui aurait voulu fuir par l'une de ces fenêtres aurait dû faire un véritable exercice de contorsionniste, il se serait trouvé les pieds dans la gouttière et obligé de remonter un toit à forte pente qui ne mène nulle part. La partie de cache-cache décrite par Céline correspond aux toitures parisiennes relativement plates et ponctuées de souches de cheminées. C'est une image de monte-en-l'air directement tirée des imageries du *Petit Journal* qu'il utilise, l'arrestation mouvementée d'un anarchiste au début du siècle.

La seule possibilité de fuite, illusoire d'ailleurs et à laquelle personne ne fait allusion, aurait consisté à emprunter l'escalier de service. À partir de là il était possible de remonter par un autre escalier – ouvert à l'époque – jusqu'à une sorte de terrasse goudronnée entourée d'une rambarde de fer. Où le même problème se serait posé : si l'on avait voulu passer dans un immeuble voisin, on retrouvait non seulement la forte pente mais, le 20 étant l'immeuble le plus élevé du pâté de maisons, un décroché acrobatique.

Une solution beaucoup plus simple aurait consisté à descendre l'escalier de service : il débouche dans la cour commune aux immeubles voisins. Mais il ne faut pas exclure que l'issue ait été gardée. En effet, le rapport d'arrestation fait état de trois policiers alors que le reportage publié le lendemain dans un journal populaire de Copenhague, *BT*, fournit seulement le nom d'un inspecteur et d'un brigadier. Le récit de l'arrestation vient de leur bouche : ils se sont présentés vers 21 heures, et, après plusieurs coups de sonnette et quelques coups dans la porte, on leur a demandé de l'intérieur, moitié en français moitié en anglais, qui était là. Après qu'ils eurent répondu que c'était la police, le clapet de la fente aménagée dans la porte pour qu'on y passe le courrier s'est soulevé, mais quand les occupants ont vu de l'intérieur que c'étaient des hommes en civil qui se tenaient sur le palier, une voix de femme s'est mise à hurler : « Au secours », sur quoi on a refusé d'ouvrir.

« Les deux policiers se sont consultés du regard, quelque peu désorientés. Ils répugnaient à enfoncer la porte, mais, d'autre part, ils n'osaient pas courir de risque devant la réaction que pourraient avoir les occupants de l'appartement. Il était évident que ceux-ci avaient les nerfs tendus à l'extrême, ce qui se confirma d'ailleurs par la suite.

« Soudain, ils entendirent qu'on téléphonait à l'intérieur de l'appartement. On parlait français, et les policiers comprirent qu'on appelait quelqu'un de l'extérieur. Ils décidèrent alors d'attendre la suite des événements.

« Quelques minutes plus tard arriva un homme, qui leur dit être un excellent ami des locataires et avoir été appelé à la rescousse parce que les deux Français croyaient avoir affaire à des assassins venus dans l'intention de les abattre.

« Après s'être assuré qu'il était bien en présence de la police, il le fit savoir à ses amis français, après quoi la porte s'ouvrit.

« M. et Mme Destouche (*sic*) étaient très nerveux et pleuraient, mais ils suivirent les policiers après avoir pris diverses dispositions et notamment prié leur ami danois de s'occuper d'un chat qu'ils avaient dans l'appartement. Le concierge interrogé déclare que pour lui comme pour le propriétaire de l'immeuble cela avait été une surprise au printemps d'apprendre que l'appartement de Mlle Karen Marie Jensen avait été prêté à deux étrangers, qu'ils s'étaient toujours montrés aimables, ne s'occupant que de leurs affaires. À l'automne ils ne voulaient pas s'inscrire au recensement, leur avocat pensait que ce n'était pas nécessaire mais finalement ils avaient été obligés de le faire et ils y figuraient sous leur nom véritable [23]. »

Le courrier et les journaux sont glissés dans les appartements de Copenhague par des ouvertures assez larges qui permettent d'apercevoir le palier. Par l'ouverture, Lucette a cru voir les assassins redoutés et elle a poussé alors des cris. Ce témoignage pris sur le vif corrobore et complète le rapport officiel de police qui mentionne le revolver chargé de deux balles, la nervosité extrême des personnes interpellées. Rassurées, elles s'habillent et acceptent de suivre les policiers. Bébert le chat est également pris en charge et contre un dépôt de 50 couronnes accepté par une clinique vétérinaire. Le rapport mentionne également que les Destouches ont alors une somme de 3 500 couronnes.

L'avertissement de Seidenfaden avait été négligé, dit Lucette Almanzor à Frédéric Vitoux, parce que « nous n'avions ni argent, ni passeport, ni rien » (p. 445). Ils ont 3 500 couronnes en poche et une invitation permanente d'Ella Johansen à la campagne, où se trouve leur or. Avant que la police retrouve leur trace à Ströby, ils auraient le temps de se retourner et de trouver un passage vers la Suède. La surprenante passivité de Céline dans ces circonstances s'explique mal ou autrement. Mikkelsen est absent, il fait une tournée d'affaires en Amérique. Sa présence est connue, acceptée de la police. Il n'a aucun contact en Suède. Ici, il ne redoute qu'une chose, c'est le sort de Denoël. Cette peur passée, c'est l'effondrement dans les pleurs et la reddition des agneaux.

On a insisté sur les circonstances exactes de l'arrestation, car elles permettent de saisir sur le vif comment le « chroniqueur » reprend et transforme l'événement : la réalité de décembre 1945 est adaptée pour l'œil du lecteur français, sa mémoire. C'est l'arrestation d'un monte-en-l'air du début du siècle, saisie dans une image familière, crédibilisée par un ou deux termes danois. Le résultat est si convaincant que l'encyclopédie danoise l'a repris, on l'a dit, et que les actuels occupants des lieux, des médecins, y croient. Ils ont insisté pour faire visiter la terrasse de l'arrière où la scène leur semblait avoir eu lieu, malgré l'invraisemblance manifeste. Parlant à Frédéric Vitoux, Lucette Almanzor se souvient que *l'idée* de la fuite par le toit leur était venue, mais que les lucarnes trop petites l'avaient empêchée [24]. Oubliés l'escalier de service, l'accès à la terrasse de l'arrière et la seconde sortie.

Prison de l'ouest quartier nord

Le couple est d'abord conduit à la Préfecture où on leur signifie que, conformément à l'article 14 de la législation concernant les étrangers, ils sont mis en « état de garde à disposition » et détenus sur place. Ensuite, Céline est transféré à la Vestre Faengsel (prison de l'ouest) où il occupe la cellule 31 de l'aile nord, avant d'être transféré dans la cellule 20.

En l'absence de son avocat Thorvald Mikkelsen parti aux États-Unis avec un ami, Hermann Dedichen, c'est Aage Seidenfaden, directeur de la police de Copenhague, qui s'institue son défenseur. Il récuse l'argumentation de la demande d'extradition que la légation de France a déposée dès le 18 décembre auprès du ministère des Affaires étrangères. Elle reprend le réquisitoire du juge Zousman de la Cour de justice de la Seine inculpant Céline le 19 avril 1945 au titre de l'article 75 du code pénal réprimant la trahison et l'intelligence avec l'ennemi. Depuis quand le chargé de mission, Girard de Charbonnière, détient-il ce document? De qui l'échotier de *Samedi-Soir* a-t-il l'information qui « loge » Céline à Copenhague? De Samuelson, directeur de l'Agence France-Presse à Copenhague, dit une tradition locale. Elle ajoute que Girard lui en aurait fait le reproche : Vous aviez bien besoin...

L'arrestation de Céline va en effet provoquer un embrouillamini juridico-diplomatique qui mettra aux prises la police, la justice, les Affaires étrangères, les Affaires spéciales (la Résistance) sans parler des tiraillements entre la France et le Danemark : *Il n'y a pas de précédent!*

C'est le cœur du problème : aucun cas auquel se référer. Il faut inventer.

Girard a fait sa demande à titre de réciprocité : Vous nous livrez Céline, on vous livrera à l'occasion tel criminel ou collaborateur danois. Mais il n'en existe pas en vue, et le traité entre les deux pays exclut formellement l'extradition pour raisons politiques.

Aage Seidenfaden, dans la longue lettre qu'il envoie le 28 décembre au ministère de la Justice – responsable de l'incarcération de Destouches –, fait remarquer que la demande de la France ne mentionne « aucun fait concret de trahison ».

D'ailleurs, suite à la démarche de Me Mikkelsen auprès des autorités danoises, les époux Destouches n'ont commis aucune infraction. N'ayant rien à reprocher à Lucette Destouches, la police la remet en liberté le 28 décembre. Elle peut rentrer chez elle et récupérer Bébert.

Elle va partager l'appartement de Karen avec la fille d'Ella, Bente Johansen.

Seidenfaden a joint à son rapport la lettre que Céline lui a adressée de la prison le jour de Noël : il n'a jamais collaboré, il était même un adversaire résolu du régime de Vichy qui interdisait ses livres. Ses malheurs sont dus à deux ouvrages politiques écrits avant guerre (26 décembre).

Faites que le gouvernement nous donne asile

La police avait découvert au cours d'une perquisition faite Ved Stranden non seulement un second revolver mais une demande officielle de permis de séjour. Au cours d'un nouvel interrogatoire, Céline fournit une version nouvelle de sa biographie. Il a été blessé d'une balle à la tête pendant la Première Guerre mondiale. Envoyé dès sa sortie de l'hôpital en Afrique noire, il y a attrapé la malaria. Rappelé au service en 1939, il a servi dans la marine et son bateau a été torpillé. Pendant l'Occupation, il a résisté aux avances de Vichy qui lui proposait des postes de rang ministériel. S'il a envisagé l'éventualité d'une alliance avec l'Allemagne, c'était en temps de paix, pour protéger la paix. Il a été arrêté par la Gestapo à Baden-Baden, placé ensuite dans un camp d'expatriés près de Berlin. Pour sortir de cette situation désespérée, il a brigué un poste de médecin à Sigmaringen, où il a soigné gratuitement ses compatriotes.

De son côté, Lucette Almanzor explique leur présence au Danemark par « le désir de visiter le pays dans lequel il avait envoyé 500 000 francs pour acheter une villa ». Céline nie tout cela (la possession d'or est en soi un délit) et dit vivre des libéralités de son avocat.

En faisant écrouer les Destouches, la police a demandé une surveillance spéciale tant leur nervosité paraissait grande. « Pendant les interrogatoires, ils ne cessaient de pleurer. »

Il est difficile de se représenter le grand gaillard de la photo de l'été pleurant. Il faut y voir un phénomène de contagion : Lucette pleure et il pleure sur elle (puis sur lui).

À partir de son entrée en prison, tout ce qui suit va correspondre à l'image qu'on se fait communément de Céline, celle du dernier Céline : le grabataire de Korsör, l'homme en loques de Meudon. Elle n'est contredite que par l'instantané d'été que publie François Gibault, montrant Céline nu, circoncis et gras, devant sa maison de Korsör, photo qui n'était pas pour usage externe.

Il se présente en décembre 45 aux autorités danoises comme un grand invalide qui dépend entièrement de sa femme pour ses besoins élémentaires. Privé de cette assistance et de toute possibilité de défécation, c'est le martyre.

Il se fait écouter puisque, Lucette libérée, il est immédiatement transféré à l'infirmerie, cellule 13. Il y est seul et il sera désormais toujours seul en cellule à une époque où chacune des cellules de la prison (trois mètres sur quatre) reçoit quatre détenus, un sur le lit repliable réglementaire, deux sur des châlits devant la fenêtre, un sur un matelas par terre devant la porte. Le matin, dit un gardien en retraite, on frappait pour qu'il s'écarte, et vérifier si tout le monde était vivant.

L'épuration a fait au Danemark beaucoup d'internés et quelques exécutés. Pendant la période où il a dû partager sa cellule, Céline se plaint d'avoir eu à cohabiter avec un Allemand.

Le tout-puissant Werner Best s'est rendu le 5 mai 45 avec les militaires. Les Danois l'ont enfermé à la Vestre Faengsel. Condamné à mort puis à la prison à vie, puis à la détention perpétuelle, on lui remet sa peine après dix ans de prison. Il est détenu section K, celle-là même où Céline est interné. La prison est alors aux mains des résistants. Nous avons sur ce point le témoignage de Thorvald Mikkelsen, « résistant » lui-même : « J'allais régulièrement le voir à Vestre Faengsel. Je n'oublierai jamais ces moments-là : une surveillance constante exercée pendant les visites, même dans les chambres à deux lits de l'infirmerie, par des résistants armés de mousquetons et de pistolets, qui, malgré leur nombre imposant, la garantie des volets de fer et des portes fermées à double tour, se pressaient à mes côtés pour observer mes faits et gestes alors que j'étais à son chevet. »

Céline lui raconte les cris, la nuit, les sévices exercés sur des voisins mis en cellule de punition.

Mikkelsen est rentré des États-Unis en mars et a repris le dossier où il en était : demande d'extradition sur laquelle sept juristes se sont penchés pour aboutir à la même conclusion – le Danemark n'est pas obligé d'extrader Céline mais il en a le droit. Par ailleurs, Céline n'a pas reçu son permis de séjour et, en vertu de la vieille loi (1873) sur le statut des étrangers, il peut être maintenu « à disposition » jusqu'à ce qu'une décision soit prise. Entre-temps, on demande à la France de préciser ses accusations.

Si Lucette avait fait l'erreur de mentionner une somme de 500 000 francs que son mari avait introduite dans le pays, lui commet celle de parler des *Beaux Draps* auxquels, par une bizarrerie significative, les accusateurs – qui retiennent *Guignol's Band* et la préface au « Bezons » de Sérouille – n'ont pas songé. Il est vrai qu'il les date de 1940. Ignorance ou indulgence, personne n'insiste.

Il est évident que son sort à Paris serait différent. Dans cette période, Céline n'a qu'un souci : que le Danemark le garde ! Et il s'adresse à son défenseur sur le ton de la prière :

« Cher Maître, je vous en prie, faites que le gouvernement danois nous donne asile le temps que la tourmente s'apaise » (5 mars 1946 [25]).

Mikkelsen n'a pas attendu la supplique : entre-temps son ami Federspiel, « ministre des Affaires spéciales » (la Résistance), a écrit à son collègue de la Justice pour lui demander de temporiser.

Le 18 mars a lieu une rencontre au ministère de la Justice réunissant le ministre, des hauts fonctionnaires et l'avocat de Céline, qui présente les arguments de celui-ci : inanité de la trahison et surtout le fait que son éditeur, avant d'être assassiné, n'a jamais été légalement inquiété.

Dès ce moment est évoquée l'idée d'un « transfèrement » dans un hôpital.

Un nouvel interrogatoire de police a lieu, en anglais. Céline répond sans mal aux accusations de l'ambassade : *Guignol's Band* est une œuvre purement littéraire, il n'a jamais appartenu au Cercle européen très fréquenté par des résistants (vrai pour la seconde proposition, faux pour la première), la préface à « Bezons » était un service rendu à un vieil auteur et ses livres antisémites datent d'avant-guerre (*Les Beaux Draps* ont retrouvé le néant).

Mikkelsen pousse le bouchon un peu plus loin quand il affirme que la Résistance française ne voyait pas Céline d'un mauvais œil et qu'elle lui avait plusieurs fois proposé de le faire passer à Alger. Hermann Dedichen confirme que *Guignol's Band* est parfaitement apolitique. Certes Céline est antisémite, mais ce n'est pas un cas d'extradition.

Les échanges entre ministères se poursuivent et une réunion au sommet est prévue le 16 mai à 16 h 30. La décision prise est d'attendre. C'est le premier cas du genre depuis la guerre. On invitera la police française à venir interroger Céline au Danemark.

La balle est ainsi renvoyée dans le camp français. Il faut attendre, il est bon d'attendre, plus le temps passe et plus le danger d'une extradition s'éloigne.

Mais Céline n'est pas du genre à laisser du temps au temps. Il écrit à son avocat et à sa femme sous couvert de son avocat chaque jour ou presque : en tout quatre cents lettres que Mikkelsen conserve au dossier et qu'Helga Pedersen remet à Lucette Almanzor après sa mort, ce qui a permis leur conservation et leur publication actuelle.

Début 1946, Céline a décrit à sa femme la routine quotidienne : lever à 5 heures, lit et ménage (très lentement), lavage du sol deux fois par semaine, promenade de vingt-cinq minutes, c'est une faveur, à regarder le ciel, les oiseaux, les arbres, « tout le spectacle enchanté du monde des vivants ». Retour en cellule : dans l'attente du déjeuner, le détenu s'occupe à faire et défaire des pièces de théâtre dans sa tête. Le déjeuner est « très soigné et très copieux ». Céline travaille ensuite à *Du côté des maudits*, travail qu'il juge facile à côté de la transposition de *Guignol's*. À 3 heures, nouvelle promenade de vingt-cinq minutes. Retour en cellule, travail d'écriture ou lecture du journal. Le dîner, « très copieux encore », vers 6 heures. Et deux heures pénibles jusqu'au coucher. On le soigne bien, l'infirmière est empressée, elle parle français. Il ne veut plus de jambon, il se perd, ni de linge, il salit peu.

Ce compte rendu neutre – celui qui rédige peut penser qu'il sera lu – résume la détention. Matériellement, elle est supportable : ici le froid n'est pas mentionné, les résidents de Fresnes la trouveraient luxueuse. Moralement, c'est autre chose. S'il est sensible à l'amabilité de l'infirmière – « les brusqueries le démolissent » – il n'accepte pas l'enfermement, même si, en août, il écrit que « l'horreur de la prison s'est émoussée chez (lui) ».

Le 28 mars, on l'a changé de cellule. La nouvelle possède deux chaises mais pas de table. Ce détail est pour l'avocat. À Lucette il confie sa peur : « Une épouvante, une terreur irraisonnée que je me serais tué de chagrin. Dans cet état de détresse n'importe quelle annonce de moindre changement vous fait redouter (*ill.*) le pire. En réalité on nous a transférés tous les Récréation (?) vers les femmes dans un petit quartier de la prison moins triste peut-être tout compte fait. Je suis toujours seul. Les gardiens sont bien convenables. Le lit est meilleur. Encore une station du calvaire. Mais j'ai des journaux, je m'en gorge. J'ai perdu mon infirmière par exemple. Je ne connais pas encore la nouvelle! Toujours cette absurde question des lavements. Je n'en demande qu'un par semaine. J'ai... notre récit des maudits – par le bombardement de la Butte. C'est drôle à remémorer. »

Céline n'est pas un stoïque : on le change de cellule et il *voit* immédiatement le drame – l'embarquement pour la France, les huées, les outrages, les coups, l'assassinat. Or c'est une faveur qu'on lui fait, la population carcérale a doublé, la section K est celle des femmes (et non celle des condamnés à mort que, au dire d'Helga Pedersen, il n'a jamais approchée). La prison n'a que 62 détenues contre 2 861 hommes; il y a plus de places, les gardiens sont moins surmenés. Sa cellule, la 603, est au rez-de-chaussée, c'est le seul désavantage, du point de vue du chauffage – et l'occasion de noter que la Vestre Faengsel n'a pas de sous-sol, donc pas de « fosses ». Les prisons danoises d'alors ne sont pas des hôtels de luxe comme on l'a dit, mais ce ne sont pas des géhennes et on n'applique pas au médecin français le règlement des prisonniers ordinaires; il peut lire, écrire, surtout il est seul.

Céline n'épargne rien à sa femme, ni ses tremblements ni ses lavements. Elle relance Mikkelsen, qui relance les bureaux : Que font les Français? Ne peut-on les mettre au pied du mur? (visite du 19 juin aux Affaires étrangères). Mikkelsen essaie d'obtenir du ministère de la Justice l'hospitalisation. Ce qui ouvre le chapitre tragi-comique des maladies dont se plaint un prisonnier d'autant plus convaincant qu'il est du métier. La liste s'allonge avec les jours d'attente : perte de poids (quarante, cinquante kilos!), chute des dents, pellagre (perte des poils et des cheveux) due à l'obscurité, mycose de l'interfessier, malaria, vertiges et migraines, et cette alternance de dysenterie et de constipation qui exige des lavements réguliers.

Dans une lettre, Céline dit utiliser un pot – malgré le règlement : c'est une faveur de plus. Les cellules comportent un petit lavabo d'angle mais pas de tinettes, contraires au sens de l'hygiène danois. Les WC et douches sont situés en bout de couloir et les détenus qui ont besoin de s'y rendre déclenchent une sorte de palette qui en s'abattant alerte le gardien.

Mikkelsen va se heurter à un obstacle imprévu : le Dr Levison, dont Céline dit par ailleurs qu'il songeait à l'opérer de l'oreille interne, refuse de délivrer un certificat « contraire à leurs règles ». Céline n'en sait encore rien le 21 mars lorsqu'il lui annonce qu'il lui a écrit.

Cette lettre qui marque le troisième mois d'incarcération les résume toutes et elle mérite une mention spéciale.

Écrite sur papier réglementaire à en-tête de la prison, elle porte sous la date une mention en épigraphe : « La question du papier pour travailler n'est pas résolue! »

« Mon cher Maître, tout d'abord pour vous dire que j'ai écrit au Dr Levison, overlaege (médecin-chef) demeurant Overgaden o.v.36, pour lui demander de venir me consulter en prison. J'ai demandé à ma femme d'aller le voir pour lui payer cette consultation. Mais vous déciderez de tout ceci, ce qui est mieux. Le Dr Levison avait expertisé mon cas lorsque j'étais à l'hôpital de la prison et m'avait éventuellement conseillé une opération de l'oreille interne – mais ceci ne pourrait être envisagé que par la suite une fois bien rétabli. Je vous demanderai de communiquer la suite à ma femme ! J'abuse de votre talent et de vos admirables offices ! Ma Lucette chérie. Le cake ainsi est parfait. Il me dure jusqu'à samedi. Plus de tomates ! des citrons à la place. J'ai écrit à Levison (voir ci-dessus). J'ai tout le linge qu'il me faut. Je vais changer. Tu peux demander à M. Mikkelsen les *Mémoires d'outre-tombe*. Je lui en avais parlé. Je suis bien content de la lettre de Colette ! Fais-lui mille affections et à ses petits. Explique-lui que j'ai brisé brutalement avec elle surtout parce que je sentais venir le cyclone et que je ne voulais la mêler en rien à mon Destin. Qu'elle puisse être étrangère. Ainsi tu vois mon chéri toute cette torture pour le caprice d'une clique ou d'un politicien (anonyme) qui m'a voué une haine mortelle ! c'est gai ! et grotesque et infiniment odieux ! Pas croyable ! Cependant il faut le dire bien à nos amis d'ici qui devraient évidemment conserver en dépit de mes dénégations bien des doutes sur ma culpabilité réelle. Cette fois le sac est vidé ! Tu parles que la justice fanatique française a dû torturer les témoins, les faits, les textes pour me trouver coupable de quelque chose depuis dix-huit mois ! puisqu'on s'acharne à ma perte, tout ce qu'ils ramènent est un risible pet de lapin. Président d'honneur du Cercle européen, et en plus c'est faux. Outrageusement faux ! Je n'ai jamais été ni membre, ni président de rien du tout. Les Drs Lecourt, Bécart, Gentil peuvent en témoigner et mille autres ! Alors quelle honte ! Ce pays cette justice ne sont plus que des appareils de vengeance aux mains des clans. Il s'agit de tuer comme on a tué Denoël – c'est tout – Il faut raconter ceci à... et à Gentil (par la mère Batikle) il peut peut-être en savoir plus long sur le mystérieux X et Varennes par son oncle. Je voudrais bien savoir aussi qui est au fond ce Guy de Charbonnière, si rébarbatif, si raté, si méchant qui fait son succès diplomatique ? Cet idiot doit avoir un " patron ". Quel est-il ? Quel homme politique ? quel clan ? D'où sort-il ? Mme Lindequist peut peut-être le savoir par le monde d'ici. Mais encore mieux à Paris et par le Quai d'Orsay par Billy et Desombres. Si j'avais un indice j'aurais vite tout reconstitué. Une cabale éventée cesse d'être dangereuse. Je le soupçonne d'être en commerce avec les libérateurs de gauche Cassou-Malraux, Aragon-soviétiques qui eux sont tenaces dans leurs haines et délirantes jalousies. Qu'ils aient fait marcher Thorez c'est facile à penser. Et la justice et tout le bataclan. Cela va de soi. La lecture des journaux est passionnante et atterrante. La France s'écroule en voyoucratie haineuse. Cinq années de propagande au sabotage portent évidemment leurs fruits. Il faudra je ne sais quoi pour remettre toutes ces têtes entièrement dépravées par le sabotage et le marché noir dans un ordre constructif. C'est un travail d'Hercule. D'autre part entre Anglo-Saxons et Russses l'on en est aux défis injurieux. Le monde est positivement fou, délirant de méchanceté. Il ne pense qu'à une autre guerre. Je voudrais bien qu'on me laisse tranquille pour mon misérable compte. Notre ami je le sais vient déjà de m'ôter le poids de plusieurs tonnes de désespoir et de chagrin qui me pesaient depuis des mois. Je respirerai tout à fait lorsqu'il m'aura fait sortir des barreaux. Je suis innocent on le sait à présent. Je ne vais pas m'enfuir. Tu sais que je suis mille fois plus esclave de ma parole et de ma conscience que tous les barreaux du monde. Et puis enfin nous avons fait des prodiges pour venir ici! Mille gros baisers. Louis [26]. »

Mikkelsen peut lire jusqu'au bout. Il est même souhaitable qu'il lise jusqu'au bout. Quant à Lucette, elle est invitée à suivre l'affaire comme une cabale de corps de ballet : qui derrière qui et pour quelle jalousie? Girard de Charbonnière connaîtra à ses dépens les résultats de la méthode : sa vie privée n'aura plus le moindre secret pour les uns et les autres et en fin de processus il se retrouvera fixé, comme un papillon dans la boîte, en Hortensia nègre obscène incitant Ferdinand à se livrer (se donner). C'est une transposition, une figure grotesque de la réalité comme les autres; elle doit au premier degré convaincre ceux d'ici qui seraient enclins à croire à la culpabilité de Céline.

On voit comment passe le temps à la Vestre Faengsel : les journaux, le courrier et le travail pour lequel le papier manque. Les repas, ces tomates dont on est rassasié en mars évoquent un peu le homard-référence. Le citron qui les remplace est là pour les vitamines et le cake qui tient jusqu'au samedi renvoie aux habitudes alimentaires des Destouches qu'une ressortissante de la Butte décrivait comme des « déjeuners kabyles » : thé, cake, confitures, fruits, curieusement conformes au rituel alimentaire danois à base de canapés.

Mikkelsen n'est pas dupe de Céline. La veille, il vient d'écrire à un ami à lui, attaché de presse à la légation du Danemark à Paris, qu'il sait que « cet homme est un antisémite virulent, un anti-tout mais je veux néanmoins l'aider [27] ». Il fera tout ce qu'il est humainement possible pour empêcher son extradition, à la fois pour le pays mais aussi pour « cet écrivain en réalité complètement piqué mais d'un immense talent [27] ». Son précédent français, le prisonnier évadé, Louis l'a abandonné dès la Libération sous prétexte de revoir le pays. Il n'a jamais plus donné de nouvelles. Mikkelsen en est arrivé au stade de la vie où l'on entreprend sans illusions.

Le refus du Dr Levison, au pedigree impeccable, retarde l'hospitalisation, cependant les autorités carcérales trouvent Céline suffisamment mal pour l'admettre à l'infirmerie le 8 avril, il y reste jusqu'au 17 août. Maurice Bardèche, grand spécialiste de la détention, calcule que Céline a passé six mois en prison et six mois à l'infirmerie de la prison, soit douze mois proprement dits d'incarcération [28].

Mikkelsen reçoit des bulletins de santé réguliers : « J'ai encore maigri de deux kilos cette semaine » (20 mai). « Je traverse une grave crise de dépression nerveuse [...] le refuge de mourir m'apparaît comme un doux asile. J'en suis là, sans aucune façon de comédie. Je me sais de trop sur la terre – j'embête tout le monde » (14 juin).

En juillet, le ministre de la Justice part en vacances et Mikkelsen en Angleterre pour consultation juridique. Il rencontre le « sollicitor general » grâce à Federspiel et il rapporte un avis : les Anglais n'extraderaient pas. En Angleterre, le cas Céline serait soumis à un juge. L'Angleterre est le grand modèle du Danemark ; il s'ensuit un échange de correspondance avec le ministre de la Justice que Me Mikkelsen somme de prendre une décision au nom du droit et de la réputation littéraire de son client.

Le 10 septembre, Céline informe son avocat qu'il est maintenant affecté de rhumatismes de tous les membres « et surtout du bras droit et des deux mains qui gonflent et me font souffrir jour et nuit + entérite ». Et, le 20, que les gardiens ont renoncé à lui faire nettoyer sa cellule.

C'est le jour où la légation de France remet une « note verbale », c'est-à-dire écrite, énumérant les accusations portées contre Céline : articles dans la presse parisienne, dénonciation du Dr Rouquès dans la préface à la réédition de *L'École des cadavres*, lettre au *Cri du Peuple* de Doriot en 1943, manifeste contre les bombardements alliés en mai 44...

Le ministère de la Justice trouve cela un peu léger comme imputation de trahison. La disproportion entre l'outil juridique de la répression et le fait reproché apparaît mieux de l'extérieur. À Paris, la justice juge « les traîtres », les journaux le répètent chaque jour, les jurés de Laval lui crient : « Au poteau ! » De façon significative, n'est retenu que ce qui est postérieur à 43, à Stalingrad. Cette légèreté passionnelle n'a pas cours au Danemark.

C'est un jeu pour Céline de répondre au document de la légation par un autre document : « Réponse aux accusations portées par la Justice française contre moi ».

À l'amnésie française correspond la sienne : « Je ne me souviens pas d'avoir écrit une seule ligne antisémite depuis 1937 » ; les articles n'existent pas, c'étaient des lettres, surprises, déformées ou fabriquées. Toutes les accusations sont infondées, c'est son succès (littéraire) qu'on veut détruire. Céline ne craint pas de faire circuler ce document à usage local en France. Il fait rire ou il apitoie (*Le Figaro*). L'opinion générale rejoint Mikkelsen : « piqué », Céline. Cela vaut mieux que flingué.

La réponse a, en tout cas, fait son effet danois : le 8 novembre, Céline, qui avait été jugé assez bien par les médecins de la prison pour rejoindre sa cellule, est placé au Sundby Hospital, où il peut recevoir des visites.

Céline arbitre

Il en profite pour résoudre une crise qui s'est ouverte avec le retour de Karen Marie Jensen. Celui-ci s'annonçait d'abord sous d'heureux auspices : « Karen peut tout de même beaucoup auprès du ministre de la Justice en leur faisant passer l'article qui m'est favorable et les commentaires qu'elle trouvera et cela ira ensuite par relations, aux Affaires étrangères fatalement » (à Lucette, 16 juin 46).

Karen vient le voir à la prison. Ils parlent naturellement de Lucette. Karen n'est pas heureuse de l'état dans lequel elle a retrouvé l'appartement prêté, le rapport de police de décembre 45 le jugeait déjà « en désordre », le fait que Céline n'y vive plus n'a apparemment rien changé. Bébert confiné après ses longs voyages se fait les griffes sur les fauteuils anciens et il boit son lait dans du copenhague.

Karen trouve aussi que Lucette jette l'argent par les fenêtres. Et Céline la croit sur parole. Karen est quelqu'un comme lui, elle sait le prix des choses et comment les faire durer. Depuis l'arrivée au Danemark, c'est lui qui gérait l'argent du ménage. Quand on avait besoin d'argent, on prévenait Ella Johansen, elle donnait des pièces, on allait régler le sort de quelques « enfants » chez un joaillier local en passant par Bartholin ou par un autre ami. Ella répète qu'elle ne s'est jamais mêlée de changer l'or. Personne ne se plaint en tout cas du taux de change que Céline à son habitude suit de près.

Lorsqu'elle fait irruption au 20, Ved Stranden, la police trouve très exactement 3 675 couronnes sur Louis Destouches, ce qui n'est pas rien. Précédemment, il avait fait état auprès de Mikkelsen de 40 000 francs de billets dévalorisés et brûlés, somme qui était montée par la suite à 68 000 et 70 000 francs à convertir à la Banque nationale du Danemark et donc redevenus intacts. Il avait avoué alors quatre pièces d'or, cadeau de sa mère : il ne s'agissait pas de passer pour riche (Pedersen).

Quand Karen dit à Céline en août 46 que Lucette gaspille son trésor, il entre en transe. François Gibault a publié il y a déjà plusieurs années la lettre qu'il lui envoie de la Vestre ; elle est aussi violente et méprisante que tel billet de 36 : indécrottable, Lucette, elle dépense plus à elle toute seule qu'une famille de huit enfants ! « À peine en prison tu as lâché la bride à tous tes sales instincts d'anarchie, de gaspillages, à tes vices de saltimbanque, au pillage de nos pauvres 4 sous, notre suprême bouée de sauvetage pour des orgies de fruits et de somptueux achats de pommade. » Il la tient pour responsable de ses malheurs. S'il a écrit *Les Beaux Draps*, c'est pour l'entretien de la rue Marsollier. « Tu n'as plus cependant de forme humaine, décharnée, vieillie, tu fais peur à tous – tu ferais rire – tu perds ton métier – tu perds tes mains, tu te détruis et tu me détruis [...] tu passerais sur un agonique pour un panier de fraises. »

Fureur impuissante de l'enfermé, désespoir de Lucette qui souffre en fait d'un *ténia* et à qui est tendu ce miroir cruel.

Il peut se repentir le 13 août, lui demander d'oublier sa lettre « furieuse et imbécile », nier que Karen ait jamais rien dit – il avait

« tout brodé dans son délire », elle avait bien fait d'acheter une fourrure –, la bisbille et le doute sont installés dans le cercle. Et il revient
une fois de plus sur son apparence physique.

L'or confié à Mikkelsen

La crise ne trouve sa solution qu'en novembre 46, lorsque Céline,
installé au Sundby (prononcer soundbu), confronte Lucette et Karen
et rend sa sentence : tout l'or restant sera remis à Thorvald Mikkelsen
à qui il signe une reconnaissance de dettes pour le couvrir légalement et qu'il charge de remettre à Lucette une pension mensuelle de
300 couronnes par mois : « Je crois qu'il est plus commode que ma
femme passe chez vous recevoir sa pension deux fois par mois. Il ne
faut tout de même pas tenter le diable ! Et s'il n'y avait plus de démon
dans les dames nous serions bien malheureux » (30 novembre 1946).
Il n'a donc oublié ni les fraises ni la fourrure, mais Lucette est sa
femme, et, comme dans les comédies, c'est à elle qu'il donne finalement raison.

Karen va rapidement récupérer le mauvais rôle, il en faut un. Ella
Johansen accompagnait Karen et Bente au Sundby Hospital le jour de
janvier 1947 où a lieu l'entrevue, mais elle n'y assiste pas (à cause de la
langue). En sortant, « Karen qui était très pâle lui apprit que Céline les
avait accusées de vol et Ella se jura de ne pas revoir ce Français ingrat
et mal embouché ». Quand Henri Thyssens, célinien belge, vient la voir
en 1980, elle refuse de le rencontrer et communique avec lui d'une
pièce à l'autre par l'intermédiaire de sa fille.

L'or, contenu dans une boîte de cacao Cadbury de 7 à 10 cm de dia-
mètre et de 20 à 25 cm de hauteur, est restitué. Ella Johansen dit n'en
avoir jamais négocié une seule pièce. Elle avait conservé (vide) le gilet
cousu d'or que Céline portait à son arrivée au Danemark, il lui a aussi
confié une ampoule de cyanure, l'un et l'autre remis à Henri Thyssens.

Les deux femmes sont outragées. Elles ont préservé le magot, l'ont
retiré de la banque, emporté à la campagne, déplacé, enterré, pris
toutes sortes de risques et de peines alors que, malhonnêtes, rien ne les
empêchait de le dire volé, saisi, perdu. Le leur retirer dans ces conditions est une insulte définitive. Quarante ans plus tard dans sa maison
de retraite, Karen Marie Jensen y pense toujours.

Céline note dans une sorte de journal de bord qu'il tient alors : « Les
entrevues décisives ont maintenant eu lieu. On devait compter beaucoup sur mon dur pour monter le cours (de danse) à Stockholm à 40 kr
la pièce. Plus de change, plus de cours. »

Ainsi se terminent une amitié et une période. Karen reprend son
appartement dont elle demande le nettoyage et la réfection, elle perd
son statut de confidente amie. Son rôle passe à d'autres, Mikkelsen par
exemple, nouveau détenteur de la cassette, et promis aux mêmes imputations et aux mêmes imprécations.

Dès le début janvier, le Pr Gram dont le service abrite Céline l'avertit qu'on ne pourra le garder après le 17 janvier. Céline aussitôt s'affole et supplie Mikkelsen de venir le voir « pour un dernier entretien... libre, avant le retour aux enfers. Comme je suis angoissé [29] ! Mikkelsen obtient un petit délai d'une semaine après quoi Céline réintègre la Vestre mais admis directement à l'infirmerie où, grâce à l'insistance de Thorvald Mikkelsen, il bénéficie d'un régime adouci avec des facilités particulières pour les journaux, le courrier et les visites. Cependant la prison reste la prison et, confiné dans ses enclos de brique, Céline submerge son avocat et sa femme d'appels, de réclamations, de menaces.

Il en vient au moyen ultime, il annonce son intention de réclamer son extradition ! Menace, il est vrai, assortie d'une sorte de chantage international : il fera connaître au monde entier le traitement arbitraire dont il a fait l'objet. « Nous sommes en présence d'une monstruosité juridique. [...] Le Danemark me regrettera je vous le jure... Je vais vous réveiller tout le monde... de quel droit se permettent ces crétins de jeter mes jours aux cochons, aux ordures de leur prison ? Tout cela sera payé. Et puis je vous en prie *venez me voir* » (10 février 47).

Le temps où il suppliait qu'on le garde à l'abri de l'extradition est bien oublié. Céline, comme tout détenu, s'est assimilé son dossier, il a fait siens les arguments de son défenseur et il s'estime désormais victime d'un déni de justice de la part des Danois. Il va les fustiger comme de vulgaires Français. Plus il se sent protégé et plus il crie.

Le 13, il en est aux dernières volontés : tout à sa femme. « Ma fille n'a rien à voir en tout ceci. Tout appartient de plein droit à Lucie Georgette Almanzor. Enfin, je vous prie, cher ami, venez vite me voir pour mettre bien au net tout ceci. » C'est la demande de visite qui l'emporte dans ce que Mikkelsen lit comme des enfantillages. Son client après avoir regoûté à la liberté ne supporte plus la prison, comme un enfant au retour des vacances ne supporte plus la pension.

Il confirme sa résolution de rentrer en France, au péril de sa vie, à sa légataire : il ne veut plus être le bouffon de ces tartuffes bafouilleux désireux de se rouler aux pieds de la France et des Juifs, il en a assez, il veut rentrer !

Il a aussi suggéré qu'un séjour à l'hôpital le rendrait plus présentable. Tous les moyens sont bons : ici, faire honneur au Danemark.

Il écrit au chef de la police, Seidenfaden, dans le même sens : il est prisonnier à la Vestre Faengsel, pas interné, alors qu'il avait demandé l'asile politique au Danemark. N'étant pas un « *Carlsberg horse* » (ils correspondent en anglais) il n'en peut plus, il préfère en finir et rentrer en France affronter le sort du malheureux Denoël. (La brasserie Carlsberg est située en face de la prison. Les livraisons sont faites par des voitures à chevaux dont on entend le martèlement sur les pavés, musique de force, de santé et de liberté.)

Il crie d'autant plus que son avocat le tient au courant des doctes conférences entre ministères, il sait que Mikkelsen s'est porté légalement et financièrement garant pour lui et qu'il a fait état de la santé de son « malheureux client » et de ses énormes tirages : 1 200 000, 800 000 exemplaires, il ne parle que des romans. Ces lettres qu'envoie Céline sont aussi faites pour être montrées.

Le veuf francophile

Quand les Destouches font connaissance de Thorvald Mikkelsen « grâce à un ami commun », il vient de perdre sa femme Paule. Elle était française. De l'avis général, il ne se remet pas de sa perte. C'est un homme désenchanté qui s'intéresse au sort de Céline, dont il a lu les romans.

On est tenté de voir dans le pharmacien Otterström de Korsör cet « ami commun », quand on sait que Céline et lui se connaissent depuis l'avant-guerre. En avril 1939, Céline lui a dédié un exemplaire hors commerce de *Mort à crédit* en le remerciant de son hospitalité. Apparemment, quand Céline est venu déposer sa sacoche d'or, il a habité chez lui.

Knud Otterström est né à Korsör, près de Klarskovgaard où habite Mikkelsen, proche voisin d'Helga Pedersen, c'est l'intermédiaire rêvé, d'autant qu'il est venu voir les Destouches après leur arrivée au Danemark avec son amie Anne-Marie Lindequist chez laquelle il descend quand il vient à Copenhague. Pourtant, François Marchetti, traducteur d'Helga Pedersen, ne pense pas qu'il soit le « Dr NN » qu'Helga Pedersen désignait comme « l'ami commun ». Celui-ci pourrait être le père d'Allan Fridericia, danseur et chorégraphe, mari de Marianne von Rosen. Le Dr Fridericia avait le titre d'« overlaege », c'est-à-dire médecin-chef. La famille Fridericia était juive. On retrouverait ainsi par les coulisses de la danse un nouveau bienfaiteur juif, dans la ligne des Ludwig Rajchman ou des Léon Bernard. C'est une destinée.

Otterström connaît Paris où il a obtenu un doctorat d'université en pharmacie en 1934 et Montmartre et Gen Paul. Il a alors vingt-huit ans. Quatre ans plus tard, il se marie avec la fille d'un professeur de médecine mais le mariage n'est pas sa vocation et celui-ci est dissous rapidement. Quand il héberge Céline en 1939, cela vient de se faire, c'est son amie Anne-Marie Lindequist qui les a présentés.

En 1942, il reprend la pharmacie paternelle à Korsör, achetant tout l'immeuble. Il y installe ses appartements, qu'il bourre de mobilier français, danois, mêlé à des objets chinois et japonais, un capharnaüm précieux à la Van Bagaden qui fait jaser. Sans qu'il l'affiche, son homosexualité est connue de la ville, qui l'accepte, à la danoise.

C'est presque certainement lui qui maintient le contact avec Gen Paul, avec lequel Céline est officiellement brouillé. C'est en tout cas Gen Paul que l'on retrouve à l'origine de la « connexion américaine » qui va désormais s'employer pour Céline.

Céline, Bébert et Lucette, le cercle se referme – liberté surveillée après l'internement.
(Coll. Ph. Alméras.)

A Klarskovgaard,
propriété de l'avocat
Mikkelsen.
Les Destouches
habitent l'été Fanhuset
près de la mer *(en haut)*,
Skovly, l'hiver, près de
la route *(au milieu)*,
il y a aussi une maison
d'hôtes où Mikkelsen
accueille de nombreux
hôtes *(en bas)*. Photos
prises par les régisseurs.
(Coll. Erna Rasmussen.)

Refusant toute solution qui impliquerait un retour même symbolique en prison, Céline mène sa défense par la plume et l'image. *(Kharbine-Tapabor.)*

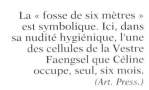

La « fosse de six mètres » est symbolique. Ici, dans sa nudité hygiénique, l'une des cellules de la Vestre Faengsel que Céline occupe, seul, six mois. *(Art. Press.)*

Les chats, le perroquet, la danseuse. Pour *Paris-Match* Céline a sorti son fétiche, la page de *L'Illustré national* célébrant son fait d'arme. *(Paris-Match / Pagès.)*

Coco, le perroquet rapporté de Paris par Lucette après la mort de Bébert,
a été d'abord l'occasion d'une forte colère (*ci-contre*).
(Paris-Match / Pagès.)

La table de travail prise à la dérobée par un photographe de passage et les instruments de la fiction : des verres, un dictionnaire, le dossier aux pinces à linge. *(Ana / Y. Mounicq.)*

Arletty, plus tard, résumait Céline : « Un très grand comédien » – Michel Simon partageait son amour des bêtes et sa misanthropie. Ils enregistrent un disque. *(Paris-Match / Simon.)*

Route des Gardes où rien n'est plan. On se tient à l'arrière sur une étroite terrasse bien exposée (*en haut*). Barbe de huit jours, pelures superposées et molosse, c'est l'image rébarbative qu'offre à l'importun l'autre face de la villa Maïtou palissée de barbelés (*en bas*). *(Lipnitzki-Viollet et coll. Marc Laudelout.)*

Descente de croix ou fin du voyage.
L'image ultime de celui qui, nourri au hasard, alterne café et véronal.
Sacrifié à la lucidité, le corps va déclarer forfait.
(Jean Callandreau / coll. Bulletin célinien.)

Car, protégé par la police et la Résistance danoise, celui-ci a désormais un comité de soutien dans la métropole des pays démocratiques!

Gen Paul séjourne à New York pour ses affaires de peinture. Il y rencontre son ami Jo Varennes, propriétaire du Moulin de la Galette qui est alors en poste à New York. Jo est le neveu d'Alexandre Varennes, politicien radical et ministre du gouvernement provisoire de 1946.

Tout cela aboutit à une lettre de Lucien Descaves que Mikkelsen rapporte de Paris et à une pétition que le confrère Cornell, avocat à New York, fait circuler. La signeront Henry Miller, Edgar Varèse, Edmund Wilson, Will Rogers, un jeune professeur, Milton Hindus, la femme de Ludwig Lewisohn, l'auteur d'*Israël où vas-tu?* (Stock, 1930). Les signataires s'inquiètent du sort d'un écrivain auquel on reproche, pour des motifs personnels, des opinions exprimées avant guerre. Ils engagent les autorités danoises à refuser l'extradition d'un volontaire des deux guerres, torpillé et coulé devant Gibraltar et ensuite interné en Allemagne où il a soigné une colonie de réfugiés français.

Si la claustration n'a pas annulé chez Céline le sens du grotesque, ce raccourci ne peut que le réjouir. Il va se couler sans peine dans le personnage qu'il a par ailleurs suggéré.

Le 26 février, il est transféré à l'Hôpital national de Copenhague, le Rigshospitalet (l'Hôpital royal). Libre à l'intérieur des locaux et soumis à des autorisations de sortie : c'est une mise en résidence assortie d'une liberté conditionnelle.

Girard de Charbonnière qui a maintenant rang d'ambassadeur par suite d'une inflation des titres diplomatiques due aux États-Unis, n'a jamais produit la commission rogatoire demandée par les Danois. Aussi les autorités lui demandent s'il voit un inconvénient à ce que Céline soit libéré sur parole après dix-huit mois d'internement. Il dit n'avoir rien à objecter, tout en refusant d'en aviser son ministère, ce qui est d'ailleurs une bonne manière car il arrête ainsi la machine à notes et instructions. Le cas Céline glisse dans les limbes.

Les communistes danois vont aider à l'en sortir. En avril, le quotidien *Land og Folk* a signalé sa présence à l'Hôpital royal et une campagne de presse s'en est suivie. Le 13 avril, *Land og Folk* signale que, suite à ces articles, le président de l'association des internes a fait une démarche auprès du directeur de l'hôpital pour lui signaler l'opposition du personnel à une prolongation du séjour de Céline dans l'établissement.

Un jeune médecin, Tage Jensen, chef de clinique dans un autre hôpital de Copenhague, apprend la présence au Rigshospitalet d'un médecin français. Or, il doit faire une communication sur le lupus (on communique en français en 1947). Voulant se faire relire, il trouve « un homme prématurément vieilli ». Il remarque qu'il est édenté, mais sa maigreur ne le frappe pas. Or Céline, qui devait peser dans les quatre-vingts kilos avant son incarcération, dit avoir perdu quarante à cinquante kilos en prison; avec son mètre quatre-vingts, il devrait ressembler à un rescapé des camps.

Le Dr Destouches jette un coup d'œil au papier; ça ne va pas du tout et il invite Tage Jensen à revenir. Quand celui-ci se présente à nouveau dans la chambre, une semaine plus tard, Lucette est en visite. Céline remet au Dr Jensen sa copie mise au net, impeccable. Remerciements, propositions d'indemniser la prestation, refus net de Céline : Jensen peut offrir, s'il y tient, des chocolats à sa femme ou, mieux, faire réparer ses castagnettes : elle est danseuse – danses espagnoles. « Montre... » Lucette montre. Le Dr Jensen va faire réparer les castagnettes.

Ces castagnettes perdues, envoyées, cassées, réparées sont évidemment un motif symbolique central dans la vie de Céline exilé. Maîtrisant parfaitement le vocabulaire, le style de la technique médicale, il est là, impuissant, édenté, alité, dépendant des castagnettes de sa danseuse [30].

Ce témoignage s'ajoute à la photographie très posée où l'on voit le couple réuni. Céline est assis dans un fauteuil, Bébert les yeux mi-clos sur les genoux. Lucette s'appuie latéralement sur le dossier pour entrer dans le champ. Cela lui donne une pose d'ange tutélaire. Elle sourit, un peu tristement. Céline sourit aussi bouche fermée : les dents. Sur une autre photo prise au même endroit, le même jour, il est allongé, vu de profil, la tête soutenue par une main passée en arrière. Il porte le même gilet, la même chemise de laine aux manches tricolores; il regarde dans le vide, bouche rentrée. Mais, sur ce cliché, il porte une cravate. Les Bonny, qui, avec quelques autres, ont reçu les deux clichés, ont noté la date au dos : mai 1947. Ce sont des photos de professionnel mais le cachet n'y figure pas. Ont-elles été prises par « le Manuel de l'endroit », Mme Lindequist?

Le 15 avril, Fernand de Brinon a été exécuté au fort de Montrouge à 7 h 30 du matin.

Le 12 mai 47, Karl Epting remonte pour la première fois de la cave de la rue des Saussaies dans laquelle il est enfermé depuis le 2. Il revoit le jour après dix journées de noir absolu; il ne quittera la cave qu'un mois plus tard, le 17 juin, pour être transféré à la prison du Cherche-Midi, traversant Paris par les Invalides pour la première fois depuis deux ans (il était auparavant interné à Dachau).

Maler Jensen, Kronprinsessgade

Le 11 juin, les Affaires étrangères danoises avisent la Justice qu'elles n'ont plus d'objection à la libération sur parole de Céline, qui devra seulement s'engager à ne pas quitter le territoire danois sans l'accord des autorités. Le 24, Céline s'installe officiellement dans l'atelier prêté à Lucette par un gardien de la Vestre Faengsel en échange d'un studio à Nice chez sa mère, Mme Pirazzoli. Pour lui, la prison c'est fini. Karl Epting devra attendre le 28 février 1949 son procès et son acquittement. Céline le battra pourtant aux points : il affirme avoir fait « deux ans de réclusion en fosse profonde de six mètres, de trois mètres sur trois mètres sans lumière [31] » et ce sera désormais un dogme : personne parmi les réprouvés n'a autant souffert que lui. Brasillach, fusillé? Il n'a pas eu le temps de s'enrhumer!

Le 24 juin 1947 à 11 heures du matin, Céline quitte le Rigshospitalet, il a signé une déclaration, sur l'honneur et en anglais, de ne pas quitter le Danemark sans le consentement des autorités danoises. Il a donné un reçu pour le reliquat de l'argent saisi sur lui à son arrestation, soit exactement 2 025 couronnes. En août, la police lui rendra quelques livres également saisis mais pas les deux pistolets. L'un a d'ailleurs été perdu. Son dossier est transféré de la police des étrangers à la police judiciaire, désormais chargée de son cas.

Quittant l'hôpital avec la plus extrême discrétion (il envoie par la suite une lettre d'excuses et de remerciements au directeur), il rejoint Lucette dans le logement de la Kronprinsessgade prêté par Henning Jensen, cet artiste-peintre gardien de prison qui était chargé de surveiller les entretiens qu'il avait avec Lucette et avec lequel ils ont sympathisé, ce qui prouve que tous les gardiens n'étaient pas des brutes.

Ella Johansen et Karen Marie Jensen sont désormais les Thénardière, ce qui est une façon de transformer Lucette en Cosette et Céline en Jean Valjean. « Ces vaches d'Allemands s'en tireront pas trop mal. Je vois un avenir magnifique à Schlemann, Fisher, etc. N'envoie pas de café ni rien d'alimentaire, nous avons tout ce qu'il nous faut – mes chaussures quand tu voudras – c'est tout. Le Venezuela? Je voudrais bien mais si Jean Valjean avait un passeport jaune qui le gênait bien, moi je n'ai pour toute pièce d'identité qu'un mandat d'amener au cul en vertu de l'article 75. C'est mauvais pour se présenter quelque part, c'est pire que Jean Valjean » (à Paul Bonny, 27 juin 47).

Le studio d'Henning Jensen est sous les toits, dans un immeuble cossu face au parc de Rosenborg. Lucette l'habite depuis septembre de l'année précédente, pendant que l'occupant réside chez sa mère, à Nice. L'échange se complète par des compensations en argent : Mme Pirazzoli remet des francs à Henning Jensen qui fait remettre des couronnes à Lucette.

Comme chez Karen, le studio, mal isolé, est trop chaud l'été et glacial l'hiver. Le verre d'eau gèle sur la table de nuit, et, suite à un court-circuit dans la couverture chauffante, une nuit Bébert prend feu. Naturellement, il n'appelle ni ne fuit. Si Lucette ne se réveillait pas, il carboniserait en silence (Vitoux).

Rassuré du côté de l'extradition, Céline retrouve ses autres problèmes inchangés : il n'a pas de permis de travail, plus d'éditeur, et la Justice française l'attend.

En France, depuis le 19 avril, il a trouvé l'équivalent de Mikkelsen, un avocat issu de la Résistance, Albert Naud, auquel il annonce la visite de son confrère danois à Paris et qu'il voudrait bien voir à Copenhague.

Derrière Hitler, personne

Du Rigshospitalet, il a aussi remercié en termes émus l'un des signataires de l'appel américain, Milton Hindus, « professeur d'humanités » à l'université de Chicago. Il lui parle tout de suite d'édition. Ses *romans* (c'est lui qui souligne) lui rapportaient un million par an jusqu'en 1944 (deux millions et demi actuels). Cela correspond au bilan qu'il avait dressé fin 46 pour Mikkelsen : signature jamais prostituée dans la presse, vente assurée sans publicité. Le *Voyage* aussi sûr que *La Dame aux camélias* ou *Les Lettres de mon moulin*. La mise sous séquestre de Denoël, sa mort, le fait que les ventes sont interrompues vont perpétuer cette conviction dans la valeur marchande de sa signature.

Maximilien Vox (né Monod) est administrateur du séquestre Denoël et un litige oppose Jeanne Loviton et la femme de Denoël, avec laquelle il était en instance de divorce. C'est Jeanne Loviton qui l'emportera (avec une valise pleine d'or, selon les bruits parisiens). Rien n'empêche en principe la maison de fonctionner.

Les éditeurs qui font de bonnes affaires après la guerre sont ceux qui ont pu s'assurer des droits anglo-américains ; le public est friand d'une production dont il a été frustré pendant quatre ans. C'est ainsi que Sven Nielsen, employé de Grasset, commence sa carrière. Jeanne Loviton s'est assuré le concours d'un directeur littéraire, Guy Tosi, qui amène à la maison de nouveaux auteurs : Lanza del Vasto, en pleine vogue, Malaparte, Miller. Rien n'empêche après le délai imposé par le CNE (Conseil national des écrivains) de rééditer les *romans* de Céline qui retrouveraient illico les tirages d'avant-guerre. Rien sinon le fait que Céline est parti sans régler ses impôts. L'État français peut ne pas avoir existé, Laval avoir été fusillé, le Maréchal condamné à mort, le gouvernement provisoire n'en réclame pas moins les sommes dues au « prétendu gouvernement ». C'est cela l'État. Or Céline a décidé de son côté qu'il ne devait rien à Vichy ni au pouvoir qui cherche à l'extrader. Fidèle à la règle imposée à Denoël, il veut être réglé recta des rééditions et, vu le contexte, en dollars ou en francs suisses, eux-mêmes convertibles en thé, café, nylon, eux-mêmes convertibles en couronnes. Pas question de verser à son compte des sommes sur lesquelles les Finances se paieraient.

Les droits étrangers lui sont acquis d'après ses contrats et, dans l'attente d'un arrangement avec la rue Amélie, son seul espoir tient aux traductions. Aux États-Unis, il a un agent de liaison tout trouvé, Milton Hindus, qui brûle de s'employer pour lui.

Céline joue avec lui franc-jeu. Dès le 16 avril, dans la lettre qu'il lui envoie du Rigshospitalet, il aborde la question : l'antisémitisme, lui écrit-il, n'a plus aucun sens puisqu'il y a autant de Juifs au pouvoir à New York qu'à Moscou. Les nazis n'ont jamais sérieusement songé au racisme, c'était un attrape-gogo. Derrière Hitler, personne. Les Allemands sont des larbins, ils ne respectent que ceux qui les fouettent. L'Europe est abrutie. « L'Amérique serait pour moi l'idéal [32] », faute de pouvoir rentrer en France. Le voilà candidat à l'immigration aux États-

Unis. Le fait que ce soit un de ses anciens collègues de Genève, Henri Bonnet, qui est ambassadeur de France à Washington ne facilitera pas ses affaires sur place.

Un peu plus tard, il précisera la nouvelle ligne : il faut reprendre le racisme, mais avec les Juifs, pour le moment il ne parle que d'émigration et de réédition.

En France les choses prennent d'abord une bonne tournure. Il est en rapport avec Jeanne Loviton. Il lui écrit, de façon assez provocante, il est vrai : Miller est son plagiaire, Sartre et Camus de petits branlés à blanc, il voudrait qu'elle fasse classer son dossier, *Guignol's II* est presque achevé, il a un manuscrit de *Féerie pour une autre fois* qui est *bon*, ce qui veut dire « du 500 000 garanti cousu main ». Il l'invite à venir le voir et pour la rassurer joint sa photo et celle de Lucette, son « papillon » (20 octobre 1947 [33]). Jean Voilier lui envoie Guy Tosi en novembre 47 et les Destouches semblent bien s'entendre avec lui. « Votre gentillesse venait du cœur », lui écrit Céline le 20 novembre. Et à Naud : « Je me suis en principe entendu avec Tosi – et selon vos conseils – Mikkelsen est d'accord. Réimpression à l'étranger de mes livres *permis* – vente demi-clandestine [34]. »

Rupture avec Denoël

Rentré à Paris, Tosi envoie à Céline un aide-mémoire en dix points couvrant tous les problèmes en cours. D'emblée, il lui conseille de rentrer à Paris où il n'aurait « aucune surprise *officielle* désagréable ». On s'y est engagé, lui dit-il de la part de Naud. Et il lui confirme qu'il a mis en route l'accord, certainement imaginé en concertation avec Mikkelsen : toutes les sommes dues par les éditeurs danois aux éditions Denoël sur les droits cédés ou à céder seront remises à Mikkelsen. Même chose pour les éditeurs suédois et norvégiens. On va par ailleurs lui faire parvenir un à-valoir « non négligeable » sur ses droits futurs. Les contacts sont pris pour une réédition de *Mort à crédit* à Monaco et à défaut en Suisse, Belgique ou France.

Le dixième point concerne le relevé du compte Céline, le premier depuis trois ans. Il a été établi par l'immuable Auguste Picq. Il va lui parvenir.

Céline a retrouvé la liberté, des appuis américains (et juifs), un éditeur parisien prêt à verser « un à-valoir non négligeable », à s'occuper de ses problèmes judiciaires et à lui servir de correspondant, par exemple en envoyant des livres (un Dumas est déjà parti).

La lettre de Tosi est datée du 6 décembre, le relevé de Picq du 3. Tosi mentionne la grève des transports qui implique des difficultés d'acheminement. Céline lui annonce qu'il a refusé une somme de 1 000 couronnes qui avait été déposée chez Mikkelsen par une mystérieuse dame Marteau (qu'on retrouvera).

Ni charité ni engagement d'aucune sorte. Le bilan de tous les ouvrages édités chez Denoël lui parvient chez Mikkelsen. Il montre que le *Voyage* s'est vendu à 148 863 exemplaires, *Bagatelles* à 86 742, *Mort à crédit* à 71 422 exemplaires. Ces chiffres respectables en eux-mêmes sont résumés par Auguste Picq en une phrase lapidaire : « Le compte se trouve actuellement soldé. »

Céline, qui a déclaré à Mikkelsen avoir vendu 1 200 000 exemplaires de voyage, qui disait savoir que le livre se négociait à 1 000 francs au marché noir –, n'est pas long à réagir. Dès le 8, une lettre tapée dans les bureaux de Mikkelsen et sur laquelle Céline se contente d'ajouter le nom et l'adresse de « Mme Voilier, Éditions Denoël, 19, rue Amélie, Paris », est ainsi rédigée :

« Madame, je reçois ce matin par l'intermédiaire de Me Mikkelsen le relevé des Éditions Denoël. Je constate par ce document qu'aucun de mes livres n'a été réimprimé ni mis en vente depuis le 12 juin 1944.

« Me reportant à l'article XI (1) de mon contrat avec Denoël en date du 30 juin 1932, j'ai l'honneur de vous aviser par la présente lettre que " je recouvre purement et simplement la libre disposition du droit d'édition " de tous mes livres à partir de ce jour – 8 décembre 1947 [35]. »

On avait vu Céline réécrire un texte médical, on voit que le fils du correspondancier du Phénix a gardé le style précis et sec du recommandé. C'est en principe sans appel. Cependant la correspondance avec Jean Voilier, Guy Tosi et les éditions Denoël continuera épisodiquement jusqu'en 1950, mais Céline ne reviendra pas sur la décision prise au vu de son compte : plus rien chez Denoël.

À Tosi, à qui sa visite à Copenhague donne un crédit moral, il confirme poliment sa volonté de ne plus être imprimé par « une boîte maudite en ce qui me concerne ». Il est celte donc totémiste et « Max Vox par son injurieuse tirade a consommé la rupture [36] ».

Maximilien Vox, né Samuel Monod, est l'administrateur-séquestre. Qu'a-t-il dit et à qui (Cendrars ?) et qui le rapporte à Céline (Deshayes, un journaliste de Lyon qui s'est mis à son service ?), on ne le sait. Céline se juge en tout cas irrémédiablement outragé.

La lettre que lui adresse et signe Jean Voilier, la responsable des éditions, n'arrange rien. Elle débute ainsi :

« Cher Monsieur,

« Quand je sors de mon mutisme il vous faut prendre vos aises, installer Minet sur vos genoux, bourrer votre pipe. Je ne serai pas brève... »

De ce ton avantageux et d'autant plus satisfait qu'elle écrit de Genève, l'héritière de Domat-Montchrétien explique à Céline les angoisses que Rebattet (*sic*) et lui, Céline, ont values à Denoël. Louis-Ferdinand doit comprendre que son intérêt n'est pas d'être réédité maintenant, d'écouter la proposition – que nous ignorons – de Lacroix, séquestre des Domaines, et de lui dire où en est *Féerie pour une autre fois* dont elle rêve. Elle termine en lui serrant les mains (14 janvier 1948).

Il reste peut-être une seule célinienne à se demander ce que Céline pensait des femmes. Servantes du désir, médiatrices de la joie, inspiratrices du style émotif, elles sont inférieures au plus borné des hommes pour la capacité intellectuelle ou le « lyrisme » propre. C'est écrit dans *Bagatelles*, et il faudrait évaluer le niveau que leur assigne alors Céline par rapport aux **Juifs** eux-mêmes, alors bien inférieurs au moindre ongle pourri d'un **Aryen** vinasseux. Cela ne l'empêche pas de se laisser manipuler, l'affaire de l'or l'a montré en janvier.

Mais il maintient le principe : « Je ne traite rien de sérieux avec les *femmes* (*souligné trois fois*). Seulement je suis obligé d'être plein d'égard, c'est tout » (à Mikkelsen en octobre 46). « Jean Voilier », femme qui joue à l'homme de lettres, entre de plain-pied dans la mythologie célinienne. Elle n'en sortira plus. Bourrez votre pipe, Minet sur les genoux ! Ceux qui ont failli ou qui lui ont manqué boivent et fument. Élisabeth s'est perdue dans un nuage de tabac et d'alcool. Bébert n'est pas un minet, c'est le chat qui ne miaule ni ne pisse, ni le reste, capable de s'entraîner dans un mètre de neige, de rouler sous les trains chaque fois que Lucette s'y jette et de brûler vif plutôt que de la réveiller. Bébert, sensible aux ondes, tout juste opéré, à son âge, d'un cancer, c'est le chat totémique, Céline lui-même, sa patience, son endurance, son obstination à être, à perdurer contre tout ce qui cherche à prévaloir contre lui.

Jean Voilier va recevoir du courrier aux bons soins de Denoël l'assassiné. Cherchez la femme, le crime de l'esplanade des Invalides lui sera imputé puisqu'il lui a profité.

Dès la fin janvier, les avocats sont chargés du différend Céline-Denoël. Il ne se résout qu'en 1951 lorsque Jean Voilier se désiste de ses instances en contrefaçon, juste avant de vendre Denoël à Gallimard, qui reprend Céline.

Entre-temps, Céline a fait la ronde d'éditeurs assez neufs, assez audacieux ou assez marginaux pour ignorer le droit moral du confrère et éditer *Voyage*, *Mort à crédit*, les petites œuvres dont Céline tire quelques revenus ou dont il se sert pour faire des politesses. Chaque opération ou presque provoque déception, colère et imprécations. La carambouille est partout, chacun profite de l'exil et de l'impuissance de Ferdinand, toujours non jugé, pour l'exploiter !

Ayant refusé de payer le double prix d'un retour « normal » : revenir en France (au risque d'un emprisonnement même symbolique) et Denoël sous sa nouvelle direction, Céline va se servir de sa plume pour atteindre son but : un retour sans risque, sinon avec les honneurs. Il y usera trois avocats et quarante mois de lutte sans répit. Toute son énergie se déverse dans une activité épistolaire quotidienne. Milton Hindus, John Marks, Albert Naud, Marie Bell, Daragnès, Marie Canavaggia, Henri Poulain, Charles Deshayes, Pierre Monnier, Paul Bonny, Georges Geoffroy, Pulicani, le Dr Clément Camus, Albert Paraz, Le Vigan reçoivent ses lettres. Il correspond avec les Amériques, la France, la Suisse, Lyon, Paris. Le sujet des missives écrites à grande écriture sur grand papier est immuable : Céline, son cas, au passé, au présent, au futur. Avec ces lettres, l'auteur, confronté à la nouvelle France et aux puissances forcément un peu juives et maçonnes qui la contrôlent, écrit son Mémorial. Il installe, comme l'Autre, sa figure dans le dénuement et la proscription. Il est le Réprouvé de l'après-guerre et il ne supporte dans ce domaine aucune concurrence; ce que les autres ont pu endurer n'existe pas à côté de ses souffrances physiques et surtout morales. D'autres sont en prison? Ils entendent au moins du français. D'ailleurs, il n'a – cela doit être dit et répété – rien à voir avec eux. Eux salariés, lui bénévole. Femme du monde, ne couchant que lorsqu'elle en a envie. Abusé par les faux racistes allemands, pangermanistes de toujours, mais libre de sa pensée d'un bout à l'autre de cette histoire.

L'exercice implique une souplesse de voltigeur entre ceux qui savent et ceux qui ne savent pas et surtout entre ceux qui se connaissent et qui communiquent entre eux. Il y a les complices et les haut-parleurs. Les tombes comme Pulicani, le Corse secret, ou Marie Canavaggia et ceux qui répètent tout ce qu'on leur dit, auxquels on écrit ce qu'on a envie de voir répéter, comme Paraz. Il y a ceux dont on sollicite des faveurs, ceux qu'on voudrait voir, qu'on invite, et ceux qu'il faut tenir à bout de bras.

Du platine, les cons prennent ça pour du nickel

L'or, le fameux or, responsable de sa présence au Danemark, apparaît dans une lettre à Mahé. Mahé l'a vu à Londres, il sait qu'il a été transféré au Danemark, Céline le mentionne donc mais c'est pour le faire à la seconde disparaître : il a été « dépouillé de quelques millions [...] il ne reste pas grand-chose. Le plan était que je sois expédié en France fusillé, que Lucette *divorce* [...] il s'agissait d'hériter » (10 mars 47). Eugène Sue après Victor Hugo, l'imagination de Céline refabrique à volonté les mélos de son enfance. Mahé connaît son vieux copain. Avec d'autres, Henri Poulain par exemple, l'ex-secrétaire de rédaction de *Je suis partout* qui reste inconditionnel jusqu'au bout, qui garde par exemple secrètes des lettres auxquelles le fameux article 75 pourrait s'appliquer, le jeu devient délicat. Il est aisé de se présenter démuni comme tout le monde, personne ne connaissant la pension mensuelle de Mikkelsen gagée sur l'or, mais plus délicat d'accepter des cadeaux. Même les services doivent être compensés. Il envoie des timbres du Groenland pour payer le café, les castagnettes, pantalons, vêtements envoyés par les amis suisses en 1947. Céline refuse l'aide de ceux qu'il sait dans les difficultés ou qui pourraient se prévaloir du service rendu [37]. Fabulateur toujours, imposteur quelquefois, exploiteur jamais.

Il n'empêche que, du Danemark à Meudon, une contre-légende va le poursuivre : il crie misère quand il nourrit chats et chiens de viandes de premier choix, il se plaint du froid et il vit en bordure d'une forêt, le bois regorge dans le domaine (Korsör), ses caves sont pleines de charbon (Meudon). Certains s'en amusent, sacré Ferdinand, d'autres s'en indignent : les Danois, par exemple, qui n'ont pas le sens de la comédie.

Il vient d'être libéré, l'été 47 est son premier été de liberté depuis deux ans, il vit dans une soupente, il laisse dire qu'on dépose de l'avoine à sa porte, sa seule nourriture, alors qu'au même moment il charge l'ami Geoffroy, le joaillier, à qui il offre en passant l'hospitalité Pirazzoli à Nice, de lui acheter une montre « à double coquille, verre protégé. Je ne la veux pas fine, ni extrêmement plate mais cossue au contraire, hypersolide – en platine – c'est mon rêve (les cons prennent ça pour du nickel) avec une chaîne platine ad hoc, sonnante – et les secondes, un cadran... j'ai passé tellement de secondes atroces que j'ai attrapé le fétichisme du temps – le temps – Dieu je veux lui payer la plus belle montre qui se puisse trouver » (20 août 47 [38]).

Cette correspondance horlogère va se poursuivre pendant les deux années qui suivent. Cette montre en platine pour lui, une autre en or pour Lucette, des bijoux, un stylo à plume d'or. Une montre (la sienne ou celle de Lucette) arrive enfin le 31 décembre 1948, elle est merveilleuse. Arriérés de « royalties » du Laboratoire Villette, héritage de Marguerite, publication des ballets, quelle que soit la provenance des fonds, Mikkelsen surtout ne doit rien savoir de tout cela : « Il me prête quelques sous pour vivre. Il trouverait moche que j'achète des bijoux – mais si on me liquide d'ici brusquement que je me retrouve en Chine ou au Labrador... ce n'est plus lui qui m'aidera... tu saisis ? Ce sont des calculs de chiens lépreux... » (20 mars 1948).

Korsör, rustique mais confortable

Geoffroy doit venir au Danemark, Mikkelsen et lui vont se trouver ensemble à Korsör, présenté d'une manière qui n'est pas celle qu'on lui connaîtra plus tard : « Rustique bien sûr mais confortable – selon ton goût, canapés, sofas, véritables cheminées – campagne très supportable auprès d'une mer pas vilaine » (24 juin 1948).

Duplicité ? Rouerie ? Plutôt habileté de romancier à présenter les réalités suivant la conjoncture et suivant l'interlocuteur. Question de langage alors. Lorsqu'il parle de sa misère, Céline la compare toujours à la richesse des vrais riches, les Mikkelsen, les Karen Marie Jensen envers qui on a comme un devoir d'ingratitude. D'où les références qui vont se multiplier à Léon Bloy. Ces lettres qui sont substituées au travail quotidien de la fiction sont la mise en jeu d'une fiction à dimensions multiples. Lorsque Céline décrit pour son ami Geoffroy le confort de la maison d'hôte de Klarskovgaard, sans doute « Skovly » avec ses deux cents mètres carrés habitables, il ne ment pas plus que lorsqu'il parle à d'autres de la *chaumière* qu'il habite. La description de ce qui attend Geoffroy s'il vient le voir, « fauteuils », « véritable cheminée », est d'ordre privé, on est dans la coulisse, la « chaumière » est à usage public, à usage du public. Le vocabulaire est mis en œuvre pour se conformer à l'idée que son public, le grand public (celui des Bouffes, ceux qui à l'occasion prennent le platine pour du nickel), les pilons, les voyeurs se font du malheur, de la pauvreté, du dénuement. Chaumière s'oppose alors à château. Or, on le sait du côté de Deauville ou de Korsör, rien de plus recherché ni de moins « donné » que le luxe rustique du chaume.

Il s'agit d'installer, d'instiller, d'imposer l'idée que personne que lui n'est plus misérable, n'a autant souffert pour ses idées. Il prévient l'objection : les Danois humanitaires ? des Tartuffes ! leur aide ? un prêt. Il faut que Le Vigan soit bien loin pour qu'on vende la mèche : « Mikkelsen, je l'amuse avec Féerie. » Mikkelsen le fait dîner avec des prix Nobel ? Il l'exhibe. C'est imparable : aussi vrai qu'il se peut, ou aussi faux et toujours invérifiable.

La Vestre Faengsel, au niveau de la mer, n'a pas de sous-sol, donc nulle fosse de six mètres. Sa cellule, comme toutes les autres, fait douze mètres carrés, ce n'est guère spacieux. Elle était parfois en étage, mais la logique de la transposition impose le cul-de-basse-fosse. Et le soupirail, le jour de souffrance par lequel le nègre Hortensia, qui incarne présentement la France, vient faire ses propositions obscènes : livre-toi. Ce sera la mise en scène ultime, celle du livre, dont les lettres, mêlées des scories du quotidien, ne sont que les brouillons.

Une seule correspondance atteint à l'épique, mais c'est un effet de compression drastique que lui font subir soit le destinataire, le médecin-colonel Camus, soit la revue où elle paraît, *Les Écrits de Paris*. Là est dit l'essentiel : le Danemark, un pays chauve comme la Chine, un morceau de glaise raboté par les glaciers est promis à l'engloutissement. Dans la forêt de Klarskovgaard, des menhirs, avec une pierre tranchante pour les sacrifices. « Trois cent mille ans, paraît-il. Que n'a-t-elle fini là l'humanité » (7 juin 1948). Céline n'est plus qu'un clignotement dans la perspective des millénaires et la vie un jeu dérisoire sous un ciel, il s'en excuse, vide de tout espoir métaphysique.

À peine en liberté, il doit démentir une interview que prétend avoir prise de lui un journaliste de *France-Dimanche*. Il aurait dit savoir où se trouvait Déat et aussi vouloir combattre en Indochine (l'Indochine était alors la rédemption patriotique pour les « égarés »). Le journaliste lui aurait écrit au Rigshospitalet et il serait accouru au rendez-vous donné dans une chambre d'hôtel.

Céline aurait semblé abattu en apprenant la condamnation de Le Vigan. Or celle-ci a eu lieu en novembre de l'année précédente et Céline a reçu une lettre de son confrère de Sigmaringen, le Dr Jacquot, qui lui a rendu compte du procès. On peut juger que cette prétendue interview a été fabriquée à partir de la réponse aux accusations, dont certaines affirmations font scandale à Paris. « On m'a offert à plusieurs reprises le Haut-Commissariat aux questions juives. J'ai toujours refusé. Si bien que les Juifs aujourd'hui devraient m'élever une statue pour le mal que j'aurais pu leur faire et que je ne leur ai pas fait », lui fait dire *France-Dimanche*. C'est une extrapolation de « il n'aurait tenu qu'à moi, qu'on s'en doute avec un peu de diplomatie, de devenir haut-commissaire aux Juifs en France » qu'a écrit Céline.

Le 26 avril, *Le Figaro littéraire* avait repris la même phrase, « Il n'aurait tenu qu'à moi », qui décidément fait mouche. Le journaliste du *Figaro littéraire* compare ce qu'il a vu et lu et cru entendre pendant l'Occupation aux assertions de Céline. Celui-ci, au ton de la presse « libérée », a-t-il cru qu'elle n'était faite que par les émigrés de Londres ? L'idée de faire circuler les « treize feuillets numérotés, cotés, paraphés par moi-même » était un défi aux mémoires. « La suite dans les idées n'est donc pas le fait de M. Céline, lit-on dans *Le Figaro*, et ceux qui croient à sa folie seraient tentés d'en trouver ici une nouvelle manifestation. En vérité la décadence morale du docteur est moindre que cette triste abjection morale qui le fait se traîner dans la peur. » Ces deux morales s'annulent ; reste le mot *peur* et l'hypothèse de la folie de Céline qui est ici évoquée pour la première fois.

On en a tant parlé depuis (« Céline the Fou », titre une revue de New York après sa mort) qu'il faut faire un effort de mémoire et un sérieux retour en arrière pour constater qu'on n'avait jamais parlé de folie à son propos jusque-là. Gide avait juste dit « maboul » et employé le conditionnel.

C'est pour se sortir de prison à tout prix que Céline a mentionné sa tête, les bourdonnements, le traumatisme ancien, si bien qu'il a été question d'opérer (le Dr Levison). Mikkelsen, dans ses voyages à Paris, a dû faire allusion à cette « trépanation ». À *L'envoyé de L'Ordre*, journal d'Émile Buré, rationaliste et bien-pensant, que Céline refuse de voir, auquel il répond à travers la porte, il parle de cette blessure à la tête et dit : « Je deviens fou. » En combattant avec les moyens qui lui restent, en faisant du « Céline » (excès et pitreries), il s'identifie pour la première fois à sa manière. Le créateur rejoint sa créature. Il pourra protester à l'occasion, chercher à rétablir les choses : « Les balourdises j'en fais rigoler la galerie mais je ne les commets pas. Je suis auteur, pas pitre [39] », il ne sortira plus de ce rôle.

Il a placé tout ce qui lui reste d'orgueil dans le refus d'être assimilé aux *autres*. Tout rapprochement le fait hurler, aucun sentiment de solidarité ne l'effleure, il « mouille » tout ce qui se présente, les écrivains, les confrères médecins, Valby, secrétaire du Cercle européen qui « vaque tranquillement à Paris » (réponse à l'acte d'accusation, 20 février 1950). Qu'il charge les morts, Brasillach, Brinon, Laval, pourrait être considéré comme une pratique normale d'accusé, mais il incrimine aussi les vivants, les heureux, c'est-à-dire tout le monde sauf lui. Marie Canavaggia est bonne comme le bon pain, prétendait le malheureux Denoël, écrit Céline à son ami Bonny en lui annonçant sa visite (27 juin 46). Mais comment peut-elle les comprendre ? « Nous seuls entre nous nous savons ce que nous ressentons, toute l'horreur, toute l'ignominie de notre état – la haine sans limite s'accumulent (*sic*) des années » (30 juin). Pendant l'Occupation, il demandait inlassablement que l'on interroge les autres, pour savoir ce qu'ils pensaient des Juifs, du racisme, désormais il rappelle à tout propos ce que les autres ont fait, dit ou pas dit, il s'indigne qu'ils puissent s'en sortir mieux que lui. S'il ne s'agit pas toujours des mêmes, ce sont toujours des « autres », les écrivains, qu'il s'agit.

Dans une interview donnée à Robert Massin, il charge Rebatet, l'ancien compagnon de Sigmaringen, alors condamné à mort, il le traite de « petit arriviste » du temps des Allemands. Ayant nié avoir donné des interviews pendant l'Occupation ou envoyé des lettres aux journaux, il nie désormais avoir rencontré tel ou tel journaliste. Mikkelsen a dû le mettre en garde contre ses incontinences verbales. Mais certaines rencontres ont lieu dans le bureau même de l'avocat, par exemple celle qu'il a avec François Nadaud qui représente un journal « ennemi », *L'Ordre*, de Buré et Benda, liés à l'Union rationaliste.

On nous le montre alors « courbé sur une lourde canne », canadienne trop large, pantalon mal ajusté tombant sur les chaussettes, les cheveux longs, des rides profondes, des yeux perçants, soit son dernier visage, celui de l'animal traqué. Il parle de la générosité de son avocat qui le fait vivre, nie avoir jamais collaboré, lâche Sacha Guitry aux chiens ; on lui demande pourquoi il ne rentre pas en France : « Parce que je serais condamné d'office », répond-il. On lui objecte le cas d'Adrien Marquet, qui vient d'être frappé d'indignité nationale, il réplique par l'argument de l'argent que certains ont et d'autres pas. « Marquet a des amis, des appuis, de l'argent. Moi, j'ai toujours été seul et je n'ai plus rien, car on a tout pillé chez moi. » Il dit cela devant le détenteur du magot et dans l'attente de l'envoi de Geoffroy (la belle montre).

Cela prend du temps pour écrire un livre, ajoute-t-il. *Mort à crédit* va être réédité aux États-Unis. Et puis il y a l'âge : « Si j'avais vingt-cinq ans peut-être, mais j'en ai cinquante-trois et je suis à bout. »

Le journaliste de *L'Ordre* peut noter sa dureté, déclarer qu'il a gardé ses idées, ses haines, l'homme se présente à lui à cinquante-trois ans, courbé sur sa canne, en vieillard au bout du rouleau et en pauvre. Comment pourrait-on accabler (condamner) cette épave ? (8-9 février 1948).

Avec ceux qui lui sont favorables, le ton ne change guère, mais c'est à eux que revient le devoir de faire vibrer la corde sensible. François Gillois de *L'Indépendance française* accomplit un vieux rêve en rencontrant, en novembre 48, l'auteur de *Voyage au bout de la nuit*. Celui-ci lui raconte un apologue de sa manière. Le jour de sa sortie de prison, désorienté, il est tombé sur un Juif rescapé des camps. « On a marché longtemps à petits pas discrets, dans la nuit, en se racontant nos misères. C'étaient les mêmes. » Le Juif a connu les camps, lui Sigmaringen après l'internement du Schloss Scherz et avant la Vestre.

Ce qui fait Céline, c'est aussi l'aplomb dans le mauvais goût. La rencontre devant la prison est renouvelée de *Voyage* dont il reprend le vocabulaire étroit (petits pas discrets, la nuit, la misère), il est bâti sur une idée : les Juifs et moi nous avons payé, nous pouvons donc nous comprendre, nous parler, pas les autres, les ignobles voyeurs des gradins, d'un camp ou d'un autre. Plus il se montre miteux, crapoteux, démuni, lamentable, et plus il s'exonère d'une quelconque culpabilité. D'autant qu'il manifeste une extrême prestesse à dénicher le Juif qui n'a pas payé, celui qu'il voyait grouiller partout pendant la guerre et dont l'un a accédé à une manière de célébrité : le prisonnier de Mende, M. Joano. Sans parler des autres, innombrables, les demis : « Je lis la revue *Le Cheval ailé* – je compte que ça ne marchera jamais pour moi ! Fabre-Luce mi-juif me fuit – Henri de Man, juif ! amant de Mme Didier éditrice de la Toison d'or de Genève (qui me doit 100 000 francs me déteste aussi), de Man grand pote de Jules Romains – Mme Didier fille d'un colonel belge était aussi maîtresse d'Abetz qui m'abhorrait tu le sais ! Je trouve encore Prévert autre jaloux, Zévaès, juif ! Vildrac le pire des haines projuif à crever ! Edmond Jaloux qui m'abhorre ! Jouvenel demi-juif qui me voue aux diables ! Paul Morand – hum ! hum ! Quelle honte ! » (à Bonny, 11 août 1947).

Au travail

Kronprinsessgade, il a retrouvé l'existence qui était la sienne dans l'appartement de Ved Stranden. Dans un espace plus resserré, un confort diminué, le rythme de vie antérieur à la prison a repris.

Il s'est remis au travail. En 1945-46, il a travaillé quelque temps à la seconde partie de *Guignol's Band*, mais, outre que l'autorité militaire en a interdit la diffusion (on se demande bien pourquoi), cela sent le réchauffé. La version que publiera Robert Poulet sous le nom de *Pont de Londres* est transcrite du manuscrit déposé chez Marie Canavaggia et « retrouvé par hasard en rangeant un placard ». La copie sur laquelle Céline a continué à travailler en Allemagne et au Danemark sera elle aussi « retrouvée » dans un coffre, c'est la version donnée dans la Pléiade (tome III).

Très vite, il se désintéresse de ce travail de révision. Il se lance dans une autre rédaction dont l'urgence lui paraît tout autre, il en donne le titre à sa femme le 10 août 1946 : « Au vent des maudits soupirs pour une autre fois ».

Le 26 mars, il lui avait écrit : « J'ai commencé notre récit des maudits – par le bombardement de la Butte. Comme c'est drôle à remémorer – Je place Gen Paul en chef d'orchestre du Bombardement – il dirige tout sur la haute plate-forme du moulin avec sa canne – l'esprit du mal – que tout le paysage gondole enfle gonfle des maisons perdent leur forme – Tout chahute. C'est l'esprit de ses tableaux qui se réalise – c'est le sabbat à Popol. Et puis d'abord la visite de Mme Milon et de tous les gens qui voulaient absolument que je leur dédicace leurs livres avant que l'on me fusille. Ça aura du prix [40]. »

On voit comment opère la rêverie éveillée à laquelle se livre Céline dans sa cellule et qui fait qu'il ne s'ennuie jamais : il se retransporte à Montmartre à la recherche du moment où les choses se sont déréglées, l'instant où le malheur s'est mis en marche. La visite de Mme Milon, signe du cannibalisme foncier des autres, amis-ennemis, fait un bon point de départ, il n'en changera pas. Plus tard, un autre projet – celui qui consisterait à régler quelques comptes immédiats : une longue incidente rédigée en 1950 sera intercalée entre la visite de Clémence Arlon

(Mme Milon) et le Bombardement Montmartre. Plus tard encore, en 1985, les textes de travail rédigés entre 45 et 50 pour les « Maudits Soupirs » seront publiés.

Ce premier état du texte, rédigé en prison et à Kronprinsessgade, enchaîne à la fois sur *Les Beaux Draps*, jamais nommés, et sur *Guignol's Band*, propos et traitement de la matière. Le narrateur est bien Ferdinand-Montmartre (comme Le Vigan était Goupil-Tonkin), beaucoup plus proche dans le temps que Ferdinand-Londres. La rédaction se fait presque en clair, noms de gens, noms de lieux. Ralph Soupault est cité, décrit en excité armé, désireux de liquider un autre chef de groupuscule. Dans l'ébranlement du bombardement, Ferdinand, qui traîne sa réputation, ne cherche pourtant qu'à sauver ses manuscrits. Ce n'est plus le prophète et le doctrinaire du vrai racisme, c'est tout juste un individu plus menacé que d'autres. Tout cela montre qu'une saga de la Butte ne demandait qu'à exister et à s'insérer entre celle de Londres et celle de Kränzlin-Sigmaringen.

Kronprinsessgade, enfermé dans « la piaule » du Maler Henning Jensen, tel que décrit par Robert Massin, attablé devant la table encombrée sur laquelle Bébert, rescapé du feu et du cancer, a repris son somme, Céline recrée le délire des derniers temps, il ravive ses plaies et sa rage en lisant les journaux français qu'il descend acheter ou que Lucette lui remonte.

On a abondamment cité les interviews accordées alors, elles font du volume dans un recueil, mais que représentent *La Rue*, *France-Dimanche*, *Samedi-Soir*, *L'Ordre* dans la France de 47-48 ?

La lettre que publie *Combat* le 1ᵉʳ août 1947 représente le premier retour réussi sur la scène littéraire parisienne. Céline s'est emparé d'un article des « Isvestias » (*sic*) qui l'avait présenté comme un pourrisseur au même titre que Sartre et les Américains. Céline refuse l'amalgame : « Qu'ai-je à faire avec Sade, Sartre, Millner (*sic*), Le Pape ? » Il remonte aux origines, à son passé « communiste » et à *Mea culpa* : « J'aimerais parler de ces tristesses au Dr Braun, à M. Sokoline que j'ai bien connus » et il fournit ses lettres de créance : « Le *Voyage au bout de la nuit* a été lancé par un article de Georges Altman dans *Le Monde* communiste d'Henri Barbusse en 1934. Les articles de Daudet, Descaves, Ajalbert ne sont venus qu'ensuite. Le *Voyage* a été traduit en russe, les traducteurs ne sont pas moins qu' " Elsa Triolet " et son mari Aragon qui ne se sont point gênés pour tripatouiller mon texte dans le sens de leur propagande. Les Soviets me doivent d'ailleurs toujours de l'argent sur cette traduction. Avant d'engueuler les gens, il est bon de leur rembourser ce qu'on leur doit. »

Combat publie tout, même la formule de politesse, mais, en dépit du climat de guerre froide, sans provoquer le moindre écho du côté d'Altman, du côté d'Aragon, du côté des « Soviets », ou des « nationaux ». La consigne du silence joue à fond. René Fallet, nouvel écrivain populiste édité par Jean Voilier (qui dirige Denoël de chez Domat, rue Saint-Jacques), lit Hemingway, Dos Passos, Steinbeck, Prévert. Il fait relier *Voyage au bout de la nuit*, parmi d'autres livres [41]. Les générations d'après-guerre ont pris le relais de « l'existentialisme », or voici justement qu'on porte à l'attention de Céline la phrase que lui a consacrée dans son « Portrait de l'antisémite » l'auteur de *La Nausée* (et lecteur de *L'Église*) : « Si Céline a pu soutenir les thèses socialistes nazies, c'est qu'il était payé. Au fond de son cœur il n'y croyait pas : pour lui il n'y a de solution que dans le suicide collectif, la non-procréation, la mort. » On voit que Sartre, exception dans son temps, prend en considération le « communisme Labiche » qu'il rapproche du socialisme (national) allemand, il écrit les « thèses socialistes » là où l'on aurait attendu « racistes ».

L'article a paru dans *Les Temps modernes* le 1ᵉʳ décembre 1945, personne n'avait songé à le faire parvenir en prison, il est repris en volume en cet octobre 1947, dans les *Réflexions sur la question juive*. Paraz le lui signale, et Céline décide aussitôt de régler son compte à l'usurpateur qu'il appelle Jean-Baptiste et qu'il identifie de façon clinique : ces gros yeux.. ce crochet... cette ventouse baveuse... c'est un cestode, un ténia logé dans le boyau terminal de l'auteur, nourri de ses déjections. Il le voit en appétit de poteau : « Vous êtes méchant, sale, ingrat, haineux, bourrique, ce n'est pas tout JBS! Cela ne suffit pas... il faut danser encore. » Il rappelle la première des *Mouches* au « Sarah » (« m'avez-vous assez prié et fait prier par Dullin, par Denoël, supplié " sous la botte " de bien vouloir descendre vous applaudir! Je ne vous trouvais ni dansant, ni flûtant, vice terrible à mon sens, je l'avoue.... »). Il l'encourage à donner une suite, *Les Mouchards* : « L'on vous y verrait en personne, avec vos petits potes, en train d'envoyer vos confrères détestés dits " collaborateurs " au bagne, au poteau, en exil. [...] Et puis au tableau final un de ces " Massacre général " qui secouera toute l'Europe de folle rigolade [...] l'assassinat des " signataires " les uns par les autres!... Vous-même par Cassou... cestuy par Éluard! l'autre par sa femme et Mauriac! et ainsi de suite jusqu'au dernier. »

Céline est alors en relation avec Jean Paulhan, qui, ayant représenté « la résistance » chez Gallimard, a pris ses distances avec le Conseil national des écrivains (CNE) responsable des listes d'impubliables. Céline voudrait que Paulhan édite son mini-pamphlet, mais Paulhan se récuse.

Samedi-Soir reprend à sa manière et à son niveau la polémique sous le titre : « Céline jure de " torcher " l'avorton Sartre ». L'article reprend les arguments connus : Céline jamais collaborateur ne rencontre les gens de Vichy qu'à Siegmaringen (avec un e, à la Céline). Laval juif. Celui qui a vendu 1 200 000 exemplaires de *Voyage* et 800 000 de *Mort à crédit* vit dans les combles d'un immeuble bourgeois. « On n'a jamais vu chose pareille que ce grenier. » Louis-Ferdinand se nourrit exclusivement de bouillie d'avoine. Il écrit un roman de six cents pages, *Féerie pour une autre fois*, où il sera question de la Butte, pas des Juifs. « Si j'avais su ce qui se passait dans les camps de concentration, je me serais certainement arrêté de manger du Juif », lui entend dire, ou lui fait dire le rédacteur. « Du reste les Juifs, je ne leur en veux pas... Ils ont été mes seuls clients. Il n'y avait qu'eux qui me lisaient. » Ce qui, littéralement, porte la population juive en France à 1 200 000 personnes.

La déclaration à *Samedi-Soir*, si elle a été faite dans les termes rapportés, serait la plus proche expression d'un regret, d'un remords de la part de Céline. Il est certain que nous sommes alors au cœur de ce qu'on peut appeler la période prosémite.

Des intellectuels new-yorkais, sous l'impulsion de l'avocat Cornell, ont signé, on s'en souvient, un appel en sa faveur. Le 1er mars, du Rigshospitalet Céline a remercié Milton Hindus, jeune professeur (juif) de l'université de Chicago, et il l'a fait en termes délicats : « Heureusement et grâce à vous au fond, je pense à votre action américaine, souveraine ici, décisive, jupitérienne, les barreaux viennent de s'entrouvrir un peu – Me voici à un régime moins tendu, beaucoup moins tendu, ce qui me permet de vous écrire et ma première lettre est pour vous – votre excellente, affectueuse, infiniment généreuse lettre résume tous mes chagrins et me navre plus et m'humilie davantage que toutes menaces, tortures, outrages dont j'ai été comblé depuis trois ans – Ah je vous assure que je suis guéri de m'occuper de ce qui ne me regarde pas. »

La question de l'antisémitisme n'a aucun sens

Céline, qui n'arrive pas à se faire réentendre à Paris, dont on tourne en dérision les dénégations outrecuidantes, se découvre chez les vainqueurs, les vrais, un intellectuel juif qui a lu son œuvre, toute son œuvre, assure-t-il et qui le défend! Il n'a cependant pas lu *Guignol's Band*, et Céline demande à Marie Canavaggia de le lui envoyer dare-dare (7 mars). Il lui présente Hindus comme son « plus sérieux atout ». Il ne se trompe pas. Hindus va faire des prodiges de relations publiques, rédiger une préface, décrocher un contrat de réédition : *Death* paraît chez James Laughlin à New York. Les Juifs américains, vainqueurs parmi les vainqueurs, ont pris le réprouvé en charge!

S'engage alors une longue correspondance, toute de confiance et d'amitié. On se dit tout, on n'hésite devant rien. Hindus se confesse dans sa singularité de Juif, conscient de sa judéité mais admirateur d'un antisémite, Céline s'explique pour la première fois dans le détail sur son travail littéraire, qui était le modèle de Courtial, ce que représente le « style émotif », l'influence que certains ont pu avoir sur lui. Les références du professeur américain ne sont pas les mêmes, il faut s'expliquer, revenir sur chaque sujet abordé, compléter, préciser. La patience de Céline est sans limites. C'est à peine si l'on sent ici ou là l'agacement devant certains rapprochements qui pour Hindus sont évidents : Miller par exemple. Ou bien lorsque Hindus voudrait que Céline élargisse le champ culturel aux écrivains yiddish : « Je ne connais aucun des écrivains que vous mentionnez [...] ni hébraïques ni triestins » (26 août). Il s'agit d'Italo Stevo, dont personne n'avait mentionné l'origine géographique, Trieste justement.

Céline ne cache pas son désir des États-Unis, il s'y verrait refaire une vie. Littérairement, il donne carte blanche à Hindus pour négocier réé-ditions ou film. Ben Hecht à Hollywood parle de tourner *Semmelweis*. Or, justement, « il n'est pas impossible que Semmelweis ait été juif ». Il suggère aussi un scénario de dessin animé, *Scandale aux Abysses*, « dont la réalisation avait été décidée par Vichy » (30 mars).

Le 16 avril, on en arrive à la question délicate, et Céline donne la réponse déjà connue : « La question de l'antisémitisme n'a plus aucun sens, c'est devenu une imbécile querelle de famille sans issue. Il y a autant de Juifs au pouvoir à New York qu'à Moscou – Tout cela est neu-tralisé – Les nazis eux-mêmes n'ont jamais songé au racisme – Ils s'en servaient comme d'un appeau électoral pour rallier quelques illuminés de mon genre – Cela faisait quelques voix de plus... Leur racisme n'aura jamais été plus loin que l'attrape-gogo... [...] Derrière Hitler, il n'y avait rien [...] une horde de petits-bourgeois cupides. »

Voilà Hindus dans la confidence, invité à se débarrasser des notions vulgaires concernant de prétendues solutions finales et autres holo-caustes, Céline parle de lui, de son combat à lui. En France, pendant l'Occupation, si l'antisémitisme s'est porté, la création du nouvel homme par l'eugénisme et l'hygiène n'a jamais été entreprise, aucun racisme.

Céline ne cache rien mais n'entre pas non plus dans les détails. Il se place au présent. Les Allemands, qui « avaient les nationaux-socialistes français en horreur », sont des « larbins qui ne respectent que ceux qui les fouettent ». Reste l'Amérique, pour lui l'idéal, « l'Europe est vrai-ment trop abrutie ». Ce qui le conduit à enchaîner directement sur les dons de styliste qu'Hindus lui reconnaît, « rien ne pouvait me faire plus plaisir » et il lui explique la technique du bâton coudé pour qu'il appa-raisse droit dans l'eau (15 avril).

Pour qui a lu la correspondance avec le Pr Hindus, *Les Entretiens avec le professeur Y* réservent peu de surprises. Les lettres à Hindus ont en plus la saveur du cancan. Une fois la complicité établie, le jeu de massacre fonctionne : Sartre, Claudel, Montherlant, Duhamel, Malraux, Giono et quelques autres sont pesés, comparés et rejetés.

On en est aux échanges de portraits : « Que Mme Hindus est gra-cieuse, que M. Hindus est mâle majestueux et princier – ma femme que tout ce qui est hindou passionne vous déclare de sang hindou. Est-ce exact ? » (15 mai). Dans l'insulte ou le compliment, Céline n'y va jamais avec le dos de la cuiller : « Que vos lettres sont intéressantes! palpi-tantes même! La malice y coule en ruisselet discret mais combien pim-pant et périlleux! Oh qu'il serait dangereux de se laisser aller au vice lit-téraire! plus répandu encore que l'inversion sexuelle » (29 mai). Et Céline signe cette lettre : « Bien affectueusement je vous jure ».

Une étape ne sera pourtant jamais franchie, celle du petit nom. Hin-dus fait cependant de son mieux : « *You will believe me when I say that I find it hard to address you by your last name* » (5 juin 47). **Les amis l'appellent Louis, Louis-Ferdinand, Ferdinand** par ordre décroissant d'intimité, il n'appellera jamais Hindus, Milton, et celui-ci n'est jamais invité à quitter le Céline qui est l'enveloppe la plus extérieure, celle de la personnification littéraire, de la comédie. Il y a là une barrière apparemment minuscule mais qui, avec celle opposée au portrait qu'Hindus voudra prendre de Céline dans sa tanière, va jouer un rôle certain dans la détérioration des relations quasi amoureuses entretenues jusque-là.

Merde aux Aryens

En juin 47, Céline se sent assez sûr de la fidélité d'Hindus et de son efficacité pour révéler son existence aux amis. Il annonce à Jeanne Rouland qu'on le réédite : « Mes amis juifs d'Amérique ont fait le nécessaire. Ils m'adorent! Je ne parle pas des Aryens fumiers et compagnie » (7 juin). Hindus n'est encore qu'un de ses amis juifs, son nom ne sera donné aux Parisiens que l'année suivante juste avant la visite qu'il doit faire à Paris et au Danemark, jusque-là Céline le retient.

Puisque les Aryens non solidaires ont perdu la partie, vivent les Juifs vainqueurs et utiles! Le système n'est pas aboli, il est inversé.

« En URSS (*sic*), c'est un Juif qui me dépanne – on s'adore – *Milton Hindus* – professeur à Chicago – Il me réédite en anglais chez un Juif. Les éditeurs m'ont scié! Merde aux Aryens! Pendant dix-sept mois de cellule pas un seul damné foutu des 500 millions d'Aryens n'a poussé un seul petit cri en ma faveur. Tous mes gardiens étaient aryens! Je m'en souviendrai! » écrit-il à Paul Bonny qui vient de sortir de sa prison suisse et à qui il confie la nouvelle recette : « Je ne sais qui va gagner mais je te fous mon billet que je serai cette fois du côté du vainqueur », ce qui ne s'explique que par le nouvel axiome : « autant de Juifs commissaires du peuple à Moscou que de Juifs banquiers à New York ». En suivant les Juifs Céline se place gagnant. Sans la moindre compassion pour les perdants : « La prison où j'étais est réputée paraît-il comme la plus dure d'Europe – la Vestre Faengsel j'y ai fait dix-sept mois de réclusion! Je pense à ce pauvre Georges (Oltamare) – Quelle peine me fait son sort – Tu vois les plus dégueulasses ne sont ni les Juifs ni les nazis ni les ceci ou cela mais les " voyeurs " – je verrais bien des monticules de vingt-cinq mètres de " voyeurs " ceux qui profitent toujours de tout. »

Trois jours plus tard, faisant pour le bénéfice d'Hindus un bilan littéraire, Céline lui confie que Proust l'agace « par son pic poul – cette façon latine, allemande, judaïque (celle de Claudel aussi), ces phrases qui se mordent la queue après d'infinis tortillages » et il lui fait un cadeau, « le meilleur roman de la mer a été écrit par un Juif allemand résidant à Ouessant, Kellerman vers 1890 » (11 juin).

À la mi-juillet le contrat de *Death on the Installment Plan* avec préface d'Hindus est signé chez Laughlin. Céline dispose d'un crédit de 1 000 dollars transformable en thé, café, nylons. C'est la première rentrée littéraire depuis trois ans. Pourquoi Hindus ne viendrait-il pas le voir au Danemark en faisant financer son voyage par une enquête, type SDN, à la Raijchman, « une enquête passionnante auprès des victimes de l'antisémitisme et des emprisonnés, exilés, maudits, parias, victimes actuelles de la répression antisémite » ?

On se demande ce qu'Hindus, qui écrit toujours en anglais, saisit des lettres de Céline. Dans ce cas, on peut comprendre sa perplexité : les victimes de l'antisémitisme ? Pour Céline en 1947, ce sont les antisémites eux-mêmes, pourchassés, enfermés, assassinés, ostracisés un peu partout par les Aryens eux-mêmes ; Céline ne craint d'ailleurs pas de suggérer à Hindus un détour par la Palestine.

En février, la Grande-Bretagne a décidé d'abandonner son mandat en laissant aux prises Juifs et Arabes auxquels elle a prodigué des promesses contradictoires pendant la guerre. L'État juif va naître. Fondé sur des critères raciaux, il se propose d'accueillir tout Juif qui peut prouver sa filiation (maternelle). Quelle meilleure preuve des thèses céliniennes ? Vivent les Juifs, les Juifs sont racistes, vive le racisme : « L'antisémitisme ne veut plus rien dire – on reviendra sans doute au racisme mais plus tard et avec les Juifs – et sans doute sous la direction des Juifs, s'ils ne sont pas trop aveulis, avilis, abrutis ou trop décimés par les guerres » (14 juin).

C'est la nouvelle alliance. Elle se manifeste par des titres de journaux à sensation : « Céline : Vive les Juifs, bon Dieu ! (*France-Dimanche*, octobre). À Paulhan il écrit : Vivent les Arabes ! Il trouverait bien qu'on le nomme haut-commissaire en Palestine.

Cette période philosémite va durer deux ans, elle se terminera abruptement fin 49.

Pour le moment, Céline croit Hindus assez ensorcelé pour remplir la folle mission qui consisterait à se pencher sur « les victimes de l'antisémitisme ». Il est conscient de la difficulté : « La manœuvre est délicate, écrit-il à Mᵉ Naud. Je pense aux miens, aux *miens d'abord*, les souffrances actuelles des antisémites français en prison me tiennent à cœur je vous l'assure – je voudrais bien *à tout prix* que cela ne recommence pas. Que d'autres jeunes ne recommencent jamais les mêmes folies » (18 juin 1947).

Avec, à son horizon, la réconciliation qui absoudra le grand antisémite transformé en arbitre entre pro et anti, le travail littéraire a repris. Henri Godard date de cet été 47 la photographie où l'on voit Céline torse nu, les lunettes sur le bout du nez et l'estomac avantageux. Il reconnaît sur la table le dossier qui contenait les « maudits soupirs » (Pl III). Les cinquante kilos perdus auraient été rapidement rattrapés, mais le cliché ne correspond guère à ce que nous savons des dimensions du gîte du Maler Henning et de son mobilier. Une lettre à Marie Canavaggia atteste qu'il en est à distribuer *Féerie* par fascicules, le premier, le Bombardement Montmartre (20 juin 47). Elle va aller voir Frimat à Lyon qui pense rééditer le *Voyage*. Céline propose en Suisse les autres livres. « Pas *Féerie*, je suis dessus – mais tu sais j'écris pour ainsi dire en vers – C'est une transposition qui demande un effort énorme – c'est un procédé, tu le sais, éreintant – plus de cinq ou six pages manuscrites par jour c'est le summum... et il m'en faut trois à quatre cents pages et puis tout refondre, etc. *Guignol's II* était presque terminé quand ces saligots sont venus me foutre dans le trou – le choc m'a coupé la chique... Hanté par *Féerie*. Quel bazar. Certes on pourrait tirer *Féerie* en super-luxe en Suisse – très cher » (à Bonny, 22 juin 1947).

Hindus reçoit la photo qu'ont déjà reçue les Bonny, celle qui montre Céline émacié par l'extraction de dents, Bébert sur les genoux et la gracieuse Lucette (12 juillet). Il parle dans ses lettres d'éditions, de préfaces, il donne l'adresse de John Marks en Espagne, il dit manquer d'argent pour le voyage en Europe mais ne mord toujours pas à l'hameçon de l'enquête (23 juin 47).

Invité à Yale, il décrit les taudis alentour. Il demande si l'amiral Bragueton est vrai. Pure invention, répond Céline qui revient à la charge le lendemain :

« Mon cher Hindus, une petite pensée me travaille, je veux vous la livrer pour ce qu'elle vaut. Pourquoi ne vous intéressez-vous pas à la *question juive* en Europe? » Les fonds seraient disponibles partout : « UNO (*sic*) Fondation Rockefeller... et surtout les grands rabbins et banquiers juifs et grands politiciens américains » (19 juillet).

Hindus semble enfin saisir la suggestion : il répond le 23, mais c'est pour se récuser : « *I am not likely to see the situation with the eyes of a conformist.* » Céline renvoie la balle dès réception : « Peste des Juifs alors si le terrain est brûlant. Déclarez-vous passionné du sort des écrivains d'Europe... Vous aborderez le même sujet par la bande. L'Épuration, etc., dans les divers pays – et même jusqu'en Russie... Madame Hindus sera bien contente. On vous fera risette partout... On vous couvrira de cadeaux. »

L'épuration, même sujet par la bande? On avait cru que c'était le premier, le seul sujet, et on perçoit la touche d'agacement devant la dérobade d'Hindus.

Deux jours plus tôt, Céline avait confié à Paraz qu'il en avait marre des gens qui lui voulaient du bien et qu'il aimerait « mieux faire un pacte avec un ennemi puissant qui le sorte de la chiasse ». L'exercice demande prudence, circonlocutions, proustisme littéraire. Céline compare ce travail à celui de la harpe : il y a des cordes sensibles et même douloureuses (26 juillet 1947 [42]). Le maniement de l'universitaire surprotégé n'est pas aisé.

Le 20 juin a eu lieu la charge des *Izvestia* mêlant Genet, Miller, Sade, Paulhan, Céline et les milieux réactionnaires d'Amérique qui « favorisent volontiers une littérature capable de semer la peur, la panique et l'incroyance ». Céline a répondu dans *Combat*, mais il n'en souffle mot à Hindus, il lui parle d'Élie Faure (juif) et de Freud (5 août).

Ultime effort afin d'employer Hindus pour la cause, il lui suggère de susciter la création d'un « Comité international de réconciliation des Juifs et des Aryens » : « Au fond devant le péril jaune et noir nous sommes sur le même navire. » Chacun crierait ses griefs : exploiteurs, hystériques – imbéciles, sanguinaires, larbins. « Il ne faut pas hurler non plus l'*antiracisme*, les juifs sont précisément les premiers et les plus tenaces racistes du monde ; il faut créer un nouveau racisme sur des bases biologiques – les éléments existent. »

La lettre est du 10 août. Le 20, il est question de lettres perdues, celle-ci ne l'est pas puisqu'elle se trouve avec les autres dans le lot acheté par l'université du Texas à Austin, mais il n'est pas sûr qu'on en accuse réception. Le 21, Hindus annonce l'envoi de vingt livres de café achetées chez Macy's ; il déplore le fait que Gen Paul ait recommencé à boire et il s'interroge sur l'opinion que peut avoir Céline de Joyce, Dostoïevski ou Hemingway.

Ainsi se poursuit l'échange : Joyce encule trop la mouche, la pointure des bas est 91/2 (23 août), on voudrait dix préfaces, on ne connaît pas les écrivains yiddish ou triestins mentionnés (voir plus haut). Il n'est plus question des « grandes fariboles ».

Du côté de Naud, c'est aussi l'échec ; Céline peut recenser indéfiniment les confrères « plus collaborateurs que lui », Sacha Guitry « glorieusement dédouané » pendant cet été 47, Montherlant, Giono, Chadourne (Chardonne), La Varende, il peut réclamer l'amnistie, elle n'arrive pas.

Lui qui ridiculisait les *assis*, les écrivains rivés à leur table de travail, le voici tenu par les incessantes questions d'Hindus aux retours en arrière vers les années vingt et trente alors que *Féerie*, transposition utile des années de guerre, le ramène à 40. *Casse-Pipe* semble une fois de plus inopportun.

48 commence bien

L'année 48 ne commence pas trop mal. *Death* est en vente à New York, Fasquelle, le fils du fondateur, fait le voyage du Danemark, il téléphone de Lausanne. Claude Frémanger, éditeur champignon comme en a produit l'immédiat après-guerre, le suit. Il laisse sur place 3 000 couronnes à valoir sur la re-publication de *Voyage* aux conditions voulues par Céline. En mars, Jean Paulhan fait paraître le premier chapitre de *Casse-Pipe* dans les Cahiers de la Pléiade, substitut à la NRF, qui n'a pas survécu à l'Occupation et au suicide de Drieu. Charles de Jonquières sort une édition de luxe d'un argument de ballet, « Foudres et Flèches ». Poursuivant son mirage de cinéma, Céline a envoyé en mars un scénario de film à Arletty. Enfin, nouvelle qui vaut toutes les autres, la maison Denoël est acquittée de toutes charges de collaboration le 30 avril. Jean Voilier, amie de Mme Bidault, s'est bien défendue, juge Céline.

Si Denoël n'a pas collaboré en publiant *Les Beaux Draps*, *L'École des cadavres*, *Bagatelles pour un massacre*, sans parler des *Décombres* ou de *Comment reconnaître le Juif ?* de quoi Céline serait-il coupable ? Sa correspondance va désormais reprendre l'antienne.

Voilà cependant que le « *Maler* Henning Jensen » veut rentrer chez lui, il a épuisé les joies de la Côte d'Azur. Céline l'annonce dès janvier à Gen Paul, qu'il incite à venir : « Autant se marrer », car il a renoué avec lui. Il a même fait vendre des aquarelles pour 200 couronnes. Daragnès est passé, Paraz est fidèle. Les lettres à Hindus ont considérablement raccourci, mais la correspondance continue. Le petit prof veut toujours venir et Céline lui donne, en même temps que des adresses utiles, des renseignements sur le coût de la vie : 25 à 30 couronnes, par jour, on ne s'en sort pas à moins (15 janvier). Il faudra aller voir Lucien Descaves à Senonches (21 janvier). Il trouve la traduction de *Death* superbe, il va l'envoyer à Fasquelle. En France, haine cauteleuse : « La libération a fait cent dix mille morts assassinats sans jugement. » Il faut qu'une génération disparaisse (3 février). Il vient de lire *Fifi roi* et voit sa propre mort multipliée par cent dix mille.

La décision de se transporter à Klarskovgaard est déjà prise (8 février). C'est, à n'en pas douter, une idée de Mikkelsen. La propriété, une dizaine d'hectares de pommiers, est située au bord de la mer à proximité de la petite ville de Korsör, elle-même à une heure de Copenhague sur le passage des ferries vers le continent (Fionie et Jutland). Elle comprend, outre l'habitation de maître et celle du régisseur, trois maisons d'hôtes.

Le père de Thorvald Mikkelsen, pédagogue connu, avait eu l'idée d'en faire un *spa* où les enfants défavorisés viendraient se refaire une santé au grand air. C'est pourquoi, à côté des maisons construites aux XVIIe et XIXe siècles, on a bâti une maison modern style, d'autant plus cubique que la construction s'est arrêtée au rez-de-chaussée.

Le fils a planté les pommiers. Son domaine, celui où il reçoit ses invités, est donc aussi une exploitation agricole menée par Richard Petersen, le régisseur.

Céline accueille cette solution d'hébergement gratuit sans joie. « J'ai la campagne et la mer Baltique en horreur [...] c'est un pas de plus vers l'enterrement » (à Hindus, 17 février).

L'avantage, c'est qu'à Korsör il pourra recevoir ses amis ; il le dit à Gen Paul, il le dit à Hindus. Celui-ci doit venir avec sa femme. Le 28 février, Céline lui a fait quelques confidences d'homme à homme : il a vécu de Priape toute sa vie, soit maquereau, soit médecin, et il a toujours aimé que les femmes soient lesbiennes : « Qu'elles se régalent, se branlent, se dévorent moi voyeur – cela me chaut! et parfaitement! et depuis toujours! » Hindus ne relève pas plus ces extravagances que celles qui concernent l'enquête sur les victimes (antisémites) de l'antisémitisme, ou le comité de réconciliation par imprécations mutuelles, mais il faut envisager que les idées de son grand homme sur l'usage à faire des femmes l'aient décidé à ne pas lui amener la sienne.

Il y a plus urgent : au consulat de France à Chicago, on prétend que Céline a songé à se faire naturaliser allemand et pis qu'il a soigné Pétain à Sigmaringen. Hindus le défend vaillamment et Céline déborde de reconnaissance : il est beaucoup plus fait pour s'entendre avec les Juifs qu'avec les Aryens d'aujourd'hui, « dégénérés, bêtement, fastidieusement cruels, mufles, serviles, matérialistes ignobles, goulus, répugnants. Sans mystique et sans grâce – des lâches, des traîtres. À l'esclavage toute cette chiennerie. C'est justice » (14 mars 48). Céline offre des fouets aux nouveaux maîtres, qu'ils fouaillent ces chiens!

À Korsör, il va être coupé de quelques sources d'information, mais les langues ont déjà beaucoup marché dans la colonie française, Mme Dupland, Mme Thomassen (Librairie française), Bartholin, il sait que Charbonnières non seulement entretient une maîtresse dans la résidence officielle mais qu'il se fait donner des leçons de gymnastique à 15 couronnes l'heure! (à Daragnès, le 15 mars), que l'attachée culturelle US est « communiste ou communisant acharné » et qu'elle a pris Milton Hindus pour son oncle de Russie (14 mars). C'est le point commun entre la danse et la coiffure, aucun secret n'y résiste.

Fasquelle « tortille » comme la Voilier. En matière d'édition, il a toujours ce fil à la patte et il interroge Albert Naud : « Libre ou pas? Il voit la maison Denoël exonérée de toutes charges le retirer à toute berzingue » et il charge Naud d'une nouvelle mission : faire payer à Denoël les 600 000 francs dus au fisc en échange d'un nouveau contrat.

Mikkelsen part pour Paris, il rencontre Arletty qui ressemble, découvre-t-il, trait pour trait à Paule, sa femme disparue trois ans plus tôt, Céline le répète à Paraz, auquel, pour l'occasion, Mikkelsen est présenté comme « notre brave sauveur et avocat ». Arletty va le sortir de là, lui Céline, le tirer d'affaire (5 avril). Il a retrouvé un de ses rôles favoris.

Depuis que l'idylle avec Hindus s'est tempérée, Paraz est le nouvel exutoire. Lorsque Céline lui écrit, il retrouve sa réalité car lui au moins sait de qui et de quoi l'on parle. Ils se connaissent depuis l'Occupation. Paraz a signé une critique de *Guignol's Band* en 44 qui se plaçait déjà dans la perspective d'une défense. Gazé accidentellement en manipulant des gaz de combat, Paraz aussi mal pensant que Céline jouit, si l'on peut dire, d'une réforme à cent pour cent. Sa maladie, une tuberculose, lui assure l'impunité; Céline le soigne à distance – avec des techniques, jugent les médecins céliniens[43], qui sont dépassées. Il lui prêche de lettre en lettre l'analyse Vernes-Resorcines telle qu'il la pratiquait dans son dispensaire. Surveiller le Vernes, dormir, ne pas boire, ne pas trop forniquer. Paraz est comme lui grand amateur de dames, plus pratiquant que contemplatif, et Céline le met en garde contre la déperdition d'énergie qui s'ensuit. Le Vernes et du repos devraient le maintenir en état. Il ne croit pas du tout aux nouveaux antibiotiques qui s'attaquent aux bacilles de Koch. Ces avis n'empêcheront pas Paraz, notablement plus jeune que lui, de mourir avant lui en 1957.

À cet anarchiste, fils de gendarme (comme Juin dont il est l'ami), il a conseillé d'aller voir Denoël. Celui-ci a publié *Bitru* en 1936, *Les Repues franches* en 1937 et *Le Roi tout nu* en 1941. Avec lui Céline communique librement. Sa supériorité n'est pas contestée, ils ont une langue commune, une verve populaire dans laquelle l'exilé du Danemark affirme sans peine sa maîtrise. Paraz a envoyé son dernier livre, *Remous*, Céline lui dit qu'il enthousiasme Lucette. Céline sait à qui il s'adresse – même si, emporté par l'élan, il l'oublie occasionnellement. Marie Canavaggia l'a mis en garde dès les débuts de leurs échanges : Paraz va publier vos lettres dans son journal! (mars 48). Céline demande à Paraz d'y « aller mollo, pas de provocation », il est toujours prisonnier. L'alerte réapparaît lorsque Paraz bourre ses livres, *Le Gala des vaches* (l'Élan, novembre 1948) et *Valsez saucisses* (Amiot Dumont, février 1950), de lettres de Céline. Celui-ci écrit alors à d'autres que Paraz ne se gêne pas, c'est manière de prendre ses distances : il est parfaitement conscient lorsqu'il s'adresse à Paraz de parler dans un micro. Il lui dit ce qu'il veut dire ; par exemple le nom de son « ami juif », son admirateur américain, n'apparaît qu'*in extremis* le 4 juillet 48. Hindus est arrivé à Paris mais Paraz est installé depuis mars au sanatorium Adastra de Vence.

Auparavant, il était hospitalisé à Courbevoie. C'est sa présence dans cette banlieue, où est également née sa « pote Arletty », qui déclenche un élan de nostalgie pour un lieu qui l'a vu vivre trois jours. Aussitôt après son baptême, une nourrice l'a emporté dans l'Yonne. Il n'en est revenu que pour aller chez une autre, Mme Jouheaux, sentier des Bergères à Puteaux. Quand ses parents le reprennent, ils habitent rue de Babylone, à Paris. Lorsque Paraz lui écrit, Courbevoie dessine pourtant un destin : « Je suis né à Courbevoie, 12 rampe du pont, en 1894. La Seine a gelé, ma mère crachait le sang comme toi, de misère. Il faut le dire, elle a vécu soixante-quatorze ans. Elle était ouvrière dentellière. Elle est morte aveugle » (*CC* 6). Céline peut d'autant mieux affabuler que Courbevoie pour lui n'est qu'une référence familiale.

D'autres ne s'y trompent pas. Lorsque Marc Laudelout interroge Arletty sur leurs origines communes à Céline et à elle, elle se méprend : « Ah non, ses origines étaient bourgeoises. Il ne faut pas l'oublier. On raconte des blagues aujourd'hui » (*BC*). Léonie Bathiat, dont le père était conducteur du tramway, celui peut-être qui emmenait le père de Louis Destouches au bureau, sait à quoi s'en tenir sur ce qu'était Courbevoie au tournant du siècle : une petite ville tranquille où le nombre des « propriétaires » dépassait celui des « employés ».

Certes Paraz n'est pas un Ariel, comme Abel Bonnard ou Paul Marion, mais il a l'esprit de la Butte, le sens du cancan, le goût de la dérision. Drôleries, coups tordus, dent pour dent, provocations par lettres interposées, voilà ce dont dispose chaque vaincu, là où il est, à son niveau et avec ses moyens. C'est la nouvelle clandestinité.

Céline doit à Marie Canavaggia d'éviter un bel impair. Paulhan avait avalé sans résistance les arguments de la « réponse aux accusations » développés par Céline. Il les a résumés en préambule de *Casse-Pipe* : jamais invité en Allemagne, jamais mis les pieds à l'ambassade, jamais écrit dans un journal, Céline. Marie Canavaggia crie casse-cou : elle qui n'a pas quitté Paris, connaît tout sur les activités de Céline entre 40 et 44 et sait qui le sait. Céline ne néglige pas l'avertissement : « Votre très courageuse et intelligente préface serait tout de même une erreur... un pavé de l'ours », écrit-il à Paulhan (18 mai). Lorsque Céline déclare qu'il « méprise parfaitement Paulhan », on peut y voir un rappel de sa jobardise. Il a oublié qu'il a lui-même fourni le pavé que Paulhan s'apprêtait à lui lancer.

Province obscure, mer muette, gens de bois

Le 24 ou le 25 mai, les Destouches déménagent de Copenhague. Ils vont s'installer à Klarskovgaard, la propriété de Mikkelsen. Le 19, Céline a indiqué qu'il y serait le 25. Mais le 24, une lettre de Mikkelsen à Naud le dit « installé dans une de mes chaumières » et François Gibault le fait partir dès le 19.

Ils traversent une campagne coupée de haies et parsemée de fermes isolées – paysage et habitants assez proches de cette Normandie dont Louis Destouches s'est cru quelque temps ressortissant.

De Korsör, port des ferries et passage des trains, on accède à la propriété par une route aujourd'hui goudronnée. Elle traverse une hêtraie plantée à la fin du XVIIe siècle. Les arbres arrivaient au maximum de leur croissance en 1945, plus serrés, plus touffus que ceux de la forêt actuelle, cathédrale végétale que Céline évoque dans ses lettres au Dr Camus en parlant des pierres dressées dont elle est parsemée et devant lesquelles il va prendre la mesure des choses : trois mille ans de sacrifices, que de temps perdu !

Il n'a pas atteint le nouveau gîte qu'il en dresse un tableau déprimant : « Il ne s'agit pas d'une ferme ni d'un Trianon, un énorme verger de " rapport ". Un rectangle au bord de la Baltique, huit mille pommiers et poiriers, pas une goutte de lait, pas un œuf, pas un hareng. Tout cela à Roskov (*sic*) le Redon de l'endroit, le Cancale, mais absolument à plat. C'est la plaine buveuse sablonneuse prussienne au bord de la flotte. Province obscure, mer muette, gens de bois. Donc pas de miraginage ! Le soleil et une sorte de lune un peu tiède. Les guitounes, imaginez les restes d'une exposition de vers 1830. Torchis et briques pas du tout entretenues et puis soudainement peintes en rouge bœuf. Trois ou quatre bicoques hurluberlues ainsi au bord de la flotte. L'une est même d'une sorte de style mauresque ! La plus minuscule où nous serons l'été n'a ni électricité, ni flotte, ni chiottes. C'est un ancien fortin de contrebandiers. Après le mois où les " invités de marque " occuperont les cagnas vaguement logeables, nous redéménagerons vers l'une de celles-ci. Enfin c'est merveille. Comparé à ce qui nous est imparti depuis quatre ans et demi. »

La lettre est du 17 (et l'arrivée des Destouches) ne peut être antérieure au 19, Céline baserait cet instantané sinistre sur les souvenirs du week-end passé l'été 45 à Klarskovgaard, à moins bien sûr que la lettre ne soit mal datée ou que Mikkelsen n'ait montré la propriété une seconde fois aux Destouches avant de les y installer.

Nous connaissons l'état d'esprit dans lequel il débarque : c'est celui de Napoléon inspectant Sainte-Hélène du *Bellerophon*, rien ne peut lui plaire, ni les gens, qu'il ne connaît pas, ni les installations, « guitounes », anciens fortins, bâtiments d'une exposition qui ne peut avoir eu lieu, tout ce qui peut donner le sentiment du laid, du précaire et du sinistre, ce rouge sang de bœuf dont on aurait hâtivement maculé les maisons, couleur traditionnelle des paradis nordiques visités en 1939.

Ce ne sont que les hors-d'œuvre, sauf lorsqu'il s'agira d'attirer les amis – alors on vantera le bon air et le confort d'installations spacieuses – tout est écrit pour inspirer la commisération. C'est Korsör petite île. Les fidèles en rajouteront, tel en parlant de murs suintants, tel de froids sibériens. Quand on visite actuellement la propriété, il faut naturellement faire un effort pour réimaginer l'état de 1945. La propriété fait un rectangle le long de la côte, Céline le note d'un œil de géomètre. La mer est aussi plate que toutes les mers du monde, mais la côte fait falaise des deux côtés d'un vallonnement central, les constructions bâties aux deux bords relevés. Au nord, la maison principale, à côté la maison d'hôtes, cubique (et donc mauresque) pour les raisons qu'on a dites, et, à l'autre bord, une grande et une petite maison, l'une près de la route, l'autre près de la mer.

Celle qui est proche de la route, « Skovly », ferait un très grand appartement parisien (deux cents mètres carrés), l'autre, Fanehuset, est un « cottage » couvert de chaume, aux bois bitumés et aux enduits peints de rouge, couleur barbare qui n'a plus le pouvoir de toucher un Nordiste désormais Celte d'Iroise plutôt que grand Viking. Hindus la jugera « beaucoup plus confortable et plaisante que l'extérieur ne laisserait croire ».

Les notions de confort n'étaient pas les mêmes en 1945 qu'aujourd'hui quand les maisons dont on parle ont le chauffage électrique (câbles enterrés) et des cuisines « équipées ». Passage Choiseul, le jeune Destouches a survécu sans salle de bains ; rue Marsollier la baignoire était chauffée par une rampe à gaz, la rue Lepic semble seule avoir eu une installation correcte car, rue Girardon, les restrictions de guerre ont condamné la salle de bains.

Avant d'installer ses hôtes, Mikkelsen a fait rénover les installations, d'où la peinture neuve. Il n'est pas imaginable, selon les amis danois, qu'il ait fourni une maison sans eau ni WC. Par contre il est possible, comme on peut le constater par des restes d'installations, que ceux-ci aient été de type (tinette) à fosse. En tout cas ils existaient dans toutes les maisons même la plus petite (trois pièces au rez-de-chaussée, une à l'étage). L'eau du domaine provenait de puits. Il y a eu des problèmes d'approvisionnement et donc des corvées d'eau, mais l'obligation d'aller chercher l'eau à la mer est, d'après les anciens habitants du domaine, aussi peu vraisemblable que les distances données par Céline.

Chaque maison était pourvue de cheminées. Une au moins dans la petite, plusieurs dans l'autre. Pourquoi y utiliser de la tourbe, combustible qui n'existe pas localement, alors que Klarskovgaard, en lisière de forêt, est un verger dont les pommiers et poiriers sont taillés ou abattus et fournissent tant de bois qu'on se résout à le brûler en tas ?

Tout le monde s'accorde à dire que les hivers d'après-guerre ont été particulièrement rudes, mais les Destouches les passaient à Skovly, la maison la plus vaste, la mieux équipée en bordure de la route et à deux cents mètres de celle du régisseur.

Celui-ci approvisionnait chaque maison en bois de chauffe, comme il assurait l'essentiel des corvées. Sa famille et lui entretenaient des relations correctes et même cordiales avec les invités du patron – dans la limite des communications possibles. Richard Petersen copie envers l'hôte du domaine l'attitude de Mikkelsen : il prend avec philosophie ses plaintes et ses foucades. Les contacts ont lieu à l'occasion du courrier ou d'appels téléphoniques. Est resté mémorable un soir d'hiver où Céline était venu téléphoner, suivi de Lucette à laquelle il avait interdit d'entrer chez les Petersen. Pendant que se poursuivait la communication, elle attendait dehors dans le froid glacial. La femme de Richard Petersen prit sur elle de la faire entrer. Céline absorbé par sa conversation mit quelque temps à se rendre compte de la chose mais, lorsqu'il aperçut sa femme attablée avec le régisseur et sa femme, il raccrocha en catastrophe et l'entraîna dehors.

Telle est la contre-histoire que les « locaux » opposent à l'autre, celle qui concerne leur habitat, leurs façons de vivre, leur hospitalité. Ulcérés, ils racontent comment le Dr Destouches pria un jour un Danois parlant français, Ole Vinding, d'expliquer au boucher itinérant qu'il était temps de changer de morceau, Bébert et le chien étaient fatigués du filet et lui végétarien. Vraie ou fausse, l'anecdote prouve au moins que des commerçants passaient et que, lorsqu'on était fatigué du hareng, on pouvait avoir de la viande à Klarskovgaard.

Quand il peinait à la rédaction de sa *Bovary*, Flaubert voyait passer des voiles noires sur la Seine ; quand sa situation empire, Céline voit des cercueils voilés de crêpe sur la Baltique. Le séjour commence pourtant par la saison faste. L'hiver n'est pas éternel au Danemark, et l'été peut être assez chaud pour que Céline et Mikkelsen se promènent nus de compagnie.

Pendant l'été de 1948, le premier, l'ambassadeur d'Angleterre au Danemark occupe Skovly, l'une des deux « bicoques hurluberlues », la plus grande, ce qui implique forcément – ameublement et sanitaire – un niveau plus que décent.

Mikkelsen est très invitant : il reçoit également le ministre de l'Éducation nationale, un procureur et le récent prix Nobel, Johannes Vilhelm Jensen, qu'il fait cohabiter avec l'auteur de *Voyage au bout de la nuit* dans la maison d'hôte principale (le « pavillon mauresque »). Ces rapprochements ne manquent pas de sel pour l'ancien locataire de la Vestre Faengsel qui retrouve le monde et même le beau monde. Mais sa position n'est plus celle du convive des petits déjeuners de l'avenue Charles-Floquet, chez les Morand, ou des déjeuners Descaves avec l'abbé Mugnier, ni des dîners avec Déat ou Bonnard. Il y assiste en obligé de son avocat. On nous dit qu'il se rendit compte que Mikkelsen l'utilisait pour distraire ses hôtes (F. Gibault), c'est sans doute conforme à ce qu'il ressent, mais la proposition se retourne : Mikkelsen peut aussi vouloir le distraire. Ce n'est pas sa faute si le prix Nobel est sensible au charme de Lucette. La situation n'est pas nouvelle, ici elle est interprétée comme un abus de droit.

Céline est arrivé à Klarskovgaard décidé à tout détester et il y arrive aisément.

On a gardé sur place le souvenir des arrivées de Mikkelsen sur son domaine. On voyait Céline, alerté par les bruits de moteur, aborder la grande maison au pas de charge, s'y engouffrer. Puis les deux hommes ressortaient, l'un tapant sur l'épaule de l'autre de façon apaisante.

347

Après une sortie furieuse (et inintelligible pour lui) de l'hôte français, le régisseur Petersen conduisant Mikkelsen à quelque rendez-vous l'entend lui dire après un silence de digestion : « Il m'a traité de tous les noms, mais ça lui fait tellement de bien. »

Les rôles sont redistribués. Le docteur recueillait les doléances des pauvres et des souffrants, il est devenu le faible et le plaintif. Il se venge en imprécations, en pissant et en caquant, au vu de tous, devant sa maison.

La période clochard a commencé. Céline lui-même la marque en écrivant à son ami Perrot, autre locataire du 4, rue Girardon : « On ne vit plus guère que de cafés crèmes et de maquereaux et harengs fumés – encore qu'il faille se cogner douze kilomètres à pince pour chercher le maquereau! et 1 couronne la pièce soit 60 francs mais on est las des moindres complications à faire du feu et de la vaisselle, même deux assiettes! À quoi bon tout ça – la cloche, l'idéal c'est le brie à même le papier et sur le pouce » (s.d., *L'Herne*).

Rue Lepic, la cuisine avait été supprimée; rue Girardon, un journaliste voyait des petites assiettes de jambon un peu partout, un autre des noyaux de dattes voler en l'air; plus tard à Meudon, Lucette dit que Céline lui interdit toute tâche ménagère. Ici il veille à son entraînement, il fait tourner la corde à sauter; lorsqu'elle s'est échauffée, elle court par le sentier qui de la forêt descend par une échancrure dans la falaise vers la mer. Elle s'entraîne aussi dans la grande salle de l'auberge proche, délaissée l'hiver.

La visite d'Hindus

Parmi les visiteurs de l'été, le moindre en importance n'est pas Milton Hindus. Céline l'invite depuis longtemps à venir le voir. Hindus objecte les frais, Céline lui suggère une « grande faribole » après l'autre, de la répression antisémite à une enquête sur l'attitude des écrivains sous la botte : que faisait Sartre – où résistait-il?

Céline a fondé beaucoup d'espoirs sur cette rencontre. Épistolier prodigue, il ne croit qu'au contact, à la rencontre, mais, à mesure que celle-ci se rapproche, on sent de lettre en lettre l'enthousiasme faiblir et les difficultés s'accumuler : attention la vie est chère, Korsör tout à fait inconfortable. Dès le 17 mai, avant donc d'y être installé, il décourage carrément Hindus : « Ces soi-disant maisons qu'il nous prête sont tout à fait inconfortables. Ce sont des logis de fortune, des maisons délabrées, bonnes en vérité à démolir. J'y verrais mal Mme Hindus! »

C'est qu'Hindus parle alors de passer six semaines à Korsör! Céline lui indique le budget minimum, 8 dollars par jour, il lui signale aussi l'existence d'un hôtel dans la forêt, tout proche de la propriété. Il lui serait difficile de le recevoir : Mikkelsen est généreux mais « imprévisible dans ses réactions », fantasque. Le mieux serait qu'Hindus (il vient seul désormais) s'installe à Korsör même qui n'est qu'à cinq kilomètres de Klarskovgaard (début juin).

Il l'incite aussi à prendre son temps et à visiter Paris. Il faut voir

Mahé, le Dr Camus et, bien sûr, Gen Paul, qu'il connaît déjà. Mahé et Camus sont des âmes hautes, Popol, Caliban. Un PS : « Je ne vous dis rien de la campagne – je l'ai toujours trouvée trop tragique pour mes nerfs. Déjà le Cameroun » (30 juin). On voit où il veut en venir. Mais au Dr Camus il écrivait déjà : « Je trouve la campagne tout à fait tragique et terriblement rapide. On ne voit pas en ville les jours passer. Ici chaque heure vous galope des doigts... Et cruelle! Ce ne sont que cris de piafs qui s'égorgent, de mille assassinats à la minute. Quelle sauvagerie! Et la chasse bientôt. Rapide, angoissante, sanguinaire. Je serai content de l'hiver où cette fameuse nature s'immobilise. J'ai déjà eu cette sensation au Cameroun où je suis resté tout seul en forêt, un an » (15 juin).

Hindus se rapproche, il est monté à Montmartre, il est entré dans l'atelier de Gen Paul sans crier gare. Marcel Aymé était là, et Perrot. Gen Paul l'a invité à déjeuner avec sa jeune femme, sa mère et sa grand-mère. Il a pris des photos. Il a trouvé sur les quais quelques exemplaires d'anciens livres de Céline [44]. Hindus va enfin lire *Les Beaux Draps*. Faut-il aller voir Mme Voilier?

Céline lui répond de ne pas aller voir Jean Voilier, consigne suivie d'un contrordre : qu'il aille demander des nouvelles de sa préface. Rendez-vous est pris pour le 20 juillet à Korsör. Hindus est prévenu qu'on ne le verra pas le soir : pour cause d'insomnie Céline doit être au lit à 7 heures (s.d., juillet 48). Depuis la prison, où on l'en bourrait, il a pris l'habitude du Véronal que lui procurait Bonny, de Suisse, et dont Otter-ström doit l'approvisionner.

Cet été-là est affreux. Les feux (bois et tourbe) sont allumés en permanence. Mais Lucette se baigne trois fois par jour. Ce qui fournit à Céline un superbe raccourci : « On fait bien de se marier avec des filles de cirque, si l'on entend mener une vie de hasard! » (au Dr Camus, 14 juillet).

Il lit *Uranus*, que Marcel Aymé situe dans une ville ravagée par les bombes et trouve le livre très bien : « Que nous font chier les encombrants Faulkner, Passos, Steinbeck, Miller et patatas et foutre nous faisons mille fois mieux en forme et en fond! Il n'y qu'un auteur qui soit aussi gratuit, tocard, et camelote que les Américains, c'est Sartre. C'est l'avis de Milton Hindus, professeur de littératures compa-rées à l'université de Chicago – et juif! – qui vient me voir ici dans quelques jours. » Il présente ainsi Hindus officiellement à Paraz... (16 juillet).

Hindus est son talisman. L'homme des rééditions, le préfacier que Jean Voilier pourrait utiliser afin de ressortir Céline. Le public français apprendrait ainsi que Céline doit être mis au rang de Rabelais et au-dessus de tous les écrivains américains, que pour lui, juif, l'anti-sémitisme est secondaire : il pense comme Gide que les *Bagatelles* sont une énorme blague et que, d'ailleurs, si l'on chassait les antisémites du patrimoine littéraire mondial, il faudrait en priver Juvénal, Chaucer, Shakespeare et Dostoïevski – entre autres.

Pourtant lorsqu'il pose le pied sur le sol danois, Hindus arrive pré-venu contre son héros. On lui a montré la lettre par laquelle Céline remercie ses amis d'*avoir adopté* Hindus. *Adopted*? *as a stray dog*? Hindus lit adopté à l'anglaise, il n'est pas un chien errant qu'on recueille. La seconde raison est plus sérieuse : relus dans le contexte, les « anciens livres » de Céline lui paraissent avoir une autre portée. On peut se croire libéré des préjugés du groupe, certaines expressions sont insoutenables.

Du côté de Céline, prompt à prévoir le pire, la perspective de se trouver face à face à un questionneur qui, après avoir éludé la manipulation de la « grande faribole », se pose en biographe est inquiétante. Et puis, en rédigeant sa préface et en « inventant » Laughlin, Hindus a joué l'essentiel de son rôle. Sa préface est là, il ne peut la renier et elle lui survivra.

La rapidité avec laquelle les choses se détériorent entre Céline et Hindus prend l'accéléré des premiers films comiques, du genre rencontre de la voiture et du train ou valse des tartes à la crème dans la réception mondaine. Relégué dans une chambre d'hôtel à cinq kilomètres de Klarskovgaard, Hindus a tout le temps d'analyser ses réactions. Il tient un journal qui, remanié, fournira un petit livre publié en français sous le titre : *Céline tel que je l'ai vu*. Il avait en anglais un titre plus dramatique : *The Crippled Giant*, le géant infirme où le chétif Hindus racontait sa visite dans l'antre du géant.

Sans renier son admiration pour le génie littéraire de Céline, il procède en effet à une réévaluation de l'individu géant, certes, mais handicapé.

Un boxeur sonné

Sa première impression de Céline est celle d'un « boxeur sonné » (*punch drunk fighter*). Les Destouches sont venus l'attendre à la gare de Korsör le 20 juillet. Céline s'empare de sa valise et l'appelle « mon vieux ». Cela commence dans la sympathie et la familiarité. On parle anglais. Lucette comprend la langue mais répond en français. Par contre Céline a un accent anglais d'origine note l'arrivant. Il est question d'édition. Hindus trouve l'hôtel « horrible », il le juge « célinien ».

Dès la seconde rencontre, voilà Hindus froissé par la légèreté avec laquelle Céline accueille son récit de la visite chez Denoël : Tosi, c'est l'opéra italien, décrète Céline. Pourquoi lui avoir demandé d'y aller? Chez Gallimard, en allant à un rendez-vous donné par Jean Paulhan, il a trébuché et s'est cogné douloureusement le genou!

Le 22 juillet, il change d'hôtel. Céline venu à Korsör l'aide à transporter ses affaires. Hindus note la tendance à l'embonpoint de l'auteur du *Voyage* qui, lui, ne voit que les enfants, tous blonds. Le grand crime des Allemands, déclare Céline, c'est d'avoir évoqué l'antisémitisme sans avoir de programme réel. C'étaient des pangermanistes de toujours. On parle aussi de littérature; Hindus dit qu'à travers Beowulf il voyait le Danemark comme un pays couvert de forêts et parsemé de dangereux marais. Céline sourit : qu'est-ce que la littérature? Le contraire de la vérité! À Korsör, estime Céline, il y a six cents communistes sur dix mille habitants. Ils savent qu'il est là et ils le liquideront le jour où la guerre éclatera.

Hindus hésite : faut-il décrire Céline comme un clochard au pantalon taché ou comme un chien qui a été battu et ne sait pas pourquoi ? En 1938, en écrivant *Bagatelles*, il était comme le spectateur qui crie au feu dans un théâtre bondé.

N'est-ce pas ce qu'Hindus, au-delà de la curiosité professionnelle du critique, du professeur, pour un grand écrivain, est venu chercher : l'admission d'une culpabilité ? Quand on reparle des Allemands, boucs émissaires de cet après-guerre, Hindus reproche à Céline de les juger en bloc comme les Juifs. Explosion de rage : « Attendez encore vingt ans ! » Les massacres de Juifs sont pour lui « un nouvel exemple de la traîtrise, de la stupidité et de la brutalité allemande ». Il ajoute d'ailleurs qu'à la guerre le massacre est de règle, et il cite les bombardements de Berlin et de Dresde, l'autre martyrologe.

Céline n'admet en somme qu'une erreur de jugement. Comment voyait-il un antisémitisme « avec programme » ? Hindus ne l'interroge pas sur ce point, il *ne le peut pas*, mais il révise son jugement sur lui et il élabore une nouvelle théorie selon laquelle seul *Voyage* serait un livre sincère, *Mort à crédit* déjà plus fabriqué, les livres suivants « délibérément truqués présentent un caractère artificiel, bestial et nazi de Ferdinand ». Il oublie *L'Église* et Yudenzweck en manipulateur des nations.

Céline, Hindus doit le reconnaître, n'a en rien changé son système, il l'a fait simplement basculer : « Tous les geôliers, lui dit-il, ont été des Aryens. Si j'avais été exécuté cinquante millions d'Aryens auraient applaudi alors que vous, un Juif, seul entre tous, vous êtes venu à mon secours. Ça veut dire quelque chose. Les Aryens sont des esclaves, mais je ne suis pas un esclave. Je vois celui qui commande et je veux être au sommet avec lui. »

Ce n'est guère délicat, mais c'est cohérent et attesté par la correspondance antérieure. Il l'a écrit à son beau-père, à Paraz, à Bonny : il ne se laissera plus prendre dans le parti perdant, pour la prochaine, il colle aux vainqueurs.

Hindus n'arrive donc pas à se voir en victime dans les yeux de Céline mais comme le vainqueur ultime, le triomphateur qui doit assumer sa part de phosphore d'Hambourg ou de Dresde, les massacres aériens dont le Bombardement Montmartre, sur lequel travaille présentement Céline, est le symbole.

Avant de débarquer à Korsör, Hindus est resté trop longtemps à Paris. Des rapports (Gen Paul ? Perrot ? Marcel Aymé ? Marie Canavaggia ?) ont eu le temps d'arriver. Il est clair qu'on le tient à distance maximum. Si Céline vient aussi souvent à Korsör, c'est pour que lui ne vienne pas à Klarskovgaard.

Ces conversations tournent au supplice, Céline l'écrit à son ami Camus : « Le babillage me tue. Je n'ai plus le temps de perdre une minute. Je n'ai plus guère qu'un admirateur au monde et il est rabbin ! Au bout de deux minutes, me voilà pris d'un pur découragement... Ce doit être l'âge. Et la haine aussi, cette fleur des prisons. Bref, je me vois de plus en plus impossible et malgracieux » (17 juillet).

Il cherche à échapper au questionneur : « Mikkelsen est retombé malade et nous devons le soigner activement ! Mille pardons ! mille excuses ! [...] Je compte venir vous voir demain à l'hôtel vers *midi* » (s.d.).

La maladie, alibi increvable. Celle de Mikkelsen maintenant. Donc présent sur la propriété et qui n'aurait pas refusé une chambre dans la maison d'hôte à ce visiteur américain qu'il invite à déjeuner avec les Destouches.

Hindus se procure un vélo, il vient sans crier gare à Klarskovgaard, comme il a fait chez Gen Paul. On imagine l'effet. Il a apporté son Kodak, mais Céline lui refuse son portrait et Hindus en est contrarié.

La folie est contagieuse. Hindus en enregistre les signes chez Céline mais lui-même attrape un tic nerveux de la paupière ; il note ensuite de « bizarres tiraillements dans les doigts et aux muscles de la jambe ». Le 11 août, il en est certain : « Il m'a rendu aussi fou que lui. Mon œil se contracte. Le muscle de ma jambe gauche me tiraille péniblement. Je pouvais à peine me tenir debout cet après-midi, tant la plante du pied me démangeait. Et l'index de ma main droite est comme paralysé. » Hindus somatise. Ses nuits sont pleines de cauchemars où il se voit aux prises avec des taureaux furieux.

Lorsqu'ils se séparent, Céline lui serre la main : « C'est la vie ! » La vie voulait qu'Hindus soit Hindus et Céline Céline – la plaie et le couteau, alternativement victime et persécuteur.

Il n'y a pas de rupture ouverte, malgré les sanglants commentaires : « Vous ne devriez pas voyager seul, mon cher Rabbin, écrit Céline, tout seul vous ne comprenez rien. » En route vers Le Havre, Hindus lui annonce la nouvelle : il quitte Chicago pour un poste à Brandeis. Brandeis est une université juive qui vient de se créer. Hindus en avait reçu des propositions de poste, et avait rencontré ses responsables. Il serait extraordinaire que sa nomination lui parvienne en septembre, juste à la rentrée. Aurait-il lui aussi triché avec son interlocuteur ? Et Céline mesure-t-il ce que cette intégration à une université confessionnelle implique ? Hindus est forcément passé devant un comité, a répondu aux questions sur ses travaux, les articles sur Céline, la préface, ses projets. Les suggestions de recherche sur les « victimes de l'antisémitisme » arrivaient dans ce contexte.

Hindus n'était pas tenu d'en faire état, mais il devait forcément justifier le reste. Se présenter en « célinien » dans les universités américaines des années soixante faisait problème ; en 1947, c'était un curieux passeport pour une institution purement juive.

Cette nomination retenue et révélée à la dernière minute indique au minimum qu'Hindus n'était pas tout à fait l'« *innocent abroad* » qu'il présente dans son compte rendu d'expédition.

Au retour à Paris, il va au Père-Lachaise sur la tombe Destouches. Il l'écrit à Céline qui s'en dit ému. Il lira dans le livre les réflexions qu'Hindus fait devant la pierre marquée d'une croix des persécuteurs de sa race.

Car le journal se transforme en livre. Hindus y intègre ce que Céline lui a écrit et aussi ce que Céline lui a dit avec demande expresse de ne pas répéter, par exemple ce qu'il pense des Danois dont son sort dépend.

Céline semble ne pas deviner le désastre provoqué par cette visite. En octobre, il demande encore à Hindus de vérifier si un juge à la Cour suprême n'est pas le même Vincent de la Rockefeller auquel il parlait de l'essor de l'aviation en 1920 et, si oui, de prendre contact avec lui, il pourrait l'aider à « passer l'Atlantique » (10 octobre 48). Il lui annonce aussi la sortie du *Gala des vaches* dans lequel Paraz va publier ses lettres (« il ne se gêne pas »). Il se montre de nouveau affectueux : « On vous regrettera, cher Hindus, et on vous aime, on vous embrasse. On regrette aussi Eva qui aurait été bien utile. » Il se plaint : « Il fait froid, il pleut, ni eau ni électricité » (13 octobre).

En décembre, il lui demande et de pourfendre un de ses calomniateurs, professeur à Princeton, et d'envoyer sa préface : elle va servir aux rééditions françaises (18 decembre). Hindus est toujours une caution sûre.

L'horreur nous on en crève

La mauvaise nouvelle arrive fin janvier. Hindus a terminé son travail de rédaction et il se propose d'envoyer « ce qui n'est pas un panégyrique ». Il reçoit par retour un morceau du meilleur Céline : « Ah non ne m'envoyez pas votre récit de voyage au Danemark ! J'ai bien assez de sinistres surprises chaque jour ! Vous êtes dans les *heureux*, respectez le malheur des malheureux. Laissez-les tranquilles. Envoyez-moi plutôt du café ! [...] Pas de nouvelles sinistres, Hindus ! Je vous en *supplie* ! Ce sont les gâtés de ce monde qui ont besoin du piment de la polémique et de la tragédie ! Dans notre état = bigger and better brunettes ! L'horreur nous on en crève ! » (20 janvier 49).

Pourtant, en mars il demande encore à Paraz d'envoyer un *Gala* au « professeur qui me défend là-bas » (4 mars).

Entre-temps, le livre d'Hindus est accepté par deux éditeurs (« comme le *Voyage* », note modestement l'auteur). Celui qui est retenu demande que le portrait soit soumis au modèle. « Cette fois la curiosité l'emporta chez Céline : dans le langage le plus grossier, il me demanda de lui envoyer l'ouvrage », rapporte Hindus, qui dit que Céline le couvrit de sarcasmes sur la *nursery* américaine qui donne des conseils, juge, tranche. Ces lettres manquent malheureusement à notre plaisir, elles ont été ôtées du lot vendu par Hindus à l'université du Texas à Austin et il ne souhaite pas les communiquer (« *the world knows enough on the subject* »).

Désormais, c'est la guerre. Céline nie avoir jamais reçu Hindus chez lui – ce qui techniquement est vrai. Il écrit à l'université Brandeis pour lui signaler que son professeur ne parle pas français, ce qui n'est pas entièrement faux. Commence alors une course entre les deux hommes, ralentie par les délais d'éditions où le vainqueur n'est pas le premier parti, car le livre d'Hindus ne sera pas connu en France avant le procès, et les défenseurs de Céline se serviront de la préface d'Hindus. Lorsque les amis de celui-ci réagissent en écrivant à *Combat* et y font paraître des extraits de son réquisitoire, il est trop tard.

En mars 49, la période prosémite se termine. Tout bien compté, elle aura duré deux ans. Céline le sait, en dépit des bonnes façons de Paul Lévy, directeur des *Écoutes*, et du miraculeux Comité de réconciliation formé à l'occasion de son procès – il n'a rien à attendre de ce côté. La grande lessive n'aura jamais lieu. Son erreur a été de se laisser approcher par Hindus. La faiblesse de « Céline l'oral » est la parole. Elle l'entraîne à l'incongru. Même avec les amis les plus solides.

Le hasard – mais est-ce le hasard ? – amène à Klarskovgaard un admirateur jeune, désintéressé et qui se montrera fidèle parmi les fidèles. C'est l'un des seuls qui ressorte presque intact de la correspondance.

Pierre Monnier a trente-sept ans en 1948. Il est breton d'origine, employé comme dessinateur sous le nom de Chambri aux *Écoutes* de Paul Lévy. De formation et de sympathie Action française, il ne paraît pas avoir pris pendant la guerre de position qui lui vaille notoriété ou indignité. À la fin de l'été 48, un ami auvergnat lui propose de l'emmener comme attaché de presse d'un groupe folklorique, « La Bourrée », qui va faire une tournée au Danemark. Son ami Jean Hugou est aussi de la partie. On leur a dit qu'il y aurait une chance de rencontrer Céline. Durant la réception à l'ambassade de France, l'attaché culturel glisse à Monnier un papier avec une adresse : Céline accepte de les recevoir.

Notons qu'en cette fin d'été 48 le statut de Céline a suffisamment changé pour que l'attaché culturel de l'ambassade s'occupe des relations publiques de l'ancien pensionnaire de la Vestre Faengsel.

Soulencq, Hugou et Monnier font donc le voyage de Klarskovgaard. Monnier y retournera.

Céline les interroge sur ce que pensent les Français. Quelle est leur humeur ? Puis il parle. Au mur, une photo du Moulin de la Galette. Il est question de la répression en France, des listes du CNE où figuraient Marcel Aymé, Brasillach, Barjavel, Chardonne, Guitry, Montherlant, Jouhandeau, Drieu La Rochelle, Giono, Maurras... Il leur raconte l'histoire du petit Juif lituanien rencontré à sa sortie de prison et comment ils ont tourné autour de la prison : Moi je suis juif... Moi je suis Céline. Avec ta femme ? demande le petit Juif qui « frétille et qui gode ». Avec ta femme ? On peut y voir un surgeon de la nouvelle de Marcel Aymé (« Moi, dit le Juif, je suis juif »).

Sur une table des rames de papier ; au-dessus, accrochées à un fil, comme pour sécher, des feuilles pendues à des épingles à linge. Céline dit que son livre sera l'histoire d'une petite fille que l'on tue parce qu'elle a corrigé son chien. Il rédige donc le premier état de *Féerie*. Une encyclopédie, des revues médicales, le Dr Destouches se tient au courant. Monnier le voit beau, une tête forte, les yeux bleu-gris, clairs (Hindus les voyait ultra-bleus). Quand il parle, il lui arrive de saliver. Tous ses interlocuteurs notent cette mousse qui lui vient à la commissure quand il s'excite à parler. Il se laisse photographier, avec eux il est en confiance, ces Bretons mâtinés d'Auvergnat ne le trahiront pas, ils peuvent emporter son image. Jean Hugou tient l'appareil, la photo est prise devant Skovly, la plus grande des deux « chaumières », elle montre Monnier, Soulencq, Céline, Lucette et le chien Bess que les Destouches ont emprunté aux Petersen. Céline garde les mains l'une dans l'autre, un geste curieux de curé de village, les cheveux longs, le rictus amical, un œil plus haut que l'autre, Lucette en robe de chambre tient une cigarette.

Une correspondance s'engage entre Céline et Monnier. Celui-ci la publiera dans son *Ferdinand furieux* (trois cent treize lettres [45]).

Tout de suite il est question d'éditions, celles que Céline a en train – *Foudres et Flèches, Scandale aux Abysses* – et de la Voilier, faisane, salope. Céline est libre de tout contrat, il offre une option sur *Féerie*. Monnier pense à quelqu'un, ce sera Frémanger, jeune éditeur né des allocations de papier et chez lequel Antoine Blondin travaille à ce moment-là comme garçon de course, comme faisait Céline à *Eurêka*.

Paraz répercute la voix de « Ferdinand », mais il est bloqué à Vence par sa maladie. Monnier habite à Paris, ce n'est pas un confrère, il est jeune, en bonne santé, rien ne lui fait peur et il va bientôt jouer un rôle essentiel dans le dispositif pro-Céline. Il se fait factotum, l'homme de toutes les corvées. Frémanger, qui a eu les yeux plus gros que le ventre et qui n'arrive pas à écouler les *Voyage* censément édités à Bruxelles, est à son tour déclaré faisan, escroc, carambouilleur. Monnier se lance alors à son compte dans l'édition sous le nom de Frédéric Chambriand (le prénom de son fils et une déformation de son peudo de dessinateur).

Dès octobre, Céline l'a institué agent littéraire et lui a assigné sa mission : le faire éditer à l'étranger. C'est le temps de la contre-offensive, il menace la Justice d'une Affaire Dreyfus à rebours, il envoie de tous côtés son pamphlet anti-Sartre, *L'Agité du bocal*. *Le Gala des vaches*, contrôlé par lui, est sorti et il réussit à convaincre Naud le résistant d'accepter que Tixier-Vignancour le Vichyssois s'occupe aussi de sa défense. Il déploie toutes les ressources de sa plume pour ce faire. Naud le juge peu sortable. Possible, dit Céline, mais expert en prisons, il comprendra, lui, l'horreur qu'il éprouve à l'idée d'une seconde incarcération. Buchenwald et Auschwitz marchent toujours à plein, Céline n'y pourvoit pas plus qu'il n'a jamais été antisémite mais seulement pro-aryen (mot qui rime avec larbin). Brasillach, Laval étaient vendus, pas lui. Il fait son affaire de la presse : « La Plume c'est moi et pour le monde entier y compris l'URSS... Tout est prêt pour la rigolade et c'est moi qui ferai rire » (17 octobre [46]).

On peut imaginer Albert Naud secouant la tête avant de classer les feuillets dans le dossier, comme on imagine Céline les rédigeant, oubliant tout ce qui n'est pas son « affaire », le temps qu'il fait, la nature, les animaux, alors que Lucette rebondit sur le plancher de danse. Le fait que Buchenwald et Auschwitz fonctionnent toujours à plein rendement est la preuve que « les camps de la mort » ne sont pas une création exclusive ni unique, ils ont de nouveaux clients, ils font partie, en somme, de l'appareil de la guerre moderne, outils nécessaires au vainqueur et toujours réutilisables. Naud comprend-il cela ? Il faudra attendre la chute du Mur et l'inventaire des archives et des fosses pour qu'on s'avise que les camps situés en Allemagne de l'Est ou en Pologne ont continué à se remplir et à se vider par la cheminée. Pendant l'affaire Kravchenko, on n'a parlé que des camps russes, l'anti-résistance se tient mieux informée, elle enregistre tout et bientôt renverra la complicité de forfait aux Sartre, aux Aragon et autres doux marxistes, complices objectifs de ces concentrations massives.

Le courrier qui emporte une lettre pour Naud en achemine souvent une autre pour Tixier : « Nous qui sortons de prison, nous sommes plus près que les autres hommes de la vérité des choses et des événements [47]. » Le don reconnu de dire « la vérité des choses » a été renouvelé par l'onction de la prison, la fosse sans lumière où il a croupi pellagreux deux ans. Elle légitime l'écrivain et elle justifie l'homme. Dans cette lettre, Céline déclare à Tixier que Naud et lui seront ses témoins dans le duel qu'il aura avec le commissaire du gouvernement.

Comparé à cette rage, à cette haine fleur des prisons, tout paraît fade. Le Dr Camus ose évoquer la campagne, la nature, il se fait vivement ramasser : « J'ai autre chose à faire qu'à regarder la campagne. Froide, chaude ou mouillée, c'est toujours du fenouil. [...] L'exil tu sais n'a rien de commun avec des vacances, relations charmées, incidents fripons, etc. Non, c'est une affaire de haine, et de cimetière, et de misère » (15 octobre).

Quatre ans ont passé depuis la Libération. L'épuration touche à sa fin. Il est question de fermer les cours de justice au 1er janvier. Le cas Céline est toujours pendant, car il demande un sauf-conduit. Aucune solution qui impliquerait un passage, même symbolique, par la prison n'est acceptée par lui. Il a fondé des espoirs sur Marie Bell que la rumeur donne comme la bonne amie de Maurice Thorez. Elle n'avait pas répondu au télégramme, peu clair il est vrai, évoquant la *maladie* de Louis, qui lui a été envoyé au moment de son arrestation, elle se rattrape en prenant son affaire en main. Il faut qu'il s'en remette à elle et à son avocat : il vient se constituer prisonnier à Paris et tout est réglé [48]. Fin de l'épisode Bell.

L'affaire Ménard revient

Le Gala des vaches a provoqué quelques articles dont l'un dans *France-Dimanche* attire une protestation de Céline à Paraz : il n'a jamais mis les pieds à l'ambassade – il ne faut pas laisser passer cette infamie. *France-Dimanche* publie la lettre et se justifie : si le journal a écrit que M. Céline fréquentait l'ambassade, c'était sans esprit de mouchardage et « parce que la nouvelle était connue du Tout-Paris. Jacques Ménard racontait souvent comment, dans les salles de l'ambassade et en présence d'Abetz, il avait reproché à Céline sa tenue négligée : il portait un costume froissé, un chandail roulé (et sale) et des souliers non cirés. Jacques Ménard purge actuellement une peine de cinq ans de travaux forcés » (7 novembre 1948).

Le personnel journalistique n'a pas changé du jour au lendemain, on trouve dans les nouvelles rédactions des gens qui circulaient dans les anciennes. C'est un facteur que néglige Céline lorsqu'il insiste pour que sa réponse aux accusations soit diffusée à Paris. Les témoins du premier rang bouclés, il compte sur la connivence de ceux du second plan. L'incident Ménard reprochant à Céline sa tenue dans les salons de l'ambassade a plus frappé les contemporains que vingt diatribes antisémites perdues dans le décor du temps.

Jean Guénot observe que Céline écrivain se voit et se veut martyr [49]. Ferdinand est un malchanceux toujours accablé par plus puissant que lui, les Juifs de Genève ou de l'Exposition 37. Il n'a que son rire et sa gouaille pour survivre. Céline-Danemark reprend cette posture auprès de son public. *Les Beaux Draps*, si méprisants pour l'armée battue et les Français retraités de vocation, les lettres aux journaux au ton définitif et supérieur doivent être oubliés. C'est à Denoël, qui ne risque plus rien, qu'est déléguée la responsabilité de l'erreur. Il faut retrouver la figure de Bardamu, victime des autres et de l'événement. Horreur de la réalité ! il l'affirme et il fait effectivement fi de la plus proche : le Danemark est un pays chauve, il écrit cela au Dr Camus, il le dit à Hindus, à la lisière d'une hêtraie deux fois centenaire.

En ce qui concerne Ménard, il passe la consigne à Monnier : démentir. Il s'engage à se suicider « si Ménard (qu'on peut interroger au bagne) confirme ce qu'il a vu à l'ambassade d'Allemagne » (7 novembre). Mêmes démentis indignés à Paraz, à Tixier : il ne connaît pas le coureur cycliste Ménard, il l'a juste rencontré à Baden-Baden (15 novembre). D'un côté la parole de Céline, de l'autre celle d'un bagnard.

Le 4 octobre, il a envoyé à Marie Canavaggia cinquante-six pages de *Féerie*, avec maint tremblement. La production repart selon la mécanique mise au point depuis *Mort à crédit* : Marie Canavaggia relit, corrige et interroge. Elle fait de l'*editing*, ensuite le livre peut partir pour l'imprimerie. Le problème est que, dans ce cas, l'auteur n'a plus d'éditeur.

Céline disait tenir Mikkelsen par *Féerie*. Mikkelsen n'est pas le seul, on a vu l'impatience de Jean Voilier, tout le monde a entendu parler du nouveau Céline, l'attend.

Le titre recouvre divers projets. Il y a la tentation d'un « Poteau sur Seine » dans lequel il réglerait son compte à la Justice et aux épurateurs. Comme Bardèche, comme Jamet dont il lit les livres (toujours conservés à la bibliothèque de Klarskovgaard). Il les apprécie même s'il les trouve forcément un peu insuffisants. La Plume, c'est lui.

Quand il suggère à Tixier-Vignancour d'aller voir le procureur général en compagnie de Mikkelsen et de Raoul Nordling, il le fait à l'influence, avec à la clé l'offre d'un témoignage public : « Quel livre à vous dédié ! » (29 octobre 1948).

Il envoie les photos et plaide à nouveau malade : « Que M. le Juge d'instruction se rende compte ! » (10 novembre 1948). La troisième personne, on ne peut pas être plus déférent.

L'affaire est inscrite en principe pour la fin décembre. En plus des démarches indirectes, l'accusé compte sur sa défense, sur la reproduction de *L'Illustré national* montrant le héros sous le feu et sur les lettres reproduites dans *Le Gala des vaches* indiquant qu'il a gardé intact le don polémique, et sur *Casse-Pipe* le posant à nouveau en grand écrivain dans la revue de Jean Paulhan.

L'espoir revient et Céline écrit à Gen Paul une lettre dans le ton polisson et allègre des beaux jours : « Que de Gaulle passe führer, je te ferai voir mon amnistie, Lucette l'entrechat, Bébert sa langue qui pique » (16 novembre 1948). Monnier va ressortir *Voyage* avec la préface d'Hindus. Il demande encore quelques bijoux et du café à l'ami Geoffroy (24 novembre 1948) et ne veut pas que Paraz reçoive des dons à lui destinés (30 novembre). Il y a les mots, la fiction, et il y a les réalités. Il faut qu'on le croie pauvre mais pas que des pauvres lui fassent la charité. Sur ce point le fils de Fernand et de Marguerite est intraitable : pas de charité ! Il vend des manuscrits aux riches Marteau, à Dubuffet, mais n'accepte pas d'aumônes.

Ses deux avocats sont d'accord pour lui conseiller une « reddition », il faut qu'il se remette – même symboliquement – aux mains de la Justice pour être jugé. Pas question ! « Le comte Bernadotte et Robert Denoël n'ont pas fait ouf ! » Le comte Bernadotte, médiateur de l'ONU, a été assassiné par des Israéliens. Se livrer, c'est tendre le cou au couteau. Proposer de se suicider est une chose, accepter l'internement une autre. Lorsqu'on le chatouille avec l'affaire Ménard, il reconnaît la main de Lazareff qu'il confond d'ailleurs avec Latzareff-Gallus, son ancien voisin de la rue Lepic, l'exil se fait sentir.

Les massacres ont succédé aux attentats dans la Palestine déchirée, celui de Deir Yassin par l'Irgoun date d'avril. En septembre, les Juifs de Moscou manifestent à l'occasion du nouvel an hébraïque. Ils étaient, ils sont partout, et ils tuent impunément. *Les Lettres françaises*, le journal du PC dirigé par Aragon, ont ressorti la photo de Céline assistant à l'inauguration de l'Institut des questions juives au cours de laquelle on s'est boxé, il ne peut nier avoir été présent mais il tire argument de son attitude frondeuse (« on peut dire que j'ai résisté ») et il se rebiffe : « Du racisme ? Mais ce sont les Juifs qui font du racisme depuis deux mille ans ! Et la Palestine aujourd'hui. Et Jean Rostand, sans le mot dans *Les Lettres françaises*. » Antisémite ? c'est à voir. Raciste ? tout le monde l'est.

1949 : l'année des espoirs avortés

Les négociations se poursuivent en 1949 avec Paulhan. Le 17 janvier, dans une longue lettre où il lui explique comment la nénéref l'agace comme toute la littérature qui bavache à cent lieues du message direct de la musique, il donne son accord sous condition : « Très bien ce projet d'entente avec Gaston mais pas une thune au fisc JAMAIS. C'est au fisc

Pétain que je dois 500 sacs. Pour le bien que ce vieux salaud m'a fait [...] on m'a tout volé, pillé, y compris ma pension de mutilé et ma médaille militaire. *Ça suffit.* Merde à Pétain, merde à la IVᵉ ! » Entre-temps, il va faire affaire avec « l'éditeur belge » (Frémanger). Il demande à Paulhan les ouvrages de la collection « Géographie humaine » (Civilisation du renne, du miel, de la vigne, etc.) pour qui il ferait n'importe quelle folie, donner par exemple gracieusement « tout un chapitre de *Féerie* pour le prochain Plésiosaure » (1ᵉʳ février [50]). Voilà les lectures de Céline, avec la vieille collection de *La Revue des Deux Mondes* qu'il a achetée pour une bouchée de pain (dit-il) : des livres de contre-résistants, des ouvrages de documentation humaine, des vieilles critiques sur des livres oubliés, pas un roman contemporain.

La voie de l'Amérique plus ou moins fermée, il rêve maintenant de la Suisse. Il faudrait un ou deux garants. Il met en branle Bonny, Gentizon, Lutry. Il pense qu'il pourrait obtenir un « passeport danois pour étranger, genre Nansen » pour un seul voyage, avec une inquiétude : la Suisse ne serait-elle pas capable de le livrer après quelques mois ? Au Danemark, sur la Baltique, « mer russe », il ne se sent pas en sécurité : « Ici, ils sont miraculés. Ils ne voient pas le danger russe » (à Bonny, 23 janvier). Il rédige une longue requête pour son admission en Suisse dans laquelle il affirme « n'avoir jamais émargé pour un centime ni directement ni indirectement à un service allemand ». La démarche n'aboutit pas.

Le Vigan est sorti de prison, il rase les murs. Le *Nuremberg* de Bardèche vient de sortir, Céline le trouve « phrasouilleux mais capital, c'est le premier du genre qui va au fond du bourbier » (même lettre).

Les ravitailleurs de Quimper, les Mourlet, ont repris du service vers le Danemark, ils ont envoyé un colis qui fait les délices des Destouches. « Thousand merci ! » écrit Céline qui, pour remercier le donateur, improvise l'une de ses fantaisies favorites. J.-P. Mourlet veut émigrer vers le Canada : « Je ne vois qu'une façon, lui écrit Céline, te fringuer en curé (breton), ta femme en bonne sœur, tes petites belles-sœurs itou, et même la doche ! et partir en pèlerinage – Québec, Montréal, quêter (toi avec ta quête !). L'ordre de Saint-Marlou – À bord tableaux vivants, à terre, à l'arrivée, calvaires, ventes de reliques, martyrs de la résistance – os, etc., et saint Renan... ah toutes les cordes ! un peu de trafic de " dur ", de l'initiative ! de l'idée ! du neuf ! toi à la caisse bien entendu » (2 février).

De la fin février à la mi-mars a lieu une crise de l'eau à Klarskovgaard. Céline dit aller la chercher à sept kilomètres ou à deux kilomètres (à Paraz) ou chez les fermiers (à Ercole Pirazzoli), ce qui fait une différence : ceux-ci, on a eu l'occasion de le dire, sont à deux cents mètres par chemin plat. Le 15 mars, l'eau coule mais il prévoit déjà le déménagement vers « la masure pourrie », le cottage du bord de mer, et il sera impossible d'y recevoir les Pirazzoli qui devaient venir en visite et remporter en wagon-lit le chien Bess que ses instincts de chasseur rendent encombrant. Le voyage est reporté à septembre quand ils auront réintégré Skovly.

Fin mars, Raoul Nordling, consul de Suède à Paris, qui a joué un rôle apprécié dans la reddition des Allemands en 44, passe à Klarskovgaard. Céline lui attribue le mérite de la non-extradition par les Danois. Il l'écrit à Marie Bell appelée à la rescousse. Nordling lui a demandé s'il avait des amis français, il a pensé à elle, sa voisine sur les Champs-Élysées : « Ah oui, ce brave Ferdinand je l'aime bien... Ce serait gentil qu'on fasse quelque chose pour lui. Le reste, il s'en occupe, il connaît toutes les portes capitonnées. D'ailleurs toi aussi... Et les façons de s'en servir. J'ai pas besoin de te faire un cours... » (27 mars [51]).

En mai, son dossier est confié au substitut Seltensperger que Tixier-Vignancour connaît et apprécie, ce qui indique qu'il s'agit d'un homme aux opinions proches. Le 23 juin, par l'entremise de Tixier, Céline répond aux questions de ce commissaire qu'il « espère fraternel et compréhensif ». *Bagatelles* a été réédité à la demande de Denoël qui avait toujours besoin d'argent, la préface et les photos étaient destinées à justifier un nouveau prix de vente, il n'est jamais allé à Katyn. À Sigmaringen, il a fait du défaitisme à la « conférence des intellectuels ». Il n'a jamais osé demander un visa pour le Danemark aux Allemands, par peur d'être arrêté, au Brenner's Hotel, à Kränzlin il était « interné ». En 1940, il a sauvé trois nourrissons abandonnés et les a reconduits à Sartrouville...

Il écrit directement à Seltensperger, lui répétant ces affirmations transmises par son avocat. Il charge Denoël auquel il n'est pas fier d'avoir cédé pour la réédition de *Bagatelles*. L'éditeur était toujours aux abois, il devait éditer des auteurs allemands en même temps que « Triolet communiste notoire et son roman *Le Cheval blanc*, œuvre si l'on peut dire philosémite, en pleine Occupation, à la rigolade d'ailleurs de tout l'Institut Epting que les cabrioles de Denoël amusaient fort » (20 octobre 1949 [52]).

L'affaire Céline terminée

La veille, Tixier-Vignancour a écrit à son confrère Mikkelsen qu'il pouvait annoncer à son client que Seltensperger avait jugé que Céline n'avait collaboré à aucun journal proallemand ni manifesté une sympathie quelconque pour Vichy ou les occupants, que les faits retenus contre lui ne relevaient pas de l'article 75 et qu'il n'était justiciable que de la Chambre civique. En conséquence de quoi il demandait la mainlevée du mandat d'arrêt. « Vous pouvez confirmer à Céline une fois pour toutes qu'il ne risque plus une seule heure de détention. »

Le 28 octobre, *L'Aurore*, de Robert Lazurick, annonce en titre : « Céline qui ne risque plus que la Chambre civique reviendrait prochainement en France ». Tixier rend responsable Mikkelsen de l'indiscrétion. Dans le même temps, le gouvernement du bon Dr Queuille est tombé. Georges Bidault a formé le nouveau ministère, il a pris comme garde des Sceaux René Mayer qui a dû renoncer à former un gouvernement, c'est la première fois que Mayer revient au pouvoir depuis 1946. Le substitut Seltensperger est dessaisi du dossier, son remplaçant, le commissaire Charasse, requalifie l'accusation, Céline est désormais passible de l'article 83, moins sévère que le 75.

« La France putassière, larbine, tient à se faire enculer, éventrer indéfiniment... C'est un phénomène zoologique, écrit Céline à son autre avocat, Albert Naud. Mon assassinat fait partie de cette capilotade, priapée, culbute. Place nette aux nègres, jaunes, verts, hortensias! Je gêne, vous voyez malgré tout, je gêne. [...] Le diable mène l'affaire. Il est embusqué à la Chancellerie » (s.d.).

On le sent stimulé par la présence de l'adversaire à sa taille qui conforte ses préjugés et par la proximité du dénouement. Il repart au combat épistolaire, il relit le manuscrit du nouveau livre de Paraz, il biffe des passages gênants, il fignole ayant en vue ce public du métro : « C'est notre but au fond à tous aux temps d'aujourd'hui le métro. Comme les digest. Si on vise la banlieue, les trains, on peut taper déjà dans la grande littérature exiger de l'attention. Mais c'est bien prétentieux de notre part écrivains français. Les banlieusards veulent de l'américain, ne bandent qu'à l'américain [...] ils avalent toutes les merdes pourvu qu'on leur présente un chewing-gum » (30 novembre 1949).

Le 13 décembre, *Carrefour* publie une lettre de Céline à Paraz. C'est du pur jus : « Je hurle que j'ai l'envie horrible de venir me présenter, me justifier devant la Jacob. Qu'elle boive un broc de mon sang, je veux que les lèvres lui moussent. Aragon a mes silences à trioler un poil de nez... il faut que je fasse mon testament... À la Butte autant de cloches que de potes qui m'ont renié, ça fera un joli carillon ! »

Son procès est fixé au 15 décembre, c'est lui donner sa portée. Mikkelsen a envoyé un télégramme au tribunal : « Destouches malade impossible se présenter demande remise. » C'est une formalité sans espoir et Céline vit l'audience à distance : « Il est midi. Dans deux heures à Paris – les Fifis vont me passer à la casserole » (à Paraz, 15 décembre).

Contre toute attente, le commissaire Charasse renvoie le procès au 29, puis à l'année suivante.

Enfin jugé

L'activité que déploie Céline au début de l'année 50, dans la période précédant un procès qui aura lieu finalement le 21 février (avec un nouveau président, le juge Drappier), est stupéfiante. Plus une seule plainte concernant le froid, la pluie, le manque d'eau. S'il parle de sa santé, si les vertiges, la pellagre, les lavements reviennent sous sa plume, c'est de manière purement fonctionnelle. Il s'agit de justifier son absence à l'audience. Il ne trouve pas de médecin danois acceptant de lui délivrer un certificat de maladie. Depuis la prison, il fait l'objet du même scepticisme de la part de ses confrères locaux. L'intransportable fait un séjour à Copenhague où il met à contribution le pasteur Löchen pour ronéoter sa première défense et faire taper la seconde par les secrétaires de Mikkelsen.

Celui-ci, rendu responsable par Tixier de l'échec du renvoi en Chambre civique, commence sérieusement à agacer, par sa placidité, l'impatient de naissance. « Solon des salons, pérore, fume, trinque et roupille. Il est pourri snobé à mort par l'optimisme britannique qui a versé en vingt-cinq ans le plus grand empire du monde en asile, soupe populaire menchevik, l'Empire Menchevik » (à Monnier, 28 janvier). On peut être communiste Labiche et pas travailliste, et le flegme du gentleman qui attend la mort le cigare aux lèvres et un verre de cognac à la main n'est toujours pas son style. Entre le 1er janvier et le 16 février, on a recensé cent vingt-quatre lettres et ce n'est pas un chiffre définitif car d'autres correspondances sont mentionnées. Céline rédige une réponse aux accusations du commissaire du gouvernement Charasse, elle est expédiée le 27 janvier à Naud pour observation. Le texte dactylographié lui parvient par Mikkelsen. Le 11 février, il lui envoie également le double de ce qu'il fait parvenir à la Cour, pour qu'on ne puisse prétendre n'avoir rien reçu de lui. Tout cela estampillé pour preuve à l'ambassade de France au Danemark.

Naud est et veut être le seul responsable de sa défense, on le rassure en lui écrivant le 4 février qu'on écrit le même jour à Tixier pour lui dire qu'on lui confie à lui, Naud, sa défense.

Aucune lettre de ce genre à Tixier n'est connue. Par contre, le 8, celui-ci reçoit une sorte de plaidoyer explicatif général qui commence ainsi : « Mon petit doigt (qui reçoit les ondes) me donne à penser que l'on s'apprête à me passe à la casserole judiciaire sous d'assez coquet prétexte finalement... », ce qui implique qu'il a écouté Radio Lille mais n'a pas eu d'autre communication avec lui.

Dès le 3 janvier, c'est avec Albert Naud que le président Drappier a réglé le scénario de l'audience : Céline pourra présenter une défense bien qu'absent. Il suffira que sa signature soit légalisée. Autrement dit, il ne sera pas considéré comme contumace. Monnier, qui a déniché l'arrêt acquittant Denoël et qui vient d'éditer *Casse-Pipe*, est mis à contribution. Céline insiste pour lui accorder 20 % de ses droits mais le met à toutes les sauces : recueillir des lettres de soutien et des témoignages. Celui que lui donne le Dr Tournay concernant la réunion des médecins pendant l'Occupation s'est affiné avec le temps. Montherlant refuse d'intervenir. Il trouve la littérature de Céline aussi artificielle que désuète et, accusé lui-même, juge que son nom ferait sourire. Cocteau n'a pas oublié l'interpellation de la mangouste Céline et Monnier juge sa lettre inutilisable. André Breton est toujours indigné par le personnage d'Alcide du *Voyage* : un sous-off sympathique ! Les confrères Tailhefer, Tuset, Lantuejoul, Claoué, sommités de la profession, viennent à la rescousse. Céline sait que Claoué est le médecin « de Mme Auriol jeune » (à Naud, 7 janvier 1950). Marie Bell reçoit Pierre Monnier dans sa loge de la Comédie-Française. Elle doit manifester quelque amertume car Céline lui envoie des vœux ainsi tournés :

« Eh bien ma Bell tu es joliment méchante et vilainement rancuneuse !

« Tu as eu sans doute raison dans tes conseils et présages ! Certes dans quels draps pas beaux ! atroces me suis-je enseveli ! Momie positivement ! Et dont tout le monde se fout ! Mais est-ce une raison ?

« Je crains votre silence !

« T'es plus pote alors ?

« Je t'écœure ? »

Ce qui lui vaut un pardon.

Céline a aussi écrit à Bidault, pour l'heure président du Conseil. Il a fait aussi envoyer *Casse-Pipe* à René Mayer. Ce *Casse-Pipe* tombe à pic, il présente un aspect de Ferdinand-Céline qui n'avait pas été évoqué : le militaire, style avant-guerre. Cela appuiera les images du cuirassier Destouches, chargeant sous la mitraille de *L'Illustré national*, ainsi que la photo prise à la sortie de prison, Céline les joues creuses tenant Bébert, la gracieuse Lucette.

Pas un nom n'est laissé en friche. Céline annonce à Monnier le ralliement de Mondor. Il a de bons espoirs du côté de Cendrars, ils ne se réaliseront pas. Il écrit à Paulhan qu'il l'aime et qu'il l'admire. Paulhan se met à la disposition de Naud : « Je suis commandeur de la Légion d'honneur, croix de guerre 14 et médaille de la Résistance, voilà qui peut dans la circonstance servir » (3 février). Paulhan attend une convocation du tribunal alors que celui-ci attend une lettre.

Il faut aussi répondre aux accusations provoquées par l'annonce du procès. Dans *La Tribune des nations*, Roger Vailland a évoqué le temps où son groupe de résistants se réunissait chez un voisin de Céline, rue Girardon, et comment l'exécution du collabo était évoquée.

Céline, le 30 janvier, donne sa version des faits. Elle est tout intimiste : n'ayant pas le téléphone, il allait téléphoner chez le voisin Champfleury, compositeur mais surtout détenteur d'un fructueux brevet allemand de musique et dont l'activité de résistance consistait à détourner vers l'entreprise de son frère, sous-traitant de Todt, les réfractaires au travail obligatoire en Allemagne. L'amie de Champfleury, Simone, appréciait cette jeunesse. Champfleury et Simone se séparant quelque temps, un copain de Céline, Peppino Morato, la déménage. En 1944, Champfleury voulait abriter Céline dans un maquis vendéen, solution que Céline avait jugée « un peu téméraire ». C'est une anecdote pour les *Maudits Soupirs* et Céline, en expert, juge que Vailland a dû monter un roman après coup (30 janvier).

L'accusation lancée par Pierre Hervé dans *L'Humanité* est plus brutale : « Louis-Ferdinand Céline était un agent de la Gestapo », titre le numéro du 21 janvier. L'article reprend les interrogatoires en Allemagne de l'Est d'un certain Oberscharführer du Sicherheitdienst (SD) à Rennes, Hans Grimm ; il déclare que Céline lui a rendu visite en juin 1943 pour lui demander un *Ausweis* pour Saint-Malo. Céline qui se serait présenté à Grimm muni d'une recommandation de Knochen était un agent important du SD et il aurait effectué des missions en juin 42, juin 43 et à l'automne 43 sous le couvert d'un poste de médecin dans l'organisation Todt. Grimm a gardé une lettre de Céline et son journal fait à deux reprises mention de lui.

Céline réplique par des lettres à Naud et à Paraz, l'une à usage judiciaire et l'autre à usage journalistique. Avec Naud, il utilise la dérision : si Saint-Malo a été bombardé, c'est parce que la RAF le recherchait et il joue sur l'anticommunisme ambiant en ironisant sur ces révélations venues de zone russe : Kravchenko est « enfoncé » ! Auprès de Paraz, Céline plaide le bon sens : il voulait obtenir des autorités allemandes de Rennes un conseil avant de tenter sa chance à Saint-Malo. Contrairement à des milliers d'autres, il n'a jamais obtenu de permis.

François Gibault a établi les faits : Céline connaissait Grimm par Olier Mordrel, l'indépendantiste breton, et il a bien obtenu de lui l'autorisation de se rendre à Saint-Malo. À preuve la lettre envoyée à Suzanne Le Leannec le 10 juin 1943 : « Nous arriverons à Rennes le vendredi 18 – dans l'après-midi – je serais très heureux de faire prolonger nos permis le 19 au matin. J'écris dans ce sens à M. Grimm directement mais je vous serais bien amicalement reconnaissant si vous pouviez bien toucher un mot de ma visite samedi 19 – vers 11 heures – Je vais bien entendu exercer la médecine à Saint-Malo – dans l'appartement dont j'ai le bail ! En fait j'exercerai sans doute chez Todt [53]. »

Céline qui avait envoyé à Grimm un exemplaire de luxe d'un de ses livres s'était inquiété, le 2 juin 43, de ne pas avoir eu de réponse. Il parlait alors de bail et de médecine – Todt est pour faire bonne mesure. Le mensonge utile de 1943 lui revient à la figure en 1950, il n'a plus alors que la solution de tout nier. Grimm est une invention des communistes. Il utilise des témoignages tels que celui de Le Vigan qui atteste par lettre « sa réserve notoire de tout ce qui fut allemand [...] collaborateur, exception de moi vieille connaissance devenu pitre chanteur en fin 43 » (datée du 1er février 1950). Le Vigan joue ici l'agneau pascal.

« Démentir partout et à tous », c'est la consigne donnée à Monnier (4 février). Céline lui envoie, le 8, la lettre de Le Vigan « très véridique » et à celui-ci cette transposition qu'il risque de prendre au pied de la lettre : « Ah ! on m'a dénoncé ici et écrit dans la presse et très sérieusement, comme ayant livré les plans de la ligne Maginot à l'Allemagne ! Tu te souviens de celui qui me fit tant de bien à Sigmaringen et qu'on appelait l'SD ? »

Le 11, il reçoit les observations de Naud concernant Denoël et les incorpore au texte final, légalisé à l'ambassade de France et expédié au président Drappier en recommandé.

Le « providentiel Lambert » se manifeste. C'était son voisin à l'inauguration de l'Institut des questions juives, rue La Boétie. Il peut témoigner avoir vu Céline « manifester son indépendance vis-à-vis de l'occupant ». Il faut lui payer le voyage, juge Céline. Il écrit à Naud qu'il pourrait en fouillant sa mémoire évoquer un déjeuner chez Peters où il avait déclaré que Laval était juif, juif plus vieux que les autres... Il joue ainsi sur son opposition à Vichy, à l'attentisme de Vichy, à la tiédeur de Vichy, à Laval si typé et à Pétain faisant l'intérim des Rothschild pour marquer une résistance, en somme parallèle à l'autre. Dans sa « réponse à l'exposé du Parquet », il tire surtout argument de l'acquittement de la maison Denoël. Il dit aussi – et il faut le souligner car c'est pratiquement la seule allusion au sujet qu'on trouvera sous sa plume – qu'au moment de la publication des *Beaux Draps* il n'avait pas entendu parler des convois. « Je ne savais rien, absolument rien des déportations juives, ni d'aucune déportation. Je n'ai d'ailleurs appris ces atrocités qu'à la fin de la guerre. Je regrette mon ignorance... »

Il est patriote avant tout. *Les Beaux Draps* manifestent un patriotisme exaspéré. Il n'est pas fier de la réédition de *L'École des cadavres*, il a cédé à l'insistance singulière de Denoël. Rouquès, qu'on l'accuse d'avoir dénoncé, n'était pas en danger étant allé se mettre sous la protection de Pétain. Les lettres à Lestandi ont été arrangées. Il était constamment dénoncé aux Allemands pour sa tiédeur et comme agent de l'Intelligence Service. Il s'est rendu en Allemagne avec les Drs Bécart, Rudler, Claoué – ainsi cités-mouillés –, c'était pour rencontrer l'amie danoise qui lui offrait asile au Danemark. L'or n'est pas évoqué. La relation avec Karen Marie Jensen devient une affaire strictement privée. Il cherchait, dit-il, à quitter la France depuis le début de la guerre. Il a quitté Paris à ses frais et il a été *arrêté* à Baden-Baden. Les 600 000 francs qu'il a certes emportés ont été intégralement dépensés en soins aux malades *français* (souligné par lui).

Ce conte qui mêle le vrai et le faux, le possible et l'improbable est signé L.-F. Destouches dit L.-F. Céline, né le 27 mai 1894 à Courbevoie, Seine. Signe de reconnaissance entre Français de France.

Il est entendu. D'après les témoins et les journaux, le procès tourne à la franche rigolade.

La Cour s'amuse

« L'audience du 21 février 1950 fut un immense éclat de rire. Le rire, l'énorme rire, le fou rire, c'est le président Drappier qui le provoqua. » Albert Naud résume ainsi le procès (*Les défendre tous*, p. 321). Cet homme « tout en finesse » (le président) cite les insultes de Céline au procureur : « suceur rêvasseux des crayons de la IVe République » ou « lécheur d'arpions à la sauce cosaque », et les jurés s'esclaffent. C'est guignol au Palais. Quand on cite le témoignage de Le Vigan donnant le mot de passe rue Girardon (*J'ai du bon tabac*, 1, 2, 3, 1, 2), les rires redoublent. Même si l'avocat, rédigeant hâtivement, s'égare parfois (Hindus n'a pas offert son témoignage !) et confond les pièces (ce qu'il cite est tiré des lettres, non de la réponse rédigée dans un tout autre style), la Cour s'amuse. Même le procureur Charasse. *Combat*, qui a publié avant le procès un extrait de la préface d'Hindus à *Mort à crédit*, en témoigne. Et le verdict est mesuré : une peine de prison couverte par l'incarcération danoise, 50 000 francs d'amende, l'indignité nationale et la confiscation de la moitié des biens.

Dans un premier temps, Céline se montre satisfait. Il exprime sa reconnaissance à Naud (22 février) et aux amis. « Ils ont été aussi peu vaches qu'ils pouvaient – faut convenir », dit-il à Paraz (23 février). Il imagine l'édition d'une « Affaire Céline » avec les pièces officielles comme texte et le dessin de *L'Illustré national*, en illustration, « Épinal qui a mis la Jacob en cauchemar de ghetto. Cuirassier = cosaque » (à Daragnès, 1er mars). Madeleine Jacob, journaliste, est le témoin et la mémoire des procès de collaboration.

Hindus, prévenu par un ami, envoie à *Combat* un morceau de son *Crippled Giant*, il est publié, mais trop tard. Et Céline met les choses au point auprès de Paulhan : Hindus n'est qu'un « furieux petit scorpion et menteur ». Il ne l'a vu en tout et pour tout que deux heures (2 mars).

Je suis auteur, pas pitre

Cette euphorie ne dure pas. Si l'indignité à vie le laisse froid, l'atteinte au portefeuille, amende et confiscation de 50 %, va rapidement le faire hurler. La confiscation est « infernale pour l'édition ». Louis Pauwels parle d'une visite éventuelle à Korsör et les plaintes, qu'on n'avait plus

CÉLINE

entendues depuis l'été, reprennent : pas de draps, à peine à bouffer, quinze kilomètres aller et retour pour Korsör, pas le rond pour le taxi. Donc plus de hareng (2 mars). « Quel froid ici ! » (à Monnier, le même jour).

Dès le 5, c'est l'exaspération : la copie du jugement n'est toujours pas arrivée et il s'agit d'obtenir une attestation d'équivalence pour les dix-huit mois passés à la Vestre Faengsel : « Je crèverai de limacerie. » En plus, on laisse entendre qu'il faudrait se présenter devant une cour française ! Il l'écrit à Naud – après avoir parlé des honoraires que l'avocat choisira lui-même dans son patrimoine –, il le lui dit tout net : venir acquiescer au jugement ? Jamais ! Naud est mal informé par l'archibonimenteur fourbe et foireux... le menteur fait clown (trois faillites), son confrère Mikkelsen. Sa situation au Danemark est archidélicate ! L'escalade verbale envers Mikkelsen, désormais moins indispensable, prouve qu'elle ne l'est pas tellement. Céline brandit à nouveau la menace du pamphlet vengeur. Il annonce à Naud qu'il vient d'en trouver le titre : « Poteau sur Seine » : « Vous pouvez dire aux chapons du parquet qu'au tarif qu'ils m'ont salé malgré tout je me charge le plus magistralement du monde de faire pendre Henry Bordeaux pour " Les Murs sont bons ", Claudel pour son Ode à Pétain et l'Hispano-Suiza (de l'Académie française) – Mauriac de l'Académie française pour le dictionnaire girouette – Maurois de l'Académie française pour les articles propétainistes aux USA, etc. etc. – Ils ont été à tout prendre quand même vachement vaches et iniques » (3 avril).

Grame et Brôme (Gnome et Rhône, la société de moteurs d'avion dont Claudel est administrateur), Ciboire (Mauriac) vont se trouver cryptés dans l'ouverture de *Féerie*. Céline s'indigne de l'injustice d'un *establishment* qui a communié, du procureur à l'académicien, dans un pétainisme transitoire. Naud, le voyant reparti sur ses grands chevaux, s'inquiète : il ne faut pas qu'il aille trop loin avec Mayer-Vendôme (René Mayer toujours garde des Sceaux place Vendôme). « Vous me recommandez de ne pas injurier Mayer, m'avez-vous pensé assez con ? assez gaffeur ? » (29 mars). Le polémiste garde toujours la bride en main. Il recommande à Paraz de ne pas perdre de temps à réfuter Hindus : cela avait un sens avant le procès, cela n'en a plus (21 mars). Et lorsqu'il écrit à Monnier « Vive Einstein !... chéri de ces petits youpins ranimeurs de feux genre Hindus » (26 avril), il n'est pas incohérent. Les lettres qu'il avait reçues faisaient regretter au président Drappier qu'on n'ait pas pu faire subir à l'accusé un examen psychiatrique : elles avaient atteint leur but, il s'agissait d'être judiciairement irresponsable. On remarque aussi que ses attaques obéissent à une logique antivychissoise constante : il ne se renie pas, même s'il joue sur l'équivoque.

Il faut aussi tenir compte de l'humeur des jours. Isolé avec sa danseuse et ses animaux, informé par Radio Lille et par des journaux déjà périmés, par des correspondants pas forcément bien informés ou avisés, il se ronge entre impatience et peur, mais la prudence l'emporte toujours. Attention à Auriol, à Bidault (15 avril, à Monnier) ; il a peur qu'on laisse passer des bévues dans *Valsez saucisses*, il a mal relu les épreuves. Il ne faut pas se tromper de cible : « Il faut biffer tout ce qui est politique », recommande-t-il à Paraz. Tout ce qui est politique, c'est ce qui est au pouvoir : « J'aurai encore très besoin de ces gens-là » (15 avril).

366

Albert Naud a pris très au sérieux l'annonce de « Poteau sur Seine » : un avocat est interdit de publicité mais n'a pas à refuser celle qu'on lui fait, il donne le feu vert par l'intermédiaire de Monnier. Céline réagit à la seconde : « Oh là il ne faut plus suivre Naud pour le pamphlet Poteau sur Seine, là il gaffe horriblement !... Marre du scandale ! » (9 avril). Le lion et le lièvre partagent le même terrier. À Naud il a écrit le 29 mars : « Les balourdises j'en fais rigoler la galerie mais je ne les commets pas. Je suis auteur, pas pitre. » Et Naud paie cette apparente reculade : « Ah vous pouvez être fiers Résistants de vos œuvres ! Avoir intronisé finalement et *inamovible il semble* un féroce Palestinien place Vendôme pour persécuter vos frères » (13 avril).

La copie du jugement a mis un mois à parvenir à Naud. Ensuite, il a fallu que Mikkelsen (« Bobarsen ») obtienne le certificat d'équivalence de peine. C'est chose faite un autre mois plus tard. Céline croit alors toucher au but. Il convoque Albert Naud : « Je vous vois arriver avec le fameux faf. Chez Daragnès d'abord pour les vivres de route » (22 avril). Le « fameux faf » est la levée du mandat d'arrêt, Daragnès fournissant de quoi payer avion et hôtel.

Par contre, Paulhan, qui manifeste une envie de voyage, est fermement découragé : « Pas présentable ! Copenhague un sous-sous Bordeaux crâneur protestant idiot » (27 avril). Il lui raconte qu'il n'est pas allé à Korsör – d'où il lui écrit et où il pourrait le recevoir – depuis six mois. Il est encore trop tôt pour l'opération Gallimard. Un peu plus tard, une autre approche de Marcel Aymé est découragée pour la raison que « c'est Hirsch qui commande la NRF, comme Mayer commande la Justice. Le reste est blabla » (à Monnier, 12 mai).

Le bon moment ne se présentera qu'en septembre, Daragnès disparu, toute autre expérience d'édition faite et non sans que Monnier ait été préparé : « L'édition est un métier atroce – agent littéraire vous serez moins tracassé » (30 septembre).

Au début du mois, un signal a été envoyé rue Sébastien-Bottin : « C'est le moment que Gaston propose quelque chose » (à Jean Paulhan, 2 septembre). Céline se croit près du but, en fait rien ne se fera ni sur le plan judiciaire ni sur le plan édition avant un an.

La vie suit son cours. L'ami Pulicani, Corse nanti, serviable et secret, est venu. Il envoie en guise de lettre de château « un prodigieux colis ». Céline en le remerciant lui donne des nouvelles de la Butte : « Nocetti est revenu, Montmartre se reforme » (23 mars). Il demande aussi à Marie Canavaggia *La Vie parisienne* et des revues plus égrillardes. C'est pour se tenir au courant de la censure, pour le travail et rien d'autre (24 mars). Il faut imaginer Mlle Marie réclamant « *La Vie parisienne* et des revues plus égrillardes » à son marchand de journaux. Le 28 mars *Land og Folk*, le journal communiste de Copenhague, reprend les informations données par *L'Humanité* sur les contacts de Céline avec le SS Grimm et la peur de l'expulsion revient (28 mars).

En mai, autre alerte. Lucette a des problèmes gynécologiques. Céline organise à l'instant l'opération : elle va à Paris, habite chez Daragnès et consulte chez Tailhefer. Deux jours plus tard, ces plans sont modifiés : Lucette ne veut pas le laisser seul, elle se fera hospitaliser à Copenhague. Monnier reçoit de nouvelles instructions : sans parler de sous à Mikkelsen, il empoche tout : Junot (Daragnès) fera passer 100 000 francs (9 mai). Deux jours après, nouvelle présentation des choses : Paris est exclu à cause de son « état pénal » : Vous me voyez à Fresnes et elle en chirurgie (à Monnier, 11 mai). C'est faire fi de la vraisemblance : Lucette a un passe-port, lui pas, mais l'occasion de l'image verbale est trop tentante.

À la mi-mai, Céline s'installe dans « le placard de Mikkelsen » et Lucette entre à l'hôpital. Lui passe ses journées à son chevet, ne la quittant qu'à minuit. L'opération s'est bien passée, la tumeur est bénigne mais il est mécontent de la pratique médicale danoise, on fait lever les malades trop tôt. Une infection persiste. On doit réopérer. Pour la troisième fois (à Monnier, le 5 juin), pour la cinquième fois (le 8 juin). Le chiffre retombe à trois fois, pour six semaines de chirurgie, dans une lettre de juilllet au « frère adoré », Le Vigan.

Le Dr Destouches qui a reçu « 75 bouquets », le 8 juin, de Monnier a beau « bourrer de cadeaux » le personnel, il n'arrive qu'à maintenir « une petite amabilité louche ». Il juge les soins postopératoires miteux et les pratique lui-même en cachette. La danseuse et son médecin de mari qui vérifie le travail des infirmières « surmenées, exaspérées », c'est l'envers du métier (à Paraz, 26 mai).

Fin juin, après un mois dans le « placard » de Copenhague, retour en taxi « 150 couronnes de ma poche », écrit-il curieusement à Daragnès (de quelle poche auraient-elles dû provenir?). Le temps est devenu étouffant, il faut nourrir la convalescente et faire les courses à Korsör où une étape obligée est la pharmacie d'Otterström.

Il n'a pas présenté celui-ci à Hindus, il n'en parle jamais ou presque dans ses lettres, il ne le reçoit pas à Klarskovgaard mais il le voit à chaque passage à Korsör. Otterström, chez lequel il est descendu lorsqu'il est venu déposer son or à Copenhague en avril 39, sert encore de messager pour les espèces : en 1950, Céline le présente à Monnier comme « le pharmacien Knut », en lui annonçant son passage à Paris, d'où il remontera de chez M. Almansor « tout le disponible » que Monnier y a déposé. Pourquoi ce prénom, pourquoi ce cloisonnement entre agents, pourquoi Pierre Monnier ne pourrait-il recevoir directement Knud Otterström et lui remettre le disponible? Est-ce parce que l'ami de vingt ans (d'il y a vingt ans, précise Céline), la seule relation de Korsör, est homo, gay, inverti, pédé, déviant – que cela se voit peut-être et que cela s'accorde mal avec l'horreur affichée par Céline pour les « pédérastes » dont regorge comme de critiques toute époque de décadence (*BM*). « Il raconte ses frasques aux Destouches », nous dit François Gibault. Il n'est pas impossible qu'il soit l'un des pourvoyeurs en secrets d'alcôve dont Céline se montre friand et qu'il utilise à bon escient. Knud Otterström, « le pharmacien Knut », ami de vingt ans, sort comme Abel Bonnard indemne du contact, pas *pédoc* comme Charbonnière, ou *fiote* comme Heller, ni *bi* comme Denoël (qui « misait sur les enculés ou les enculables de la profession » – à Naud, 21 décembre 1947). Otterström est pour le privé, il marquerait mal dans l'image publique du proscrit.

Le meilleur roman du demi-siècle

Le 26 mai, un jury dont fait partie Paulhan a sélectionné les douze meilleurs romans du demi-siècle. *Voyage au bout de la nuit* a fait partie de la première sélection de vingt-cinq titres, mais il a disparu au second tour. Anatole France, Maurice Barrès, André Gide, Marcel Proust, Valery Larbaud, Georges Duhamel, Jacques de Lacretelle, François Mauriac, Georges Bernanos, Jules Romains, André Malraux sont ceux que « le milieu » de 1950 considère comme les maîtres du roman.

Céline a espéré un moment obtenir ce « prix du demi-siècle ». « Pour Monnier et pour Lucette », dit-il à Paraz (27 mai), « pour la vente », dit-il à Monnier (28 mai). Il se libère auprès de Paulhan : en somme, on lui a refait le coup du Goncourt : « Toutes les coteries sont équitablement servies. Les Enculés, les Palestiniens, les Jésuites, les Garçons, les Garçonnes, le RPF, l'Alsace-Lorraine, l'Académie, les Rien du tout. » C'est l'éternelle beauté comme une peinture. Il verse une larme sur l'absence de *L'Enfance de Jean-Christophe* de Romain Rolland et signe « bien affectueusement » (29 mai).

Céline ne gardait aucune lettre, marque de discrétion ou de mépris envers les correspondants. Celles qui nous sont parvenues sont celles qu'il a redistribuées pour informer ou édifier un correspondant, nous ne savons donc pas ce que lui répond Paulhan. Il doit regretter de son côté l'absence de Colette, car Céline lui répond qu'il est prêt à la trouver le plus grand écrivain du siècle comme Jules nabot Romains. D'ailleurs, l'idée du *grrrand écrivain* le fait chier comme les grandes partouzes de vanité. Ces gens ne marchent pas sur terre. Colette, on la prône pour son acharnement à durer comme Mistinguett « et aussi d'être mariée à un youtron ». Abetz et Epting déjà l'adoraient (« les boches aiment le fouet, le Juif et le crachat »). C'est Mme Abetz qui a fait libérer Maurice Goudeket après la rafle de décembre 1941. Elle ne s'habillait que chez Schiaparelli, ne couchait qu'avec Lifar, ne se meublait que chez Jensen. Céline ressort pour Paulhan le *Who's Who* germano-juif de l'Occupation. Il avait, dit-il au membre du réseau du musée de l'Homme, une dentiste juive qui passait ses nuits d'angoisse au Palais-Royal avec Mme Leibovici, la femme du chirurgien également arrêté. Dieux qu'on s'est amusé ! (voir *supra*). Le Dr Destouches, qui tremble encore à l'idée de passer l'ombre d'une prison, redonne la parole au militant de 41 appelant à une vraie politique raciste, il se gausse de la frousse du confrère arrêté. « C'est lui, écrit-il à Paulhan, et quelques illuminés de son espèce qui paient finalement pour cette faribole. La prochaine fois il sera du bon côté » (5 juin).

Les persécutions n'ont existé qu'en rêve, l'ambassade d'Allemagne était philosémite. Autour de l'axe racial tournent ses deux mémoires. Il peut en 1950 faire état de ses rires devant la farce qu'était la politique raciale allemande.

Gallimard est décidé à récupérer Céline et Paulhan classe cette lettre ; outrancier, naïf, choquant, Céline, comme Dubuffet qu'il collectionne par ailleurs.

En juillet, à Korsör, les soins du ménage retombent sur Céline. Il faut que Lucette reprenne des forces et qu'elle mange. « Ici en archi-bled, pas un litre de lait ! Tout va aux coopératives ! Les fermes sont stériles. Il faut aller chercher à bouffer à Korsör, à sept kilomètres ! je fais le ménage, je fais les commissions – les raids ! je fais la cuisine – je fais les pansements encore très délicats !... Je fonce en plus dans un roman pour essayer de trouver des ronds ! [...] Je t'ai pas écrit parce que je poulopais trop. J'ai pas arrêté de courir pendant sept semaines ! Gadaud ! le roi des marcheurs... Tu te souviens place du Tertre ? Il doit y être encore !... » C'est à Le Vigan qu'il envoie le 1ᵉʳ juillet ce compte rendu relevé d'une pointe de nostalgie, Blaise est-on encore loin de Montmartre ? Au mur est épinglée la photo du Moulin de la Galette et mentalement il vit sur la Butte dans une *Féerie* qui se dégage peu à peu de l'évocation encore réaliste des *Maudits Soupirs*.

Valsez saucisses paraît au moment où éclate la guerre de Corée. « La boucherie va te faire du tort », juge Céline en accusant tardivement réception du livre (2 juillet). La guerre marque l'entrée des Chinois dans la thématique mentale propre à Céline. Dans ce conflit entre l'Est et l'Ouest, le communisme et le capitalisme, Céline part battu, comme en 1916. Biologiquement, les Chinois doivent gagner ; il les voit traverser la plaine russe et, agriculteurs avant tout, venir exploiter les bonnes terres du Bassin parisien : « Les laboureurs européens finiront en Mongolie et ils s'y rendront *à pied*. On t'embrasse bien frère et on te la serre. Bande ! » (10 juillet [54]). Céline reprend pour Le Vigan une formule trouvée en Bretagne en 1943, l'idée de l'exode vers l'Est le venge encore.

Il voit se mettre sur pied une nouvelle Résistance à Londres avec de nouvelles Forces françaises libres. Le Vigan, toujours bon public, le prend au mot. Céline doit lui expliquer qu'il ne s'agit que d'un faux espoir : « Je bidonne en parlant d'Angleterre. On a en réalité aucune chance pour nulle part. Ici on est pris au piège » (copie Le Vigan). Il voit Mikkelsen s'envoler pour Londres en le donnant aux communistes locaux. « On se finira sec. » Mais là encore il « bidonne », Céline, comme Bébert est incombustible, il ne peut, il ne pourra jamais se tuer.

Toute cette agitation guerrière satisfait sa haine des « voyeurs » : « Tu parles si je me fous de la Corée ! de la guerre et patachon !... soucis de luxe mon fils ! Les idées politiques, c'est pour les gens désœuvrés !... moi, moi, si on veut me tuer faut pas qu'on se gêne ! j'aurais trimé comme une archibourrique, jusqu'à la mort ! merde !... Je me fais des mollets pour le moment ! Vingt bornes par jour à pied – Puis-je davantage ? Oui ! essayer de faire manger du poulet à Lucette !... Je chine de droite et de gauche, du sourire partout ! merde pour la Corée !... » (à Le

Vigan, 1er juillet). Nous/eux. « A Nuremberg on prépare déjà les cellules – on sait pas encore pour qui ? MacArthur ou Gromyko ? C'est marrant », dit-il à Paraz.

À qui il ne parle plus de son livre. Cela aussi c'était intéressant avant (avant le procès). Cela risque maintenant d'irriter. Paraz y prend à partie le général de Larminat (pour le bombardement par erreur de Royan, mille morts), la Résistance (pour les exécutions sommaires et les tortures de miliciens), Pierre Bloch (pour le tabassage de Bardèche à l'occasion d'une messe anniversaire pour Philippe Henriot).

Lui, Paraz, ne risque plus rien et il en profite. Quand il reprend tel motif célinien (délire de dames en fureur l'ensevelissant dans son lit), il traduit le maheur de la graine tombée trop près du grand arbre, mais lorsqu'il transcrit le cynisme des médecins, la folie des malades, il est à son mieux. La tuberculose, juste avant le Rimifon, c'est encore la peste, le sida du temps et Paraz raconte sa mort, c'est-à-dire sa vie au milieu de mourants exaspérants, odieux, attendrissants. La politique jouant le même rôle que parmi les bien-portants il bat en brèche les tabous du moment : marxisme, résistance, Sartre, « la Gôche ». Il cite *Bagatelles* à pleines pages (sans dire qu'il s'agit de *Bagatelles*, c'est l'astuce) et il retranscrit les lettres de Céline retaillées à sa convenance.

Celle qui termine le livre est du 1er mai : « Je vois que tu vas faire battre les montagnes de l'arrière-pays vençois. C'est ton destin. [...] Je pends et balance à l'arbre de la vie... les corbeaux ne trouveront pas grand-chose ! Que ma guenille indigne balance en paix. »

Ce Testament est, comme l'autre, une invitation au pardon. Céline met dehors les journalistes de *Match* qui voudraient enregistrer ses réactions. Il demande que le livre soit envoyé à un voisin de la rue Girardon, il répond à une ou deux questions de lecteurs et puis on passe à autre chose. Le rôle de Paraz comme « médium » est terminé. Céline lui écrit jusqu'à sa mort en 1957, il lui prodigue les mêmes conseils : pas de tabac, pas d'alcool, pas de femmes. Et le Vernes Resorcine régulièrement. Il lui avait écrit 182 lettres en trois ans. Il y en aura 171 en sept ans. Et singulièrement plus courtes.

Marie Canavaggia reçoit l'annonce d'un fort paquet recommandé : « Manuscrit à peu près 175 pages (grosse écriture) à faire taper » (16 septembre). L'édition de *Féerie*, sens anglais et français, est en route; Gaston « fait encore des chichis. Il peut aller se faire tâter » (19 septembre) mais les pourparlers continuent par l'entremise de Jean Paulhan : « Tout ça finira à la nénéref après les avatars actuels ! Il l'aura Gaston mon trésor ! mes " *immortels* " mes " *clâassiques* " ! Il bande depuis assez longtemps ! Mais bille(s) sur table ! » (16 octobre).

Céline croit à sa valeur marchande. Pourtant *Mort à crédit* tiré à 5 000 exemplaires s'est péniblement écoulé, *Casse-Pipe* s'est mieux vendu : 8 000 exemplaires (du coup il regrette la suite de *Casse-Pipe* et *La Légende du Roi Krogold* « pillés » rue Girardon).

Le 4 octobre, les cinquante-six premières pages de *Féerie* sont envoyées par recommandé à Marie Canavaggia avec mille recommandations. Dix jours plus tard un « chiffre » parvient de chez Gallimard : on propose un milllion pour le livre qu'il vient d'achever. La réponse que fait Céline à cette proposition nous est fournie indirectement par une lettre qu'il envoie à Monnier un mois plus tard. « Les Amyot » ont également proposé le million magique, et Céline fait son calcul : cela représente 50 000 francs de 1944. « Ça ne faisait pas s'évanouir 50 sacs en 44. » D'après les tables d'équivalence, Céline minore la valeur du franc 50, ce que lui proposent Gallimard et Amyot représenterait 110 000 de nos francs, ce qui ne fait pas s'évanouir un auteur.

Avec Paulhan, Céline ne discute pas le chiffre mais l'opportunité d'une publication : le fisc lui réclame toujours les « impôts Pétain » – il est aussi sous le coup de la confiscation de ses biens à concurrence de 50 %. Les Domaines font des tentatives de saisie sur droits chez Monnier. « C'est le cas de Courbet. Repetita. » Pas question de publier pour « engraisser Auriol ». Il propose cinquante pages de *Féerie* gratuites pour *Les Cahiers de la Pléiade* (16 octobre).

Et son affaire n'avance pas. La chancellerie a accepté l'équivalence de peine mais le parquet la refuse. Céline peut s'indigner, signaler à Naud le nom de ceux qui rentrent sans problème (Soupault, président des médecins collaborateurs, que lui a signalé Le Vigan), cela ne sert à rien. Il ne veut rentrer qu'exonéré de toutes charges et les greffes veulent qu'il se constitue prisonnier même symboliquement. « Naud est un doublard et un niais », juge-t-il le 22 octobre. Il lui écrit pour lui dire qu'il va être obligé de publier « Poteau sur Seine » et d'en prévenir Blaise d'Oye Dugommier (le procureur) (7 novembre). Il oublie peut-être que la menace a déjà fait long feu. Il le relance par téléphone.

Gen Paul s'est marié, il a envoyé sa jeune femme en voyage à Korsör. Céline la juge « très mignonne, du charme mais quelque chose de secret, d'inquiétant ». Il lui indique en passant qu'il est en rapport direct avec le procureur général et qu'un propos de travers peut valoir un procès en un million de dommages et intérêts (*sic*) au journaliste. C'est qu'il voit, écrit-il à Paraz, poulets et poulettes partout (15 novembre).

Le jeu du « je t'aime, je te hais » continue avec Gen Paul par personne interposée. Gen Paul c'est le double adoré-exécré, le seul être peut-être dont Céline redoute la langue et qu'il respecte donc, dansant indéfiniment avec lui le pas du dominant dominé.

Couché à 7 heures, levé à 6. Le café après le Véronal, un autre pli recommandé peut partir pour le square de Port-Royal. Il apporte à Marie Canavaggia cinquante pages supplémentaires de *Féerie*. Peut-être la partie polémique qui s'insère en ouverture avant le récit proprement dit du bombardement. La dactylo a eu des vapeurs en les tapant. « C'est drôle, remarque Céline, les gens suffoquent de mots mais 120 000 assassinés de l'épuration les laissent parfaitement sereins » (à Marie Canavaggia, 22 novembre).

L'épuration, la mise en jugement, les tortures, les exécutions au nom du droit et du patriotisme, l'indignité nationale dont on veut l'accabler, voilà ce qui, après les douceurs supposées ou réelles de l'Occupation, intéresse Paraz, Aymé, Bardèche et quelques autres qui ne veulent pas laisser se prescrire la mémoire. 40-45 a créé une fracture entre deux France avec une émigration intérieure et extérieure, une clandestinité. Les rôles d'avant-guerre sont inversés : les pacifistes reconquièrent l'Empire, les conchieurs de drapeaux se sont transformés en hyper-patriotes chasseurs de traîtres, tandis que les généraux et les amiraux remplissent les prisons déjà bondées de « nationaux ».

Ce monde issu de la guerre, Céline ne le connaît que par ouï-dire. Journaux, lettres, visiteurs lui rapportent assez d'indices pour qu'il le *voie* : « Paul siffle 1 500 francs de champagne par jour. Quand je regarde autour de moi à la Butte, je vois que les potes en tabac, boustiffle, alcool et bafouillages (temps perdu) ils dépensent en un jour ce qu'il me faut moi pour vivre deux semaines. » Et le rapprochement se fait avec ce qu'il voyait avenue Foch pendant la guerre, « Waffen SS à se remplir de cognac ! réchappés miraculés de leur Brandebourg natal – miraculés de la vie parisienne » qu'il voyait « au Bavaria se faisant retourner par un goyau du Cantal, fraîche débauchée bonniche ». Paris-Capoue où se perdent les aventures raciales pour laisser au bord de la Baltique l'ascète prophète qui repère comme s'il y était les « potes bien buvants, bien bouffant pendant que le rabbin Mayer donne des conférences sur la liberté aux grandes conférences catholiques de Bruxelles » (à Naud, 27 novembre).

Et, de nouveau, le froid, le vent, la neige. A Le Vigan qui dans l'autre hémisphère crève de chaleur, Céline raconte l'hiver : « Quel hiver ! et hareng fumé et porridge eternam. La solitude glaciale ! absolue ! une maison comme la tienne du Permedepie (?) mais le toit en chaume pourri et moins 10 (ou 40 ?) pendant six mois. Lucette malade de son opération dans cette gelure ! des paillasses de crin trop courtes pour le lit – des caisses en étais » (novembre ou décembre 50). Telle est la maison dans laquelle Mikkelsen les loge après l'ambassadeur de Sa Majesté et avant tel prix Nobel ou telle vedette du Théâtre Royal de Copenhague.

L'étai est un chevalet. Cette caisse posée sur des tréteaux évoque la chapelle ardente, voilà le raccourci de fantasme ou de clip par lequel Céline traduit sa vision émotive. Et à chaque fois il fait mouche. Le Vigan y croit, ainsi que quelques autres.

En cette fin d'année 49, la vie de Céline se lit comme un roman par lettres, genre un peu suranné auquel le contraint l'éloignement. Il verse dans chaque missive un peu de ce livre qu'il écrit et n'écrit pas depuis six ans, ce *Féerie* annoncé comme aucun de ses romans ne l'a été, ouvrage à contenu variable où l'évocation littéraire et l'aspiration à la vengeance se battent pour aboutir par une dentelle de style par évidement de la matière (peur, opportunités contradictoires). Cela donne l'un de ces opéras sans musique et sans rien dont il parle alors.

Fin décembre, la situation se noue. Et sur les deux plans, éditorial et judiciaire. Alors que Naud n'obtient toujours rien malgré une audience place Vendôme, Tixier, dans un rapide et mystérieux voyage à Korsör, propose un dénouement comme Céline les aime. Nous n'en trouvons trace que dans une lettre écrite le 25 décembre.

Ce jour-là, Céline écrit dans toutes les directions. Il remercie le pasteur Löchen d'être venu de Copenhague fêter Noël avec Lucette et lui. « Comme nous avons ri ! » S'il méprise ostensiblement le bien manger et exècre le bien boire, il insiste sur le bien rire. « Quelle lumière dans notre affreux ciel. » Il demande à Monnier de remercier Morandat qui propose de rendre les manuscrits trouvés au 5, rue Girardon dans l'appartement de Céline réquisitionné pour lui.

Yvon Morandat, démocrate-chrétien, résistant et gaulliste, terminera sa carrière comme président des Charbonnages de France. Sa proposition agace Céline : il ne peut s'agir que de brouillons. C'est « l'épuré » qu'il lui faudrait : la dernière version. Or, celle-là, Céline sait pertinemment que Morandat ne pourra la trouver, ni pour *Casse-Pipe* ni pour *Guignol's Band II*. Mais il tient à son statut de « pillé ».

Les canailles et les imbéciles

Voici d'ailleurs que les choses se détraquent avec le fidèle, l'insoupçonnable Monnier. « Vous comprenez mon cher Monnier ça ne va plus ! Voici encore un réveillon au hareng fumé et au porridge dans une cabane glacée. » Monnier a annoncé 15 000 francs, alors que, selon Céline, il en doit 600 000. « Vous m'embarquez dans je ne sais quelle miteuse et vaseuse combinaison de coédition dont je ne veux absolument pas entendre parler ni pour or ni pour argent [...] il n'y a que deux espèces d'êtres les canailles et les imbéciles or ne je veux être ni l'une ni l'autre espèce » (25 décembre 50). Le lendemain, il refuse à Paulhan les cinquante pages de *Féerie* précédemment offertes pour *Les Cahiers de la Pléiade* : « Vous iriez tout de suite aux poursuites avec la nouvelle loi dite d'Amnistie. » Tixier a dû lui conseiller le profil le plus effacé en vue de l'opération qu'il propose. Mais, ajoute Céline, « pour Gaston oui je suis d'accord, je sors pas des carambouilleurs j'en ai marre, mais il faudra me rééditer illico tous mes livres y compris le *Voyage* chiot du procès ! pas *un seul* et me *faire paquet-cash* sur la table, pas ce que vous annonciez l'autre jour ! le prix d'un vélo ! » (26 décembre).

L'entrée dans « l'écurie Gallimard » se fait ainsi au cœur de l'hiver, elle est autorisée par les perspectives ouvertes par Tixier – sur lesquelles Céline garde jalousement le secret.

Il joue d'ailleurs franc-jeu avec Monnier dont il a reçu des comptes. Il n'a jamais mis en doute son labeur ni son honnêteté mais sa compétence d'éditeur et il le prévient : une fois *Féerie* prêt, « nous passerons avec armes et bagages chez un autre éditeur ». Ce *nous* englobe Monnier auquel il a promis 10 % de ses droits (1er janvier). Le lendemain le message est renforcé : « Je crois que vous demander 25 000 tirages de *Féerie* et droits d'avance, c'est trop de boulot. » Message répété en d'autres termes à Paraz : Amiot et Dumont n'auront pas *Féerie*, « ils peuvent aller se faire daufer » (3 janvier).

Monnier se souvient (*Ferdinand furieux*) que, encore sous le coup des accusations injustes de Céline, il est allé lui rendre visite du 6 au 10 janvier. Lucette excuse son mari : « Il est si malade » et tout s'arrange.

Céline lui écrit pourtant le 5 et puis le 6 et le 11, lui rappelant qu'il lui doit 75 995 francs et qu'à partir de maintenant c'est *finish finibus* ces histoires de participation, qu'il veut bien laisser les 75 sacs dans son misérable commerce mais qu'il faut qu'il *envoie* de la crème Bonne femme (Guerlain) et un livre sur les oiseaux pour Lucette – qu'il le laisse libre de trouver un éditeur pour *Féerie*, *Voyage* et *Mort à crédit*. Pas la moindre allusion à sa visite passée ou à venir. Par ailleurs, il annonce à Paulhan qu'il aimerait le voir.

Tixier est arrivé

Le 18 mars, Tixier-Vignancour vient ou revient à Korsör. Il n'a pas chômé entre-temps. Il confirme à Céline ce qu'il subodorait : c'est bien Mayer qui, place Vendôme, s'oppose à la levée du mandat d'arrêt malgré l'acceptation par la Cour de l'équivalence pour le temps fait au Danemark. Le 1er février, les cours de justice sont supprimées et Céline aurait tort de croire, écrit Tixier, que Jules Moch aurait la même influence sur les tribunaux militaires qui les remplacent que Mayer sur la Justice. Il s'est entretenu avec le commissaire du gouvernement auprès du tribunal militaire de Paris et celui-ci est « dans le même sentiment que moi à votre égard ». Voilà l'accusation du côté de l'accusé ! Tixier propose donc une opération éclair à Céline : ils se présentent tous les deux devant le tribunal militaire à 9 heures du matin le 20 février et « à 9 h 5 vous ressortez aussi libre que vous êtes entré ».

Céline ne peut rêver mieux. Il refuse pourtant, le risque lui paraît encore trop considérable. Carmen Tessier dans *France-Soir* vient de le qualifier d'« antisémite professionnel » à propos d'une lettre qu'il avait envoyée à Gillois de la Radio, dont il n'aurait pas su le vrai nom, Diamant-Berger. Il évoque, pour Tixier, Thermidor pas encore là, sa femme pas remise de son opération et le duc d'Enghien : « C'était quelqu'un Enghien, moi merdeux. » Qu'il mette le pied à Paris et une équipe de vengeurs lui fait son affaire. Bardèche a été ré-arrêté. Certes, « il ne risque pas grand-chose bien sûr ». Toujours romain pour les autres, Céline, et jamais dupe : Bardèche « brandit le cadavre de Brasillach, lui-même sérieusement histrion ». Cela pour Paraz à qui il donne le fruit de ses dernières analyses : les Palestiniens tiennent la France en domesticité absolue, créant des antisémites pour assurer leur position de victimes. D'ailleurs, un sur mille est réellement juif, c'est une secte, un gang comme les Templiers, ce qui est ambitieux devient juif (14 février).

La proposition de Tixier apparaît comme une nouvelle trappe ouverte sous ses pieds et, du coup, il se retourne du côté de Naud, qu'il met au courant de la proposition de son confrère : délire ! (11 février).

Amnistie passe-passe

Tixier va réussir sans lui. Le 5 mars, il fait faire par huissier opposition à l'arrêt de la cour de justice. Le 12, cette opposition est « dénoncée » (signifiée) au commissaire du gouvernement dont on connaît les sentiments envers Céline, avec demande de levée du mandat d'arrêt. Celle-ci est accordée trois jours plus tard, à condition que le condamné se présente devant le tribunal militaire avant un mois.

Tixier, qui a son plan (monté avec le commissaire du gouvernement?), s'envole pour le Danemark, le 18 il est à Korsör, le 19, Céline et lui descendent à l'hôtel d'Angleterre. Le consulat de France est à deux pas. Ils y rencontrent M. d'Harcourt, consul. Le soir, chez le pasteur Löchen, Tixier tape à la machine deux requêtes au consulat, l'une demande l'immatriculation de Céline comme Français résidant au Danemark, la seconde un passeport. Le 20, nouvelle visite au consulat. Le vice-consul refuse de délivrer un passeport mais fournit un document mentionnant ce refus. Tixier repart pour Paris avec cette pièce qu'il présente au commissaire du gouvernement attestant ainsi le cas de force majeure qui empêche son client de se présenter devant le tribunal militaire.

Pour plus de sûreté, Céline fait parvenir à Tixier un certificat de maladie, alibi de secours, celui-là « inusable » au cas où le dispositif en place échouerait (21 mars). Et, naturellement, la fameuse « première page » de *L'Illustré national*. Paul Marteau qui a mis Céline en rapport avec Tixier reçoit un éloge enthousiaste de lui : ardent, entreprenant et, je crois, inlassable (23 mars).

Rongeant son frein, incapable de travailler à son livre, il répond aux lettres de Paraz par retour. Il parle de tout sauf de son affaire, montrant ainsi une fois de plus le contrôle qu'il garde *par écrit*, il parle de Brasillach employé de la Propaganda, un peu histrion comme son beau-frère, des montres Universal, de la drouille comparée à Patek Philipp, ce qui renvoie Nice avant 14. La drouille est de la marchandise de mauvaise qualité, le vocabulaire du Passage revient à volonté.

Le 8 mars, il alerte Tixier. Le vice-consul a reçu des instructions de Paris : il peut immatriculer Louis Destouches et celui-ci a droit à un passeport pour *un* voyage en France. Tout un programme !

Les archives du tribunal militaire de Paris indiquent sèchement que, le 17 avril, le Dr Destouches s'est désisté de son opposition au jugement de la cour de justice le condamnant et a demandé le bénéfice de la loi du 6 août 1947 prévoyant l'amnistie pour certains grands invalides de guerre.

François Gibault, qui est de la maison, a donné une version vécue du procès selon laquelle le président Roynard n'aurait pas ouvert le dossier, se contentant de lire la requête « soigneusement épinglée » et le procureur-capitaine Mercier se bornant à appliquer les instructions. Toujours est-il que les membres du tribunal militaire accordent le bénéfice de l'amnistie au grand invalide de guerre Destouches, incapable de rentrer en France, et n'apprennent qu'ensuite qu'il s'agit de Céline. C'est une belle histoire comme Céline en fabrique chaque jour.

Si le tour de passe-passe a eu lieu et si personne n'a jeté un coup d'œil au jugement de la cour de justice accepté par Destouches et qui donne son nom de plume, cela n'a pu s'opérer qu'avec la connivence du procureur-colonel Camadan et celle du juge Roynard. Ce serait un exemple de contre-résistance.

Sur appel du parquet, ce jugement sera d'ailleurs cassé « dans l'intérêt de la loi », c'est-à-dire sans effet pratique sur le justiciable.

Sitôt le jugement rendu, le 21 avril, Tixier appelle Korsör pour communiquer la bonne nouvelle, et il faut voir Céline se hâtant vers la maison des Petersen pour prendre l'appel et recevoir la nouvelle : Amnistie ! Enfin !

Attention, prévient Tixier, il ne faut pas que le cabinet de Jules Moch soit alerté, il faut se taire encore le temps du délai d'appel, cinq jours, ensuite le jugement sera définitif.

Le lendemain, Céline envoie des instructions à Monnier : procurez-vous ceci, débrouillez-vous pour les rééditions, 5 % sur mes droits, 5 % pour Marie Canavaggia, celui qui rééditera les anciens livres aura une option sur *Féerie*. Le grand retour à la scène se prépare. Un post-scriptum énigmatique en fin de lettre : « Je serai à Paris vers la fin septembre. » C'est tout ce qu'il peut dire, mais il avait besoin de le dire.

Le 23, Tixier a obtenu l'acte de jugement d'amnistie, il doit appeler à nouveau car Céline lui écrit qu'ils s'en remettent à peine, Lucette et lui. Il déborde de reconnaissance : Tixier recevra comme honoraires « le château de Dieppe ». Mikkelsen n'est tenu au courant de rien : c'est à lui qu'a été attribuée l'indiscrétion qui avait empêché une première manœuvre tendant à renvoyer Céline devant une simple chambre civique. Or, les téléphonages se font chez son régisseur !

Des bruits semblent avoir couru. A Paraz qui l'interroge sur l'amnistie, Céline dit qu'il ne sait rien d'officiel, il remercie Nordling, le consul de Suède à Paris, et Naud, qui l'a avisé de la décision. Il ne se sentira tranquillisé, malgré les assurances de Tixier et de Naud suivant lesquelles la décision est définitive, que lorsqu'il aura le texte en main.

La mangouste ayant longtemps hiverné peut maintenant régler ses comptes. Frémanger (édition de *Mort à crédit* chez Froissart), Charles de Jonquières (édition de *Foudres et Flèches*), ces deux « carambouilleurs », doivent rendre gorge. Autre mot du commerce, la carambouille consiste à vendre une marchandise que l'on n'a pas payée. Il charge Monnier de rassembler des preuves, et Tixier de poursuivre. Il a retrouvé le « faux contrat » par lequel Frémanger lui assurait 8 % des droits, mais non la contre-lettre par laquelle il s'engageait à lui faire parvenir les 10 % supplémentaires. Ces procès se perdent d'autant mieux dans les sables que Tixier-Vignancour se présente aux élections. Qui font d'ailleurs que Céline retarde son retour en France : il veut connaître la nouvelle donne politique avant de s'aventurer. À Tixier, engagé dans « le délire électoral », il demande drôlement : « Mais êtes-vous éligible ? » Un homme capable de vous transformer en grand invalide de guerre intransportable et sans passeport devrait être capable de se mettre soi-même en règle avec les lois électorales.

Son compte en banque est encore bloqué le 30 mai, et il faut aussi s'assurer que les Domaines desserrent leurs griffes de ses biens immobiliers (Dieppe, Saint-Germain). Le vieil oncle Louis a manœuvré jusqu'ici pour les préserver, il est chargé de s'en assurer.

Le sort a voulu que Marie Canavaggia soit partie en vacances pendant cette période, la fille de magistrat qu'elle est n'a pas pu assister au procès ni obtenir l'extrait de casier judiciaire sans lequel Céline qui a reçu un passeport de Thomas (« saint Thomas ») le vice-consul n'oserait se présenter en France. Il le reçoit enfin le 19 juin. Il était temps !

Le retour se prépare depuis avril. Mais le retour pour où ? Entre mai et juillet tout est envisagé : l'Afrique du Nord, l'Argentine, Monte-Carlo, la Bretagne. L'Espagne a été d'emblée écartée : elle fait « fachiste », il l'écrit le 6 mai à Albert Paraz. Le 11, au même à qui il parlait d'Algérie et de Corse, il explique qu'il s'agit de ballons d'essai destinés à brouiller les pistes. Il tient Paraz pour une furieuse commère et celui-ci en retour parle de son côté bignolle. Ici, il lui explique en somme qu'il l'intoxique.

Paraz est lié à un certain Juin présentement au Maroc et il suggère ce pays. Céline ne mord guère à l'idée jusqu'à ce qu'il comprenne que ce Juin est le maréchal de France et résident général auprès du sultan. Alors, il présente ses desiderata : un studio pour Lucette, ancienne première danseuse de l'Opéra-Comique, si douée pour toutes les danses orientales, et pour lui un poste tranquille dans un hôpital (27 mai). Le Vigan avait naturellement suggéré l'Argentine : il voyait se reformer l'équipe de Kränzlin et Céline arriver en immigrant démuni. Céline doit lui expliquer qu'il ne demande pas le passage, il a l'argent pour les billets et il insiste sur le statut qui devra être le sien : « C'est l'écrivain illustre qu'on reçoit. »

Voilà qu'il est de nouveau question de la santé de Lucette, de biopsies, de bons résultats, de rendez-vous avec Tailhefer. Il semble que ces préoccupations de santé soient utilisées à la fois pour garder un flou sur le lieu et la date du retour et comme une porte de sortie vers Paris auprès de Maman-Tirelire (la mère de Lucette).

Pas question d'un retour triomphal. Les gazetteux, juge Ferdinand, cherchent à le liquider depuis le *Voyage* (à Paraz, 24 mai). Ils rentrent pour se faire opérer et pour voir la tombe de sa mère. Il tient à disparaître, explique-t-il à l'ami Geoffroy qui prévoit un accueil en fanfare (1er juin). Son cas n'est pas du tout celui des *braves condamnés à mort*, dont Paraz lui raconte les aventures plutôt positives. Lui, homme de mémoire, croit à la mémoire des autres. Mangouste, il croit aux serpents, ces vengeurs. D'où le luxe de précautions : il faut que son beau-père passe au commissariat pour voir s'il est toujours sur la liste des recherchés, il tient à ce que les autorités soient averties. Il faut se faire connaître d'elles (à Ercole Pirazzoli, 7 juin), se mettre sous leur protection. Il faut en somme que la police française prenne le relais de la police danoise. Voilà, incidemment, qui cadre mal avec l'esprit anarchiste dont on tient obstinément à doter Céline : il fustige le pouvoir mais le respecte et, si possible, se le concilie.

Et il reconnaît la vraie richesse. Le seul avec lequel il ne joue pas, pendant cette période, est Paul Marteau, propriétaire des cartes Grimaud qui offre l'hospitalité du boulevard Maurice-Barrès par l'entremise de Tixier : « Un petit appartement charmant vous attend à Neuilly. » C'est donc décidé dès le 24 mai. Il va tâter de la Côte d'Azur dont il appréhende le climat. Ensuite Paris. Il cherche un trois-pièces, un studio pour Lucette, pas à Montmartre, une chambre, une douche et une autre pièce pour son travail... C'est la sagesse, ce ne sera donc pas la solution retenue.

Une photo montre le pasteur Löchen tendant à Céline son passeport, comme le représentant de la Loterie nationale remet à l'heureux gagnant son chèque devant la caméra. Tout le monde est heureux et tout le monde mime la surprise.

Autre instantané à l'aéroport de Copenhague, sous la pendule qui marque 5 h 40 : Céline de profil, la canne à la main, attend au bord du trottoir (comme pour une arrivée). Il porte un costume trois pièces, il a le cheveu long, deux sacs en bandoulière, l'un est une sacoche de cuir, antique sac de femme, qui contient billets et passeports.

Si c'est la sacoche de l'arrivée, elle s'est bien dégonflée. Sitôt l'amnistie obtenue, Céline a eu l'intention de régler ses comptes avec Mikkelsen par qui il se sent de plus en plus exploité. Il manque des pièces à son trésor. Mikkelsen se serait fait prendre à la frontière et ne l'aurait jamais avoué (Gibault). Comment se serait établi un compte définitif, où Mikkelsen aurait additionné ses heures de visite, ses consultations, ses voyages, les dons en nature ? On ne le saura jamais. Il en a existé un, nous le savons par Marie Canavaggia : Mikkelsen y portait ses dépenses à Paris, un déjeuner par exemple.

Ici, Céline lui tourne le dos. Mikkelsen fait un pâle sourire à côté de Lucette qui sourit aussi. Elle porte le foulard en turban du temps de guerre auquel elle restera fidèle, à la Beauvoir.

L'explication avec Mikkelsen a été déléguée à une nouvelle connaissance, le représentant de Michelin au Danemark (autre ami de Tixier ?),

André Ribière. Il est chargé d'obtenir restitution des 8 000 couronnes que, tout compté, Céline estime que son avocat danois lui doit. C'est le chiffre même de la reconnaissance de dettes signée par Céline. Cette affaire ne peut aboutir, et elle n'aboutira jamais. Aucun des avocats ne sera d'ailleurs « honoré », ni Tixier ni Naud. Celui-ci recevra le moulage de la main de Céline fait après sa mort. Mikkelsen se contentera du portrait de Céline qu'il a déjà en tête et qu'il rédigera trois ou quatre ans plus tard. Il le destine à une suite de ses *Mémoires* qu'il n'a pas le temps de faire paraître. Pour lui, « Céline était un curieux mélange d'excellentes et même d'exceptionnelles qualités, un aristocrate intellectuel de la plus haute extraction, qui méprisait les bourgeois, les *épiciers* (en français) et les *hommes politiques* (en français), mais c'était aussi un pleutre ne pensant qu'à lui et jouant au martyr dès qu'il s'agissait de sa propre peau [55] ». Cela n'empêchera pas la correspondance de continuer entre Mikkelsen, revenu de tout, et Céline toujours au combat sur les hauteurs de Paris et qui, avec le temps, retravaille la matière du Danemark dans le sens de la nostalgie.

10.

RÉPROUVÉ PUIS RESSUSCITÉ

> La bochie que nous avons vue – pourtant « pommée » 44 – un Luxembourg! un Barbizon! à côté de ce qu'ils verront ceux qui survivront, ceux qui n'auront pas su s'entretenir une réserve de « cyanure bien sec ». Oh bien sec! Tout le reste est blabla!...
>
> *À Le Vigan, v. 1952.*

Le voyage de Copenhague à Nice se passe comme un rêve. L'avion met alors trois heures pour aller du Danemark à la Méditerranée. Il est 10 heures du soir lorsque l'appareil de la SAS atterrit, la nuit tombe.

Personne n'attend les arrivants. Il faut récupérer les animaux et les bagages, les charger dans un taxi et faire la trentaine de kilomètres qui séparent Nice de Menton. Les Pirazzoli habitent sur le boulevard de Garavan, tout près de la frontière. Adossé à la montagne, plein sud face à la mer, localement on appelle le quartier « la petite Afrique », c'est le plus chaud d'une ville qui se targue des meilleures moyennes de France.

Il existe deux versions de cette arrivée. La première, contemporaine des faits, est fournie par Céline à Paul Marteau le 9 juillet. D'après lui, il est 5 heures du matin lorsque les voyageurs, leurs animaux, leurs bagages, sacs, sacoches et valises arrivent au palais Bellevue et réveillent le vieux couple ahuri. On ne les attendait pas : « Prévenus depuis sept ans pourtant[1]! »

Depuis sept ans, certes, mais plus récemment? Le départ était fixé au 10 juillet, puis il a été avancé au 1er. Les animaux devaient être envoyés à l'avance, ils sont du voyage. Céline avait demandé des vérifications multiples pour s'assurer que le terrain était déminé et qu'il ne traînait pas un avis de recherche dans l'un des commissariats de la ville. Il avait multiplié les leurres en direction de Paraz, le voisin des Pirazzoli – et en rapport avec eux. La dernière lettre qu'il lui envoie accuse les *couscous* – surnom donné au beau-père en raison, nous dit-on, de son apparence huileuse puis étendu au couple – de « chinoiser dur » (25 juin[2]). Céline reprend alors l'idée d'une installation à Monte-Carlo et s'enquiert d'un appartement meublé susceptible d'accepter un chien et trois chats, « un local où on leur foute la paix ». Prière de ne pas répondre au Danemark, il donnera « d'où il sera » sa nouvelle adresse. Il égare Paraz et se ménage une position de repli.

A-t-il pareillement brouillé les pistes auprès des Pirazzoli pour éviter une meute de journaleux gazetteux à l'aéroport ? Ont-ils mélangé ce qui leur était destiné et ce qui était à usage extérieur ? Cela aboutit en tout cas à ce que Céline appelle, dans sa lettre à Marteau, un « camouflage d'arrivée ».

Il existe aussi une version entièrement contradictoire racontée (ou révélée) par Lucette Almanzor à Frédéric Vitoux quarante ans plus tard.

Ils débarquent par une chaleur étouffante, ils récupèrent leurs animaux, leurs bagages, ils prennent un taxi, ils arrivent à Menton, boulevard de Garavan et là, surprise, la porte s'ouvre sur un hall illuminé. Un buffet est dressé sur lequel s'entassent argenterie, cristaux, seaux à champagne. Entourée par les amis et relations et par les journalistes « ma mère était ivre. Mon beau-père silencieux, resplendissant, portait toutes ses décorations italiennes d'avant-guerre » (*sic*). Fureur de Louis qui demande où se trouve sa chambre et s'y enferme [3].

Arrivée solitaire dans le cafouillage, brouhaha avec illuminations gaffeuses à la Hollywood, il faut comprendre que c'est de toute façon raté. Les relations entre gendre et belle-mère déjà irritées au Danemark s'enveniment. Débarqués d'une « cabane », d'un « gourbi pourri » où le chaume goutte en permanence, ils tombent dans une bonbonnière étouffante face à la carte postale de la belle bleue. La mère de Lucette aime les couleurs tendres, le doré, les fanfreluches sans parler des apéritifs. C'est l'horreur.

Céline qui se sent observé observe ; il surprend Tirelire escamotant la fourrure de sa fille. Cette fourrure dans la canicule de la Petite Afrique semblait déjà étonnante, elle l'est moins que le revolver que Tirelire agite, dit sa fille, dans ses accès d'énervement. Elle veut voir son enfant, sa Lucette, et Céline interdit à Lucette de quitter leur chambre, on crie dans les couloirs.

On pouvait croire les Pirazzoli dorés sur tranche ; Céline annonçait à Le Vigan que Lucette était une héritière et qu'après lui ce serait une affaire, or, ils jouent et perdent au casino ! Et ils n'aiment pas tant que cela les bêtes puisque Bess et les chats sont relégués dans un terrain à eux de l'autre côté du boulevard. Thomine, la chatte, s'enfuit, s'égare, elle ne sera retrouvée qu'un an plus tard et rejoindra alors Meudon par avion.

Tirelire aurait même imaginé, dit Lucette, de vendre le manuscrit de *Féerie* à un avocat et proposé un donnant donnant : les Destouches auraient la disposition d'un appartement gratuit en échange. Le séjour familial est un désastre.

Retour à Paris

Au Danemark, Céline a déjà acheté les billets d'avion Nice-Paris. Le retour était prévu pour le 8 septembre. Le Dr Tailhefer, Paul Marteau,

Pierre Monnier et Marie Canavaggia sont seuls prévenus. Le courrier doit être envoyé sous double enveloppe aux Pirazzoli au nom de Destouches, soit un triple anonymat. Paulhan sait que *Féerie* est presque achevé, mais Monnier conformément aux instructions données par Céline a poursuivi les pourparlers avec Flammarion.

Le 10 juillet, un article de *L'Humanité* le situe à Vence. Le fasciste notoire, l'antisémite forcené, le littérateur douteux et grossier, l'agent de la Gestapo Céline y goûte les joies de la liberté alors qu'Henri Martin est condamné à cinq ans de réclusion. Qui se souvient du temps où « le Parti » démolissait ses ennemis à coups d'adjectifs et combattait la guerre coloniale par des figures exemplaires : Henri Martin quartier-maître héroïque, à l'exemple d'André Marty, le mutiné de la mer Noire.

A l'île d'Yeu, le Maréchal entre alors en agonie. Les journalistes attendent la fin devant la maison du bourg où le gouvernement l'a fait transporter inconscient. Il va mourir « libre ».

Les projets des Destouches se sont précisés. Lui n'avait jamais réellement pensé à la Côte, ni surtout à cette Petite Afrique qui représente tout ce qu'il déteste. Il est question de Saint-Germain que Céline connaît bien et où il possède un appartement maintenant occupé. Il l'écrit à Paul Marteau le 17 juillet, il s'agit de trouver une maison à Saint-Germain-en-Laye avec un jardin pour les animaux de Lucette « après avoir vendu les bicoques » qu'il possède ailleurs [4]. Il a déjà oublié qu'il les a données à Naud et à Tixier, que ce sont leurs honoraires.

Avec Monnier le lendemain, il est plus précis : il organise un aller et retour à Paris pour consulter Tailhefer et trouver une bicoque prêtée. Il vendra l'appartement de Saint-Germain et une maison à Saint-Leu – elle apparaît ainsi à l'inventaire, alors que les bicoques de Dieppe en disparaissent. Il faut que Monnier se mette en rapport avec l'agence de Saint-Germain qui gère ses biens [5].

Bien sûr, il y a aussi l'espoir de « la petite banque avec un marlou possible » qu'il évoque pour Paraz, alors « il foutra le camp, il quittera les raviolis ». Il verra Paraz plus tard, il lui demande de ne pas téléphoner (10 juillet).

Les pourparlers d'éditeurs continuent à Paris. Mais Céline se montre pessimiste, il conseille à Monnier de laisser choir Gaston, aussi maquereau et canaille que Frémanger, Dumont et tout le reste (13 juillet).

La lettre doit arriver à Paris au moment où les choses se nouent. Gaston Gallimard convoque Monnier et lui annonce que sa maison accepte toutes les conditions posées : réédition des titres anciens, 18 % de droits sur des tirages fixés et payés d'avance. Il offrait, on s'en souvient, un million pour *Féerie*, il quintuple le chiffre pour la reprise de tous les romans. On le verra faire mieux. C'est l'abondance après le hareng et le porridge.

Le 18, il envoie un calendrier précis à Monnier : ils vont remonter à Paris chez les Marteau, redescendre ensuite chercher leurs animaux et s'installer dans une maison en banlieue qu'on leur prêtera jusqu'à la

Noël, une fois l'installation définitive « dans une espèce de villa avec jardin » à Saint-Germain-en-Laye, une fois vendus l'appartement de la rue Claude-Debussy et la maison de Saint-Leu.

Or Monnier, auquel on conseillait de « laisser choir Gallimard », a été mis par celui-ci dans l'avion de Nice, il apporte le contrat conforme en tout point aux desiderata. Gallimard n'a pas chipoté. L'histoire ne dit pas si Monnier apporte aussi un chèque mais c'est vraisemblable. Gallimard verse 5 millions, environ 550 000 francs actuels, à titre d'avance. Ce n'est pas le contrat du siècle, mais c'est une rentrée plus qu'honorable.

Aux Invalides

Nous disposons de deux témoignages qui nous permettent de *voir* le retour de Céline, champ et contrechamp, celui de Pierre Monnier qui voyage avec les Destouches, et celui de Paul Marteau qui les accueille.

Monnier est logé boulevard Garavan. Il est témoin des prises de bec entre Louis Destouches et sa belle-mère, le beau-père s'esquivant sur le balcon pour contempler le calme des dieux (ou la douane italienne, selon le gendre) et Lucette tentant de s'interposer entre les deux antagonistes. Céline se plaint que la doche ait voulu attenter à sa vie.

Vingt pièces de bagages les accompagnent, le voyage est sans retour. Dans le taxi le chien est malade et Céline nettoie discrètement. Il débarque à l'aéroport, pantalon godaillant, houppelande en prévision du Nord, sacoches à papiers divers parmi lesquels, on l'imagine, le jugement d'amnistie. L'avion ne s'envole que deux heures plus tard et le docteur s'inquiète, il envoie Monnier aux renseignements : est-ce la bonne heure, y a-t-il un changement, un problème ? se moquant d'ailleurs lui-même de ses propres inquiétudes. Qu'il nourrit en vol en apercevant un rapiéçage de l'aile. Ce qui lui rappelle une histoire qu'il raconte en riant aux éclats. C'est l'époque des hélices et des carlingues bruyantes, Monnier n'entend pas un mot, ni aucun des voisins, mais tout le monde est peu à peu gagné par le fou rire.

A l'arrivée, collecte des bagages et des animaux. Les gens s'attroupent. Personne ne le reconnaît. On demande : « Qui est ce type ? » Les gens le trouvent rigolo.

Il est 8 h 15 du soir. Paul Marteau l'a noté dans son journal. Il est venu à la gare des Invalides avec deux voitures, la Packard et la Simca. Il énumère les bagages : une cage en osier pour les chats, trois sacs de matelot, une valise carrée pour les manuscrits, six valises (pour les vêtements ?). Bessy est un chien policier « de toute beauté ». Lui, sa canne et en bandoulière deux sacoches croisées sur le ventre, pour les tickets et l'argent.

Le second beau-père, Almansor, est venu avec son épouse. Ainsi que Mme Monnier. Les bagages partent dans un taxi qui suivra le convoi. Lucette monte avec Pasqualine (Mme Marteau) dans la Packard conduite par le chauffeur, Céline avec Paul Marteau dans la Simca. Sur la banquette arrière la cage aux chats.

Paul Marteau note que le départ des Invalides est *véhément* et *mouvementé*. Il faut supposer des gestes et des cris en direction des Almansor et des Monnier. Le convoi prend le quai d'Orsay et traverse la Seine au pont Alexandre-III. Céline s'étonne : Tiens, le Grand Palais n'a pas été démoli! Dire qu'il ne devait durer que pour l'Exposition 1900. Il sait donc que le Grand Palais a flambé en 1944.

Les trois voitures remontent les Champs-Élysées, tournent autour de l'Étoile, descendent l'avenue Foch et Céline salue la gare où, dit-il, il venait, cuirassier, à l'arrivée des souverains étrangers.

A Neuilly, on les installe dans le petit appartement du second, grande chambre, petit salon. Il donne sur les frondaisons du Bois et, bien sûr, a tout le confort, avec – cela va sans dire mais Paul Marteau le note – une salle de bains. Ce n'est qu'un cri : Versailles! On leur monte les chats et les bagages et on se donne rendez-vous en bas pour dîner.

Comme il est déjà 9 heures, c'est un repas froid, sans service, Céline boit de l'eau minérale, Lucette rien. Mikkelsen fait les frais de la conversation : trois fois failli! : « Il m'a certes accueilli au Danemark, mais il m'a donné à la police avant son départ pour les États-Unis. On nous a cueillis le lendemain de son départ et il est revenu quatre mois après. » Si Céline avait dit : « donné aux journaux » (*Samedi-Soir, Politiken*), il respecterait au moins la vraisemblance. On a vu que Mikkelsen a effectivement « donné » Céline au chef de la police de Copenhague, Seidenfaden, qui a été son meilleur défenseur. Mikkelsen est l'objectif du moment, il faut lui faire rendre gorge et Céline compte sur Paul Marteau pour cela.

Céline explique qu'il a acheté 1 800 francs-or au temps de sa prospérité. Il ne peut s'agir que de 1 800 louis. C'était le contenu de la sacoche apportée en 1939 à Copenhague, le contenu de la boîte de Cadbury enterrée dans le jardin d'Ella Johansen, complété par les pièces du gilet de Sigmaringen, achetées avec le million retiré des banques en 44. Ces onze kilos d'or ont permis de tenir pendant sept ans. Céline explique la canaillerie de Mikkelsen qui changeait les pièces au cours officiel et « refilait des couronnes danoises au plus haut cours – Il gagnait sur les deux tableaux ». Paul Marteau n'est pas forcé de savoir qu'il n'existe pas de marché officiel de l'or au Danemark, seulement un marché parallèle. Il apprend aussi que Céline a fait la route à pied de Sigmaringen à Copenhague et qu'en quatre mois de cellule il n'a vu personne. Lucette ne peut que se taire. On oublie les visites à la Vestre Faengsel, celles de l'adjoint de Mikkelsen. Il faut une victime exemplaire et un traître.

On parle des Héron de Villefosse, pique-assiette notoires, venus voir Céline et Lucette (Madame est danseuse) à Copenhague. Ils se croient invités par Mikkelsen alors qu'il n'en est rien. Il faut les installer à l'hôtel d'Angleterre et obtenir pour eux de Mikkelsen un prêt de 500 couronnes que Céline retrouve sur sa note de frais, au départ de Copenhague.

Le mécène Marteau enregistre cette exécution du précédent bienfaiteur sans commentaire. Mais il note la promenade du soir sur le boulevard avec Bessy, le chien de toute beauté qui fraternise avec les pékinois des Marteau [6].

385

Céline chez les riches

La cohabitation ne dure pas plus de quinze jours, nous le savons par le journal de Paul Marteau et par les lettres que Céline envoie au couple parti pour son séjour habituel sur la Côte.

Marteau emmène ses invités au restaurant. Il les voit avec plaisir, chez Marius, « manger de tout » : jambon, salade, tomates et concombres, homard à l'américaine. Les Marteau boivent du beaujolais, Céline deux demi-bouteilles de Badoit, Lucette rien.

Les amis reprennent contact, Jacques Deval, le médecin-colonel Camus, Marcel Aymé, Jean Bonvilliers, Jean Perrot.

Gen Paul refuse l'invitation. La brouille semble maintenant solide. L'un juge l'autre ivrogne, méchant et génial, il est jugé lui-même cave et génial. Pasqualine envoyée en mission à Montmartre s'y fait rabrouer. On n'est guère plus amène à Neuilly où Céline l'aurait traitée de *doubronneuse*, femme stérile, reproche qui paraît insolite dans la bouche de Céline autant que le mot, dont on ne trouve aucune trace ailleurs. N'ayant pas l'exquise délicatesse des pauvres, les riches peuvent être traités sans trop de ménagement. Lucette se souvient qu'elle avait débarrassé meubles et tapis pour s'entraîner et que le lustre des Marteau vibrait en cadence à l'étage au-dessous. Ils envoyaient une domestique demander un peu de calme.

Les rapports de Céline avec les riches et la richesse sont complexes. On ne peut les réduire à la seule expression littéraire, mise en scène des « petits » et des « gros ». Une chose est sûre, rien ne vaut un riche pour parler argent avec un autre riche. Céline compte sur Paul Marteau pour que Mikkelsen lui rende son or, il le charge d'aller rue Sébastien-Bottin convaincre Gallimard que les 5 millions d'avances sont insuffisants et qu'il faut rediscuter le contrat du 18 juillet. C'est une expédition d'autant plus méritoire qu'il existe un contentieux privé entre eux (Valentine Tessier a quitté Gaston Gallimard pour Paul Marteau avec quelques incidents vaudevillesques dont Céline se souviendra quand il s'agira d'embarrasser Gaston). Mais la mission réussit et Gaston Gallimard double la mise. Les 5 millions supplémentaires sont aussitôt convertis en or, et celui-ci déposé dans le coffre-fort du boulevard Maurice-Barrès, le *pacson* est reconstitué.

Le 15 août, Céline annonce à Marteau que Mikkelsen, relancé par Antoine Ribière, est attendu : « Il va l'amener le bandit la ceinture magique. » Est-ce alors qu'il se fait prendre à la douane et saisir l'or, comme le dit une tradition orale ? Il n'existe pas de trace écrite d'un passage de Mikkelsen à Paris, avec ou sans ceinture.

En mars, au moment où il vivait le suspense du tribunal militaire, la fille de Céline a un sérieux problème de santé. Après cinq naissances elle doit subir une hystérectomie. Elle appelle son père à l'aide. Céline demande à Monnier d'aller la voir et d'alerter les « patrons » qu'il connaît. Il a une réaction spontanée de générosité : « Je mets bien sûr tous mes sous chez Almanzor à sa disposition » (18 mars). Il semble en fait qu'il n'ait pas à faire ce sacrifice, Paul Marteau étant passé par là.

Colette Turpin habite Neuilly, mais Céline refuse de voir un gendre qu'il accuse d'avoir fait cinq enfants pour hériter des droits d'auteur. Il refuse aussi de voir ses petits-enfants. Par un excès de sensibilité, explique Lucette Almanzor; il craint de s'attacher (Vitoux).

Le repli du couple sur lui-même et ses animaux ne fait pas de doute. C'est le moment des retranchements. Ils ont été annoncés, prévus. Non seulement il ne retournera pas à Montmartre mais il rompra avec la majeure partie des témoins du passé. Les communications épistolaires ou autres s'interrompent. Les relations avec Mahé, par exemple.

Le renflouement inattendu de sa barque littéraire ne lui tourne pas la tête. Pas une lettre du moment n'y fait allusion. Pas une qui trahisse une satisfaction ou un soulagement, aucun témoignage non plus de reconnaissance envers Monnier. La dernière lettre que publie celui-ci fait allusion aux 10 % sur ses droits d'auteur qui lui reviennent sur *Féerie*. Monnier dit qu'il ne sait pas à quoi Céline fait allusion, il n'en sera d'ailleurs plus question.

La banlieue en Packard

En partant pour Cannes, les Marteau ont eu la délicatesse de laisser les deux voitures et le chauffeur à la disposition des Destouches qui peuvent ainsi visiter les villas à vendre.

La cuisinière, Mme Thérèse, est également restée. Pendant deux ou trois semaines, c'est une vie de coqs en pâte dans le Versailles des Marteau. Il pleut beaucoup et Céline plaint les villégiateurs. Il est joliment bien dans leur palais. Mais les prix des maisons « sont du délire ». « Les moindres des logis m'ont l'air d'Escurial, leur écrit-il, je me demande ce que coûte le dessous des ponts. » Et ce n'est pas la pauvre Lucette si hors des questions matérielles qui peut le rassurer (12 août [7]).

La cuisine de Mme Thérèse est délicate, variée, revigorante. Lucette s'en porte à ravir, beaucoup mieux. Il craint l'avenir par contraste : ils devront se contenter d'un « petit pavillon pas cher » (15 août).

Ils trouvent enfin ce pavillon dans la côte qui va du pont d'Issy à Meudon, sur l'ancienne route de Paris à Versailles. C'est une bâtisse Louis-Philippe à quatre niveaux. La vue sur Paris et la Seine aurait emporté un choix qui par ailleurs déroute. La cuisine est à l'entresol, Céline travaillera et dormira au rez-de-chaussée, Lucette aménageant les deux étages supérieurs pour la danse. La vue profite surtout au studio. La maison est à mi-pente, de la grille au haut du jardin rien n'est plan, sauf une petite terrasse à l'arrière, sans vue ni dégagement, où l'on prendra l'habitude de se tenir. Dehors ou dedans, il faut monter ou descendre sans cesse, étrange situation pour celui qui se présente en quasiinvalide. Les accès vers Paris ne sont pas non plus des plus commodes, autobus ou train.

Le confort est très relatif, le chauffage central existe mais l'installation est ancienne et on ne l'allume pas souvent. On va ajouter des chauffages au gaz. Une salle de bains existe au premier étage, le domaine de Lucette.

Céline se charge des courses et c'est tout de suite l'effarement : « La vie matérielle est devenue *ruineuse*! Ils ont rendu les produits de base inabordables!... mais le superflu, l'auto, les vacances, la Côte d'Azur prennent tout à crédo! – Tu ne peux plus circuler dans Paris! C'est un garage! – les autos circulent sur les trottoirs – textuellement!... il sort, il roule six cent mille autos par jour! le sexe n'intéresse plus que les touristes – les Vranzais veulent et ont autos, frigidaires, appartements, lessiveuses et Vedette! tout pour le matériel! la Vedette est un matériel – Picasso une valeur – " mieux qu'or " – tu ne te reconnaîtrais pas si tu revenais. Buenos Aires, c'est Bordeaux en 39! d'après tes cancans » (à Le Vigan, octobre 1951?). Ce sont les effarements d'un retraité trop longtemps absent. Et Céline n'a pas encore soixante ans.

Les chiens, car Bess (ou Bessy) va avoir des compagnons, ont un chenil sur le devant, leur fonction est de prévenir et de défendre. Les grilles ont été garnies de fil de fer barbelé. On vit ici dans la crainte des importuns et surtout des vengeurs. On voit les arrivants du rez-de-chaussée et même du sous-sol par suite de la déclivité. La porte est toujours bouclée. Céline descend vers la grille accompagné de ses chiens hurlants. Suivant l'humeur et l'aspect, il admet ou n'admet pas, surtout quand le cours est fermé.

Bientôt cette maison va être le thème des plaintes : elle est glaciale, inchauffable, il faudrait quatre domestiques, etc. L'environnement se dégrade à mesure que Renault, tout proche, s'agrandit. Billancourt et Issy deviennent des réserves d'immigrés. La preuve patente, tangible des vieilles prédictions.

Francois Gibault a calculé à mille francs près ce qu'a coûté la maison de la route des Gardes, inséparable de l'image de Céline. Lucette Almanzor vient justement d'hériter de sa grand-mère normande qui lui laisse deux fermes à Sainte-Gauburge, hameau de Moulins-la-Marche (le pays de Jean Gabin). Leur vente paie le prix de la maison, deux millions et demi de francs 51, payés comptant devant un notaire de Bougival, le 6 septembre.

Pour la remise en état, l'installation d'un studio de danse, la réfection des sanitaires et diverses installations de chauffage, il en coûte 38 000 francs. La pose de la clôture revient à vingt autres mille francs. On installe « un palis entrelacé de fil de fer barbelé ». Le palis est un dispositif militaire propre aux ouvrages fortifiés, dit le Robert. Les meubles proviennent de la rue Marsollier ou ont été donnés par les Marteau. Le déménagement coûte 58 000 francs.

Céline parle du bric-à-brac dans lequel il est obligé de vivre. Les beaux meubles hérités de Céline Guillou n'existent plus, il rend responsables de cette « évaporation » l'oncle Louis ou sa fille. L'occupant de la rue Girardon fait proposer, par son cousin Löchen, la restitution des meubles de Montmartre. Céline les estime en 1953 à « 10 millions valeur de ce jour » (à Tixier, 30 novembre), soit tout près de 1 million de nos francs, l'équivalent de l'avance versée par Gallimard. Mais il refuse de régler la facture de garde-meuble, réclamée par Morandat, qui se monte à 36 739 francs, soit un peu moins de 4 000 de nos francs. Le retour des meubles le priverait de son statut de pillé et compromettrait l'histoire maintenant bien enracinée des « belles œuvres » dont on a bourré les poubelles de l'avenue Junot. D'ailleurs Montmartre c'est fini et le contenu du garde-meuble passe en vente publique.

La réfection de la maison de la route des Gardes n'a pas coûté plus d'une soixantaine de mille francs, ce qui n'a pu qu'écorner l'avance Gallimard dont il resterait 9 950 000 francs, soit un peu moins d'un million de francs actuels. En supposant bien sûr que Céline n'a pas contribué à l'achat de la maison.

Ces comptes de ménage jurent un peu avec l'image que Céline s'attache encore et toujours à donner, médecin des pauvres vivant du travail de sa danseuse. La misère affichée de Meudon repose sur des réserves que Céline va regarnir à chaque remise de manuscrit.

Cela ne sera jamais la richesse, car le « bien » dont dispose Céline (qui n'a vendu aucune de ses autres propriétés) repose essentiellement sur une dette, celle qu'il a envers Gallimard. Mais cette dette n'est pas exigible. Et grâce au nouveau *pacson* judicieusement placé en or dans une époque d'inflation ininterrompue, Céline peut « voir venir », « tenir ». Il faut y penser lorsqu'on envisage la vie de « l'ermite de Meudon ». La contre-légende prétend d'ailleurs que les caves de la villa Maitou sont pleines de charbon, ce sont des amis qui la font circuler.

Gaston Gallimard, auquel Céline fera une réputation de grippe-sou aussi coriace qu'avisé, est celui qui, à première vue, a fait le mauvais placement en reprenant Céline aux conditions arrachées par celui-ci à Denoël, les 18 % payables d'avance sur des tirages importants et garantis. Car le retour de Céline sur la scène littéraire de l'après-guerre sera pour le moins laborieux.

Céline/Merline

La rentrée dans la France issue de la guerre s'était pourtant faite en douceur dans la capsule de confort fournie par les Pirazzoli et les Marteau. La voilà secouée de manière parfaitement inattendue par l'affaire Jünger.

On publie chez Julliard, qui a fait ses débuts d'éditeur en diffusant les Messages du Maréchal, le *Tagebuch* d'Ernst Jünger, son journal d'Occupation. À la date du 7 décembre 1941, figure la note déjà citée où il rapportait les déclarations de son interlocuteur de l'Institut allemand « stupéfait que, nous soldats, nous ne fusillions pas, ne pendions pas, n'exterminions pas les Juifs ».

L'édition allemande les mettait dans la bouche d'un certain « Merline ». La traduction française a substitué à ce pseudonyme transparent le nom de Céline, celui qui est porté au manuscrit. Plusieurs traducteurs ont été à l'œuvre et il y a un doute sur le texte donné pour cette traduction : texte imprimé allemand ou dactylo du manuscrit.

Pour Céline, c'est le signal que la chasse est ouverte. « Contre Céline tout est permis » (à Paulhan [8]). *France-Dimanche* a repris l'affaire et lui donne quelque publicité. Le système de dénégation se met tout de suite en branle. Paraz – qui n'a pas encore lu l'article – affirme que Céline n'a jamais mis les pieds à l'Institut d'Epting (4 septembre). Céline nie d'ailleurs avoir jamais connu Jünger (à Paulhan, 20 octobre). Entre-temps, Jünger, par l'intermédiaire de Marcel Jouhandeau, fait parvenir au « Très honoré monsieur Céline » un rectificatif selon lequel le Journal porte le nom de *Merlin*, lapsus qui complique les choses et oriente l'attention vers un *Merlen* qui signait « Merlin » dans *Jeunes Forces de France*, avant de s'engager dans la Waffen SS. « Je n'approuve pas vos idées, mais rien n'est plus loin de moi que de vouloir vous nuire », écrit Jünger à Céline. Il l'autorise à utiliser cette lettre. A Jouhandeau, il explique qu'il croyait Céline disparu, il n'aime l'homme ni au physique ni au moral, il n'aime pas sa littérature, mais il ne veut pas lui nuire. Il dira plus tard l'avoir « caricaturé ».

Ce que Céline prévoyait est arrivé : un de ces occupants si corrects qui s'en sont tirés avec les honneurs est traduit, publié en France et lui porte ce coup!

Le 12 octobre, Tixier-Vignancour dépose une plainte entre les mains du doyen des juges d'instruction pour faux, usage de faux et dénonciation calomnieuse, au nom de Céline. Celui-ci se présente au Palais de justice avec ses avocats et Paul Marteau. Les photographes le saisissent consultant un oignon dont la gance est passée dans sa boutonnière, est-ce la montre de platine? Le pantalon n'est pas assorti à la veste, ni d'ailleurs repassé, la face est pleine, le menton redouble, la cuisine de Mme Thérèse, les petits plats français ont sérieusement remplumé l'exilé.

Les procédures n'aboutissent à rien malgré l'offre de Céline de produire un témoin, Alain Mahé, dit Alain Sergent, qui a connu un Merlin correspondant trait pour trait à la description que faisait Jünger dans son Journal : grand, osseux, robuste et breton...

Julliard a retiré de la vente l'édition incriminée. Le parquet n'est pas chaud pour poursuivre. La réputation de l'amnistié comme antisémite est solidement établie.

L'incident détermine la suite des choses. Céline sait que rien n'est oublié et qu'il est toujours à la merci d'une autre « révélation » de ce genre. Il se fait envoyer son courrier chez Marteau ou chez **Monnier**, il se terre matériellement et moralement. Il n'a pas voulu de « retour en fanfare », il va refuser toute publicité – interviews, photos – pour la sortie de ses livres, le battage que l'éditeur juge indispensable pour relancer un auteur qu'on ne lit plus depuis 1944. Le souci de sécurité va faire rater cette rentrée.

Semé aussi

Fin octobre les Destouches peuvent emménager villa Maitou. Lucette Almanzor y ouvre un « Cours de danse classique et de caractère ». Le Dr Destouches ne posera sa plaque qu'en 1953. Il répond alors aux demandes de consultation mais ne fait rien pour développer une clientèle ; il s'agit surtout de compléter une carrière pour l'obtention de la retraite.

Le secret de l'adresse est conservé même pour la rue Sébastien-Bottin. On se méfie du personnel. Cela provoque des retards dans la transmission des épreuves [9]. Les gens de Gallimard ont pour consigne de ne renvoyer ni lettres ni paquets. Il s'agit de brouiller la piste qui conduirait chez lui.

Le pasteur Löchen a été nommé aumônier de la Légion à Sidi Bel Abbes. Céline lui annonce qu'il a coupé tout contact avec « les deux bandits » de Menton et « l'imbécile Paraz semé aussi [10] ».

Depuis qu'il a remis le pied en France, les relations avec Paraz ont changé. Céline ne l'a pas invité à Menton. Il agace lorsqu'il n'adhère pas aux opinions de Céline sur la noirceur absolue de Tirelire et Couscous et il irrite quand il cherche à rétablir le contact, en déléguant par exemple vers Meudon une dame munie de ses radios. Céline n'est pas radiologue et il ne reçoit personne. Paraz insiste, il apprend alors qu'il est en pleine guérison « par la thérapeutique de la bonne patience et de la prière », autrement dit il est prié de prendre son mal en patience et de s'adresser à Dieu, auquel ni lui ni le Dr Destouches ne croient. La compassion a ses limites (7 juillet). Paraz ne retrouvera son rôle que lorsque Céline sera de nouveau empêtré dans des difficultés d'édition.

Albert Naud a fait parvenir une lettre de reproche : pourquoi pas un signe à celui qui a fait l'essentiel du travail judiciaire ? « J'ai l'air d'une andouille. » Il reçoit par retour des explications : maladies, procès, méchancetés auxquelles Céline est en butte, sans local, sans meubles, sa femme à opérer encore. Il part en province chercher un local, peut-être... « A mon retour j'irai vous voir » (28 octobre). « La mort l'a empêché de venir jusqu'à moi », écrira Albert Naud [11]. La mort attendra dix ans mais Céline ne reviendra jamais de ce voyage en province là.

Le Dr Jacquot, son confrère de Sigmaringen, reçoit une lettre-bilan comme Céline aime à en faire. Ils sont revenus dans des décombres qui ne sont même plus des décombres, tout a été vaporisé. « On nous a loué ici une immense bicoque impossible à chauffer et hors de prix ! prêté

quelques meubles... et la meute ne démord pas – vous l'avez lu »
(28 décembre [12]). Céline loue une bicoque, il n'est pas propriétaire, on
lui prête des meubles. Pas question de l'avance, de l'or de Neuilly, du
contrat Gallimard. Il agite des loques, il faut que tous se convainquent
de son dénuement.

À Le Vigan, il décrit « la case » inchauffable et qui ne serait habitable
qu'avec quatre domestiques. Cela n'est rien, il est vrai, à côté de ce qu'il
a subi au Danemark : « Tu sais au Danemark ça a été pas seulement exi-
lés-ruinés ! – puisqu'ils m'ont pillé, résidence forcée par moins vingt-
cinq – bord de Baltique en chaumière chaume éventré ! quatre ans !
après " deux ans de réclusion ", c'est-à-dire en fosse de trois mètres sur
trois – *individuelle* – à jour de souffrance – six mètres de profondeur –
et silence absolu ! – pas que ça me gêne ! mais le scorbut en plus [13]!!! »

Qui parmi les réprouvés, les victimes de l'antisémitisme pourra ali-
gner pareilles épreuves ? Qu'il se présente, il verra, ce que verront les
visiteurs et pèlerins de Meudon pendant dix ans, un vieil homme à la
barbe de huit jours, les cheveux longs, vêtu en clochard de pelures
superposées rapportées des mers glaciales, le pantalon flottant. Cho-
druc-Laclos sous la Restauration punissait les Bourbons de leur ingratitude en s'exhibant dans les jardins publics, en guenilles, barbe et cheveux non coupés, Céline offre sa déroute à la Vranze : « Les gens bien
byzantins, marle, syndiqués et motorisés » (à Le Vigan). Dire qu'il s'est
sacrifié pour eux !

Il existe une photo de 1955 montrant les Destouches sur la terrasse
arrière (chaises de jardin, parasol replié, jarre à cannes). Céline au premier plan apparaît en veste de mouton retourné, un foulard autour du
cou, les bras ballants comme s'il s'offrait aux coups, Lucette élégante et
pimpante rentre jambe tendue dans ce que, d'après son apparence, on
peut imaginer comme un pavillon douillet, bien tenu. En fait deux types
de vie se superposent ici, celle des étages, claire, aérée, ouverte sur
l'extérieur, et celle du rez-de-chaussée, les deux pièces où vit Céline, où,
dans des meubles de rentier 1900, il entasse papiers, documents anato-
miques, cage à oiseau, tout le fouillis anachronique que montrent les
photos de *Match*.

Rien n'empêcherait Céline, les élèves partis, de monter au premier et
d'utiliser la salle de bains-volière et de changer de linge comme le fait
sa femme. La crasse, que notent les visiteurs de ces années-là, est une
façon d'exprimer la défaite, le renoncement. Plus de conquêtes, plus de
coquetterie, le cavaleur est mort et l'auteur a rejoint sa création, son
univers romanesque. Jusqu'en 1944, ils lui étaient extérieurs. Politiquement tout lui paraît perdu : « Il s'agit de savoir quand *sera* la grande
déportation ! Je dis US et URSS parfaitement d'accord ! Cette France est
putride et contagieuse, on l'éparpillera ! » (à Le Vigan, octobre 1951 ?).
Dans l'attente de cette juste rétribution (Céline traite la Vranze comme
les prophètes bibliques, Israël sorti de l'Alliance), c'est le à quoi bon
écœuré. L'idéal du brie au coin de la table où s'empilent les feuillets de
la journée.

Traîtres, laquais et Féerie

La préoccupation de l'affaire Jünger est toujours présente. Il communique la lettre de l'ancien capitaine à Tixier : « Voici la lettre de Jünger à Jouhandeau. Cette grosse branlette aux youpins à mes dépens. Tous ces boches se valent, traîtres et laquais, orgueilleux de l'être [14]. »

Preuves, revue du Joint Committee, organisme d'entraide juif, et *L'Aurore* de Robert Lazurick ont repris l'affaire. *Preuves* parle de « l'immonde Céline ». L'immonde Céline voudrait les voir condamner pour l'exemple. Il pousse Tixier à l'offensive, pour, finalement, en mai 1952, tout arrêter : *Féerie* va enfin sortir et il demande à son avocat d'en rester là : « Nous vexons la Raison d'État. Je révère les Puissances et Puissants » (9 mai). C'est une abréviation de Puissances des Ténèbres. Dans le vocabulaire de Céline, le diable est la puissance juive, cachée et omniprésente.

Céline a attendu que ses livres anciens soient tous réimprimés (dûment relus par Mlle Marie) pour remettre son manuscrit aux services de fabrication de Gallimard. Le fait que Frémanger ait vendu cinq mille invendus du *Voyage* à la maison Chaix va un peu compliquer le processus de reprise et retarder la parution du nouveau livre. Monnier dans ces circonstances est l'objet du traitement habituel : « Ne tenez aucun compte de ce que va vous raconter Monnier, écrit Céline à Gallimard. *Je l'ai seulement préparé au téléphone* (souligné par nous). Ça suffit, au diable tout ce parasitage ! Amiot Dumont, Frémanger, Monnier, etc. ASSEZ. Tous ces gens ont amplement fait leur beurre sur mes os. Seule Marie Canavaggia (cela est précisé) fait partie du travail. » En PS, pour plus de clarté, Céline explique à Gallimard comment il a préparé Monnier au téléphone : il lui a donné l'impression que tous ces pataquès l'écœuraient et qu'il « foutait le camp *ailleurs* ». Il lui a, en somme, fait le coup de Naud.

Le terrain ainsi déblayé, il exige un nouveau contrat pour *Féerie*, fruit de huit ans de gestation. Il appelle Claude Gallimard pour l'en avertir. Gaston Gallimard se retourne immédiatement vers Paul Marteau, les *gentlemen's agreements* se négocient entre gentlemen : « Il veut revenir sur le contrat déjà très avantageux pour lui. » Gallimard compte sur Marteau pour lui faire entendre raison.

Celui-ci n'y arrive pas ou ne s'y prête pas puisqu'un nouveau contrat est signé le 24 mars 1952. Il donne à Gallimard le droit d'éditer *L'Église* et *Semmelweis* pour la somme de 570 000 francs, correspondant aux droits sur les cinq premiers mille et Céline obtient 3 780 000 francs d'avance sur les quarante premiers mille de *Féerie*, somme payable à la remise du manuscrit.

Ce n'est pas tout, à la réflexion Céline fait ajouter, le 3 avril, les « luxes » (édition sur hollande, pur fil et cartonnée) qui lui seront réglés à part en juin.

Dans la même période, l'argent qui revient à Céline sur la reprise de

Denoël par Gallimard, 3 millions de francs, est déduit de son compte (débiteur) chez Gallimard.

Féerie pour une autre fois sort finalement en juin 1952. C'est le huitième anniversaire du départ vers l'Allemagne. Céline n'a publié aucune nouveauté majeure depuis lors. C'est donc un événement ou, plutôt, ce devrait être un événement si Céline ne retrouvait le réflexe qui l'a fait rentrer en catimini en France, pistes brouillées, adresses secrètes, renonçant aux poursuites contre les puissances diffamatoires : il demande à Gallimard de ne faire aucun lancement. Il serait non seulement dangereux mais inutile. Conformément à la légende à laquelle Céline a dû commencer à croire lui-même, Denoël n'a jamais fait de publicité et les Céline se vendaient tout seuls. Il le répétait à ses correspondants du Danemark. « Seule compte la propagande de bouche à oreille », il l'écrit en février à Gallimard, Julliard qui en fait va à la faillite (21 février). Gallimard peut encore croire à une réaction temporaire de peur. Elle dure et le 29 mai il alerte à nouveau Paul Marteau : *Féerie* doit sortir prochainement et Céline se refuse à tout lancement efficace. Il désire que la vente ait lieu avant l'été, le lancement publicitaire étant remis à octobre. « Il n'a rien à craindre. Maurice Garçon a relu le texte et c'est son avis » (29 mai). Claude Gallimard fait parvenir la consultation de Maurice Garçon route des Gardes, Céline n'en est pas rassuré pour autant, il veut qu'on laisse passer les délais de recours pour ne pas alerter ceux qui pourraient s'estimer diffamés. Sécurité d'abord !

Il n'est fait aucun service de presse et les exemplaires pour les amis sont envoyés à partir de la rue Sébastien-Bottin. Le 30 juin, il dit encore à Paraz ne pas savoir quand sort le livre ni s'en soucier, il ne se soucie surtout pas que Paraz en parle.

Une rentrée manquée

Le livre est mis en vente le 27 juin. Tel qu'il se présente désormais, « Le Bombardement Montmartre » est précédé d'une longue partie polémique, un « Poteau sur Seine » sans le nom.

Il s'agit, par-delà les huit années d'exil, de s'expliquer une nouvelle fois. Le livre ouvre sur la visite de Clémence Arlon qui vient faire dédicacer les livres autrefois reçus. Le temps presse, les menaces s'accumulent, l'auteur mort, les livres prendront de la valeur. Clémence Arlon ne fait à sa façon pas autre chose que les confrères que Céline a promis avec son *Voyage* à l'anéantissement littéraire et qui cherchent à le brouetter dans les champs d'épandage d'Achères, sous de fallacieux prétextes, antisémitisme, collaboration.

Dans la symbolique où Clémence Arlon annonce la mort, Gen Paul l'orchestre. Juché sur le Moulin de la Galette, il conduit le grand tintamarre du bombardement. Dans cette version travaillée et retravaillée, Arlon n'est pas trop loin de Milon, mais Soupault a disparu. Dans le premier texte (« Maudits Soupirs ») il gardait son nom et la topographie de la Butte était en partie respectée, ici les ébranlements du bombardement, la valse des locataires dans les escaliers transposent sur le mode sismique de *Guignol's Band* l'énorme malheur qui s'abat sur le petit monde de Ferdinand après la visite de Clémence : « Eh bien c'est de ce moment-là, je repense... de ce moment-là même... Là juste ! et puis la suite... tout ce qui a suivi qu'on a été de ces traqués si malheureux pire que bêtes !... pas pendant un mois !... dix mois !... dix ans ! la Cour des Passations encore l'autre jour ! »

Le 6 décembre 1951, la Cour de cassation a cassé le jugement amnistiant Céline et l'allusion à la Cour des Passations nous fournit une date ultime de rédaction. C'est aussi une preuve de l'acharnement judiciaire. Le programme qu'il s'assigne alors – il annonce quatre tomes de *Féerie* – est de raconter le long calvaire dont le départ à la gare de l'Est a été la première station. Il conduit de Baden à Kränzlin, de Kränzlin à Sigmaringen, de Sigmaringen à Copenhague et de Ved Stranden à la Vestre puis à Korsör.

Le *Je* qui s'exprime depuis *Voyage* devrait mettre le lecteur dans l'intimité du réprouvé et l'écrivain retrouvera le contact avec un public auquel il répète ici : achetez !

Le *Voyage*, œuvre d'un inconnu, démarrait sans crier gare (« ça a commencé comme ça »), l'action proprement dite, le bombardement, est, ici, indéfiniment retardée. Celui qui reprend la parole n'est que trop connu et Clémence n'est que le premier des chacals de ce livre dédié « aux animaux, aux malades, aux prisonniers ». Jules le cul-de-jatte qui cherche à lui chiper Lili traite Ferdinand de « boche », et c'est un ami ! Que hurleront les confrères, Ciboire de Gram et Brôme, « Ciboire et la pharisienne [...] François en soulier de satin !... le mome Narte ». La générale du *Soulier de satin* a été un des événements du théâtre de l'Occupation comme celle des *Mouches* au « Sarah ». *La Pharisienne*, dédicacée à Heller et à Epting, a été un des romans à succès de la même période.

Toute cette partie de *Féerie*, prologue à l'histoire principale qui ne démarre qu'aux deux tiers du livre, est écrite dans la technique contournée de *L'Agité du bocal*, le propos est tellement outré, la transposition si démultipliée qu'elle en devient incompréhensible hors du cercle des initiés. C'est cela, la paranoïa : l'impossibilité de faire partager ce qui vous point. Le nègre Hortensia, fraise et barbiche, qui se transforme à volonté, c'est Charles IX, Henri III, Louis XV, Louis XVI. Qui ira chercher Girard de Charbonnière, l'ambassadeur de France au Danemark qu'on retrouve ainsi au bout d'une longue dérivation : Charbonnière = charbon = Noir = nègre, Hortensia évoquant des grâces à la Montesquiou. Il est devenu ambassadeur en Argentine et Le Vigan qui le retrouve ainsi le surnomme Anthracitière, un degré de plus ! « Pas " de " – pas noble – tout à fait stupide et gaffeur, il se rendit impossible au Danemark – cent fois son renvoi fut sollicité ! » lui dit Céline et, là, il dit ce qu'il veut dire.

Quand Roger Nimier parle de préciosité à propos de *Féerie*, il n'a pas tort. Céline proteste : lyrique, pas précieux (à Paraz, 20 août). Le public averti attendait une empoignade burlesque, style avant-guerre, on lui offre une dentelle de mots. Lorsqu'ils en viendront aux explications, Gallimard lui dira qu'il s'est fait plaisir, qu'il a écrit *Féerie* « pour satisfaire [son] goût du style » (17 septembre). C'est – fort poliment – invoquer un choix alors qu'on peut y voir l'effet d'une contrainte : moins Céline ose l'attaque directe, constante dans les lettres, présente dans les premiers états du texte, et plus il se réfugie dans des effets verbaux qui forment autant de barricades.

Bagatelles a connu le succès qu'on sait parce que les cibles étaient clairement identifiées, Céline s'en prenait aux auteurs, aux critiques connus, aux Juifs connus – Warburg-Londres, Trotski-Mexique, Litvinov-Moscou, Baruch-Washington ; ici le combat reste obscur. Même quand on a repéré Claudel sous Ciboire, Mauriac sous François en soulier de satin, Sartre sous Narte, on ne voit pas bien ses griefs envers eux. Que lui ont-ils fait ? Pourquoi les déteste-t-il autant et s'en dit-il aussi détesté ?

Mauriac, surnommé saint François des Assises, s'est illustré dans la défense des victimes de l'épuration, il a fait de son mieux pour sauver Brasillach. Dénoncer son rôle ambigu pendant l'Occupation, le passage de Pétain à de Gaulle ne peut satisfaire que les irréductibles, exaspérés par cette charité chrétienne hypocrite.

Même phénomène pour l'anecdote centrale commune aux *Féeries* 1 et 2, le bombardement de Montmartre. Dans la première version des « Maudits Soupirs », il tranchait dans le contexte de la vie quotidienne sur la Butte, amis, ennemis, leurs femmes, Céline, les petites filles, chacun avec ses goûts, ses convictions, ses phobies, ses peurs, des jeux dérisoires martelés par les bombes. En fin d'élaboration, une symbolique lyrique à coups d'onomatopées a dévoré le sens premier.

Gaston Gallimard a réglé sans sourcillé 40 000 exemplaires de *Féerie*, 15 000 de plus que ce qui était prévu au premier contrat. Combien en a-t-il réellement fait tirer ? Toujours est-il que, quinze ans plus tard, la première édition (baptisée de numéros divers) n'était pas épuisée en librairie.

Le 14 juin 1993, Lucette Almanzor doit retirer de la vente le manuscrit qui n'a pas trouvé preneur à 420 000 francs, alors que la veille on avait vendu à Drouot une Patek Philipp en or pour 720 000 francs, commentaire très célinien sur la valeur relative des choses et indication sur la valeur sentimentale et marchande que les amateurs accordent, aujourd'hui encore, à cette œuvre – la dernière à entrer dans la Pléiade.

L'intérêt du public pour Céline ne tient pas seulement au style, il faut s'en souvenir : aucun de ses livres n'est aussi travaillé, aucun n'a eu si peu de lecteurs.

La presse est maigre. Nimier a rendu compte du livre dans *Carrefour* (semaine du 15 août), Kemp dans *Les Nouvelles littéraires* début septembre. Paraz a mentionné le livre dans sa chronique de radio à *Rivarol* et Walter Orlando en parle dans *La Table ronde*. Walter Orlando est le pseudonyme de Robert Poulet, journaliste et écrivain belge qui, condamné à mort chez lui, vient de sortir de prison, une voiture officielle le déposant à Paris. Poulet juge que *Féerie* est du « Céline à la dérive. Du Céline qui a perdu contenance ».

« Ce serait chouette si les cancans écrivaient rien du tout de *Féerie* », écrit Céline à Paraz le 15 juillet. On voit qu'il n'est pas loin d'être exaucé : n'ayant pas reçu le livre, ils n'ont pas beaucoup écrit.

Et le livre ne se vend guère. Dès la fin juillet, l'auteur commence à se plaindre de la distribution en librairie (à Robert Gallimard, 28 juillet). Le 10 août, il pense avoir mis le doigt sur le problème : « Je vois que c'est Hirsch qui fait vos affaires. » Le 20, la responsabilité est largement dispersée : « Les libraires me boikotent (*sic*) » (à Paraz). Le sabotage sévit d'un bout à l'autre de la chaîne.

L'inversion règne à la NRF

Le 12 septembre, le fils de Gaston, Claude, reçoit une lettre reprochant aux éditions de ne faire aucune publicité directe ou indirecte pour *Féerie*, avec *in fine* une petite attaque personnelle : « L'inversion règne à la NRF (ce n'est pas grave) mais l'incapacité et le vasouillage commercial, voilà qui est grave ! avec ou sans coquetèles ! »

Le coup est d'autant plus direct que Céline a réclamé des invitations aux coquetèles pour Lucette – qu'il veut voir « honorée » –, le chauffeur de Lucette (Jean Perrot) et l'ami du chauffeur (Bonvilliers). Il a remercié Claude Gallimard pour les attentions que sa femme a eues pour la sienne et c'est aujourd'hui la monnaie de ces visites montmartroises : tous invertis (ou juifs), il n'en démordra pas.

La lettre remonte jusqu'au Père. Celui-ci courroucé répond dès le 17. Père sévère, comme disait le Dr Lacan, il procède à une mise au point : il savait en signant le traité du 1ᵉʳ juillet 1951 avec Céline qu'une partie du public s'était détourné de ses œuvres anciennes, c'est lui, Céline, qui a refusé qu'aucun service de presse soit envoyé et aucune publicité faite avant trois mois. Lui aurait-il remis plusieurs millions s'il n'avait pas eu l'intention de le diffuser ? Il voulait venir discuter un plan de lancement avec lui, il y renonce. « Quant aux coquetèles auxquels vous faites allusion, si vous saviez comme je m'en fous ! »

Pas question des Juifs ni de l'inversion, Gaston Gallimard est quelqu'un que sa propre vie amoureuse a suffisamment occupé pour qu'il ne se soit pas intéressé outre mesure à celle des autres, Gide, Schlumberger ou Martin du Gard. Des Juifs et des pédérastes, il y en a depuis les origines dans une maison où ce n'est pas aux mœurs qu'on mesure le talent.

Le contemporain, l'homme du monde, répond à Céline en même temps que l'homme d'affaires.

Celui-ci lui retourne sa copie. Littéralement : il renvoie sa lettre à

Gaston Gallimard avec une correction ; il relie le mot « Féeries » à une note : « sans S SVP » – il n'y aura pas de pluriel.

Céline n'a pu pardonner à Milkkelsen de l'avoir vu en posture d'humilié, tremblant, pleurant, et d'avoir par la suite répondu à ses explosions par une distance indulgente. Les relations avec Gallimard, pleines d'empressement de la part de celui-ci, ne se remettront pas de cet échange. Quand l'éditeur lui avoue qu'il l'a fait entrer chez lui sans illusions, il le réduit à rien. Il résume aussi leurs relations à venir : Céline se vend mal, parce qu'il a perdu son public, dit l'un, parce que vous sabotez ma vente, assure l'autre.

Gallimard a versé sans y regarder dix millions pour intégrer Céline à son fonds. Il n'a pas discuté ses conditions et il a cédé deux fois à ses exigences. Denoël ne faisait pas autrement, dira-t-on ? La différence est que Denoël devait courir après les rentrées et les ventes pour se rembourser, qu'il se démenait. Gaston Gallimard ne travaille pas à court terme, il peut « banquer » (faire le banquier). Il s'incline devant le refus de son auteur de faire de la publicité et renonce à son plan de lancement. Céline lui appartient et reste son débiteur, même et surtout s'il s'arrange pour arracher de nouvelles avances chaque fois que sa signature est nécessaire (nouveaux livres, éditions de poche).

Plus il se sent lié et plus il crie. Nous retrouvons là le moteur de *Bagatelles* et autres écrits polémiques, cris de rage contre les maîtres. À cette différence qu'avec Gallimard cela reste dans la famille.

L'affaire se complique du fait que ces avances de Gallimard, Céline refuse de les considérer comme des gains. Ce sont des dettes, il n'a donc pas à les déclarer. S'il y est obligé, il voudrait que Gallimard paie les impôts correspondants. C'est le sujet de l'échange de lettres qui va se poursuivre jusqu'à la fin de l'année.

Céline demande un rendez-vous. Auquel il faut l'amener, « Paris est à deux cents mètres mais il faut deux heures pour y aller », Gaston enverra Robert ou le chauffeur. L'entretien doit aboutir à un « envoi de pièces », elles n'arrivent pas. Un « spécialiste des questions fiscales » monte à Meudon. Sans résultat. Céline commence à s'énerver, il fait monter les enchères en réclamant qu'un livre soit écrit sur lui et que Jean Paulhan rédige une préface au *Voyage* qu'illustrera Bernard Buffet, nouvelle connaissance amenée par le réseau de la danse.

N'étant rentré en France qu'en juillet, Céline a pu échapper à la déclaration de revenus de 1951. En 1952, il n'a reçu que des « provisions ». « En somme, il faudrait que la NRF paye vos impôts à votre place. Ce qui n'avait pas été prévu dans nos conventions », lui écrit Robert Gallimard à la mi-décembre.

Vous me direz : je vous ai donné des millions

Vivant comme un pauvre, raisonnant comme un pauvre, Céline ne ménage pas les efforts pour convaincre les pauvres de sa pauvreté. Le 3 octobre, il ajoute un long post-scriptum à une lettre à Le Vigan, en fait plus long que la lettre elle-même afin de le convaincre : « Mon vieux ! Non ! tu te fais encore une idée bien enchanteresse de notre vie ! pas du tout ça ! ratatinée par la terreur de la sardine, de la nouille, du carbi ! et surtout du gaz !... tu nous vois encore rue Girardon, cher miragineux. »

Avec les riches – ils ont la mémoire des chiffres – l'approche est légèrement différente. Pour expliquer à Claude Gallimard la difficulté qu'il y a pour lui à descendre à Paris, Céline dit que, sa femme étant malade, il doit tout faire à sa place : « les commissions, la lessive, le ménage », et il anticipe l'objection (une femme de ménage ?) : « Vous me direz : je vous ai donné des millions ! Oui mais les dettes ? Car vous savez pendant dix ans il a fallu vivre... »

Céline n'a pas laissé de dettes au Danemark, il se juge même créancier de Mikkelsen, mais comment un Gallimard qui raisonne en riche pourrait-il s'en douter ?

Plus Céline affiche la misère, plus l'argent l'écœure. Le 3 octobre, la lettre à Le Vigan racontait la visite faite à Meudon par l'ancien confrère de Sigmaringen, le Dr Jacquot : « Il m'a bien fatigué. Il gagne cinq cents sacs par mois, médecin d'usine à ne rien foutre [...] il a la nostalgie de Déat, la députation, un gros con qui bouffe comme quatre [...] de la truelle pour sûr ! s'est bien débrouillé ! admirablement ! Nous notre vie avec (Lili) est un martyre... la santé, l'âge et les ronds ! »

On peut s'interroger sur ce poste de médecin à 500 000 francs par mois (environ 50 000 de nos francs). Le grossissement vise à souligner une prospérité insolente et forcément louche, truelle, trois points.

Céline est pauvre de ce que ses livres ne se vendent plus. Le pouvoir de changer les mots en or semble lui avoir échappé. La conviction sur laquelle il a vécu pendant huit ans d'absence – que le bouche-à-oreille suffisait, que ses livres étaient de vente classique – reposait sur les quatre années d'occupation quand tout ce qui s'imprimait s'écoulait, la vente limitée seulement par l'approvisionnement en papier et les interventions auprès de la commission paritaire. Sans parler des éloges répétés des journaux de Paris sur le « prophète ».

Le capital reçu de Gallimard n'est rassurant que s'il se renouvelle. Il faut vendre et il ne vend pas. On le distribue mal, on ne fait pas de publicité pour ses livres. Il l'a interdite ? « Je ne vous ai jamais interdit de faire de la réclame sur mes anciens ouvrages » (19 septembre).

Un margoulin se vanterait d'avoir roulé Gaston Gallimard, lui s'en juge victime, prisonnier qu'il est du gang coco (Aragon) judéo (Hirsch) gaullo (Malraux) pédérastique (Genet) de la NRF.

La vie route des Gardes

Une nouvelle existence s'est organisée route des Gardes, elle a bientôt sa routine. Pendant la première période, les années 52 à 57, elle est centrée sur le cours de danse. Au début de l'hiver, Bébert le chat meurt d'un cancer généralisé. C'est le second animal que possédait Céline, c'est le premier à être enterré en haut du jardin, dans ce qui va devenir un cimetière pour animaux. Bébert aura son épitaphe dans *Nord* : « Il sautait le matin même par la fenêtre. » Le corps soudain privé de vie, la rigidité succédant au mouvement, c'est le scandale dont Céline se nourrit depuis toujours.

Toto le perroquet le remplace. Il a été l'occasion d'une grosse colère lorsque Lucette l'a rapporté de la Samaritaine mais il est très vite adopté. Après les prudences patientes du chat traversant indemne les épreuves du temps, l'écrivain peut s'identifier aux criailleries flambardes de l'oiseau. Ce besoin de parler pour le plaisir des sons, c'est aussi lui.

Céline a coupé toutes relations avec la plupart des anciens « potes » de la Butte. Il n'y a pas eu de réconciliation avec Gen Paul : « Toute cette génération du Village tourne à l'ordure comme folle prétentiarde, ivrogne mais cupide – le plus infect est grelots-grelots (Gen Paul) qui n'arrête pas de nous salir – un délirant de la chiasse qu'il a eu du gnouf et de séduire l'acheteur Schleuh. Il est client par sa pétasse de Pampelune qui lui a ramené un lardon (de qui ?) et lui mène la dragée haute !... la seule explication de ce sale monstre est qu'il n'est même pas un homme mais un type récessif, anthropopithèque, macaque et homme – d'où cette adresse – ses mains – sa démarche, ses bras, ses oreilles, son front ! Il aurait très bien fait un criminel (homo deliquensis) la chiasse ! » (à Le Vigan).

Il ne voit plus que Perrot et Marcel Aymé qui s'est fait une habitude de passer le dimanche matin. Il est parfois bien reçu, parfois très mal et traité alors de « juif ». Le silencieux encaisse sans protester.

Il réussit un jour à entraîner les Destouches chez lui à Montfort-l'Amaury, ce qui fournit le document insolite où l'on voit Céline jouer à la pétanque.

Une autre fois il les emmène chez Vlaminck mais la sortie tourne court. A peine arrivé, Céline veut rentrer « sans même avoir pris l'apéritif », dit curieusement la veuve de Marcel Aymé. La case, les chiens sont seuls ! Il s'inquiète. C'est le prétexte. Quelque chose chez Vlaminck ou en Vlaminck lui déplaît, il ne se supporte plus que chez lui, il faut partir et Marcel Aymé se remet au volant.

A Gallimard, il écrit qu'il ne peut pas laisser sa femme seule, c'est lui qui s'affole dès qu'il se sent isolé. La maladie a joué et continue à jouer un rôle de défense très proustien dans sa vie. En lisant les malaises, maladies, accidents de Lucette, on se ferait l'idée d'une petite personne fragile et même souffreteuse, elle qui se baignait dans la Baltique l'hiver continue à prendre des bains dans une baignoire installée dans le jardin de Meudon, cassant parfois la glace pour se tremper (souvenir ou fantasme d'une ancienne élève). Elle n'attrape jamais un rhume. Lorsqu'elle descend en ville une fois par semaine, c'est lui qui ne vit plus.

Un jour les Aymé le décident à laisser Lucette aller voir l'Opéra de Pékin qui se produit pour la première fois à Paris. Céline a été prévenu, préparé depuis quinze jours. Il a accepté le principe de cette sortie. Marcel Aymé viendra de Montmartre prendre Lucette à Meudon. Il arrive et rien ne va plus, il n'est plus question que Lucette sorte. Discussions, objurgations, la permission est finalement arrachée. On arrive au Châtelet; on est à peine installé dans une loge qu'un employé surgit : le Dr Destouches au téléphone.

Car, notons-le, il y a désormais le téléphone à Meudon, c'est utile pour le cours de danse, c'est aussi un instrument de secours en cas de danger.

« Lucette a été à l'Opéra chinois – il paraît que c'est extraordinaire – les nègres n'existent pas! C'est une transe – " danse-chant " perpétuelle! l'anti-théâtre académique (et réaliste d'Antoine, bien sûr). Ça fera l'effet, je crois, du ballet Diaghilev – 1912 – deux ans avant le déluge! Celui-ci, plus asiate, sera plus brasseur que l'autre. » Céline rapporte à Le Vigan ce que lui rapporte Lucette de Paris. Il l'intègre à ses souvenirs et à son système et il prédit et il se trompe : les ballets chinois n'ont pas eu l'impact de ceux de Diaghilev.

Il ne se déplace plus pour voir danser, il a la danse à domicile. La fille du notaire de Meudon est arrivée à surmonter les réticences de ses parents (« ce n'était pas la politique ») et à s'inscrire au cours malgré les préventions du Dr M., voisin des parents, qui les avait prévenus : « Ce n'est pas un endroit à fréquenter. » Elle est toujours enchantée de « la méthode Almanzor » qu'elle a d'ailleurs du mal à définir pour le profane : un cocktail de techniques associant des exercices d'assouplissement, de travail sur les bras, sur fond de musique orientale, des bâtons d'encens parfumant la pièce remplie de fleurs. Le souvenir est magique.

Une autre élève, Nicole Debrie, voit dans la méthode Almanzor « une réaction contre la raideur de l'Occidental, son dualisme " tête-corps ", il s'agit de pénétrer le corps d'intelligence et de redonner à l'intelligence les moyens matériels dont elle dispose chez l'animal ». Elle s'oppose au yoga comme aux deux techniques classiques et expressionnistes du moment, la première tend à oublier les bras, la seconde colle au sol. Cette danse cherche à retrouver le mouvement de tout ce qui s'ouvre, c'est aussi une respiration, la recherche de l'équilibre naturel du corps par des exercices qui se font d'abord au sol puis sur une poutre à un mètre du sol (on ne peut ruser avec le vide). De ces exercices de « fleur épiphyte » on passe à ce que Lucette Almanzor appelle « l'orient » qui a pour but de faire acquérir à l'élève le sens du geste continu et des asymétries. Alors seulement intervient le travail de danse classique mais sans barre, béquille qui fait perdre aux élèves le sens de l'équilibre. « Puis à la rééducation des mouvements dans l'espace succède une rééducation dans le temps, on étudie ici le temps propre à chaque pas, son temps intérieur, son développement dans la durée. » Les différentes danses nationales (espagnoles, hongroises, orientales) sont conçues pour faire travailler les différentes parties du corps; il s'agit de prendre ce que chaque style « apporte à la Danse Universelle ». « Sur ce chapitre, juge Nicole Debrie, l'optique de Lucette Almanzor éclaire le soi-disant racisme de Céline et il ne peut y avoir de malentendu. Comme Céline, la danseuse estime que chaque être possède une singularité qui est en même temps sa richesse; que la culture et le développement de cette richesse ne peuvent s'effectuer que dans le sens qui lui est propre. La danse de Lucette Almanzor sera occidentale et française. Elle saura s'inspirer des autres civilisations, mais ses créations devront exprimer ce qu'elle *est*... sous peine de ne devenir qu'une singerie des autres danses [15]. »

On voit que la méthode ne manque pas d'ambition, et aussi que les élèves sont conscients de la présence de Céline en arrière-plan. La première élève citée le mentionnait expressément. Pour elle, le cours était un « ailleurs » dont elle ressortait comme d'un voyage, apaisée, renouvelée.

Lui conçoit son rôle en médecin : « Deux heures de danse classique équivalent physiologiquement à six heures de terrassier », écrit-il à Le Vigan. Il va chercher du jambon et de la crème pour Lucette, il « l'oblige à bouffer ».

Au jour le jour

Lucette se réveille tard. Il lui arrive de recevoir les premières arrivées dans la salle de bains-volière, encore plongée dans son bain de mousse, « l'eau lui était indispensable pour son problème de genou ». Les élèves étaient de tous âges et de toutes origines, gens de Meudon, Parisiens, quelques danseurs professionnels. « Françoise Gallimard assistait aux cours, la femme d'un architecte connu, Béatrice, qui a repris la méthode. » Lucette devait se brouiller avec les danseurs professionnels. « On profitait toujours d'elle. Lucette c'était l'anti-gestion, sur une table il y avait une boîte où l'on mettait de l'argent, elle ne vérifiait jamais. »

Quand celle qui parle commence à suivre le cours, elle a treize ans; le monsieur toujours assis au bas de l'escalier l'impressionne : « Il me faisait peur. Je me souviens qu'un jour il m'a parlé. Il voulait savoir quelque chose sur le vieux Meudon; il pensait que mon père (le notaire) pourrait le renseigner. Je tremblais. »

Ce qui nous renvoie à une lettre écrite bien plus tard à Claude Gallimard : « On me voit au bas des marches, Cerbère dévorant... », Céline à la fin de sa vie assure ne jamais regarder les petites danseuses. La description qu'il fait des premières élèves du cours traduit d'ailleurs rien moins que l'admiration : « ... petites cabotines qui veulent danser! tu les connais! ni force ni tempérament! petites putains toutes, par exemple! Toutes à auto!... tout ce monde a son auto! même les flics dis! » (s.d., 1952 ou 1953). Il s'adresse à Le Vigan auquel il dit : « La danse ne rapporte presque rien et la médecine me coûte 200 sacs par an! »

Nous voilà ramenés à l'argent et aux légendes de l'argent. Si le cours de danse ne rapporte vraiment rien, il remplit une fonction dans la vie de Céline en peuplant son environnement d'être jeunes, plaisants à voir et harmonieux, avant que les gens « bien » que mentionnent Gibault et Vitoux et que j'ai croisés dans les années soixante-dix rejoignent le cours lorsque Céline a enfin réussi son « come-back ».

Pourtant on sait déjà, par la correspondance avec la rue Sébastien-Bottin, source documentaire principale pour les premières années, que de nouvelles relations se sont faites. Bernard Buffet s'est déclaré prêt à illustrer le *Voyage*. Céline le rencontre et il est impressionné : Buffet s'est assuré 1 million par mois de revenus! C'est le chiffre dont Céline s'est persuadé qu'il est le minimum décent : « Les gens qui veulent vivre à peu près dépensent 1 million par mois », cela fait 100 000 de nos francs et ce doit être un minimum pour les Marteau. Comparés à eux les Destouches sont au fond de la misère, eux ne peuvent même pas se payer de viande : « La viande... tu sais! c'est le *fléau* des hommes au-dessus de cinquante ans. Providentielle misère donc... Non! Coïncidence grotesque! » (à Le Vigan).

Il continue à se renseigner, grand consommateur de journaux, comme Drumont. On sait par une demande d'intervention auprès du directeur des NMPP qu'il a établi des relations confiantes avec son libraire, il voudrait lui faire obtenir un dépôt. Il évite les abonnements par peur de se faire repérer, les publications qu'il achète le renseignent sur les malheurs de l'Empire et la comédie politique en cours. Comme c'est désormais sans incidence sur son destin personnel, cela ne nourrit plus sa correspondance, seulement la fiction, quand elle redevient une « chronique ».

Contrairement à Lucette, il se lève très tôt. Il travaille pendant qu'elle dort. Lorsqu'elle se réveille, il lui apporte son thé et prend le petit déjeuner avec elle. Dès que le courrier est arrivé, il y répond. C'est pour lui une règle et ce sera l'occasion d'une leçon de politesse à Gaston Gallimard. Il vit en bas, Lucette vit en haut. Ce sont comme deux existences superposées. Ils ne se retrouvent que le soir. Si Lucette tarde à descendre, il l'appelle, *crescendo*. Comme il le faisait avec Élisabeth Craig, il a besoin de lui lire des passages qu'il juge bienvenus de ce qu'il a écrit ce jour-là. Il ne demande pas un avis mais il a besoin d'une oreille.

On peut supposer que le repas du soir, préparé par lui ou par la femme de ménage, est pris en commun. En somme, ils se voient peu, l'important c'est qu'elle soit là. Elle descend à Paris le mardi, jour de fermeture du cours, et c'est un sujet d'inquiétude. S'il y descend lui-

CÉLINE

même, cela tourne à l'aventure. Il raconte qu'attendant Serge Perrault on lui a fait quitter doucement une terrasse de café. C'est une histoire dans le style de la rencontre du petit Juif à la sortie de la Vestre Faengsel. Elle montre qu'il est tout à fait conscient de son rôle de clochard.

Paraz est revenu en grâce à la fin de l'année 52, à la suite de l'article consacré à Céline dans *Rivarol*. Il n'y en a pas tant. La correspondance redevient fréquente mais elle a changé de caractère. Les lettres sont elliptiques et Paraz jamais mis dans la confidence du moment, les ventes, la production.

Une année creuse

1953 est une année apparemment improductive. Malgré ou à cause d'une avance d'un million et demi qu'il demande le 1ᵉʳ janvier à Gaston et que celui-ci lui fait parvenir sans barguigner.

Cet à-valoir sur *Féerie II* représente environ 150 000 francs actuels. Les 12 500 francs 1953 mensuels qu'il représente permettent de payer le gaz, l'électricité, le téléphone, la viande des chiens et la nourriture courante. Un jeune ingénieur débutant habitant Meudon et sorti de Polytechnique touche à l'époque un peu moins de l'équivalent (120 000 de nos francs) : « Avec ça un couple est alors à l'aise. » Le jeune couple possède sa maison comme les Destouches, ce qui rend la comparaison valable.

Il existe aussi les réserves abritées chez les Marteau, les loyers de Saint-Germain, Saint-Leu et Dieppe. On peut, comme on l'a fait, additionner les déficits enregistrés chez Gallimard, 7 puis 6 puis 5 millions, cela coïncide avec la vision « célinienne » des choses, ce n'est – fort heureusement – pas la réalité de tous les jours. Dans le système qui s'est établi avec Gallimard, on a déjà eu l'occasion de le remarquer, chaque nouveau livre est l'occasion d'une nouvelle avance. Les droits étrangers, les forfaits pour éditions de poche sont directement versés à l'auteur. Cela dit, en 1953, ce sont les basses eaux : 200 000 francs seulement sont versés à ce titre, soit 20 000 de nos francs.

La situation n'est donc pas aussi calamiteuse que le déficit perpétuel l'indique, la contrepartie de ce déficit se trouve ou s'est trouvée entre les mains de l'auteur et dans un après-guerre où l'inflation galope souvent à deux chiffres, la valeur de l'argent et donc la dette a baissé d'un tiers en dix ans. Seul inconvénient : les impôts sur ce que le fisc de Vincent Auriol s'obstine à considérer comme un revenu.

Lucette peut conduire son cours dans l'anti-gestion, le contenu de la boîte est plus ou moins son argent de poche. Il existe d'ailleurs un courrier à l'ami Geoffroy du 18 mai 1953 qui semble bien faire référence à un nouvel achat de bijou.

Si, sur le plan matériel, les habitants de la route des Gardes n'ont jamais eu à redouter la faim, sur le plan moral la situation est tout autre. Céline avait pris la mévente de *Mort à crédit* pour un affront personnel, pendant ses malheurs il avait vécu sur son statut proclamé de « seul auteur international », il s'est présenté aux Gallimard comme une bonne affaire et il vit maintenant de leurs libéralités.

Signe qui ne trompe guère : pas un seul échange de lettres entre Louis Destouches et Gaston Gallimard en 1953. C'est auprès de Claude, le fils, que l'auteur se plaint d'être mal distribué. Il lui fait parvenir une lettre de Le Vigan signalant qu'on ne le trouve pas en Argentine, avec ce commentaire : « La maison Gallimard me distribue aussi mal que possible. »

Claude Gallimard ayant parlé dans sa réponse de « censure occulte », Céline réagit par retour de courrier : censure occulte ? Et pourquoi contre lui ? Pourquoi pas contre Giono, Mauriac, Maurras, Claudel, Montherlant ? (10 octobre). Claude Gallimard attend huit jours pour préciser qu'il s'agit de censure morale en Argentine où les crudités de *Féerie* choquent, la NRF a fait de son mieux et puis Giono, lui, a renouvelé sa manière.

Céline entend le message sous-jacent : il n'a pas su comme Giono se renouveler et il a raté sa rentrée par excès de prudence. La réponse est prête : « Ni vous ni votre père vous n'avez encore été en prison ! » Et il rappelle « la merdeuse affaire Julliard » qui valait avertissement quand *Preuves* et *L'Aurore* avaient pris le relais. Céline n'a pas oublié ce qu'il a dit à Jünger le 7 décembre, il sait aussi qu'on peut retrouver des traces de la convocation à la réunion du *Pilori*, il sait quand sortir la tête de la tranchée et quand la rentrer. Il n'est pas prêt à risquer sa sécurité personnelle pour la gloriole littéraire, pour vendre, rembourser sa dette envers les Gallimard et, en somme, les enrichir.

L'hiver de l'abbé Pierre

L'hiver 53-54 est glacial. Moins quinze dans la région parisienne, moins trente en Alsace. Dix ans après la Libération, la crise de logement est toujours aussi aiguë. Les gens se logent où ils peuvent. Un bébé meurt de froid à Neuilly-Plaisance, une vieille femme est retrouvée gelée boulevard de Sébastopol, une notice d'expulsion dans la main. L'abbé Pierre, ancien résistant, lance un appel radio qui obtient un succès que les journaux qualifient de « phénoménal ». Les Français d'alors, ceux que Céline décrit à Paraz comme « idiots, lâches, veules, digestifs biberons [...] larbins torves, mouchards fastidieux... cheptel dégénéré total » (10 septembre), cèdent à l'un de ces élans d'altruisme qui les réveillent de temps à autre. Une milliardaire offre l'hôtel Rochester rue de La Boétie pour centraliser l'aide aux sans-abri, il est envahi de dons. Cinq cents millions de francs (50 millions actuels) sont collectés en quelques jours. Six mille Parisiens viennent écouter l'abbé au Gaumont-Palace, ce cinéma que Céline fréquentait dans les années trente, le petit homme à béret, barbiche et soutane trop courte fait salle comble.

Nulle trace sur le moment de cet événement; le 13 janvier, Céline note seulement qu'il fait moins froid, on retrouvera pourtant l'abbé Pierre dans les fictions, l'épisode l'a marqué.

Le contact est repris avec Paulhan qui demande un article pour la *NNRF*. Céline ironise : cela demande des Idéâââs et Dieu sait qu'il n'en a pas, mais il promet quelque chose sur le style dès qu'il aura terminé son livre en cours.

Fin février, il écrit à Claude Gallimard que ce sera fini dans quinze jours et qu'il a l'intention de le dédier à son père, Gaston.

Cette dédicace va être l'occasion d'une seconde passe d'armes entre les deux contemporains. Dix jours s'étant passés sans réponse de Claude, Céline reprend la plume de Louis des Touches pour une leçon de bonnes manières : « Nous appartenons, vous et moi, à une époque où, sauf insolence et grossièretés préméditées, il devait être répondu aux lettres dans les quarante-huit heures et où l'exactitude aux rendez-vous classait les hommes. Louis XIV lui-même, et bien que très malade, n'en prenait point à son aise avec ses plus ennuyeux correspondants. »

Céline monte sur ses talons rouges quand il veut : « Il ne me plaît point à moi d'être impertinent, ou mufle. Je laisse ces trivialités aux débiles mentaux » (11 mars).

Il a demandé à Robert Gallimard le relevé de ses ventes. Il est consternant : 16 100 exemplaires des six titres disponibles ont été vendus en tout, 2 900 *Voyage* et 2 000 *Mort à crédit* seulement. C'est encore *Féerie* qui fait le meilleur chiffre : 6 300 exemplaires, ce qui reste évidemment loin des 40 000 exemplaires du premier tirage sur lequel ont été calculées les avances (23 mars).

Une entrevue a lieu et Gaston Gallimard redevenu l'interlocuteur principal confirme le 24 les termes du nouvel accord : 18 % de droits avec une garantie de tirage de 25 000 exemplaires. Gaston Gallimard fait à cette occasion état d'un à-valoir ancien de un million (il se trompe, il est d'un million et demi) mais ne donne pas de chiffre pour la somme à venir. Voilà Céline en alerte et qui menace à nouveau de passer ailleurs. Il est un peu facile, lui répond Gaston, de dire « je suis ouvrier » et d'exiger des millions. Il s'opposera à une publication ailleurs. Cet accès d'humeur passe vite. Le 29, il annonce une nouvelle avance d'un million et demi, soit au total 3 millions (300 000 de nos francs). En prime, il lui annonce une cession de droits sur *Voyage* au Club du meilleur livre. C'est la perspective de deux autres millions et Céline est rasséréné. Il trouve excellente la suggestion de monter au maximum *Normance*, le sous-titre de *Féerie 2*, afin de dissocier ce livre du précédent. Gaston et lui se font des politesses.

L'ambassadrice, nouvelle licencieuse

A peine réglé le sort de *Normance*, Céline se lance dans un projet curieux : une nouvelle érotique d'une cinquantaine de pages qui serait préfacée par Paulhan et illustrée par un artiste à trouver. Ce serait une édition en marge et il la propose à Gaston Gallimard (il a édité de façon similaire *Pompes funèbres* de Genet) (19 mai).

La *NNRF* a commencé à publier l'interview imaginaire sur le style. Ce sont les « Entretiens avec le Pr Y », défense et illustration du style émotif que Céline présente comme une invention infime mais aussi décisive que celle du bouton à bascule. À la description plus ou moins psychologique à laquelle s'est vouée la littérature de son temps, fabrique éternelle de scénarios jamais tournés, Céline se reconnaît le mérite d'avoir découvert l'expression directe de l'émotion.

Autrefois dans « Qu'on s'explique » ou dans *Bagatelles*, cette expression prenait un sens biologique, la vie opposée à la mort et ce don exclusif de traduire la vie le distinguaient de la quasi-totalité de ses contemporains. Aujourd'hui, la pointe offensive a disparu, c'est une défense *a minima* que présente le poète (au sens propre). Baladin, créateur de nouveautés stylistiques, rénovateur du roman. C'est la nouvelle ligne. Tout le monde l'adopte, l'éditeur le premier : Céline est un rénovateur génial du discours littéraire, rien d'autre.

Le Pr Y doit évidemment beaucoup à la correspondance avec Hindus et aux réflexions qu'elle a entraînées pour Céline obligé non seulement de se justifier mais de mettre les points sur les *i*. En 1947-1948, Céline définissait sa place dans la littérature mondiale et se classait sans hésiter : la production française était la première et il y était le meilleur.

Cette publication (gratuite !) dans la revue de Paulhan ne va pas sans difficultés. L'auteur suspend la livraison de son texte tant qu'il est en négociation avec le patron, ensuite Paulhan lui demande de le raccourcir. Céline bouscule Paulhan pour la première fois, et le traite plus ou moins de minus. Le sadisme mental toujours latent chez lui se montre. D'ordinaire la victime est maltraitée indirectement (Céline dit à B ce qu'il pense de A) ou par ricochet (B peut prendre pour lui tout ou partie ce qui est dit de A). Ici, il ne craint pas de recourir aux ragots. Il connaît par Marteau les circonstances de la rupture avec Valentine Tessier. Comment Gaston Gallimard s'est montré non seulement « client » mais pingre. Venant récupérer un objet auquel il tient, il a fait une mauvaise chute. Céline utilise l'incident.

Le 6 août, Paulhan reçoit une grande lettre en cinq paragraphes séparés d'un trait, procédé connu. Les éléments ainsi apparemment séparés peuvent jouer entre eux, c'est le procédé de la « Lettre au chef » de mars 1942 : « Bon le livre chez Gaston, entretiens avec le Pr Y mais il me faut son accord... pas de bla-bla !... ce vieux Père Déficit doit être en train de se faire sucer le jonc au bord d'un lac... pendant que je crève au tapin pour que ses morues se couvrent de vison cet hiver! Vous avez remarqué son sourire en " pince à linge " ? de ravageur 1900? Il a qu'une pince. Marteau en a deux! D'où cette jalousie... Y a les nichons de Valentine bien sûr... et cette bonne histoire qu'il s'est fracturé le calcanéum pour aller rechercher chez ladite une gravure à laquelle il tenait! Ah vieux chocolatier! l'est-il pingre! bien français. Père Déficit! Comme qu'il va me la payer 2 500 balles la page l'interviouve Pr Y! Ah, je dis! »

Paulhan a eu tort de mentionner le déficit permanent de la *NNRF*, d'où le transfert d'agressivité sur le « pauvre Gaston » et le rôle de vieux gommeux exploiteur qu'on lui assigne immédiatement. Les malheureux triment sur les hauteurs de Meudon pour qu'il fasse le joli cœur en villégiature.

Dans le cinquième paragraphe seulement, la pointe au destinataire : « Vous avez un certain air languide qui peut être malgache. » Il évoque la reine Ranavalo, Gallieni, la Marne, les marais de Saint-Gond pour conclure : « Toute cette bouillabaisse de morts est bien oubliée, Paulhan nous reste », et il embrasse le « malheureux asservi ».

Une scie est installée : Gaston, chocolatier, est un pauvre abruti, « sa mère le disait déjà comme il était con et dépourvu d'avenir » (7 août), il n'a toujours pas répondu à trois lettres sur le Pr Y en livre (25 août).

Les vacances passées, une proposition parvient enfin de Gaston Gallimard pour une édition numérotée des *Entretiens* avec une petite leçon en passant : « Vous avez des idées surannées sur le lancement des livres » (14 septembre). La réplique arrive par retour de courrier : Céline se sent quatre-vingt-dix-huit ans et envoie à son cher ami une publicité pour le sérum Mephisto qui « fera de vous un jeune taureau en six jours ».

« Vous avez toujours dix-huit ans et c'est ce que j'aime en vous », lui dit l'homme au sourire en pince à linge qui lui explique la différence entre ce qui est commercial et ce qui ne l'est pas : Delly et Céline, Pivert et Guerlain.

Gaston Gallimard propose un tirage à sept mille exemplaires, Céline en veut le double.

Gaston : « Vous avez oublié que vous proposiez 10 000 à Paulhan. Allons, signez et je vous enverrai le chèque » (29 septembre).

Louis : « Cher ami et ensorceleur, je succombe » (30 septembre).

Le rideau se baisse sur des sourires. Il y a bien un petit tiraillement sur la question du calibrage (Daragnès faisait ça en dix minutes), le prix de vente en dépend, mais Céline apprend bientôt qu'il touchera 567 000 francs.

Nouvel accrochage à propos de la papeterie, les feuilles que Céline se procure chez Gallimard. Gaston ayant écrit : « On n'a jamais à remercier qui que ce soit pour quoi que ce soit » (4 octobre), il reçoit une nouvelle leçon de bonnes manières signée Destouches mais écrite dans le style ancien : « ... d'un parasite à un autre le merci est parfaitement ridicule! Le contraire se comprend encore... vous n'êtes pas démuni de finesse, vous êtes apte à remarquer que les bourgeois ont remplacé les nobles, en tout, en ne s'embarrassant plus de panache, mais y ont substitué la goujaterie?... Je vous accuse réception du chèque de 567 000 francs (oh largement dû!) mais je ne vous dis pas merci! » (7 octobre). Où Céline rejoint, par un nouveau trait, Paul Léautaud.

Dix ans d'efforts, huit millions de dettes

Le 3 décembre, il apprend du comptable qu'il doit 7 161 846 francs à la Librairie Gallimard. Après quelques protestations et discussions, il fait le bilan : dix ans d'efforts, huit millions de dettes, Hirsch et ses amis, les cocos, Sartre, pas de publicité, pas d'illustrateurs, « vous me faites crever de faim et de froid ». Il a commencé le tome III de *Féerie*, l'Ombrette, ce n'est pas à piquer des vers « mais vous le donner? pour amortir ma dette? ». Il veut trois millions sec ou il passera au feuilleton (8 décembre).

La comédie reprend avec une variante : sachant qu'il ne pourra pas passer chez un autre éditeur, Céline envisage la publication en feuilleton, comme au bon vieux temps. Les comptes de fin d'année ont un peu précipité la confrontation.

En 1954 Céline a touché, droits et avances, très exactement 2 744 373 francs soit quelques 300 000 francs actuels. Ce n'est pas la fortune, mais ce n'est, de loin, pas la misère ni le froid. Et c'est d'ailleurs parce que la situation s'est notablement améliorée en un an que Céline retrouve son tonus. Il sait que Gaston tient à lui, puisqu'il cède à chaque menace de départ. Il peut donc lui tenir la dragée haute et cette fois dans le ton montmartrois : « Ô sacré vieux coffre-fort qui fait blabla! [...] Vous me contez à propos de la mévente de mes ouvrages de bonnes troufignoleries [...] Robert l'assassiné était bien maquereau aussi mais lui au moins défendait ses travailleurs » (11 décembre). Gaston Gallimard avait eu le tort de lui écrire : « Comment pouvez-vous imaginer que vous n'avez pas de dettes vis-à-vis de la NRF puisque vous avez demandé des sommes excédant de beaucoup les ventes. » Un contrat étant un contrat, il ne laissera pas Céline publier ailleurs (10 décembre). Parvenu dans les hauteurs de Meudon cela se lit ainsi : Vous me coûtez cher, vous rapportez peu, je vous garde. C'est cela une écurie. Mortifié, Céline n'a qu'une parade, toujours la même : dénoncer le complot des youtrons, cocos, académiques, figarotteux (11 décembre).

A vrai dire, il peut dire et écrire ce qu'il veut, Gaston et lui sont liés à vie.

Paulhan se rebiffe

Le même traitement appliqué à Jean Paulhan ne passe pas. Paulhan n'a pas la forte indifférence de Gaston Gallimard ni les raisons de l'avoir.

Début 55, Céline recommence à le tarabuster pour réclamer un bel emplacement pour la suite des *Entretiens*, protester contre la critique faite à *Normance*. Il adresse ses lettres à « Mon cher Anémone languide ». Celle-ci est prévenue que son « Déficitaire » n'est pas près de le revoir (11 janvier).

Il reçoit une lettre tapée – au propre et au figuré – de Paulhan qui parlant des muffles qu'il a eu l'occasion de rencontrer lui signale que c'est la première fois qu'un écrivain fait du chantage pour donner la suite d'un article à la revue.

Paulhan lui rappelle qu'il a été le premier dès la Libération à le défendre et à le publier et il se fait lui aussi personnel : « C'est grâce à moi que vous avez pu ajouter une nouvelle maison à celle que vous possédiez déjà. »

Les lettres de Céline ont cessé de l'amuser et il lui demande d'adresser les prochaines à Marcel Arland.

Si prompt d'ordinaire, Céline mettra cinq jours à rédiger une réponse... à Gaston. A-t-on jamais accusé de chantage un ouvrier qui défend son travail ? Il ne possède rien. Sa fortune ? sept millions de dettes. Accuse-t-il M. Gaston de sabotage parce qu'il fait de la publicité pour l'ouvrage de son assassin (Roger Vailland, *Beau Masque*) ? Paulhan fait pipi sous lui. En PS, une petite allusion personnelle pour Gaston : sa femme chez Nimier lui a trouvé « un certain sourire de chérubin gêné ».

La lettre de rupture envoyée par Paulhan nous montre que le mythe de la pauvreté de Céline était passablement écorné dès les années cinquante. La maison au nom de madame, la vente des fermes, les sept millions de dettes sont des histoires pour grand public ou petits percepteurs, elles ne trompent pas les éditeurs.

Dans le même courrier, Céline chicane d'ailleurs le comptable : il ne trouve que deux millions et quelques de chèques alors qu'on lui en déclare deux millions huit. Il n'a pas remarqué que le relevé s'arrêtait en juillet et que depuis il y avait eu d'autres versements. Un homme dans la gêne aurait surveillé, compté les rentrées, un homme avide les aurait notées, Céline n'est ni l'un ni l'autre, il vit médiocrement mais bien et il entretient son inquiétude comme sa légende. Le Vigan du fin fond de l'Argentine ne viendra pas tâter les radiateurs, aussi reçoit-il quinze lignes de pure complainte : « Froid! haine partout, maladie, pauvreté, avenir zéro! [...] + Mikkelsen et les autres nous ont tout [...] vaporisé. Ici Gallimard (Hirsch! – directeur) m'étouffe à zéro. Je ne vends rien! médecine? je suis affiché dans tout Meudon comme " traître ", oui! Pornographe, etc. » (11 janvier).

Je ne vends rien

Normance est sorti en juin 1954, au moment le plus critique des négociations de l'après-Diên Biên Phu. Même Poulet n'a pas aimé, confie Céline à Paraz – à peu près seul à défendre le livre. Il aurait, il est vrai, défendu l'annuaire signé Céline.

Des ventes il n'est pas question dans la correspondance avec « coffre-fort bla-bla », cela reste un sujet réservé de part et d'autre, Céline ne se décourage pas, puisqu'il envisage un troisième tome « L'Ombrette » et réclame « 3 millions sec ».

En février 55 éclate une polémique entre les deux hommes à propos du prix des pékinois. Céline soutient qu'un seul de ces animaux chers à Pasqualine Marteau vaut un million. Gaston lui dit qu'il n'en est rien. Le million correspond à ce que Céline en ce début d'année voudrait toucher.

La semaine précédente, il a réclamé une place dans la Pléiade entre Bergson et Cervantès, Gaston lui a répondu que la Pléiade dépendait des demandes des libraires (11 février). La demande de un million revient : le prix d'un pékinois ou « d'une toute petite étole d'une toute petite amie ». Louis-Ferdinand Céline en est venu à se comparer aux fantaisies de Gaston dont il est en somme la danseuse. Mesurer ce qu'il coûte aux caprices du « milliardaire », c'est une autre façon de lui demander : à combien m'estimez-vous ? Et Gaston obligeamment de le lui dire : il a reçu, lui Céline, en avances le dixième de ce que reçoivent les deux mille auteurs de la maison et un pékinois ne vaut pas un million.

Gaston Gallimard a laissé tomber la référence aux étoles (c'est la grande vogue du vison). De chèque, point.

Avec sa demande d'entrer dans la Pléiade, Céline pose, juste après le nouvel échec de *Normance*, les bases de ce que Paulhan appelle un chantage. À mesure qu'il avance dans la rédaction de son troisième manuscrit à livrer, depuis le retour en France, et en l'absence d'un nouveau chèque, il fait monter les enchères, en même temps que les insultes. Il n'a rien à perdre. Gallimard ne peut lui demander la restitution des sept millions et ne le laissera pas aller ailleurs, il peut donc le traiter en protecteur défaillant : « Radin, foutre, vous l'êtes bordel » (16 février). « Vous m'étouffez Pape coco pédé gaulliste ! » Et à propos du manuscrit envoyé par un admirateur israélien qu'il se déclare prêt à préfacer : « Vive Israël ! vive le ghetto NRF pédé gaullo résistant ! » (2 avril).

Gaston Gallimard ne refuse pas une nouvelle avance, il l'élude. *Les Entretiens avec le Pr Y* ne seront tirés qu'aux 7 000 exemplaires qu'il a fixés. Réservé désormais en matière d'argent, il se montre d'autant plus généreux en qualificatifs. Céline a trouvé un peu réticente la prière d'insérer rédigée par Jean Dutourd. « J'y ai mis du génie, lui écrit Gaston Gallimard. Serez-vous content ? » C'est le moindre des titres

411

puisqu'ils font immortels les marchands d'aspirine, rétorque Céline (14 et 15 mars 1955).

La repartie toujours et, de la part de Gallimard, l'ironie du sage, à la Mikkelsen, à la riche, qui met Céline hors de lui. On le prend pour qui? Il a trouvé une preuve du sabotage NRF, un catalogue de la collection « Du Monde entier » où il ne figure pas : « Vous voyez bien! » Gaston Gallimard a beau jeu de lui répondre : « J'ai toujours pensé que vous étiez un très grand écrivain français » (14 mars). Des écrivains, Gaston Gallimard en fréquente depuis ses premiers pantalons longs.

Je suis le bouc!

En 1955, la littérature rapporte à Céline très exactement 862 528 francs soit 84 000 de nos francs, un gros SMIC. Encore n'est-ce dû qu'à un chèque de 750 000 francs arrivé in extremis le 29 décembre. Ce sont les droits de publication en poche de *Voyage au bout de la nuit.* En 1954, il avait fait 7 000 francs de médecine, dit-il à Le Vigan, maintenant il préfère consulter à l'œil.

Les ventes courantes françaises sont affectées à l'amortissement de la dette. Le reste, droits de traduction (en Angleterre surtout), est minime : 10 000 francs. D'où les cris. Aucune aide à attendre de la « riche famille » de Menton. Paraz peut essayer de mettre du liant, ils restent des *chourineurs* qui ont volé Lucette de 6 millions (8 septembre 1956).

Il faut, comme au Danemark, taper dans le capital, mais la situation est pire qu'au Danemark. Là bas, l'écrivain pouvait penser que, les obstacles judiciaires levés, il retrouverait son public, que les drôleries de Ferdinand feraient de nouveau rire. Échec des deux *Féerie*, accueil médiocre fait aux *Entretiens*, échec de l'enregistrement fait par Michel Simon et Arletty, tout lui prouve le contraire.

Le décor historique change à grande allure, Céline le raconte à Le Vigan : « Ils sont encore 400 au gnouf pour la Terreur, le noyau symbolique de la grande vengeance. En contraste plein les rues et les terrasses des ex-SS. Ça ne veut plus rien dire pour les jeunes générations Laval-Brinon-Verdun-Reischoffen, c'est du kif pour la jeunesse... la NRF synagogue résisto, gaulo pédéraste. Gaston le Pape, bien gâteux, bien derge et mi-youtre. Aucune chance, les autres éditeurs sont pires, pas de caisse du tout » (18 avril 1955).

Diên Biên Phu est tombé en mai, Mendès France est passé au pouvoir et a été remercié après la liquidation de l'affaire d'Indochine. Une rébellion a éclaté en novembre en Algérie. Elle suit les troubles de Tunisie et précède ceux du Maroc. En Algérie cela va devenir une vraie guerre, qui va durer huit ans.

Il n'est nulle part mention de cela. Je ne m'occupe que des trucs positifs, écrit un jour Céline à Gallimard (13 mai 1955), il n'y a rien de positif dans toutes ces convulsions même si le climat de déliquescence, le désordre dans les esprits et les institutions, concorde avec celui de la période qu'il a entrepris de raconter, celle de l'écroulement allemand.

Il ne supporte plus les anciens amis, Camus et les autres, « censeurs chiants ! » (11 juin 1955).

Des correspondants du Danemark, il ne reste que Paraz, de plus en plus menacé dans sa santé, et Le Vigan mis en danger, croit-il, par la chute de Perón. « Ces gens comme les Espagnols, n'ont jamais eu de guerre ; ils meurent d'envie d'y faire joujou ! La guerre représente pour les hommes les menstrues pour les femmes, il faut que ça saigne ! [...] Ici la haine ne désarme pas [...] nous disposons Lucette et moi, et en travaillant jour et nuit et en dettes de 500 francs par jour environ – la misère à soixante-deux ans est écœurante et je dois faire rigoler ! » (1ᵉʳ septembre 1955).

Voilà ce qui tient debout « le vieux gugusse », comme il se décrit à Le Vigan, « qui grimpe aux agrès à Médrano » : la haine de tout ce qui l'entoure et l'idée qu'il fait rigoler. À commencer par les anciens « potes » : « Je ne vois plus personne sauf Marcel Aymé, tous les autres se sont dérobés par frousse. » Replongé comme il l'est dans son passé par « L'Ombrette », il acquiert des certitudes : « Vingt ans que ça dure... que ce soit sous l'occupation à Sigmar ou à Montmartre... je suis le bouc ! » (à Paraz, 6 avril 1955).

Avec Gaston Gallimard, plus le temps passe et plus les enchères montent, elles vont durer encore un an. Céline ne demande plus seulement la Pléiade et une avance confortable, il veut *Mort à crédit* en poche (4 mai 1956). Une, deux, trois conditions qu'il énumère le 17 juin pour le bénéfice de Gallimard qui lui reproche de gaspiller les timbres.

Son auteur lui communique une lettre d'admiratrice, il en tient, dit-il, une douzaine à sa disposition, on réclame ses livres en butte à « la jalousie de toute votre clique de ratés ». Gaston lui répond qu'il rêve et qu'il retarde. Céline lui dit alors qu'il maquereaute ses rêves.

En octobre, la comédie cesse. Gaston Gallimard apprend que Céline a remis un manuscrit chez Fasquelle. Le milieu est solidaire et l'auteur se fait rappeler à l'ordre : contrat du 18 juillet 1951, les cinq ouvrages à venir à soumettre chez Gallimard. Il a reçu de la NRF onze millions de francs, s'il a un manuscrit prêt pour la publication, il pourra recevoir un nouvel à-valoir (23 octobre 1956). Crédit est mort.

Les vieillards, répond Céline, ont leurs manies, la sienne est d'être publié dans la Pléiade, collection Schiffrin. À la fin du mois, il détaille ses exigences : deux millions sur la table, cent mille francs par mois et la Pléiade. Sous oublier le poche pour *Mort à crédit*.

Cela va former pendant les six mois suivants l'essentiel de la correspondance entre Meudon et la rue Sébastien-Bottin : primo, la Pléiade, secundo, etc.

En novembre, on lui annonce qu'on a proposé *Mort à crédit* à Hachette et que les libraires sont consultés pour la Pléiade, et l'on se fait traiter de Méphisto. Céline garde le contact avec Charles Fasquelle. « Vous m'écrivez, vous téléphonez à Fasquelle, se plaint Gaston Gallimard, quel jeu jouez-vous ? »

Hachette a décidé de reprendre *Mort à crédit* en poche, mais Céline est décidé à ne lâcher son manuscrit que lorsque la chose sera faite – et pas avant la Pléiade. C'est devenu pour lui « le Sinaï de Ben Gourion ». À quoi Gaston lui répond que le poche paraîtra quand il aura le manuscrit (20-21 novembre). Chacun tient la barbichette de l'autre.

Nimier entre en scène

Roger Nimier est entré aux éditions Gallimard. Les Nimier sont en relation avec les Destouches. Nadine Nimier prend des cours de danse à Meudon et Céline salue la naissance des marmots successifs. Il existe entre les deux hommes malgré la différence de génération une complicité bâtie sur les origines communes, des réflexes communs même si l'un est un conquérant un tantinet cynique et l'autre un assiégé.

En décembre 1956, Céline remerciant Roger Nimier d'une « revigorante visite » mentionne « le petit con en chef ». Ils ont maintenant le même patron et donc des références communes.

À partir de 1957, Roger Nimier devient le correspondant quasi unique de Céline chez Gallimard. En mars, il reçoit l'annonce que le manuscrit est presque terminé (« l'ours dans environ huit jours ») avec réitération des demandes : Pléiade et 100 000 francs par mois pendant cinq ans, « sinon je n'aurai plus de nom » (13 mars 1957).

C'est la nouvelle échappatoire au contrat de 51 : il publie sans nom d'auteur et, si Gaston cherche à empêcher cette parution, il l'attaque en diffamation : « Ce paltoquet doit avant de mourir apprendre à vivre » (14 mars).

Pour mettre ainsi le nouvel homme de confiance de Gaston Gallimard dans la confidence, il faut qu'il ait en lui une confiance totale ou bien qu'il pousse à l'extrême le poker menteur. Par une seconde lettre du même jour à Gaston Gallimard, il annonce que le Sinaï est prêt et que Nimier connaît ses conditions.

Le 20, Gaston Gallimard lui répond par des douceurs : « Nous espérons tous que *Voyage* soit dans la Pléiade – *Normance* s'est mal vendue, mais la conjoncture est meilleure... » (20 mars).

Céline juge cette lettre confuse et cachottière et demande qu'on lui confirme ce qu'il croit deviner : pas de Pléiade, pas d'avance, en style net.

Gaston Gallimard qui résiste aux demandes d'avance depuis un an hésite à miser sur un manuscrit qu'il n'a pas vu. Nimier va permettre le déblocage. Une lettre du 20 montre qu'il a le manuscrit. Le 29, il signale une erreur concernant Noguères, le président de la Haute Cour, il l'a donc lu.

Le 27 avril, sur une réclamation à Nimier, Paul Gruault, comptable de Gallimard, fait parvenir 100 000 francs à Meudon : « Votre mensualité ».

Mort à crédit en poche, *Voyage* programmé à la Pléiade, une mensualité de 100 000 francs pour deux ans. Deux ans seulement : il y a eu une transaction, mais avantageuse pour Céline. Nimier est la caution morale de cet accord qui ne paraît pas avoir été écrit, comme il a été la caution littéraire du manuscrit.

D'un château l'autre

On a pris l'habitude de séparer *D'un château l'autre* des *Féerie*. Il a été regroupé avec *Nord* et *Rigodon* dans ce qu'il est convenu d'appeler la trilogie allemande, l'Allemagne étant le lieu commun aux trois derniers romans. Le livre est pourtant dans la suite chronologique de *Normance*. Techniquement, on ne peut les séparer. Les mots bougent comme ils le font de livre en livre, la syntaxe se fragmente, les longues chaînes d'adjectifs accolés qu'on a lues dans les lettres apparaissent – elles vont triompher dans l'ouverture de *Nord*, sans qu'il y ait aucune discontinuité.

Le changement vient de ce que l'auteur a retrouvé son aplomb et qu'il fournit désormais une version en clair. François en soulier de satin et autres Hortensia sont délaissés. Laval, Pétain, Brinon, Doriot et quelques autres personnages réels de moindre importance sont les protagonistes de Ferdinand.

Le sujet travaillait Céline depuis longemps. Il avait proposé à Galtier-Boissière de lui servir de consultant pour un numéro du *Crapouillot* à faire sur Sigmaringen [16]. Il a commencé à raconter les souvenirs d'Allemagne à Radio Lausanne [17]. Sigmaringen a représenté l'infamie extrême. Si le Maréchal, Laval et quelques ministres ont été raflés à Vichy et emmenés de force en Allemagne, Céline est parti volontairement, il a émigré par peur de « la résistance », même si pour les besoins de sa défense il transforme l'invitation des Affaires étrangères allemandes en internement. Il est piqué au vif lorsque Bardèche fait la distinction entre ceux qui sont partis et ceux qui sont restés. Dans l'animosité qu'il manifeste vis-à-vis de Brasillach, au-delà des imputations plus ou moins injurieuses ou gratuites, il y a ce fait : Brasillach est resté, lui. Et il en est mort.

Sujet de curiosité pour les Français, cette émigration – honteuse opposée à celle de Londres, la glorieuse – est l'écharde de tous ceux qui ont cru à la collaboration : ils se sont embarqués dans les fourgons de l'ennemi. L'obsession de l'organisation a poussé les Allemands a concentrer dans le même lieu toutes les variantes et tout le spectre de la collaboration : maréchalistes et antivychissois, catholiques et adversaires de la grande métisseuse, francistes, miliciens, tenants de Déat et doriotistes, beau désordre calqué sur celui du *führenprinzip*.

L'art de Céline est de saisir ces réprouvés dans une lumière d'outre-tombe. L'agitation dérisoire des condamnés en puissance pris dans une nouvelle défaite est enregistrée par le docteur, témoin, jamais acteur.

Ce passé déjà si lointain – treize ans se sont écoulés depuis le début de l'âge atomique – est ressaisi à partir d'un présent calamiteux : « Pour parler franc, là entre nous, je finis encore plus mal que j'ai commencé... », en de longs développements au passé, racontés par un médecin qui n'a même plus de Pachon. Demeurant à Bellevue, pas loin de Courbevoie (« on répète jamais assez pour les durs têtus [...] y en a que cela emmerde »).

415

Vaincu à tout point de vue, le temps, ses propres folies, Destouches-Céline peut parler de tout et de tous, la guerre, ses contemporains, avec une précision sinon une exactitude nouvelle. Denoël l'assassiné, Achille, Vaillant, Hirsch, Renault le tabassé. Ensuite, par le passage d'un délire et la barque à Caron, La Publique, on arrive à « Sigmaringen », « quel pittoresque séjour!... vous vous diriez en opérette, le décor parfait ». Le Sig de Sigmaringen est écrit Sieg : victoire.

La version publiée est la seconde, il en a existé une autre, encore plus directe, plus polémique. C'est toujours le premier mouvement chez Céline : le pamphlet précède toujours le poème, l'idée vengeresse, le travail du style. Celui-ci permet certes d'atteindre à un niveau supérieur de satisfaction – effets de rythmes, heurts verbaux, drôleries Vermot, dont Céline croit de son devoir de remplir la page, artifices qui se déconstruisent à loisir. Ils servent aussi à faire passer le fait brut, le message un peu osé, petit à petit, millimètre par millimètre, fragment par fragment. Dans la version définitive, le Sartre horrifique est un métis de Mauriac et Morbac, formule allitérative sur laquelle on peut passer sans penser. Dans la première version, c'était limpide : « Je voyais le Laval comme le Mauriac, même individu. Lui le Mauriac l'écrit franchement qu'il est marocain... qu'il est catholique que par raccroc... qu'il demande qu'à porter le fez... Laval lui c'était la Vrounze qu'il voulait incarner. »

Céline a lu en fait tout Sigmaringen sémite : « Qu'il avait la tronche sémite (Laval) n'importe qui pouvait le voir, cette bonne blague!... l'air aussi youtre au moins que Mauriac ou Tartre. Quel mal à ça? Ou que Brinon, ou qu'Heyraud... ou Bout de l'An, ou cent autres à Sigmaringen que Staline ou Churchill... et because!... Quel mal à ça? on est pas chrétien? oui ou merde? » (Pl. III, p. 1036). « Y avait que lui et because pour nous garder l'Afrique du Nord, c'était dans ses cordes... entièrement bicot de race comme Mauriac, mais pas borné buté con comme Mauriac » (p. 1044).

Dans son rez-de-chaussée fouillis, Céline tricote sa vérité, il intègre les événements du jour, la déroute de Suez, les malheurs de l'Algérie, il refait l'histoire à sa façon, sur données biologiques. Le narrateur en butte aux agressions, à la malveillance générale est hors du lot, différent avant comme maintenant, toujours différent. Le lieu du récit alterne très régulièrement entre Siegmaringen-Sigmaringen et Bellevue-Meudon et le récit procède par courtes séquences, comme dans les pamphlets, Céline a retrouvé le rythme court qui convient au train de banlieue.

Ensuite seulement il agrémente, disperse et remonte les matériaux, en art et en prudence. Ainsi le sort de Renault (Louis), si semblable à ce qu'aurait pu être le sien et qui apparaît si vague, si improbable au lecteur-annotateur post-Libération, est réparti au long des pages par petites touches insistantes qui, remembrées, restituent le calvaire de Renault battu chaque nuit par ses gardiens communistes. Entré en bonne santé à la prison, il y meurt – sort que Céline imagine à loisir et qui le fait encore frémir.

Lorsqu'il refait surface en 1957, il n'a renié aucun élément de sa foi raciste antisémite, la correspondance le montre assez. Comme d'autres, il n'a rien appris ni rien oublié. Paradoxalement, le « renouvellement », auquel Gaston le convie, est un retour aux sources. Le choc, le scandale, le succès sont au rendez-vous.

Quelle résurrection

Dès la fin avril, Céline a donné carte blanche à Roger Nimier : qu'il choisisse des passages du livre propres à stimuler le zèle des gens de presse (27 avril). À l'intérieur de la maison, le bruit qu'on tient un « bon Céline » circule. Marcel Arland demande *D'un château l'autre* pour la NNRF. Céline le renvoie à Nimier qui rédige le prière d'insérer et un « Céline au catéchisme » dans la *NNRF* de juin, avant la sortie du livre. « Qui est Céline? Un traître, un ennemi de l'humanité, dont la conscience pue. Un loup délabré. Destouches de son vrai nom le menteur... » Sur ce mode provocant, tous les arguments habituels à Céline sont repris : Guitry, Chardonne, Montherlant sont honorés, lui accablé parce que pauvre. Ainsi que sa biographie imaginaire : trépané, réformé, héros de *L'Illustration*, Nimier y croit ou n'y croit pas, en tout cas il répète.

Le prière d'insérer résume le livre comme une fantaisie : « Pétain, Laval, Brinon, Bichelonne, Vichy dans une principauté d'opérette vus par Céline transporté là par un délire. »

Céline a trouvé un complice dans le ghetto coco-judéo-pédérastique. Malgré les trente ans qui les séparent, ils sont du même camp. Nimier a travaillé jeune, il s'est fait remarquer par un premier roman dont le héros passait de la Résistance à la Milice. Son propre destin le vouait à ces exercices : il avait quinze ans en 40, dix-neuf à la Libération. Juste ce qu'il fallait pour être forcément du bon côté. Aussi circule-t-il à l'aise dans le monde de l'après-guerre, dans les marges de l'anticonformisme. Céline et lui partagent les mêmes mépris, mais lui n'a rien à faire oublier, d'ailleurs il n'écrit plus.

Désinvolte et consciencieux, il plaît à Gaston Gallimard autant qu'à Louis Destouches. Comme l'enfant d'un couple désuni, c'est le truchement idéal.

Pour le lancement *D'un château l'autre*, Nimier se porte aux avant-postes, il propose les bonnes feuilles (Pierre Laval à Sigmaringen) à *L'Express* des Servan-Schreiber. Céline l'a compris : « Joliment habile à me rabattre tous ces chacals, amenez-moi ceux de *L'Express*. »

Une jeune femme, Madeleine Chapsal, vient sonner villa Maitou, à la grille au triple rang de barbelé. Elle n'est pas seule, un photographe, une sténo et Nimier l'accompagnent.

L'interview paraît le 14 juin, sous le titre « Voyage au bout de la haine » et avec un dessin de Jean Effel montrant Céline à Sigmaringen.

Le journal manie Céline comme un spécimen rare et le spécimen en remet dans le genre bouffon en parlant d'un « bafouillage » qui a fait que le manuscrit a été éparpillé à la NRF puis réassemblé tant bien que mal. Il est plein de fautes, les typographes se croyant obligés de terminer les phrases comme ils les termineraient eux alors que le truc du style, c'est le mot pour un autre. C'est une plaisanterie reprise de 1932.

La littérature – ses motivations, son but, ses moyens, ses lecteurs (« je les méprise ») – occupe la moitié de l'entretien. Céline ne néglige rien dans le genre odieux-sordide. S'il parle de littérature, c'est pour toucher une avance. Il faut qu'il paye cette maison horrible qui coûte horriblement cher et où il fait tout lui-même, les poussières, les carreaux, la cuisine.

La politique occupe l'autre moitié. Céline paraît d'abord biaiser. Il explique sa présence à Sigmaringen comme un accident. Madeleine Chapsal lui rappelle *Bagatelles*. Céline rebondit : le seul livre qu'il ait écrit pour les Français! Afin de les protéger de la guerre. On essaie de faire l'Europe? on n'y arrivera pas. L'histoire ne repasse pas les plats. On a flanqué en l'air l'armée allemande, on a eu tort. Lui, il a eu le tort de céder à une manie sacrificielle. Ce qu'il a écrit sur les Juifs? Il a écrit sur *des* Juifs, ceux qui voulaient une guerre qui ne nous regardait pas. « Je crèverai dans la honte, l'ignominie et la pauvreté et tout ça par connerie. »

Avant la guerre, il y avait une civilisation trépied : bistrot, Église, bordel. Les hommes étaient braves et travailleurs, les femmes étaient vertueuses, la guerre était un ordre. L'homme qui torturait un prisonnier était fusillé immédiatement. Jouissant du recul, il peut juger son temps. Il n'aura pas eu comme Malraux à courir derrière la division Das Reich.

Le contexte est celui de la guerre d'Algérie, des corvées de bois et de la gégène : dans *L'Express* Céline peut dire du mal de Malraux et condamner la torture.

On l'interroge sur l'avenir. Il ne croit pas à l'atome mais aux Chinois qui ont pour eux l'*hydra viva*, la natalité : « C'est le jaune qui est l'aubépine de la race. »

Pas de jeune romancier en vue : ils ne travaillent pas assez. Rien à attendre de la jeunesse : on boit, on fume, on bouffe, on rote, on pète, on proustise, or chez un homme abstinent, il n'y a que deux heures par jour sur vingt-quatre de productives. Il faut être dans la vie et hors de la vie, comme hors du vice pour rendre la vie et le vice. Sigmaringen? mille quarante-deux condamnés à mort qui cherchent un coupable à envoyer au châtiment, c'est assez rigolo.

C'est le premier entretien mais non le dernier dans lequel Céline se lance voix pressée, souffle court, mêlant l'intox, le senti et le contradictoire – au moins apparent. Dire et ne pas dire, transposer dans l'oral le décousu recousu de l'écrit. À Pierre Dumayet et pour « Lectures pour tous », Céline récite l'apologue de Mikkelsen gouverneur du Groenland dont la chienne tête d'attelage annonçait la crevasse. Toute en finesse et en raffinement. Une aristocrate. Les gens sont lourds. Cette chienne avatar de Bébert le chat, c'est évidemment lui.

À Zbinden de Radio Lausanne, le 25, il se présente : styliste et pacifiste, ce qui lui fait regretter l'armée allemande, ce gendarme avec lequel « ils » n'auraient pas perdu Suez, l'Indochine, la Tunisie et le Maroc : « L'Algérie ne bougeait pas. » La solution de *L'École des cadavres* est reprise, mine de rien : l'Angleterre on la fixe un bon coup – la paix par la force des armes.

À la question provocatrice de l'envoyée du *Phare-Dimanche*, le 6 octobre : « Croyez-vous aux races ? » il offre une réponse préparée depuis toujours, les Juifs ce n'est pas une question raciale, c'est un problème ethnique. « La race qui monte c'est la jaune, la blanche c'est fini. »

Il a annoncé la grosse crevasse en 38, ils n'ont pas entendu. « Si dans un élevage on tue les bêtes raffinées, évidemment c'est un élevage très spécial » (à P. Dumayet).

Après l'interview de *L'Express*, Céline est conscient d'avoir passé une épreuve décisive : « Tu sais quand on a eu le monde entier si longtemps à la traque, en cage et hors de cage, on possède facilement tout le vocabulaire mesuré au milli » (à Paraz 18 juin).

Il ne s'est embrouillé que sur le détail : le sens à donner à ces châteaux : symbole de l'éternelle division entre seigneurs et vilains ou étapes d'errance sur la voie du Danemark comme dans les romans bretons. Cela aussi peut être expliqué : il ménage son sujet.

L'Express, « de gauche », mendésiste, mauriacien, accrédite à nouveau Céline. Ses petites idées, exposées dix ans plus tôt devant une cour de justice, lui auraient valu une bonne dizaine d'années de travaux forcés, elles sont désormais une curiosité offerte au public parisien. Les radios, les télévisions le redécouvrent, les ventes démarrent et l'auteur jubile : « Quelle résurrection ! grâce à vous ! » (17 juillet). Il a pour Nimier un mouvement de reconnaissance naturel, mais rare chez lui car il est durable.

Fin juin, Nimier, le premier, adresse ses lettres à « Mon cher Louis ». Le 6 juillet, Céline l'appelle « Mon cher Roger » mais signe « L.F. » ou Ferdinand. Trois jours plus tard il signe Louis qu'il utilisera désormais en alternance avec ses autres noms. Sur les décombres des potes antérieurs, un nouvel ami est installé. Les relations avec la rue Sébastien-Bottin en sont changées. Il suffit d'un Breton hétéro pour que Gallimard soit sauvé. Roger explique, justifie, Louis entérine. Il a confiance.

Vive l'amnistie, monsieur !

Certains des mille quarante-deux condamnés à mort de Sigmaringen n'ont pas trouvé rigolo du tout le rôle que Céline leur assignait.

P.A. Cousteau, anciennement de *Je suis partout*, l'attaque dans *Rivarol* le 20 juin : « Quand M. Céline rallie le fumier (doré) du système ». Il revient à la charge le 11 juillet : « D'un râtelier l'autre ». L'hebdomadaire publie le même jour une lettre-programme comme Céline n'en avait pas écrit depuis treize ans : « Vive l'amnistie, monsieur ! »

Ferdinand reprend la parole, le Ferdinand saltimbanque de *Bagatelles*, *L'École*, *Les Beaux Draps* ou *L'Agité*. Verve intacte, énormités à vue : le plus résistant des résistants, c'est lui puisqu'il est allé dire à l'Allemagne dans son antre ce qu'il pensait d'elle. « Au moment où toutes les armées du monde lui passaient à travers les tripes », il a proposé la fondation des Amis du Père-Lachaise. Mais comment le prouver ? Un peu timides les témoins.

Ferdinand propose à la France une amnistie dès qu'elle aura réglé le cas du petit Valaque giflé ou du paouin qui a mal digéré le missionnaire. Ferdinand, classe 12, médaillé militaire attend que le grand Sauveur passe président et qu'il imite l'autre Charles, le V, rentrant à Paris : « Le Roi n'a rien su... L'amnistie est dans les nécessités de tous les gouvernements. Vive l'amnistie, monsieur ! » Au lieu de se déchirer, les ex-collabos doivent s'unir autour du mot d'ordre et exiger l'amnistie pour tous.

C'est proposer pour les autres ce que l'habileté de Tixier lui a valu et c'est aussi se rendre quitte vis-à-vis de ceux qu'il offre à la curiosité du public de *L'Express*.

Paraz monte le voir à Meudon, c'est leur première rencontre depuis l'Occupation. Paraz a publié une interview téléphonique de Céline où celui-ci se justifie vis-à-vis des collaborateurs en reprenant l'antienne de 40-44 : où étaient-ils lorsqu'il attaquait Blum en 37 ? Céline dit du mal des uns et des autres, Gaston, Paulhan, Hindus, et parle du youpin qui lui a écrit qu'il voudrait venir en France. C'est un signe, comme le fait de pouvoir déblatérer impunément.

L'amitié retrouvée se trouve interrompue par la mort d'Albert **Paraz**. Il disparaît le 2 septembre 1957, Céline lui écrit encore le 9. Il n'a pas appris sa mort. Par la suite, Quand Paul Rassinier, ancien déporté et auteur du *Mensonge d'Ulysse*, premier ouvrage « révisionniste », forme une Société des amis de Paraz, il accepte d'en être membre mais ni président ni dignitaire. Il ne sera guère plus question de lui, regrets ou souvenirs. Paraz, c'est l'époque noire.

Vers le détachement ?

Dans l'interview prise par Paraz et publiée dans *C'est-à-dire*, les plaintes ne manquent pas, oui, ils ont un aspirateur – il provient de l'héritage de Lucette – mais il n'aspire pas... Il faut que sa misère soit connue, attestée. Ce genre de lamentation devient notablement plus rare dans la période qui suit la « résurrection ». La pension mensuelle de Gallimard est ponctuellement versée. *Mort à crédit* est publié en poche et *Voyage* fait l'objet d'une réimpression chez Hachette. Un million de francs de droits s'ajoutent à la mensualité.

Ils sont l'occasion d'une nouvelle guérilla avec Gaston Gallimard. Celui-ci a eu le tort en lui communiquant le chiffre des ventes *D'un château* (26 117 exemplaires au 15 novembre 1957) de lui faire attendre une fois de plus la Pléiade et de justifier la présence de Montherlant dans la collection par le nombre de souscriptions.

Céline le prévient qu'il est allé chez son notaire ajouter un codicille à son testament : il interdit toute publication après sa mort dans la Pléiade et peut-être « nulle part » (28 mars 58). La Pléiade, c'est une reconnaissance, une réparation, une fois mort, elle ne l'intéresse plus. Si Gaston compte sur sa disparition pour engranger les droits, il sera frustré. Il lui annonce qu'il n'aura pas le prochain « si je ne suis pas à la Pléiade dans trois mois ».

En février, des droits allemands sont « versés à son crédit », il est prompt à traduire : déduits de son déficit, et il tire les conclusions : « Plus je travaille, plus je dois de sous. Posons les clous » (5 février 1958 à Nimier). Il ne sera rassuré que lorsque les 750 000 francs, grâce à la vigilance de Roger, lui sont adressés : « Le petit sagouin les eût volontiers versés dans l'abîme du déficit. »

Gaston Gallimard ne paiera jamais assez cher l'honneur de le publier. Et les rentrées littéraires pour cette année dépassent le million magique, soit un peu plus de 200 000 de nos francs. De quoi calmer l'angoisse du lendemain.

La correspondance avec Nimier est brève, quelquefois télégraphique, toujours pratique, positive. C'est un badinage ininterrompu fondé sur les allergies communes.

Les événements, l'agitation politique qui secouent la France y transparaissent à peine. L'armée se révolte, Alger se dresse contre Paris, le président Coty appelle Charles de Gaulle : Céline juge qu'il va se boire un peu plus de vin que d'habitude (17 mai). La pièce est jouée depuis longtemps.

Le succès *D'un Château l'autre* attire vers la route des Gardes anciennes et nouvelles relations. Marie Bell grimpe la pente du jardin. Nimier vient de temps à autre. La « comtesse Cosima » (Renée Cosima-Bolloré) lui sert de chauffeur. Céline décore un guéridon avec la cage de Coco et la « couverture de *L'Illustré national* » pour les photographes de *Match*. Ce sont ses fétiches. Il est vêtu de l'uniforme qu'il ne quittera plus, un gilet de tricot sous une sorte de plastron de mouton retourné. Son pantalon flotte et s'écrase sur les chaussures, c'est celui d'un homme qui aurait de nouveau perdu trente kilos ou qui userait la garde-robe d'avant-guerre. « Les pantalons sont vides; et d'ailleurs ignobles. Ils tiendraient debout tout seuls à force d'être sales. On pense à des tas de choses. Du cuir. Ils sont jaunes et luisants de crasse. Plus rien dedans. On voit la boucle sur les reins, par-dessous les couches de peaux crues qui flottent par-devant. Un clochard, un berger [...] L.-F. ne sent pas bon, même à distance », note un ami de Robert Poulet qui l'accompagne à Meudon l'été 59.

Son régime est toujours à base de Véronal, de thé et de café, de tartines et de biscuits.

Un vétérinaire est venu castrer les molosses, Balou, le grand chien noir, grossit mais s'assagit à peine. Céline se fait photographier avec lui, sur le devant de la maison, il rit! « Balou sans couilles est encore plus jaloux qu'avant! » (16 décembre 1958).

Il a réclamé à Gallimard mille feuilles et puis encore mille. *Nord* est en train, ce qui va être *Nord*, Céline a repris les habitudes que lui avait fait perdre la nécessité d'avoir du crédit, il ne parle plus du travail en cours.

Il profite de sa résurrection pour pousser d'autres pions, tels que le projet d'une édition illustrée qu'il poursuit depuis longtemps; Buffet s'est récusé et a aussitôt été épinglé : « Il se prend pour un Léonard avec sa cour de pédés alcooliques... ce petit sagouin ferait mieux de me rendre le livre qu'il avait pris pour le soi-disant illustrer » (16 janvier 1958).

Céline lui trouve un successeur inattendu : son ex-femme Édith Follet, devenue Lebon, « professionnelle de l'illustration » (28 juin 1958). Il faut lui envoyer les livres en Bretagne.

Le soufflé retombe en août : « Patatrac pour l'illustratrice, trop riche, poivrote et curée, fainéante totale et maquisarde » (9 août). Les réputations ne tiennent qu'à un oui ou à un non. Une solution se présente d'elle-même, Éliane Bonabel, fille de Charles, vieille connaissance de Clichy, elle va se charger de ce projet dont Céline disait à Nimier en juin qu'il l'« empêchait de dormir » : la réunion de ses divers arguments de ballets (23 juin).

Retour à l'Opéra

En ressortant ces ballets, Céline ne vise pas une petite affaire supplémentaire d'édition : il veut toujours les voir dansés.

En novembre 58, Roger Nimier écrit à Céline qu'il le voit moins prix Nobel qu'administrateur de l'Opéra. Il lui envoie Jean Serge qui travaille alors avec A.M. Jullien. Celui-ci a monté *Les Sorcières de Salem* de Marcel Aymé au Sarah-Bernhardt, grand succès. Il a été ensuite directeur du « Théâtre des Nations » qui a amené à Paris l'Opéra de Pékin et Brecht. Malraux arrivé à la Culture l'a nommé directeur de l'Opéra de Paris.

Il avait commencé sa carrière par un numéro de duettistes « Gilles et Jullien ». Jullien était le pseudonyme d'Aman Maistre. Il a conservé son nom en initiales.

Céline ne tarde pas à replacer la suggestion de Nimier dans son contexte : « L'Opéra qui n'a pas eu de médecin directeur depuis le docteur Véron est recouvert pas une énorme alluvion de métèques, j'aperçois à peine la coupole émerger... mes ballets vont être pillés par cette clique » (6 novembre). Dix jours plus tard, le « Serge barbu » est traité de goret. Cette messe-là aussi est dite.

En janvier 59, Céline reçoit son relevé annuel : il a touché 2 260 071 francs de la NRF et il lui doit 5 538 936 francs.

En mars, arrive sa dernière mensualité au titre de *D'un château l'autre*, ce qui met en branle la mécanique des revendications. Il écrit à Roger Nimier : « Tout arrive ! un moment, vous aurez un moment pour penser à mes emm... ies !

1° - la Pléiade

2° - la traduction allemande ?

3° - *D'un château l'autre* en livre de poche ?

4° - le Ballet » (7 avril 1959).

Nimier lui répond dès le lendemain : « Claude et Gaston Gallimard lui semblent absolument décidés pour la Pléiade », Nimier a suggéré deux volumes l'un comprenant *Voyage* et *Casse-Pipe*, l'autre *Mort à crédit* et *D'un château l'autre*, il fait lui aussi l'impasse sur la période 37-57.

Ainsi commencent les choses sérieuses. Céline ne verra pourtant pas son entrée dans la Pléiade, ce bâton de maréchal. Malgré les assurances prodiguées par les uns et les autres et les menaces de ne pas livrer le manuscrit devenues routinières. « Pas de *Nord* sans décision pour la Pléiade », répond-il à Nimier qui lui annonce que son contrat est à la signature et qu'il prévoit une mensualité de 100 000 francs pendant trois ans (une d'un an à partir du 10 mai et deux ans à partir de la remise du manuscrit).

Pour faire bonne mesure, « la Bibliothèque idéale » se propose de publier un livre sur Céline. Il sera rédigé par un jeune Belge, Marc Hanrez.

Toutes ces belles promesses ne calment pas l'impatience de celui qui des hauteurs de Meudon tarabuste Nimier, les Gallimard, Odette Laigle ou les gens de la fabrication (il se fait alors rappeler à l'ordre par Nimier le 22 octobre 59). Nimier transmet les menaces de Céline aux Gallimard : « Je suis au dernier chapitre de *Nord* et foutre ne leur donnerai que ma Pléiade parue » (11 septembre).

Cette comédie Pléiade

Les Américains appellent « *merry go round* » la technique consistant à promener le solliciteur de l'un à l'autre. C'est le traitement que reçoit le candidat à la Pléiade mené amicalement en bateau. Il faut une préface, donc un préfacier, ce sera Mondor. Pour qu'il l'écrive, il faut qu'il ait reçu les éléments biographiques de l'auteur. Celui-ci les envoie. La préface est prête début 59. Céline, qui a signé le contrat Pléiade depuis le 2 juin de l'année précédente, piaffe déjà depuis quatre ans. Il voit la chose faite, préface et textes imprimés en vitesse. Nimier lui explique que pour la Pléiade cela se fait caractère par caractère, en monotype.

En janvier, la préface que Nimier jugeait un peu compliquée est égarée. Céline appelle les divers services de la rue Sébastien-Bottin. La fabrication n'en a pas entendu parler. « Cette préface est plus rigolote que le saint Graal », dit Céline à Nimier. Le 2 février alerte générale : Céline interpelle Odette Laigle. Qui le rassure. Ainsi que Nimier. Jacques Festy, de la fabrication, envoie une note à Nimier : Céline téléphone deux fois par semaine et le volume n'est pas prévu pour 1960. « Dites-lui que vous avez la préface, conseille Nimier, je lui écris que l'ordre de fabrication dépend de Gaston et Raymond. » Ainsi Nimier endort-il son Céline qui ne paraît d'ailleurs qu'à moitié dupe : « La NRF est exténuante d'idiotie roublarde. Je risque fort d'être décédé avant d'être pléiadé. » Il signe : « Tendrement ».

Nimier l'assure qu'il compte partir le premier et lui conseille d'envoyer une lettre gentille à Claude (« Gardons les engueulades pour Gaston » [5 janvier]).

Et Céline s'exécute : « Un an pour moi, c'est l'infini », écrit-il à Claude Gallimard le 7. Celui-ci lui répond que son père va lui répondre. Le 12, Céline attaque directement Gaston Gallimard : ils ne sont plus Mondor ni lui à parler d'années, ni même de mois! La réponse de Gaston a été perdue mais on imagine ce qu'elle était par ce que lui dit Céline : il le croit, mais il croit aussi que, s'il s'agissait d'un livre de Malraux ou d'Aragon, il serait imprimé en trois mois à Bruges ou en Chine. Et il tire une conclusion désabusée de toute l'affaire en écrivant à Nimier : « Je n'ai pas à démêler le vrai du faux dans cette comédie Pléiade... je suis trop vieux » (18 février).

Il a le sentiment d'avoir été joué – le contrat Pléiade ne fixait pas de date de parution – mais il n'éructe plus. Il s'attendrit même, il envoie des « baisers goulus » aux Nimier. À sa première femme, Édith, il parle de pardon à obtenir et reconnaît des brutalités. Il les met sur le compte de ses « avatars d'oreille » (c'est une des rares fautes involontaires de langue) (10 août 1958).

Une nouvelle et dernière période s'ouvre où, recru de batailles, Céline atteint enfin une manière de détachement. Il revoit peut-être Mikkelsen, en tout cas il lui écrit et le ton de ces lettres ne correspond guère à la scène qu'il lui aurait faite lorsque Mikkelsen venu se présenter à la grille sans s'annoncer aurait été éjecté (Lucette à F. Vitoux), la situation paraît plutôt inverse et la sévérité du côté de Mikkelsen (voir *supra* le portrait qu'il fait de son ancien protégé).

Il semble qu'à la fin des années cinquante, la peur de manquer, l'impression d'être un réprouvé se relâchant, Céline commence à sortir de lui-même et à replacer son histoire dans une perspective moins étroite.

Nord

Nord traduit pourtant la rage, la violence du temps des frustrations, les angoisses du tombeau avant la résurrection. Au moins l'introduction avec sa phrase d'ouverture de quatorze lignes où se mêlent la hâte d'en finir (assez nous avons vu) et la rancœur envers les autres, tous les autres (quelle myriatonne d'efforts pour cette hideuse satanée horde d'alcooleux enfiatés laquais).

Nord est une remontée dans la remontée du temps que constituait le livre précédent qui correspondait à l'épilogue de l'aventure allemande. Céline a commencé par « l'autre château », il s'agit ici du premier, abordé par Berlin à partir de Baden. L'action est située à Kränzlin dans la propriété des Scherz, où le Dr Hauboldt a abrité Céline, sa femme et Le Vigan, à l'écart des autres collaborateurs.

Lorsqu'il a le manuscrit en main, Nimier le transmet à Claude Gallimard :

« Voici le manuscrit du nouveau roman de Céline, si vous voulez y jeter un coup d'œil. C'est un peu conçu comme l'était *D'un château l'autre*, c'est-à-dire qu'on passe de scènes actuelles aux souvenirs de l'Allemagne de la débâcle. Les scènes montrant Berlin sont extrêmement bien.

« Céline voudrait que son manuscrit paraisse au mois de mars.

« Je verrai ce qu'on peut faire à *Match* pour le lancement. »

Le livre ne sortira qu'en mai, l'article de *Match*, « Céline le pestiféré ne parle plus qu'avec coco », ne paraîtra qu'en septembre et le livre se vendra moitié moins bien que le précédent. Les retards, la mévente relative font l'objet de rappels, plaintes et récriminations de la part de Céline qui s'en prend alors aux succès de Françoise Sagan, auteur parmi les auteurs que les lecteurs lui préfèrent : « Presque comme eux, avec juste en plus le petit liséré à la couleur... chef-loufiat, chef torche-chose, lèche-machin, fuites, bénitiers, poteaux, bidets, couperets, enveloppes... que le lecteur se retrouve, se sent un semblable, un frère, bien compréhensif, prêt à tout... » Description qui s'adapterait mieux à son « assassin » Roger Vaillant dont *La Loi*, publié par Gallimard, se vend à 250 000 exemplaires, grâce au film de Vadim. Lorsque Céline l'accroche dans *Le Petit Crapouillot* de février 1958, il peut même donner l'impression de s'en faire valoir.

« La Vigue » a repris dans *Nord* le rôle qui était celui de Robinson dans *Voyage*, celui du double, ombre portée du héros-narrateur. Ici il est le lapin terrifié que Céline mentionnait dans ses lettres de Kränzlin.

On pouvait supposer que ce portrait cruel avait provoqué la rupture des relations entre les deux hommes. Or la dernière lettre à Le Vigan date du 24 mai 1957. Si un livre avait dû les brouiller, c'était donc le précédent où Céline fait jouer à La Vigue une panne, receveur de La Publique, la barque à Caron, délire par lequel il introduit les souvenirs d'Allemagne. L'évocation de l'attitude de Le Vigan face à ses juges est alors flatteuse : « Ce qu'il a pu être héroïque... la façon qu'il a fait face ! » (Pl. II, p. 73).

D'après Le Vigan, la littérature n'a joué aucun rôle dans leur rupture qu'il situe en 55 :

« Pourquoi ? Parce que Ferdinand a toujours eu en lui un diable impatient à torturer les potes pour les mettre à l'épreuve de leur fidélité ou simplement pour montre (?) ou simplement pour rire... Dieu sait si de sa part j'ai connu amitiés, bontés et rigolades si hautement payées par vacherie insigne, aberrante plutôt.

« Notre rupture à nous ne vint pas *D'un château*, de *Nord* bien moins encore! création géniale. Rien n'est vrai en ces œuvres! personnage littéraire... Il faut avoir vécu ensemble le périple pour savoir à quel point tout est fable créée! Il n'a pas répondu à ma dernière lettre parce que je l'y secouais avec trop de motifs! Tout s'est éteint ainsi! Je venais d'accueillir un SOS tragique d'un copain exilé, perdu en Équateur... Il était le deuxième conseillé par Ferdine d'écrire audit La Vigue le riche estanciero récemment marida à une fille à fric! La Vigue pouvait donc l'engager sur ses terres, en un climat parfait, très amicalement... la vache me savait trimard et famélique, marnant, taxi de nuit en l'immense Buenos Aires, le trou duc à zéro, attentats quotidiens et pour ne jamais joindre les deux bouts des besoins! Il me fallut répondre aux pauvres camarades que Céline visionnait... mais ils ne m'ont pas cru! J'ai passé pour salaud » (16 juillet 1971).

Le Vigan dit qu'il réfléchit ensuite que Céline écrivant son livre avait besoin de faire travailler son imagination.

La traduction allemande de *D'un château l'autre* a ramené d'anciennes connaissances : Karl Epting, Hermann Bickler.

Epting se manifeste le premier, en juillet 60, et Céline lui écrit qu'ils sont bien émus et bien heureux de recevoir de ses nouvelles (21 juillet). Pas je, nous. C'est le code familial, le code prudent.

Epting n'a rien perdu de son admiration pour Céline et c'est d'ailleurs son article sur *Nord*, dans *Christ und Welt*, qui va déclencher de nouveaux problèmes judiciaires, posthumes, ceux-là. Céline s'est si bien persuadé que le monde qu'il évoque est aboli qu'il a gardé aux protagonistes de sa fiction les noms des modèles, le cul-de-jatte qui termine sa vie dans une fosse à purin s'appelle Scherz et le médecin SS qui vient puiser dans ses stocks somptueux de nourriture Hauboldt. Asta Scherz, veuve du pseudo cul-de-jatte assassiné, et le Dr Hauboldt toujours bien vivants vont demander la suppression de l'édition de *Nord* et des dommages et intérêts qu'ils obtiennent en 63. Dès septembre 61, la Librairie Gallimard avait retiré le livre de la vente. Il reparaîtra avec une distribution renouvelée.

Bickler, adjoint de Knochen et d'Oberg, a permis aux Destouches de quitter la nasse de Sigmaringen. Coïncidence ou conséquence, il se manifeste le jour où paraît l'article d'Epting. Céline lui dit sa joie d'avoir de ses nouvelles, il lui apprend la mort de Bébert, enterré à Meudon. Les deux anciens combattants vont correspondre : « Le grand et doux malheur voyez-vous, c'est que nos pauvres histoires n'intéressent plus personne, le monde est un théâtre et nous ne sommes plus de l'acte qui se joue... aussi démodés que les héros de 70 [18]... »

Démodés, mais pas forcément désabusés : François Gibault a publié la lettre par laquelle Céline interroge son correspondant sur l'existence d'un centre historique à Bonn qui aurait démontré qu' « il n'y aurait jamais eu de chambres à gaz (Gaskammer) à Buchenwald, Dachau, etc., ni nulle part en Allemagne. Il y en avait en construction mais qui ne furent jamais terminées... selon cet Institut. Si vous obtenez des documents voilà qui m'intéresserait fort, vous aussi sans doute! » (30 décembre 1960). Céline, qui a repris ses relations avec le persévérant H. R. Petit, recommande un de ses livres chez Gallimard. Il est aussi en relations avec Paul Rassinier, cet ancien député socialiste qui ne croit pas à une solution finale voulue et planifiée et qui rend les *kapos*, le plus souvent communistes, responsables des disettes, des mauvais traitements et de la mortalité massive dans les camps.

La demande de précision à Bickler montre que Céline, quoi qu'il en dise, ne se sent pas exonéré du crime d'avoir poussé vers une liquidation organisée les Juifs qu'il voyait pulluler en France.

En novembre 1960, Roger Nimier annonce à Céline que Gallimard a engagé un certain Ducourneau, balzacien et sérieux, pour s'occuper de la fabrication de la Pléiade (22 novembre). Il s'agit de *sa* Pléiade. Quand Gaston Gallimard assurait en septembre à Céline que la composition avait commencé, il anticipait. Ducourneau doit établir le texte et rédiger les notices, notes et variantes sans lesquelles une Pléiade ne se conçoit pas. Sans parler de la « chronologie ».

Engagé à la rentrée 60, Ducourneau n'a pu « passer une partie de l'été 60 à préparer avec Céline l'édition de *Voyage au bout de la nuit* et de *Mort à crédit* qu'allait préfacer le Pr Henri Mondor [19] ». Il est même remarquable que son nom ne réapparaisse qu'une seule fois dans la correspondance que Céline échange avec la NRF, le 22 février 61, le jour où Céline se plaint : il a « tartiné, édulcoré tout ce qu'on a voulu, et à l'instant, et puis ce M. Ducourneau a emporté le tout et s'est enfui, et je n'ai pu le joindre plus jamais »... Il s'agissait de remplir les blancs laissés par Denoël dans la première édition de *Mort à crédit*. Nimier est alors en Angleterre. De retour, il conseille d'écrire directement à Gaston qui lui répond qu'il tient certainement autant que lui à ce que cette Pléiade paraisse (15 mars 1961).

Tout semble indiquer que le travail d'annotation, l'appareil critique, a été fait pendant l'été 61, après la mort de Céline, ce que paraît confirmer le surnom donné alors à Meudon à « Monsieur le Minutieux », Ducourneau travaille avec Marie Canavaggia à cette première édition. À commencer par la notice biographique.

Par contre, il est sûr que Céline rencontre le « biographe » de « La Bibliothèque idéale », chargé par Gallimard de rédiger l'ouvrage que Céline réclame depuis si longtemps, bibliothèque dans laquelle une vingtaine d'auteurs NRF l'ont précédé. Il trouve le jeune Belge « délicieux »; il aime moins sa femme psychologue. L'impression définitive est mitigée : « Il m'a bien fatigué... le goût belge germano-latin est infect » (27 septembre 1960).

De son côté, Hanrez n'est pas entièrement satisfait des réponses aux questions qu'il a posées (celles qui ont fatigué Céline) car il fait précéder son travail d'un avertissement : « Les notes que je rapporte ici ne sont pas sujettes à caution : il se pourrait seulement que quelques événements n'eussent pas eu lieu, *exactement* aux dates indiquées. »

Ou pas eu lieu du tout. Céline n'a pas reçu de balle dans l'oreille, il n'a pas été trépané, le *Chella* n'a pas été torpillé par les Allemands, il n'y a pas eu qu'une seule lettre de lui publiée pendant l'Occupation, et encore moins malgré ses protestations, il n'a pas soigné de parachutiste anglais à Montmartre et il n'a pas été forcé de passer en Allemagne, ni dirigé sur Sigmaringen, ni interné à Kränzlin, il n'a pas été incarcéré à son entrée au Danemark...

Ces approximations nous intéressent dans la mesure où elles reflètent, comme la chronologie Ducourneau, l'image que Céline tente toujours d'accréditer en 1961. Le « jeune Belge » ajoute d'ailleurs de son cru : il voit Lucette enseigner au grenier pendant que son mari reçoit les rares clients au sous-sol.

Son étude a le mérite, rare à cette date, d'aborder d'emblée le problème de l'idéologie de Céline et de faire figurer dans l'étude de l'œuvre les « pamphlets ».

Son livre ne paraîtra qu'en novembre 61, après la mort et l'enterrement de Céline, auquel Hanrez ajoute une note très « germano-latine » : un prêtre vient bénir le corps *supplicié* de l'écrivain alors que tombe une fine pluie mauve.

Tout ça au rythme du galop

La Pléiade en vue, Céline ouvre un autre chantier : il veut maintenant que *D'un château l'autre* paraisse en poche, demande à laquelle Gaston Gallimard répond rituellement que la décision dépend de Hachette (20 septembre 1960). Céline ne se satisfait pas de cette échappatoire et relance Odette Laigle le 5 octobre.

Cela devrait être le prodrome de requêtes répétées selon l'habitude prise depuis dix ans, or elle est abandonnée – peut-être parce qu'il a reçu des assurances précises.

Un nouveau venu chez Gallimard, Jean O'Neil, lui envoie le 18 avril 61 un chèque de 9 000 francs correspondant à un premier tirage de soixante mille exemplaires de *D'un château* en livre de poche. Voilà atteints d'un coup et même dépassés les tirages fabuleux (devenus fabuleux) de l'avant-guerre et de l'Occupation.

Restent les jachères de la danse et du cinéma. Céline s'y emploie sans tarder. S'il a perdu tout espoir de faire monter ses ballets à l'Opéra, il n'a pas renoncé à y faire entrer Lucette. Malraux, vieille connaissance, est ministre de la Culture, Céline signale dès juin 59 à Nimier avoir fait un appel à son cabinet. Le 12 janvier 1961, il lui annonce que sa femme a un rendez-vous à l'Opéra. Roger Nimier dicte aussitôt deux lettres pour A.M. Jullien, l'une sera signée par le directeur d'*Arts*, André Parinaud, l'autre par Gaston Gallimard. C'est une préparation d'artillerie.

L'entrevue a lieu et, quelques jours plus tard, Nimier relaie vers Meudon la réponse de Jullien à Parinaud, il la trouve bien normande et demande d'autres instructions car Claude Gallimard doit voir Malraux à la fin du mois et Nimier lui demandera de parler de Lucette.

Céline se cabre : « Y a vache maldonne ! Lucette a l'air de quémander, c'est tout le contraire... bien gentille d'offrir son savoir et ses jambes à cet opéra merdocul et à ce plongeur dépaysé et ce loufiat hystérique et bon à lape. » Le loufiat hystérique est Aman Maistre Jullien, le plongeur dépaysé Harald Lander, le chorégraphe de l'Opéra de Copenhague qui interdisait à ses danseuses de prendre des leçons de Lucette Almanzor, il travaille maintenant à celui de Paris. « Réponse est faite aux deux par lettre – vous recevrez le double. »

C'est ainsi que nous connaissons la réponse à Jullien. Lucette a écrit : « Vous avez eu l'amabilité de me recevoir et de m'écouter – je veux vous remercier – je crois cependant que je me suis fait mal comprendre. Très brièvement, je sais que votre temps est précieux, je veux que vous sachiez qu'il ne s'agit pas pour moi de la recherche d'une situation ou d'un professorat à l'Opéra. Un professorat m'y intéresserait certes, mais non à condition de passer sous le commandement de M. Lander dont je connais vous le savez l'incapacité (absolue) de longue date. »

François Gibault donne la lettre comme écrite par Céline mais le style ne correspond à aucun de ses registres. On peut penser qu'il a lancé l'argumentation et que Lucette Almanzor s'est chargée de la rédaction.

Le même jour, il envoie, écrit de sa main, sa candidature au Grand Prix de la Ville de Paris. La lettre est adressée au président du conseil municipal, Pierre Taittinger. Le prix précédent a été attribué à Cendrars : « Je ne suis hélas pas suisse », écrit Céline, qui fait valoir ses origines strictement parisiennes et françaises, ses blessures, ses médailles. « Tout ceci ne serait rien qui me recommande à votre jury sinon mon âge et mon état de santé et peut-être les livres dont je suis l'auteur : *Voyage au bout de la nuit, Mort à crédit*, etc. »

Voilà du Céline 61. Comme la fin de la lettre à Nimier : « Pour les films, flouze sur la table ! Sinon tout est blabla, salivage perdu ! »

Il s'agit d'un énième projet de tournage. Claude Autant-Lara est alors dans la course. En septembre 60, les droits ont été cédés à J.-P. Guibert, beau-frère de Michel Audiard ; Nimier pense pour sa part à Louis Malle et à ses commanditaires.

Jean-Claude Descaves travaille au scénario, Céline lui envoie le 21 novembre 60 des renseignements sur ce qui se chantait « en août 14 aux Armées : *Je sais que vous êtes jolie* – " Ferme tes jolis yeux car la vie n'est qu'un songe au pays merveilleux / au doux pays du réaive ! " Et les airs de cavalerie du même temps. *Le Réveil :* " Ta femme est une putain, brigadier! " Tout ça au rythme du galop ».

Le 21 mai, il n'a pas perdu l'espoir d'aboutir : « Cl. Descaves me dit qu'il connaît d'énormes bourgeois michés. » *Voyage au bout de la nuit* à l'écran, ce serait l'ascension après la résurrection. Et un triomphe de l'obstination.

De *Colin-Maillard* à Rigodon

Céline travaille à un nouveau livre dont il a conçu l'idée avant même d'avoir mis la dernière main à *Nord*. Des polémiques suscitées par une émission de télévision, une interview de Céline à Meudon programmée puis déprogrammée, le fait que Nimier ait rejoint le comité directeur d'*Arts* que Céline juge hostile à sa personne, « pire que *L'Express* et la Lica », excitent à nouveau la mangouste : « Même chiasse chez Mondor vous verrez! [...] D'ailleurs une fois *Nord* lancé je vous promets un petit pensum amusant Bi du bout où je compte régler en quelques pages toutes ces contorsions. Jean Jacques croyait l'homme bon, moi je le vois *jaune* » (4 décembre 1959). On voit par là et une fois de plus que l'écriture ne procède pas du style, comme il était utile de le faire savoir au moment d'Hindus et des *Entretiens avec le Pr Y* et comme il est commode de continuer à le faire pour des raisons « éditoriales ». Le livre est conçu comme un châtiment. Une fois servis les alcooleux enfiatés, les hypocrites lecteurs de *Nord*, Brottin et Loukoum, il restera une dernière vérité à annoncer : celle de l'emprise jaune qui complétera l'autre. Ce sera un rappel ultime de la doctrine biologique : la vie est un bal de gamètes, l'important est ce qui ne se voit pas : l'enfant que le facteur fait à la bonne (*R.*)

Au printemps 61, Roger Nimier l'interroge pour *Le Bulletin de la NRF* : Si vous écriviez une biographie qui choisiriez-vous? Il répond : Vacher de Lapouge : « Ce serait l'occasion de me renseigner moi-même » (9 mai 1959). Sitôt dit sitôt fait et il lui fait parvenir le 15 la lettre du conservateur de la Bibliothèque de Poitiers auprès duquel il s'est renseigné : « Elle sort ce Vacher de la nuit. » Vacher de Lapouge est celui qui a révisé à la lumière des données biologiques du xxe siècle les vues de Gobineau sur l'inégalité des races humaines. En décrivant d'une façon qui ne pouvait qu'inspirer Céline l'abjection de la masse, il laissait leur chance biologique aux individus « supérieurs », le jeu des combinaisons génétiques n'aboutissant pas à cette dilution générale par les mélanges à laquelle croyait Gobineau. On voit à quoi tend la réflexion permanente de Céline intrigué au printemps 61 par ce Vacher de Lapouge dont il avait pu lire l'ultime article dans *Europe* en 1924 et dont il ne connaissait que ce que lui en avait dit Montandon.

Rigodon est donc conçu comme un livre de combat. Ayant retrouvé son statut, l'auteur va pouvoir s'exprimer « au milli », voici ce qui le pousse chaque matin à l'établi, les clous en main. Il s'agit d'actualiser et de faire passer, grâce à mille agréments stylistiques, le message ininterrompu :

« Les hommes blancs avaient inventé la bombe atomique, peu après ils ont disparu. Tu veux que je te dise comment?

« Il hausse les épaules... il baisse les paupières demi-baissées, genre croco...

« – Ce sera long? »

Marcel (Aymé) ici, Robert (Poulet) ailleurs ou Cambremousse (Camus) rougeaud, pléthorique qui se fout de sa tension, « il est trop passionné de cuisine et de rénovation nationale », tout son monde est convoqué. Le message reste le même : ascèse, contention personnelle ou nationale, vérité biologique, les malheurs d'antan (qui font la matière du livre) préfigurant les malheurs de demain.

Lui, il ne boit pas, il ne fume pas, il est maigre, il prend des sédatifs puis des excitants et sa tension monte à 26. Un médecin fréquente alors la maison, le Dr Willemin, il sait que le trou dans la tête n'existe pas, il fait des signes discrets, non, non, lorsqu'on montre les dimensions : un poing. Il trouve comme son confrère Balta le régime alimentaire et médicamenteux de Céline aberrant. Céline grigotte, s'abrutit ou se dope, à ce régime il doit vivre cent ans. Ou mourir d'un coup, mais c'est ce qu'on dit après.

Lucette Almanzor croit se souvenir qu'en 61 Céline a eu « une petite alerte cérébrale ». « Il s'était levé brusquement de son bureau, un jour, avait jeté tous ses papiers à terre. » Il la reconnaissait à peine. « Cela avait duré plusieurs semaines. Et puis un jour il s'est levé et a demandé : " Qu'est-ce que tu as fait de mes papiers? " Il ne se souvenait plus de rien, il a repris sa vie normale [20]. »

Après janvier, mois pendant lequel le rythme de sa correspondance est particulièrement soutenu, ce rythme faiblit. Mais il reste régulier jusqu'au dernier jour et on ne voit pas où placer cette « absence » de plusieurs semaines. L'écart maximum entre les lettres connues est de dix jours et cela en juin alors que Lucette Almanzor date l'alerte de quelques mois avant sa mort.

Lorsqu'on a publié *Rigodon* en 1969, on a accompagné le livre d'une note biographique : « Le 1er juillet au matin, il prévint sa femme **Lucette** que *Rigodon* était achevé, puis il écrivit à Gaston Gallimard pour l'en avertir. Le soir à 18 heures, il était mort » (préface). Céline se survivait dans cette présentation qui lui laissait écrire le mot *fin* et lancer un dernier message à son éditeur. Meudon, dernière fabrique de récits, de mythes et d'interprétation, continuait à fonctionner.

La réalité est plus banale, donc plus tragique. La vie de Céline ne se conclut pas comme un beau film, elle s'interrompt aussi absurdement que toutes les vies et il n'avait pas fini sa tâche. À soixante-sept ans, il avait encore le Danemark, ses prisons, son exil à raconter. Il n'aurait eu que soixante-quatorze ans en 68 et vu le bi du bout des années pléthoriques et de quelques tabous.

Marie Canavaggia, accourue à Meudon, a constaté que le manuscrit était ouvert aux deux tiers, Céline y travaillait encore. Pour des raisons qui n'avaient rien à voir avec l'achèvement ou l'inachèvement du texte, on ne le leur remit pas, à Ducourneau et à elle. Quand ils ouvrent la valise qu'on leur a confiée pour l'éditeur, ils s'aperçoivent qu'elle contient des feuillets disparates provenant de manuscrits antérieurs, *Féerie, D'un château l'autre.*

Le manuscrit est retrouvé plus tard, son déchiffrement prend beaucoup de temps. Il n'est pas confié à Marie Canavaggia et c'est un brouillon, les données internes et externes le prouvent abondamment. La dernière lettre par laquelle Céline était censé annoncer qu'il avait fini son travail avait été écrite en fait à la suite d'une suggestion de Roger Nimier : demandez une augmentation de la pension. « Ah quel admirable conseil ! j'écris céans à Gaston et vive les 1 500 NF. J'en suis ! » lui répond Céline le 30 juin. Il ajoute en PS : « Pas Colin-Maillard, *Rigodon* le prochain. Vous savez je cogite très lentement mais des années d'avance – déjà la bande : Par-ci ! vite par-là ! »

Il a trouvé le titre mais cogite des années d'avance : il ne doute pas de les avoir. Ses romans paraissent en général en juin : 52, 54, 57, 60, le plus souvent à trois ans d'écart. *Rigodon* pourrait paraître en 62 ou 63. Il exige encore beaucoup de travail, c'est le seul dans lequel les comptages ne se traduisent pas par un vrai renouvellement du vocabulaire ni de la coupe.

La lettre à Gaston Gallimard a le même ton allègre que la lettre à Nimier : « Il va être temps de nous lier par un nouveau contrat : 1 500 NF au lieu de 1 000. Sinon je loue, moi aussi, un tracteur et vais défoncer la NRF et pars saboter tous les bachots. »

Plaisanterie n'est pas chantage, Destouches signe : « Bien amicalement vôtre. »

Cette fin de juin est éprouvante. Le baromètre est au bleu fixe, la chaleur éprouvante. Louis Destouches sait d'expérience qu'elle ne lui vaut rien. Le mythe du froid qui préserve/conserve n'est pas gratuit, il épouse son cas, comme ses autres généralisations. L'écriture du billet à Gaston Gallimard est l'une de ses plus mauvaises : tremblée, relâchée, mais ce n'est pas la première fois ni le seul exemple. Son régime n'a pas changé : Véronal le soir, café le matin et des antidépresseurs en « quantités énormes » (Dr Willemin).

Il a subi récemment une petite intervention chirurgicale sur un mélanome (petite tumeur cancéreuse) à la tempe. Opération parfaitement bénigne et sans aucun rapport avec un problème interne.

Le 1er juillet tombe un samedi. En descendant le matin, Lucette trouve son mari en bas. Il est 6 heures et il se plaint de la lumière, il faut fermer les rideaux. Il refuse l'appel à un médecin ou une piqûre. « Laisse-moi crever tranquillement. » Il boit du thé et écrit trois lettres, à Marcel Aymé, à Gaston Gallimard et à Roger Nimier. Il annonce la fin de *Rigodon*. Il a un nouveau projet : partir en Bretagne dans une cahute sans électricité. On s'éclairera à la bougie. « Comme ça nous ne devrons rien à personne. Tu es crevée, tu ne peux plus continuer! » C'est un projet périodique. Et ce sont les souvenirs de Lucette Almanzor en 1969.

Dans une version un peu différente, elle trouve Louis au sous-sol où il a cherché la fraîcheur. Elle remonte avec lui au rez-de-chaussée et se souvient l'avoir aidé à s'allonger nu sur son lit et lui avoir appliqué des compresses car il se plaignait de sa tête. Puis elle ferme les volets. Ces malaises ne sont pas nouveaux.

Alors qu'elle sort sur la terrasse arrive Serge Perrault, le danseur. Elle le prévient que Céline ne le verra pas, qu'il est couché. Ils montent à la salle de danse. La leçon terminée, Lucette et lui boivent du thé. Il la quitte vers 5 heures de l'après-midi. A peine rentré chez lui, Serge Perrault reçoit un appel de son ami le Dr Willemin (c'est lui qui l'a présenté à Meudon), qui lui dit : « Céline est mort, Lucette est seule, monte vite. »

Lucette a trouvé Louis toujours couché « un peu de côté, comme prêt à tomber ». Elle renvoie les élèves, « le nez collé au carreau comme pour un accident », et elle appelle à l'aide (souvenirs de 1969).

Plusieurs personnes sont ainsi appelées. Lucette n'arrive pas à croire que son mari est mort. Quand Serge Perrault arrive, elle le veille, figée dans le silence. Il part chercher de l'aide à l'école voisine du Sacré-Cœur. Une sœur lui ouvre mais elle refuse de le suivre : elle est seule, ce samedi jour de congé. « C'est à partir du refus justifié de cette religieuse que naît la stupide légende du soi-disant prêtre refusant de se rendre chez Céline pour une bénédiction. »

Céline a eu, à une heure indéterminée, une hémorragie cérébrale qui l'a, on peut l'espérer, emporté très vite. La seule certitude, c'est qu'il était seul. « Une petite artère du côté droit a pété et inondé le lobe, dit le Dr Willemin. Son régime alimentaire était aussi désastreux que son régime médicamenteux. Il ne mangeait pas. Jamais de table mise. Toujours des petites choses, confitures, croissants que je lui apportais. » Pouvait-on éviter l'accident cérébral? « Une piqûre de morphine peut-être. S'il avait survécu à l'hémorragie, il serait probablement resté aphasique, incapable de s'exprimer correctement. »

433

Serge Perrault ramène route des Gardes une infirmière. A eux trois, ils changent les draps, passent une chemise propre au mort. Les amis alertés commencent à arriver. Perrault, passant par le cabinet de travail, voit « *Rigodon* terminé ce jour », posé par terre dans une grande boîte de carton. Les liasses (« petits paquets ») sont prises dans des pinces à linge...

L'enterrement a lieu le mardi 4 juillet. Il pleut. Une trentaine de personnes dont Marcel Aymé assistent à la mise en terre. Le décès n'est annoncé que tardivement, il va se trouver dans les journaux associé à celui d'Ernest Hemingway qui s'est envoyé dans la tête une décharge de fusil de chasse. Sur sa tombe pas de croix, mais un petit bateau.

REMERCIEMENTS

Je voudrais remercier ici les services historiques des villes du Havre, de Courbevoie, de Bezons, de Gien qui ont répondu aux questions que je leur ai posées et au-delà. M. Boulo, directeur à la Banque de France, pour les renseignements monétaires. MM. André Lucas, Philippe Raggi et Sophie Massalovitch pour leur relecture attentive du texte. Dominique Frelaut. Maurice et Suzanne Bardèche pour les documents si généreusement offerts. François Marchetti pour les investigations et vérifications opérées au Danemark, ainsi que MM. et Mmes d'Aumale, Marie-Christine Bellosta, Gilles Bernard, Anne Brassié, Alain de Benoist, Françoise Brisse-Marchand, Germaine Chellet, Marc Crapez, J.-P. Dauphin, Jean et Anne-Marie Devriese, Allan Farrell, Christian Grand, Dr Hogarth, Karen Marie Jensen, Alphonse Juilland, Bente Karild, Marc Laudelout, J.-P. Louis, Éric Mazet, Madeleine Pinçon, Erna Rasmussen, Jacques Roederer, Hélène Soupault, P.A. Taguieff pour avoir répondu à mes questions, fourni des renseignements ou pour leurs encouragements. Les refus de documents ont été rarissimes.

À l'origine de ce travail, il y a eu, voilà maintenant longtemps, le geste généreux de Dominique de Roux qui m'a proposé de classer et d'utiliser à ma convenance les archives de préparation aux deux *Cahiers de l'Herne* consacrés à Céline. Les quelques kilos de photocopies qui semblent être les seuls restes de ces « archives » m'ont fourni une direction de recherche. Alors hétérodoxe, elle est maintenant acceptée, sinon dépassée.

J'ai complété les intuitions d'alors par des rencontres ou des correspondances avec ceux qui ont approché Céline ou partagé sa vie : Lucette Almanzor, Louis Aragon, Mme Benenson, Henri Bonnet, Paul Bonny, Jeanne Carayon, Henriette Chervin, Lucien Combelle, Dr François Daudet, Pr Debré, Jacques Deval, Karl Epting, Édith Follet, Louis Ghisletti, le Dr Howyan, Pr Milton Hindus, Erika Irrgang-Landry, Robert Le Vigan, Henri Mahé, Pierre Monnier, J.-P. Mourlet, le Dr Pecker, Gen Paul, Henri Poulain, Pulicani, Denise Thomassen, Tixier-Vignancour, Dr Willemin ; la liste n'est pas exhaustive. Ils m'ont donné des renseignements, des impressions, des indications ou des documents.

NOTES

1. Jeune chien

1. Christian Grand, *Trois Siècles de banque*, EPH éd., 1991.
2. Jacques Chastenet, *La France de M. Fallières*, Fayard, 1949.
3. À Albert Naud, 16 avril 1950, *in Les défendre tous*, Robert Laffont, 1973, et *Lettres à son avocat*, La flûte de Pan, 1984.
4. Voir François Gibault, *Céline*, t. I, p. 77, Mercure de France, 1977.
5. Gibault, *op. cit.*, t. I, p. 76.
6. Gibault, *op. cit.*, t. I, p. 97-98.
7. Gibault, *op. cit.*, t. I, p. 100.

2. Cuirassier

1. 14 novembre 1950, *Libération*, 4 juin 1984.
2. Le « Carnet noir » conservé par un camarade lorsque Louis Destouches est blessé dans les Flandres et restitué après la Seconde Guerre. Il a été reproduit pour la première fois dans *L'Herne*.
3. *Arts*, août 1961, repris dans *CC 2*.
4. Voir *Jean et Yvonne, domestiques en 1900*, Tema, 1977.
5. 10 mars 1949 ou 1950, *CC 6*.
6. 15 novembre 1950, *Libération*, juin 1984.
7. Noms réels de camarades de Louis Destouches à Rambouillet. Ceux-là ont été tués à l'ennemi. Source : Mémorial des morts et disparus du 12e cuirs. Il ne livre d'ailleurs qu'une minorité de noms typiquement bretons.
8. Fin du Carnet noir, *L'Herne*.
9. *Sébastien Faure et La Ruche*, Éditions Yvan Davy, 1989.
10. D'après Jean Puget, *La Duchesse d'Uzès*, L. Connard, Paris, 1937.
11. Roland Lewin, *op. cit.*, p. 149.
12. À Jacques Darribehaude et Jean Guénot, repris *in CC 2*.
13. Klarskovgaard 1950, repris *in TD* 1, p. 114.
14. *Arts*, août 1961, repris *in CC 2*.
15. Capitaine Gazin, *La Cavalerie française dans la guerre mondiale (1914-1918)*, Payot, 1930.
16. 31 juillet 1914, *in* Gibault, t. I, p. 137.
17. S.d., Gibault, t. I, p. 138-139.
18. Après le 10 septembre, Gibault, t. I, p. 143.
19. 2 ou 3 octobre, Gibault, t. I, p. 140.
20. Octobre 1914, catalogue Castaing, vente du 20 juin 1992.
21. 14 octobre 1950, *Lettres à la NRF*, *op. cit.*

22. À Simone Saintu, 27 septembre 1916, *CC* 4.
23. Gibault, t. I, p. 153.
24. Catalogue Castaing, vente du 5 juin 1992.
25. *Idem.*
26. 29 octobre 1916, *CC* 4.
27. Coll. Alméras., Daniel Bordet, *BC*, n° 3-4, 1981, dit qu'il s'agit du n° 54 de *L'Illustré national* de novembre 1915, ce qui reporterait la parution à l'année suivante.
28. Journal du maréchal Fayolle,
29. 29 octobre 1949, *PL* II, p. 977.
30. Voir lettres d'Afrique, *CC* 4.

3. Color

1. On utilise ici comme source principale l'étude de Roland Grillot, *in TC* 9.
2. Pour cette lettre comme pour les autres lettres envoyées par Louis des Touches d'Afrique on renvoie ici à *CC* 4.
3. *Graham Green*, Robert Laffont, 1991.
4. 11 janvier 1917, Fréderic Vitoux, Céline, Grasset, 1988, Archives Lucette Destouches.

4. Étudiant

1. Pascal Fouché, *Les Éditions de la Sirène*, p. 220, BLFC.
2. À Ch. Deshayes, 29 juillet 1947, *TC* 2, p. 92.
3. Renseignements recueillis par Jacques Boudilhet, v. Gibault, *op. cit.*, t. I, et *Album Céline*, Pléiade, Gallimard.
4. À Pierre Monnier, 1er avril 1949, *Ferdinand furieux*, L'Âge d'Homme, Lausanne, 1979.
5. *Mon ami Bardamu*, Plon, 1971, p. 131.
6. Alexandre Bruno, *Contre la tuberculose. La Mission américaine Rockefeller en France et l'effort français*, S.l. Paris, 1925.
7. Bruno, *op. cit.*, p. 141.
8. Voir lettre à Charles Chassé, *in CC* 1.
9. Jacques François, *Contribution à l'étude des années rennaises du Dr Destouches (Louis-Ferdinand Céline) 1918-1924*, Faculté mixte de médecine et de pharmacie de Rennes, 1967.
10. À Albert Milon, 1920 (?), citée *in* Gibault, *op. cit.*, t. I, p. 208.
11. *Mon ami Bardamu*, Entretiens familiers avec Robert Poulet, Plon, 1971, p. 131.
12. À Milon, cité *in* Gibault, *op. cit.*, t. I, p. 226.
13. À Jean Thomas, juillet 1921, Gibault, *op. cit.*, t. II, Annexes.
14. Jacques François, thèse citée, p. 35.
15. À ses parents, 15 juin 1920, Gibault, *op. cit.*, t. I, p. 236.
16. André Lwoff, *Le Figaro littéraire*, 7-13 avril 1969.
17. Gibault, *op. cit.*, t. II, Ann. 1.
18. À Milon, s.d., Gibault, *op. cit.*, t. I, p. 226.
19. Jacques François, thèse citée, p. 35.
20. À Milon, s.d., Gibault, *op. cit.*, t. I, p. 226.
21. Témoignage d'Édith Follet-Lebon, été 1969.

5. Médecin

1. À Albert Milon, Gibault, *op. cit.*, t. I, p. 241.
2. *Ibid.*, p. 240.
3. *Ibid.*, p. 227.
4. *Ibid.*, p. 232.
5. À Ludwig Rajchman, Gibault, *op. cit.*, t. I, p. 243.
6. À Milon, Gibault, t. I, p. 243.

7. Lettres reprises par François Balta dans *La Vie médicale de Louis Destouches*, thèse de médecine, Académie de Paris, 1977.

8. Dr François, thèse citée.

9. Voir François Balta, thèse citée.

10. Voir chapitre 9, la façon dont il réécrit du bout de la plume la communication en français d'un médecin danois.

11. 27 avril 25, *TC* 3, p. 74.

12. Cité dans Balta, thèse citée, p. 19.

13. *Idem.*

14. *Idem.*

15. *Ibid.*, p. 20.

16. À Ludwig Rajchman, repris dans Huon de Kermadec, *Les Années Destouches*, thèse de médecine 1976, repris dans Gibault, t. I, p. 260.

17. Rapport à la SDN, repris *in CC* 3.

18. C. 1925, *TC* 1.

19. *Elizabeth and Louis*, Montparnasse Publications, Stanford, 1991, p. 60-61.

20. *Ibid.*, p. 377.

21. *Ibid.*, p. 400.

22. *Ibid.*, p. 372.

23. Cité par Gibault, *op. cit.*, p. 269.

24. *Ibid.*, p. 273.

25. À la suite de la reprise de la pièce à Paris, en 1992, la fille de Ludwig Rajchman a annoncé des précisions à venir sur les relations qui ont existé entre son père et le futur écrivain (*Le Monde*, 17 octobre 1992).

26. 17 décembre 1926, selon la datation d'Alphonse Juilland, *Elizabeth and Louis*, *op. cit.*

27. Voir Mazet : « About Ladislas Medgyès , in *Letters to Elizabeth*, Montparnasse Publications, 1990.

28. *Elizabeth and Louis*, *op. cit.*, p. 397.

29. Entretiens avec l'auteur, l'Escurial, décembre 1992.

30. *Elizabeth and Louis*, p. 215.

31. Estelle Reed Debrot, « Who Was Élisabeth Craig? », *Maastaf*, janvier 1977, p. 33-44.

32. *Elizabeth and Louis*, *Ibid.*, p. 439.

33. *Ibid.*, p. 484.

34. *Ibid.*, p. 485.

35. Voir la photographie reproduite dans *Elizabeth and Louis*, p. 97.

36. *Elizabeth and Louis*, *op. cit.*, p. 470.

37. Louis Chevalier, *Montmartre, terre du plaisir et du crime*, Robert Laffont, 1980.

38. Reprise *in TC* 3.

39. « *This and That about Dance* » *unpublished typescript*, cité dans *Elizabeth and Louis*, *op. cit.*

40. *Elizabeth and Louis*, *op. cit.*, p. 498.

41. Au Dr Boudreau, 8 février 1929. Balta, *op. cit.*, p. 44.

42. *Lettres à Joseph Garcin*, Librairie Monnier, 1987. Comme les suivantes dont on se contente de donner la date.

6. Écrivain

1. 29 novembre 1929, *TC* 1.

2. *Elizabeth and Louis*, *op. cit.*, p. 481.

3. Vendredi (31 mars 1931). *Lettres à Joseph Garcin*, Librairie Monnier, 1987. Comme toutes les lettres à Garcin citées ici et dont nous nous contenterons de donner la date.

4. Les lettres à Mahé sont tirées de *La Brinquebale avec Céline*, La Table Ronde, *op. cit.*

5. Archives de la SDN, repris dans Balta, *op. cit.*

6. *B. C*, p. 29, et Vitoux, *op. cit.*, p. 188.

7. 10 août 1931, Mahé, *op. cit.*, p. 38.

8. Mahé, *op. cit.*, p. 35.

9. Louis Ferdinand Céline, *Lettres à la NRF*, Gallimard, 1992.

10. *Lettres à la NRF, op. cit.* Une note de bas de page précise que « c'est la durée moyenne de lecture chez les éditeurs ».

11. Lettres à Garcin, *op. cit.*, s.d.

12. Robert Poulet, *Mon ami Bardamu*, Plon, 1971, p. 48.

13. Août 1950, *in Journal* de Galtier Boissière, 1940-1950, Quai Voltaire, 1992.

14. 2 août 1932, repris dans P-E. Robert, *Céline et les éditions Denoël*, Imec éd., 1991.

15. *The Heart of Darkness*, Bantam Books, p. 13.

16. 8 juin 1932, reprises, en *CC* 5. Lettres à des amies, comme les autres lettres à Erika Irrgang ou à Cillie Pam citées ici.

17. Mahé, *op. cit.*, p. 41.

18. Balta, thèse citée p. 51.

19. P.-E. Robert, *op. cit.*

20. À Aimée Barancy, nov. 1932, *TD* 3, p. 57.

21. François Broche, *Léon Daudet le dernier imprécateur*, Robert Laffont, 1992.

22. Frédéric Vitoux, Céline, *op. cit.*, p. 226.

23. Jean Norton Cru, *Témoins*, première édition, Les Étincelles, Paris, 1929. Réédition Presses universitaires de Nancy, 1993.

24. Beresina-Lied (Satz v. Andrae-Oblt. Legler), Männerchor Liederkranz am Ottenberg, Weinfelden. Dir. Paul Forster. Polydor 25506 EPS.

25. Alméras, *Les Idées de Céline*, première édition BLFC 1985, réédition mise à jour et corrigée, Berg International, 1992.

26. Marie-Christine Bellosta, *Céline ou l'art de la contradiction, lecture de Voyage au bout de la nuit*, PUF, 1990.

27. Voir Jean Guénot : « Voyage au bout de la parole », *L'Herne*.

28. Décembre 1932, repris in *Œuvres de L.-F. Céline*, Balland, p. 745.

29. 10 (déc. 1932). Bibliothèque Jacques-Doucet.

30. *Lettres à Joseph Garcin, op. cit.*

31. 26 mars 1933, Jones, *Vie et œuvre de Sigmund Freud*, PUF, 1969, t. III, p. 201-202.

32. Élisabeth Porquerol, *NRF*, 1er septembre 1961.

33. Abbé Mugnier, *Journal*, Mercure de France, 1985.

34. Robert de Saint-Jean, *Journal d'un journaliste*, Grasset, 1974.

35. 14 janvier 1933, *TD* 2, p. 30.

36. La correspondance à Élie Faure a été reprise en partie dans *L'Herne*, avec des transcriptions très approximatives. On se réfère ici aux lettres que nous a fait parvenir J.-P. Faure, en suivant les datations proposées par Yves Lévy et J.-P. Morel, *TC*, 1982. Les lettres d'Élie Faure à d'autres personnes sont tirées de l'édition d'Élie Faure de Jean-Jacques Pauvert, 1964, t. III.

37. *Journal intime* d'Eugène Dabit, édition augmentée, Gallimard, 1989.

38. *Avant-Poste*, n° 2, août 1933, repris *in CC* 7.

39. À Max Descaves, *Paris Midi*, 1928.

40. À Denoël, 3 août 1933, P.-E. Robert, *op. cit.*

41. *Elizabeth and Louis, op. cit.*, p. 416.

42. *La Brinquebale avec Céline, op. cit.*, p. 88. Mahé écrit bien : « pécune ».

43. *Elizabeth and Louis, op. cit.*, p. 416.

44. À Élisabeth Porquerol, 29 juin 1933, repris dans *CC* 5.

45. C'est la thèse de Thierry Wolton dans *Le Grand Recrutement*, Grasset, 1993. Il rattache par ailleurs Münzenberg et son groupe de propagandistes au GRU, l'organe d'espionnage de l'Armée rouge.

46. 29 novembre 1933, repris dans *Jungle*, n° 10, et le *Bulletin Célinien*, n° 63, nov. 1987.

7. **Militant**

1. 15 février 1934, *Lettres à Joseph Garcin, op. cit.* Toutes les lettres à Garcin citées dans ce chapitre y renvoient, on se contente de donner la date.

2. 11 juin 1934. *CC* 1, p. 101.

3. *La Brinquebale avec Céline, op. cit.*, et lettre de Jacques Duval à l'auteur (1969).

4. Lettre à Junie Astor écrite sur papier à en-tête du « SS Champlaine », *TC* 5.

5. P.-E. Robert, *op. cit.*

6. Lettre à l'auteur, 1969.
7. À Cillie Pam, 28 août 1934, repris *in CC* 5.
8. À Élisabeth Porquerol, 15 août ou septembre 1934, repris *in CC* 5.
9. *La Brinquebale, op. cit.*
10. Vitoux, *Céline, op. cit.*
11. *Élisabeth Craig raconte Céline*, BLFC, p. 27-28.
12. *La Brinquebale, op. cit.*, p. 97.
13. *Élisabeth Craig raconte Céline, op. cit.*, p. 27-28
14. *TC* 2, p. 66.
15. S. d., *TC* 5, p. 20.
16. Lettres à l'auteur, 1969.
17. V. *Lettres à des amies, CC* 5, comme les lettres suivantes à Karen.
18. Gibault, *op. cit.*, t. II, p. 82.
19. *CC* 5, comme les autres lettres à Lucienne Delforge.
20. *L'Herne* et les photocopies de la correspondance à Élie Faure.
21. À Eugène Dabit, Sannois, 1ᵉʳ septembre, *L'Herne*, comme les autres lettres citées.
22. *Céline de mes souvenirs*, Du Lêrot, 1992.
23. *TC* 3.
24. *NRF*, juillet 1936.
25. *Globe*, mai 1993.
26. *TC* 3.
27. 1ᵉʳ septembre 1936, *Lettres à la NRF, op. cit.*
28. Gibault, *op. cit.*, t. II, p. 137.
29. Témoignage pour *L'Herne*, composé mais non paru.
30. À Gen Paul, Gibault, *op. cit.*, t. II, p. 102.
31. Vitoux, *op. cit.*, p. 304.
32. *Lettres à Henry-Robert Petit*, Colin Maillard, 1986.
33. Gibault, *op. cit.*, t. II, p. 159-160.
34. À Karen Marie Jensen, 2 mars 1937, *CC* 5.
35. Archives Henri Poulain, repris in *BC*, déc. 1984, p. 12-13.
36. Juin 1939, *TD* 3, p. 100.
37. Mai 1939, *TD* 2, p. 93.
38. À Jean Bonvilliers, 7 janvier 1940. Gibault, *op. cit.*, t. II, p. 201.
39. À Frédéric Vitoux, *Céline, op. cit.*, t. 304.

8. Occupé

1. Centre de documentation juive contemporaine, archives de Georges Montandon.
2. Brouillon au verso du manuscrit de *Guignol's Band*, BN.
3. À Jacques Mourlet, s.d.
4. 27 octobre 1940, Gibault, *op. cit.*, t. II, p. 222.
5. Gibault, *op. cit.*, p. 222.
6. 1ᵉʳ novembre 1940, Gibault, *op. cit.*, t. II, p. 212. Alexandre Varennes, politicien radical, est l'oncle de Jo Varennes, camarade de Montmartre.
7. *La Brinquebale avec Céline, op. cit.* Toutes les lettres à Henri Mahé citées dans ce chapitre y renvoient.
8. Les lettres à Lucien Combelle citées ici sont relues d'après les originaux.
9. Marcel Déat, journal dactylographié conservé aux Archives de France.
10. Lettres citées dans Gibault, *op. cit.*, t. II, p. 224-225.
11. *TD* 2, repris de *La Revue célinienne*, n° 3-4, 1981.
12. Lettres à H.-R. Petit, Colin Maillard, 1986, comme les autres lettres au même destinataire données ici.
13. 5 mai, *Lettres à la NRF, op. cit.*, 1992.
14. Gibault, *op. cit.*, t. II, p. 238-240.
15. *Ibid.*, t. II, p. 240-241.
16. *Paris sous l'Occupation*, Belfond 1987.
17. V. *CC* 7, Ann. IV, archives Édouard Dhermit.
18. Voir *Les Idées de Céline*, Berg international, 1992, annexe I.
19. À Jean Paulhan, 5 juin 1950, *Lettres à la NRF, op. cit.*

20. À Alphonse de Châteaubriant, communiquée par le Pr André Lwoff.

21. S.d., communiquée par Karl Epting.

22. Archives du Tribunal de Nuremberg, repris *in* Gibault, *op. cit.*, t. II.

23. Voir Alain Rustenholz, Sandrine Treiner, *La Saga Servan-Schreiber*, Seuil, 1993, p. 473.

24. À J.-P. Mourlet, 23 février 1942, communiquée par le destinataire.

25. Lettre à Karl Epting, communiquée par celui-ci.

26. Procès-verbal de la réunion de la Commission de contrôle des papiers d'édition, et la lettre de R. Denoël à Céline en date du 20 juillet, *in Céline et les éditions Denoël, op. cit.*

27. Au verso du manuscrit de *Guignol's Band*, catalogue de la vente du 27-28 février 1979.

28. Voir Asher Cohen, *Persécutions et Sauvetages. Juifs et Français sous l'Occupation et sous Vichy*, Éd. du Cerf, 1993, et « Présence du Passé, lenteur de l'Histoire, Vichy, l'Occupation, les Juifs », *Revue des Annales*, numéro de mai-juin 1993, Armand Colin.

29. *Les Mémoires d'Icare*, Éditions Sauret, Monaco, 1993.

30. Témoignage écrit à l'auteur, 8 novembre 1973.

31. Voir le récit de ce séjour fait à Frédéric Vitoux, Vitoux, *op. cit.*

32. 27 mai 1942, Colin Maillard, *op. cit.*

33. Alain Drouard, *Une inconnue des sciences sociales, La Fondation Alexis-Carrel*, p. 234. Pierre Lhoste avant d'aller chez Céline était allé interroger « M. Decugis de la Fondation Carrel ».

34. 18 juillet 1942, Déposition-Journal, 1940-1944, Viviane Hamy éd., 1992.

35. Xavier Vallat, à son procès, fait état d'un rapport de la Commission d'enquête anglo-américaine sur la question palestinienne édité par le secrétariat à l'Information qui dénombre 92 % de victimes sur les 4 343 000 Juifs d'Autriche, de Belgique, de Tchécoslovaquie, d'Allemagne, de Grèce, de Hollande, du Luxembourg et de Pologne. « Les chiffres donnés par ce document officiel publié en 1946 prouvent que si, hélas! la plupart des Juifs étrangers sont morts en déportation, 95 % des Juifs de nationalité française sont heureusement survivants. » *Le Procès de Xavier Vallat*, Édition du Conquistador, 1948, p. 118.

36. 28 août 1942, « feuillet n° 62, trois pages rect-v. ».

37. *Histoire de la Collaboration*, L'Esprit nouveau, 1964.

38. Lettre du 22 août 1942, communiquée comme les autres lettres à F. de Brinon par Pascal Fouché.

39. À Gen Paul, sept. 1942.

40. Voir Serge Perrault, *Céline de mes souvenirs, op. cit.*, et, *supra*, le témoignage de Paul Bonny.

41. *L'Ethnie française, revue mensuelle de doctrine ethno-raciale et de vulgarisation scientifique*, recueil de janvier 1943 à mai 1944, Bibliothèque de Paris-Sorbonne, p. 110.4.

42. 23 octobre 1942, repris *in* Gibault, *op. cit.*, t. II p. 245.

43. Cité *in* Gibault, *op. cit.*, t. II, p. 248.

44. À J.-P. Mourlet, coll. particulière.

45. À J.-P. Mourlet, cité *in* Gibault, t. II, *op. cit.*, p. 311.

46. À P. Monnier, cité *in Ferdinand furieux, op. cit.*, p. 185.

47. Voir Gibault, *op. cit.*, t. II p. 80.

48. *Ibid.*, t. II, p. 339.

49. Communiquée par P. Fouché.

50. Citée dans Gibault, *op. cit.*, t. II, p. 280.

51. Interview à *Paris-Match*, 24 juin-1er juillet 1992.

52. La Pléiade, t. II, Gallimard, p. 950.

53. Journal de Théo Briant, repris *in* Gibault, *op. cit.*, t. II, p. 106.

54. *TC* 5.

55. Repris *in* Gibault, *op. cit.*, t. II, p. 228.

56. À Paraz, 22 novembre 1950.

57. *Second Journal parisien*, Julliard, p. 50.

58. Cité dans Gibault, *op. cit.*, p. 316.

59. *Ibid.*, p. 319.

60. *Journal littéraire*, t. III, p. 891.

61. À Gen paul, cité *in* Gibault, *op. cit.*, t. II, p. 326 et 321.

62. Gibault, *op. cit.*, t. III, p. 279.

63. Contrat reproduit dans la Bibliographie des *Écrits de Louis-Ferdinand Céline*, de Dauphin et Fouché, *op. cit.*

NOTES

64. 19 janvier 1944, la Pléiade, t. III, Gallimard, p. 944.
65. Voir entrée du 13 janvier, *Journal de Drieu La Rochelle*, NRF, 1993.
66. À Frédéric Empeytaz, citée dans Gibault, *op. cit.*, t. II, p. 230.
67. Septembre 1934, coll. Mazet, la Pléiade, t. III, p. 966.
68. La Pléiade, t. III, p. 944.
69. 20 octobre 1949, la Pléiade, t. III, p. 977.
70. *Libération*, 25 juin 1944.
71. Gibault, *op. cit.*, t. II, p. 343.
72. *Les souvenirs nous vengent*, Genève, éditions L'Autre Son de cloche, 1956.
73. *Céline de mes souvenirs*, *op. cit.*
74. Témoignage de Mme Ralph Soupault, enceinte alors de son premier enfant, conçu, pense-t-elle, pendant la nuit du bombardement de Montmartre à l'hôtel Roma – juillet 1993.
75. Témoignage d'Henriette Chervin, été 1969.

9. Émigré

1. À Marie Canavaggia, la Pléiade, t. II, p. 952.
2. Maurice Toesca, *Cinq Ans de patience*.
3. Jean Hérold-Paquis, *Des illusions, désillusions, Mémoires*, Bourgoin éd., 1948.
4. Témoignage de Paul Bonny à l'auteur.
5. Les lettres adressées aux Bonny sont tirées de la correspondance que Céline, sa femme et Le Vigan leur ont adressée, et qu'ils m'ont remise avec divers documents concernant le séjour en Allemagne et au Danemark. On se contentera de donner la datation.
6. « Mes années Céline », interview de Lucette Almanzor à Daniel Rondeau, *Libération*, 25 octobre 1985. À noter que Lucette Almanzor se souvient de plusieurs aller et retour Berlin-Baden.
7. « Le 30 oct. J'atteste Dr Destouches que Mme Bonny est atteinte de congestion pulmonaire et qu'il est *indispensable* que sa chambre soit maintenue à température constante élevée. À en-tête de la Priva Hof-Apotheke. » Document provenant du dossier Bonny, reproduit dans l'*Album Céline* de la Pléiade, p. 327.
8. Dr Schillemans, *Philippe Pétain, le prisonnier de Sigmaringen*, M.P., 1965.
9. Interview à Daniel Rondeau, *Libération*, 27 octobre 1985.
10. *Idem.*
11. *Idem.*
12. Mémoire pour Tixier-Vignancour à l'intention du Parquet de la Seine.
13. Au Dr Camus, 30 juin 1947, *Écrits de Paris*, oct. 1961.
14. Jean Hérold-Paquis, *Mémoires*, *op. cit.*, p. 126.
15. 4 juillet 1946, cité *in* Gibault, *op. cit.*, t. III.
16. Voir interview des Johansen par Henry Thyssens, *TC* 5.
17. Cité *in* Gibault *op. cit.*, t. III, p. 71.
18. *Denmark im Hitlers hand*, Husum Verlag, 1988.
19. Helga Pedersen, *Le Danemark a-t-il sauvé Céline?* Plon, 1975, ouvrage auquel nous nous référons comme à « Pedersen ».
20. À Karen Marie Jensen, cité *in* Gibault, *op. cit.*, t. III.
21. *TC* 5.
22. À Marie Canavaggia, la Pléiade, t. III, p. 1009.
23. *BT*, 18 décembre 1945, traduction François Marchetti. Il a trouvé la coupure de *BT* ainsi que celle de *Politiken* dans un livre offert et dédicacé par Céline à Knud Otterström, en 1950.
24. Frédéric Vitoux, *Céline*, *op. cit.*, p. 446.
25. *Lettres de prison*, 1994, comme toutes celles que Céline a envoyées de la Vestre Faengsel qui seront citées ici.
26. Repris dans *Libération*, 25 octobre 1986.
27. À Helge Wamberg, attaché de presse à la légation du Danemark à Paris, Pedersen, *op. cit.*, p. 175.
28. Maurice Bardèche, *Louis-Ferdinand Céline*, La Table Ronde, 1986.

29. Pedersen, *op. cit.*, p. 125.

30. Renseignements communiqués par François Marchetti, traduction de l'article de Tage Jensen à venir.

31. À Claude Gallimard, 10 octobre 1953, *Lettres à la NRF*, *op. cit.*

32. Les lettres à Milton Hindus ont été pour partie données dans *L'Herne*, selon des leçons très approximatives, dans *The Crippled Giant*, traduit sous le titre : *Céline tel que je l'ai vu*, qui a fait l'objet d'une réédition par les soins de D. de Roux. Un certain nombre de lettres ont fait alors l'objet de corrections, d'après les copies manuscrites des lettres communiquées par l'université du Texas à Austin que nous avons obtenues grâce à l'obligeance de Mme Destouches. Ce sont les textes utilisés ici.

33. La correspondance à Jean Voilier est reprise en partie dans « L'Année Céline 1990 ».

34. La correspondance à Albert Naud est reprise soit dans *Les défendre tous*, Robert Laffont, 1973, soit dans *Lettres à son avocat*, La Flûte de Pan, 1984. Nos citations y renvoient.

35. Repris dans « L'Année Céline 1990 ».

36. Même source.

37. Évelyne Pollet par exemple, voir la lettre du 4 mars 1951 à Albert Paraz, *CC* 6.

38. Catalogue vente Drouot, repris *in TC* 3, comme les autres lettres à Geoffroy citées ici.

39. 29 mars 1950, à Me Naud.

40. Vitoux, *op. cit.*, p. 452-453.

41. *Carnets de jeunesse*, Denoël, 1992.

42. Lettres à Albert Paraz, *CC* 6.

43. Voir Balta, thèse de médecine, citée.

44. *Céline tel que je l'ai vu*, Éditions de L'Herne, 1969, p. 25.

45. Pierre Monnier, *Ferdinand furieux*, L'Âge d'Homme, 1979. Les citations des lettres à Monnier renvoient à ce livre.

46. Les citations des lettres à Albert Naud renvoient à *Les défendre tous*, et à *Lettres à son avocat*, La Flûte de Pan, 1984.

47. Les citations des lettres à Tixier-Vignancour renvoient aux *Quarante-Quatre Lettres inédites à Maître Tixier-Vignancour*, La Flûte de Pan, Paris, 1985.

48. Voir *Lettres à Marie Bell*, Du Lérot, 1991.

49. *Céline damné par l'écriture*, chez l'auteur, 1973.

50. Les citations des lettres à Paulhan renvoient aux *Lettres à la NRF*, Gallimard, 1992.

51. Voir *Lettres à Marie Bell*, *op. cit.*

52. Coll. Mazet, repris dans *Les Idées de Céline*, Berg International, 1992.

53. Gibault, *op. cit.*, t. III, p. 315.

54. Catalogue vente Drouot, 6 mars 1987.

55. Pedersen, *op. cit.*, p. 179.

10. Réprouvé puis ressuscité

1. 9 juillet 1951, cité *in* Gibault, *op. cit.*, t. III, p. 256.

2. *Lettres à Albert Paraz, CC* 6, comme les autres lettres à Paraz citées ici.

3. Frédéric Vitoux, *Céline, op. cit.*, p. 517.

4. Catalogue Librairie de l'Abbaye, et *BC* de janvier 1986.

5. Cité in *Ferdinand furieux, op. cit.*, comme les autres lettres à Monnier citées ici.

6. Les renseignements provenant du journal de Paul Marteau sont repris de Gibault, t. III., ch. 9.

7. Catalogue Librairie de l'Abbaye, et *BC* de janvier 1986, comme les autres lettres aux Marteau citées ici.

8. 22 octobre 1951, *Lettres à la NRF*, *op. cit.*, comme toutes les autres lettres à J. Paulhan citées ici.

9. Voir la lettre à Jacques Festy, chargé de la fabrication, 21 mars 1951. *Lettres à la NRF*, *op. cit.*

10. 14 novembre 1951, cité *in* Gibault, *op. cit.*, t. III, p. 276.

NOTES

11. *Les défendre tous*, *op. cit.*, p. 324.
12. Cité *in* Gibault, *op. cit.*, p. 329.
13. 27 octobre 1951, lettres communiquées par Le Vigan (LV 26).
14. 18 novembre 1951, *Lettres à Tixier-Vignancour*, La Flûte de Pan, 1985.
15. Nicole Debrie, « La danse de Lucette Destouches née Almanzor », première version dactylographiée, 1964.
16. À Galtier-Boissière, mars 1953, repris dans *TD*, p. 114-115.
17. 25 juillet 1957, Louis-Albert Zbinden, « Miroir du temps », Radio-Télé Suisse romande, repris dans *CC 2*.
18. À Bickler, 4 octobre 1960, cité in Gibault, *op. cit.*, t. III.
19. Frédéric Vitoux, *Céline*, *op. cit.*, p. 556.
20. *Céline de mes souvenirs*, *op. cit.*, p. 68.

BIBLIOGRAPHIE

Tous les textes utilisés sont référencés en note.

Correspondance

- à Lucette Almanzor, *Correspondance à sa femme*, 1946-1947, en cours de parution.
- à Marie Bell, Du Lêrot, 1991.
- à Marie Canavaggia, *in Œuvres complètes de Céline*, Balland, Du Lêrot, 1993.
- à Elisabeth Craig, *Letters to Elisabeth*, Montparnasse Publications, Stanford, 1990.
- au Dr Camus, *in Écrits de Paris*, n° 197, oct. 1961.
- à Lucien Combelle, *in L'Herne*, et copie des lettres saisies par la police et originaux.
- à Robert Denoël, reprises *in Céline et les éditions Denoël*, 1932-1948, éd. IMEC.
- à Eugène Dabit, reprises en partie dans *Les Cahiers de l'Herne*, Céline.
- à Lucienne Delforge, *CC* 5.
- à Fernand et Marguerite Destouches, *in* François Gibault, *Céline*, et Frédéric Vitoux, *La Vie de Céline*, et *CC* 5.
- à Élie Faure, reprises dans *L'Herne*. Lettres manuscrites communiquées par J.-P. Faure.
- à Bente Johansen, « Lettres de prison », hors commerce.
- à Gaston Gallimard, *in Lettres à la NRF*, Gallimard, 1991.
- à Claude Gallimard, même ouvrage.
- à Joseph Garcin, *Lettres à Joseph Garcin, 1929-1938*, Librairie Monnier, 1987.
- à Georges Geoffroy, catalogue de la vente Alfred Dupont et *TC* 3.
- à Milton Hindus, *L'Herne, The Crippled Giant, Céline tel que je l'ai vu*, réédition de L'Herne. Manuscrits communiqués par l'université du Texas à Austin.
- à Erika Irrgang (Landry), *L'Herne*, repris *in CC* 5.
- à Henri Mahé, *in La Brinquebale avec Céline*, éd. de La Table Ronde, 1969.
- à Thorvald Mikkelsen, *in Le Danemark a-t-il sauvé Céline?* Librairie Plon, 1975.
- à Pierre Monnier, *in Ferdinand furieux*, Lettera, L'Age d'Homme, Lauzanne, 1979.
- à John Marks, *Tout Céline*, n° 3.

447

– à Albert Naud, *Les défendre tous*, Robert Laffont, 1973.
– à Roger Nimier, *in Lettres à la NRF*, Gallimard, 1991.
– à Cillie Pam (N...), *CC* 5.
– à Jean Paulhan, *in Lettres à la NRF*, Gallimard, 1991.
– à Évelyne Pollet, *L'Herne, Céline*, repris *in CC* 5.
– à Henry-Robert Petit, Colin Maillard, 1986.
– à Ludwig Rajchman, *in* Balta, « La Vie médicale de Louis Destouches », thèse de médecine 1977.
– à Simone Saintu, *in CC* 4 et *CC* 5.
– à Tixier-Vignancour, *Lettres à Tixier*, La Flûte de Pan, 1985.
– à Jean Voilier, *in L'Année Céline*, 1990.
– à divers : *Vingt Lettres, à 6 correspondants*, Le Lérôt rêveur, déc. 1980.
Les lettres non référencées sont inédites.

Les témoins

– Fernand de Brinon, *Mémoires*, LLC, 1949.
– Jean Cocteau, *Journal 1942-1945*, Gallimard, 1989.
– Eugène Dabit, *Journal*, Gallimard, 1989.
– Pierre Descaves, *Souvenirs d'un ours*, Les Éditions de Paris, 1946.
– Pierre Drieu La Rochelle, *Journal 1939-1945*, Gallimard 1989
– Lucien Combelle, *Péché d'orgueil*, Olivier Orban, 1978.
– Karl Epting, *Réflexions d'un vaincu*, ETL Bourges, 1953.
– Élie Faure, *Œuvres complètes*, t. III, J.-J. Pauvert.
– Jean Galtier-Boissière, *Journal, 1940-1950*, Quai Voltaire, 1992.
– Milton Hindus, *L.-F. Céline tel que je l'ai vu* (trad. du *Crippled Giant*), L'Herne, 1969.
– Alphonse Juilland, *Elizabeth and Louis*, Montparnasse publications, Stanford, 1991.
– Ernst Jünger, *Strahlungen*, DTV 1964, trad. *Journaux parisiens*, Julliard, 1952.
– Paul Léautaud, *Journal littéraire*, Mercure de France, 1951-1963.
– Jean Luchaire, *Procès*, Albin Michel, 1948.
– Henri Mahé, *La Brinquebale avec Céline*, La Table Ronde, 1969.
– Pierre Monnier, *Ferdinand furieux*, L'Age d'Homme, 1979.
– Abbé Mugnier, *Journal*, Mercure de France, 1985.
– Georges Oltramare, *Les souvenirs nous vengent*, L'Autre Son de cloche, Genève, 1956.
– Serge Perrault, *Céline de mes souvenirs*, Du Lérôt, 1992.
– Robert Poulet, *Entretiens familiers avec L.-F. Céline*, Plon, 1958. *Mon ami Bardamu*, Plon, 1971. *Le Kaléidoscope*, Lausanne, L'Age d'Homme, 1982.
– Lucien Rebatet, *Les Mémoires d'un fasciste II, 1941/1947*, Pauvert, 1976.
– Robert de Saint-Jean, *Journal d'un journaliste*, Grasset, 1974.
– Saint Paulien (M.-Y. Sicard), *Histoire de la collaboration*, L'Esprit nouveau, 1964.
– Xavier Vallat, *Le Procès de*, Éditions du Conquistador, 1948.

Les biographes

– Maurice Bardèche, *Louis-Ferdinand Céline*, La Table Ronde, 1986. Étude littéraire plus que biographique.
– François Gibault, *Céline*, trois tomes, Mercure de France, 1977-1981, incontournable pour les années de jeunesse et les péripéties judiciaires.

BIBLIOGRAPHIE

- Dominique de Roux, *La Mort de Céline*, Christian Bourgois, 1966. Une biographie lyrique, selon les témoignages de proches.
- Frédéric Vitoux, *La Vie de Céline*, Grasset, 1988. Troisième état d'une mémoire.

Les critiques

- Ph. Alméras, *Les Idées de Céline*, Berg International, 1992. Céline raciste, impact sur l'œuvre et le style.
- Marie-Christine Bellosta, *Céline ou l'art de la contradiction*, PUF, 1990. *Voyage*, roman philosophique dans la mouvance prolétarienne (intègre idéologie et esthétique).
- Henri Godard, *La Poétique de Céline*, Gallimard, 1985. L'artisan littéraire déconstruit.
- Paul del Perugia, *Céline*, NEL, 1987. Voyage mystique d'un Celte.
- Stéphane Zagdanski, *Céline seul*, L'Infini, Gallimard, 1993. Bêtise des céliniens et tradition talmudique.

Les publications céliniennes

- *Le Bulletin célinien*, publié à Bruxelles par Marc Laudelout, chaque bribe de l'actualité célinienne.
- *Cahiers Céline*, publiés par Gallimard sous la direction de J.-P. Dauphin et Henri Godard, puis Pascal Fouché. Textes, lettres, interviews, articles.
- *L'Année Céline*, Du Lérôt, recueil annuel, fort papier, typographie soignée, contributions inégales.
- *Textes et documents* (*TD*), lettres de Céline, études diverses. BLFC (Dauphin, Fouché).
- *Tout Céline* (*TC*), lettres de Céline et manuscrits passés en vente dans l'année. Liège (Laudelout, Thyssens).

Le siècle

- François Broche, *Léon Daudet, le dernier imprécateur*, Robert Laffont, 1992.
- Paul Chabot, *Jean et Yvonne, domestiques en 1900*, Téma, 1977.
- Werner Best, *Dänemark in Hitlers Hand*, Husum Verlag, 1988.
- Jacques Benoist-Méchin, *La Moisson de quarante*, Éditions Albin Michel, 1941.
- André Chaperon, *Rambouillet au début du XXe siècle*, Éd. Ville de Rambouillet, 1989.
- Jacques Chastenet, *La France de M. Fallières*, Arthème Fayard, 1949.
- Louis Chevalier, *Montmartre du plaisir et du crime*, Robert Laffont, 1980.
- Pierre-Marie Dioudonnat, *Les 700 Rédacteurs de « Je suis partout »*, 1930-1944.
- Alain Drouard, *Une inconnue des sciences sociales, la Fondation Alexis-Carrel, 1941-1945*, Éd. de la Maison des sciences de l'homme, 1992.
- Christian Grand, *Trois Siècles de banque*, NSM, 1667-1991, EPA éd., 1991.
- Jean Hérold-Paquis, *Des illusions, désillusions, Mémoires, 15 août 1944-15 août 1945*, Bourgoin Éditeur, 1948.
- Ernest Jones, *La Vie et l'œuvre de Sigmund Freud*, PUF, 1969.
- Roland Lewin, *Sébastien Faure et « la Ruche » ou l'éducation libertaire*, Éd. Ivan Davy, 1989.

– Ralph Schor, *L'Antisémitisme en France dans les années trente*, Éd. Complexes, 1992.
– Léon Werth, *Déposition, Journal 1940-1944*, Viviane Hamy, 1992.
– Jacques Willequet, *La Belgique sous la botte*, Éd. universitaires, 1986.

Travaux universitaires

– François Balta, *La Vie médicale de Louis Destouches*, faculté de médecine, Académie de Paris, 1977. Reprend la correspondance avec la SDN.
– Marc Crapez, *Le Communisme Labiche, Céline au fil de certains courants du socialisme*, École des Hautes Études politiques et sociales, 1991. Céline dans la tradition antichrétienne et antisémite révolutionnaire.
– Pierre Lainé, *De la débâcle à l'insurrection contre le monde moderne : l'itiné-raire de L.-F. Céline*, Paris-IV, 1982. Thématique de la décadence et lettres à Garcin.
– Yves Pagès, *Les Résurgences de la sensibilité libertaire et individualiste d'avant 14 dans l'œuvre de L.-F.Céline*, Paris-VII, 1991. Céline dans la tradition anarchiste.

INDEX GÉNÉRAL *

A

---

* Index établi par Pierre Peuchmaurd.

H

Hachette, société : 119, 120, 173, 413, 420, 428.
Halévy Daniel : 132.
Hambourg : 276, 351.
Hamlet, de W. Shakespeare : 302.
Hamsun Knut : 274.
Hanrez Marc : 423, 427-428.
Harcourt d' – (consul à Copenhague) : 376.
Harger-Howell (danseurs) : 109, 170.
Harté (canonnier) : 53-54, 55, 57.
Hartmann R.T. : 148.
Hascher, hôtel (Berlin) : 130.
Hauboldt Dr : 286, 287, 425, 426.
Haute Cour : 31, 47.
Havane, La : 83-84.
Havas, agence : 155.
Havre, Le : 14, 50, 169-170, 171, 178, 179, 182, 276.
Hawaï : 230.
Hazebrouck : 40-41.
Heart of the Matter, The, de G. Greene : 58.
Hebert Jacques-René : 243.
Hecht Ben : 336.
Hedda Gabler, de H. Ibsen : 96.
Hegel G.W.F. : 45.
Hegy Viola : 95.
Heller lieutenant : 283, 293, 368, 395.
Hemingway Ernest : 334, 341, 434.
Henriot Philippe : 255, 276, 278, 371.
Henry Émile : 28.
Heredia José Maria de – : 266.
Hérold-Paquis Jean : 231, 241, 284, 285, 296, 304.
Héron de Villefosse Louis : 385.
Herrera Nana de – : 270.
Herriot Édouard : 80, 248, 288.
Hervé Pierre : 363.
Hess Rudolf : 255.
Heurtebise (cuirassier) : 37.
Heuzé Edmond : 108.
Heydrich Reinhardt : 234, 241, 298.
Hild Mᵉ : 148.
Himmler Heinrich : 298.
Hindenburg maréchal Paul von – : 132, 282-283.
Hindus Eva : 337, 340, 342, 348, 353.
Hindus Milton : 19, 92, 157, 274, 321, 324-325, 327, 342, 343, 344, 346, 357, 358, 365, 366, 368, 407, 420, 430; le sauveur juif : 336-341; séjour au Danemark : 348-353; *Céline tel que je l'ai vu* : 353-354, 365.
Hiroshima : 301.
Hirsch Louis-Daniel : 105, 367, 397, 400, 409, 410.

Histoire de l'antisémitisme, de J. Drault : 248.
Histoire de l'art, d'E. Faure : 133-134.
Hitler Adolf : 132, 133, 139, 149, 151, 162, 169, 184, 191, 192, 195, 199, 200, 212, 213, 223, 227-229, 240, 251, 261, 279, 283, 293, 298, 303, 324, 337.
Hogarth Mme : 213.
Hohenzollern famille : 287.
Hollande : 87, 90, 203, 221, 304.
Hollen général von – : 37.
Hollywood : 96, 97, 105, 156, 157, 336.
Hollywood Bowl, théâtre (Los Angeles) : 161.
Homme, cet inconnu, L' –, de A. Carrel : 186.
Horace : 70.
Hôtel d'Angleterre (Copenhague) : 167, 183, 296-297, 376, 385.
Hôtel de l'Écu (Genève) : 130.
Hôtel de France (Douala) : 52.
Hôtel du Nord, de E. Dabit : 111.
Houbigant Inc, parfumeur (USA) : 100, 124.
Houplines : 37, 38.
Howyan Dr : 170, 171-172, 179, 252-253.
Hubert (brocanteur) : 165.
Huelgoat : 247, 255.
Hugo Victor : 56, 241, 328.
Hugou Jean : 354, 355.
Huismans : 265.
Humanité, L' –, journal : 122, 139, 188, 198, 199, 231, 363, 367, 383.
Humières capitaine d' – : 39, 40, 41.
Huron, Le, journal : 120.
Hussard bleu, Le, de R. Nimier : 24, 40.

I

Ichok Grégoire : 99-100, 102, 104, 105, 113, 141, 187, 188.
Illiers : 69.
Illustration, L' – : 33, 41, 43.
Illustré national, L' –, journal : 42, 43, 296, 358, 362, 365, 376, 421.
« Inconnue de la Seine, L' – » : 150.
Indépendance française, L' –, journal : 332.
Indochine, guerre d'– : 330, 412, 419.
Informateur médical, L' –, journal : 204.
Institut allemand (Paris) : 229, 230, 235, 237, 267, 275, 286, 360, 390.
Institut Pasteur : 79, 108, 127.
Institut des questions juives (Paris) : 220, 358, 364.
Institut statistique de Paris : 100.
Intelligence Service : 291, 364.
Intransigeant, L' –, journal : 118, 120, 121, 125, 135, 146, 193.

Orages d'acier, de E. Jünger : 229.
Ordre, L' –, journal : 331, 332, 334.
Ordre de la danse : 270.
Oréal, L' –, société : 236.
ORLANDO Walter *voir* POULET Robert.
Orléans : 274.
OSTROWSKY Erika : 195.
OTTERSTRÖM Knud : 297, 298, 299, 301, 303, 320, 349, 368.
Ouvert la nuit, de P. Morand : 161.

P

PACH Walter : 134.
Pacifisme : 30, 31, 32, 85, 123, 184, 192.
Pacte germano-soviétique (1939) : 199, 200.
PAHON (cuirassier) : 40.
Pahoins, peuple (Cameroun) : 52, 56.
Paix, La, navire : 85.
Palais-Bourbon (Paris) : 27, 225.
Palais-Royal (Paris) : 12, 231.
Palestine : 339, 358.
PAM Cillie : 117-118, 119, 131, 136, 140-144, 147, 154, 166, 168, 172, 176, 178, 179.
Panorama, magazine : 257-258.
PAPEN Franz von – : 132.
PAPS (cuirassier) : 40.
PAPUS : 46, 64, 165.
PARAMÉ : 299, 257.
Paramount, cinéma (Paris) : 101, 109, 161, 171.
PARAZ Albert : 23, 48, 165, 327, 328, 335, 340, 343-344, 349, 351, 353, 355-359, 361, 363, 365, 366, 368, 369, 371, 372, 374, 375, 376, 378, 379, 381, 382, 383, 390, 391, 394, 396, 397, 404, 411, 412, 413, 419, 420.
Pardaillan, de M. Zévaco : 27.
Parents terribles, Les, de J. Cocteau : 226, 258.
PARINAUD André : 429.
Paris-Match, magazine : 371, 392, 421, 425.
Paris-Midi, quotidien : 121, 174, 232-233, 244, 266, 270.
Paris-Soir, journal : 119, 120, 121, 207.
Parti communiste danois : 321.
Parti communiste français : 358, 383.
Parti national-socialiste : 115.
PASCAL Blaise : 80.
PASTEUR Louis : 14, 15.
Pau : 74, 108.
PAUL Gen : 100, 163, 165, 171, 183, 190, 191, 193, 202, 211, 218, 220, 221, 233, 237, 241, 244, 250, 257, 262, 264, 265, 272, 276, 278, 279, 280, 284, 301, 320, 321, 333, 341, 342, 349, 351, 352, 372, 386, 394, 400.

PAULHAN Jean : 139, 173, 220, 231, 335, 339, 340, 341, 344, 350, 358-359, 363, 367, 369-370, 372, 374, 383, 390, 398, 406, 407-408, 410, 411, 420.
PAULUS maréchal Friedrich von – : 254.
PAVARD (cuirassier) : 40.
PAVLOVA Anna : 240.
PAUWELS Louis : 365.
PAYR Bernard : 235, 250.
Pays libre, Le, journal : 219-220.
Pearl Harbor, attaque de – (1941) : 229.
PERDERSEN Helga : 306, 312, 313, 317, 320.
PÉGUY Charles : 107, 227, 262.
PEMJEAN Lucien : 266.
Père-Lachaise, cimetière du – : 352.
PÉRICLÈS : 125.
PERON Juan : 413.
PERRAULT Gilles : 224.
PERRAULT Serge : 176, 249, 277, 278, 433-434.
PERROT Jean : 165, 348, 349, 351, 386, 397, 400.
PÉTAIN Philippe : 82, 205, 212, 213, 224, 228, 234, 251, 287-288, 291, 292, 301, 324, 342, 383, 390, 396, 415, 417 ; vu par C : 192, 289, 359, 364.
PETERSEN Richard : 342, 346-347, 348, 355, 377.
PETIOT Dr : 277.
PETIT Henry-Robert : 186, 190, 220, 224, 233, 242, 244, 245, 247.
PETIT Roland : 157.
Petit Crapouillot, Le, journal : 425.
Petit Journal, Le : 307.
Petites Michu, Les, opérettes : 12.
Peuple, Le, journal : 174.
PFANNSTIEL Arthur : 235, 250.
Phare-Dimanche, Le, journal : 419.
Phénix, Le, compagnie d'assurances : 12, 50, 71, 326.
PHIPHI, opérette : 12.
Phoenix oder Asche?, de B. Payr : 235.
PICARD (cuirassier) : 40.
PICASSO Pablo : 388.
PICKFORD Mary : 95.
PICQ Auguste : 189, 245, 325-326.
Pieremont Hall, école (Ramsgate) : 18.
PIERRE abbé : 405-406.
PIERRET : 224.
Pigalle (Paris) : 102.
Pigall's Bar (Paris) : 102.
PIHAN abbé : 70.
Piper Verlag, éditions : 139, 144.
PIRAZOLLI Ercole : 359, 379, 381-384, 389, 412.
PIRAZOLLI Mme (belle-mère de C) : 359, 379, 381-384, 389, 412.
Pittsburgh : 84.
« Pléiade, La », collection (Gallimard) : 411, 413-414, 421, 423-424, 427-428.

INDEX DES ŒUVRES DE CÉLINE

TABLE DES MATIÈRES

Cet ouvrage a été réalisé par la
SOCIÉTÉ NOUVELLE FIRMIN-DIDOT
Mesnil-sur-l'Estrée
pour le compte des Éditions Robert Laffont
en décembre 1993

Imprimé en France
Dépôt légal : janvier 1994
N° d'édition : 35017 – N° d'impression : 24946